Wien und seine Bürgermeister

J&V

Felix Czeike

Jugend und Volk Wien München

WIEN UND SEINE BÜRGERMEISTER

Sieben Jahrhunderte Wiener Stadtgeschichte

Text zum Umschlagbild:
Bürgermeister Lukas Popfinger, Stadtrichter und Stadtrat geloben in einer am 21. April 1365 ausgefertigten Urkunde, an der sich das Siegel der Stadt befindet, die von Herzog Rudolf IV. gegründete Wiener Universität zu schützen und zu fördern.

ISBN 3-7141-6078-7
ISBN 3-8113-6078-7

Umschlaggestaltung: Ernst Hausner-Stollhofen
Buchlayout: Haimo Lauth
Copyright 1974 by Jugend und Volk Verlagsgesellschaft m. b. H., Wien—München. Alle Rechte vorbehalten.
3659—74/1/30. Druck: G. Gistel & Cie., Wien

VORWORT

Seit fast sieben Jahrhunderten stehen Bürgermeister an der Spitze der Wiener Stadtverwaltung: Bürgermeister, die selbständige Politik betrieben oder lediglich als kaiserliche Beamte dienten, Bürgermeister, die aufgrund eines begrenzten Kurienwahlrechts oder — seit etwas mehr als einem halben Jahrhundert — aufgrund allgemeiner demokratischer Wahlen ihr Amt ausübten, wie dies auch heute der Fall ist.

Wie kommt es, daß Persönlichkeiten, welche das höchste von der Stadt Wien zu vergebende öffentliche Amt ausübten, bisher von der Forschung so wenig beachtet wurden? Die Schuld liegt keineswegs in der Bedeutung der Bürgermeister, sondern vielmehr in der Auffassung über Wiener Geschichtsschreibung in früheren Zeiten. Abgesehen davon, daß man erst im vorigen Jahrhundert daranging, die Stadtgeschichte eingehender zu behandeln, begegnen wir durch Jahrzehnte einer Darstellungsweise, die uns mit österreichischer Geschichte im Spiegel Wiens, viel öfter aber noch mit Herrschergeschichte vor dem Hintergrund der Stadtentwicklung konfrontiert. Daraus resultieren zwei Fehler, die zu einer einseitigen historischen Betrachtung führten: eine ungerechtfertigte Überbetonung der Funktionen der Landesfürsten und Kaiser sowie eine Dominanz der staatspolitisch-militärischen Ereignisse, durch welche die Wertigkeiten verzerrt werden. Zwar griffen die Herrscher sehr oft in die inneren Angelegenheiten Wiens ein und spielten daher in der Entwicklung eine nicht zu unterschätzende Rolle, wenngleich diese Einflüsse keinesfalls generell positiv zu bewerten sind: ebenso steht fest, daß man die verschiedenen politischen und militärischen Fixpunkte heranziehen muß, will man die kommunale Geschichte verstehen und interpretieren. Aber die bodenständige, ureigenste Kraft haben wir doch in den Bewohnern dieser Stadt und vor allem in den Vorständen der Verwaltung, den Bürgermeistern, zu erblicken.

Das vorliegende Buch stellt sich neue Aufgaben: erstens die Zuordnung der wesentlichen Ereignisse im Rahmen der Stadtgeschichte zu den jeweiligen Bürgermeistern, um damit deren Leistungen, die in den herkömmlichen Überlieferungen kaum irgendeinen Niederschlag fanden, in den Mittelpunkt der Darstellung zu rücken; zweitens die Erschließung des erreichbaren Quellenmaterials zum Lebenslauf der Träger des Bürgermeisteramtes in der Absicht, ihre Persönlichkeit der Anonymität zu entreißen. Ziel dieser Arbeit ist es, einen ersten Anstoß zu einer neuartigen Betrachtungsweise zu geben und dem Leser die Geschichte der Stadt Wien aus einem ungewohnten, aber hoffentlich nicht minder interessanten Blickwinkel darzubieten, um auf diese Weise einen Beitrag zur Neuorientierung der Wiener Stadtgeschichtsschreibung zu leisten.

Wien, im August 1973

Dr. Felix Czeike

INHALTSVERZEICHNIS

Vorwort — 5

DIE ENTWICKLUNG DES BÜRGERMEISTERAMTES — 11

Wien — Metropole im Herzen Europas — 13
Die Anfänge der Stadt Wien — 18
Das Bürgermeisteramt in der mittelalterlichen Bürgergemeinde — 21
Die ältere Wiener Stadtverfassung — 24
Das Alte Rathaus als Sitz der Verwaltung — 27
Das Bürgermeisteramt als landesfürstliche Behörde — 29
Magistrat und Bürgermeisteramt als Behörde des zentralistischen Staates — 35
Bürgermeisteramt und Verfassungsentwicklung bis zum Ersten Weltkrieg — 38
Das neue Rathaus in der Ringstraßenzone — 40
Entwicklung des Wahlrechts — Entwicklung zur Demokratie — 44
Demokratische Stadtverfassung — Bürgermeister und Landeshauptmann — 47
Die politischen Kräfte im Spannungsfeld der Kommunalentwicklung — 54

DIE WIENER BÜRGERMEISTER · LEBEN UND WIRKEN — 57

DIE STADT WIEN IM 13. JAHRHUNDERT — 59

DIE BÜRGERMEISTER VOM ENDE DES 13. JAHRHUNDERTS BIS ZUR STADTORDNUNG (1282—1526) — 64

Konrad Poll und die ersten Wiener Bürgermeister — 64
Die Bürgermeister nach dem Aufstand gegen Friedrich den Schönen — 68
Bürgermeister Konrad Wiltwerker. Die Kodifizierung des Stadtrechts und die Ausbildung der mittelalterlichen Stadt — 88
Letzte Machtkonzentration der Erbbürger. Rudolfinische Reformen und Ratswahlprivileg — 91
Die politischen Wirren bis zur Hinrichtung des Bürgermeisters Konrad Vorlauf — 96
Der Niedergang der alten Geschlechter: Rudolf Angerfelder. Hans Musterer und die „Geserah" von 1421 — 100
Das Zeitalter der großen Kaufleute — 105
Der Aufstand gegen Kaiser Friedrich III. Die Politik der Bürgermeister Prenner, Holzer und Ziegelhauser — 110
Bürgermeister Schönbrucker. Die ältesten Darstellungen des Stadtbildes — 115
Die Ungarn in Wien. Das Wirken der Bürgermeister Haiden, Een, Radauner und Taschendorfer — 118
Niedergang des Handels, Blüte des Humanismus. Die Bürgermeister am Ende des „Wiener Mittelalters" — 122
Opposition gegen das neue „Regiment". Aufstand und Tod des Bürgermeisters Dr. Martin Siebenbürger — 126

VERLUST DER STÄDTISCHEN AUTONOMIE, GLAUBENSKAMPF UND TÜRKENNOT 130
Die Stadtordnung von 1526 und ihre Folgen 130
Bürgermeister Wolfgang Treu und die erste Türkenbelagerung 133
Bürgermeister Hermes Schallautzer und der Bau einer neuen Stadtbefestigung 153
Bürgermeister und Stadtrat in wechselvollem Kampf gegen den Protestantismus 155
Die Religionskämpfe auf ihrem Höhepunkt: von Matthias Brunnhofer bis Oswald Hüttendorfer 159
Die Bürgermeister an der Wende zum 17. Jahrhundert 164
Die Bürgermeister Augustin Haffner und Lucas Lausser 166
Die überragende Persönlichkeit des Bürgermeisters Daniel Moser 171
Die Bürgermeister der „Ära Moser": Veit Resch, Paul Wiedemann und Christoph Faßoldt 176
Die Schweden vor Wien: Bürgermeister Konrad Pramber 179
Bürgermeister Johann Georg Dietmayr und seine Nachfolger 182
Daniel Lazarus Springer und Dr. Peter Sebastian Fügenschuh 185

GLANZ DER BAROCKSTADT 189
Johann Andreas von Liebenberg und die zweite Türkenbelagerung 189
Das Aufblühen der Stadt nach der Türkenbefreiung 193
Verdienste um Pestbekämpfung und Türkenabwehr: Daniel Fockhy 195
Umbau des Rathauses in der Wipplingerstraße: Bürgermeister Johann Franz von Peickhardt 200
Ausdehnung des Burgfriedens und Bau des Linienwalles: Bürgermeister Jakob Daniel Tepser 203
Die neue Bürgermeistergeneration des beginnenden 18. Jahrhunderts 222
Das tragische Geschick des Bürgermeisters Bartuska 228
Kunst und Kultur des barocken Wien 229
Die Bürgermeister Andreas Ludwig Leitgeb und Johann Adam von Zahlheim 234
Abhängigkeit vom absolutistischen Staat: Bürgermeister Dr. Peter Joseph Kofler 240
Leopold Franz Gruber und die ersten Amtsjahre Bürgermeister Hörls 243
Das Aussehen der Stadt Wien im ausgehenden 18. Jahrhundert 245

DIE STADTVERWALTUNG ALS LANDESFÜRSTLICHE BEHÖRDE 248
Die Magistratsordnung Josephs II. 248
Bürgermeister Josef Georg Hörl 251
Bürgermeister Stephan Edler von Wohlleben 257
Napoleon in Wien und der Wiener Kongreß 263
Biedermeier und Vormärz 266
Höhepunkt einer Beamtenlaufbahn: Bürgermeister Anton Lumpert 267
Eine Übergangslösung: Anton Joseph Edler von Leeb 270
Letzter Amtsträger im Vormärz: Ignaz Czapka 272
Ignaz Czapka und die Revolution von 1848 291
Die Provisorische Gemeindeordnung und die „Skizze" Stadions 294
Bürgermeister Seiller und die Jahre des Neoabsolutismus 296
Die Stadterweiterung von 1857 299

DIE LIBERALE UND CHRISTLICHSOZIALE ÄRA IM GEMEINDERAT 301
Die Gemeinderatswahl des Jahres 1861 301
Bürgermeister Andreas Zelinka. Beginn der Ringstraßenära 304
Bürgermeister Dr. Cajetan Felder und das liberale Bürgertum in Wien 311

Höhepunkt der liberalen Schaffensperiode	*316*
Tragik am Bürgermeisterstuhl: Julius Newald	*321*
Übersiedlung ins Rathaus am Ring. Bürgermeister Eduard Uhl	*328*
Eingemeindung der Vororte: Bürgermeister Dr. Johann Prix	*332*
Bürgermeister auf verlorenem Posten: Dr. Raimund Grübl	*337*
Machtübernahme durch die Christlichsozialen: das „Dermalium" des Josef Strobach	*339*
Werdegang und Persönlichkeit Dr. Karl Luegers	*357*
Bürgermeister Lueger und die Ergebnisse seiner Amtstätigkeit	*363*
Das sozialdemokratische Kommunalprogramm und die letzten christlichsozialen Bürgermeister	*369*

DIE LEISTUNGEN DER SOZIALDEMOKRATIE UND DER KAMPF GEGEN DEN FASCHISMUS — *372*
Das christlichsoziale Erbe. Allgemeines Wahlrecht in Wien — *372*
Die ersten Jahre der sozialdemokratischen Verwaltung unter Bürgermeister Jakob Reumann — *378*
Die Persönlichkeit von Bürgermeister Karl Seitz und die Ergebnisse seiner Amtstätigkeit — *384*
Das Finanzsystem des Stadtrates Hugo Breitner — *390*
Der soziale Wohnhausbau der Stadt Wien — *399*
Ausbau des Fürsorgewesens als soziale Verpflichtung — *406*
Die Reform des Gesundheitswesens unter Julius Tandler — *426*
Der Untergang der demokratischen Verfassung im Jahre 1934 — *433*
Bundeskommissär Richard Schmitz als Beauftragter des Ständestaates — *438*
Der nationalsozialistische „Reichsgau Wien" — *442*
Der Zweite Weltkrieg und seine Folgen für Wien — *446*
Die Tätigkeit der Widerstandsbewegung in Wien — *447*

WIEDERGEBURT EINER WELTSTADT — *450*
Einrichtung der demokratischen Verwaltung — *450*
Initiator des Wiederaufbaues: Theodor Körner — *452*
Bürgermeister Franz Jonas — *457*
Konsolidierung und Planung in den fünfziger und sechziger Jahren — *459*
Die jüngste Vergangenheit — *462*
Die Bürgermeister Bruno Marek und Felix Slavik — *466*
Bürgermeister Leopold Gratz — *471*

ANHANG — *473*
Zeittafel — *475*
Literaturverzeichnis — *487*
Abbildungsverzeichnis — *495*
Personenregister — *501*

DIE ENTWICKLUNG DES BÜRGERMEISTERAMTES

WIEN – METROPOLE IM HERZEN EUROPAS

Der Name *Wien* hat in aller Welt einen guten Klang. Wien — das ist nicht nur eine der ältesten Siedlungen Mitteleuropas, ein Kristallisationspunkt der Kultur, ein Zentrum der Wirtschaft und ein bevorzugter Schauplatz der österreichischen und europäischen Geschichte: Wien ist darüber hinaus ein Phänomen eigener Prägung, ein Raum, in dem sich in unnachahmlicher und nicht wiederholbarer Weise seit jeher politische, wirtschaftliche und geistige Potenzen überschneiden, beeinflussen, modifizieren und schöpferisch gestalten, eine Stadt, die mehr als manche andere schon immer in der glücklichen Lage war, bodenständige und kosmopolitische Eigenschaften harmonisch zu verschmelzen.

Wiens Bedeutung blieb zu keiner Zeit dem Zufall überlassen. Ausgehend von den natürlichen Voraussetzungen einer günstigen geographischen Lage am Schnittpunkt wichtiger Verkehrsverbindungen — hier kreuzte sich die von Norden nach Süden führende Bernsteinstraße mit dem einzigen europäischen Fluß, der, von Westen nach Osten fließend, die wesentlichsten Teile des Kontinents miteinander verbindet —, durchlief Wien alle nur erdenklichen Entwicklungsstadien einer europäischen Stadt. Römerkastell und frühmittelalterliche Fluchtburg, Abwehrbastion und Handelsplatz, Sammelpunkt des höfischen Minnesangs und glanzvolle Fürstenresidenz, brodelnder Herd im Glaubenskampf und stabiles Rückgrat der katholischen Gegenreformation, Renaissancefestung und barockes Kulturzentrum, Mittelpunkt eines Vielvölkerstaates und seit einem halben Jahrhundert Hauptstadt einer kleinen Republik: alle diese Metamorphosen — und noch einige mehr — verkörpern jenes Wien, dem heute als angesehene Großstadt und als oft gewähltes Kongreßzentrum eines neutralen Staates allseits Respekt entgegengebracht und Anerkennung gezollt wird.

Es war ein weiter und beschwerlicher Weg, den Wien zu gehen hatte, um das zu werden, was es heute ist. In den vielen Jahrhunderten seiner Entwicklung hat es sein Antlitz nach und nach wahrlich allen Himmelsrichtungen zugewendet. Unter den Römern Grenzfestung am Limes gegen die aus dem Norden vordrängenden germanischen Völker, im 9. Jahrhundert befestigter Platz gegen den Osten, im 10. Jahrhundert hingegen vorgeschobener Brückenkopf der Ungarn gegen den kaiserlichen Westen, dann unter den Babenbergern bis zur Mitte des 13. Jahrhunderts zunächst Mittelpunkt der *marchia orientalis*, der südöstlichen Grenzmark des Reiches, dann blühende Hauptstadt Österreichs, im weiteren Verlauf des 13. Jahrhunderts (unter Přemysl Ottokar II.) anfangs dessen südlicher Vorposten, dann das Zentrum seines sich konsolidierenden böhmisch-mährisch-österreichischen Staates, wenige Jahrzehnte danach, als die Habsburger sich in Wien niederließen, neuerlich Grenzfestung sowie im 16. und 17. Jahrhundert das „Bollwerk der Christenheit" gegen die vom Bosporus über den Balkan nach Mitteleuropa drängenden Türken; schließlich — abgesehen von militärisch belanglosen Zwischenspielen schwedischer Bedrohungen im 17. und zweier französischer Besetzungen im beginnenden 19. Jahrhundert — in paradoxer Weise eine waffenstarrende Festung gegen sich selbst, als nach der Revolution von 1848 in konsequenter Verfolgung einer Jahrzehnte zuvor begonnenen Politik die soziale Frage mit bewaffneten Mitteln durch Kasernengürtel rund um die Innenstadt und die Verbannung der Fabriken an den Stadtrand einer Lösung zugeführt werden sollte. Nur fanatisierende Politiker und Militärs konnten sich der trügerischen Hoffnung hingeben, damit den Wunsch des Volkes nach Gleichberechtigung und Mitspracherecht auf die Dauer unterdrücken zu können.

Damit stehen wir vor zwei interessanten Fragen: der Rolle Wiens im europäischen Geschehen und der Rolle des Volkes, *des Wieners* par excellence. Betrachtet man die Geschichte der Stadt in ihrem vielfältigen und abwechslungsreichen Verlauf, so könnte man bei flüchtiger Betrachtungsweise leicht den falschen Schluß ziehen, sie habe niemals ein Eigenleben geführt, sei immer nur im Abhängigkeitsverhältnis zu irgendwelchen Mächten gestanden. Aber es wäre doch weit gefehlt, wollte man dieses so lange unter der Herrschaft von Fremden stehende, von Menschen aus aller Herren Länder bevölkerte Wien zum bloßen Spielball der Mächte degradieren, wollte man in seiner Entwicklung gar nur das Spiegelbild, ja, vielleicht nur den bescheidenen Abglanz der „großen Welt" erkennen. Man täte den Bewohnern dieser Stadt ebenso unrecht wie den Männern, die sich um ihre Geschicke bemüht haben, kurz, man würde an der Bedeutung Wiens offenen Auges vorübergehen.

Will man unter „Eigenständigkeit" verstehen, daß es „die Wiener" waren, die das Leben und die Entwicklung dieser Stadt bestimmt haben, so steht man zuallererst vor der recht problematischen Entscheidung, wer denn in Wirklichkeit ein „echter Wiener" ist. Da wir uns in diesem Zusammenhang keineswegs mit jenen Erklärungen zufriedengeben können, wie sie im „Fiakerlied" oder anderen Schöpfungen der Wiener Sangeskunst geboten werden, müssen wir unseren Blick neuerlich in die Vergangenheit lenken. Der große Humanist und spätere Papst, Aeneas Silvius Piccolomini, hat 1438 davon gesprochen, daß es nur wenige in der Stadt gäbe, deren Vorfahren die Nachbarschaft gekannt habe. Die Zuwanderung war also schon vor mehr als einem halben Jahrtausend ein wesentliches Charakteristikum Wiens. Sicherlich bleibt die damals getroffene Feststellung nicht auf das Mittelalter und noch viel weniger auf einzelne soziale Schichten beschränkt. Die Bevölkerung hat sich ebenso in den folgenden Jahrhunderten immer wieder durch Zuwanderung ergänzt: vor allem aus Böhmen, aus Schlesien, aus Ungarn, aus Süddeutschland, später auch aus Italien, Spanien und vielen anderen europäischen Ländern. Diese „Zugereisten" — oder, wie der urwüchsige Wiener sagen würde, „Zuag'rasten" — sind bis auf den heutigen Tag ein nicht zu übersehender Faktor des wienerischen Lebens. Zu allen Zeiten hat man diese Zuwanderung eher gefördert. Von den Anordnungen Ferdinands I. im 16. Jahrhundert — mit denen er „die von Wien" verpflichtete, nach Wien eingewanderte Neubürger gleichberechtigt an politischen und administrativen Entscheidungen teilnehmen zu lassen und ihnen selbst einen entsprechenden Zugang zu den Ratsposten zu garantieren — über die Jahrhunderte des glanzvollen Barocks und die Jahrzehnte des kulturell bedeutsamen Biedermeiers läßt sich eine Brücke bis in die Gegenwart schlagen. Es gehört zu den größten Vorzügen des Wieners, daß er sich noch niemals in seiner Geschichte von den Zuwanderern überschichten ließ, sie aber ebensowenig unterdrückte, sondern es verstand, das Wertvolle aufzunehmen, zu assimilieren und zu einem Teil seiner selbst zu machen.

Vieles, was wir in der Rückschau als „typisch wienerisch" bezeichnen, war ursprünglich eigentlich fremd. Es beginnt schon bei den Herrschern. Dieses Land und diese Stadt hatten kaum jemals bodenständige Herren: Römer, Slawen, Awaren, Ungarn, und wie die Völker alle geheißen haben, wollen wir gar nicht ins Treffen führen. Aber da sind die ältesten bekannten Stadtherren, wohl aus dem Geschlecht der Formbacher: sie waren ebensowenig Wiener wie die mitteldeutschen Babenberger (die ihre Frauen zweimal aus Byzanz holten), die böhmischen Přemysliden oder die südwestdeutschen Habsburger, mit denen im 16. Jahrhundert spanisches Blut und im 18. Jahrhundert durch die Verbindung mit den Lothringern eine neue Dynastie ins Land kam; ganz abgesehen von den Einflüssen der Wittelsbacher, Luxemburger und Jagellonen, die, sei es auch nur am Rande, Einfluß nahmen. Alle diese Mächtigen brachten in ihrem Gefolge die verschiedensten Nationen nach Wien. Von der Herkunft oder Vorliebe der Herrscher, vor allem aber ihrer Frauen, die ein Stück Heimat mitzunehmen wünschten, abhängig, wurde einmal dieser, dann wieder jener Nation der Vorzug gegeben; so waren es also einmal die Spanier, dann die Italiener, einmal die Tschechen oder Ungarn, dann wieder die Franzosen oder Deutschen, die in Wien den Ton angaben und Schwerpunkte in der Architektur, in den bildenden Künsten, in der Musik, im Theater und in der Literatur setzten. Ja selbst die Sprache, das Wienerische, das man mit Vehemenz verteidigen oder mit irgendwelchen Argumenten ablehnen mag, ist ein Spiegelbild dieser Vermischungen, weil es eine Fülle von Wörtern, Redewendungen und natürlich Verballhornungen aufweist, die auf diese Beziehungen zu fremden Völkern hindeuten. Aber wo verläuft die Grenze zwischen dem Wienerischen und dem Fremden? Zöge man in Zweifel, daß Maria Theresia oder „der gute Kaiser Franz" Wiener waren, stieße man auf energischen Protest, und ebenso ergänge es jedem, der die Wiener Musik, das Wiener Theater, die Wiener Medizin oder den Wiener Barock nur deshalb in ihrer Existenz bezweifelte, weil deren namhafteste Vertreter vielleicht Deutsche, Tschechen oder Italiener gewesen sind. Die Zeit, die alles verklärt, hat sie alle längst mit dem Flair echten Wienertums umgeben. Und so könnte man in freier Abwandlung eines verschiedenen Persönlichkeiten zugeschriebenen Wortes mit Recht behaupten: Was wienerisch ist, bestimmt der Wiener selbst.

Ähnlich wie mit den Herrschern verhält es sich auf vielen Gebieten der Wissenschaft und Kunst. Es ist zwar nicht so, daß Wien nicht auch aus eigener Kraft zu einer Kunst- und Kulturstadt ersten Ranges aufgestiegen wäre — aber das „Wienerische" in der Kunst hat doch in überraschend vielen Fällen außerhalb der Wiener Bannmeile das Licht der Welt erblickt. Möglicherweise liegt gerade darin das Phantastische und Bezaubernde dieser an Überraschungen so reichen Stadt, daß sie aus alldem Gegensätzlichen und Fremden, das in ihr zusammenströmte, jene Mischung geschaffen hat, die sich uns heute — bei aller Vielfalt der Ausdrucksformen — als organisches Ganzes präsentiert.

Und wenn sich der Fremde, der Wien besucht, nicht vor den aus ganz Europa hiehergekommenen Geistesgrößen verbeugt, sondern schlicht und einfach vor der „Wiener Kultur", so ist dies wohl das größte Kompliment, das man Wien und seinen Bewohnern machen kann.

Welches Teilgebiet der Kultur man auch betrachten mag, immer bietet sich dasselbe Bild. Dem aus Lichtental gebürtigen Schubert stehen zahllose Fremde gegenüber, die in Wien ihre zweite Heimat gefunden haben und daher zu Recht in ihrem Wirken für diese Stadt beansprucht werden können: der Bonner Ludwig van Beethoven, der Salzburger Wolfgang Amadeus Mozart, der Hamburger Johannes Brahms, der Oberösterreicher Anton Bruckner und der aus Böhmen stammende Gustav Mahler. Blicken wir in die Kreise der Architekten, so ergeht es uns nicht anders. Dabei sprechen wir gar nicht von der frühbarocken Epoche, in welcher naturgemäß Italiener — man denke an Burnacini, Carlone, Tencala oder Martinelli — die Hauptvermittler der neuen Baugedanken waren, sondern von jener Hochblüte des „österreichischen" Barocks, in welcher der Genuese Lukas von Hildebrandt und der aus St. Martin bei Graz gebürtige Johann Bernhard Fischer von Erlach (dessen Sohn Joseph Emanuel, wie dies ebenfalls typisch ist, „selbstverständlich" bereits in Wien zur Welt kam) jenen „Wiener Barock" schufen, dessen Meisterwerke noch heute die Zierde der Stadt und ein Anziehungspunkt für die Fremden sind. Als dann um die Mitte des 19. Jahrhunderts eine neue Bauära einsetzte, waren in der Ringstraßenzone neben den Wienern Carl von Hasenauer, Heinrich Ferstel und Eduard van der Nüll auch der Hamburger Gottfried Semper, der Kopenhagener Theophil von Hansen, der Budapester August Sicard von Sicardsburg und der aus Württemberg stammende Wahlwiener Friedrich von Schmidt, der unter anderem auch das Wiener Rathaus erbaute, einträchtig an ihren Monumentalbauten tätig. Und wenn die Wiener 1879 den berauschenden Makart-Festzug überschwenglich bejubelten, so dachten sie wohl nicht daran, daß der kleine dunkelhaarige Künstler, der hier, an der Spitze des Zuges reitend, den „Tag seines Lebens" erlebte, aus Salzburg stammte. Eine endlose Liste von Parallelfällen könnte das Bild abrunden. Auf dem Gebiet der Medizin stammten so manche Große der Wiener medizinischen Schulen aus der Ferne: van Swieten aus Holland, Billroth aus Norddeutschland, Hyrtl aus Eisenstadt, Wagner-Jauregg aus Oberösterreich, nicht zu vergessen die zahlreichen Tschechen, unter ihnen Rokitansky, Skoda oder Hebra, der aus Brünn nach Wien kam, aus jener Stadt also, aus der, wie es heißt, jeder dritte Wiener zuwanderte. Warum sollte es mit den Idolen der Wiener auf den Brettern, die die Welt bedeuten, anders sein? Alexander Girardi, der Grazer italienischer Herkunft, machte das Urwienerlied, das „Fiakerlied", populär, und neben einer Vielzahl anderer eroberten sich die aus Leipzig gekommene „fesche Pepi" Gallmeyer und die Klagenfurterin Marie Geistinger die Herzen der Wiener im Sturm.

Wer vermeint, hinter alldem geheimnisvolle Kräfte wittern zu müssen, den muß man enttäuschen. Das Geheimnis läßt sich recht einfach erklären: In Wien wurde Fremdes zu keiner Zeit gedankenlos kopiert, sondern hierzulande nahm man fremde Kulturen zwar bereitwillig auf, doch begann man zu selektieren, zu variieren und zu veredeln, um dann eine schöpferische Kreation wienerischer Prägung zu neuen Erfolgen in die Welt zu schicken.

Zu allen Zeiten gab es Berufe, die man mit „Fremdarbeitern" geradezu identifizierte, wie die italienischen Straßenarbeiter, Wanderverkäufer und Rauchfangkehrer, die böhmischen Schneider, Köchinnen und Offiziersburschen, die ungarischen Musiker oder die „Bosniaken"; wenn es in jedem Jahrhundert entscheidende Einflüsse aus den verschiedensten Gegenden Europas gab, die nicht selten — wie etwa die mit dem spanischen Zeremoniell nach Wien gekommene spanische Lebensphilosophie und Religion, die zum Bewußtsein irdischer Vergänglichkeit und in logischer Konsequenz zu unbekümmertem Lebensgenuß verleiteten — das Wesen des Wieners entscheidend prägten; warum sollte es bei den Repräsentanten der Stadt, bei den Bürgermeistern, anders sein?
Solange die „Erbbürger" im mittelalterlichen Wien eine wichtige Rolle spielten, handelte es sich bei den Bürgermeistern wahrscheinlich überwiegend um Abkommen Wiener Geschlechter (obzwar für ihre Herkunft kein Nachweis erbracht werden kann). Dies änderte sich im 15. Jahrhundert, als nach der Hinrichtung des Bürgermeisters Vorlauf die Macht der alten Geschlechter gebrochen war und Kaufleute in die entstandene Lücke einströmten, von denen man weiß, daß sie sehr häufig zuwanderten; am Höhepunkt ihres Einflusses, in dem zwischen 1440 und 1465 liegenden Vierteljahrhundert, hatten daher von den in diesen Jahren (zum Teil mehrmals) amtierenden zwölf Bürgermeistern sechs nachweislich ihren Geburtsort außerhalb Wiens, über fünf wissen wir nichts Näheres, und nur ein einziger, ein Epigone der erbbürgerlichen Geschlechter, Oswald Reicholf, kam in Wien zur Welt. Die offizielle Wiener Bürgermeisterliste enthält seit dem Jahre 1282 bis zur Gegenwart 228 Namen, reduziert sich jedoch (durch wiederholte Wahlen oder Ernennungen und unter Ausklammerung der nationalsozialistischen Ära) auf 162 Persönlichkeiten. Von diesen lassen sich nur 52 hinsichtlich ihrer Herkunft zweifelsfrei einordnen; mehr als die Hälfte von ihnen — 27 Bürgermeister — wurde nicht in Wien geboren! In den 125 Jahren seit der Revolution von 1848 hat sich das Verhältnis allerdings zugunsten der „Einheimischen" verschoben: fünf auswärts Geborenen stehen 13 Wiener gegenüber, und von den Repräsentanten nach dem Zweiten Weltkrieg war nur ein einziger — ausgerechnet der populäre Theodor Körner! — kein gebürtiger Wiener.
Die positive Beurteilung des Wieners ist ebenso unwidersprochen wie die Tatsache, daß sich in seiner Mentalität ein gewisser Zwiespalt, eine nicht zu übersehende Gegensätzlichkeit, offenbart. Verbindet er doch in unnachahmlicher Weise die Forderung nach Fortschritt mit einem geradezu sentimentalen Hang zum Konservativismus, Kritik an seiner Umwelt mit orientalisch anmutendem Fatalismus, raunzerische Eigenbrötlerei mit energisch betonter Weltaufgeschlossenheit. Der Wiener hat zu allen Zeiten von der „guten alten Zeit" geschwärmt. Offenbleibt dabei die Frage: Wäre er, wenn er sie besingt und ihr manchmal wider besseres Wissen nachweint, auch bereit, in ihr zu leben? Die Vergangenheit mit verklärten Augen und glorifiziert zu betrachten, ist zwar so recht „nach dem Gemüt", beweist aber letztlich nur, daß man sie entweder in allen ihren Konsequenzen nicht kennt oder bereit ist, alles Negative — und sei es auch noch so offenkundig — bewußt zu übersehen, sich von Glanzlichtern und Halbwahrheiten blenden zu lassen, eine mit Wohlergehen verwechselte und falsch verstandene Gemütlichkeit in den Vordergrund zu schieben und Begriffe wie Prater, Heuriger, Fiaker, Walzer und Kaffeehaus zu einer Weltanschauung zu erheben. Es

ist zwar nicht zu leugnen, daß Wien in den Augen der Welt gerade mit diesen Dingen identifiziert wird — aber kann es im Interesse des Wieners liegen, diese falsche Beurteilung noch zu fördern? Ist die Vorstellung von dieser Stadt, wie sie sich der Welt — nicht ohne eigenes Zutun — eingeprägt hat, mit jener vergleichbar, die wir selbst von ihr haben, und hält unser eigener subjektiver Eindruck dem Bild stand, das der objektive Historiker entwirft?

Stets an der Grenze von Machtblöcken, Kulturen und Völkern gelegen und doch zu allen Zeiten ein Mittelpunkt — welch ein Gegensatz scheint darin zu liegen! Und doch bietet gerade dieses Paradoxon den Schlüssel zum Verständnis. Seine Doppelgesichtigkeit machte Wien zum Sammelbecken der Nationen Europas, zu jenem „Schmelztiegel", von dem so oft und gerne gesprochen wird. Das In-sich-Aufnehmen und In-die-Welt-Ausstrahlen formten in Jahrhunderten das Wesen und den Charakter der Stadt und ihrer Bewohner, deren Lebensphilosophie zum geheimnisvollen Teil ihrer Erfolge gehört.

Die Stadt Wien, wie wir sie kennen und wie wir in ihr leben, ist das Produkt der Vergangenheit; nur wer die Vergangenheit kennt, wird die Gegenwart begreifen und die Zukunft meistern können. Im Worte des alten Horaz: *Die Geschichte handelt von dir, nur der Name ist geändert*, liegt sicherlich eine tiefere Wahrheit. Die Rechtfertigung, sich mit der Vergangenheit unserer Stadt und ihrer Bürger, im besonderen aber mit jenen Persönlichkeiten zu beschäftigen, die in sieben Jahrhunderten als Bürgermeister die Verantwortung getragen haben, erscheint gegeben, wenn der Versuch gelingt, damit zugleich einen Beitrag zum Verständnis der Gegenwart zu liefern und eine Brücke in die Zukunft zu schlagen.

Die Anfänge der Stadt Wien

Viele kleinere und unbedeutendere Städte lassen sich in ihrer historischen Entwicklung leichter verfolgen als Wien. Zwar wissen wir aufgrund archäologischer Grabungen und Funde, daß der Raum von Wien bereits in der jüngeren Steinzeit besiedelt gewesen ist, und sowohl über das römische Legionslager Vindobona wie über die in der Gegend des heutigen Fasanviertels im dritten Bezirk emporblühende gleichnamige Zivil- und Handelsstadt besitzen wir recht gute Informationen. Aber mit dem Rückzug der Römer aus den Donau- und Alpenprovinzen, die sie rund vier Jahrhunderte beherrscht hatten, setzt jene Zeitspanne ein, die lediglich mit Hilfe einiger weniger dürftiger Nachrichten überbrückt werden kann.

Das Legionslager hat uns nicht zu beschäftigen, von der Zivilstadt ist in unserem Zusammenhang lediglich zu vermerken, daß sie 213 das römische Stadtrecht *(municipium)* erhalten hat. Am Ende des 4. Jahrhunderts, als das Lager nach wechselvollen Schicksalen endgültig in den Stürmen der Völkerwanderung unterging, konnten die Archäologen einen verheerenden Brand nachweisen, der offenkundig die Entscheidung brachte. Generationen von Forschern haben sich immer wieder mit der Frage beschäftigt, ob Vindobona damals nicht nur als Verteidigungsstützpunkt, sondern auch als Siedlung aufgegeben wurde. Man darf vorwegnehmen, daß nach jüngsten Erkenntnissen eine kontinuierliche Besiedlung Wiens auch über die sogenannten „dunklen Jahrhunderte" hinweg gesichert erscheint. Für den Fortbestand der Siedlung wurde allerdings nicht das zivile, sondern das befestigte Vindobona bestimmend, weil nur die starken, auch nach dem Abzug der Verteidiger aufrecht stehenden Lagermauern den sich in ihrem Schutz ansiedelnden Bewohnern eine reale Überlebenschance boten.

Um 550 wird in der von Jordanes verfaßten Gotengeschichte, der *Getica*, eine *civitas Vindomina* genannt — eine Erwähnung, die wir mit Recht für Wien in Anspruch nehmen dürfen. Der Name hat sich gewandelt — die Örtlichkeit blieb dieselbe. In den nächstfolgenden Jahrhunderten stürmten die verschiedensten Völkerscharen über den Boden von Wien, ohne daß man schriftliche Hinweise auf die Siedlung verfügbar hätte. Zweifellos haben nach und nach Awaren und Hunnen, Slawen und Ungarn das Gebiet von Wien erreicht und sich auf ihren Zügen, sei es auch nur vorübergehend, innerhalb der Mauern niedergelassen. Wenn man in diesem Zusammenhang von „Besiedlung" spricht, darf man jedoch nur an eine bescheidene „Reststadt" denken, über deren Lage innerhalb der Lagermauern es verschiedene Mutmaßungen gibt. Da nicht das gesamte Areal verbaut war, dürften die verbleibenden „G'stetten" der Bevölkerung als dürftiges Acker- und Weideland gedient haben. Die „Stadtburg" befand sich wohl nördlich des Hohen Marktes: jedenfalls erwähnt Jans Enikel in seinem „Fürstenbuch" in diesem Zusammenhang den Berghof (der sich zwischen dem Hohen Markt, der Marc-Aurel-Straße, Sterngasse und Judengasse erstreckte) und zählt ihn zu den ältesten Häusern von Wien.

Die erste urkundliche Nennung Wiens fällt erst in das ausgehende 9. Jahrhundert, in jene Periode also, in der sich die Nachrichten fränkischer Chronisten über kriegerische Aktionen der über den Wiener Raum hinaus nach Westen drängenden Ungarn zu mehren beginnen. So kam es 881 zu einem Zusammenstoß mit den Ungarn bei Wien *(apud Weniam)*, 906 vernichteten die Ungarn das Mährische Reich; obwohl die bairische Verteidigungslinie merklich zurückgenommen werden mußte (in diese Zeit fällt die Errichtung der Ennsburg), scheint doch der Fernhandelsverkehr in der Mark an der Donau und damit die wirtschaftspolitische Bedeutung Wiens bis zu diesem Zeitpunkt nicht entscheidend bedroht gewesen zu sein. Allerdings kam es schon 907 zur Katastrophe, als der bairische Heerbann von den Ungarn bei Preßburg vernichtend geschlagen wurde. Die donauländischen Marken waren praktisch verloren. Wien befand sich offensichtlich fest in der Hand der Ungarn.

Die Wende trat rund ein halbes Jahrhundert später ein, als die Ungarn, die mittlerweile bis ins Herz von Baiern vorgedrungen waren, 955 in der welthistorischen Schlacht auf dem Lechfeld entscheidend geschlagen werden konnten. Erst nach der Krönung Kaiser Ottos I. in Rom (962) kam es zur militärischen Auswertung des errungenen Erfolges: im Verlauf eines gezielten Gegenstoßes wurde Wien den Ungarn entrissen, 976 wird erstmals ein Markgraf Luitpold (Leopold) erwähnt. Danach schlug nicht nur die Geburtsstunde der sogenannten Ottonischen Mark, sondern es beginnt auch eine 270jährige kontinuierliche Herrschaft der Babenberger in unserem Land. 996 erscheint unter Leopolds Sohn Heinrich zum erstenmal in einer Urkunde die Bezeichnung *Ostarrîchi*.

Noch war die Gefahr für Wien nicht endgültig gebannt. Der Kaiser hatte zwar die Grenzen seines Reiches weit nach Osten vorschieben können — man rechnet um 1025 nördlich der Donau mit der Erreichung der March, südlich der Donau mit einer Grenze an der Fischa, vielleicht sogar an der Leitha —, aber es traten immer wieder Rückschläge auf, so etwa 1030, als der Heerbann Kaiser Konrads II. von den Ungarn in (oder bei) *Vienni* eingeschlossen und überwältigt wurde, weil die Versorgung des Heeres nicht hatte sichergestellt werden können. Trotz allem darf man das Gebiet um Wien im großen und ganzen als konsolidiert betrachten, denn schon 1042 vermerkt ein Regensburger Geistlicher in seiner Chronik, daß Kaiser Heinrich II. zu Wien einen Hoftag gehalten habe.

Wien muß um die Mitte des 11. Jahrhunderts, als die slawisch-awarisch-ungarische Mischbevölkerung im Gebiet zwischen Wienerwald und Leitha im deutschen Königreich aufging, bereits eine beachtliche Rolle gespielt haben: weniger als Stadt, wohl aber als Burg im ältesten Sinne dieses Wortes, das heißt als befestigter Hauptort des Schutz-, Gerichts- und Marktbezirkes, dem die mit mehreren Toren versehenen und durch zusätzliche Fortifikationen verstärkten Mauern des Römerkastells als Umwallung dienten. Das mit der Burg verbundene Herrschaftsgebiet nannte man den Burgfrieden; in ihm galt das vom Landrecht abweichende Burgrecht. Für Warenlieferungen galt als besonderer Zoll die Burgmaut. Diese „Burg" war ursprünglich wohl Königsgut, ging dann aber an ein von der Forschung bisher nicht eindeutig identifiziertes Grafengeschlecht über, das zu Salzburg Beziehungen gehabt haben muß.

Wir können uns über die wichtigsten Zentren des damaligen Wien einigermaßen konkrete Vorstellungen machen: es besaß eine Burg (den Berghof), eine Hauptkirche (St. Ruprecht), zwei wegen der steigenden Bevölkerungszahl erforderlich gewordene Filialkirchen (St. Peter und Maria am Gestade), einen Friedhof (den man von der Ruprechtskirche wegen des beengten Raumes zur Peterskirche verlegte), Marktplätze (ursprünglich den Kienmarkt bei St. Ruprecht, später den Dreiecksplatz, der von Tuchlauben, Kühfußgasse und Milchgasse gebildet wird, sowie den Hohen Markt), einen Donauhafen (den schon die Römer unterhalb von Maria am Gestade eingerichtet hatten) und Verteidigungsmauern.

In die Zeit um 1135 fällt unter Markgraf Leopold III., der im 15. Jahrhundert aufgrund seiner frommen Stiftungen heiliggesprochen wurde und bis heute der Landespatron von Niederösterreich ist, die Verlegung der Babenbergerresidenz von Klosterneuburg nach Wien. Zugleich übernahmen die Babenberger die Stadtherrschaft und schlossen mit dem Passauer Bischof 1137 jenen Vertrag, in welchem nicht nur die religiösen Kompetenzen eine Regelung erfuhren, sondern Wien auch erstmalig *civitas* (Stadt) genannt wird.

Von da an nahm Wien einen raschen Aufschwung. Militärisch gesichert, von den Nachbarstaaten in seiner Existenz anerkannt, diplomatisch auch mit fernen Ländern in regem Kontakt, wirtschaftlich und politisch konsolidiert und durch Bevölkerungszuzug in stetem Wachsen begriffen, begann die Stadt immer stärker über ihren engeren Kern hinauszuwachsen. Von den „Erweiterungen" der Stadt haben wir neben einer Handelsvorstadt vor dem Ungarischen Tor (zwischen Fleischmarkt und Wollzeile) den Bau der Stephanskirche (seit 1137), des Herzogshofes Am Hof (um 1150), des Schottenklosters (ab 1155) und die Einebnung und allmähliche Verbauung des Grabens (um 1190) zu nennen, womit wir bereits zur „großen" Stadterweiterung unter Herzog Leopold V. überleiten. Zu diesem Zeitpunkt können wir in der Altstadt eine Bürgerstadt, eine Judenstadt und ein Hofviertel mit Burg unterscheiden. Die Babenberger übten im Burgfrieden Gerichtsbarkeit und Verwaltung durch einen erstmals 1181 nachweisbaren Stadtrichter, dem die Gemeinschaft der Bürger gegenüberstand. Da von einem Bürgermeister noch lange keine Rede sein konnte, haben wir im Stadtrichter die leitende Persönlichkeit innerhalb der Verwaltung zu erblicken.

Das Bürgermeisteramt in der mittelalterlichen Bürgergemeinde

Am Beginn der Geschichte des Wiener Bürgermeisteramtes stehen nur wenige Fixpunkte: einmal die Tatsache, daß im Stadtrecht Herzog Leopolds VI. (1221) noch kein Bürgermeister, sondern nur der Stadtrichter erwähnt wird; zum andern, daß man während der Regierungszeit des Přemysliden Ottokar II. dem mächtigen Paltram zwar bürgermeisterähnliche Funktionen zuschreibt, er aber mit einer an Sicherheit grenzenden Wahrscheinlichkeit den Titel *magister civium* noch nicht geführt hat; drittens schließlich, daß 1282 mit Konrad Poll erstmals ein Amtsträger namentlich überliefert ist, womit Wien zu den ersten Städten Österreichs gehört, in denen sich Bürgermeister nachweisen lassen.
Wenn man in der Machtübernahme durch die Habsburger einen Ausgangspunkt für das Bürgermeisteramt sehen will, so kann dies zu falschen Rückschlüssen führen; der erste Bürgermeister steht nämlich nicht am Beginn, sondern am Ende einer Verfassungsentwicklung. Schon Heinrich Schuster vertrat die Ansicht, man müsse in der Bezeichnung „Bürgermeister" und in der Art der Installation dieses städtischen Funktionärs eher einen reichsstädtischen Aspekt erblicken. Tatsächlich hatten nach zweifachen Ansätzen in den dreißiger und vierziger Jahren des 13. Jahrhunderts die bürgerlichen Freiheiten im reichsstädtischen Teil des Stadtrechts Rudolfs I. einen Höhepunkt erreicht; die Kompetenzen des Stadtrates sind zu jener Zeit — im Gegensatz zum Stadtrecht von 1221 — über die ihm ursprünglich zugebilligte Regelung des Marktwesens weit hinausgewachsen. Der Umstand, daß dennoch auch im Stadtrecht Rudolfs I. jede Erwähnung eines Bürgermeisters fehlt, tut nichts zur Sache, denn wir suchen sie auch in jenem Albrechts I. von 1296 vergeblich. Fügt man alle Erkenntnisse zusammen und bedenkt man auch, daß der Humanist Wolfgang Lazius in seiner *Vienna* betitelten Stadtgeschichte einen Christoph Poll bereits zum Jahre 1280 als Bürgermeister angibt, so darf man als gesichert annehmen, daß das Bürgermeisteramt um diese Zeit, jedenfalls noch unter Rudolf I., entstanden ist.
Der erste Bürgermeister entstammte einer reichen Patrizierfamilie. Damit wird für mehr als zwei Jahrhunderte der Kreis jener Personen abgesteckt, die das höchste bürgerliche Amt bekleiden konnten. Änderungen kamen lediglich dadurch zustande, daß sich die Vermögensbasis der ton-

angebenden Bürgergeschlechter wandelte und neben den mächtigen Grundbesitzern zunächst vornehme Handwerker, später auch Handelsherren in die Schichte der Patrizier aufstiegen, in dieser aufgingen und die Voraussetzung für die Ausübung politischer Macht erfüllten. So gleicht die Aufzählung der Bürgermeister des 14. und 15. Jahrhunderts einer Versammlung der reichsten Bürger der Stadt. Die finanzielle Unabhängigkeit der Ratsbürger äußerte sich auch in der geringen Vergütung, welche ihnen für ihre Dienste angewiesen wurde. Anders als den Ratsherren standen dem Bürgermeister allerdings Einkünfte zu, die nicht allein repräsentativen Charakter trugen. Prinzipiell empfing er das Doppelte eines jeden Bezuges, der einem Ratsherrn zustand, womit sein Rang unterstrichen wird. Wie die landesfürstlichen Beamten hatte er Anspruch auf das sogenannte Weihnachtskleinod, einen silbernen, vergoldeten Becher im Wert von 25 Pfund Pfennig. Spätestens ab dem 14. Jahrhundert erhielt der Bürgermeister einen festen Jahressold von anfangs 10 Pfund Pfennig, seit 1424 — unverändert bis ins 16. Jahrhundert — von 32 Pfund Pfennig, die aber zweifelsohne in seinem Gesamteinkommen nur eine untergeordnete Rolle spielten. Sonstige Zuwendungen — das „Hausengeld" in der Fastenzeit, das Hofgewand zu Pfingsten und das Opfergeld zu Weihnachten — fielen ebensowenig ins Gewicht. Bürgermeister und Ratsherren mußten aber nicht nur finanziell unabhängig, sondern auch wirtschaftlich abkömmlich sein; hiebei waren weniger die Ratssitzungen entscheidend (anfangs zweimal, im 16. Jahrhundert dreimal wöchentlich), sondern die oft wochenlangen Abwesenheiten auf Gesandtschaftsreisen und Kriegszügen, durch die eine geregelte persönliche Wirtschaftstätigkeit ausgeschlossen wurde. Dies ist auch der Grund dafür, daß etwa ein so mächtiger Mann wie der Großkaufmann Simon Pötel niemals das Bürgermeisteramt bekleidet hat. Greifen wir zur Illustration einige Beispiele heraus: 1440 ritt Bürgermeister Holzler viermal mit großem Gefolge (einmal mit siebzig Personen) nach Wiener Neustadt beziehungsweise Preßburg, dann befand er sich fünf Wochen in Hainburg, um an Beratungen zwischen Friedrich III. und Albrecht VI. teilzunehmen. 1449 ging Bürgermeister Steger mit 160 Begleitern nach Krems, 1452 Bürgermeister Reicholf *von der lantschaft wegen zu den Gubernatori* nach Ofen und später zum Landtag nach Krems, 1455 war es wieder Bürgermeister Holzler, der mit 280 Begleitern die Reise zu König Ladislaus nach Preßburg antrat. Am häufigsten begaben sich die Bürgermeister — die Liste der Gesandtschaftsreisen ließe sich beliebig fortsetzen — zum Kaiser nach Wiener Neustadt und Graz oder auf Landtage nach Niederösterreich (etwa Klosterneuburg, Korneuburg, Krems, Wiener Neustadt, Enzersdorf und Ebenfurt) und nach Linz.

Der Niedergang der Erbbürgerfamilien, der sich in der zweiten Hälfte des 14. Jahrhunderts abzuzeichnen beginnt, führte zu einer stärkeren Mitwirkung von Gemeinde und Äußerem Rat, in weiterer Konsequenz aber 1396 unter Bürgermeister Holzkäufl zur Ausstellung jener herzoglichen Urkunde, die unter der Bezeichnung „Ratswahlprivileg" bekanntgeworden ist. Handwerker und Kaufleute traten seither den Erbbürgern als gleichberechtigter Stand zur Seite. Das Ratswahlprivileg traf auch hinsichtlich des Bürgermeisters eine bedeutsame Entscheidung: er sollte — ebenso wie der Stadtrat — in Hinkunft jedes Jahr von der gesamten Gemeinde neu gewählt werden. Paul Würfel d. Ä. war 1397 der erste Bürgermeister, der aufgrund dieser neuen Bestimmungen nicht vom Inneren Rat und vom Genanntenkolleg, sondern von der Bürgerschaft in sein Amt berufen wurde. Die Anordnung, in jedem Jahr Neuwahlen abzuhalten, befolgte man allerdings nicht lange. Das ganze 15. Jahrhundert hindurch stoßen wir auf mehr oder minder erfolgreiche Ansätze der Bürgermeister, im Sinne der zum Vorbild dienenden oberdeutschen Reichsstädte eigene Politik zu betreiben, mit welcher sie fast zwangsläufig in Kollision zum Landesfürsten geraten mußten. In diesen Jahrzehnten dürften Entscheidungen, soweit sie politischen Charakter trugen, hauptsächlich unter Beiziehung von Ausschüssen aus dem Genanntenkolleg und der Bürgergemeinde gefaßt worden sein. Nicht nur, daß anhaltende Erfolge ausblieben, hatten die Beteiligten auch schwere persönliche Nachteile, selbst den Tod in Kauf zu nehmen. So erging es 1408 dem Bürgermeister Vorlauf, der durch Leopold IV. hingerichtet wurde, und ein gleiches Schicksal erlitt Bürgermeister Wolfgang Holzer, der 1463 dem Scharfrichter überantwortet wurde und eines qualvollen Todes starb.

Stärker denn je zuvor standen in diesen Jahren auch verfassungsrechtliche Überlegungen im Mittelpunkt der Diskussion; gerade die Bürgermeisterwahl wurde als neuralgischer Punkt der Einflußnahme angesehen und in verschiedenartigster Weise interpretiert. Dies ging so weit, daß Friedrich III. 1461 versuchte, den ihm ergebenen Bürgermeister Christian Prenner entgegen den Bestimmungen des geltenden Stadtrechtes von sich aus in seiner Amtszeit zu verlängern, womit er sich jedoch unter der Bürgerschaft viele Feinde schuf. Im darauffolgenden Jahr war es wieder der Kaiser, der — ohne aus seiner Fehlentscheidung die Lehre gezogen zu haben — im September die Genannten zu sich in die Burg lud und sie zur Wahl eines neuen Bürgermeisters veranlaßte; sie beugten sich seinem Wunsch und wählten — als Gegenkandidaten zu dem von der ganzen Bürgergemeinde rechtmäßig bestellten Holzer — Sebastian Ziegelhauser. Auch diesmal konnte sich der Kaiser mit seiner willkürlichen Rechtsauslegung nicht durchsetzen und mußte schließlich das verfassungsmäßige Recht der Bürgergemeinde, Bürgermeister und Rat zu wählen, anerkennen.

Die Tatsache, daß Wien trotz aller Bemühungen keinen Erfolg erringen konnte, bringt drastisch in Erinnerung, wie stark die Abhängigkeit vom Landesfürsten bereits geworden war. Auch beim letzten Versuch dieses Jahrhunderts hatte der Bürgermeister nicht mehr Glück: Laurenz Haiden, der sich 1484, um die wirtschaftlichen Schwierigkeiten, in welche die Stadt geraten war, zu mildern, der ungarnfreundlichen Partei anschloß, wurde für dieses Vorgehen den Folterknechten überantwortet und in den unterirdischen Gefängnissen des Amtshauses in der Rauhensteingasse peinlich verhört.

An der Wende des 15. zum 16. Jahrhundert kam es zur Ausbildung eines reinen Honoratiorenregimentes, das sich selbst ergänzte und immer mehr zu einem bequemen Instrument der landesfürstlichen Herrschaft entwickelte. Den Übergang zur Neuzeit bildet in Wien das von Kaiser Maximilian I. 1517 erlassene Stadtrecht, das bereits deutliche Ansätze zeigt, die noch verbliebenen Reste städtischer Autonomie einzuschränken, wenn nicht zur Gänze aufzuheben. Hatte das Bestätigungsrecht des Landesfürsten, das schon in das Ratswahlprivileg von 1396 Eingang gefunden hatte, damals noch eher formalen Charakter gehabt, so fand es nun eine erhebliche Verstärkung.

Maximilian behielt es sich vor, aufgrund ihm vorgelegter Wahlzettel zu bestimmen, wer ihm würdig und fähig erschien, das Bürgermeisteramt anzutreten. Neuerlich wurde festgelegt, daß jedes Jahr ein neuer Bürgermeister zu bestimmen sei; die Wiederwahl durfte nunmehr frühestens nach drei Jahren erfolgen — ein Mandat, das nicht einmal anfänglich erfüllt wurde.

Vielleicht unter dem Eindruck des gesellschaftlichen Ereignisses der 1515 im Stephansdom abgehaltenen Doppelhochzeit der Enkel Maximilians I. mit den Kindern des Polenkönigs Wladislaw, durch die infolge einer Schicksalsfügung der Grundstein zur habsburgischen Donaumonarchie gelegt wurde, kam es bei der Bürgermeisterwahl am Ende dieses Jahres zu einer Neuerung. Zum erstenmal gelangte bei dieser Gelegenheit ein Ratswahlpfennig, der *Salvatorpfennig*, zur Verteilung, und dieser Brauch hat sich bis zur Mitte des 18. Jahrhunderts erhalten; 1749 wurde dann aus Ersparnisgründen verfügt, daß in Hinkunft nur noch alle zehn Jahre derartige Denkmünzen verteilt werden sollten. Mit der Magistratsreform Josephs II. ging man 1783 von den Ratswahlpfennigen in der bisherigen Form gänzlich ab. Ob der Name „Salvatorpfennig", der sich in der späteren „Salvatormedaille" erhalten hat, mit der am 10. Juni 1515 ausgestellten Urkunde Papst Leos X. für die Salvatorkapelle im Rathaus in Beziehung steht, ist zwar umstritten, aber nicht völlig auszuschließen. Seit dem Ende des 18. Jahrhunderts mehren sich die Hinweise auf eine Verleihung der Münzen als kommunale Auszeichnung. Schon seit 1575 ist bekannt, daß die Gedenkmünze das Wiener Stadtwappen trug, 1581 zeigt sie zum erstenmal nachweislich auf der Vorderseite den „Salvator", das heißt Christus den Erlöser.

Die zwanziger Jahre des 16. Jahrhunderts führten als Folge der von Dr. Martin Siebenbürger unterstützten ständischen Aufstandsbewegung wieder zu einem merklichen Eingreifen der Landesfürsten in die Bürgermeisterwahlen. So stellte beispielsweise Karl V. 1520 die Neuwahl von Bürgermeister und Rat unter die Aufsicht von drei kaiserlichen Kommissären, ohne damit den gewünschten Erfolg zu erzielen. Auf längere Sicht gesehen, war ein Sieg der landesfürstlichen Gewalt nicht mehr zu verhindern. Mit der Hinrichtung Bürgermeister Siebenbürgers (1522) ging nicht nur ein mutiger Kampf des Bürgertums, sondern eine historische Epoche zu Ende, in der Bürgermeister und Gemeinde in bescheidener Autonomie als relativ gleichberechtigte Partner der Landesfürsten die Stadt verwalteten.

Die ältere Wiener Stadtverfassung

Durch das Stadtrecht von 1221 wurde die oberste Gewalt in der Stadt einem vom Landesfürsten ernannten Stadtrichter übertragen, der auch den Vorsitz in den Ratssitzungen führte, 1237 erfolgte die erste der immer nur kurzfristig wirksam gebliebenen Erhebungen Wiens zur freien Reichsstadt, und 1296 fand der Sieg der Habsburger durch das Stadtrecht Albrechts I. auch eine verfassungsmäßige Verankerung. Bereits in diesen Jahren kam dem Bürgermeister als dem Vorsitzenden des Stadtrates — in welcher Funktion er den Stadtrichter ablöste — steigende Bedeutung zu. Vier Jahrzehnte später, nämlich 1340, wurde dann mit dem von Albrecht II. verliehenen Stadtrecht die geltende städtische Verfassung im Sinne des mittelalterlichen Rechts abgerundet. Obwohl sich das Landesfürstentum in seiner Machtposition — wenn auch im Kampf gegen ein zuweilen recht eigenwilliges Bürgertum — konsolidieren konnte, blieb es doch dabei, daß bis ins 16. Jahrhundert immer wieder Stadt*rechte* verliehen wurden, womit wenigstens formal eine Gleichberechtigung der Bürgerschaft dokumentiert und ein — beschränktes — Mitspracherecht anerkannt wurde. Diese Partnerschaft war berechtigt, denn die Stärkung der wirtschaftlichen Position der Stadt bot dem Landesfürsten unter Umständen jenen finanziellen Rückhalt, den er im Kampf gegen familiäre oder äußere Gegner benötigte. Erst als aus verschiedenen Gründen die Wirtschaftskraft der Stadt zurückging — nicht zuletzt wegen der Durchlöcherung des den Bürgern seit 1221 zugestandenen „Stapelrechtes", das heißt der Pflicht fremder Kaufleute, ihre Waren beim Passieren Wiens einheimischen Händlern zum Kauf anzubieten, wodurch diesen ein äußerst lukrativer und riskenarmer Zwischenhandel gesichert war —, rückten auch die Landesfürsten merklich von der Stadt ab: sie war für sie nicht mehr interessant genug.

Seit dem Stadtrecht Albrechts II. vom Jahre 1340 kam es im Mittelalter zu keiner grundlegenden Neubearbeitung der Stadtrechtstexte mehr. Die weiteren landesherrlichen Bestätigungen wurden in allgemeiner Form erteilt: durch Rudolf IV. 1364, durch die Herzöge Wilhelm, Leopold IV. und Albrecht IV. 1396, durch Albrecht V. 1412, durch Herzog Friedrich V. (als Kaiser III.) 1443 und durch König Ladislaus 1453. Einige Bestimmungen, die sich im Laufe der Jahrzehnte als änderungsbedürftig erwiesen hatten, unterzog man einer Novellierung, die Rechtsentwicklung blieb jedoch im großen und ganzen ruhig. Gleichzeitig mit der Bestätigung vom 15. Jänner 1396 wurden neben allen Rechten, Freiheiten und Gewohnheiten, welche die Stadt von Albrecht I. und seinen Nachfolgern erhalten hatte, in gesonderten Privilegien zwei Punkte des geltenden Stadtrechts von 1296 abgeändert beziehungsweise ergänzt; sie betreffen die Abhaltung von Jahrmärkten — die uns in diesem Zusammenhang weniger zu interessieren haben — und die Zusammensetzung des Stadtrates.

Das „Ratswahlprivileg" ist einer der bedeutendsten Marksteine der Entwicklung der Wiener Stadtverfassung und steht, formal betrachtet, am Ende eines langen Zeitraumes politischer und sozialer Umschichtungen. Sein Inhalt ist im wesentlichen folgender: Der Stadtrat, aus 18 Personen zusammengesetzt, sollte in Hinkunft zu drei gleichen Teilen aus den Kreisen der Erbbürger, der Kaufleute und der Handwerker gebildet werden; damit erhielt eine neue soziale Schichte der Bevölkerung, eben jene der Handwerker, Ratsfähigkeit zugesprochen. Weiters wurde bestimmt, daß der Bürgermeister jährlich durch die Gemeindeversammlung zu wählen sei. Das Ratswahlprivileg ist allerdings nicht nur von verfassungsgeschichtlichem, sondern auch von sozialhistorischem Interesse: ist es doch ein früher Beweis dafür, daß politische und soziale Probleme schon im Mittelalter eng miteinander verquickt waren. Im 15. Jahrhundert vollzog sich ein Strukturwandel in der Zusammensetzung der städtischen Führungsschichte. Zweifellos bildete auch weiterhin Reichtum die Voraussetzung zur Erlangung politischen Einflusses; der Unterschied lag mehr in der Art der

Schaffung dieses Reichtums. Basierte er früher — schematisch dargestellt — auf Grundbesitz, so verlagerte er sich nun auf Einkünfte aus Handelsgeschäften. Damit erklärt sich die überragende Stellung der Kaufleute im Stadtrat bis in die sechziger Jahre des 15. Jahrhunderts. Die Aufgaben des spätmittelalterlichen Stadtrates entsprachen weitgehend denen einer modernen Verwaltung; man hob Steuern und Abgaben ein, übte die Rechte der Straßen-, Sicherheits-, Bau- und Feuerpolizei aus und regelte das Marktwesen; außerdem mußte man sich im Hinblick auf die oftmalige militärische Bedrohung Wiens um die Wehrfähigkeit der Bürger und die Instandhaltung der Mauern kümmern (bis zur ersten Türkenbelagerung handelte es sich um eine durch Wehrtürme verstärkte Ringmauer).

Das nächste bedeutende Datum in der Entwicklung des Wiener Stadtrechts ist der 5. Juli 1460. An diesem Tag erfolgte die Besieglung der sogenannten *Pancarta*, mit der die Reihe der Stadtrechts„novellierungen" durchbrochen wird. Kaiser Friedrich III. bestätigte alle vorgelegten Stadtrechtsurkunden, wobei er ältere Urkunden wörtlich in den Text aufnehmen ließ: merkwürdigerweise zwar sowohl die Privilegien von 1296 und 1340 sowie das „Niederlagsprivileg" von 1281 (mit welchem wichtige handelsrechtliche Entscheidungen getroffen worden waren), nicht aber die erwähnte, zweifelsohne nachhaltig wirkende Verfassungsurkunde von 1396. Es mag sein, daß sich der Kaiser in die sozialen Entscheidungen nicht nochmals einmengen wollte — ist doch das Ratswahlprivileg die einzige Urkunde, durch die sich landesfürstlicher Einfluß auf soziale Differenzen der Bürgerschaft nachweisen läßt.

Zwei allgemein gehaltene Bestätigungen runden die Entwicklung des 15. Jahrhunderts ab: die eine entstammt dem Jahre 1488 (ausgestellt von Matthias Corvinus während der Besetzung Wiens durch die Ungarn), die andere dem Jahre 1490 (nach der Wiedereinnahme Wiens von König Maximilian ausgefertigt).

Den Ausklang der mittelalterlichen Entwicklung stellt das Stadtrecht vom 20. November 1517 dar, das bereits stark reformistische Züge aufweist. Maximilian I. schuf es nicht gänzlich neu, doch wurde das „alte" Stadtrecht in entscheidenden Punkten verändert und streckenweise völlig abweichend interpretiert. Die Tendenz des Landesherrn, die Rechte möglichst in seiner Hand zu vereinigen, führte auch zu einer unmittelbaren Einflußnahme auf die Bürgermeister- und Ratsherrenwahlen. Hand in Hand mit der Entmachtung des Bürgertums und der Abhängigkeit der städtischen Funktionäre gingen die Ausbildung der Residenz, der Zuzug vieler Hofämter sowie die Ansiedlung zahlreicher Adeliger und geistlicher Herren. Ein Jahrhundert lang stand Wien in hartem Konkurrenzkampf mit Prag; dann entschied sich Kaiser Matthias für Wien, und seither blieb die Wiener Hofburg, welche im 16. und 17. Jahrhundert prunkvoll erweitert wurde, der bevorzugte habsburgische Herrschersitz.

Wenn man vom Übergang des Mittelalters in die Neuzeit spricht, darf man sich in Wien nicht an weltgeschichtliche Zäsuren halten. Hierzulande ist weniger die Entdeckung Amerikas relevant, sondern viel eher die von Ferdinand 1526 erlassene Stadt*ordnung*, die im Zusammenhang mit den Umwälzungen nach dem Tode Maximilians I. (1519) und dem niedergeschlagenen Aufstand der

Bürgerschaft unter Bürgermeister Dr. Martin Siebenbürger (1522) verstanden sein will. Berücksichtigt man die von Maximilian initiierte Weichenstellung, dann bedeutet diese Ordnung verfassungshistorisch das Ende des „Wiener Mittelalters". Die Konsequenzen lagen klar auf der Hand: Degradierung des Bürgermeisters und Stadtrates zu treuen (das heißt abhängigen) Gefolgsleuten des Herrschers und endgültige Eliminierung der Stadt als selbständiger Machtfaktor in mittelalterlichem Sinne.

Das Alte Rathaus als Sitz der Verwaltung

Während wir über die Frühzeit der Burg gut unterrichtet sind — sie wurde unter Přemysl Ottokar II. vom Platz Am Hof an den Südrand der erweiterten Stadt verlegt und bildet, in der Gotik und Renaissance stark verändert, als Schweizer Trakt noch heute den Kern der Hofburg —, wissen wir über ein Rathaus der Bürgerschaft lange Zeit hindurch nichts Konkretes. Das Rathaus ist in seiner Existenz nicht unbedingt an den Bürgermeisterposten gebunden; auch der seit 1221 amtierende Stadtrat und der ihm vorstehende Stadtrichter benötigten Räumlichkeiten für Beratungen und Amtstage.

Hinsichtlich der Frühgeschichte eines Rathauses sind wir auf dürftige Nachrichten und wissenschaftliche Hypothesen angewiesen. Ob es Vorgängerbauten gegeben hat — seien sie Unter den Tuchlauben, in der Wollzeile oder am Graben zu suchen —, muß offenbleiben; alle drei Örtlichkeiten können einiges für sich ins Treffen führen: um 1000 befand sich an der Straßengabelung der Tuchlauben und Kühfußgasse einer der ältesten Marktplätze, um 1100 entwickelte sich zwischen Wollzeile und Fleischmarkt die älteste Vorstadt, und der Graben war um 1190 das vornehme Zentrum des Stadterweiterungsareals. Ebensogut ist es aber möglich, daß die Ratssitzungen in den Privathäusern distinguierter Ratsherren abgehalten wurden. Gesichert ist erst jenes Gebäude in der Salvatorgasse, an dessen Stelle sich heute die Salvatorkapelle befindet; hier waren bereits spätestens zu Beginn des 14. Jahrhunderts städtische Verwaltungsdienststellen untergebracht.

Den Ausgangspunkt für die weitere Entwicklung bildet eine Urkunde, die König Friedrich der Schöne am 12. Mai 1316 in Judenburg besiegelt hat und mit welcher er den Bürgern das ihrem bisherigen Rathaus benachbarte Gebäude schenkte; er hatte es etliche Jahre zuvor mit anderem Besitz der in eine Verschwörung gegen ihn verwickelten Brüder Otto und Haimo von Neuhaus beschlagnahmt. Das am Rande der Judenstadt gelegene Haus ist das Kernstück des heutigen Alten Rathauses.

Über das erste Jahrhundert seines Bestehens sind wir nicht sehr gut unterrichtet. Erst 1435 werden der Rathausturm und ein Rathaussaal erwähnt. Man muß sich das Rathaus zu diesem Zeitpunkt als einen Bau in der Art mittelalterlicher Herrenhäuser vorstellen, die meist zweistöckig gebaut waren und einen Turm besaßen. 1455 erhielt Lorenz Spenyng einen kleinen Geldbetrag für die Ausarbeitung eines Planes zu einem Erweiterungs- oder Neubau, der allerdings nicht zur Ausführung gelangte. Die Raumverhältnisse waren unbefriedigend. So stand damals im Rathaus nicht einmal ein Saal zur Verfügung, in welchem Empfänge oder Festlichkeiten abgewickelt werden konnten, weshalb man sich für diese Zwecke der Häuser vermögender Bürger bediente. Der einzige Saal, den das Rathaus besaß, wurde, solange ein städtisches Zeughaus fehlte, als Waffenkammer benützt.

Schon frühzeitig werden wichtige Ämter erwähnt, die im Rathaus ihren Sitz hatten. So erfahren wir 1444 von der Stube des Stadtschreibers, des höchsten Beamten der mittelalterlichen Verwaltung, 1455 von der Stube des Steueramtes und bald darauf auch von der Unterbringung des Grundbuchsamtes. 1449 erhielt das Rathaus ein Ziegeldach; damit realisierte die Stadt sehr frühzeitig an ihrem eigenen Verwaltungsgebäude eine feuerpolizeiliche Schutzmaßnahme, die sie später auch von privaten Besitzern forderte.

Immer wieder verzeichnen die Rechnungsbücher größere und kleinere Ausgaben für den Amtsbetrieb; sei es beispielsweise 1476 ein *polsterziechen, darauf der burgermaister sitzet*, oder eine Glocke, die der Bürgermeister als Vorsitzender des Rates benützte. 1463 wurden die Geschütze und Waffenvorräte aus dem Rathaus entfernt und in einem eigenen Zeughaus untergebracht (zunächst auf dem nahegelegenen Hohen Markt, ein Jahrhundert später Am Hof), 1466 werden Ausbesserungen an der Einrichtung der Bibliothek erwähnt, 1477 erfahren wir von der Reparatur von acht Wappengläsern in der Ratsstube.

Die Ratsstube war im Mittelalter einer der wichtigsten Räume für die städtische Verwaltung. Ursprünglich im Trakt an der Salvatorgasse gelegen, geht ihre Einrichtung ohne Zweifel auf die älteste Anlage des Rathauses zurück; schriftliche Nachweise lassen sich allerdings für das 14. und frühe 15. Jahrhundert nicht erbringen. 1613 kaufte der Stadtrat von einem italienischen Handelsmann namens Peter Zeffer karmesinrote Tapeten zur Verkleidung der Wände, und 1629 wurden ähnliche Anschaffungen getätigt (diesmal ist es *gulden leder*). 1671 ist dann erstmals von einer neuen Ratsstube in dem der Wipplingerstraße zugekehrten Trakt des weitläufig gewordenen Baues die Rede. Dieser Verlegung war ein größerer Umbau vorangegangen. Um die Mitte des 17. Jahrhunderts hatte man zwischen dem älteren Trakt in der Salvatorgasse (in dem damals die Stadtkanzlei und das Grundbuchsamt untergebracht waren) und dem Trakt in der Wipplingerstraße einen Verbindungsgang über offenen Arkaden hergestellt. Zu gleicher Zeit dürfte der das Dach überragende Teil des alten Rathausturmes abgetragen worden sein, da der Unterkämmerer 1649 den Auftrag erhielt, dessen bedenklich gewordenen Bauzustand zu untersuchen.

Die Stadtordnung von 1526 führte dazu, daß man dem Rathaus nicht mehr jene Beachtung schenkte, die ein solcher Bau an sich verdient hätte. Man baute unansehnlich, ja geradezu armselig, künstlerisch ohne jedes Gepräge. Erst nach der zweiten Türkenbelagerung änderte sich die Einstellung. In und um Wien kam es zu einer außerordentlichen Belebung der Bautätigkeit, selbst die Regierung schenkte dem Bauwesen größere Aufmerksamkeit, vor allem trug aber der Adel durch die Errichtung zahlreicher Sommerpalais in den Vorstädten zugleich mit der Befriedigung seines eigenen Luxusbedürfnisses zur Verschönerung der Stadt bei. Damit setzte vehement jene barocke Bauperiode ein, die Hof und Bürgerschaft mitriß. Auch die Stadtverwaltung konnte — oder wollte — sich nicht ausschließen. So erstand das Rathaus in seiner heutigen Gestalt.

Mit der Neuordnung des Magistrats unter Joseph II. (1783) wurden die Geschäfte der zentralen Verwaltung und der ihr unterstehenden Ämter beträchtlich ausgeweitet. Jahrzehntelang bemühte man sich um eine Verbesserung der Amtsräume, doch erst in den vierziger Jahren des 19. Jahrhunderts kam es zu einer echten Sanierung. Wenige Jahre später änderte sich aufgrund des Gemeindestatuts (1850) die Situation: während durch jene Ämter, die seither vom Staat geführt werden, Räume freigegeben wurden, meldete die Gemeindevertretung für das Präsidium, die Sektionen und die Plenarsitzungen ihre Ansprüche an. Die Büros wurden in den Räumen der bisherigen Gerichtsbehörden eingerichtet; für den Gemeinderat mußte erst eine Lösung gesucht werden, weshalb die Sitzungen anfangs im niederösterreichischen Landhaus, dann im Landesgerichtsgebäude abgehalten wurden.

Die Ratssäle konnten den Anforderungen der neuen Zeit nicht mehr genügen. Seit 1671 befand sich die Ratsstube wahrscheinlich dort, wo später die Sitzungssäle des Inneren und Äußeren Rates untergebracht waren. Zu Beginn des 18. Jahrhunderts grundlegend renoviert, benützt sie derzeit die Zentralsparkasse der Gemeinde Wien für kulturelle Veranstaltungen. Die für den großen Ratssaal 1712 von Johann Michael Rottmayr geschaffenen Deckengemälde befinden sich heute im Grünen Saal des (neuen) Rathauses.

Als Kaiser Franz Joseph I. die Stadterweiterung dekretierte, wurde auch der Neubau eines „Stadthauses" in die Projektierung einbezogen. In den Entwürfen berücksichtigte man — im Gegensatz zum Alten Rathaus — von Anfang an eine Bürgermeisterwohnung. Im Mittelalter und in der frühen Neuzeit war dieses Problem nicht aktuell gewesen, weil die Bürgermeister über eigene Häuser verfügten, in denen sie nicht nur wohnten, sondern teilweise sogar amtierten. Erst im 18. Jahrhundert stand erstmals die Frage einer Dienstwohnung für den Bürgermeister zur Diskussion, und seither stellte man jenen Amtsträgern, die darauf Wert legten, eine Wohnung im städtischen Gebäude Am Hof 9 zur Verfügung.

Das Bürgermeisteramt als landesfürstliche Behörde

Wie wir gesehen haben, vollzog Kaiser Maximilian I. den entscheidenden Schritt, aus dem Vorsteheramt der freien Bürgergemeinde einen vom Landesfürsten abhängigen Funktionär zu machen. Wohl blieb es dabei, daß die 200 Genannten jährlich am 21. Dezember zur Wahl der Ratsherren und des Bürgermeisters zusammentraten, doch nahm der Landesfürst sein Bestätigungsrecht rigoros in Anspruch. Der jedes Jahr neugewählte Bürgermeister durfte nach Ablauf seines Amtsjahres drei Jahre lang nicht wiedergewählt werden. Dem neugewählten Bürgermeister fiel die Aufgabe zu, gemeinsam mit dem Stadtrat die Zahl der Genannten *mit andern tauglichen, verstendigen, geschickten und wol erkennten erlichen personen* auf die erforderliche Zahl von 200 zu ergänzen. Im Hinblick auf

die bei der Auswahl des Bürgermeisters angewandte Vorsicht konnte der Herrscher gewiß sein, daß diese Ergänzung in seinem Sinne erfolgte, womit sich — da die Genannten wiederum Rat und Bürgermeister wählten — der Kreis in einer für den Landesfürsten recht akzeptablen Art schloß.
Eine weitere Verschärfung der Überwachung ergab sich nach dem Tode Maximilians. Am 10. September 1520 erließ Karl V. ein Mandat, das die Vornahme der Neuwahl von Bürgermeister und Rat in Gegenwart und unter Aufsicht von drei kaiserlichen Kommissären vorschrieb. Die erhoffte Wirkung blieb aus: die Genannten ließen sich nicht einschüchtern, mußten aber ihren Mut zwei Jahre später mit dem Verlust ihrer Existenz als verfassungsmäßige Körperschaft bezahlen. Am 16. August 1522 wurden sie ihrer bisherigen Freiheiten und Privilegien verlustig erklärt, am 4. Oktober erfolgte zugleich mit den Hausgenossen ihre endgültige Eliminierung. Damit verschwanden zwei einflußreiche Körperschaften aus dem Wiener Rechts- und Wirtschaftsleben. Die Genannten, ursprünglich nur Zeugen bei Rechtsgeschäften, lösten spätestens 1408 den Äußeren Rat (der in manchen Quellen auch schon in den neunziger Jahren des 14. Jahrhunderts erwähnt wird, ohne daß diese Frage eindeutig geklärt werden könnte) in seiner Funktion ab. Sie erfüllten — in der Regel in Zusammenarbeit mit dem Rat und Vertretern der Gemeinde — wichtige Aufgaben der allgemeinen Verwaltung, der Finanzverwaltung und der Rechtspflege, vertraten aber auch die Interessen der Stadt auf Gesandtschaftsreisen. Den Höhepunkt ihrer Bedeutung erlangten sie während der Wirren um die Mitte des 15. Jahrhunderts. Ganz anderer Art waren die Münzer-Hausgenossen, deren Angehörige, reiche Bürger, die eine „Hausgenossenschaft" käuflich erwerben konnten, für die Metallbeschaffung und Münzprägung verantwortlich waren und aus diesem Amt reichen Gewinn schöpften; sie besaßen im hochmittelalterlichen Wien eine beachtliche wirtschaftliche Kapazität.
Mit der Stadtordnung vom 12. März 1526 stellte Erzherzog Ferdinand die Wiener Stadtverfassung auf eine völlig neue Grundlage. Alle nachfolgenden Privilegien sind lediglich Bestätigungen des „Ferdinandeums". Teilweise übernehmen sie dessen Text wörtlich — so Maximilian II. 1564 und Leopold I. 1657 —, teilweise sind sie ganz allgemein gehalten (Rudolf II. 1578, Matthias 1613, Ferdinand II. 1621 und Ferdinand III. 1638). Eine Reihe von Detailordnungen klärte oder kommentierte Einzelfragen: so kümmerte sich Ferdinand I. 1564 in einer dem Stadtanwalt erteilten Instruktion um die Handhabung der polizeilichen Ordnung, und 1566 erließ Maximilian II. eine Schrannenordnung, um Kompetenzstreitigkeiten zwischen Stadtrat und Stadtgericht zu beenden. Besonderen Einblick in die Verhältnisse der Verwaltung gewähren die Instruktionen für städtische Ämter, von denen sich eine ganze Anzahl erhalten haben, so eine sehr aufschlußreiche Grundbuchsinstruktion Maximilians II. aus dem Jahre 1566, weiters jene Verfügungen, welche sich ausdrücklich mit der Amtstätigkeit von Bürgermeister und Stadtrichter beschäftigen. Zu letzteren gehört beispielsweise die Verfügung Ferdinands I. vom 3. Oktober 1561, nach welcher künftig weder Bürgermeister noch Stadtrichter länger als zwei Jahre ununterbrochen ihre Ämter ausüben durften. Über die Tätigkeit sind wir im einzelnen unterrichtet, unter anderem auch durch ein Schreiben, das 1525 der bekannte Humanist und Stadtanwalt Dr. Johannes Cuspinian an den Markgrafen von Brandenburg richtete. Dem Bürgermeister fielen alle bürgerlichen Rechtsangelegen-

heiten zu, der Stadtrichter übte den Blutbann in Kriminalsachen, und der Anwalt war das Kontrollorgan der Regierung. An drei Tagen hielten die Ratsherren im Rathaus öffentliche Sitzungen ab, an den übrigen drei Wochentagen amtierte der Stadtrichter in der Bürgerschranne. Während dieser in Kriminalsachen weitgehende Vollmachten besaß, war der Bürgermeister in Zivilsachen der Kontrolle des Stadtanwalts unterworfen.

Durch die Stadtordnung Ferdinands wurde ein Jahr später eine andere Regelung getroffen. Hundert vertrauenswürdige Bürger hatten die gesamte Verantwortung zu tragen. Aus ihnen wurden zwölf zu einem Inneren Rat zusammengefaßt, weitere zwölf zu Stadtgerichtsbeisitzern bestellt, und die restlichen 76 bildeten den Äußeren Rat. Die Aufnahme in das Gremium der Stadtgerichtsbeisitzer war die Voraussetzung für den Aufstieg in den Inneren Rat. Wir können es zwar nicht mit Sicherheit behaupten, aber es ist doch anzunehmen, daß die Bestellung der ersten hundert Personen durch den Landesfürsten erfolgte. Nach wie vor blieb es dabei, daß an dem schon traditionellen 21. Dezember die Ergänzungswahlen stattfanden. Ebenso verblieb es dabei, daß der Innere Rat den Äußeren und der Äußere den Inneren wählte, die Wahlzettel aber — die auch den eigenen Namen aufzuweisen hatten — den dazu verordneten landesfürstlichen Kommissären auszuhändigen waren und der Landesfürst nach eigenem Gutdünken seine Auswahl traf.

Auch die Bürgermeisterwahl fand am Thomastag statt. Selbstverständlich galten für den Bürgermeister dieselben Bedingungen wie für ein Mitglied des Inneren Rates: er mußte ein *behauster* Bürger sein, das heißt ein Haus besitzen, und durfte kein Handwerk ausüben. Eine besondere Stellung nahm er gegenüber dem Äußeren Rat ein, der nur mit seiner ausdrücklichen Einwilligung in einem im Rathaus zur Verfügung gestellten Lokal seine Versammlungen abhalten konnte. Aus dem Äußeren Rat wurden einige städtische Ämter besetzt: die Posten des Spitalmeisters, der Kirchmeister zu St. Stephan, St. Michael und Maria am Gestade, des Brückenmeisters, der Raitpersonen (*rait* = Rechnung) sowie einiger Steuer- und Grundbuchsaufsichtsbeamten. Vielleicht steht es mit dieser Regelung im Zusammenhang, daß dem Bürgermeister vorgeschrieben war, er müsse sich im besonderen auch um die Kontrolle der Spitäler kümmern, diese alle vierzehn Tage visitieren, dafür sorgen, daß jeder Bedürftige in diese aufgenommen werde und für die Kranken stets ein Arzt zur Hand sei. Außerdem hatte er darauf zu sehen, daß jene, deren Zustand sich gebessert hatte, wieder entlassen würden.

In Abänderung bestehender Bestimmungen verordnete Kaiser Ferdinand I. am 3. Oktober 1561, daß künftig weder der Bürgermeister noch der Stadtrichter länger als zwei Jahre in ihrem Amt verbleiben dürfen; nach zweijähriger Unterbrechung war jedoch eine Wiederwahl möglich. Damit wurde lediglich ein Gewohnheitsrecht legalisiert, denn seit 1532 hatte sich im allgemeinen ein zweijähriger Rhythmus eingebürgert. Es erscheint kaum glaublich, daß die neue Bestimmung tatsächlich rund vier Jahrzehnte strikte eingehalten und erst durch die vierjährige Amtszeit Augustin Haffners (1604—1607) durchbrochen wurde, fiel dann allerdings mit den mehrfachen Bestellungen von Bürgermeister Daniel Moser endgültig der Vergessenheit anheim. Mitte des 16. Jahrhunderts muß es zu verschiedenen Mißbräuchen bei den Bürgermeisterwahlen gekommen sein, denn 1556 fühlte sich Ferdinand bemüßigt, allen jenen mit empfindlichen Strafen zu drohen, die mit Hilfe guter Worte und teurer Geschenke Stimmen zu gewinnen trachteten. Erst ein Jahrhundert später, im Jahre 1665, verfügte Kaiser Leopold I., daß die Bürgermeisterwahlen geheim durchzuführen seien.

Anläßlich der Ratswahlen des Jahres 1731 traf Kaiser Karl VI. insofern eine neue Regelung, als er dekretierte, Bürgermeister und Stadtrichter hätten alle zwei Jahre ihre Stellen zu tauschen. Gleichzeitig ordnete er an, beide hätten in gemeinschaftlichem Einvernehmen das städtische Wirtschaftswesen zu leiten, das Stadtbanko zu besorgen und die städtischen Ämter zu kontrollieren. Bereits 1737 kam es zum Widerruf dieser Bestimmung: mit der endgültigen Aufnahme der Geschäfte durch die Stadt Wiener Wirtschaftskommission wurde dem Stadtrichter in wirtschaftlichen Fragen der Gemeinde keine Stimme mehr zugebilligt, sodaß seither Bürgermeister und Rat die ausschließliche Verantwortung für ökonomische und politische Angelegenheiten zu tragen hatten, wogegen der Stadtrichter — ebenso ausschließlich — für strafgerichtliche Erkenntnisse zuständig war. Diese Kompetenzentrennung muß als ein bedeutsamer Schritt in der Verfassungsentwicklung angesehen werden; sie wurde ein halbes Jahrhundert später durch die Josephinische Magistratsordnung präzisiert.

Werfen wir in diesem Zusammenhang einen Blick auf die Einkommenslage der Bürgermeister. Die städtischen Amtspersonen erhielten für ihre Dienstleistung eine Besoldung, die in den Oberkammeramtsrechnungen genau verzeichnet ist. Bürgermeister, Stadträte und der Stadtschreiber bezogen neben ihrer *ordinari besoldung* auch Pauschalbeträge für die Anschaffung der Hof- und Weihnachtskleidung sowie das sogenannte Hausengeld, das für den Kauf von Fischen zur Fastenzeit Verwendung finden sollte. Um die Mitte des 16. Jahrhunderts handelte es sich — in konkreten Zahlen ausgedrückt — um 32 Gulden als Grundgehalt und um 67 Gulden an außertourlichen Zuwendungen: alles in allem kein sonderlich hoher Betrag. Da die Bürgermeister zweifelsohne mit diesem Geld kaum den nötigsten Lebensunterhalt hätten bestreiten können, darf man annehmen, daß sich die mittelalterliche Gepflogenheit, nur solche Bürger in die höchsten Ämter zu berufen, die infolge ihres Besitzes finanziell unabhängig waren, noch erhalten hatte. Im Laufe des 17. Jahrhunderts beurteilte man die Tätigkeit der höchsten Amtsträger bereits anders. Um 1650 war die ordentliche Besoldung des Bürgermeisters auf 500 Gulden angestiegen, zu denen — in Form eines sogenannten *Ratskompenses* — weitere 800 Gulden hinzukamen. Diese Neuregelung dürfte die Reaktion darauf gewesen sein, daß die städtischen Funktionäre mehr und mehr zur Selbsthilfe gegriffen und sich eigenmächtig Zulagen verschafft hatten; so erhielt beispielsweise der Bürgermeister als Zubuße die Einnahmen aus dem Weingroschen zugesprochen. 1635 versuchte die Regierung zwar diese Zuschüsse zu eliminieren, mußte sich aber bereits 1638 offensichtlich dem Argument beugen, daß die Ämter ohne entsprechende Aufbesserung der Bezüge nicht mehr ordnungsmäßig geführt werden könnten. Seit 1575 war es auch üblich geworden, dem Bürgermeister zum neuen Jahr einen goldenen Ratspfennig und seiner Gattin ein „Opfergeld" zu überreichen. Diese Regelung kam jedoch vor allem der Stadtkasse zugute, denn zugleich wurden die üblichen Geschenke an

Ansicht der Stadt Wien von Süden, um 1470

34

Ansicht der Stadt Wien von Norden, um 1490

Fischen, Wein und Konfekt eingestellt. Wir werden von Fall zu Fall sehen, daß man dem Bürgermeister für besondere Dienstleistungen außerordentliche Remunerationen zubilligte, die in den Rechnungsbüchern in der Ausgabenrubrik *Auf Schank und Verehrung* aufscheinen. Bis zur Mitte des 18. Jahrhunderts paßte man auch die Grundbezüge den Erfordernissen der Zeit an und billigte dem Bürgermeister den ansehnlichen Betrag von 4000 Gulden jährlich zu. Darüber hinaus suchte man ihm auch anderweitig Einkünfte zu verschaffen. Seit der Gründung der Stadtbank (1705) übten die Bürgermeister Funktionen in diesem Institut aus, und bald ging man dazu über, den aus ihrem Amt ausscheidenden Bürgermeistern leitende Posten in diesem Unternehmen zu übertragen.

In der maria-theresianischen Zeit kam es 1749 vor allem in wirtschaftlichen Belangen zu einem noch verschärften Eingreifen der zentralen Verwaltung, die sich in den fünfziger Jahren auch auf den politisch-administrativen Sektor ausdehnte. Unter Bürgermeister Dr. Peter Joseph Kofler erreicht die Abhängigkeit vom absolutistischen Staat im 18. Jahrhundert einen ersten Höhepunkt. Bürgermeister und Stadtrat hatten sich aber an diese Überwachung bereits so sehr gewöhnt, daß nicht einmal Proteste laut wurden. Im Gegenteil: als Joseph II. Ende der siebziger Jahre daranging, der Stadt durch eine Reorganisation der Verwaltung auch den letzten Schein von Selbstverantwortung zu nehmen, war der Sinn für bürgerliche Freiheit schon derart zum Erliegen gekommen, daß diese Absicht nicht nur keinen erkennbaren Widerstand in der Bürgerschaft auslöste, sondern der Kaiser in der Person Josef Georg Hörls sogar einen Bürgermeister fand, der ihn in seinen Bestrebungen mit erstaunlicher Bereitwilligkeit unterstützte.

Magistrat und Bürgermeisteramt als Behörde des zentralistischen Staates

Der Magistrat wurde durch die am 16. August 1783 von Joseph II. dekretierte Verwaltungsreform eine der Regierung nachgeordnete, weisungsgebundene Exekutivbehörde. Stadtanwalt und Stadtgericht verschwanden für immer, der Stadtrat für viele Jahrzehnte, und als er wieder ins Leben trat, hatte er andere Funktionen zu erfüllen. Der Schwerpunkt der Verwaltungsarbeit verlagerte sich aus den politischen Körperschaften in den Magistrat, der dazu ausersehen war, Josephs zentralstaatliche Ideen auf kommunalem Gebiet zu realisieren und dafür zu sorgen, daß den Rechten des Herrschers kein Abbruch geschah. Damit erfüllte er praktisch jene Aufgaben, die der ausschließlich im Auftrag und Interesse des Landesfürsten tätig gewesene Stadtanwalt ausgeübt hatte. In kurzer Zeit war der von Joseph initiierte Prozeß, der mit der völligen Eingliederung der Stadt Wien in den straffen Behördenapparat des absolutistischen Staates endete, abgeschlossen.

Bis 1850 amtierte der Magistrat als Organ der Stadtverwaltung in drei Senaten, wobei der Bürgermeister jenem *in publico-politicis et oeconomicis* persönlich vorstand, wogegen die beiden anderen Senate seinen beiden Vertretern unterstanden, die den Titel Vizebürgermeister führten. Wenn auch der neugeschaffene „Magistrat der Haupt- und Residenzstadt Wien" bei oberflächlicher Betrachtung dadurch, daß Stadtgericht und Stadtrat gänzlich in ihm aufgingen, eine kolossale Machterweiterung erfuhr, so kam diese doch keineswegs dem Bürgermeister oder der Bürgergemeinde zugute, sondern die Konzentration erleichterte vor allem die Überwachung und Lenkung des gesamten Verwaltungsapparates durch die Regierung. Selbstverständlich wird man im Wortlaut des Gesetzes vergeblich nach einem Hinweis suchen, daß der Magistrat „landesfürstlich" gewesen sei, aber de facto kann man keine andere Bezeichnung wählen. Wie zu früheren Zeiten die Mitglieder des Inneren und Äußeren Rates oder die Inneren Räte und Stadtgerichtsbeisitzer sich wechselweise gewählt hatten, so ging es nun mit den neugeschaffenen Gremien vor sich. Der Bürgerausschuß, der an die Stelle eines Äußeren Rates trat, wurde durch den Magistrat ergänzt, der Magistrat hingegen fand seine Bestellung durch den Bürgerausschuß; beide Wahlen unterlagen der Bestätigungspflicht seitens des Hofes.

Bei aller Reformfreudigkeit ging Joseph hinsichtlich des Bürgermeisteramtes mit erstaunlicher Vorsicht ans Werk. Wenigstens nach außen hin wollte er keine allzu starken Eingriffe erkennen lassen. Obwohl der Bürgermeister in Kaiser Josephs Verwaltungskonstruktion nur ein weisungsgebundenes Amt verwaltete und ihm darüber hinaus keinerlei politische Bedeutung zufiel, wurde seine Wählbarkeit nicht angetastet. In der Praxis war dieses Entgegenkommen allerdings bedeutungslos, weil das Recht, aus einer zu dieser Zeit sechs Namen umfassenden Vorschlagsliste die geeignetste Persönlichkeit auszuwählen, dem Herrscher hinlänglichen Einfluß sicherte.

Am 21. April 1788 bestimmte dann der Kaiser, der Bürgermeister sollte nach Ablauf einer vierjährigen Amtsperiode entweder bestätigt oder neu gewählt werden. Josephs zweiter Nachfolger, sein mit 24 Jahren auf den Thron gekommener Neffe Franz II., ging einen Schritt weiter, als er 1793 verordnete, die Bürgermeister hätten in Hinkunft ohne weitere Wahl oder Bestätigung so lange im Amt zu verbleiben, als es ihre körperliche und geistige Leistungsfähigkeit zulasse, gegebenenfalls also ihr Amt lebenslänglich auszuüben. Zu diesem Zeitpunkt hatte — seit genau zwanzig Jahren — Josef Georg Hörl, der bereits im 71. Lebensjahr stand, den Bürgermeisterposten inne. Dieser Umstand hätte dem Kaiser und seinen Ratgebern eigentlich zu denken geben sollen. Tatsächlich erwies sich rund ein Jahrzehnt später, daß die Entscheidung nicht glücklich gewesen war: die Regierung mußte sich nämlich entschließen, Hörl im Alter von 82 Jahren von seinem Posten abzuberufen. Franz II. wollte 1793 in seinem Eifer am liebsten überhaupt die Wählbarkeit der Bürgermeister aufheben. Dabei stieß er jedoch — offenbar zu seiner Überraschung — auf so energischen Widerstand seitens der Bürgerschaft, die sich dieses letzte — wenngleich weitgehend formale — Recht unter keinen Umständen entziehen lassen mochte, daß er sich wohl oder übel entschließen mußte, dem in einer Petition niedergelegten Wunsch nach Beibehaltung des Vorschlagsrechtes zu entsprechen. Wenn in der Frage der Bürgermeisterwahl ein Funke bürgerlichen Willens erkennbar wird, so konnte dieser mehr als bescheidene Erfolg doch am Prinzipiellen nichts ändern; wenige Jahre danach drang die Regierung sogar mit ihrer Forderung durch, daß ihr der Bürgermeister laufend Berichte über die Magistratsverhandlungen zu liefern habe, womit die Überwachung neuerlich ein Stückchen vorangetrieben wurde.

Unter Hörls Nachfolger Wohlleben (1804—1823) kam es zu keiner Beruhigung — im Gegenteil, die Bevormundung war wider alles Erwarten immer noch steigerungsfähig. Daß man dem Bürgerausschuß das Recht entzog, die Magistratsräte und Vizebürgermeister zu wählen, gehört in diesem Zusammenhang eher zu den untergeordneten Angelegenheiten. Unangenehmer wurde registriert, daß die Regierung die Währungskrise von 1811 dazu benützte, in der Folge die Vermögensgebarung der Stadt zu überprüfen und diese 1819 sogar einer ständigen Regierungskontrolle zu unterwerfen. Seither machten die Eingriffe der Regierung nicht einmal vor sekundären städtischen Entscheidungen halt. Die eigentliche Tragik lag in einer unbeabsichtigten Nebenwirkung: der Magistrat wurde in den Augen der Bevölkerung in höchstem Maße diskriminiert, denn diese sah natürlich in der ständigen Überwachung den Beweis dafür, daß mit der Verwaltung manches nicht in Ordnung sei.

Spätestens in den zwanziger Jahren des 19. Jahrhunderts wäre ein starker Bürgermeister vonnöten gewesen, der Kraft und Mut aufgebracht hätte, sich gegen die Maßnahmen der Regierung entschieden zur Wehr zu setzen, aber auch der Bevölkerung klarzumachen, daß sie sich mit ihren dauernden Verdächtigungen und Beschuldigungen selbst einen schlechten Dienst erwies. Die oftmalige Kritik an der Verwaltung — sei sie von Fall zu Fall berechtigt oder unberechtigt gewesen — mußte zwangsläufig dazu führen, daß die Regierung erst recht aufhorchte und zu immer neuen Überwachungen schritt. So begann sich eine Spirale in Bewegung zu setzen, deren Ende man kaum abschätzen konnte.

Bürgermeister Wohlleben ist 1823 während seiner Amtszeit gestorben. Zu seinem Nachfolger wurde mit Anton Lumpert ein Beamter gewählt, dem die Subordination nicht unbekannt war; unerfahren in bürgermeisterlichen Geschäften und daher in allen seinen Entscheidungen von besonderer Ängstlichkeit, dürfte es ihm gar nicht in den Sinn gekommen sein, sich dem Status eines landesfürstlichen Beamten zu entziehen. Damit wurde aber der Bogen überspannt, denn die Bevölkerung war nicht mehr gewillt, einen Bürgermeister dieser Art zu respektieren. Als sich zudem die Mißstände in der Verwaltung häuften, war nicht einmal die Regierung in der Lage, ihren Schützling auf seinem Posten zu halten, und veranlaßte ihn 1834 — er stand damals bereits im 77. Lebensjahr — zum freiwilligen Rücktritt. Nach dem „Intermezzo" des Beamten Anton Leeb (1834—1837) kam mit Ignaz Czapka die jüngere Generation zum Zuge, doch war die Katastrophe trotz ernstlicher Bemühungen nicht mehr abzuwenden. Daß Czapka im letzten Jahrzehnt vor der Revolution das Amt innehatte und außerdem während der Revolutionstage im März 1848 eine eher unrühmliche Rolle spielte, hat seine administrativen Verdienste in der Gesamtbeurteilung zurücktreten lassen; entscheidend für die Entwicklung war, daß es auch ihm nicht gelang, eine Aufwertung des Bürgermeisteramtes gegenüber dem Kaiser zustandezubringen.

Die wirtschaftlichen und sozialen Schwierigkeiten, die in den vierziger Jahren in immer stärkerem Maße deutlich wurden, mündeten in die Revolution des Jahres 1848, von der sich fortschrittliche Kreise eine Änderung des Regimes und eine Stärkung der Stellung des Bürgermeisters erwarteten. Sie sollten vorderhand enttäuscht werden.

Bürgermeisteramt und Verfassungsentwicklung bis zum Ersten Weltkrieg

Um die Mitte des 19. Jahrhunderts fielen nach der Revolution von 1848 Entscheidungen, welche die nächsten Jahrzehnte richtungweisend beeinflußten. Zivil- und Kriminalgericht wurden aus dem Wirkungsbereich des Magistrats ausgeschieden, die privaten Grundherrschaften aufgehoben; die Provisorische Gemeindeordnung vom 9. März 1850 verfügte die Eingemeindung der 34 innerhalb des Linienwalls gelegenen Vorstädte. Der Wiener Gemeinderat, der im Rahmen der durch Wahlkörper fixierten Beschränkungen von der „gesamten" Bürgerschaft frei gewählt wurde, setzte sich aus 120 Mitgliedern zusammen, von denen je 40 einem der drei Wahlkörper angehörten. Im § 41 legte die Gemeindeordnung auch die Modalitäten der Bürgermeisterwahl fest, wobei bestimmt wurde, der Bürgermeister sei vom Gemeinderat nach dessen Konstituierung aus seiner Mitte zu wählen. Sämtliche Gemeinderatsmitglieder hatten dieser Wahl beizuwohnen; jene, die ohne Entschuldigung der Sitzung fernblieben oder diese vorzeitig verließen, wurden ihres Amtes verlustig erklärt und konnten in der laufenden Wahlperiode nicht wieder gewählt werden. Die Wahl fand nur statt, wenn mindestens zwei Drittel der Gemeinderäte anwesend waren, erfolgte jedoch mit einfacher Mehrheit der Gesamtzahl der Gemeinderatsmitglieder.

Ungeachtet einer eventuell kürzeren Dauer seines Gemeinderatsmandates sollte der Bürgermeister drei Jahre im Amt bleiben; sehr bald erwies sich diese Bestimmung allerdings als fiktiv, denn in den Jahren des Neoabsolutismus erhielt Bürgermeister Seiller den Auftrag, auch ohne Bestätigung durch Neuwahlen im Amt zu bleiben. Dem Bürgermeister standen zwei Stellvertreter zur Seite, von denen ihn einer im Verhinderungsfall zu vertreten hatte.

Die Wahl des Bürgermeisters unterlag, wie im § 43 ausdrücklich verankert war, der Bestätigung durch den Kaiser. Allerdings wurde nun nicht mehr, wie es vor 1848 der Fall gewesen war, eine Liste mit mehreren (zuletzt fünf) Namen vorgelegt, sondern ausschließlich der vom Gemeinderat Gewählte vorgeschlagen. Bis zum Ende des Ersten Weltkrieges kam es in nur einem einzigen Fall zur Verweigerung der kaiserlichen Bestätigung, und auch diese Weigerung war nur zeitlich begrenzt. Nach erfolgter Bestätigung hatte der Bürgermeister vor versammeltem Gemeinderat in die Hände des niederösterreichischen Statthalters den Eid abzulegen. Während die Gemeinderäte — dank ihrer materiellen Unabhängigkeit — ehrenamtlich tätig waren, erhielt der Bürgermeister für die Dauer seiner Amtsführung Funktionsgebühren, deren Höhe vom Gemeinderat festgelegt wurde; außerdem stellte man ihm in einem städtischen Gebäude eine seiner Würde entsprechende Wohnung samt Einrichtung unentgeltlich zur Verfügung (§ 44).

Die Stagnation der fünfziger Jahre mit ihren obrigkeitlichen Eingriffen konnte erst 1861 überwunden werden. Mit Andreas Zelinka kam wieder ein vom Gemeinderat frei gewählter Bürgermeister auf den höchsten städtischen Posten. Die dreijährige Funktionsdauer wurde strikt eingehalten. Dasselbe gilt auch für Zelinkas Nachfolger Cajetan Felder, der — 1868 erstmals gewählt — 1871, 1874 und 1877 in seiner Funktion durch Neuwahl bestätigt wurde, dann jedoch 1878 resignierte. Nach seinem Rücktritt beschloß der Gemeinderat am 5. Juli 1878 Modalitäten für die Wahl des Bürgermeisters, welche später zur Erläuterung des § 41 des Gemeindestatuts von 1890 dienten. Am Wahltag hatten sich die Gemeinderäte um 10.30 Uhr im Gemeinderatssaal zu versammeln, sich in ein Protokoll einzutragen und nach erfolgtem Namensaufruf dem Vorsitzenden — dem ersten Bürgermeister-Stellvertreter — ihre Stimmzettel zu übergeben, der diese in einer Wahlurne hinterlegte. Ein Beamter des Präsidialbüros überwachte die Abstimmung. Nach einer halben Stunde, um 11 Uhr, erfolgte das Scrutinium. Das Zeremoniell war genau vorgeschrieben: der Vorsitzende entnahm jeden Stimmzettel einzeln der Urne, öffnete ihn und übergab ihn nach Einsichtnahme dem Schriftführer, der den Namen verlas und den Stimmzettel sodann dem zweiten Bürgermeister-Stellvertreter aushändigte, welcher den Namen in die von ihm geführte Stimmliste eintrug. Das Wahlprotokoll wurde nach Beendigung der Wahl dem Statthalter übermittelt, damit dieser die kaiserliche Bestätigung für den Gewählten erwirken konnte.

Eine grundsätzliche Änderung ergab sich erst mit der Eingemeindung der Vororte, die mit Gesetz vom 19. Dezember 1890 beschlossen wurde. Gleichzeitig kam es zur Erlassung eines neuen Gemeindestatuts und einer neuen Gemeindewahlordnung. Die Wirksamkeit des Gesetzes erfolgte mit dessen Publikation am nächsten Tag, doch fixierte man für die Übergabe der administrativen Geschäfte einen bestimmten Zeitraum; die Amtsübernahme durch die neu eingerichteten Magistratischen Bezirksämter wurde deshalb durch ein am 9. Dezember 1891 erlassenes Gesetz mit dem 1. Jänner 1892 festgelegt. Bereits zwischen dem 2. und 13. April fand die Wahl des neuen Gemeinderates unter Beteiligung der Bevölkerung in den Vorortgemeinden statt. Die Zahl der Gemeinderatsmandate wurde nicht verändert, lediglich die Verteilung auf die Bezirke mußte den Gegebenheiten angepaßt werden. Nach wie vor hatte der Gemeinderat eine Funktionsdauer von sechs Jahren, weiterhin sollte auch alle zwei Jahre ein Drittel der Mitglieder in Ergänzungswahlen neu bestimmt werden. Um in den ersten Jahren eine Entscheidung durch das Los zu vermeiden, wurde 1891 der erste Wahlkörper nur auf zwei, der zweite nur auf vier Jahre gewählt (§ 22 der Wahlordnung). Den Bürgermeister hatte der Gemeinderat auch nach dem neuen Gemeindestatut (§ 24) aus seiner Mitte zu wählen, ebenso die beiden Vizebürgermeister (wie die Bürgermeister-Stellvertreter nunmehr genannt wurden), und zwar jeden in einem gesonderten Wahlgang. Die Wahl fiel auf den bereits seit 1889 amtierenden Bürgermeister Dr. Johann Prix, der am 5. Mai 1891 den Eid ablegte. Der Stadtrat — ein von der Opposition scharf angegriffenes Gremium, das Lueger nach seiner Machtübernahme jedoch beibehielt — setzte sich (neben dem Präsidium) aus 22 Mitgliedern zusammen, von denen mindestens sechs aus den Bezirken 11 bis 19 stammen sollten.

Als nach dem Rücktritt Bürgermeister Grübls 1895 die Fronten festgefahren waren und die Liberalen auch einen Kompromißvorschlag Luegers ablehnten, erwog die Regierung, die Bestellung des Bürgermeisters für alle Zukunft den Parteikämpfen zu entziehen und denselben wie einen staatlichen Funktionär durch den Kaiser ernennen zu lassen. Sie stieß damit aber auf den Widerstand vor allem der Landtagsabgeordneten Dr. Kopp und Dr. Sueß, die in einer solchen Vorgangsweise mit Recht eine Beeinträchtigung der Gemeindeautonomie erblickten, und ließ daher den Plan, der mehr als einen Rückfall in die Zeiten des Vormärz bedeutet hätte, wieder fallen. Als jedoch vier Jahre danach, ausgelöst durch eine Reichsratswahlreform, Bürgermeister Lueger die Gemeindewahlordnung zur Diskussion stellte, kam es zu einem neuerlichen Vorstoß seitens des Kaisers, der nun seine Zustimmung zu einer Auflassung des Kurienwahlystems von dem ihm zukommenden Recht abhängig machen wollte, den Bürgermeister zu ernennen. Diese Spekulationen wurden jedoch hinfällig, weil eine so grundlegende Wahlrechtsänderung gar nicht angestrebt wurde.

Am 24. März 1900 kam es zur Verlautbarung eines neuen Gemeindestatuts samt Gemeindewahlordnung. Dieses Jahr brachte in doppelter Hinsicht Änderungen mit sich: einmal wurde durch den § 2 des neuen Statuts der nordwestliche Teil des II. Bezirks von diesem getrennt und als XX. Bezirk selbständig, zum andern kam es aufgrund des § 1 der Gemeindewahlordnung zur Schaffung eines vierten „allgemeinen" Wahlkörpers (der aber nicht mit einem allgemeinen Wahlrecht verwechselt werden darf). Für den Bürgermeister ergaben sich keine Änderungen; die Bestimmungen über Wahl, Bestätigung, Amtszeit, Wohnung und Funktionsgebühren wurden in der bisherigen Form in das neue Statut übernommen. Im § 96 wird die Stellung des Bürgermeisters in seinem unmittelbaren Wirkungskreis eingehend definiert, der § 25 beinhaltet die näheren Erläuterungen hinsichtlich der Bürgermeisterwahl. Da die Mandatszahl von 138 auf 158 angehoben wurde (im vierten Wahlkörper wurde in jedem der zwanzig Gemeindebezirke ein zusätzliches Mandat vergeben), war für die Wahl nunmehr die Anwesenheit von 100 Gemeinderatsmitgliedern erforderlich, und der Bürgermeister mußte 80 Stimmen auf seine Person vereinigen.

Bis zum Ersten Weltkrieg führte man keine grundsätzlichen Änderungen mehr ein.

Das neue Rathaus in der Ringstraßenzone

Als Kaiser Franz Joseph I. am 20. Dezember 1857 mit einem Allerhöchsten Handschreiben an den Minister des Inneren Dr. Alexander Bach die Auflassung der die Stadt umgebenden Befestigungsanlagen, die Demolierung der Basteien und die planmäßige Verbauung der freien Glacisgründe verfügte, war damit die Durchführung der Stadterweiterung, die Entstehung der repräsentativen Ringstraßenzone und die Verbindung der Inneren Stadt mit den seit 1850 eingemeindeten Vorstädten vollzogen. Die Entscheidung kam für Eingeweihte nicht überraschend. Hatte der Kaiser doch bereits am 17. April 1857 den Ministerpräsidenten Karl Graf Buol beauftragt, im Wege der Ministerkonferenz Vorschläge für eine Erweiterung der Inneren Stadt auszuarbeiten, und dieser war der Anweisung seines Herrschers am 11. Juli nachgekommen; zur gleichen Zeit unterbreitete Bürgermeister Johann Kaspar von Seiller über Aufforderung der Regierung von der Stadtverwaltung ausgearbeitete Empfehlungen für eine Stadterweiterung.

Zwei Fakten sind in unserem Zusammenhang von besonderem Interesse: einmal der — leider vergeblich gebliebene — Kampf der Gemeinde Wien, die Stadterweiterung in eigener Verantwortlichkeit und auf eigene Rechnung durchzuführen, zum andern die Tatsache, daß — von wem auch immer Pläne vorgelegt worden waren und noch ausgearbeitet wurden — die Notwendigkeit, ein neues „Stadthaus" zu errichten, unbestritten war. Man folgte dabei einem nicht zu übersehenden Hinweis, den Kaiser Franz Joseph in seine Grundsatzerklärung aufgenommen hatte. Lediglich über den Ort, der für diesen Neubau zu wählen war, konnte man sich längere Zeit — auch in der Gemeindestube selbst — nicht einig werden, weil neben anderen Überlegungen auch die Interessen der innerhalb des Linienwalles (Gürtels) entstandenen Bezirke zu berücksichtigen waren. Besonders zwischen der Landstraße und der Josefstadt kam es zu ernstlichen Meinungsverschiedenheiten, weil die Bauplätze am Parkring und am Josefstädter Paradeplatz zur Diskussion standen, sich somit nach Meinung der Bezirksmandatare unvertretbare Vorteile für den (jeweils) anderen Bezirk ergaben. Daß Bürgermeister Dr. Cajetan Felder, der den Plan, das Rathaus auf seinen heutigen Standort zu bringen, mit Engagement vertrat, ein „Josefstädter" war, dürfte zur Verhärtung der Fronten beigetragen haben, weil man ihm naturgemäß in dieser Frage Parteilichkeit vorwarf. Im offiziellen „Programm für die Erlangung eines Stadterweiterungsplanes" wurde zwar der Bau eines „Stadthauses" gefordert, doch in offenbarer Verkennung der Erfordernisse lediglich ein in seiner Ausdehnung bescheidener Bauplatz am Ausgang der Wipplingerstraße ins Auge gefaßt, ein Areal also, das in einem der unbedeutendsten Sektoren der Ringstraßenzone gelegen war.

Dieser Platz entsprach keineswegs den Vorstellungen des Gemeinderates und des Bürgermeisters. In der Überzeugung, daß die zur Verfügung gestellte Fläche bei der raschen Entwicklung der Stadt und einer zwangsläufig sich ausweitenden Verwaltung nicht ausreichen werde, vielleicht auch unter dem Eindruck der schon seit langem erkennbaren räumlichen Schwierigkeiten, in welche man beim alten Rathaus geraten war, beauftragte der Gemeinderat Bürgermeister Zelinka, beim k. k. Staatsministerium vorstellig zu werden. Vor allem wurde ins Treffen geführt, daß durch die 1850 vollzogene Stadterweiterung die Bevölkerungszahl sprunghaft — von 56.648 im Jahre 1846 auf 431.147 im Jahre 1851 — angestiegen sei und sich die Fläche der Stadt von 281,6 auf 5624,3 Hektar vergrößert habe. Tatsächlich gelang es dem Bürgermeister, die Verhandlungen zu einem positiven Abschluß zu bringen: im Tauschweg erhielt die Gemeinde vom Stadterweiterungsfonds mit Vertrag vom 15. November 1863 gegen eine Aufzahlung von 250.000 Gulden ein am stadtseitigen Parkring gelegenes Areal zwischen Johannesgasse und Weihburggasse, übernahm zugleich aber die Verpflichtung, mit den Bauarbeiten bis längstens Anfang 1869 zu beginnen. Entgegen den Erwartungen der Bevölkerung zögerte die Gemeindeverwaltung auch hier mit dem Bau, sodaß die allzeit zum Nörgeln bereiten Wiener die vom ehemaligen Stadtgraben verbliebene riesige Grube zwischen den beiderseits emporwachsenden Ringstraßenpalästen spöttisch das „Kommunalloch" nannten.

Nach dem Tausch der Bauparzellen ging man mit Nachdruck an die Erstellung eines Raumprogramms für das neue Rathaus. Es sollten ausreichende Räumlichkeiten zur Unterbringung aller städtischen Verwaltungsdienststellen vorhanden und diese so zweckmäßig wie möglich verteilt sein. Für eine würdige Repräsentation der Stadt bedurfte es künstlerisch reich ausgestatteter Festräume. 1867 beschloß der Gemeinderat, im Rathaus auch ein städtisches Museum und eine Kapelle unterzubringen. Nun konnte mit der Ausschreibung des „Konkurses" und mit der Auswahl des

Schiedsgerichtes begonnen werden; die Vorarbeiten übernahm August Sicard von Sicardsburg, der Miterbauer der Oper. Am 22. Mai 1868 verabschiedete der Wiener Gemeinderat die „Konkurs-Bedingungen" und das „Programm zur Erbauung eines Rathauses in der k. k. Reichshaupt- und Residenzstadt Wien". Die ausgearbeiteten Projekte sollten bis 1. September 1869 beim Präsidium des Gemeinderates anonym unter einer Devise eingereicht werden. Die Beteiligung an der Ausschreibung war äußerst rege; insgesamt langten 64 Projekte ein, von denen 42 aus Österreich stammten.

Am 3. September 1869 beschloß der Gemeinderat in einer Plenarsitzung, der Bürgermeister solle sich an drei in- und zwei ausländische Architekten mit dem Ersuchen wenden, dem Schiedsgericht beizutreten, ebenso wurden aus dem Kreis der Gemeinderäte fünf Jurymitglieder bestimmt. Unter dem Vorsitz von Gemeinderat Richard Jordan konnten in rasch aufeinanderfolgenden Sitzungen aufgrund der Vorschläge der einzelnen Begutachtergruppen — man faßte jeweils einen außenstehenden Architekten und einen aus dem Baufach kommenden Gemeinderat zu einem Team zusammen — die besten Entwürfe ausgewählt werden. Zu diesen zählte auch das Projekt des Dombaumeisters Friedrich Schmidt (Devise „Saxa loquuntur", Nr. XIV), das durch Verlosung den Jurymitgliedern Theophil Hansen und Richard Jordan zugeteilt worden war. Am 4. Oktober 1869 war jener denkwürdige Tag, an dem Hansen über Projekt XIV referierte und den Antrag auf *Beibehaltung des Projektes* stellte, womit es in die engere Wahl kam.

Eine weitere wichtige Vorentscheidung fiel am 9. Oktober. Über Vorschlag Hansens wurden aus den noch im Rennen liegenden dreizehn Projekten jene vier ausgewählt, denen man die vier Ersten Preise in Höhe von je 4000 Gulden zuerkennen wollte. Schmidts Projekt befand sich darunter. Am folgenden Tag, als auch die Zweiten und Dritten Preise vergeben waren, fixierte man die Reihung: in der ersten Kategorie entfielen auf „Saxa loquuntur" neun von zehn möglichen Stimmen, und damit hatte Friedrich Schmidt — ohne daß man in diesem Augenblick seinen Namen gekannt hätte — den Sieg davongetragen. Sein Entwurf wurde als der „unter allen Konkursprojekten dem Programme am meisten entsprechende und zur Ausführung am meisten geeignete dem löblichen Gemeinderathe zur Annahme empfohlen".

Das Ergebnis stand somit fest. Einem Wahlwiener war der Erste Preis zuerkannt worden, „einem der hervorragendsten Künstler Wiens, einem Manne, der seit Jahren durch sein eminentes künstlerisches Talent, seine Kenntnisse und Erfahrungen wiederholt zur Ausführung monumentaler Bauwerke berufen worden war". In Württemberg am 22. Oktober 1825 geboren, hatte Schmidt 1843 seine Studien am Polytechnikum in Stuttgart abgeschlossen und sich, einer besonderen Vorliebe für die Gotik folgend, nach Köln gewandt, wo er zunächst als einfacher Steinmetz in der Dombauhütte seine Laufbahn begann. Hier wurde er nach alter Sitte freigesprochen und erhielt sein Steinmetzzeichen. Über Mailand, wohin er 1857 berufen worden war, kam er 1859 infolge der politisch-militärischen Ereignisse nach Wien, erhielt eine Professur für mittelalterliche Kunst an der Akademie der bildenden Künste und schuf in den nächsten Jahren eine Reihe bedeutender Bauten: die Lazaristenkirche in der Kaiserstraße, das Akademische Gymnasium am Beethovenplatz, die

Weißgerber Pfarrkirche St. Othmar, die Brigittenauer Pfarrkirche und die Fünfhauser Pfarrkirche „Maria vom Siege". Nach dem Tode von Dombaumeister Leopold Ernst hatte Schmidt 1862 dessen Amt übernommen und binnen kurzem die Erneuerung des abgetragenen großen Turmhelmes abgeschlossen; daß er eine reine Steinkonstruktion errichtete und sich von der Verwendung moderner Eisenkonstruktionen fernhielt, machte seinen Namen in Wien populär. Friedrich Schmidt gehörte von 1866 bis 1870 dem Wiener Gemeinderat an und betätigte sich lange Jahre als Mitglied der Zentralkommission für die Erhaltung historischer Baudenkmale.

Bald nach dem Beschluß der Jury begann eine lebhafte Kampagne gegen den Bauplatz am Parkring. Verschiedenenorts wurden die geringen Ausmaße bemängelt, die dem monumentalen Bau nicht gerecht würden und eine nur unzulängliche „Prospektwirkung" zur Folge hätten. Seither richteten sich die Blicke auf die riesige „G'stetten" des Josefstädter Exerzier- und Paradeplatzes, den die Militärs hartnäckig für ihre Zwecke beanspruchten. Es gehört zu den diplomatischen Glanzleistungen Felders, daß er nicht nur den zweifelnden Friedrich Schmidt zu überzeugen, sondern auch den Gemeinderat zu überlisten verstand, der ihm — ohne zu ahnen, daß es sich um ein durchaus realisierbares Vorhaben handle — Vollmacht gab, mit dem Hof Kontakte aufzunehmen.

Am 14. Juni 1870 war es soweit. Der Bürgermeister konnte dem überraschten Gemeinderat ein Schreiben des Ministers des Inneren, Eduard Graf Taaffe, zur Kenntnis bringen, mit welchem die Genehmigung des Kaisers übermittelt wurde. Bereits am 1. Juli übergab die Stadterweiterungskommission der Gemeinde Wien gegen Rückgabe des Bauplatzes am Parkring die für das Rathaus und die Gartenanlagen erforderlichen Grundflächen auf dem Paradeplatz; noch im Herbst 1870 plankte man den Bauplatz ein.

Der erste Spatenstich erfolgte am 25. Mai 1872. Schon ein Jahr später waren die inneren und äußeren Umfassungsmauern bis zur Höhe des Straßenniveaus vollendet, sodaß am 14. Juni 1873 in Anwesenheit Kaiser Franz Josephs I. die feierliche Grundsteinlegung vorgenommen werden konnte. Trotz großer Finanzierungsschwierigkeiten und notwendiger Einsparungen — so verzichtete man auf den Bau einer Kapelle, wodurch sich die veranschlagten Baukosten um ganze zwei Millionen auf 8,5 Millionen Gulden verminderten — schritten die Arbeiten zügig voran, und am 21. Oktober 1882 konnte der fertiggestellte Turm mit jenem eisernen Standartenträger bekrönt werden, der seither als „Rathausmann" zu einer volkstümlichen Figur und in jüngerer Zeit zu einem Symbol der Stadtverwaltung geworden ist. Zugleich mit der zweiten Säkularfeier der Türkenbelagerung versammelte Bürgermeister Eduard Uhl am 12. September 1883 das höfische und bürgerliche Wien zur festlichen Schlußsteinlegung.

Anläßlich der Fertigstellung des Rathauses erhielt der Wiener Bürgermeister kraft kaiserlichen Patents vom 24. Mai 1883 die Berechtigung, jene Bürgermeisterkette zu tragen, die ihm während der Eröffnungsfeierlichkeiten offiziell übergeben wurde. Bis zum Ende des Ersten Weltkrieges trugen die Wiener Bürgermeister bei feierlichen Anlässen diese Kette, und auch ihre Stellvertreter, ja selbst die Gemeinderäte erhielten in der Folge ähnliche, wenn auch einfachere Amtsketten. Die Sozialdemokraten trennten sich von diesem Würdenzeichen und übergaben es dem Museum der Stadt Wien. Nur in den Jahren des Ständestaates griff man auf die Bürgermeisterkette wieder zurück. Und Bürgermeister Schmitz trug sie regelmäßig bei öffentlichen Anlässen.

Entwicklung des Wahlrechts — Entwicklung zur Demokratie

Fast sechs Jahrzehnte vergingen zwischen dem Zeitpunkt, da nach dem Ende der neoabsolutistischen Ära 1861 erstmals von einer Oberschicht der Wiener Bürgerschaft ein Gemeinderat frei gewählt wurde, und dem Tag, an dem jenes Gesetz beschlossen wurde, welches der Gesamtheit der Wiener Bevölkerung, Männern wie Frauen, Vermögenden und Unbemittelten, ein Mitbestimmungsrecht sicherte. Diese sechs Jahrzehnte waren ausgefüllt von einem immer heftigeren Ringen um eine entsprechende demokratische Vertretung aller Bevölkerungsschichten, ein Kampf, der von einer wechselnden Opposition gegen eine wechselnde Mehrheit geführt wurde, bis endlich das allgemeine Wahlrecht durchgesetzt werden konnte.

Ein Vierteljahrhundert stützten sich die Liberalen, welche seit 1861 über die Mehrheit im Gemeinderat verfügten, auf jene gesellschaftliche Schichte, die aufgrund der im § 34 der Provisorischen Gemeindeordnung vom 9. März 1850 enthaltenen sehr detaillierten Bestimmungen in drei Wahlkörpern jeweils 40 Mitglieder in den Gemeinderat entsandten. Das Interesse an Gemeindeangelegenheiten war nicht allzu groß. Selbst die wenigen privilegierten Wahlberechtigten — es waren beispielsweise 1861 18.322, 1870 26.069 und 1880 24.627 — machten in der Regel von ihrem Wahlrecht nur zögernd Gebrauch. In konsequenter Verfolgung des Grundsatzes, daß nur den Besitzenden ein Mitentscheidungsrecht eingeräumt werden könne, hielt man sich in den sechziger Jahren noch streng daran, Personen, welche Steuerrückstände hatten, das Wahlrecht zu entziehen. Daraus erklären sich die beträchtlichen Schwankungen in der Zahl der Wahlberechtigten, die mit der Bevölkerungsbewegung in keinen Einklang zu bringen wären. Als sich im Zuge einer allgemeinen Verschlechterung der wirtschaftlichen Lage, vielleicht auch infolge sinkender Steuermoral, die Zahl der „Steuerrückständler" dauernd vergrößerte, wurde 1867 mit Landesgesetz vom 11. Jänner deren Ausschließung aufgehoben, wodurch sich bezeichnenderweise die Zahl der Wahlberechtigten schlagartig um etwa 38 Prozent erhöhte.

Als Dr. Karl Lueger Mitte der siebziger Jahre vom liberalen Landstraßer Bürgerklub in den Gemeinderat entsandt wurde, sich aber kurz darauf von der liberalen Partei abwandte, begannen die ersten turbulenten Wahlrechtsauseinandersetzungen. Lueger richtete seine Angriffe vor allem gegen Bürgermeister Felder, in dessen Person er mit Recht den Repräsentanten jener „Mittelpartei" sah, welche, gemäßigt liberal und vor allem die Interessen des Großkapitals vertretend, einer Überbrückung der Gegensätze zwischen Groß- und Kleinbürgertum hindernd im Wege stand. Er setzte mit seinen Angriffen in einem günstigen Zeitpunkt ein: die Konstituierung des liberalen „Reformklubs", dem sich 20 Gemeinderäte anschlossen, im Jahre 1872 sowie der Börsenkrach von 1873 hatten die Schlagkraft der Mittelpartei entscheidend geschwächt, Korruptionsskandale ihre Solidität in Frage gestellt. Daran konnte auch die persönliche Integrität Felders nichts ändern. 1878 forderte Lueger zum erstenmal die Aufhebung der Wahlkörper, und in der Gemeinderatssitzung vom 14. Dezember 1880 verlangte er die Ausdehnung des Wahlrechts auf alle in Wien wohnenden österreichischen Staatsbürger, die eine direkte Steuer von mindestens fünf Gulden entrichteten. Es muß ein Rätsel bleiben, warum die liberale Mehrheit im Gemeinderat nach jahrelanger Ablehnung die Reform letztlich doch unterstützte und am 12. August 1884 einen Antrag auf Herabsetzung des Wahlzensus und Aufhebung der Wahlkörper weiterleitete — vielleicht, wie schon in anderen Fällen, in der Überzeugung, der noch liberal orientierte niederösterreichische Landtag werde den Antrag auf jeden Fall ablehnen. War es nun ein Koordinierungsfehler oder wollte man in falscher Einschätzung der sich aus einem Nachgeben in der Wahlrechtsfrage ergebenden Konsequenzen eine großzügige Geste setzen — jedenfalls genehmigte der niederösterreichische Landtag in Anlehnung an eine auf Staatsebene 1882 getroffene analoge Entscheidung die Erweiterung des Wahlrechts auf die sogenannten „Fünfguldenmänner" und öffnete damit ein Tor nach links in Richtung jenes Kleinbürgertums, das binnen kürzester Zeit „seinem" Lueger die Möglichkeit für einen weiteren politischen Aufstieg schuf. In diesem Zusammenhang wurde die Zahl der Abgeordneten von 40 auf 46 pro Wahlkörper erhöht, sodaß sich der Gemeinderat in den nächsten eineinhalb Jahrzehnten aus 138 Mandataren zusammensetzte. Zweifellos war sich Lueger über die zu erwartende Auswirkung der Landtagsentscheidung völlig im klaren, denn er vermied es später, als er selbst die Zügel in den Händen hielt, peinlichst, in denselben Fehler zu verfallen.

Fünf Jahre später wurde mit dem neuen Stadtstatut auch eine neue Gemeindewahlordnung publiziert, die keine Änderungen mit sich brachte. Nach wie vor blieb, wie dem ersten Paragraphen zu entnehmen ist, die Steuerleistung von fünf Gulden Voraussetzung für die Zulassung zur Wahl, ja, nach § 5 gingen die Wähler sogar dann ihres Wahlrechts verlustig, wenn über ihr Vermögen der Konkurs eröffnet wurde. Die Vergrößerung des Gemeindegebietes durch die Eingemeindung der Vororte führte zu keiner Vermehrung der Gemeinderatssitze. Die Mandate wurden lediglich auf die Bezirke neu aufgeteilt.

Einmal aktualisiert, ließ sich die Wahlrechtsbewegung nicht mehr stoppen. Die Christlichsozialen hatten schon zu Beginn ihrer Amtstätigkeit mit einer neuen politischen Kraft zu rechnen, deren Anfänge in dieselbe Zeit zurückreichen wie ihre eigenen. Die große christlichsoziale Mehrheit der neunziger Jahre basiert allerdings mehr auf dem geltenden Wahlsystem als auf dem Wunsch der Gesamtheit der Bevölkerung: Wie die Liberalen sich mit dem Großbürgertum identifizierten, so taten es nun die Christlichsozialen mit dem Kleinbürgertum, wogegen die junge Sozialdemokratie die dritte Kraft, die Arbeiterschaft, mobilisierte und dieser mit Hilfe eines allgemeinen Wahlrechts zu politischem Einfluß verhelfen wollte. Die Stärke der Sozialdemokraten läßt sich an Hand der Gemeinderatswahlen des ausgehenden 19. Jahrhunderts nicht beweisen, wohl aber durch die Reichsratswahlen, an denen sie 1897 erstmals teilnahmen. Betrachten wir die bei dieser Wahl in Wien abgegebenen Stimmen, so entfielen auf die Christlichsozialen rund 117.000, auf die Sozialdemokraten immerhin rund 88.000 Stimmen, eine Zahl, die ihnen bei proportionalem Wahlrecht ein bedeutendes Mitspracherecht gesichert hätte; die Liberalen waren damals mit etwa 10.000 Wählern bereits eine abgeschlagene Minderheit.

Das Beispiel der Reichsratswahlordnung, die 1894 durch die Schaffung einer allgemeinen Kurie neuen Bevölkerungsschichten das Wahlrecht gegeben hatte, konnte auch vom Gemeinderat nicht völlig übersehen werden. 1900 wurde daher von Lueger ein vierter Wahlkörper geschaffen. In jedem der 20 Gemeindebezirke wurde ein Mandat mit absoluter Stimmenmehrheit vergeben. Die Gesamtzahl der Gemeinderäte betrug nunmehr 158. Im vierten Wahlkörper waren alle volljährigen männlichen Bewohner, die einen ununterbrochenen dreijährigen Wohnsitz in Wien nachweisen konnten, wahlberechtigt. Wohl war seither keine Rücksicht auf die Steuerleistung zu nehmen, doch ist nicht zu verkennen, daß dieses Zugeständnis nur ein kalkuliertes Risiko bedeutete, weil die Opposition selbst für den Fall, daß sie in allen zwanzig Bezirken erfolgreich blieb, bei einer Gesamtzahl von 158 Sitzen nicht gefährlich werden konnte.

Immerhin war es ein erster Schritt. Zur Wahl am 31. Mai 1900 wurden 228.490 Wähler neu zugelassen; von ihnen gaben aber — teils wegen ungünstiger Witterung am Wahltag, vor allem aber aus politischer Teilnahmslosigkeit infolge mangelnder politischer Erziehung und vielleicht aus der Erwägung, daß ein Erfolg kaum in greifbarer Nähe liege — nur 136.052 ihre Stimme ab; das entsprach einer Wahlbeteiligung von 59,5 Prozent. Durch das Prinzip der absoluten Mehrheit gingen die meisten Stimmen der Opposition verloren; die Reststimmen wurden nicht zusammengezählt. Nur in zwei Bezirken gelang es den Sozialdemokraten, ihre Kandidaten durchzubringen: in Favoriten Jakob Reumann, in Ottakring Franz Schuhmeier. Trotz dieses zunächst sehr bescheiden anmutenden Ergebnisses äußerten sich die Sozialdemokraten recht optimistisch. Ob überzeugt oder nicht — diese Taktik war die einzige Möglichkeit, die sichtlich enttäuschten Anhänger zu beruhigen. Als Hauptargument wurde ins Treffen geführt, daß für die sozialdemokratischen Kandidaten rund 43 Prozent der Stimmen abgegeben worden waren. Lueger war ebenfalls zufrieden. Er, der Initiator des Reformgedankens, verband mit diesem die Möglichkeit, bei gleichzeitiger Dokumentierung demokratischer Gesinnung die Mehrheit der Christlichsozialen aufrechtzuerhalten.

Es ist Lueger nicht abzusprechen, daß er sich lange Zeit hindurch tatsächlich mit der Einführung des allgemeinen Wahlrechts beschäftigte. Aber er suchte nach einer Zwischenlösung, durch die ein stärkerer politischer Umschwung zu vermeiden war. So ventilierte er beispielsweise 1894 den Gedanken, zwar das allgemeine Wahlrecht einzuführen, aber soziale Gruppen zu bilden, das heißt, etwa Bauern, Gewerbetreibende, Intellektuelle, gelernte und ungelernte Arbeiter gesondert abstimmen zu lassen. In der historischen Rückschau erscheint der Gedanke widersinnig: ein „allgemeines" Wahlrecht kann nur ungeteilt bestehen. Je länger Lueger den Bürgermeisterposten bekleidete, umso starrer wurde seine Haltung, umso unzugänglicher war seine Einstellung in Fragen des allgemeinen Wahlrechts. Als 1905 Floridsdorf eingemeindet wurde, erhöhte man — im Gegensatz zur Stadterweiterung von 1890 — die Zahl der Mandate (auf 165). Die Funktionsdauer betrug weiterhin sechs Jahre. Im vierten Wahlkörper wurde in Floridsdorf am 11. Mai 1905 der Sozialdemokrat Schlinger gewählt. Mehr als die Hälfte der Gemeinderäte waren zu diesem Zeitpunkt Hausbesitzer, nur rund sechs Prozent Gewerbegehilfen und Privatbeamte, also — wie man sich in der Diktion der Zeit ausdrückte — „wirtschaftlich abhängige Elemente".

Die Wahlrechtskämpfe führten trotz starken Engagements nur auf Staatsebene zu einem positiven Ergebnis. Bei den ersten 1907 aufgrund des allgemeinen Wahlrechts abgehaltenen Reichsratswahlen erhielten die Sozialdemokraten über eine Million Stimmen und 87 Mandate, womit sie als stärkste Fraktion ins „Volksparlament" einzogen. Inzwischen hatten in Wien 1906 nach Ablauf der Funktionsperiode Neuwahlen für den Gemeinderat stattgefunden. Mit diesem Jahr endet die Beteiligung der Liberalen am aktiven politischen Leben; sie mußten ihre letzten vier Mandate abgeben und waren damit die Verlierer. Erstmals standen sich Christlichsoziale und Sozialdemokraten allein in einer politischen Körperschaft gegenüber. Das Mandatsverhältnis war eindeutig: von den 165 Sitzen befanden sich 158 in den Händen der Christlichsozialen. Betrachtet man das Stimmenverhältnis, so waren die beiden Gegner damals einander fast ebenbürtig. Nach dem Tode Luegers (1910) und der Wahlniederlage der Christlichsozialen bei den Reichsratswahlen von 1911, in deren Verlauf die Sozialdemokraten in Wien zum erstenmal eine Mehrheit an Stimmen errangen, bekam der Wahlrechtskampf neue Impulse: wollte man doch, da in Wien 1912 die Mandatsdauer des Gemeinderates ablief, den Erfolg nach Möglichkeit auf kommunaler Ebene wiederholen. Dazu hätte es einer Wahlrechtsreform bedurft, die von Bürgermeister Neumayer in durchaus richtiger Einschätzung der Lage beharrlich abgelehnt wurde. Immerhin legte der christlichsoziale Abgeordnete Leopold Kunschak — dessen Toleranz und Weitblick sich auch im Jahre 1934 erweisen sollten — 1911 eine Wahlrechtsreformvorlage vor; sie wurde von seiner Fraktion nicht unterstützt. Erst nach dem Ende des Ersten Weltkrieges kam es zur Einführung des allgemeinen Wahlrechts und mit Landesgesetz vom 29. April 1920 zu einer Novellierung der Gemeindewahlordnung. In der ersten allgemeinen Wahl erhielten die Sozialdemokraten am 4. Mai 1919 mit 100 von 165 Mandaten die absolute Mehrheit, die sie, solange demokratische Wahlen stattfanden, nicht mehr abgegeben haben.

So ist das letzte Jahrhundert städtischer Geschichte zugleich eine Geschichte der politischen Meinungsbildung und gekennzeichnet durch die Ausbildung politischer Parteien. Der Kampf um Gleichberechtigung wurde durch Jahrzehnte zum Kernpunkt der kommunalen Diskussion, der Wunsch nach Demokratisierung lange Zeit hindurch zu einer unerfüllt gebliebenen Forderung.

Demokratische Stadtverfassung — Bürgermeister und Landeshauptmann

Mit der Ausrufung der österreichischen Republik am 12. November 1918 wurde Wien Bundeshauptstadt eines neuen Staates. In der Zeit der österreichisch-ungarischen Monarchie Zentrum eines 53-Millionen-Reiches mit einem ausgedehnten wirtschaftlichen Hinterland, stand das verarmte Wien nun an der Spitze eines Bundesstaates, dem selbst Optimisten kaum Überlebenschancen einräumten.

Nach der österreichischen Verfassung vom 1. Oktober 1920 bestand das Bundesland Niederösterreich aus den Teilen Niederösterreich-Land und Wien. Es wäre verfehlt, daraus den Schluß zu ziehen, es habe schon damals ein selbständiges Bundesland Wien gegeben, wenn auch nicht zu leugnen ist, daß der Bürgermeister von Wien die Funktionen eines Landeshauptmannes ausübte, der Wiener Gemeinderat Landesgesetze beschloß und diese in einem Wiener Landesgesetzblatt veröffentlichte. Trotz aller dieser Fakten nimmt man als entscheidendes Datum für die Erhebung Wiens zu einem eigenen Bundesland den 1. Jänner 1922 an. Wie ist dies zu erklären?

Beginnen wir mit der Vorgeschichte jenes Tages, an dem die Nationalversammlung mit dem Bundes-Verfassungsgesetz der Republik Österreich ihre neue Verfassung gegeben hat. Sie wurde von den politischen Parteien mit Vorsicht beurteilt, war sie doch, da zu ihrer Beschlußfassung eine Zweidrittelmehrheit nötig gewesen war, zwangsläufig durch einen Kompromiß zustande gekommen. Die Meinungen waren von Anfang an hart aufeinandergeprallt. In den Bundesländern außerhalb Wiens hatte sich immer stärker der Wunsch durchgesetzt, eine Verfassungsform zu finden, in der die Volksvertretung durch die Länder beschickt wurde — ein unmißverständlicher Drang zum Föderalismus, wie er in dieser Stärke damals vielen überraschend kam. Gleichzeitig begann der Kampf gegen den „Wasserkopf" Wien, wie man die Hauptstadt, in der sich rund ein Viertel der Bevölkerung des Staates zusammenballte, gerne nannte; gegen eine Stadt, die man „durchfüttern" müsse und von der dann doch nur dirigistische Maßnahmen zu erwarten sein würden. Den Ländern schwebte eine Verfassung vor, die das Hauptgewicht der gesetzgeberischen Tätigkeit in die Landtage verlegte, wogegen dem Bundesparlament kaum mehr zugebilligt werden sollte, als eine Art von Koordinierungsausschuß dieser Landtage zu sein. Demgegenüber versteiften sich die Sozialdemokraten auf ein Parlament als demokratische Volksvertretung, in der die politischen Parteien die Klasseninteressen vertreten sollten. Zu diesem Zeitpunkt glaubten sie noch, auf ein Staatsoberhaupt verzichten zu können; diese Funktion sollte, insbesondere gegenüber dem Ausland, der Parlamentspräsident erfüllen. In konsequenter Weiterführung dieses Gedankens wäre die Regierung nicht von einem Staatsoberhaupt eingesetzt, sondern vom Parlament gewählt worden. Auf der Basis dieser Meinungen kam es schließlich zu einem Kompromiß, der sich den Wünschen der Sozialdemokraten näherte. Die Republik wurde als föderalistischer Bundesstaat eingerichtet, doch gab es neben dem Nationalrat noch einen von den Ländern beschickten Bundesrat, eine Art „Länderkammer", der man allerdings lediglich ein Einspruchs- und kein Vetorecht einräumte. Andererseits einigte man sich auf die Installierung eines Bundespräsidenten als Staatsoberhaupt.

Der Landeshauptmann für Niederösterreich — bestehend aus den Kurien Niederösterreich-Land und Wien — war seit 1919 der am 24. November 1867 geborene Albert Sever, der sich in Wien großer Beliebtheit erfreute. Noch war Wien — wie es in der Monarchie ein Teil des Kronlandes gewesen war — ein Bestandteil des Bundeslandes Niederösterreich; jenes Wien, das seit 1919 unter sozialdemokratischer Führung stand. Das Übergewicht der Sozialdemokraten im Wiener Gemeinderat genügte, ihnen auch im niederösterreichischen Landtag eine, wenn auch schwächere Mehrheit zu sichern. Es ist verständlich, daß die Opposition mit diesem Zustand nicht glücklich war.

Bürgermeister Reumann sah die Einleitung einer grundlegenden Verwaltungsreform, die er bereits in seiner Antrittsrede vor dem Wiener Gemeinderat am 22. Mai 1919 ankündigte, als die Voraussetzung für eine Verfassungsänderung an. Parallel zu den Beratungen über die Bundesverfassung kam es zu intensiven Vorarbeiten für eine neue Stadtverfassung. Als die Bundesverfassung vom 1. Oktober 1920 eine Umgestaltung in föderalistischem Sinne und eine Neukodifikation unter Beibehaltung der Bestimmungen über die Demokratisierung erforderlich machte, beschloß der Wiener Gemeinderat am 10. November 1920 eine neue Verfassung der Bundeshauptstadt Wien und ließ diese in dem mit Gesetz vom selben Tag begründeten und am 18. November erstmals ausgegebenen „Landesgesetzblatt für Wien" veröffentlichen.

Damit war die Gesetzesserie noch nicht abgeschlossen. Es folgte am 28. Dezember 1920 die Gemeinsame Landesverfassung für Wien und Niederösterreich, welche die Bestimmung enthält, daß die Zahl der Abgeordneten der Kurie Wien nach dem Ergebnis der nächsten Volkszählung durch den Gemeinsamen Landtag zu bestimmen sein würde. Von einer endgültigen Trennung der beiden Länder kann noch keine Rede sein. Die Bundesverfassung hatte es den (künftigen) Ländern Wien und Niederösterreich lediglich ermöglicht, sich eigene Verfassungen zu geben, und ihnen die eigene Steuerhoheit zugebilligt. Sie war vom Wiener Finanzreferenten Hugo Breitner als Voraussetzung für eine Änderung der Wiener Finanzpolitik bezeichnet worden.

Wenn auch der Gedanke einer vollständigen Trennung konkrete Formen annahm, ließ die Durchführung doch auf sich warten. Auch die neue Wiener Verfassung bildet nur eine Etappe auf dem vorgezeichneten Weg. Buchstäblich im letzten Augenblick — die Bundesverfassung hatte mit 31. Dezember 1921 einen Endtermin fixiert — kam es mit dem am 29. Dezember 1921 von beiden Landtagen beschlossenen „Trennungsgesetz" zu einer Einigung. Durch ein weiteres Verfassungsgesetz wurde mit 1. Jänner 1922 die Gemeinsame Landesverfassung außer Kraft gesetzt. Alle bisher gemeinsamen Angelegenheiten fielen in den Wirkungsbereich der neugeschaffenen Länder. Damit zog man den Schlußstrich unter eine Entwicklung, die sich deutlich in drei Etappen gliedern läßt: die Bundesverfassung vom 1. Oktober 1920 schuf die Voraussetzungen, die Verfassungen für Wien (20. November 1920) und Niederösterreich-Land (30. November 1920) sowie die Gemeinsame Landesverfassung für Wien und Niederösterreich (28. Dezember 1920) bildeten einen Übergang, und das Trennungsgesetz vom 29. Dezember 1921 stellte den Abschluß dar.

Seit dem 1. Jänner 1922 ist Wien vollrechtlich ein eigenes Bundesland. Der Gemeinderat hat auch die Funktion des Landtages, der Stadtsenat auch die Funktion der Landesregierung, der Bürgermeister auch die Funktion des Landeshauptmannes, der Magistrat auch die Funktion des Amtes der Landesregierung und der Magistratsdirektor auch die Funktion des Landesamtsdirektors.

Schon 1920 war es zur Neuorganisation der Gemeindeverwaltung gekommen. Bürgermeister Reumann reduzierte die Zahl der Stadträte — bis dahin waren es 30 — auf zwölf, wobei jeder Stadtrat ein eigenes Ressort erhalten sollte. Da keine Koalition mit den Christlichsozialen zustande kam, besetzten die Sozialdemokraten die Posten von acht Amtsführenden Stadträten, wogegen die Opposition vier Stadträte ohne Ressort erhielt. Die Amtsführenden Stadträte standen den Verwaltungsgruppen Personalangelegenheiten und Verwaltungsreform, Finanzwesen, Wohlfahrtseinrichtungen, Jugendfürsorge und Gesundheitswesen, Sozialpolitik und Wohnungswesen, Technische Angelegenheiten, Ernährungs- und Wirtschaftsangelegenheiten, Allgemeine Verwaltungsangelegenheiten und Städtische Unternehmungen vor.

Die Verfassung wurde mehrfach novelliert, eine Neuverlautbarung erfolgte mit Verordnung des Stadtsenates als Landesregierung vom 24. April 1928, weitere Änderungen ergaben sich aufgrund von Novellen in den Jahren 1929 und 1931, welche die letzten Modifizierungen vor 1934 darstellen. Aus diesen Regelungen leitet sich die „Verfassung der Stadt Wien in der Fassung von 1931" ab. Die 3. Abteilung des 2. Abschnittes (mit den §§ 33 bis 35) ist dem Bürgermeister und seiner Tätigkeit gewidmet. Der Bürgermeister wird vom Gemeinderat auf die Dauer der Wahlperiode des Gemeinderates gewählt, muß dem Gemeinderat zwar nicht angehören, aber zu ihm wählbar sein; die näheren Bestimmungen über die Wahl sind in der Gemeindewahlordnung niedergelegt. Nach der Wahl hat der Bürgermeister vor dem versammelten Gemeinderat ein Gelöbnis abzulegen. Es lautet: „Ich gelobe, daß ich die Gesetze treulich beobachten und meine Pflichten nach bestem Wissen und Gewissen erfüllen werde." Im Jahr 1931 kam es auch zu einer Änderung der Gemeindewahlordnung, mit der eine Verringerung der Mandate von 120 auf 100 verbunden war; sie bildete bereits die Grundlage für die 1932 abgehaltenen — letzten freien — Gemeinderatswahlen.

Mit der gewaltsamen Abberufung des Bürgermeisters Karl Seitz und der Bestellung eines Regierungskommissärs am 12. Februar 1934 setzte ein autoritäres Regime der bisherigen frei gewählten demokratischen Verwaltung Wiens vorübergehend ein Ende. Auf dem Verordnungsweg erließ Richard Schmitz am 31. März 1934 eine „Stadtordnung der Bundeshauptstadt Wien"; interessanterweise knüpfte man — bewußt oder unbewußt — an die Bezeichnung des Jahres 1526 an, in welchem Jahr bekanntlich Ferdinand ebenfalls durch eine „Stadtordnung" einen bedeutsamen Eingriff in die städtische Autonomie vorgenommen hatte. Die demokratische Verfassung Wiens wurde aufgehoben, der Wiener Gemeinderat aufgelöst. Im Zuge der Umgestaltung Österreichs zu einem Ständestaat trat an die Stelle eines gewählten Gemeinderates eine aus 64 Mitgliedern bestehende, berufsständisch gegliederte „Wiener Bürgerschaft", deren Mandatare ernannt wurden. Je zwölf Vertreter kamen aus den Berufsständen Industrie, Gewerbe und Handel, je vier repräsentierten die Berufsstände Landwirtschaft, Geld- und Kreditwesen, freie Berufe und öffentlicher Dienst, die restlichen zwölf wurden kulturellen Gemeinschaften entnommen, und zwar fünf den Religionsgemeinschaften, fünf dem Schul-, Erziehungs- und Bildungswesen, und je ein Mandatar vertrat die Künste und die Wissenschaften. Schmitz ging vom System der Amtsführenden Stadträte ab und konzentrierte die Vollziehungsgewalt wieder in der Person des Bürgermeisters. Wien wurde Bundesunmittelbare Stadt mit bundesländähnlicher Stellung.

Der § 12 der Stadtordnung ist dem Bürgermeister gewidmet. Dieser wurde vom Bundeskanzler aufgrund eines Dreiervorschlags der Wiener Bürgerschaft ausgewählt — auch hier ergeben sich Parallelen zu historischen Entwicklungen! — und für sechs Jahre in sein Amt eingesetzt. Er legte

Die Stadt Wien erhält 1461 das Recht, den kaiserlichen Doppeladler im Wappen zu führen

Erste Seite des um 1350 angelegten „Eisenbuches"

vor seinem Amtsantritt einen Eid in die Hand des Bundespräsidenten ab. Vom Bundeskanzler konnte er jederzeit aus seinem Amt abberufen werden. Die Bürgermeisterwohnung wurde im Rathaus beigestellt, die Bezüge bestimmte der Bundeskanzler. Dem Bürgermeister standen maximal drei Vizebürgermeister zur Seite, die von ihm für die jeweilige Funktionsdauer der Wiener Bürgerschaft berufen wurden, in seine Hand den Eid abzulegen hatten und deren Amtsbezüge von ihm — nach Anhörung der Bürgerschaft — bestimmt wurden. Die Vizebürgermeister konnten vom Bürgermeister jederzeit ihres Amtes enthoben werden, eine Möglichkeit, von der Richard Schmitz im „Fall Winter" tatsächlich Gebrauch gemacht hat.

In der nationalsozialistischen Ära galt die Deutsche Gemeindeordnung vom 30. Jänner 1935, die mit Gesetz vom 15. September 1938 auf Österreich und damit auch auf den „Reichsgau Wien" erstreckt wurde. Es folgte eine Hauptsatzung des Reichsgaues Wien vom 6. November 1942. Unter den Nationalsozialisten amtierten als legislative Körperschaft die „Ratsherren", die ihre Funktion nicht durch Wahl, sondern durch Ernennung übertragen erhielten. Sie waren praktisch nur Vollzugsorgane der Regierung.

Am 15. Oktober 1938 kam es zu einer wesentlichen Gebietserweiterung: „Groß-Wien" umfaßte 26 Stadtbezirke, schloß im Norden Klosterneuburg, im Süden Mödling mit ein, blieb aber in seiner Ausdehnung weit hinter jenen Vorschlägen zurück, durch die seine Grenzen im Osten an der Staatsgrenze und im Süden am Semmering hätten gezogen werden sollen. Nach dem Zweiten Weltkrieg stellte man die demokratischen Verhältnisse sofort wieder her, schrieb freie Wahlen aus und setzte am 10. Juli 1945 die „Verfassung der Stadt Wien in der Fassung von 1931" wieder in Kraft. Mit Wirkung vom 15. Juli 1945 wurden alle Verfassungsnormen aus der ständisch-autoritären und aus der nationalsozialistischen Ära aufgehoben und damit auch formaljuristisch demokratische Verhältnisse gesetzlich verankert. Im § 4 dieses „Wiener Verfassungs-Überleitungsgesetzes" wurde insofern eine vorübergehende Änderung vorgenommen, als der Bürgermeister von der Provisorischen Staatsregierung aufgrund eines von den Vorständen der politischen Parteien der Stadt Wien erstatteten Vorschlages ernannt wurde. Er war der Regierung für seine Amtsführung im staatlichen Wirkungskreis verantwortlich und konnte von dieser bei Verletzung seiner Amtspflichten abberufen werden. Seither blieb die Verfassungsentwicklung, von einigen Änderungen abgesehen, ruhig. Inzwischen sind die Übergangsbestimmungen des Jahres 1945 längst aufgehoben. Durch Gesetz vom 1. Juli 1960 erfolgte eine Bereinigung der Verfassung, wobei viele Bestimmungen, die bereits durch andere Gesetze inhaltlich abgeändert worden waren, mit der Rechtslage in Einklang gebracht wurden und auf eine leichtere Lesbarkeit besonderer Wert gelegt wurde. Im Zuge der Neuordnung der Rechtsstellung der Gemeinden nach der Bundesverfassungsgesetznovelle 1962 wurde im Jahre 1968 die Wiener Stadtverfassung aufgrund des Wiener Wiederverlautbarungsgesetzes neu verlautbart.

Änderungen ergaben sich nach dem Zweiten Weltkrieg vor allem hinsichtlich des Gebietsumfanges. Von den 1938 zu Wien gekommenen 97 niederösterreichischen Gemeinden blieben nur siebzehn bei Wien. Obwohl dieses „Gebietsänderungsgesetz" bereits am 29. Juni 1946 beschlossen worden war, trat es — da der Alliierte Kontrollrat das Gesetz zunächst nicht bestätigte (es hätte auch Veränderungen in den Grenzen der Besatzungszonen mit sich gebracht!) — erst am 1. September 1954 in Kraft. Das neue Gebiet Wiens wurde durch das „Bezirkseinteilungsgesetz" vom 2. Juli 1954 in 23 Bezirke geteilt; diese Zahl hat sich seither nicht verändert, wohl ergaben sich jedoch Änderungen in Bezirksgrenzen und Bezirksbezeichnungen.

Die politischen Kräfte im Spannungsfeld der Kommunalentwicklung

Eine Verwaltung baut auf der anderen auf. Jede Verwaltung hinterläßt Leistungen, die zu erbringen der folgenden erspart bleiben, jede hinterläßt Aufgaben, die sie aus budgetären oder weltanschaulichen Gründen vernachlässigte und die der nachfolgenden Verwaltung zufallen. Kein städtisches Budget kann so erstellt werden, daß alle Erfordernisse Berücksichtigung finden; es liegt an der politischen Führung, denjenigen Aufgaben Vorrang zu geben, die ihrer Meinung nach einer vordringlichen Lösung bedürfen. Daraus ergibt sich der zwingende (und selbstverständliche) Schluß, daß jeder Bürgermeister und mit ihm jede kommunale Verwaltung in ihrer Einstellung und in ihren Entscheidungen von jener sozialen Bevölkerungsschicht abhängig sind, die in der jeweiligen Periode in der Lage ist, das Geschehen zu beeinflussen und zu steuern. Es ist nicht zu bestreiten, daß wirtschaftspolitische Grundsätze sehr wesentlich das Bild der Zeit mitformen.

Im Mittelalter hatte sich die gesellschaftliche Schichte der Patrizier in ihren verschiedenen Nuancen — Grundbesitzer, Renteninhaber, Handelsherren — als entscheidende politische und wirtschaftliche Kraft durchgesetzt. Bis ins 19. Jahrhundert entwickelte sich sodann eine neue Oberschichte, die teilweise mit einem Beamtenadel zu identifizieren ist. Mit dem stärkeren Aufkommen der Industrie wurde die alte Führungsschicht durch das emporddrängende Großbürgertum abgelöst. Fabrikanten und Bankiers bildeten jene bürgerliche Klasse, die wir unter dem Schlagwort des Liberalismus zusammenfassen. Nicht mehr Abstammung und Grundbesitz waren die entscheidenden Kriterien; die herrschenden Kräfte der liberalen Welt, die die alte Ordnung verdrängten, waren Bildung, beweglicher Besitz und Geld. Der Beginn der sechziger Jahre des vergangenen Jahrhunderts brachte diese großbürgerliche Schichte an die Macht. Waren es anfangs Juristen und Rechtstheoretiker, die in vorderster Linie standen — die Bürgermeister rekrutierten sich durch Jahrzehnte fast ausschließlich aus den Reihen der Hof- und Gerichtsadvokaten —, folgten alsbald Wirtschafts- und Finanzmänner, die zwar nicht die politisch-administrative Sphäre, sehr wohl aber jene der Stadtentwicklung zu beeinflussen verstanden und uns — neben einer Vielzahl architektonischer und kultureller Werte — in Form der Gründerzeit auch jene negativen Auswirkungen beschert haben, die insbesondere auf dem Wohnungs- und Sozialsektor unrühmlich bekannt sind.

Wirtschaftlich gesehen führte der Liberalismus zur Beseitigung aller persönlichen und sachlichen Beschränkungen des Erwerbs, zur Förderung der Produktion durch Freigabe der Arbeit. Fortschreitende technische Entwicklung und freie Konkurrenz verdrängten den Klein- und Handbetrieb. Das Aufblühen der Groß- und Fabriksbetriebe löste jenen Prozeß gesellschaftlicher Wandlung aus, der fast zwangsläufig zum Durchbruch der kleinbürgerlich-christlichsozialen und industriell-sozialdemokratischen Opposition führte (wobei man die Grenzen zwischen diesen Bereichen als fließend betrachten muß). Die Gegnerschaft zum Großkapital hatte zwei Konsequenzen: eine Betonung wirtschaftlich- (nicht rassisch-) antisemitischer Parolen und eine Forcierung von Kommunalisierungsprojekten monopolartig arbeitender Betriebe. Ging die liberale Wirtschaftsgesetzgebung von dem Grundsatz aus, daß das freie Spiel der individuellen Interessen auch die allgemeine Wohlfahrt am besten verbürge, so erachtete die „konservative Sozialreform" die letztere als unabhängig von neuen Bindungen des Wirtschaftslebens.

Das liberale Großbürgertum, in den siebziger Jahren am Kulminationspunkt und in den achtziger Jahren am Ende seiner schöpferischen Kraft, in immerwährenden Kämpfen als politischer Machtfaktor zermürbt und als ökonomische Kraft verdrängt, mußte der um sich greifenden christlichsozialen Bewegung des Kleinbürgertums Platz machen. Daß es zu dieser Entwicklung kam, ist vor allem dem Wirtschaftskonzept des Liberalismus zuzuschreiben. In immer stärkerem Maße waren die kleinbürgerlichen Existenzen — Handwerk und Kleinhandel — an ihrem Lebensnerv bedroht. Verständlich, daß diese Bevölkerungsschichten darauf drängten, die politischen Voraussetzungen zu ändern. Jener Teil, der zu besitzlosen Proletariern herabgesunken war, wurde aufgenommen in die große Masse jener, die rechtlos lebten und von der sozialdemokratischen Bewegung Hilfe erwarteten. Für sie begann auf sozialpolitischem Gebiet allmählich jene staatliche Fürsorge einzusetzen, die sich in den Erfolgen eines Elfstundentages, in den bescheidenen Ansätzen eines Frauen- und Kinderschutzes, in der Kranken- und Unfallversicherung und in der Gewerbeinspektion ausdrückte, wogegen das allgemeine Wahlrecht als Fernziel noch keine Erfüllung fand.

Solange die liberale Partei die Führung behielt, waren die Gegensätze zwischen Sozialdemokraten und Christlichsozialen gering. Die von Erfolg zu Erfolg eilende bürgerliche Partei Luegers erwog damals sogar eine Vereinigung mit der aufstrebenden Sozialdemokratie Victor Adlers. Lueger äußerte sich diesbezüglich einmal zu Adler: „Wir beide müssen miteinander gehen, wir mit unseren Gewerbetreibenden und ihr mit euren Arbeitern. Wir werden schon Ordnung machen!" Wie sehr unterschied sich hier der oppositionelle Lueger von jenem, der später die Herrschaft in der Hand hielt und am 21. Oktober 1904 im niederösterreichischen Landtag erklärte: „Wenn mich die Sozialdemokraten hassen, so haben sie vollständig recht. Denn wenn ich Herr wäre, gäbe es keine Sozialdemokraten!"

Wie jede politische Gruppe vor allem die ihr zunächst stehende am schärfsten bekämpft, hatten sich die Sozialdemokraten nach dem Zusammenbruch der Liberalen in erster Linie mit dem Kleinbürgertum auseinanderzusetzen, dem sie — ebenso wie seinerzeit die Handwerker den Fabrikanten — Ausbeutung der Arbeiterschaft vorwarfen. Die Sozialdemokraten sahen in der christlichsozialen Partei nunmehr die eigentliche „Unternehmerpartei", die sich gegen die Interessen der Arbeiterschaft stelle. Dieser Eindruck mußte durch die avantgardistische Kommunalisierung der Monopolbetriebe, durch welche die Stadt Wien zur Unternehmerin wurde, und durch die in den Augen der Sozialdemokraten ungünstigen dienstrechtlichen Bedingungen der Arbeitnehmer in diesen Betrieben noch verstärkt werden. Andererseits war gerade diese Kommunalisierung in den Augen der Christlichsozialen mit Recht die einzig mögliche Lösung der wirtschaftlich verfahrenen Situation.

Die Verbreiterung der politischen Basis — bevölkerungsmäßig durch die Herrschaft des Kleinbürgertums, politisch durch eine zwar ungenügende, aber doch schrittweise erreichte Verbesserung des Wahlrechts — war verbunden mit einem grundlegend neuen wirtschaftlichen (besser: wirtschaftspolitischen) Konzept. Der Individualismus der Wirtschaft wurde durch die Kommunalisierung abgelöst. Die wirtschaftliche Kraft des einzelnen wurde den Interessen der Gemeinde untergeordnet. Da die politische Grundlage eng begrenzt war und in mancher Hinsicht an die Steuerkraft des Bürgers gebunden blieb, stellte man dennoch weiterhin den Besitz über die menschliche Persönlichkeit. Die christlichsoziale Bewegung war wie kaum eine andere von einer Einzelperson abhängig. Deshalb hatte Karl Lueger auch keine bedeutenden Nachfolger auf dem Bürgermeisterstuhl, und nach seinem Tod verfielen seine Parteifreunde zusätzlich in den Fehler, sich — in der Annahme, Wien sei ihnen sicher — von der Hauptstadt abzuwenden und ihre Parteiwerbung in die ländlichen Gebiete zu verlegen, in denen ihnen tatsächlich entscheidende Einbrüche gelangen. Die Kommunalisierung der Versorgungsbetriebe muß neben den Errungenschaften auf dem Sozial- und Gesundheitssektor (einschließlich des Baues der zweiten Hochquellenwasserleitung) als das entscheidende Verdienst der von Lueger geleiteten Verwaltung angesehen werden.

Die sozialdemokratische Bewegung gewann im 20. Jahrhundert immer mehr Anhänger unter der städtischen Bevölkerung und leitete damit jene Entwicklungsphase ein, die von der christlichsozialen Partei solange wie möglich hintangehalten worden war: die Beteiligung jedes einzelnen Bewohners der Stadt an der politischen Willensbildung, die Unabhängigkeit der Stadt durch die Loslösung von Niederösterreich, den Aufbau einer nach sozialdemokratischen Prinzipien ausgerichteten Wirtschafts- und Sozialpolitik, verbunden mit einer jede Tradition brechenden Finanzpolitik, jedoch gestützt auf das weiter ausgebaute Kommunalisierungskonzept Luegers, dessen prinzipielle Richtigkeit damit akzeptiert wurde.

Es ist ein tragisches Moment der Geschichte, daß erst ein so furchtbares Ereignis wie der Erste Weltkrieg eine Lösung der jahrzehntelang umkämpften Probleme mit sich brachte. In den allgemeinen Wirrnissen nach Kriegsende, die in der Auflösung der Monarchie und in der Ausrufung der Republik sichtbaren Ausdruck fanden, vermochte das Volk sein lange gefordertes Recht durchzusetzen. Eine Entwicklung, die von der Feudal- und Adelsherrschaft über das liberale Großbürgertum zum christlichsozialen Kleinbürgertum geführt hatte, fand in konsequenter Fortsetzung zeitgemäßer Demokratisierung ihren Abschluß in der durch die gesamte Bevölkerung geleiteten Verwaltung. Der Absolutismus hatte sich langsam zur Demokratie gewandelt, deren Kraft auf Dauer niemals mehr gebrochen werden konnte.

DIE WIENER BÜRGERMEISTER · LEBEN UND WIRKEN

DIE STADT WIEN IM 13. JAHRHUNDERT

Als Wien 1137 im Tauschvertrag von Mautern, den Markgraf Leopold IV. mit dem Passauer Bischof Reginmar abschloß, erstmals urkundlich als *civitas* (Stadt) bezeichnet wird, waren die Babenberger wenige Jahre im Besitz der Stadtherrschaft. Zweifellos besaß Wien zu diesem Zeitpunkt auch bereits die äußeren Merkmale einer Stadt. Es ist anzunehmen, daß die älteste mittelalterliche Ringmauer in ihrem Verlauf der römischen Lagerbefestigung folgte oder mit dieser sogar identisch war. Gegen Ende des 12. Jahrhunderts, wahrscheinlich unter Herzog Leopold V., wurde die Stadt auf jenen Umfang erweitert, den sie dann bis um die Mitte des 19. Jahrhunderts beibehielt. Die neue Ringmauer, welche die Siedlung nun umgab, dürfte unter Leopold VI. vollendet worden sein. Zu Beginn des 13. Jahrhunderts hatte sich Wien zu einem städtischen Gemeinwesen mit eigenem Recht, eigener Verwaltung und fürstlicher Residenz entwickelt, sodaß man es in das Gesamtsystem des mitteleuropäischen Städtewesens einordnen kann. Durch seine dreifache Funktion als Handelsplatz, Grenzfestung und „Hauptstadt" des Landes brauchte Wien den Vergleich mit den übrigen Metropolen jener Zeit nicht zu scheuen. Dazu trug auch der Glanz der herzoglichen Residenz bei, die nicht nur Ritter und Lehensleute, Ministerialen und vermögende Bürger an sich zog, sondern durch ihre steigenden Bedürfnisse Gewerbetreibenden und Kaufleuten reiche Arbeits- und Absatzmöglichkeiten bot sowie ein kulturelles Zentrum bildete. Wie groß das Ansehen der Stadt war, erweist sich neben so mancher lobenden Erwähnung in zeitgenössischen literarischen Werken — einige Forscher wollen sogar den Autor des Nibelungenliedes in Wien beheimatet wissen — in dem Umstand, daß Herzog Leopold VI., als er Papst Innozenz III. seine Residenzstadt als passenden Ort für den Sitz eines Bistums offerierte, Wien als die nach Köln vorzüglichste Stadt des Reiches bezeichnete.

Das von Herzog Leopold VI., dem Glorreichen, den Wienern am 18. Oktober 1221 verliehene Stadtrecht sicherte den Bürgern unter anderem den alleinigen Ungarnhandel und das Stapelrecht zu. Darunter versteht man die den fremden Kaufleuten auferlegte Verpflichtung, bei Abwicklung ihres Osthandels alle auf dem Land- oder Wasserwege herbeigeführten Waren in Wien einheimischen Händlern zum Kauf anzubieten, denen damit ein gewinnbringender Zwischenhandel gesichert wurde. Nach dem Inhalt dieses wohl ältesten Wiener Stadtrechts, dessen Originalurkunde allerdings längst verlorengegangen ist, lag die oberste Gewalt in der Stadt in den Händen eines vom Landesherrn ernannten Stadtrichters, der neben dem Richteramt auch den Vorsitz im Stadtrat innehatte; er erfüllte damit zum Teil jene Funktionen, die einige Jahrzehnte später den Bürgermeistern zufielen. Der Stadtrat, die höchste Instanz der Stadtverwaltung, bestand aus vierundzwanzig *prudentiores*, Bürgern, welche alle *die Ehre und den Nutzen der Stadt* berührenden Angelegenheiten, seien sie wirtschaftlicher oder sonstiger Art, nach bestem Wissen entscheiden sollten.

Es ist infolge der dürftigen Überlieferung nicht mehr feststellbar, ob die Mitglieder dieses Stadtrates gewählt oder berufen wurden, wohl aber sind die schon damals gültigen Ausleseprinzipien klar zu erkennen: Vermögen und Grundbesitz. Aus den zwanziger Jahren des 13. Jahrhunderts stammt auch unsere Kenntnis vom ältesten Wiener Siegel, dessen Verleihung und Gebrauch möglicherweise mit dem Stadtrecht von 1221 in engem Zusammenhang stehen. Das Siegelbild zeigt den einköpfigen Adler der babenbergischen Landesherren, dem 1327 erstmals der Wappenschild mit dem Kreuz auf die Brust gelegt wird; das heute gültige Siegel der Bundeshauptstadt leitet sich von diesem Vorbild ab.

Als es zwischen dem letzten Babenbergerherzog, Friedrich II., dem Streitbaren, und seinem Namensvetter auf dem Kaiserthron, dem Staufer Friedrich II. — mit dessen Sohn Heinrich des Herzogs Schwester verheiratet war — zu ernsten Zwistigkeiten kam, erhob der Kaiser Wien im April 1237 zur reichsunmittelbaren Stadt, womit eine Ausweitung der bürgerlichen Rechte verbunden war. In den nächsten Jahrzehnten blieb die Stellung Wiens uneinheitlich: 1239 wurde die Stadt, als sich Kaiser und Herzog aussöhnten, wieder landesfürstlich; 1244 eliminierte der Herzog in aller Form das Privileg von 1237 und setzte das Stadtrecht von 1221 in Kraft; nach Herzog Friedrichs Tod in der Schlacht an der Leitha gegen die Ungarn am 15. Juni 1246 zog der Kaiser Österreich und die Steiermark — die 1192 nach dem Tode Ottokars IV. aufgrund der sechs Jahre zuvor unterzeichneten Georgenberger Handfeste an die Babenberger gefallen war — als erledigte Lehen durch das Reich ein und erneuerte im folgenden Jahr die Reichsunmittelbarkeit der Stadt. Nun folgte das sogenannte „Interregnum", in dessen Verlauf der am Erwerb der österreichischen Länder interessierte Böhmenkönig Přemysl Ottokar II. seinen Wünschen militärischen Nachdruck verlieh und sich, seiner Meinung nach durch die Heirat mit einer Nichte Herzog Friedrichs II. hinlänglich legitimiert, in Wien niederließ, wo er den Bau der Burg in Angriff nahm. Die äußerst städtefreundliche Politik Ottokars sicherte ihm sehr bald die Unterstützung eines Großteils des Wiener Patriziats. Welches Stadtrecht in diesen Jahren gegolten hat, wird wohl niemals mehr geklärt werden können, denn diese Urkunden sind — soferne Ottokar die Privilegien überhaupt schriftlich bestätigt haben sollte — durchwegs verlorengegangen.

Hand in Hand mit der Konsolidierung der rechtlichen Verhältnisse ging auch die territoriale und wirtschaftliche Entwicklung. Aus dem römischen Militärlager entstanden, hatten sich in mittelalterlicher Zeit auf dem von den heutigen Straßenzügen Rotgasse—Kramergasse—Graben—Naglergasse—Tiefer Graben und vom Steilabfall zum südlichsten, längst versandeten Donauarm (heute Salzgries) begrenzten Terrain einzelne Restsiedlungen gebildet: eine nördlich des Hohen Marktes rund um Berghof, Ruprechtskirche und Kienmarkt, eine weitere im Süden rund um die Peterskirche; dazu kam noch eine Ansiedlung an der Gabelung der Tuchlauben mit der Kühfußgasse, die von einer Westmauer geschützt wurde, welche sich, etwa bei der Irisgasse beginnend, nach Norden bis zur alten Kapelle Maria am Gestade hinzog.

Wirtschaftliche Gründe waren dafür maßgebend, daß sich vor den Toren der Altstadt allmählich Kaufmannssiedlungen entwickelten: vor dem Ungartor (heute Lichtensteg), an der Ausfallstraße nach dem Osten, die Handelsvorstadt rund um Bäckerstraße und Sonnenfelsgasse, an der Fernhandelsstraße nach dem Süden (die über den Semmering nach Kärnten und weiter nach Triest und Venedig führte und seit dem Erwerb der Steiermark durch die Babenberger erhöhte Bedeutung erlangte) ein Siedlungskern in der Gegend des (späteren) Neuen Marktes bei der *Weihenpurg*, an der Fernhandelsstraße nach dem Westen die Schaufellucke, an der Kreuzung mit der alten römischen Limesstraße in der Gegend von St. Michael, und schließlich jenseits des Wiener Donauarmes an der Straße nach dem Norden die Siedlung im unteren Werd, die spätere Leopoldstadt.

Da alle diese Siedlungen ungeschützt vor den Mauern lagen und sich auch viele fremde Kaufleute hier ihre Niederlassungen einrichteten, ging man in der zweiten Hälfte des 12. Jahrhunderts daran, sich ernsthaft mit einer Erweiterung der Stadt zu befassen. Daß man zu keiner Entscheidung gelangte, ist der andauernden Finanzkrise zuzuschreiben, in der sich die Babenbergerherzöge befanden — wiewohl unter Heinrich II. Jasomirgott auch die 1147 geweihte romanische Stephanskirche und das von ihm 1155 begründete Schottenkloster vor den Stadtmauern erbaut worden waren. Erst als nach der Gefangennahme des vom Kreuzzug zurückkehrenden englischen Königs Richard Löwenherz in der Vorstadt Erdberg das ungeheure Lösegeld für diesen eintraf, das Leopold V. für die Freilassung gefordert hatte, war die Stunde gekommen, mit diesem Silber, das in Wien mit Hilfe der neugeschaffenen Organisation der Hausgenossen ausgemünzt wurde, den Bau einer neuen Mauer zu finanzieren; es ist glaubhaft überliefert, daß an den Arbeiten (im besonderen an der Einebnung des heutigen Grabens, der bis dahin noch Wehrfunktionen erfüllt hatte) englische Kriegsgefangene beteiligt gewesen sind.

Kurz darauf, am Beginn des 13. Jahrhunderts, werden in den Urkunden auch im Vorfeld der heutigen Inneren Stadt Einzelobjekte, ja ganze Vorstädte genannt: 1211 die Wieden und St. Ulrich, etwa um dieselbe Zeit das Heiligengeistspital jenseits des Wienflusses, um die Mitte des 13. Jahrhunderts *Der Burger Spital*, ebenfalls vor dem Kärntnertor, jedoch am linken Ufer der Wien gelegen, sowie das Siechenhaus „Zum Klagbaum" (1267) an der südlichen Burgfriedensgrenze; noch älteren Datums (1179) ist die Errichtung eines Siechenhauses an der Als. Das Gebiet innerhalb der leopoldinischen Ringmauer war um diese Zeit noch keineswegs zur Gänze verbaut: die Holzhäuser mit ihren Schindeldächern besaßen weite Hofräume und ausgedehnte Gärten, ja selbst Äcker und Weideland waren keine Seltenheit. Unmittelbar im Schutze der Mauern entstanden kleine „Lucken", jene mittelalterliche Mischung von Schrebergärten, Heurigenschenken und Gesindehäusern, die, von Palisadenzäunen umgeben, im 15. Jahrhundert dann systematisch befestigt, bis zur ersten Türkenbelagerung den Übergang zu den wohlhabenden Vorstädten bildeten. Davor dehnten sich bis in die nächste Nähe der Stadt Weingärten aus, die von den Bürgern kultiviert wurden; der Wein von der Laimgrube beispielsweise zählte dank der günstigen Südlage und des ausgezeichneten Lößbodens zu den besten Sorten der Umgebung. Die Hänge des Kahlengebirges, aber auch jene des Wiener- und Laaerberges waren von dichten Wäldern bedeckt — kein Wunder also, wenn man in den Sagen von der Bärenmühle an der Wien oder der Teufelsmühle bei Wiener Neudorf furchterregende Dinge über wildes Getier und räuberische Wegelagerer erfährt.

Die Unsicherheit auf den Straßen gehörte trotz aller Bemühungen der Landesfürsten maßgeblich zu jenen Schwierigkeiten, unter denen der Handelsverkehr des Mittelalters zu leiden hatte; besonders der Fernhandel war von den Raubüberfällen arg betroffen und zählte daher zu den riskenreichsten, wenn auch rentabelsten Verdienstquellen. So überrascht es nicht, daß sich die Wiener nur allzugerne des Vorrechts bedienten, das ihnen durch das Stadtrecht Leopolds VI. zugestanden wurde: des Stapelrechtes. Erfuhren auch die ursprünglichen Rechte durch das habsburgische Privileg des Jahres 1281 eine Minderung und stellte man seit dem 15. Jahrhundert immer — vor allem zugunsten der Süddeutschen und Böhmen — wieder Versuche an, den Wiener Stapel auf anderen Straßen zu umgehen oder beispielsweise durch den Passauer Stapel zu schädigen, beziehungsweise die Vorrechte der einheimischen Händler durch Privilegien für fremde Kaufleute zu schmälern, so darf man doch das Stapelrecht als eine der wesentlichsten Quellen des Reichtums der Wiener Bürgerschaft bezeichnen — allerdings auch als eine der Ursachen für soziale Umschichtungen. Die alten ritterbürgerlichen Geschlechter des 13. Jahrhunderts, schlechthin als „Erbbürger" bekannt, in deren Händen zugleich mit den großen meist aus Grundrenten resultierenden Vermögen die politischen und administrativen Rechte lagen, wurden im Laufe des 14. Jahrhunderts zunächst von Handwerkern unterwandert, dann zwischen Handwerkern und Kaufleuten praktisch aufgerieben, wobei im 15. Jahrhundert letztere einen klaren Sieg errangen und sich dank der in ihren Familien angehäuften riesigen Vermögen in der sozialen Hierarchie an die Spitze setzten. Diese soziale Entwicklung findet Parallelen in den süddeutschen und ungarischen Städten.

Als die Habsburger in den siebziger Jahren des 13. Jahrhunderts die Herrschaft in Österreich antraten, besaß Wien bereits seine rechtliche Stellung, räumliche Ausdehnung, wirtschaftliche Grundlage, seinen geistigen Charakter und seine künstlerische Ausdrucksform. In den beiden folgenden Jahrhunderten änderte sich kaum Wesentliches: Wiens Platz in der mittelalterlichen Welt war fixiert, sein Rang gesichert. Die Habsburger begannen sich in den Jahrzehnten bis zum Regierungsantritt Herzog Rudolfs IV. zu konsolidieren, nicht zuletzt allerdings auf Kosten der Wiener Bürgerschaft, die in ihrer rechtlichen Sicherheit und wirtschaftlichen Blüte beeinträchtigt wurde. Das Territorium der Landesfürsten wuchs: 1335 erwarben sie Kärnten und Krain, 1363 Tirol, 1374 Istrien und 1382 Triest. Damit war nicht nur eine Abrundung des Wirtschaftsgebietes verbunden, sondern mit der Erwerbung Tirols entstand auch eine Barriere, die sich zwischen Deutschland und Italien schob, sodaß Rudolf IV. mit Genugtuung an den Dogen von Venedig schreiben konnte, alle Straßen, die die beiden Länder verbänden, stünden fortan unter seiner Kontrolle. Im 15. Jahrhundert, als unter Albrecht V. die Verbindung nach Ungarn und Böhmen durch den Abschluß von Erbvereinbarungen die immer klarer gesteckten Ziele einer Großmachtpolitik erkennen ließ, wandte sich der Blick der Habsburger zwangsläufig nach dem Südosten Europas, womit einerseits wirtschaftliche, andererseits — möglicherweise auch unfreiwillig — militärische Überlegungen verbunden waren; am vorläufigen Endpunkt dieser Entwicklung stand neben der Förderung des Ungarnhandels der beginnende Kampf gegen die Türken, die ihrerseits ihr Einflußgebiet vom Balkan nach Ungarn vorzuschieben trachteten.

Beim Einzug König Rudolfs I. in seine künftige Residenz im Jahre 1276 befand sich in seiner Begleitung ein Mann, den die Eindrücke der Stadt derart überwältigten, daß er sie — wie dies im weiteren Verlauf der Geschichte Wiens noch oft der Fall sein sollte — in begeisterte Worte kleidete. Es war Andreas von Rode, ein Notar des Königs. Und in der „Wiener Meerfahrt", einer mittelhochdeutschen Dichtung, deren Entstehung man um das Jahr 1270 ansetzt, wird aus anderem Munde ebenfalls das Lob Wiens gesungen. In neuhochdeutscher Übersetzung präsentieren sich die alten Verse etwa so:

    Wien, das ist Lobes wert,   Welch Mann hat den Pfennig,
    Da findet man Roß und Pferd,   Der findet mancherhand Ding,
    Großer Kurzeweile viel,   Den Hausen und den guten Wein
    Sagen, Singen, Saitenspiel,   Und mannig schönes Fräuelein,
    Das findet man zu Wien genug,   Viel wonniglichen Mutes
    Hübschheit und Ungefug.   Und reich des Gutes.

Die Jahrzehnte der zweiten Hälfte des 13. Jahrhunderts sind durch einen politischen, militärischen, wirtschaftlichen, verwaltungsmäßigen und sozialen Umbruch beachtlichen Ausmaßes gekennzeichnet. Als die reichsunmittelbare Stellung, die Wien die Möglichkeit hätte geben können, eine selbständige Politik zu betreiben, die städtische Macht zu vergrößern und mit den großen Reichsstädten in Deutschland in Konkurrenz zu treten, der „Hauspolitik" der Habsburger zum Opfer fiel, stehen wir an der Schwelle einer neuen Epoche und damit am Beginn jener Zeit, in der ein *magister civium* an die Spitze der Bürgerschaft trat.

DIE BÜRGERMEISTER VOM ENDE DES 13. JAHRHUNDERTS BIS ZUR STADTORDNUNG (1282–1526)

Konrad Poll und die ersten Wiener Bürgermeister

Die Anfänge des Wiener Bürgermeisteramtes liegen im Dunkel. Wir kennen lediglich eine vom Österreichischen Staatsarchiv verwahrte Urkunde, in der am 22. August 1282 erstmals der Wiener Bürger KONRAD POLL (Pollo) als *magister civium* (Bürgermeister) bezeichnet wird; wahrscheinlich ist er mit jenem (fälschlicherweise Christoph genannten) Poll identisch, den der Humanist Wolfgang Lazius in seiner 1546 gedruckten „Vienna" für die Jahre 1280 bis 1284 angibt. Bis heute ist es unbekannt geblieben, ob Poll damals in sein Amt gewählt wurde oder ob ihn der Landesfürst kraft eigener Machtvollkommenheit einsetzte. Da in herzogliche Urkunden die Bezeichnung *magister civium* erst seit 1340 Eingang findet und daher auf eine Betonung des Titels von landesfürstlicher Seite offenbar kein Wert gelegt wurde, darf man wohl zur Ansicht neigen, daß die Wahl des Bürgermeisters vom Stadtrat aus erfolgte und im Anschluß daran vom Landesfürsten eine Bestätigung erfuhr. Über Wirkungsbereich und Befugnisse des Bürgermeisters in der frühen Zeit können wir keinerlei Aussagen machen; es ist allerdings mit einiger Sicherheit anzunehmen, daß er den Vorsitz im Stadtrat innehatte und damit den seit 1221 in dieser Funktion amtierenden Stadtrichter ablöste. Die Bedeutung des Bürgermeisters geringzuschätzen, weil er im Stadtrecht Rudolfs I. nicht ausdrücklich erwähnt wird, erscheint insofern bedenklich, als eine solche Nennung auch im Stadtrecht des Jahres 1296 fehlt, also zu einem Zeitpunkt, da nach den turbulenten Ereignissen der achtziger Jahre über das Wirken dieses höchsten städtischen Funktionärs kein Zweifel mehr bestehen kann.

Das Geschlecht der Poll, das in seinem Wappen eine Henne *(pollo)* führte, gehört mit anderen reichen Bürgerfamilien — den Paltrams, Haimonen, Greiffen, Auf der Säul, Tierna oder Eslarn — zu den Großgrundbesitzern seiner Zeit. Konrad Polls gleichnamiger Vater, ein vermögender Großkaufmann, war mit seiner Ehegattin Margret, der Tochter des schwerreichen, möglicherweise aus dem Rheinland stammenden Handelsherrn Seifried Leubel, über Regensburg nach Wien gekommen. Er erwarb noch in der ersten Hälfte des 13. Jahrhunderts in Vöslau ausgedehnten Grundbesitz (weshalb er in Urkunden bald den Beinamen *von Veselowe* führt); seine Familie, die schon 1239 in der Zeugenreihe des Wiener Neustädter Stadtrechts genannt wird, übte im Ort grundherrliche Rechte aus. Vater Konrad hatte darüber hinaus ein Lehen in der Wachau in Besitz, das er später dem Stift Zwettl verkaufte. Von seinem Schwiegervater kam der Kölnerhof, die Hauptniederlage der rheinischen Kaufleute in Wien, an das Geschlecht der Poll; ein Paul Pollo, dessen Verwandtschaftsgrad sich nicht eindeutig klären läßt, wanderte aus Nürnberg zu und scheint ebenfalls unter den Besitzern des Kölnerhofes auf. Die Familie errang rasch großen Einfluß, konnte sich diesen jahrzehntelang sichern und ist noch um die Mitte des 15. Jahrhunderts unter den Haus- und Grundbesitzern Wiens nachweisbar. Sie gehörte dem Kreis jenes Patriziats an, das in Wien unter der Bezeichnung „Erbbürger" bekanntgeworden ist. Die Erbbürger erlebten zwar im 13. Jahrhundert ihre Blütezeit, konnten aber dank ihres materiellen Besitzes bis ins beginnende 15. Jahrhundert die wesentlichsten Machtpositionen unter ihrer Kontrolle halten und somit die Politik Wiens entscheidend beeinflussen. Das Wiener Bürgertum — das heißt eben die oberste Schichte desselben — war im Spätmittelalter neben Hof, Adel und Kirche im Grundbesitz stark verankert und gewann aus diesem mühelos seinen Reichtum, indem es das Land parzellierte und an die weniger wohlhabenden Bürger gegen Entrichtung eines ewigen Zinses verpachtete. Bürgerliche Besitzer, die teilweise auch die Dorfgerichtsbarkeit ausübten, treten uns im 13. Jahrhundert nicht nur innerhalb der Stadtmauern, sondern auch in verschiedenen Orten in der Nähe Wiens — so in Matzleinsdorf, in Reinprechtsdorf, in Gumpendorf und in Zeismannsbrunn, dem späteren St. Ulrich, dann in Richtung Süden in Ober- und Unterlaa, im Nordwesten hingegen vor allem in Währing, Grinzing, Salmannsdorf und Unterdöbling — entgegen, wo sie neben Realitäten insbesondere ausgedehnte Weingärten ihr eigen nannten. Rechtlich dem Stand der adeligen Ministerialen gleichgestellt, durften die Erbbürger als Grundherren über Ländereien mit Grundholden gebieten und grundherrliche Rechte ausüben; aufgrund ihres Reichtums war ihnen ihr politischer Einfluß unangefochten gesichert.

Die Jahrzehnte nach dem Aussterben der Babenberger (1246) waren äußerst unruhig. Seit 1251 herrschte in Österreich Přemysl Ottokar II., dessen die Städte fördernde Politik Wien sehr zustatten kam. Am Südende der erweiterten Stadt errichtete sich der Böhmenkönig eine neue Residenz, den heutigen „Schweizertrakt" der Hofburg. Das Wiener Patriziat fühlte sich Ottokar zu Dank verpflichtet und war ihm sehr ergeben. Als Rudolf I., 1273 zum deutschen König gewählt, die babenbergischen Länder einziehen wollte, stieß er daher nicht nur auf den erbitterten Widerstand Ottokars, sondern auch des Adels und Patriziats. Die Verteidigung der Stadt Wien lag in sicheren Händen: Stadtrichter war Paltram vor dem Freithof, Landschreiber (höchster landesfürstlicher Finanzbeamter im Land unter der Enns) Konrad von Tulln. Die Familie Paltram, deren Reichtum unvorstellbare Ausmaße erreichte, hatte naturgemäß besonderen Einfluß.

Als Ottokar mit dem Habsburger 1276 Frieden schloß und Rudolf kampflos in Wien einzog, war dessen Stellung gegenüber der Stadt äußerst schwierig. Der Böhmenkönig schätzte seine Möglichkeiten richtig ein und suchte seine Rückkehr vorzubereiten; im Adel waren es die Kueninger, unter den Wiener Patriziern Paltram und sein Anhang, die ihn in seinem Vorhaben unterstützten. Als jedoch im April 1278 Heinrich von Kuenring, ein Hitzkopf, undiplomatischerweise zu früh losschlug, deckte man die Verschwörung auf, die Güter der Kuenringer und der Familie Paltram wurden beschlagnahmt, Paltram, sein Bruder und seine sechs Söhne konnten, zum Tode verurteilt, nur mit Mühe nach Niederbayern entkommen. Vielleicht liegt in dieser Entwicklung einer der Gründe, warum Rudolf in Hinkunft dem Stadtrichter den Vorsitz im Rat nicht mehr zubilligen wollte und deshalb bereits kurz darauf ein Bürgermeister in Erscheinung trat. Die an der Verschwörung der Patrizier nicht beteiligt gewesenen einfachen Bürger begehrten nun eine Dankesbezeugung von seiten Rudolfs; dies führte offenkundig am 24. Juni 1278 zur Bestätigung des geltenden Stadtrechts.

Zwei Monate später, am 26. August 1278, verlor Ottokar II. bei Dürnkrut Schlacht und Leben, und Rudolf I. gewann die österreichischen Lande damit endgültig für sein Haus. Als er Anfang Mai 1281 ins Reich zurückkehren mußte, bestellte er seinen ältesten Sohn Albrecht zum Reichsverweser. Rudolf war sich der treuen Gefolgschaft der Wiener keineswegs sicher, denn die Zeiten hatten sich zu seinen Ungunsten geändert. Können wir zum Jahre 1278 in der „Steirischen Reimchronik" (in freier Übersetzung) noch lesen:

> Viel Glocken hörte man da läuten,
> Man sah es an den Leuten,
> Daß sie waren freudenvoll,

so mußte sich Rudolf nun die Treue seiner Untertanen erkaufen. Um Albrecht die Nachfolge zu sichern, hatte er den Klerus durch Zugeständnisse und reiche Schenkungen gewonnen, war er dem Adel weit entgegengekommen und hatte er verschiedene Städte im Lande gefördert. Auf Wien, *des riches houptstat in Oesterrich*, dessen Rechte bereits bestätigt waren, richtete Rudolf ein besonders wachsames Auge: er ließ die Patrizier Treubriefe unterfertigen, in denen sie erklären mußten, sie würden sich dem Rat der Stadt unterordnen und auf jede Verbindung mit Paltram vor dem Freithof verzichten. Man darf daher annehmen, daß der im darauffolgenden Jahr erstmals genannte Bürgermeister Poll ein Mann seines Vertrauens war. Albrecht wußte jedoch die ihm gebotene Chance nicht zu nützen. Bereits am 24. Juli 1281 erließ er das schon erwähnte „Niederlagsprivileg", das die wirtschaftlichen Rechte Wiens stark beschnitt und den „Gästen", das heißt den nach Wien kommenden Kaufleuten aus dem Westen, mehr Rechte einräumte, als sie bis dahin besessen hatten. Damit schuf sich Albrecht innerhalb des Wiener Patriziats und der handeltreibenden Bürger keine Freunde. Als ihn Rudolf I. auf dem Reichstag zu Augsburg vor Weihnachten 1282 zunächst zu gesamter Hand mit seinem Bruder Rudolf, dann aber am 1. Juni 1283 über Bitten der Landstände allein belehnen ließ, mußten sich die Wiener darüber im klaren sein, daß eine endgültige Entscheidung gefallen und die weitere Entwicklung vorgezeichnet war. Die Opposition gegen die verhaßten „Schwaben", wie die Habsburger wegen ihrer alemannischen Herkunft gerne genannt wurden, gewann neuen Auftrieb und spitzte sich in den folgenden Jahren immer mehr zu. Inzwischen erscheinen — vielleicht mit den oppositionellen Kräften sympathisierend — 1285 HEINRICH HANSGRAF und 1287 KONRAD VON ESLARN (der gemeinsam mit seinem Sohn Otto Hof und Adel mit Wein belieferte) im Amt des Bürgermeisters; 1288 tritt wieder Poll an die Spitze des Stadtrates und behält diese Funktion, wenngleich möglicherweise mit kurzen Unterbrechungen, bis 1305. Damit steht er der Stadt auch in jenem kritischen Zeitpunkt vor, als sich am 18. Februar 1288 zu Klosterneuburg Richter, Bürgermeister, Ratsherren, Geschworene und die ganze Bürgergemeinde von Wien in aller Form verpflichten mußten, Herzog Albrecht als Herrn anzuerkennen und ihm Treue und Gehorsam zu halten. Abgesehen von diesem pauschal ausgesprochenen Gelöbnis ließ sich Albrecht von einer Reihe prominenter Patrizier erneut Treubriefe ausstellen, so von Konrad Poll, dem früheren Bürgermeister Konrad von Eslarn und von Münzmeister Seifried Leubel, Polls reichem Schwiegervater. Wenige Tage später, am 28. Februar, mußten die Wiener feierlich auf die Rudolfinischen Privilegien verzichten, die bei dieser Gelegenheit wohl auch — wie es Brauch der Zeit war — materiell vernichtet wurden; jedenfalls hat sich keine der früheren Verfassungsurkunden im Original erhalten. Ebenfalls im Jahr 1288 erfolgte die Weihe der nach dem Brand von 1275 nunmehr neu erstandenen Kirche des Hofgesindes, der Michaelerkirche.

Das am 10. November 1295 in Umlauf gesetzte Gerücht vom Tode Herzog Albrechts genügte, eine neuerliche Erhebung des österreichischen Adels zu bewirken, der die Unterwerfung der Bürger nicht akzeptiert hatte. Als Albrecht nach Bayern zog, schrieb der Wiener Annalist: „Und so sind die Schwaben aus dem Lande gegangen, möchten sie nie wiederkehren. Das walte Gott! Amen!" Es blieb bei diesem frommen Wunsch. Immerhin glaubte aber Albrecht die Zeit gekommen, etwas zur Befriedung des Landes tun zu müssen: sei es als Belohnung für die „Anpassung" an die gegebene Lage, sei es aus Besorgnis, die Situation ansonsten nicht mehr „in den Griff" zu bekommen. So kam es am 12. Februar 1296 zur Verleihung eines neuen Stadtrechts, des ersten, das in deutscher Sprache abgefaßt wurde; damit konnte der seit 1288 waltende Zustand der Rechtlosigkeit beendet werden. Die Urkunde, deren Originalausfertigung im Wiener Landesarchiv verwahrt wird, fixiert die rechtliche Stellung der Stadt innerhalb Österreichs und regelt die Beziehungen zwischen Stadt und Landesfürst; in groben Umrissen hält sie zwar am „Rudolfinum" von 1278 fest, bestätigt aber nur jenen Teil, der dem Landesfürsten keine Nachteile brachte. Mit der Reichsfreiheit war es endgültig zu Ende. Der Inhalt des alten Privilegs ist durch Einschübe erweitert, durch Auslassungen gemindert und durch textliche Umgestaltungen wesentlich beeinträchtigt; das Ergebnis ist — in kurzen Worten — die Umwandlung der Reichsstadt Wien zur Landstadt. Der Stadtrichter, seiner Funktion als Vorsitzender verlustig gegangen, behielt Sitz und Stimme im Stadtrat. Dieser praktisch dem Herzog vereidigte Ausschuß der Bürgergemeinde sollte sich noch durch ein volles Jahrhundert überwiegend aus Angehörigen erbbürgerlicher Geschlechter zusammensetzen, unter die sich allerdings auch bereits reich gewordene Handwerkerfamilien zu mischen begannen. Nur hausbesitzende Bürger waren in den Rat wählbar. Die städtische Autonomie wurde auf Marktaufsicht und Polizeiangelegenheiten beschränkt.

In die Zeit gegen das Ende der Amtsperiode Konrad Polls fällt ein markantes Ereignis: die Erweiterung der bereits 1147 geweihten romanischen Stephanskirche durch den Baubeginn am gotischen Chor. Die Möglichkeit zur Vergrößerung der Kirche, die bereits in ottokarischer Zeit zu klein geworden war, schufen die Bürger Wiens, als sie 1304 dem Stift Zwettl ein Haus abkauften, dessen Grundstück für den Bau unbedingt erforderlich war. Auch die Verlegung des Roßmarktes von der Gegend des heutigen Stock-im-Eisen-Platzes in die Renngasse dürfte damit zusammenhängen.

Möglicherweise schon 1305, dem Jahr seiner letztmaligen Nennung als Bürgermeister, spätestens aber 1307, da von seiner Witwe gesprochen wird, ist Konrad Poll, dessen Lebensweg wir seit dem Jahre 1256, wenn auch nur aus dürftigen Quellen schöpfend, verfolgen können, in Wien, vielleicht in seinem Haus am Alten Fleischmarkt, verstorben. Sein Sohn Niklas und sein Enkel Berthold erlangten in späteren Jahren die gleiche hohe Würde, die er selbst über einen Zeitraum von zwei Jahrzehnten bekleidet hatte. Noch im Jahr 1305 wurde HEINRICH CHRANNEST zu seinem Nachfolger gewählt, der nicht nur zu Polls Zeiten, sondern auch nach 1311 mehrfach als *Richter von des herczogs gnaden* (Stadtrichter) bezeichnet wird und 1311 gleichzeitig den Posten eines Amtmanns in Österreich bekleidet. Er war der erste Bürgermeister, der jenen in der ersten Hälfte des 13. Jahrhunderts reich gewordenen Handwerkergeschlechtern entstammte, die ohne soziales Spannungsverhältnis in den „Erbbürgern" aufgegangen sind. Dem Herzog treu ergeben, erhielt er 1310 aus dem Vermögen des wegen Hochverrats hingerichteten Johannes von Stadlau ein Haus Unter den Tuchlauben als Geschenk. Seine Einkünfte bezog Chrannest aus Häusern, Gewandkellern und Fleischbänken in der Stadt; seine Tochter Christine vermählte er mit Leopold Polz, der Mitte der fünfziger Jahre Bürgermeister von Wien wurde. Der Nachfolger Chrannests war DIETRICH VON KAHLENBERG, über den wir jedoch nichts Näheres wissen.

Die Bürgermeister nach dem Aufstand gegen Friedrich den Schönen

Im Jahr 1308 wird HEINRICH VON DER NEISSE, der uns 1304 als Landschreiber von Österreich und Münzpächter begegnet, zum Bürgermeister gewählt.
Auf den 31. Mai 1308 fällt die Ermordung Herzog Albrechts I. durch seinen Neffen Johann „Parricida". Sein 1289 geborener Sohn Friedrich, dem die Geschichtsschreibung den Beinamen „der Schöne" gab, hatte seit 1306, nach dem Aussterben der Přemysliden, die Krone Böhmens getragen, diese aber nach dem Tode seines Vaters an die Luxemburger verloren. Nun wurde er, neunzehn Jahre alt, Herzog von Österreich und Steiermark. In bayrische Händel verstrickt, war er ab 1314 auch Gegen- beziehungsweise Mitkönig Ludwigs von Bayern. Die Nachfolge Friedrichs führte nochmals zu einer revolutionären Erhebung gegen die Habsburger, der sich allerdings die Wiener größtenteils fernhielten; die Erbbürger engagierten sich nur zu einem kleinen Teil, die Handwerker hingegen standen sogar geschlossen hinter Friedrich. 1308 ging es nicht mehr um eine Verbesserung der rechtlichen Stellung der Stadt, sondern ausschließlich um die Person des Landesfürsten. Man wollte die herrschende Dynastie beseitigen, den Bayernherzog Otto als Landesfürsten eingesetzt wissen. Vielleicht versprachen sich einzelne Patrizier von einem solchen Wechsel persönliche Vorteile. Rückblickend betrachtet, hätten sich für die Entwicklung Wiens durch Verlagerung des politischen Schwerpunktes nach Westen bestimmt Gefahren ergeben. Die Habsburger waren gewillt, ihr Stammland in der Schweiz mit der neuen Residenz Wien zu vertauschen; ob die Bayernherzöge gleiches zu tun bereit gewesen wären, muß im Hinblick auf die unmittelbare Nachbarschaft und die für Bayern zentrale Position Münchens zumindest als zweifelhaft angesehen werden.
Die Verschwörung, in Abwesenheit des Herzogs zustande gekommen, deckte der landesfürstliche Finanzchef Hubmeister Konrad Haarmarkter auf. Die Obrigkeit griff energisch durch; ein Teil der

Nos Remboto Judex et Chunradus dictus Pullo magister civium. Ac Vniuersi consules Ciuitatis Wiennensis. presentibus protestamur et publice profitemur, quod honorabilis vir magister Chunradus Scriba Austrie. Apud Wernhardum Scherundum vinorem nostrum conciuem. consensu et optima uoluntate dne Margarete vxoris sue et puerorum suorum, necnon dne Dyemudis sororis ipsius et omnium cohedium suorum pleno plenius Accedente. infra scriptos redditus pro septuaginta marcis puri argenti comparauit iuste et rationabiliter nobis presentibus et exoluit. qui inquam redditus subcertis et distinctis terminis Annis singulis sunt soluendi. Primo videlicet de domo Gotfridi Solfneid in alto foro sitvate danda sunt Quatuor talenta denariorum singulis Annis in die sancti michahelis. Item Ruedlo Solfneid de quadam camera ibidem in qua solee sunt venales soluet sex solidos denariorum eodem die. Item Otelinus carnifex de quadam mensa piscium in foro Nouem solidos denariorum Item sub macellis Waltherus dictus Pukel de vno macello vnum talentum denariorum quod tribus in anno vicibus dare debet. Scilicet in festo michahelis. In natiuitate dni. et in festo Penthecostes Item in festo beati martini Quartale sept. Item Ruedlo dictus Nozdling de macello similiter vnum talentum denariorum et Qrtale sept. Item Dietricus dictus Ratisponensis de macello similiter vnum talentum denariorum et Quartale sept. Item filius eiusdem Dietrici de macello similiter vnum talentum denariorum et non sept. Item Gerhardus de Chreinsa de macello similiter vnum tal denariorum soluet in predictis tribus Anni vicibus. Absque sept. Et quia huiusmodi emptio reddituum predictorum per memoratum magistrum Chunradum in nostra presentia vt prediximus est legitime celebrata. Eam manu vero approbandam duximus Et sigilli nostre Ciuitatis karactere confirmandam In testimonium et cautelam. Datum Anno domini Millo ducentesimo lxxxsecundo In octaua assumptionis gloriose marie Virginis

Erste Nennung des Bürgermeisters Konrad Poll (Chunradus dictus Pullo magister civium) in einer am 22. August 1282 ausgefertigten Wiener Ratsurkunde

Albrecht von Habsburg verleiht der Stadt Wien 1281 ein Niederlagsprivileg

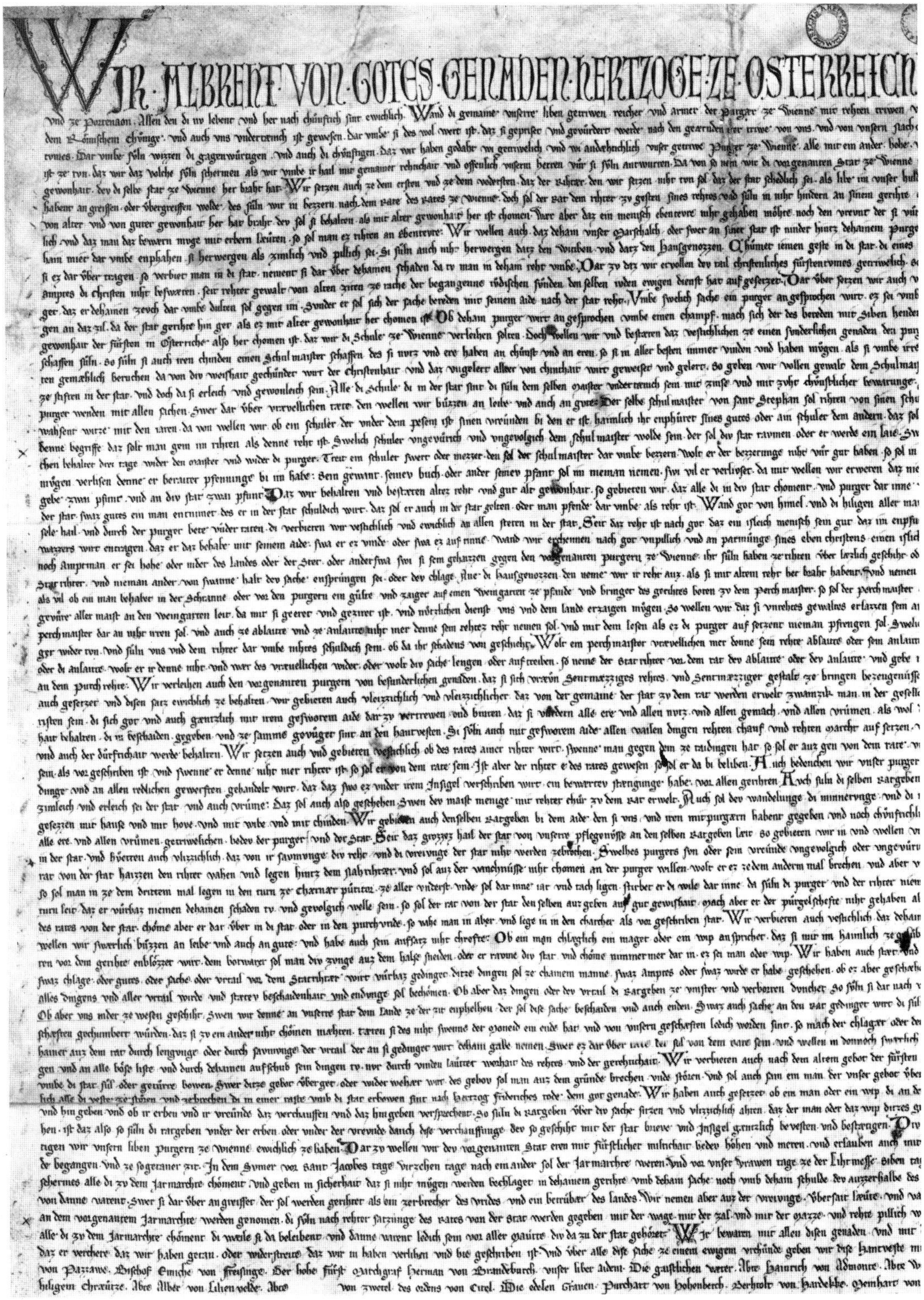

Stadtrecht Albrechts I. für Wien aus dem Jahre 1296

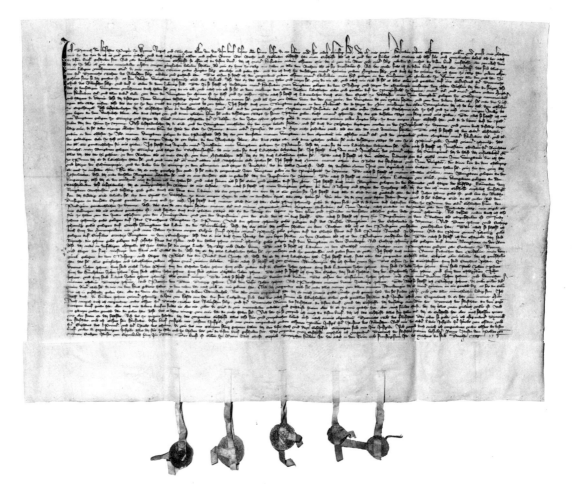

Ältestes erhaltenes Testament eines Wiener Bürgermeisters (Dietrich Flusthart) vom 6. Februar 1359

Ratswahlordnung von 1396

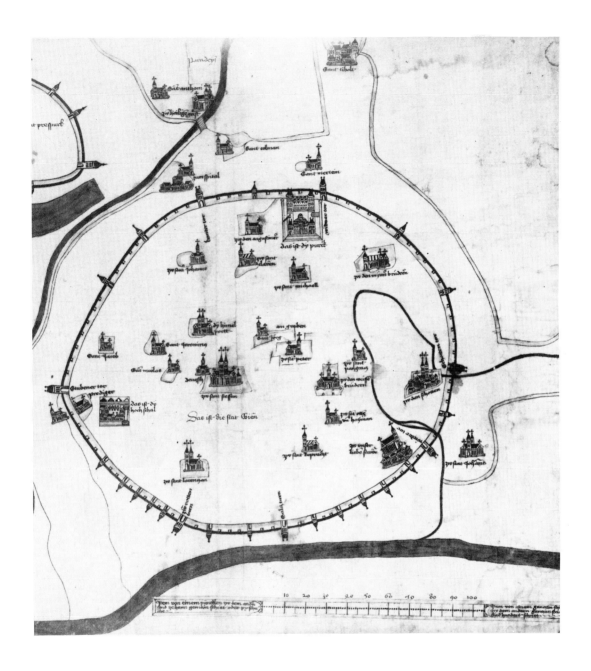

Der sogenannte Albertinische Plan der Stadt Wien aus dem 15. Jahrhundert

Blick durch eine Seitengasse des Grabens auf Stephansdom und Peterskirche (um 1470)

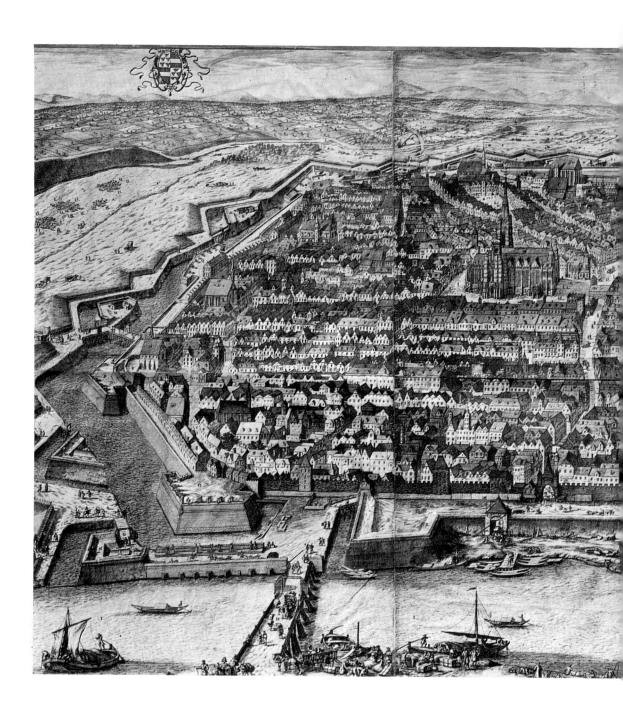

Die Vogelschau von Jacob Hoefnagel (1609) vermittelt einen Eindruck vom Aussehen der gotischen Stadt

Bürgermeister Lukas Popfinger und der Wiener Stadtrat geloben, die Universität zu schützen und zu fördern (1365)

Bürgermeister Konrad Holzler als Stifter eines Glasfensters der Wallfahrtskirche St. Leonhard (Tamsweg)

Kaiser Friedrich III. bestätigt 1460 die ihm von Bürgermeister Jakob Starch vorgelegten städtischen Privilegien (Bild rechts); diese „Pancarta" wird in einer lederüberzogenen Holzkassette verwahrt (Bild oben)

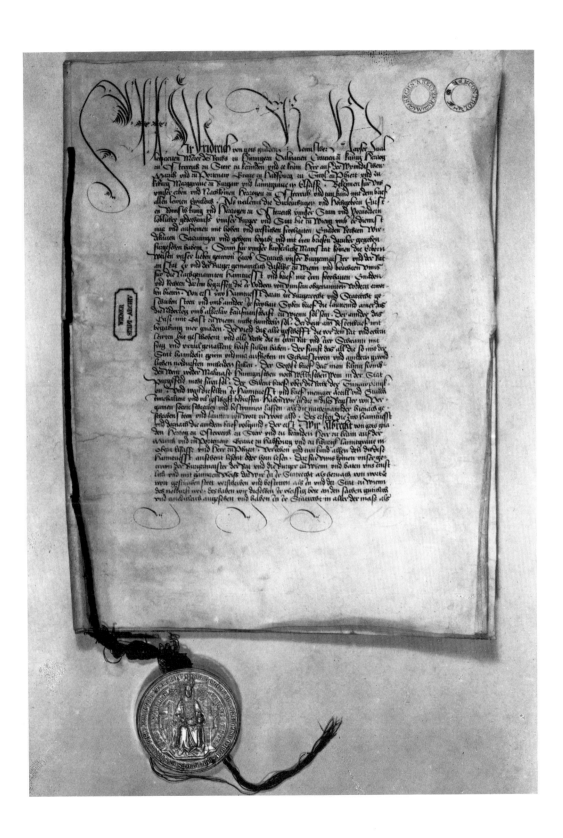

Die Hofburg zur Zeit der Bürgermeister Christian Prenner, Sebastian Ziegelhauser und Wolfgang Holzer, die in die Kämpfe zwischen Friedrich III. und Albrecht VI. verwickelt waren

In die Amtszeit des Bürgermeisters Paul Keck fällt die von Maximilian I. 1506 erlassene Fischereiordnung

Der Stephansplatz mit Dom, Magdalenenkapelle und Heilthumstuhl am Beginn des 17. Jahrhunderts

schwerer belasteten Verschwörer — unter ihnen Berthold der Schützenmeister, Otto und Haimo und Konrad der Breitenfelder, der schon in den achtziger Jahren aktiv gewesen war — flüchtete, über die anderen hielt Friedrich nach seiner Rückkehr im Februar 1310 grausames Gericht: die Haupträdelsführer erlitten schwerste Leibesstrafen, wurden geblendet oder gerädert. Damit erstickte man die Unruhen im Keim, wobei durchaus fraglich ist, ob zu diesem Zeitpunkt ein Aufstand noch als erfolgversprechend angesehen werden konnte. Das 1314 angelegte älteste erhaltene Kanzleibuch der Habsburger verzeichnet im Zusammenhang mit dem niedergeschlagenen Aufstand eine Reihe von konfiszierten Gütern, die der Herzog zum Teil unter seine Getreuen verteilte. Friedrich der Schöne, zunächst hart durchgreifend, befleißigte sich einige Jahre später auch des Mittels der Gnade, indem er den Geflüchteten die Rückkehr nach Wien gestattete und manchem von ihnen sogar das beschlagnahmte Eigentum zurückgab. So blieb der Aufstand, nicht zuletzt infolge der durch diplomatische Mischung von Güte und Strenge gefestigten landesfürstlichen Position, kurze Episode, ohne Einfluß auf die Situation der Stadt und ihre Entwicklung. Der Vorrang Wiens als *houbet* vor den *klainen steten* war unbestritten, jedoch die Stellung der erbbürgerlichen Geschlechter erschüttert, es fehlte ihnen die Kraft, ihre Exklusivität zu wahren und sich gegen das Eindringen von Handwerkern zur Wehr zu setzen, die ihren Reichtum weniger handwerklicher Geschicklichkeit als waghalsigen Handelsgeschäften verdankten, zu denen den alten Geschlechtern der Mut fehlte.

Auch der nächste Bürgermeister, NIKLAS VON ESLARN, zählte zu den Getreuen des Herzogs. Von 1309 bis 1313 und nochmals in den Jahren 1316 und 1317 lenkte er die Geschicke der Stadt. Niklas entstammte einem alten Wiener Geschlecht, das schon einmal (1287) einen Bürgermeister gestellt hatte. Wir können ihn bereits ein Jahr danach, 1288, urkundlich nachweisen und sein Leben länger als ein halbes Jahrhundert verfolgen. Da er 1288 schon siegelte, also volljährig gewesen sein mußte, und mit Sicherheit zwischen Februar und September 1341 in seinem Haus in der Teinfaltstraße starb, erreichte er ein für die damalige Zeit recht beachtliches Alter von weit über 70 Jahren. Aus dem öffentlichen Leben hatte er sich allerdings früher zurückgezogen: 1330 begegnen wir ihm zum letzten Mal als Ratsherr. Mehr als drei Jahrzehnte betätigte er sich jedoch, soweit uns die spärlichen Quellen Einblick gewähren, in verschiedenen Ämtern: 1306 als Stadtrichter, seit 1309 als Bürgermeister, in vorgerückten Jahren 1326 und 1327 als Münzmeister. Niklas nannte ausgedehnten Besitz in der Stadt und vor den Toren sein eigen, seine Weingärten erstreckten sich auf die weitere Umgebung, vor allem auf den Kaswassergraben und den Sauberg im Nordwesten Wiens. Die Herzöge Albrecht II. und Otto zählte er zu seinen Schuldnern: er hatte ihnen nicht weniger als 336 Pfund Pfennig vorgestreckt, ein wahres Vermögen!

Zu Beginn von Eslarns Amtstätigkeit, nach Albrechts I. Tod, begann man in Wien, den innerhalb der Mauern noch frei gebliebenen Raum allmählich zu verbauen und das Aussehen der Stadt zu verschönen. Am 29. Juni 1314 konnte Herzog Friedrichs spanische Gemahlin Isabella ihrem Vater nach Aragon von der glanzvollen Aufnahme berichten, die ihr bei ihrem Einzug in Wien zuteil geworden; sie betont aber auch, wie fruchtbar das Land sei und wie schön ihr die Stadt erscheine. Durch Isabella und ihren Hofstaat kam vorübergehend ein neues Bevölkerungselement mit Wien in Berührung. Im Spätmittelalter wird die Vermischung der einheimischen Bevölkerung mit Ausländern besonders stark fühlbar. Mit den Habsburgern war zwar die bayrische Zuwanderung zurückgetreten, doch hatte die alemannische merklich zugenommen; als Haupteinzugsgebiet innerhalb der Alpenländer fungierte weiterhin die Steiermark. Ärzte, Apotheker, Künstler, aber auch Geschäftsleute und Handwerker wanderten aus Italien zu und wurden in Wien seßhaft. Hingegen konnten Franzosen, Portugiesen und Aragonen (die mit der Gattin Rudolfs III., der 1305 verstorbenen Herzogin Blanche, und Königin Isabella nach Österreich gekommen waren) hier nicht verwurzeln. Im Laufe des späteren 14. Jahrhunderts, nach der Gründung der Universität durch Rudolf IV., machte sich erstmals auch ein lange Zeit hindurch unterschätzter, jedoch aus den Matrikeln einwandfrei nachweisbarer Zuzug von Tschechen und Ungarn bemerkbar.

Niklas von Eslarns Amtszeit wird durch ein besonderes Ereignis geprägt: am 12. Mai 1316 erhält er für die Stadt Wien von Friedrich dem Schönen ein 1310 im Zuge der Verschwörung konfisziertes Haus in der Salvatorgasse zum Geschenk, das sich bis dahin im Besitze der Brüder Otto und Haimo von Neuhaus befunden hatte und das im Obergeschoß des Osttraktes eine schon 1301 erwähnte, *Unser vrowen* (Maria) geweihte Hauskapelle enthielt. Hier sollte die Stadt ihr Rathaus einrichten. Mehrfach erweitert und am Beginn des 18. Jahrhunderts in seine heutige barocke Gestalt gebracht, hat es mit der Salvatorkapelle bis 1885 seine Funktion erfüllt.

Die Bürgermeister der folgenden zweieinhalb Jahrzehnte — neun an der Zahl — entstammten durchwegs renommierten Wiener Bürgergeschlechtern. Über bedeutsame Ereignisse während ihrer Amtszeiten ist leider nur uneinheitlich zu berichten. NIKLAS POLL, dessen Vater Konrad schon Bürgermeister gewesen war, übte sein Amt zwischen 1313 und 1327 in zwei Perioden insgesamt sieben Jahre aus (1313—1315, 1324—1327); 1316/17 folgte nochmals Niklas von Eslarn, 1318 wurde für ein Jahr HERMANN VON SANKT PÖLTEN gewählt (der 1319 Stadtrichter und 1320 Münzmeister wurde); nach dessen Ausscheiden amtierte dann von 1319 bis 1323 OTTO WÜLFLEINSTORFER. Unter ihm spitzten sich die im Handel schon seit längerem sichtbar gewordenen Schwierigkeiten derart zu, daß es 1319 unter dem Vorwand, Friedrich der Schöne habe in Regensburg keinen Einlaß gefunden, zu einem regelrechten Sturm auf die Niederlassung der oberdeutschen Kaufleute in Wien, den Regensburger Hof, kam. Sicherlich geschah dies nicht aus reiner Sympathie für den fernen Herzog, sondern viel eher, da auch geplündert wurde, aus Haß gegenüber der erfolgreichen Konkurrenz, die sich in Wien keiner Beliebtheit erfreute. Zwar hatte man Friedrich 1312 dazu bewegen können, den Wienern die weiterreichenden Niederlagsprivilegien aus Rudolfs Zeiten zu bestätigen, doch lagen die Gefahren besonders in dem Umstand, daß sich die hiesige Kaufmannschaft mangels geschäftlicher Beweglichkeit mehr dem mühelosen, doch einträglichen Zwischenhandel zuwandte. Dies wirkte sich natürlich auf den Export (etwa von Wein) aus; man überließ es den fremden Kaufleuten, die vor allem niederländische Webwaren und Feintuche nach Wien brachten, sich selbst Fracht für ihre Rückfahrt zu beschaffen, freute sich über den steigenden Absatz, übersah aber die handelspolitischen Nachteile (etwa hinsichtlich der Preisbestimmung). Höchstens 15 Prozent der Weinausfuhr gingen durch die Hände der Wiener.

Wülfleinstorfers Amtsjahre sind durch eine rege Kirchenbautätigkeit gekennzeichnet: am Stephansdom, bei St. Michael, Maria am Gestade und in der Rathauskapelle wurde fleißig gearbeitet. Im Gegensatz zu den meisten hölzernen und schindelgedeckten Bürgerhäusern gaben die steinernen Zeugen frommer Gesinnung der mittelalterlichen Stadt bald das Gepräge. Die Niederlage Friedrichs des Schönen in der Schlacht bei Mühldorf (1322) zeitigte keine negativen Folgen für die Entwicklung Wiens, wohl aber erlitt die bauliche Ausgestaltung durch zwei Brandkatastrophen Rückschläge, welche in die letzten Monate von Niklas Polls Amtszeit fallen. Ein am 5. Dezember 1326 in der Wallnerstraße ausgebrochenes Schadenfeuer ergriff, wie es heißt, zwei Drittel der Stadt; denselben Ausgangspunkt hatte ein verheerender Brand, der am 23. März 1327 weite Teile der Stadt verwüstete, darunter auch die dicht besiedelten Zentren um den Neuen Markt. Der Herzog suchte den Aufbau zu beschleunigen, indem er ein größeres Grundstück innerhalb des in Asche gelegten Stadtteiles nächst der Burg den Augustiner-Eremiten zur Neugründung einer Kirche überließ; diese Maßnahme bedeutete zugleich eine wesentliche Stärkung des geistigen Potentials der Stadt. Wir haben es allerdings mit keiner gezielten Stadtplanung durch den Landesfürsten zu tun; die Gestaltung des „Herrenviertels" nächst der Burg entwickelte sich ebenso zwangsläufig wie jene des „Gesindeviertels" südlich der Burg.

Kurze Zeit nach dem Stadtbrand wird ein neuer Bürgermeister genannt: STEPHAN CHRIEGLER. Aber erst unter seinem Nachfolger HEINRICH LANG (1329—1330) kam es zur Grundsteinlegung der Augustinerkirche; der Auftrag wurde 1330 an den bayrischen Baumeister Dietrich Sadtner von Pirn vergeben. Lang, der in seinem Haus in der Kärntner Straße wohnte, ist uns jedoch kein Unbekannter: 1311 tauchte er als Unterhändler bei Rizzardo da Camino auf, mit dem er wegen der Rückerstattung des einigen Wiener Kaufleuten geraubten Gutes verhandelte, 1322 ist er als Schaffer im St. Clara-Kloster tätig.

Einem der ältesten Geschlechter Wiens hingegen gehörte sein Nachfolger an: DIETRICH URBETSCH (1332 und 1335—1337), der das Amt 1333 und 1334 auf zwei Jahre an den mit der Familie Chriegler verwandten HERMANN SNAETZEL abgab. Der reichbegüterte Urbetsch, der in den Grundbüchern mit Hausbesitz hinter dem Kammerhof, am Graben, in der Ratstraße und beim Schottentor verzeichnet ist, Weingärten in Grinzing und Döbling, am Altenberg und am Nußberg bewirtschaftete sowie über Lehengüter in Niederösterreich verfügte, war 1334 Münzmeister und nach dem Ende seiner Bürgermeisteramtszeit zwischen 1338 und 1343 abwechselnd Münzmeister und Stadtrichter. Eine seiner Töchter verheiratete er mit Dietrich Flusthart, den der Stadtrat für die Jahre 1350 und 1351 zum Bürgermeister erkor. Urbetsch starb in Wien um die Weihnachtszeit des Jahres 1348. Die bereits erwähnten Handelsprobleme hatten sich während seiner Amtszeit weiter verschärft. 1336 richtete König Johann von Böhmen an den Rat der Stadt Frankfurt am Main ein Schreiben, in welchem er nicht nur ein Schutzversprechen für die dortigen Kaufleute abgab, sondern unumwunden erklärte, er gewähre im Einvernehmen mit den Königen von Ungarn und Polen der Stadt Brünn dieselben Handelsvorrechte, wie sie Wien besitze. Wenn auch die Hussitenkriege zunächst den Versuch, auf diese Weise den Osthandel gänzlich von Wien abzulenken, vereitelten, muß diese Urkunde doch als ein Alarmzeichen gewertet werden, das von den Wiener Kaufleuten aber offenbar nicht beachtet wurde. Sie beschäftigten sich zu dieser Zeit viel eingehender mit dem Venedighandel, der durch die Ausdehnung des Einflußbereiches der Habsburger im Süden — sie hatten 1335 Kärnten erworben — wesentlich gestützt werden sollte.

Der zwischen 1330 und 1340 einsetzende Umbau der Minoritenkirche, bei dem die wahrscheinlich flachgedeckte und einschiffige romanische Basilika des 13. Jahrhunderts durch einen dreischiffigen Hallenbau ersetzt wurde, der damals an das benachbarte, auf den Arealen des heutigen Staatsarchivs stehende Kloster anschloß, fügt sich in das Kirchenbaukonzept des Hofes; mit St. Michael und St. Augustin entstand nun um die Burg ein Kranz von Gotteshäusern. Das Tor des Mittelschiffes der Minoritenkirche zählt bis heute zu den prachtvollsten Werken der Gotik in den Donauländern.

Mit KONRAD VON ESLARN D. J. (1337—1338) und BERTHOLD POLL (1338—1339) kamen gegen Ende der dreißiger Jahre nochmals zwei Angehörige erbbürgerlicher Geschlechter an die Macht, deren Vorfahren (bei Eslarn sein Onkel und sein Großvater, bei Poll sein Vater und sein Großvater!) bereits Bürgermeister gewesen waren. Besonders an Poll erweist sich, da er neben Häusern, Weingärten und einem Gewandkeller unter den Lauben auch Einnahmen aus Lehen in Fischamend, Haslau und anderen niederösterreichischen Orten besaß, wie fundiert im 14. Jahrhundert die materiellen Verhältnisse der über die Stadt gebietenden Erbbürger gewesen sind.

Bürgermeister Konrad Wiltwerker. Die Kodifizierung des Stadtrechts und die Ausbildung der mittelalterlichen Stadt

Mit KONRAD WILTWERKER, einem Kürschner, kam in entscheidender Stunde wieder der Angehörige eines zu Reichtum gelangten Handwerkergeschlechts auf den Bürgermeisterposten. Auch andere Familien schoben sich im Laufe der zweiten Hälfte des Jahrhunderts in den Vordergrund: die Würfel, Schuchler, Popfinger, Holzkäufl und Geukramer. Sie alle übten solche handwerklichen Tätigkeiten aus, die es ihnen ermöglichten, zu Vermögen zu gelangen. Und diese Vermögen waren, orientiert man sich an der Persönlichkeit Konrad Wiltwerkers, gewaltig: er besaß das 1325 erstmals erwähnte Zunfthaus der Kürschner und Pelzhändler, das sogenannte *Kursenhaus* in der Krebsgasse beim Hohen Markt, ein Haus gegenüber dem Rathaus, ein anderes bei der Scheukenbadstube in der Sterngasse, einen Gewandkeller unter den Lauben, dazu ein Haus mit Zubehör vor dem Stubentor und einen Hof beim Bürgerspital, gar nicht zu reden von den ausgedehnten Weinrieden in Grinzing, Nußdorf und an anderen Orten, von der Wiese bei Laxenburg, den Obstgärten vor dem Stubentor und an der Donau oder dem Wald bei Weidlingau; nur der Abrundung halber mag erwähnt werden, daß Wiltwerker von einer schier unüberblickbaren Zahl von Häusern Zins empfing, daß er Gülten und Zehenten einzog und über nicht weniger als zweiundzwanzig herzogliche Lehen verfügte. So erscheint es nur selbstverständlich, daß er neben St. Stephan auch die Klöster Heiligenkreuz, Lilienfeld und Zwettl sowie das Bürgerspital mit beachtlichen Vermächtnissen bedachte. Seine Wohnung hatte er schon lange, bevor er die höchste Stufe der Rangleiter des öffentlichen Dienstes erklomm, im vornehmen Dompropsthaus in der Salvatorgasse nächst dem Rathaus, das einst der Familie Würfel gehörte.

Wiltwerkers Amtszeit — wir können ihn seit dem 24. Februar 1340 als Bürgermeister nachweisen — begann recht spektakulär: am 23. April versammelten sich die Honoratioren aus Kirche, Adel und Bürgerschaft mit Angehörigen des Hofes unter großem Pomp bei der Domkirche zu St. Stephan, um an der feierlichen Weihe des 1304 begonnenen „Albertinischen Chores" teilzunehmen. Mit der Weihe dieses Chores muß auch eine für die Folgezeit sehr wesentliche architektonische Entscheidung gefallen sein: die Beibehaltung des romanischen Westwerks der Kirche. Kurz nach Vollendung des Chores begannen nämlich die freigewordenen Werkleute mit dem Bau der beiden zweigeschossigen Kapellen beiderseits des romanischen Langschiffs, um dieses auf die Ausmaße des gotischen Chores zu verbreitern. Der Schmuck des Chores präsentiert sich in bürgerlicher Nüchternheit; wir stehen bei der Betrachtung vor einem bedeutenden, doch im Aufwand sichtlich zurückhaltenden Werk der reifen Gotik. Als symptomatisch mag angesehen werden, daß sich nicht nur auf den Gebieten der Politik und der Dichtung, sondern auch in der Kunst, im besonderen in der Architektur und Plastik, ein Durchdringen der Anschauungen des Bürgertums abzeichnet. Wenn im selben Jahr 1340 der Bau der Augustinerkirche im wesentlichen vollendet war und auch jener der Minoritenkirche vor dem Abschluß gestanden sein dürfte, so leitete die reichhaltige kirchliche Bautätigkeit eine Stilepoche ein, deren Ergebnisse noch heute einem Teil der Innenstadt das Gepräge geben. Damit beginnt sich auch jenes Stadtbild zu entwickeln, das ein Jahrhundert später Aeneas Silvius in seiner berühmt gewordenen Schilderung Wiens der Nachwelt überlieferte. Die Entwicklung der Stadt im mittelalterlichen Sinn kann man mit dem Tod Albrechts II. (1358) praktisch als abgeschlossen betrachten. Wir dürfen aber daneben einen anderen bedeutsamen Wandel nicht übersehen: das Aufkommen bürgerlicher Gesinnung, die Neugestaltung der Stadt durch die Bürger, deren Namen nun auch unter den Förderern der großen Kirchenbauten zu finden sind, kurz das Vordringen des Bürgerlichen auf allen Lebensgebieten. Die Burg bleibt noch Wehrbau; aber das Rathaus entsteht als repräsentativer bürgerlicher Bau. Jans Enikel, der sich zwar als einen *rehten Wienner* bezeichnet — womit er bewußt eine Verbindung zu den alten ritterlich-bürgerlichen Geschlechtern des 13. Jahrhunderts herstellen will, deren Übergang in ein bürgerliches Patriziat spätestens ab 1309 nicht mehr aufzuhalten war —, steht zugleich am Beginn einer Richtung österreichisch-wienerischen Schrifttums, dessen Träger Bürger sind und das sich im wesentlichen nicht mehr wie die Schwänke und Minnelieder in der Zeit der Hochblüte des Minnesangs an höfische, sondern fast ausschließlich an bürgerliche Kreise wendet.

Die wenigen Amtsjahre Wiltwerkers sind durch ein weiteres die Verfassungsentwicklung Wiens bis ins 16. Jahrhundert festlegendes Ereignis gekennzeichnet: das von Albrecht II. am 24. Juli 1340 erlassene Stadtrecht, das sich inhaltlich weitgehend mit jenem Teil des „Rudolfinums" von 1278 deckt, den Albrecht I. 1296 nicht angetastet hatte, weil in ihm nichts dem Landesfürsten Abträgliches enthalten war. Beide Stadtrechte gemeinsam ergeben „den formvollendeten Abschluß der Textgestaltung der mittelalterlichen Wiener Stadtrechte" (Rudolf Geyer) und sind daher als die Kodifikation des mittelalterlichen Stadtrechts schlechthin zu bezeichnen.

HAGEN VON SPIELBERG (1344) und REINPRECHT ZAUNRÜD (1345—1347), beide noch ritterlich-bürgerlicher Abkunft, traten gegenüber der Persönlichkeit Wiltwerkers, der gegen Ende 1343 oder Anfang 1344, vielleicht noch während seiner Amtszeit, verstorben ist, merklich zurück. Mit FRIEDRICH VON TIERNA kommt 1348 ein Angehöriger eines bedeutenden Geschlechtes auf den Bürgermeisterposten, der in besten materiellen Verhältnissen stand (er besaß ein Haus und einen Marstall bei St. Stephan, Höfe auf der Landstraße und bei Baden sowie nebst Weingärten und sonstigen Liegenschaften eine Badstube und einen Kramladen). Seine Amtszeit war jedoch keineswegs von Glück gezeichnet: 1349 brach in Wien eine katastrophale Pestepidemie aus.

DIETRICH FLUSTHART, der 1350 erstmals zum Bürgermeister gewählt wurde, war in zweiter Ehe mit Elsbet, der Tochter des seinerzeitigen Bürgermeisters Dietrich Urbetsch, vermählt; sein am 6. Februar 1359 abgefaßtes Testament ist das älteste, das sich von einem Wiener Bürgermeister bis in unsere Tage erhalten hat. Flusthart, einem alten Erbbürgergeschlecht entstammend, verfügte über reichen Haus- und Grundbesitz, darunter allein siebzehn Weingärten. Seine grundherrlichen Rechte zu Brunn wurden von den dort behausten Grundholden durch Zinsleistung anerkannt, er bezog aber auch Gülten von Gütern in Waidhofen. Herzog Albrecht II. schuldete ihm, wie so manchem Wiener Erbbürger, Geld. In seinem Testament fixierte Flusthart Vermächtnisse an nicht weniger als zwölf Wiener Kirchen und Klöster, bedachte aber auch die drei Wiener Siechenhäuser und das Spital in Waidhofen mit erheblichen Geldbeträgen. Es ist anzunehmen, daß von ihm die Verfügung ausging, die für Wien wichtigen rechtlichen Urkunden in ein „Großes Stadtbuch" einzutragen; später wurde es unter der Bezeichnung „Eisenbuch" bekannt und zählt mit seinem aus dem 16. Jahrhundert stammenden Ledereinband zu den größten Kostbarkeiten des Wiener Landesarchivs. HEINRICH WÜRFEL (1353), dessen Besitzungen weit in die Umgebung — nach Achau, Breitensee, Dornbach, Grinzing, Guntramsdorf und Laxenburg — reichten, erlebte während seines Amtsjahres die Vollendung des Turmes von Maria am Gestade, jener Kirche, die mit Recht noch heute als besonderes Juwel der Gotik betrachtet wird. Einen seiner Söhne, Niklas, vermählte er mit Anna, der Tochter des erwähnten Bürgermeisters Konrad Wiltwerker, seine einzige Tochter, Katharina, mit Konrad Reicholf; seinen Urenkel, Oswald Reicholf d. J., werden wir im 15. Jahrhundert ebenso unter den Bürgermeistern finden wie seinen Enkel Paul Würfel d. J. Immer wieder gewinnt man den Eindruck, daß eine eng umrissene Gruppe vermögender Bürger die wichtigsten Ämter unter ihre Familien verteilte und damit Machtkonzentrationen erreichte, die in späteren Jahrhunderten in dieser Form nicht mehr denkbar gewesen wären. Wollte man die Zusammensetzung des Stadtrates und die Besetzung aller übrigen Ämter und Würden genau analysieren, würde sich bestimmt der Eindruck noch verstärken. Um die Mitte des 14. Jahrhunderts stehen wir allerdings bereits am Ende dieser Entwicklung. 1356, dem ersten Amtsjahr des Bürgermeisters HEINRICH STRAICHER, erwähnen die Urkunden zum ersten Male einen „Äußeren

Rat", der neben den alten (nunmehr Inneren) Rat tritt. Vierzig Personen sollen als eine Art Vertretung der *gemain* deren Beteiligung an den wichtigsten Geschäften erleichtern. Wenn sich auch die Mitwirkung eher auf Beschlüsse beschränkte, welche die Allgemeinheit betrafen, und die Gerichtshoheit des Rates keineswegs angetastet wurde, so handelte es sich doch um den Versuch, eine uneingeschränkte Geschlechterherrschaft zu vermeiden. Dasselbe Ziel einer „Demokratisierung" des Stadtrates strebte man im selben Jahr durch die Einbeziehung der Zünfte an.

In die Amtszeit von Bürgermeister LEOPOLD POLL, der zum erstenmal 1355, dann wieder 1358 und 1359 gewählt wurde, fallen die Trauerfeierlichkeiten nach dem am 20. Juli 1358 verstorbenen Herzog Albrecht II., dessen (keineswegs porträtgetreues) Bildnis uns — ebenso wie jenes Friedrichs des Schönen — auf einem Glasfenster des Stephansdomes erhalten geblieben ist. Mit Albrecht war ein Landesfürst dahingegangen, der, wie ein unbekannter Zwettler Mönch in seiner Chronik vermerkte, *den Menschen vieler Länder verehrungswürdig, milde und nützlich gewesen: ein Freund des Friedens und ein wohltätiger Vater vieler Könige und Fürsten*. Die Geschichtsschreibung hat ihm später den ehrenden Beinamen „der Weise" zuerkannt und damit zum Ausdruck bringen wollen, daß sich Albrecht zeitlebens um eine friedliche politische Entwicklung, ein ungestörtes Wirtschaftsleben und nicht zuletzt um die geistige Kultur bemüht habe, womit er sich in deutlichen Gegensatz zu seinem unmittelbaren Vorgänger stellte.

Sein Nachfolger wurde sein noch nicht neunzehnjähriger Sohn, Rudolf IV., dessen hochfliegende Pläne seiner Zeit weit vorauseilten und daher nicht immer auf Verständnis stießen. Eine seiner ersten Regierungshandlungen war der am 11. März 1359 vorgenommene erste Spatenstich zum Südturm von St. Stephan, dem am 7. April die feierliche Grundsteinlegung folgte. Der „hohe Turm" war ebenso wie das gotische Langhaus und die Kapellen zu beiden Seiten der romanischen Westfront noch zur Zeit Albrechts II. konzipiert worden, aber es ist höchst wahrscheinlich, daß Rudolf den Turmbau persönlich stark beeinflußte und damit der Stadt Wien und Österreich zu ihrem Wahrzeichen in seiner heutigen Gestalt verhalf. Rudolf engagierte sich für den Turmbau so stark, daß er auf ihn sogar in der 1364 von ihm niedergelegten Hausordnung Bezug nimmt. Er läßt seine beiden Brüder Albrecht und Leopold geloben, *dass sie die kirchen ze sand Stephann ze Wienne ... volbringen sullen und wellen völleklich mit paw ... als das ... herczog Rudolff bedacht, angevangen und geordent hat*. Es erwies sich, daß diese Verpflichtung vor allem Albrecht III. belastete.

Letzte Machtkonzentration der Erbbürger. Rudolfinische Reformen und Ratswahlprivileg

HAUNOLD SCHUCHLER D. J. ist jener Bürgermeister, der in führenden politischen Funktionen mit den wesentlichsten Neuerungen des jungen Herzogs unmittelbar konfrontiert wurde. Rudolf IV., der dazu neigte, seine Ziele in geradezu nervöser Hast zu erreichen, mutete den führenden Schichten ideelle und materielle Opfer zu, die diese, noch in mittelalterlichem Denken verwurzelt, nicht begriffen, weshalb sie seine Tätigkeit mit Mißtrauen verfolgten.

Des Herzogs Reformgesetze für Wien stammen aus den Jahren 1360 und 1361. Die Stadt befand sich seit Jahren in einer wirtschaftlichen Notlage, die man auf Pestepidemien, Brand, Katastrophen und Mißernten zurückzuführen hat. Es ist die Rede *von dem tod und sterben . . ., von der grossen prunst, die laider die purger geschedigt . . ., von der ungwondleichen missewechst*; aber auch *aribait und gewerb der chaufmanschaft waren gechrenket*, weil die meisten mitteleuropäischen Städte seit etwa 1350 unter einer wirtschaftlichen Stagnation gelitten haben, die den errungenen bürgerlichen Lebensstandard bedrohte. Im allgemeinen glaubte man zu Unrecht ein Heilmittel in stark einengenden zünftlerischen Wirtschaftsmaßnahmen gefunden zu haben. Rudolf akzeptierte diese Maßnahmen nicht und beschritt seinen eigenen Weg, wobei er sich das „goldene Prag" seines Schwiegervaters, Kaiser Karls IV., zum Vorbild nahm. In der wohl richtigen Erkenntnis, daß die hypothekarische und grundherrliche Belastung der Häuser, die durch Feuer verödet oder durch Epidemien entvölkert waren, das Wirtschaftsleben am nachhaltigsten behinderte, erklärte er am 28. Juni und 2. August 1360 alle Grundlasten für ablösbar, verbot die Ausübung der Grundherrlichkeit auf dem Boden der Stadt Wien, verwies die rechtliche Abwicklung aller Grundübertragungen (deren hohe Gebühren bisher dem privaten Grundherrn zugefallen waren) an Bürgermeister und Rat und dekretierte eine allgemeine Grundentlastung. Die städtischen Grundbücher haben sich ab etwa 1368 fast lückenlos erhalten. Durch diese Verordnungen machte er sich fast alle städtischen Gesellschaftsschichten zu Gegnern, und das 1359 erlassene Getränkesteuergesetz (Einhebung des *ungelts*) hatte das Seine dazu beigetragen, ihn heftiger, wenn auch vergeblicher Kritik auszusetzen.

Rudolf fühlte sich als *imperator in territorio suo*, sein Herrschaftsbewußtsein ließ für die Selbständigkeitswünsche der Städte keinen Platz offen. Wenn es in Wien — der einzigen Großstadt innerhalb des herzoglichen Machtbereichs, in der ein Patriziat von wirtschaftlicher Bedeutung existierte — nicht möglich war, ihm Schranken zu setzen, so konnte er sicher sein, daß dies auch in anderen Städten nicht gelänge. So wesentlich dem Herzog die wirtschaftliche Hilfe für Wien erschien, so waren ihm doch die politischen Nebenergebnisse seiner Reformen keinesfalls unerwünscht. Je mehr die Erbbürger durch den Verlust ihrer Einkünfte aus Grundrenten ihre politisch-wirtschaftliche Sonderstellung einbüßten, umso weniger konnten sie das Eindringen der Handwerker in das Patriziat verhindern, wodurch aber ihr eigener politischer Einfluß zurückgedrängt wurde. Auf die Zusammensetzung des Rates hatte diese Entwicklung nur insofern Einfluß, als sich die Namen der in ihm vertretenen Geschlechter änderten. Er blieb nach wie vor die Domäne der Begüterten; nur die Anhäufung des Reichtums kam zum erstenmal auf andere Art zustande.

So können wir in den nächsten Jahrzehnten einen allmählichen Niedergang der erbbürgerlichen Geschlechter verfolgen. Aber selbst in diesem Endstadium ragen immer wieder einige bedeutende Persönlichkeiten hervor, die uns einen Begriff vom Glanz ihrer Familien vermitteln. Betrachten wir zunächst den erwähnten Bürgermeister Schuchler. Er logierte im eigenen Haus am noblen Kienmarkt nächst St. Ruprecht, in dem er dann auch, gegen Ende oder unmittelbar nach seiner Amtszeit, verstorben sein dürfte; sein riesiges Vermögen — vor allem Weingärten rund um Wien, die sich auf die Gegenden bis nach Brunn und Mödling im Süden und auf die Hänge des Kahlengebirges verteilten, sechs Tagwerk Wiesen zu Achau, zehn Joch Äcker am Wienerberg und am Geiselberg, Zehenten zu Niederneusiedl und Enzersdorf — vermachte er seinen Kindern.

Der Amtsnachfolger Schuchlers, HANS VON TIERNA (1362—1364), dessen Vater ebenfalls Bürgermeister gewesen war, stand ihm in nichts nach. Zeitlebens hatte er bedeutende Ämter inne: so war er (mit ganz geringen Unterbrechungen) von 1356 bis 1388 landesfürstlicher Hubmeister, zwischen 1354 und 1378 achtzehn Jahre hindurch Münzmeister und 1365 herzoglicher Hofmeister; 1370 bis 1374 führte er gemeinsam mit Johann von Liechtenstein, Reinhart von Wehingen, Christian Syrfeier und Niklas Stainer das Regiment des Landes Österreich. Die Herzöge Albrecht und Leopold waren ihm verpflichtet, da er ihnen beträchtliche Geldmittel vorstreckte. Neben Stadthäusern in vornehmer Lage (am Hohen Markt und am Haarmarkt) besaß Hans von Tierna vierzehn Häuser in der Stadt und fünf weitere vor den Toren, dazu den alten und den neuen Turm am Lichtensteg, eine Badstube in der Rotenturmstraße und einen Tuchladen am Hohen Markt, sechs Fleischbänke am Lichtensteg, siebzehn Weingärten, vor allem in Brunn, Guntramsdorf und Gumpoldskirchen sowie in Grinzing, Sievering und Nußdorf, schließlich Waldungen und zwei Höfe mit zugehörigen Hofstätten und Wiesen zu Enzersdorf und Schwechat. Hans von Tierna ist ein geradezu typisches Beispiel für den Reichtum der im 13. und 14. Jahrhundert durch ihren Besitz an Grund und Boden zu Vermögen gelangten Bürgergeschlechter, deren Angehörigen dadurch ein Übermaß an politischem Einfluß gesichert war. Daß sich der Besitz keineswegs auf das Stadtgebiet beschränkte, beweisen vor allem die Lehen, die im einzelnen aufzuzählen zu weit führen würde; es mag der Hinweis genügen, daß Tierna sieben *vesten* (Burgen) zu Lehen besaß, darunter Budweis und Kolmitz, und daß er Güter in zweiundzwanzig namentlich bekannten Ortschaften sein eigen nannte, wie Ebreichsdorf, Gerasdorf, Gramatneusiedl, Katzelsdorf und Waltersdorf. In Tiernas Amtsjahre fällt die Erwerbung Tirols durch die Habsburger (1363), die damit eine handelspolitisch wichtige Position gewannen, kontrollierten sie doch von da an alle Straßen, die von Deutschland nach Italien führten.

Bürgermeister FRIEDRICH RÜSCHL (1364) gehört demgegenüber zu den Emporkömmlingen seiner Zeit. Unter ihm erhielten am 28. August 1364 Bürgermeister und Rat als ausschließlich hiefür bevollmächtigte Instanz das Recht, für die Handwerker *gesetz* und *ordnung* zu erlassen, das heißt also die volle Gewerbehoheit. Was der einzelne Bürger durch Rudolfs Reformgesetze an Macht eingebüßt hatte, kam nun dem Stadtrat als Körperschaft zugute.

Unter Bürgermeister LUKAS POPFINGER (1365—1366), welcher der Gilde der vermögenden Fleischhauer angehörte, erfolgte am 12. März 1365 die Gründung der Wiener Universität (die allerdings noch keine theologische Fakultät besaß). Rudolf IV., durch die Universitätsstiftung Karls IV. in Prag (1348) irritiert, durch jene in Krakau (1364) jedoch richtiggehend schockiert, hatte damit ein weiteres Zurückdrängen Wiens in kulturellen Belangen zu verhindern gewußt. Seine Absicht, die Burg zum Mittelpunkt staatlich-städtischen Lebens zu machen, indem er zwischen dem Herrschersitz und dem Schottenkloster einen ausgedehnten Universitätsbezirk einrichtete, fand allerdings keine Erfüllung. Bereits am darauffolgenden Tag, dem 13. März, kam es zur feierlichen Installation des Kollegiatkapitels zu Allerheiligen in der nunmehrigen Domkirche zu St. Stephan, deren landesfürstliches Patronat von Passau anerkannt wurde. Der Einzug des Propstes mit einem Gefolge von vierundzwanzig Domherren und sechsundzwanzig Kaplänen gestaltete sich zu einem pompösen, den ganzen kirchlichen Prunk entfaltenden und weit über die Grenzen Wiens beachteten Ereignis, das zugleich einen vorbereitenden Schritt zur künftigen Bistumserrichtung darstellte. Am 21. April 1365 gelobte Bürgermeister Popfinger gemeinsam mit dem Stadtrichter und dem gesamten Stadtrat mittels einer formschönen Urkunde (an welcher sich das besterhaltene Wiener Stadtsiegel des Mittelalters befindet), die Universität in jeder Hinsicht zu schützen und zu fördern. Das Universitätsviertel wurde in der Gegend des Stubentores etabliert und hat sich in wesentlichen Bauobjekten bis auf den heutigen Tag erhalten.

Über die nachfolgenden Bürgermeister — THOMAS SWAEML (1366—1367 und 1370—1371), NIKLAS WÜRFEL (1368—1370), ULRICH RÖSSL (1372—1374), JANS AM KIENMARKT (1374—1376 und 1379—1381) — ist, soweit es ihre persönlichen Verhältnisse betrifft, kaum anderes zu sagen als über ihre vermögenden Vorgänger. Würfel erlebte 1369 die Fertigstellung des neuen Chores von Maria am Gestade, dessen prachtvolle Ausgestaltung mit der ritterlich-bürgerlichen Familie der Greiff in Verbindung steht, welche die seit dem 12. Jahrhundert in der Hand der Schotten befindliche Kapelle 1302 erworben und begonnen hatte, diese zu einem Wahrzeichen des Wiener Bürgertums auszugestalten. Der Besitz unterhalb der Kirche wurde an Bischof Gottfried von Passau verkauft, der hier für seinen Wiener Vertreter, den Offizial, einen großen Rent- und Gerichtshof einrichtete, der im Mittelalter wiederholt Schauplatz wichtiger innenpolitischer Verhandlungen war; der Passauer Hof wurde erst 1822 demoliert.

Als Rudolf IV. am 27. Juli 1365 im siebenundzwanzigsten Lebensjahr verstarb, begannen politisch unruhige Zeiten, die auch durch seine Hausordnung nicht befriedet werden konnten. Die Brüder, Albrecht III. und Leopold III., behalfen sich zunächst mit der Schaffung von zwei Verwaltungsgebieten; 1375 erwog man dann eine vollständige Länderteilung, bei der sogar eine Teilung der Stadt Wien und der herzoglichen Burg vorgesehen war. In dem am 23. September 1379 abgeschlossenen Neuberger Vertrag fand man eine weniger rigorose Lösung: Wien fiel mit den Ländern ob und unter der Enns an Herzog Albrecht III., der nach dem Tode seines Bruders Leopold in der Schlacht bei Sempach (7. Juli 1386) nochmals alle Länder — seit 1374 um die windische Mark und Istrien, seit 1382 um Triest vermehrt — in seiner Hand vereinigte. Die Wirren hatten schwere Folgen für das Wiener Wirtschaftsleben, da die Straßen nach Venedig über leopoldinisches Gebiet liefen.

In diesen Jahren war PAUL HOLZKÄUFL mehrmals Bürgermeister (1376—1379, 1381—1386, dann nochmals 1396 und 1400), unterbrochen durch eine neunjährige Amtsperiode des MICHAEL GEUKRAMER, die praktisch mit der Alleinherrschaft Albrechts III. zusammenfiel (1386—1395). Beide Bürgermeister entstammten Handwerkerfamilien und leiteten demgemäß in eine neue gesellschaftliche Periode über. Die Lage der Stadt war am 29. August 1395, dem Todestag Albrechts III., schwieriger denn je. Die habsburgischen Familienzwiste hatten Wien an den Rand des wirtschaft-

lichen Ruins gebracht und in politischer Hinsicht eine äußerst prekäre Situation heraufbeschworen, weil die Stadt nicht umhin konnte, selbst Stellung zu beziehen, und dadurch in den folgenden Jahren in den Machtkampf zwischen Vertretern der Albertinischen und Leopoldinischen Linie gezogen wurde. Dies führte beispielsweise 1398 dazu, daß sich Holzkäufl vor dem Rat wegen des Verdachts zu verantworten hatte, gegen Herzog Wilhelm paktiert zu haben. Selbst der am 22. November 1395 abgeschlossene Hollenburger Vertrag brachte nur eine kurze Atempause.
Sowohl Holzkäufl wie Geukramer dürfen als Beweis dafür herangezogen werden, daß sich die in die Oberschicht aufgestiegenen Handwerker besitzmäßig von den alteingesessenen Geschlechtern kaum unterschieden. Der politische Werdegang der beiden Bürgermeister ist äußerst vielgestaltig; sie betätigten sich nicht nur als Ratsherren, sondern auch als Grundbuchs- und Steuerherren, Bürgerspitalmeister und Judenrichter, Münzmeister, Kirchmeister zu St. Stephan oder Stadtkämmerer, bevor man ihnen das höchste städtische Amt übertrug. Die Ausgestaltung der Stadt nahm in diesen Jahren ihren Fortgang: 1386 begann der Bau der letzten großen Bettelordenskirche, jener der Karmeliter Am Hof, dort, wo sich seinerzeit die älteste babenbergische Burg befunden hatte.
In die Amtszeit Holzkäufls fällt jener schicksalhafte 24. Februar 1396, an dem die Herzöge Wilhelm, Leopold und Albrecht IV. ihre Siegel an eine Pergamenturkunde hängten, in der sie Bestimmungen über die künftige Zusammensetzung des Wiener Stadtrates erließen und damit de jure einen Schlußstrich unter die Alleinherrschaft der erbbürgerlichen Geschlechter setzten. Nach dem — bereits genannten — Hollenburger Vertrag hatte jede der beiden rivalisierenden Parteien versucht, Wien — die einzige Stadt, die eine wirtschaftliche Kraft darstellte und deshalb auch zu einer selbständigen politischen Willensbildung fähig schien — auf ihre Seite zu ziehen. Unter diesem Gesichtspunkt gewinnt die in mancher Hinsicht merkwürdige Verfassungsurkunde des Jahres 1396 an Bedeutung. Bürgermeister und Rat sollten von der *gemayn der ganczen stat* jährlich neu gewählt werden, und zwar aus den Reihen *von erbern erbpurgern, kaufleuten und gemaynen erbern hantwerchern ... auz yeglcichem tail sovil, damit die andern tail und auch reich und arm nicht überdrungen noch beswert werden*, vor allem auch, *damit furbasser icht mer in dem rat bey einander sitzen sweher, aydem, gebrüder, vettern oder lötig kaufleutt oder lötig reich oder lötig erbpurger oder lötig hantwercher* — landesfürstliche Bestätigung selbstredend vorbehalten! Die Urkunde ist als Vorstoß der „Leopoldiner" zu werten, die mit ihrem Eintreten für die Handwerker die Masse des Wiener Bürgertums für sich gewinnen wollten, indem sie deren Stellung im Rat verstärkten. Hatte das Stadtrecht von 1296 mehr oder minder dem rechtlich privilegierten ritterlich-bürgerlichen, auf innerstädtischem Grund ausschließlich besitzfähigen Patriziat ein Ende bereitet, hatte Rudolf IV. ihm 1360 seine wirtschaftliche Existenzgrundlage entzogen und damit eine soziale Verschiebung von nachhaltiger Wirkung angebahnt, die mit einem Bedeutungswandel des Begriffs „Erbbürger" Hand in Hand ging; im 15. Jahrhundert stehen sie als berufslose Besitzer liegender Güter im Gegensatz zu *kaufleut, cramer, hantwercher und ander, so hantierung und gewerb treiben*, sind praktisch nur „Ratsbürger" wie andere auch, Reiche, *die ros vermugen*, das heißt, ihrer militärischen Dienstpflicht zu Roß nachkamen. Die

Urkunde ist praktisch das einzige Zeugnis des Mittelalters, welches ein Eingreifen des Landesfürsten in soziale Spannungen innerhalb der städtischen Bevölkerung beweist. Mit ihrer Hilfe lösten sich in Wien, unterstützt durch eine geschickte Gewerbepolitik des Stadtrats, die Kontroversen zwischen Handwerk und Patriziat — im Gegensatz zu deutschen Städten, in denen es zu jahrzehntelangen, oft blutigen Kämpfen kam — auf friedlichem Wege.

Als Holzkäufl in hohem Alter 1400 ein letztes Mal zum Bürgermeister gewählt wurde, fiel ihm eine Aufgabe zu, welche die überragende Stellung, die Wien damals unter den österreichischen Städten besaß, unterstrich und das Werben der Herzöge um Wien verständlich erscheinen läßt. Die Landesfürsten wollten eine neue, schwerere Münze einführen — die Städte wandten sich gegen diesen Plan, weil sie ein Ansteigen der Preise befürchteten. Da sie sich selbst zu schwach fühlten, baten die Städte Waidhofen/Thaya, Weitra, Eggenburg, Marchegg, Enns, Ybbs, Linz, Freistadt, Vöcklabruck und Wiener Neustadt den Wiener Bürgermeister, ihrem Standpunkt beim Herzog Gehör zu verschaffen.

Die politischen Wirren bis zur Hinrichtung des Bürgermeisters Konrad Vorlauf

Im Jahre 1397 kam mit PAUL WÜRFEL D. Ä. ein drittes Mitglied dieser einflußreichen Wiener Familie auf den Bürgermeisterposten, ein Angehöriger der festumrissenen Gruppe „Erbbürger". Wenn auch 1396 der Begriff der „Erbbürger" (die 1405 als Korporation aufscheinen) in nicht ganz zufriedenstellender Weise geklärt wird, darf man doch an der Definition festhalten, daß diese ursprünglich *chain chauffmanschaft noch ander handell getriben* haben, ein Kriterium, das allerdings ab dem frühen 15. Jahrhundert nicht mehr generell gültig gewesen sein dürfte; besaß doch Paul Würfel, dessen Besitzungen in ihrem Umfang den Vergleich mit anderen vermögenden Bürgern nicht zu scheuen brauchten, einen Kramladen *unter den Wentkrämern* (am Hohen Markt) und eine Wechselbank beim Stephansfriedhof.

Würfel war der erste Bürgermeister Wiens, der aufgrund der neuen Bestimmungen des Ratswahlprivilegs nicht vom Inneren Rat und vom Genanntenkolleg, sondern von der Gesamtheit der Bürgerschaft gewählt wurde. Die Anordnung, die *gemain der ganzen stat* habe jährlich *ainen andern burgermaister und ainen andern rat zu küren*, wirkte sich eine Zeitlang tatsächlich jedes Jahr in personellen Veränderungen aus.

Auf Paul Würfel folgten 1398 JAKOB DORN, 1399 HANS ROCKH, 1400 PAUL HOLZKÄUFL, 1401 BERTHOLD LANG, 1402 nochmals Paul Würfel d. Ä., 1403 HAUNOLD SCHUCHLER D. J., 1404 KONRAD VORLAUF, 1405 — ein letztes Mal — Paul Würfel d. Ä. und 1406 RUDOLF ANGERFELDER.

Entgegen bisherigen Meinungen konnte in jüngster Zeit festgestellt werden, daß die Handwerker, die allerdings bereits im letzten Drittel des 14. Jahrhunderts immer stärker in den Vordergrund getreten waren, die ihnen seit 1396 zustehenden sechs Ratsposten besetzten, wenn es auch überwiegend nur besonders angesehenen Berufsgruppen — zunächst Kürschnern, Goldschmieden und

Fleischhauern, später auch Bognern und Pfeilschnitzern — gelang, zu Reichtum, persönlichem Ansehen und politischer Macht zu gelangen, das heißt „ratsfähig" zu werden. Als symptomatisch ist die mit diesem politischen Aufstieg zuweilen verbundene Gesinnungsänderung zu betrachten, wie sich dies am Beispiel des Kürschners Hans Stichel erweist, der 1408 die Ratspartei gegen die Handwerker unterstützte.

Nach Albrechts III. Tod entschied sich Wien verhältnismäßig rasch für die Anerkennung Herzog Wilhelms, des ältesten Sohnes Leopolds III. — vielleicht aus Gegensatz zum Adel, der für Albrecht IV. eintrat. Wie so oft in der Geschichte Wiens dürften wirtschaftspolitische Überlegungen für diese Entscheidung maßgebend gewesen sein: der Handelsverkehr lief im Süden und Westen weitgehend über Gebiete der „Leopoldiner", welche die Herrschaftsansprüche Wilhelms unterstützten. Es kam sogar so weit, daß sich Paul Würfel und Paul Holzkäufl 1398 im Rat gegen den Vorwurf, für Albrecht IV. Partei ergriffen zu haben, zur Wehr setzen mußten.

Das beginnende 15. Jahrhundert ist eine Übergangszeit, in der sich politische Schwierigkeiten in soziale Spannungen umsetzten. Selbst der Stadtrat von Wien geriet — wenn auch unfreiwillig — in den Sog der Ereignisse und war zu politisch aktiver Tätigkeit aufgerufen. Die breite Masse der Handwerker-Bürger, im allgemeinen an den Verwaltungsgeschäften eher desinteressiert, griff, da sie sich durch die Ratsbürger übervorteilt und bevormundet fühlte, in das Geschehen ein, was zu weiterer Verwirrung führte. Diese Entwicklung kam den sich bekriegenden Landesfürsten sehr gelegen, denn sie konnten die Unzufriedenheit und Erregung der Handwerker zu ihrem eigenen Vorteil nützen. Überhaupt hatten Albrecht IV. und die vier Brüder der Leopoldinischen Linie — Wilhelm, Leopold IV., Ernst und Friedrich — bald erkannt, daß sie sich zur Erreichung ihrer Ziele durchaus einzelner Bevölkerungsschichten bedienen konnten und daß es vorteilhaft für sie sein mußte, wenn es ihnen gelang, diese gegeneinander auszuspielen. Es kann keineswegs über die bestehenden Spannungen hinwegtäuschen, wenn Albrecht IV. und Wilhelm zeitweise gemeinsam in der Burg zu Wien residierten.

Es trug zur Parteienbildung bei, daß es um die Jahrhundertwende zu einer Wirtschaftskrise kam, der eine Reihe alter Familien zum Opfer fiel; mit ihrem Reichtum verloren sie auch die öffentlichen Ämter, womit die Abhängigkeit der politischen Macht von der wirtschaftlichen Potenz neuerlich unterstrichen wird. Man kann sogar Fälle nennen, in denen verarmte Bürger ihr Bürgerrecht zurücklegen mußten. Die Unsicherheit auf den Straßen führte zu einer schweren Schädigung des Handelsverkehrs und damit zu einer fühlbaren Beeinträchtigung des Niederlagsrechtes. Als die Wiener 1399 unmittelbar in Händel mit mährischen Raubrittern verstrickt wurden, wuchs ihr Interesse an einer Bereinigung der Situation, doch verschärften diese Zwistigkeiten zugleich die Lage. Ein 1402 zustandegebrachtes Bündnis der Landherren, Ritter und Städte zur Wiederherstellung der Sicherheit im Lande zwang die Landesfürsten, die benötigten Geldmittel durch neue Steuern aufzubringen, die jedoch ausschließlich die Bürger belasteten, da sich Adel, Geistlichkeit, Universität und Hofbedienstete wie bisher von der Steuerlast zu befreien wußten. Durch Mißernten und Überschwemmungen wurde die Lage immer katastrophaler.

In dieser Situation starb am 14. September 1404 Albrecht IV.; er hinterließ einen siebenjährigen Sohn, als dessen Vormund Herzog Wilhelm fungierte. Durch den König von Ungarn und Böhmen, Sigismund, dem Albrecht IV. große Dienste erwiesen hatte, unterstützt — er versprach dem jungen Herzog seine einzige Tochter Elisabeth zur Frau —, schien die Nachfolge Albrechts V. zunächst gesichert. Wilhelm festigte seine Position in Wien, indem er 1405 die Privilegien der mächtigen Hausgenossen bestätigte. Doch kaum zwei Jahre später, am 15. Juli 1406, überschlug sich sein Pferd während eines Rittes durch Wien und begrub ihn unter sich. Wenn auch die Stände noch im selben Jahr Albrecht Treue schworen, die Formalitäten der nunmehr Leopold IV. übertragenen Vormundschaft bis in alle Details regelten und ausdrücklich festhielten, daß diese mit Erreichung des 14. Lebensjahres, also 1411, zu enden habe, war vorauszusehen, daß sich aus der Mentalität des neuen Vormundes, der nicht gewillt war, die Macht mit jemandem zu teilen, bald Komplikationen ergeben würden. Spätestens ab diesem Zeitpunkt kam es zu jenen politisch-sozialen Spannungen, die 1408 ihren Höhepunkt erreichten, nicht zuletzt deshalb, weil Herzog Ernst von den Landherren und Prälaten alsbald den Auftrag erteilt bekam, seinem Bruder bei zu erwartenden Anschlägen auf die Rechte seines Mündels entgegenzutreten.

In Wien, wo 1406 KONRAD VORLAUF den Ratsbürger Rudolf Angerfelder abgelöst hatte, waren der Stadtrat samt den Ratsbürgern, die Klöster (ausgenommen das Schottenkloster) und die Studenten Ernst ergeben, während sich die ärmeren Bürger und Handwerker auf die Seite Leopolds IV. schlugen, von dem sie sich Vorteile erhofften. Hier fand die seit Jahrzehnten erkennbare Differenz innerhalb der Bürgerschaft ihren Ausdruck, die durch das Privileg von 1396 zwar geregelt, aber nicht beseitigt werden konnte. Der Gegensatz zwischen dem Stadtrat und Leopold IV. hatte sich verhärtet, als es nach einem Brand im Getto zu großen Plünderungen kam, der Bürgermeister aber bei den herzoglichen Räten in seinem Verlangen, für Rückstellung abhandengekommener Wertsachen Sorge zu tragen, kein Gehör fand. Die Stimmung gegen den Herzog verstärkte sich, als dieser einen aussichtslosen Feldzug gegen Mähren führte und nach einem ungünstigen Friedensschluß die ihm auferlegte Kriegsentschädigung durch erhöhte Steuern hereinzubringen suchte.

Anfang Jänner 1408 lagerten die Heere der feindlichen Brüder nördlich von Wien: Ernst in Klosterneuburg, Leopold gegenüber in Korneuburg, in der Absicht, nach Zufrieren der Donau diese zu überqueren. Leopolds Anhänger wollten den Herzog durch einen Aufstand unterstützen, um ihm die Tore Wiens öffnen zu können. Bürgermeister Vorlauf entschloß sich zum Handeln, ließ fünf Anführer — durchwegs Handwerker — verhaften und am 5. Jänner nach einem Schnellgericht auf dem Hohen Markt öffentlich hinrichten, womit er den übrigen Getreuen Leopolds die Lust zu weiteren Aktionen zu nehmen hoffte. Sein übereiltes Vorgehen sollte sich bald unheilvoll für ihn auswirken, denn wenige Tage später, am 14. Jänner, kam durch Vermittlung der Landherren, der Geistlichkeit, der Ritter und der Städte ein Waffenstillstand zustande. Die Herzöge zogen gemeinsam in Wien ein: Leopold, vom Stadtrat feindselig betrachtet, weil er (wenn auch vergeblich) gefordert hatte, es sollten Teile der Stadtmauer niedergerissen und jene Holzbalken entfernt werden, mit denen die Ratsbürger den von ihnen bewohnten Stadtteil verbarrikadiert hatten. Grollend zog sich Leopold nach Wiener Neustadt zurück, Ernst nach Graz; die Fehden im Lande lebten neuerlich auf. Die steten Geldforderungen Leopolds und sein offensichtlich unbefriedigter Rachedurst veranlaßten den Stadtrat, eine Deputation nach Wiener Neustadt zu entsenden, die aber äußerst ungnädig aufgenommen wurde. Zu weiteren Besprechungen begaben sich Vorlauf und mehrere Mitglieder des Inneren und Äußeren Rates über Leopolds Wunsch nach St. Pölten. Auf dem Rückweg von dort wurden sie im April 1408 bei Gablitz im Wienerwald von Ritter Hans Laun von Grünau und dessen Gefährten, durchwegs Parteigängern Leopolds IV., überfallen. Niklas Flusthart, ein Neffe des seinerzeitigen Bürgermeisters Dietrich Flusthart, verlor im Kampf das Leben, die übrige Delegation geriet samt dem Bürgermeister in Gefangenschaft. Erst nach Erlag eines hohen Lösegeldes trafen die Überfallenen am 20. Juni in Wien ein. Hier sahen sie sich mit geänderten Verhältnissen konfrontiert: die Herzöge hatten sich bezüglich der Vormundschaft zu Krems einem Schiedsgericht der Stände unterworfen, die Bürger und Handwerker lehnten sich gegen die überhöhten Steuern, besonders die außerordentliche Weinsteuer, auf. Erst am 16. Juni hatte Leopold IV. Bürgermeister und Rat sowie die ganze *gemain, reich und arm, ze Wienn* gezwungen, eine Sondersteuer von 10.000 Pfund Pfennig zu leisten. Die aufgebrachten Zünfte verlangten die Absetzung Vorlaufs und seines Stadtrates, weil sie die Rückkehr zu ihnen verhaßten Verhältnissen fürchteten. Als man ihrer Forderung entsprach, gingen sie einen Schritt weiter und drangen auf strenge Bestrafung. Sie fanden beim Herzog ein offenes Ohr. Am 7. Juli wurden Vorlauf und zahlreiche Räte verhaftet, und schon am 11. Juli 1408 bestiegen mit dem Bürgermeister zwei der Räte, der ehemalige Bürgermeister, Münzmeister und Judenrichter in der Zeit des Gettobrandes Hans Rockh und der Baumeister Konrad Ramperstorffer, der Vorlauf während seiner Gefangenschaft vertreten hatte, am damaligen Schweinemarkt — dem heutigen Lobkowitzplatz — das Blutgerüst und starben unter den Schwertstreichen des Scharfrichters, worüber uns Thomas Ebendorfer ausführlich berichtet. Leopold IV. ließ das Vermögen der Hingerichteten einziehen und scheute nicht einmal davor zurück, fremde, ihrer Obhut anvertraute Gelder mit zu beschlagnahmen.

Die Handwerker hatten gesiegt, doch der Landesfürst war nicht gewillt, ihnen mehr zuzugestehen, als seinen eigenen Wünschen entsprach. Es kam zwar zu einem Ausgleich, aber die Handwerkerpartei konnte sich bei der Bürgermeisterwahl nicht durchsetzen: anstelle des von ihr unterstützten Kandidaten, Hermann des Puchfelers, wählte man HANS FELDSBERGER zum Bürgermeister. Wie schnell diese Entscheidung fiel, beweist der Umstand, daß Feldsberger noch am Tage der Urteilsvollstreckung seine erste Urkunde ausfertigte. Der Äußere Rat verschwindet in der Folgezeit aus den Quellen — wahrscheinlich war er ein Träger der handwerklichen Bewegung gewesen —, aber auch die Kraft der „Ratsbürger" war gebrochen: nur noch einmal konnten sie einen Mann ihres Vertrauens auf den Bürgermeistersessel bringen. In die frei gewordene Lücke strömte jener Berufsstand, der in den folgenden Jahrzehnten dominieren sollte, und zwar die Kaufleute, mit denen die ratsbürgerlichen Geschlechter zu koalieren trachteten. Es muß offen bleiben, ob die blutigen Ereignisse des Jahres 1408 eine Konsequenz der Ratswahlordnung darstellen und die sozialen Begleiterscheinungen von ihr ausgelöst wurden.

Herzog Ernst, in Graz residierend, stand unerwartet vor einer vollendeten Tatsache, und er konnte lediglich — obwohl er gemäß dem Kremser Schiedsspruch in allen wichtigen Entscheidungen konsultiert werden sollte — ein Schreiben an den neugewählten Hans Feldsberger richten und Aufklärung darüber verlangen, womit *die frumen leut solhe swere straffe verschuldet* hätten und ob dies mit seinem Wissen und Willen zugegangen sei. In achtundvierzig gleichlautenden Ausfertigungen, die alle erhalten sind, wandte sich der Herzog an die Erbbürger, Hausgenossen, Laubenherren, Handwerker und Handwerkerzechen. Was weiter geschah, wissen wir leider nicht. Sicher ist nur, daß Ernst von der Antwort offenbar nicht befriedigt war, sondern seine Anhänger zu den Waffen rief und ihm am 13. März 1409 aufgrund eines durch König Sigismund von Ungarn gefällten Schiedsspruchs eine Mitvormundschaft zugebilligt wurde.

In die Amtszeit Vorlaufs fällt ein Ereignis, das für das Wahrzeichen Wiens, den Stephansturm, von entscheidender Bedeutung werden sollte. 1407 faßte die Wiener Bürgerschaft, in der Bürgermeister Vorlauf, wohlberaten durch seinen beim Bau von Maria am Gestade tätigen Freund Ramperstorffer, ein gewichtiges Wort mitzusprechen hatte, den denkwürdigen Beschluß, den Turm, von dessen Grundplanung spätere Bauführer erheblich abgewichen waren, wieder bis dorthin abtragen zu lassen, wo der erste Baumeister — Michael Knab, unter dem Ramperstorffer ausgebildet worden sein dürfte — seine Tätigkeit eingestellt hatte. Die endgültige Entscheidung fiel wohl aufgrund der am 23. Juni 1407 vorgenommenen Beschau des Turmes durch eine städtische Baukommission, und so sicherte dieser Tag den Wienern ihren „Steffel" in seiner ursprünglich vorgesehenen, bodenständig konzipierten Gestalt.

Der Niedergang der alten Geschlechter: Rudolf Angerfelder. Hans Musterer und die „Geserah" von 1421

Die Zerwürfnisse zwischen den habsburgischen Familienmitgliedern führten zu einer Schwächung der landesfürstlichen Macht und damit fast zwangsläufig zu einer Stärkung der Stände. Nur der Umstand, daß sich auch Prälaten, Herren und Städte in ihren politischen Zielsetzungen nicht einig waren, ermöglichte es den Habsburgern, ihre eigene Position zu verbessern. Nach der Hinrichtung Vorlaufs beanspruchten Leopold IV. und sein Bruder Ernst gleichermaßen die Vormundschaft über den inzwischen elf Jahre alt gewordenen Albrecht V., wogegen sich die Stände bemühten, aktiver eine eigene Politik zu betreiben und den jungen Herzog der Einflußsphäre der rivalisierenden Brüder zu entziehen. Die Möglichkeit dazu sollte sich bald ergeben. Im Sommer 1410 herrschte in Wien — Bürgermeister war zu diesem Zeitpunkt PAUL GEYR, den am Jahresende ALBRECHT ZETTER ablöste —, eine Pestepidemie, die zahlreiche Opfer forderte und die Ursache neuer politischer Unruhen bildete. Als man Herzog Albrecht V. sicherheitshalber aus der Stadt brachte und sich seine Bewachung dadurch etwas lockerte, nützten die Stände die Gelegenheit, Albrecht nach

Blick von der Vorstadt Roßau auf die Stadt, um 1735

Die Wappen der Bürgermeister Johann Lorenz Trunck von Guttenberg (rechts oben) und Johann Franz Wenighoffer (rechts unten) an der Decke des „Wappensaales" des Alten Rathauses

Eggenburg zu entführen. Am 6. Juni 1411 zog Albrecht V., zweifelsohne von Bürgermeister Zetter an einem der Stadttore feierlich begrüßt, unter dem Jubel der Bevölkerung, die sich von seiner Regierung eine friedlichere Entwicklung erhoffte, in Wien ein. Drei Tage zuvor war der gefährlichste Feind des Herzogs, sein Vormund und Onkel Leopold, offenbar den Aufregungen nicht mehr gewachsen, eines plötzlichen Todes gestorben; Herzog Ernst, der zunächst zu den Waffen greifen wollte, fand sich schließlich wohl oder übel mit den Gegebenheiten ab. So regierten nunmehr Ernst in Steiermark, Kärnten und Krain, Friedrich in Tirol und den Vorlanden, Albrecht als selbständiger Regent in Österreich ob und unter der Enns.

Bei der Bürgermeisterwahl im Spätherbst 1411 kam mit RUDOLF ANGERFELDER zum letzten Male ein Vertreter der Erbbürger auf den höchsten städtischen Verwaltungsposten, den er bis 1419 behaupten konnte. Angerfelder, seit 1396 in verschiedenen städtischen Funktionen nachweisbar, wurde mehrmals ein Opfer seiner politischen Tätigkeit: 1399 wurde er von dem mit der Stadt in Fehde liegenden böhmischen Raubritter Pott von Skal! gefangengesetzt, 1408 beim Gablitzer Überfall durch Hans Laun von Grünau, den Parteigänger Leopolds IV., und schließlich, als Anhänger der „Albertiner", von Leopold selbst. Er besaß Häuser in der vornehmen Münzerstraße und am Lichtensteg, einen Hof samt Äckern, Wiesen, Gärten, Weingärten und Diensten vor dem Kärntnertor sowie eine Wechselbank gegenüber dem Stephansfriedhof (wohl auf der den Geldwechslern vorbehaltenen Brandstätte).

Bereits am 25. Juli 1412 bestätigte Albrecht V. die Rechte und Freiheiten der Stadt Wien, am 27. August erließ er eine Ordnung über den Weingartenbau. König Sigismund hielt sein Versprechen und vermählte Albrecht V. seine Tochter Elisabeth, die für die ungarischen Magnaten und Prälaten als künftige Herrin galt. Durch diese Verbindung wurde Albrecht nach dem Tod seines Schwiegervaters zwar 1437 zum König von Ungarn gekrönt und Mitte 1438 auch zum König von Böhmen ausgerufen, konnte aber der Verwicklung in die Hussitenkriege nicht entgehen und mußte sich in Ungarn gegen die Türken verteidigen, die seit der Mitte des 14. Jahrhunderts ihre Herrschaft über die Balkanhalbinsel immer weiter ausdehnten.

Mit dem Auftreten des Johannes Huß begannen sich die im Formalismus der Scholastik erstarrten religiösen Kräfte aufzulockern, zeigten sich sektiererische Neigungen, die schnell um sich griffen. Zu Beginn des 15. Jahrhunderts schien es zeitweise, als sollte die hussitische Bewegung auch Wien erobern: 1410 predigte ein Freund und Schüler des Huß, Hieronymus von Prag, in Wien, mußte aber, um einem ihm drohenden Prozeß zu entgehen, die Stadt fluchtartig verlassen. Abgesehen davon, daß der Herzog scharf reagierte, um die Bewegung im Keim zu ersticken, fand sie auch keine sonderliche Resonanz im Volk. Die Zunahme bürgerlicher Stiftungen, vor allem für die Fortsetzung des Baues der Stephanskirche, deutet sogar darauf hin, daß sich das katholisch-religiöse Interesse in Bürgerkreisen noch stärkte; so kann die Vollendung der Domkirche zu St. Stephan in ihrer heutigen Gestalt auch als ein Verdienst der Wiener Bürgerschaft angesehen werden. Das Sektenwesen blieb eine Angelegenheit der Theologen und der Universität, wenn auch, ohne daß ein durchschlagender Erfolg zu verzeichnen gewesen wäre, der Ruf nach Reformen — die katholische Kirche war durch das Schisma schwer getroffen, und die *causa reformationis* erhielt auf dem Konzil zu Konstanz Priorität — immer lauter wurde.

Es ist noch nicht eindeutig geklärt worden, wie es unter Angerfelders Nachfolger HANS MUSTERER (1420—1421) zu jener unheilvollen Entscheidung Albrechts V. kam, durch welche die Wiener Judengemeinde in einer selbst für mittelalterliche Begriffe unbegreiflich harten Weise ausgerottet wurde. Die Forschung hat sich dieses Ereignisses verschiedentlich mit großem Engagement angenommen und, je nach der politischen Einstellung der Autoren, die Ursachen anders interpretiert. Wie immer sie lauten: sie können keineswegs überzeugen. Wenn religiöse, vermögensrechtliche oder einfach machtpolitische Argumente ins Treffen geführt wurden, so mag allen diesen Erklärungen ein Funke Wahrheit anhaften. Die Juden waren als Geldgeber mit dem Wirtschaftsleben so sehr verbunden, daß sich ihre Situation beinahe zwangsläufig ergab: Einmal waren die Christen durch das damals noch streng gehandhabte kanonische Zinsverbot von Geldgeschäften ausgeschlossen (sogar der von der Kirche geübte Rentenkauf wurde als eine Art Umgehung des Zinsverbots angesehen und erst 1425 von Papst Martin V. legalisiert), zum anderen wurden die Juden von den Landesfürsten immer wieder — durch Privilegien in ihren wirtschaftlichen Positionen gestärkt — als Geldgeber herangezogen und hatten, nicht selten unter rauhem Zwang, die Politik der Herrscher zu finanzieren. Es wäre völlig fehl am Platze, die Geldgeschäfte des Mittelalters mit heutigen Maßstäben zu messen; hält man den Juden die Höhe der Zinssätze vor, übersieht man gerne, daß diese eben der Zeit entsprachen und von der Obrigkeit zur Kenntnis genommen wurden. Mißstände sind eher dem Geist des Mittelalters als einer bestimmten Bevölkerungsschicht anzulasten. Sicher ist jedenfalls, daß die Landesfürsten die Judengemeinde, die sich in der Wiener Judenstadt etabliert hatte, mit starker Hand schützten, die Juden als „Kammerknechte" hegten und ihre wirtschaftliche Potenz zu schätzen wußten. Selbst kritisch eingestellte Autoren müssen zugeben, daß 1421 die vorgebrachten Fakten — wie etwa die Bezugnahme auf eine Jahre zurückliegende angebliche Hostienschändung in Enns — für ein gerichtliches Verfahren keineswegs ausreichten. Am ehesten scheint noch vertretbar, daß der den Juden an sich nicht freundlich gesinnte Albrecht V., in die hussitischen Kriege verstrickt, danach trachten mußte, die Stimmung im Volk für sich zu gewinnen; so suchte er die Verschuldung, in die infolge der seit der Jahrhundertwende merkbaren Wirtschaftskrise nicht nur Bürger, sondern auch Adelige und Geistliche geraten waren, auf recht einfache Weise dadurch zu beenden, daß er die Juden aus Wien vertrieb, aus deren Vermögen die Schulden seiner Untertanen tilgte und sich dermaßen einen großen Teil der Bevölkerung zu Dank verpflichtete. Das Ergebnis ist bekannt: es gipfelte in der als „Wiener Geserah" bezeichneten Austreibung der gesamten jüdischen Bevölkerung aus dem Getto aufgrund eines im Jahre 1421 ergangenen herzoglichen Befehls. Auf finanzielle Überlegungen bei all diesen Handlungen kann deshalb geschlossen werden, weil man den armen Juden gestattete, auf Donauschiffen nach Ungarn auszureisen (wo sie barmherzige Aufnahme fanden), die reichen aber in Wien zurückbehielt und sie unter Anwendung der Folter zwang, die Verstecke ihres Vermögens preiszugeben. Die Überlebenden — neunzig Männer und hundertzwanzig Frauen — schleifte man schließlich

am 12. März 1421 zur Richtstätte auf der Erdberger Gänsweide, wo sie in grausamer Weise verbrannt wurden, natürlich in Gegenwart des Herzogs und seiner Räte sowie eines zahlreich versammelten Volkes, das sich dieses „Spektakel" nicht entgehen lassen wollte!
Bürgermeister und Rat unternahmen, soweit aus den Urkunden ersichtlich, nichts, das Schicksal der Juden zu ändern oder wenigstens zu mildern. Im Gegenteil: Hans Musterer war wohl der erste, dem von Albrecht V. am 12. April 1421 eines der in der Judenstadt konfiszierten Häuser zum Geschenk gemacht wurde, jenes des angesehenen Juden Jonas Steuss in der Nähe des Rathauses. Damit ging ein unrühmliches Kapitel der Wiener Geschichte zu Ende.

Das Zeitalter der großen Kaufleute

In der Amtszeit des Bürgermeisters ULRICH GUNDLOCH feierte Albrecht V. am 19. April 1422 in Wien seine Vermählung mit König Sigismunds Tochter Elisabeth. Die Hochzeit bildete den Ausgangspunkt für die Großmachtbestrebungen des Herzogs, die sich, auf dem Gedankengut seines Schwiegervaters basierend, zu einem zentralen und keineswegs utopischen Ziel entwickelten, dem viele Maßnahmen untergeordnet wurden. Albrechts Neffe und Nachfolger auf dem Kaiserthron, Friedrich III., suchte dann durch die konsequente Einführung des „Haus-Österreich-Begriffes" auszudrücken, daß entgegen etwaigen böhmischen Ansprüchen allein seiner Familie die Ausübung der kaiserlichen Gewalt zustehe. Auf eine leistungsfähige Bürokratie und eine gediegene Verwaltung konnte, wie schon Sigismund erkannt hatte, unter diesen Gesichtspunkten nicht verzichtet werden. Als Albrecht 1438 von den Kurfürsten auch zum deutschen König gewählt wurde, residierte seit den Tagen der Könige Albrecht I. und Friedrich I. nach fast eineinhalb Jahrhunderten wieder ein habsburgischer Herrscher in der Wiener Burg. Wenn die Residenz für Wien auch nicht dauernd gesichert werden konnte, so blieb in den folgenden Jahrhunderten doch wenigstens die Krone fast durchwegs im Besitz der Habsburger. Das Hauptaugenmerk Albrechts richtete sich — im Gegensatz zu den Gewohnheiten der Luxemburger, die (nach einem Intermezzo zu Beginn des 14. Jahrhunderts) mit Karl IV., Wenzel und Sigismund durch ein knappes Jahrhundert fast ununterbrochen die Kaiserwürde innegehabt hatten — nicht mehr nach Norden, sondern auf den europäischen Südosten: eine Wendung, die nicht nur die Bedeutung Wiens unterstrich, sondern der abendländischen Politik in mancher Hinsicht einen neuen Akzent verlieh.
In den Jahren, in denen die Bürgermeister KONRAD HOLZLER D. Ä. (1423–1425), HANS SCHARFFENBERGER (1425–1426), PAUL WÜRFEL D. J. (1427) und NIKLAS UNDERMHIMMEL (1428–1429) amtierten (denen 1430–1433 nochmals Konrad Holzler d. Ä. folgte), galt es, religiöse, militärische und wirtschaftliche Probleme zu meistern. Zur selben Zeit begannen sich die Familienzwistigkeiten der Habsburger, die Wien und sein Umland seit Jahrzehnten schwer in Mitleidenschaft zogen, auf dem wirtschaftlichen Sektor unheilvoll auszuwirken: die geschwächte landesfürstliche Macht war in immer geringerem Maße imstande, das Wiener Stapelrecht gegenüber den Nachbarländern zu be-

haupten. Der Hussitensturm brachte die Pläne der Böhmen, Wien durch Ablenkung der großen Handelsstraßen geographisch zu umgehen, zunächst zum Scheitern und damit der Stadt jene letzte wirtschaftliche Blütezeit, die innenpolitisch durch das Dominieren vermögender Kaufmannsfamilien charakterisiert ist; diese Kaufleute kamen größtenteils aus der Fremde nach Wien, ließen sich hier nieder, heirateten meist reiche Witwen, entschwinden jedoch nach kürzester Zeit unserem Blickfeld. Die Stadt mußte allerdings für die wirtschaftliche Entlastung durch die Hussiten schwere Bürden auf sich nehmen: hohe Steuern und oftmalige Kriegsdienste; unmittelbar war Wien nur ein einziges Mal — 1428 unter Bürgermeister Niklas Undermhimmel — bedroht.

Als die fremden Kaufleute ihre Umgehungswege blockiert sahen, sannen sie auf andere Mittel, das Wiener Stapelrecht zu durchbrechen. Der Angriff erfolgte in Wien selbst und schien eine einfache Lösung zu bieten: man schmuggelte Massenerzeugnisse ein und bedrohte damit viele Wiener Handwerker in ihrer Existenz. Mit Qualitätswaren, die in der Stadt in ausreichendem Maße hergestellt wurden, hätte man wegen der hohen Einfuhrzölle nicht konkurrieren können; aber Massengüter erzeugte man in Wien nicht, und so blieben die fremden Kaufleute mit ihren zwar minderwertigen, aber konkurrenzlos billigen Produkten wettbewerbsfähig. Das Wiener Handwerk suchte seine Zuflucht in dirigistischen Maßnahmen, nämlich in einem vom Landesfürsten erbetenen Verbot der Einfuhr von Massenerzeugnissen und — als damit allein nichts getan war — wenig später in einem generellen Einfuhrverbot für bestimmte Warengruppen. Der erwartete Erfolg blieb jedoch aus; im Gegenteil — es war eher ein weiterer Schritt dem Abgrund entgegen, denn die Handwerker verarmten dennoch und mußten sich deshalb, um ihr Leben fristen zu können, dazu entschließen, die importierten Waren zum Verkauf zu übernehmen. Das Ergebnis war bestürzend: der selbständige Produzent qualitativ hochwertiger Waren wurde zum abhängigen Zwischenhändler, der mindere ausländische Waren vertrieb.

Der Handel ging zwar einen ähnlichen Weg, doch zeigten sich bei ihm die negativen Auswirkungen erst etwas später. Er litt natürlich darunter, daß es ihm beim Export an ausfuhrfähigen gewerblichen Massengütern mangelte, fand jedoch vorderhand einen — oft fragwürdigen — Ersatz in agrarischen Erzeugnissen, vor allem Getreide und Wein. Die Handelspolitik der Landesfürsten war nicht immer die glücklichste: so verbot etwa Albrecht V. 1435 in der Befürchtung, die Versorgung des eigenen Landes mit Brotgetreide könnte durch zu große Ausfuhren gefährdet sein, den eigenen Landesbewohnern die Teilnahme am Getreidehandel, ohne zu bedenken, daß damit der Export selbst nicht verringert wurde, wohl aber der Einfluß der oberdeutschen Kaufleute, die den Handel an sich rissen, gewaltig stieg. Blieb also, wie man meinte, die Weinausfuhr, deren Umsatz allerdings — ähnlich der Getreideproduktion — durch unvorhersehbare Mißernten in Mitleidenschaft gezogen wurde. Bald gab es auch hier Schwierigkeiten, als sich das — erstaunlicherweise ursprünglich von den Wienern überhaupt nicht ernst genommene — bereits 1390 von König Wenzel der Stadt Passau verliehene Stapelrecht auszuwirken begann. Nicht nur, daß der Wiener Weinhändler mit seiner Fracht auf der Donau lediglich bis Passau kam, das sich in der Folge immer deutlicher zu einem Zentrum des süddeutschen Weinumschlags entwickelte, erwuchs daraus ein weiterer Nachteil;

die Wiener Händler waren gewohnt gewesen, als Rückfracht Tuch, das aus westeuropäischen Ländern angeliefert wurde, aufzunehmen, und dieser recht gewinnbringende Tuchimport mußte nun ebenfalls fremden Händlern überlassen werden. Da sich die Fremden in Wien scheinbar unabhängige Niederlassungen errichteten, mit denen sie in unmittelbare Handelsbeziehungen traten, war der letzte Schritt getan, das Wiener Stapelrecht an seiner Wurzel zu treffen, da nunmehr auch das Gebot, nur ansässigen Händlern die Ware zum Kauf anzubieten, mit Erfolg umgangen werden konnte.
Noch einmal gelang es den Wiener Kaufleuten, einen Ausweg zu finden, der die erwähnte Blüte des Handels mit allen ihren wirtschaftlichen und politischen Folgeerscheinungen ermöglichte: sie suchten sich neue Handelsplätze und von den Oberdeutschen vernachlässigte Handelspartner, die sie vor allem in Ungarn und Venedig fanden. Besonders der Handel nach dem Süden, mit dessen Abwicklung bedeutende Bürgerfamilien, wie die Pötel oder Perman, verbunden sind, dürfte einen echten Ausgleich gebracht und hohe Gewinne abgeworfen haben.
Blicken wir auf die innerstädtische Entwicklung und damit zunächst auf die Persönlichkeit des Bürgermeisters KONRAD HOLZLER D. Ä., eines angesehenen reichen Kaufmanns. Aus seiner ersten Amtsperiode stammt das älteste erhaltene Rechnungsbuch des städtischen Kämmerers (1424); ab diesem Zeitpunkt sind wir über die Einnahmen und Ausgaben der Stadt und die Tätigkeit des „Finanzreferenten" genau orientiert. Als Holzler 1430 wieder das Bürgermeisteramt übernahm, ist seine Amtszeit (bis 1433) mit wirtschaftspolitischen Entscheidungen ausgefüllt: 1430 veranlaßt er den Stadtschreiber Ulrich Hirssauer, das „Handwerksordnungsbuch" — bis heute ein Juwel der Sammlungen des Wiener Landesarchivs — anzulegen, 1432 verleiht er dem Bürgerspital das Bierbraumonopol, und im selben Jahr erläßt er nicht nur eine Ordnung für die „Vierer" (Kontrollorgane) vor den Toren, sondern schlichtet auch einen Streit, der sich zwischen den Kaufleuten und den Krämern schon durch längere Zeit hingezogen hatte. Gemeinsam mit Ulrich Perman, Hans Scharffenberger, Paul Würfel, Niklas Undermhimmel und anderen saß er im Ausschuß der Kaufleute, die um eine Beilegung der Differenzen und um eine Einigung über erlaubte Verkaufsmengen, Gewichte und Preissatzungen bemüht waren. 1438, hören wir, sei Holzler zusammen mit Hans Steger und Stephan Wirsing in den Ritterstand erhoben worden, weil sich alle drei Bürger als besondere Anhänger Albrechts V. dadurch Verdienste erworben hatten, daß sie an der Spitze von Söldnern dem Landesfürsten nach Mähren zu Hilfe eilten und ihm sodann, als er zum Kaiser gewählt worden war, nach Stuhlweißenburg die Krönungsgeschenke der Stadt überbrachten.
Ein kulturelles Ereignis vermag durch seinen äußeren Glanz für kurze Zeit die wirtschaftlichen und politischen Wolken zu verdrängen: am 30. September 1433 vollendet Hans von Prachatitz, nachdem um 1430 die Abschlußsimse der Südfassade erreicht waren, den Südturm der Stephanskirche, das künftige Wahrzeichen von Wien. Hier, in St. Stephan, fand Holzler, der am 10. Mai 1440 starb, seine letzte Ruhestätte.
Bevor wir uns den folgenden Bürgermeistern zuwenden, haben wir drei erstmalige Ereignisse hervorzuheben, welche zeitlich gesehen fast zusammenfallen: 1438 überliefert uns der Humanist Aeneas Silvius Piccolomini, der spätere Papst Pius II., in einem an einen Freund in Basel gerichteten Brief

eine erstaunlich instruktive topographische Beschreibung der spätmittelalterlichen Stadt und eine lebendige Schilderung des Lebens und Treibens; etwa in dieselbe Zeit (um 1440) fällt die älteste Ansicht der Stadt, jene des sogenannten Albrechtsmeisters, und schließlich besitzen wir im „Albertinischen Plan" den vielleicht ältesten erhaltenen Grundriß Wiens.

Holzlers Amtsnachfolger HANS STEGER war zwischen 1434 und 1449 dreimal Bürgermeister. Patrizischer Abstammung, bekleidete er nacheinander (teilweise auch gleichzeitig) die Ämter eines Ratsherrn, Stadtrichters, Münzmeisters, Kellermeisters und Bürgermeisters. Zur Sicherung der Stadt veranlaßte er — wohl eingedenk der Bedrohung durch die Hussiten gegen Ende der zwanziger Jahre — eine Verstärkung der Bollwerke (1435) und im Anschluß daran die Anlage einer Vorbefestigung aus Palisadenzäunen (1440). Diese dienten dem Schutz der Lucken vor der Stadt. Ebenfalls 1435 berief der Bürgermeister, als die Versandung des in Stadtnähe fließenden Donauarmes immer weiter fortschritt, einen Wasserbaumeister aus Salzburg — leider ohne Erfolg. Vier Jahre später steht die Donau nochmals im Mittelpunkt des Interesses: 1439 wird die älteste Donaubrücke beim Tabor über den noch reißenden, stark verästelten und nur unter größten Gefahren passierbaren Strom geschlagen, welche für die Abwicklung des Handels von und nach Böhmen, Mähren und Polen von entscheidender Bedeutung war. Auch ein anderes, für die wirtschaftliche Situation bezeichnendes Ereignis fällt in dieses Jahr: Steger hinterlegt im Rathaus ein „Normalgewicht", um den ständigen Streitigkeiten zwischen Händlern und Käufern durch eine amtliche Eichung den Boden zu entziehen.

Die Abhängigkeit vom Landesfürsten war weiterhin gegeben; noch im Jahre seines Todes (1439) befahl Kaiser Albrecht II. Bürgermeister, Stadtrichter und Stadtrat, ihre Ämter ihren gewählten Nachfolgern erst zu übergeben, bis er ihnen dies ausdrücklich gestattet habe. Zwei Jahre später, als inzwischen des älteren Holzlers Sohn, KONRAD HOLZLER D. J., ein bürgerlicher Großhändler und Kaufmann, zum Bürgermeister gewählt worden war, meldete sich König Friedrich IV. aus Wiener Neustadt zu Wort. Eine am 10. Jänner 1441 ausgefertigte Urkunde gibt uns genauen Aufschluß darüber, wie eine Bürgermeisterwahl zu jener Zeit vonstatten ging. Friedrich bestätigt, er habe sowohl die Zuschrift des Bürgermeisters wie auch die ihm *nach alter gewonhait* zugeschickten *zedeln von den genanten* (das heißt die Stimmzettel des Äußeren Rates) erhalten — von einer geheimen Abstimmung konnte demnach keine Rede sein! — und dreien seiner engsten Berater befohlen, Bürgermeister und Rat zu vereidigen *(gewöndlich aid und gelübde aufzunemen,* wie es wörtlich heißt). Wie üblich hatten diejenigen, die zum erstenmal in den Rat eintraten, in Gegenwart des Universitätsrektors zu schwören. 1440 und 1441, dann ein Jahrzehnt später (1450 und 1451) und schließlich ein letztes Mal 1455 saß Holzler auf dem Bürgermeisterstuhl, während einiger Jahre bekleidete er das wichtige Amt eines landesfürstlichen Hubmeisters in Österreich. So stark Holzlers politische und wirtschaftliche Position auch gewesen sein mag, war er doch am 5. Mai 1459, wenige Monate vor seinem Tode, gezwungen, Bürgermeister Jakob Starch und dem Rat mitzuteilen, er sei *in grossen schaden komen* und habe sich deshalb *in dinst geben* müssen, weshalb er das Bürgerrecht zurücklege. Wie kaum ein anderes Schriftstück wirft dieses Schreiben ein Schlaglicht auf die Verbindung zwischen bürgerlichen Rechten und privatem Vermögen!

ANDRE HILTPRANT, der 1442 das Bürgermeisteramt übernahm, befaßte sich — „zu seiner Zeit Fürst unter den Kaufleuten" (wie Karl Schalk schreibt) — mit dem Handel von Tuch und hatte seine Lauben *(gwandgewelbe)* unter seinem Haus im Kammerhof. Seine Handelsgeschäfte wickelte er in weiten Teilen Mitteleuropas ab (in den *kunigreichen zu Hungern, zu Behem oder in den landen zu Österreich, zu Baiern, Kernden und Crain*); er belieferte auch die Stadt Wien. Wie viele der Honoratioren war er kein gebürtiger Wiener; messen wir seinem Beinamen „von Meran" Gewicht bei, müßte er aus Südtirol eingewandert sein. Jedenfalls war er spätestens seit 1427 in Wien und verwaltete seit 1434 die verschiedensten Ämter. Zu einem Darlehen an König Sigismund, das die Bürger aufzubringen hatten, steuerte er 1435 hundert Pfund Pfennig bei und lag damit mit dreizehn anderen Geldgebern an der Spitze. Neben seinem Stammhaus am Hohen Markt und dem Haus im Kammerhof, das er wohl zu seinem Handelssitz ausgestaltete, mehrte er Jahr für Jahr seine Liegenschaften, darunter auch Wiesen und Weingärten in der weiteren Umgebung. Seine aus zwei Ehen stammenden Kinder verheiratete er in die vornehmsten Kreise des Patriziats, seine Barmittel setzte er mit Erfolg in Geldgeschäften ein.

Auch HANS HARINGSEER, von 1444 bis 1446 Bürgermeister, gehörte der gleichen sozialen Schicht an. Durch mehr als zwei Jahrzehnte Mitglied des Inneren Rates, trat er — besonders in fortgeschrittenem Alter — immer wieder als städtischer „Gesandter" in Erscheinung: sei es, daß er sich 1449 zum König nach Wiener Neustadt und zum Landtag nach Krems oder 1459 im Gefolge des Kaisers nach Brünn begab. 1449 befand er sich unter jenen Personen, die mit Bürgermeister Hans Steger an der feierlichen Grundsteinlegung zum neuen Turm der Stephanskirche, dem unvollendet gebliebenen Nordturm, teilnahmen. Er bewohnte in der vornehmen Münzerstraße den *Smerbekchenhof*, ein weitläufiges Gebäude zwischen den heutigen Straßenzügen Bauernmarkt, Brandstätte und Rotenturmstraße, in dem sich — analog zu anderen großen Patriziersitzen — sogar eine Hauskapelle befand. In diesem Haus betrieb er seine *kram*. Für seine soziale Stellung spricht der Umstand, daß er 1454, als ein Bürgeraufgebot bestellt wurde, zu denjenigen zählte, *die ros vermugen*, also berittenen Kriegsdienst leisteten.

Nach nochmaligen Amtsperioden Hans Stegers (1447—1449) und Konrad Holzlers d. J. (1450—1451) treten in dieser Periode noch zwei Persönlichkeiten hervor: Oswald Reicholf d. J. und Niklas Teschler. OSWALD REICHOLF, in den Jahren 1452 und 1454 Bürgermeister, entstammte einer erbgesessenen Wiener Familie und gehörte zu den wenigen Epigonen, die noch um die Mitte des 15. Jahrhunderts politische Ämter besetzten; von König Ladislaus, dem nachgeborenen Sohn Albrechts II., um dessen Erbfolge sich heftige Kämpfe entwickelten, wurde er zum Ritter geschlagen. Reicholf war, wie der Geschichtsschreiber Thomas Ebendorfer festgehalten hat, ein Mann, der sich durch Geist und Beredsamkeit hervortat. Ein anderer Zeitgenosse, Johann von Hinderbach, vermerkte in seiner Chronik, Reicholf habe sich im Gegensatz zu seinen Mitbürgern stets des Weines enthalten und sich bemüht, Alkoholiker ihrer Laster zu entwöhnen; deshalb sei er auch klüger als andere gewesen, erfahren und in öffentlichen Angelegenheiten gut unterrichtet. Reich an Haus- und Weingartenbesitz (darunter ein Hof in Grinzing), vermehrte er seine Einnahmsquellen 1438 durch den Ankauf einer Hausgenossenschaft, die ihm die Beteiligung an lukrativen Geldgeschäften ermöglichte. 1463 wurde Reicholf in die Streitigkeiten zwischen Kaiser Friedrich III. und seinem Bruder Albrecht VI. verwickelt und hingerichtet. In seiner Amtszeit wurde 1454 die älteste Feuerordnung erlassen, durch welche man endlich den verheerenden Stadtbränden Einhalt gebieten wollte.

Die Tatsache allein, daß NIKLAS TESCHLER in den Jahren 1453, 1456 und 1457 Bürgermeister von Wien gewesen ist, gäbe kein hinlängliches Bild von seiner Bedeutung. Möglicherweise aus Ravensburg stammend, tauchte er 1433 in Wien auf, kaufte im selben Jahr eine Hausgenossenschaft, wurde Bankier, gehörte aber auch (wie Simon Pötel) einer Handelsgesellschaft an, erwarb immense Reichtümer und bekleidete höchste städtische und landesfürstliche Ämter. In rascher Folge durchlief er die Rangskala vom Ratsherrn über den Kämmerer (1441) und Stadtrichter (1443) bis zum Bürgermeister, bis er letztlich den einträglichen Posten eines landesfürstlichen Münzmeisters erlangte (1456). Als frommer Mann suchte er seine besonderen Beziehungen zur Kirche stets unter Beweis zu stellen; vom päpstlichen Nuntius Johann Carvajal erwirkte er sich sogar das Privileg, einen eigenen Beichtvater bestellen zu dürfen. Bei der Abwicklung eines ausgedehnten Fernhandels und ertragreicher Geldgeschäfte bewies Teschler ungewöhnliches Geschick, wobei er es gegenüber Schuldnern nicht an Härte fehlen ließ; darüber hinaus gelang es ihm, sich in den politischen Wirren seiner Zeit immer so zu verhalten, daß er weder in den turbulenten sechziger Jahren noch durch den Ungarnkönig Matthias Corvinus (mit dem er sich schnell arrangierte) persönlichen Schaden erlitt, sondern ganz im Gegenteil zu finanziellem Gewinn und erhöhtem Prestige gelangte. Im Besitze eines der bekanntesten Häuser Wiens, des am heutigen Lugeck gelegenen alten Regensburgerhofes, der seinerzeitigen Handelsniederlassung der Regensburger Kaufleute, stellte er seine repräsentativen Räumlichkeiten des öfteren der Stadt und dem Herrscher für Empfänge und Festivitäten zur Verfügung. Wenn wir in Teschlers unmittelbarer Amtszeit, abgesehen von der bekannten innenpolitischen Entwicklung, keine markanten Ereignisse festzuhalten haben, so ändert dies nichts an der Tatsache, daß uns in diesem Patrizier eine der faszinierendsten Persönlichkeiten des Spätmittelalters gegenübersteht.

Der Aufstand gegen Kaiser Friedrich III. Die Politik der Bürgermeister Prenner, Holzer und Ziegelhauser

Die sechziger Jahre des 15. Jahrhunderts bilden in dynastischer, rechtlicher und sozialer Hinsicht den Kulminationspunkt einer jahrzehntelangen Entwicklung. Nach dem Tode Albrechts II. (1439) wurde von seiner Witwe Elisabeth im Februar 1440 ein noch von ihm gezeugter Sohn zur Welt gebracht: Ladislaus Postumus, der letzte „Albertiner". Das Knäblein wurde alsbald zum Spekulationsobjekt von Herrschern, Ständen, ehrgeizigen Adeligen und Bürgern, die in ihm eine Möglichkeit sahen, ihre eigenen Machtwünsche zu realisieren. Zum deutschen König wurde noch vor der Geburt des Ladislaus Friedrich IV. gewählt, dem allerdings (auch nachdem er 1452 in Rom als Friedrich III.

zum Kaiser gekrönt worden war) sein Bruder, Herzog Albrecht VI., die landesfürstlichen Rechte — zeitweise mit Erfolg — streitig machte.

Da Friedrich die Vormundschaft über Ladislaus ausübte, war er zwar in der Lage, sein Mündel von Ungarn, Böhmen, ja sogar von Niederösterreich fernzuhalten, kümmerte sich selbst aber nicht tatkräftig genug um die Verhältnisse in diesen Ländern; die Verschlechterung der Münze und die steigende Unsicherheit auf den Straßen steigerten die Kritik an Friedrich dermaßen, daß die Ungarn und Böhmen schließlich die Auslieferung des siebenjährigen Knaben forderten, um ihn nach Wien bringen zu können. Die ablehnende Haltung Friedrichs führte zu Unruhen, die der aus Bayern stammende und unter Albrecht V. rasch emporgestiegene, äußerst ehrgeizige Ulrich Eyzing dazu benützen wollte, selbst Statthalter in Österreich zu werden. Als Friedrich 1452 von Rom, wohin er sein Mündel mitgeführt hatte, nach Wiener Neustadt zurückkehrte, sah er sich erstmals einem bewaffneten Aufgebot österreichischer Adeliger und ungarischer Magnaten gegenüber, zu denen auch ein Vetter der Königin Elisabeth, der tatkräftige Graf Ulrich von Cilli, gehörte.

Nun mußte sich der Kaiser zu Verhandlungen bequemen und übergab schließlich Ladislaus dem Grafen, der ihn nach Wien brachte und hier als selbständigen Herrscher einsetzte. Bürgermeister war zu dieser Zeit Oswald Reicholf d. J., der damit bereits unbewußt in jene Machtkämpfe verwickelt wurde, die ihm zum tragischen Verhängnis werden sollten. Georg Podiebrad in Böhmen, Ladislaus Graf Hunyadi in Ungarn und Ulrich von Cilli in Österreich waren in den nächsten Jahren die Vertrauensleute des jugendlichen Herrschers, dem dadurch aber wieder weitgehend die Handlungsfreiheit entzogen war. Die Türkengefahr — 1453 hatte Sultan Mohammed II. Konstantinopel erobert — und die Kreuzzugspredigten des fanatischen Franziskanermönchs Johann von Capistran, der 1451 auch in Wien die Massen aufgerüttelt hatte, dämpften zwar die innerpolitischen Unruhen, konnten aber zu keiner Einigung beitragen. Im Gegenteil: 1456 wurde Ulrich von Cilli von Ladislaus, einem Sohn des inzwischen verstorbenen Hunyadi, im Verlaufe eines erregten Wortwechsels getötet. Als König Ladislaus 1457, kaum achtzehn Jahre alt, starb, zerrissen die Bande zwischen Österreich, Böhmen und Ungarn endgültig.

Bei seinem Tod war der aus Landshut stammende JAKOB STARCH, der Sohn eines Schusters, Wiener Bürgermeister (1457—1460). Der konsequente Anhänger Albrechts VI. erfährt verständlicherweise seitens der zeitgenössischen Chronisten keine positive Beurteilung; Michael Behaim nennt ihn abfällig *aines refeler sun*, worunter man einen Schuhflicker zu verstehen hat, und weiß von ihm nur zu berichten, er sei *ain arger schalk* und *ain poswicht* gewesen, *gelöcheret und durchtriben* und infolge seiner Falschheit *zu mancher püberei* geneigt. Zur Partei des Eizingers gehörend, war er in Feindschaft zu Ulrich von Cilli geraten und von diesem 1456 sogar einige Zeit gefangengehalten worden. Sein Amt als Bürgermeister trat er unter Verletzung des Gesetzes bereits am 31. Oktober 1457 an, bemühte sich aber während seiner Amtszeit, sein Bestes zu leisten. So beschaffte er der Stadt 1458 eine Anleihe von 1000 ungarischen Gulden zu einem äußerst günstigen Zinsfuß (3,3 Prozent). Im selben Jahr wurde auch eine verbesserte Feuerordnung publiziert. In das folgende Jahr fällt ein wichtiges Abkommen mit den Klöstern Mauerbach, St. Dorothea und Schotten über die für die Wiener

Bürgerschaft wichtige Frage des Ausschanks von Klosterwein. Auch nach seinem Ausscheiden aus dem höchsten Amt betätigte er sich in politischen Funktionen: so reiste er beispielsweise 1463 als Vertreter der Stadt Wien zum Treffen Albrechts VI. mit Ludwig von Bayern in Schärding und begab sich im gleichen Jahr gemeinsam mit Bürgermeister Ebmer in Vertretung Albrechts zum Landtag in Tulln.

Das am nachhaltigsten wirkende Ereignis in Starchs Amtszeit fällt auf den 5. Juli 1460. An diesem Tag besiegelte Kaiser Friedrich III. die ihm von Bürgermeister und Stadtrat vorgelegten Rechte und Freiheiten der Stadt Wien, überließ der Stadt die Einnahmen aus der Maut von Stadlau und gestattete den Wienern den Bau von Getreidekasten und Mehlgruben. Die feierliche Bestätigung Friedrichs ist unter der Bezeichnung „Pancarta" in die Geschichte eingegangen: eine Pergamenturkunde in Form eines Libells, das heißt eines Heftes, mit achtzehn Blättern, an violetter Seidenschnur anhangend das einzige Goldsiegel, das für eine derartige Privilegienbestätigung in Wien Verwendung fand. Merkwürdig ist, daß der Kaiser zwar alle Stadtrechte seit dem Jahre 1296, daneben das Niederlagsprivileg von 1281 und einige andere Urkunden seiner Vorgänger bestätigte, hingegen von einigen „Novellierungen" keine Notiz nahm. Das Privileg befindet sich in einer mit gepreßtem Leder überzogenen, ornamental reich verzierten Holzkassette, welche die Jahreszahl 1460 trägt.

Um diese Zeit trat der Bruderzwist zwischen Friedrich und Albrecht in sein entscheidendes Stadium. Als die nach Ladislaus erbberechtigten Habsburger durch die Stände zu einer Besitzteilung gezwungen wurden, erhielt Friedrich Niederösterreich mit Wien, Albrecht Oberösterreich und Siegmund den jeweils dritten Teil der Einkünfte aus beiden Ländern. Die Regierung des Kaisers war für Wien mit vielen Nachteilen verbunden: plündernde Söldner störten den Handel, minderwertige Münzen (die sogenannten „Schinderlinge") schädigten die Wirtschaft, und eine Mißernte stürzte die Bürger 1459 in bittere Not, der nicht abgeholfen werden konnte.

Nachfolger Bürgermeister Starchs wurde CHRISTIAN PRENNER, ein treuer Parteigänger des Kaisers. Albrecht, der sich der Hilfe der Nachbarn — der Böhmen, Ungarn und Bayern — versicherte, erließ, gestützt auf diese Koalition, am 19. Juni 1461 eine förmliche Kriegserklärung an seinen Bruder; am 30. Juni entschloß er sich, die Enns zu überschreiten und in Niederösterreich einzurücken. In Wien wußte er eine ihm ergebene Gruppe von Ratsbürgern, mit deren Unterstützung er rechnen konnte. Sein Gegner, Bürgermeister Prenner, hatte es schlechter: er konnte zwar der moralischen Hilfe des Kaisers gewiß sein — die sich zeitweise in bloßen Ermahnungen, ihm die Treue zu halten und sich vor Albrecht in acht zu nehmen, erschöpfte —, war jedoch bei der Abwehr der Angriffe Albrechts auf sich selbst und auf die Einsatzwilligkeit von Bürgern und einigen wenigen kaiserlichen Söldnern angewiesen. Eine Gedenktafel in der Weiskirchnerstraße erinnert noch heute daran, daß der Bürgermeister hier, an der befestigten Brücke vor dem Stubentor, am 12. August 1461 unter persönlichem Einsatz den Angriff Albrechts VI. und seiner Getreuen nach blutigem Kampf zurückgeschlagen hatte. Friedrich stattete den Dank auf seine Weise ab, indem er die Stadt mit einer Wappenbesserung belohnte und ihr erlaubte, fortan den kaiserlichen doppelköpfigen Adler in ihrem Wappen zu führen. Der am 2. September 1461 zu Leoben ausgefertigte „Wappenbrief" — eine Pergamenturkunde, in deren Mitte, den Text unterbrechend, das farbige Wappenbild gemalt ist — nimmt ausdrücklich auf die Kämpfe vor dem Stubentor bezug. Als sich die Stadt kurz danach mit dem Kaiser überwarf, entzog er ihr nebst anderen Privilegien auch die Wappenbesserung und übertrug Wappen und Privilegien an die Städte Krems und Stein. An diesem Gesinnungswechsel trug der Kaiser ohne Zweifel selbst die Schuld; hatte er doch unter offener Verletzung der Stadtrechte versucht, die Amtszeit des ihm ergebenen Bürgermeisters Prenner von sich aus zu verlängern, um diesen nicht der Gefahr einer Wahlniederlage auszusetzen. Es spricht für das Rechtsempfinden der überwiegenden Mehrheit der Wiener Bürgerschaft, daß sie diesen Rechtsbruch nicht hinnahm und sich von Friedrich abwandte.

Die große Politik hatte auch auf sozialer Ebene Ursachen und Auswirkungen. Die breite Masse der Handwerker, durch die wirtschaftlichen Nöte besonders stark in Mitleidenschaft gezogen, lehnte sich gegen den überwiegend aus Kaufleuten bestehenden, immer stärker isolierten Rat um Bürgermeister Prenner auf. Dieser suchte schließlich in einem für den 25. Juli 1462 einberufenen Landtag seine Zuflucht, ohne zu bedenken, daß er sich damit ins Verderben stürzte. Der landständische Adel gewann die Möglichkeit zur Intervention, und der im Solde Albrechts VI. stehende Arzt Dr. Johannes Kirchheim drang am 12. August 1462 mit Bewaffneten kurzerhand ins Rathaus ein und hob den ganzen Rat ohne Blutvergießen auf. Mit großer Diplomatie ging die ständisch-albertinische Partei, deren Führer meist aus Oberdeutschland zugewandert waren, daran, eine Ordnung in ihrem Sinne herbeizuführen.

Jene Persönlichkeit, die die städtische Politik der nächsten Monate am nachhaltigsten beeinflußte, war Bürgermeister WOLFGANG HOLZER. Woher er stammt, ist nicht eruierbar: möglicherweise kam er aus Preßburg nach Wien. Wiewohl sein Vater vermutlich Bäcker war, wandte sich Holzer dem Viehhandel — vor allem mit Ochsen und Pferden — zu, brachte aber auch viele andere Waren aus Ungarn nach Wien. Da man ihn als einen der entschiedensten Parteigänger Eizingers in Wien ansah, warf ihn Ulrich von Cilli 1456 in den Kerker; nach seiner Freilassung zog sich Holzer, um weiteren Verfolgungen zu entgehen, nach Preßburg zurück. Er hatte bereits ein bewegtes Leben hinter sich. Johannes Hinderbach überliefert uns, Niklas Teschler habe ihn in seiner Eigenschaft als Stadtrichter (zwischen 1443 und 1445) *ob eius insolentiam* — wegen seiner Frechheit — einsperren lassen. Wie auch immer man ihn beurteilen mag, wird uns der reiche Viehhändler als mitreißender Redner von großer Volkstümlichkeit geschildert, bestimmt auch demagogisch und verschlagen. Eines ist sicher: die Stadt und die sich um Holzer scharenden revolutionären Bürger wollten zunächst mit dem Kaiser keinen offenen Bruch. Eine Abordnung, die alle Schuld dem abgetretenen Rat zuschieben wollte, wurde von Friedrich in Wiener Neustadt allerdings nur mit unverbindlichen Worten abgespeist. Auf der Rückreise geriet die Delegation in einen von Söldnern Albrechts VI. gelegten Hinterhalt. Holzer — offenkundig zunächst in der ehrlichen Annahme, einer List Friedrichs erlegen zu sein — entfachte daraufhin eine antikaiserliche Stimmung, setzte die Stadt in Verteidigungsbereitschaft und ließ den sofort herbeigeeilten Friedrich erst nach dreitägigen Verhandlungen am 25. August durch die Tore.

Nach kurzem Zaudern traf der Kaiser eine verhängnisvolle Entscheidung: er berief für den 7. September 1462 die Genannten in die Burg und empfahl ihnen — unter Hinweis auf die seiner Meinung nach nicht rechtmäßig erfolgte Wahl Holzers durch die gesamte Bürgergemeinde — die Wahl eines neuen Bürgermeisters. Man folgte seiner Empfehlung und wählte SEBASTIAN ZIEGELHAUSER, einen gebürtigen Bayern, der bereits 1459 vom Kaiser gegen Bezahlung eines jährlichen Pachtschillings von 200 Pfund Pfennig auf zwei Jahre *das statgericht daselbs in bestandsweis* erhalten hatte. Privat gab Ziegelhauser, den Michael Behaim einen *ungestumen prauser* nennt, während Thomas Ebendorfer ihm vor allem seine uneheliche Geburt vorhält, Darlehen auf Realitäten und solche an die Stadt selbst (so etwa dem Bürgermeister auf die *zerung gen Brünn*), die er sich dann kurzerhand von seinen zu leistenden Steuern in Abzug brachte. Ziegelhausers Tochter Eva vermählte sich mit Stephan Een, der in den achtziger Jahren zum Bürgermeister gewählt wurde.

Da Friedrich III. nicht imstande war, seinen Bürgermeisterkandidaten hinreichend zu unterstützen, mußte er sich am 19. September 1462 entschließen, die Wahl Holzers, den — wie es heißt — *die gemain und alle hantwercher aus den zechen und ettlich purger durch ir geschrifft erwellt* hatten, zu bestätigen, damit aber auch das von ihm angezweifelte Recht der *gemain*, Bürgermeister und Rat zu wählen, anerkennen. Der Friede war von kurzer Dauer. Nach ernstlichen Zwistigkeiten sagte sich Holzer vom Kaiser los, bot ihm aber freien Abzug. Friedrich lehnte das „Angebot" verständlicherweise ab, worauf in der Nacht zum 17. Oktober die Feindseligkeiten mit einer regelrechten Belagerung der Burg begannen. Es würde zu weit führen, die Haltung Bürgermeister Holzers und der Stadt in ihrem fast täglichen Wandel im Detail zu verfolgen. Entscheidend für sein persönliches Schicksal wurde jener 8. April 1463, an dem Holzer den Rat zu einer Besprechung in sein Haus lud und ihm vorschlug, sich wieder den Kaiserlichen zuzuwenden. Heimlich wurden Söldner in die Stadt gelassen. Die Verwirrung war vollkommen. Albrecht, völlig überrascht, wandte sich mit dem Mut der Verzweiflung an die Bürger. Und siehe: diese verurteilten das Vorgehen Holzers und sammelten sich unter dem Banner Albrechts. Holzer floh, wollte nochmals zurückkehren, wurde in Nußdorf erkannt und verhaftet, dem Erzherzog ausgeliefert und von der Bürgerschaft, die ihm noch wenige Tage zuvor zugejubelt hatte, zum Tode verurteilt. Die Fronten hatten sich völlig verschoben. Auf der Anklagebank saßen neben Holzer manche seiner früheren Gegner, wie Oswald Reicholf d. J. und Sebastian Ziegelhauser, auf der Richterbank hingegen seine ehemaligen Parteigänger, wie Dr. Kirchheim und Jakob Starch. Das Urteil war grausam: die Verurteilten wurden Am Hof enthauptet, an Holzer wurde die Strafe der Vierteilung vollzogen.

Holzers Nachfolger wurde ein Parteigänger des Erzherzogs, FRIEDRICH EBMER (1463—1464), *ains fragners sun aus Frankenlant*, allem Anschein nach ein Krämer, 1450 als Kämmerer und bereits 1453 als *edel vesst ritter* bezeichnet, von seinen Gegnern allerdings nur geringschätzig *kaczenriter* genannt. Seine Liegenschaften fielen 1465 der Beschlagnahme zum Opfer. Inzwischen war am 2. Dezember 1463 Albrecht VI. nach kurzer Krankheit gestorben — vielleicht an der Pest oder an einem Karbunkel, wenn auch manche, wie dies im Mittelalter oft der Fall war, sogleich von Gift munkelten. Die Stadt suchte sich nun endgültig mit Friedrich zu arrangieren, wurde am 6. Februar 1464 in

Gnaden aufgenommen, erhielt wieder ihre alten Privilegien (darunter wohl auch die Wappenbesserung), und 1465 wurde die Versöhnung mit einem feierlichen Staatsakt besiegelt. Unter Bürgermeister ULRICH METZLEINSTORFFER (1464—1466) bekam die Stadt 1466 zur Milderung der Schäden, die sie in den vergangenen *zwileuffen und kriegen* erlitten hatte, das Recht, in den nächsten Jahren eine Abgabe von *allerlai kaufmannschaft und war* einzuheben.

Ein wechselvoller Abschnitt in der Geschichte Wiens war damit beendet, eine Zeit, in der die Wiener Bürgermeister — wenn auch mit wenig Glück — versucht hatten, eine selbständige Politik zu betreiben, aber auch eine Zeit, in der stärker als zuvor verfassungsrechtliche Überlegungen hinsichtlich der Bürgermeisterwahl im Brennpunkt der Diskussionen standen. Wenige Jahre läßt die Politik der Wiener Bürgermeister vergessen, daß Wien keine Reichsstadt, sondern eine abhängige landesfürstliche Stadt gewesen ist.

Bürgermeister Schönbrucker. Die ältesten Darstellungen des Stadtbildes

Zwei Jahre nach dem Amtsantritt von Bürgermeister ANDREAS SCHÖNBRUCKER (1467—1473) ging ein alter Wunschtraum für Wien in Erfüllung: die Stadt wurde Bischofssitz. Kaiser Friedrich III., dem vieles zu mißlingen schien, hatte dank seiner guten Beziehungen zu Rom bereits 1468 bei Papst Nikolaus V. die Errichtung des Bistums erwirkt, und im darauffolgenden Jahr erteilte Papst Paul II. die Bestätigung. Politische, rechtliche und finanzielle Probleme verzögerten das volle Inkrafttreten dieses Beschlusses — auf den ersten Bischof Leopold von Spaur folgte, unterbrochen nur durch Bischof Georg von Slatkonia (1513—1522), eine lange Reihe bloßer Administratoren —, aber Wien war nun doch auch der kirchliche Mittelpunkt des Landes. Friedrich tat ein übriges, die religiöse Stellung zu festigen, indem er statt des heiligen Koloman den 1484 heiliggesprochenen Leopold aus dem Geschlecht der Babenberger zum Landespatron erhob; überflüssig zu bemerken, daß es seinen Genealogen gelang, in einer kühnen Konstruktion zu beweisen, dieser Heilige zähle zu den direkten Vorfahren des Kaisers.

Etwa in die Zeit Schönbruckers, vielleicht auch in die Jahre seines Nachfolgers HANS HEML (1473—1478), wird man jene Ansichten Wiens zu verlegen haben, die der sogenannte „Schottenmeister" — die Kunsthistoriker datieren seine Werke unverbindlich „um 1470" — geschaffen hat. Zum erstenmal gewinnen wir durch zwei Tafelbilder, die sich im Schottenkloster befinden, einen genaueren Eindruck vom Aussehen der Stadt, denn das etwa dreißig Jahre ältere Bild des „Albrechtsmeisters" überliefert nur eine aus der Senke hinter dem Wienerberg aufragende Silhouette von einigen Türmen und dahinter auf dem Leopoldsberg die alte Babenbergerburg. Nun können wir auf der „Flucht nach Ägypten" von Süden einen Blick auf die Stadt, in der „Heimsuchung" einen solchen in einen Straßenzug mit seinen Bürgerhäusern werfen. Die von einer zinnengekrönten Ringmauer umgürtete spätmittelalterliche Stadt weist eine Reihe markanter Bauten auf: natürlich die Stephanskirche mit dem seit Jahrzehnten fertiggestellten hohen Turm, der ab nun für immer das Wahrzeichen der Stadt bildet. Deutlich erkennt man andere Kirchtürme — so zum Beispiel St. Peter, St. Michael, St. Augustin und die Minoritenkirche —, natürlich auch die durch ihre wehrhaften Ecktürme hervortretende Burg. Innerhalb der Stadtmauer stehen dichtgedrängt die Bürgerhäuser, mit ihren spitzen Giebeln den Straßen zugekehrt; vor der Mauer dehnt sich die Wiedener Vorstadt, durch Türme und Palisadenzäune gesichert, eng verbaut und recht städtisch anmutend. Im Hintergrund die Kette der Gipfel des Kahlengebirges, am äußersten Ende die Burg auf dem heutigen Leopoldsberg. Der Künstler hat ein Werk von erstaunlicher Präzision hinterlassen, das uns — in Verbindung mit den beiden Beschreibungen des Aeneas Silvius aus dem Jahre 1438 und jener des Historiographen des Ungarnkönigs Matthias Corvinus, Antonio Bonfini, aus dem Jahre 1485 — die Möglichkeit gibt, uns das damalige Wien plastisch vorzustellen.

„Wien", begeistert sich Bonfini unter anderem, „liegt in einem Halbmond an der Donau und gleich als strebe dies mächtige Wasser, der Stadt zu desto größerer Zierde zu sein, bildet es Werder oder Inseln, darin viele schöne Gärten mit herrlichen Fruchtbäumen die Bürger erlustigen... Die eigentliche Stadt liegt wie ein Palast inmitten der sie umgebenden Vorstädte, deren mehrere an Schönheit und Größe mit ihr wetteifern... Wiens ganzes Gebiet ist ein herrlicher Garten, mit schönen Rebenhügeln und Obstgärten bekrönt. An diesem liegen anmutreiche lustige Vorberge, geziert mit den lieblichsten Landhäusern, geschmückt mit Fischteichen, Jagdbarkeit, Häusern und Gärten mit jedem Bedürfnis, mit jedem Genuß des Lebens." Es bedarf kaum der Feststellung, daß sich Bonfini kaum um soziale Mißstände gekümmert haben dürfte, als er diese Hymne auf Wien niederschrieb; dennoch ist sie für uns ein wertvolles Spiegelbild ihrer Zeit.

Mehr ins Detail ging Aeneas Silvius, als er in einem Brief „Über die Stadt Wien" schrieb: „Wien ist im Umkreis von zweitausend Schritten mit Mauern umgeben; doch hat es sehr ausgedehnte Vorstädte, die selbst befestigt sind. Die Stadt besitzt einen tiefen Graben und einen hohen Wall; ihre Mauern sind sehr stark mit zahlreichen Türmen und kriegsgerüsteten Vorwerken versehen... Die Einwohnerzahl der Stadt schätzt man auf 50.000 Kommunikanten." Hinsichtlich der Bewohner weiß der große Humanist zu berichten, es gäbe nur wenige in der Stadt, deren Vorfahren die Nachbarschaft gekannt habe. „Selten trifft man auf eine alte Familie", heißt es, „fast alle sind zugereist und dann eingebürgert. Reiche Kaufleute, schon altersschwach, heiraten junge Mädchen und lassen sie in kurzer Zeit als Witwen zurück. Diese nehmen sich dann aus der Schar der Bekannten und Hausgenossen einen jungen Mann, mit dem sie oft schon vorher ein Verhältnis gehabt haben, zum Gatten; und so findet man heute reich, wer gestern arm war, und umgekehrt nehmen auch die überlebenden Männer wieder andere Frauen, und so gehts im Kreislauf."

Das zweite Bild — ein Blick in die Innere Stadt, mit den Heidentürmen der Stephanskirche und dem Turm der romanischen Peterskirche im Hintergrund — hat einen Gelehrtenstreit ausgelöst. Wir neigen, entgegen vielen bisherigen Behauptungen, dazu, die Begegnung Mariä mit Elisabeth, die uns der Künstler überliefert, nicht in die Kärntner Straße, sondern in die parallel verlaufende Seilergasse zu verlegen, weil sich nur in ihr topographische Merkmale nachweisen lassen, wie sie das Bild darstellt. Wie dem auch sein mag, die Frage erscheint von untergeordneter Bedeutung.

Wesentlich ist die mit äußerster Liebe zum Detail gemalte Darstellung eines Wiener Straßenzuges mit seinen reich geschmückten Bürgerhäusern, den kleinen Kellerabgängen, zierlichen Fenstern, gotischen Erkern, Giebeln und Dächern. Man könnte sie als Illustration zur Schilderung des Aeneas Silvius bezeichnen, in der es heißt: „Die Wohnhäuser der Bürger sind groß, reichlich ausgeschmückt und gut gebaut, mit breit gewölbten Hausfluren. Anstelle der Halle hat man hier heizbare Zimmer, welche Stuben genannt werden; denn nur auf diese Weise erwehrt man sich der strengen Winterkälte. Überall gibt es Glasfenster und eiserne Türen. Vielfach hält man Singvögel, schönen Hausrat findet man in den Wohnungen, von Pferden, Zugvieh und allen Arten von Haustieren sind die Ställe voll. Die Häuser sind hochgegiebelt und machen einen stattlichen Eindruck; unschön ist nur, daß die Dächer meistens mit Schindeln und nur wenige mit Ziegeln gedeckt sind. Gebaut sind übrigens die meisten Häuser aus Stein, Malereien schmücken sie innen und außen. Wenn man irgendjemandes Haus betritt, meint man in das eines Fürsten zu treten ... Die Weinkeller sind so tief und ausgedehnt, daß man sagt, unter der Erde wäre ein zweites Wien. Die Straßen bedeckt Granitpflaster, das den Wagenrädern gut widersteht. Der Herr des Himmels und seine Heiligen haben prächtige Kirchen aus gehauenem Stein, sehr hell und mit schönen Säulenhallen ... Nicht wenige Häuser der Stadt haben selbst geweihte Kapellen und eigene Priester. Vier Bettelmönchorden gibt es, die jedoch hier durchaus keine Armut leiden. Die Schotten und regulierten Chorherren von St. Augustin gelten für sehr reich und auch die Nonnenklöster sind begütert."

Sicherlich hat Aeneas Silvius neben den Klöstern das Herren- und Patrizierviertel der Stadt geschildert; das Haus des einfachen Bürgers, des bescheidenen Handwerkers oder Gewerbetreibenden, war demgegenüber bestimmt eher schlicht und, wie wir aus anderen Quellen wissen, überwiegend aus Holz gebaut und mit einfachem Hausrat ausgestattet. Tatsache ist, daß um diese Zeit die „Altstadt" schon restlos verbaut gewesen sein muß. Mittelpunkt des bürgerlichen Lebens war in rechtlicher und wirtschaftlicher Hinsicht der Hohe Markt, das Marktleben selbst spielte sich auf den übrigen Plätzen und auf breiteren Straßenzügen ab (Kienmarkt, Kohlmarkt, Fleischmarkt, Neuer Markt, Graben), in den vornehmeren Gegenden (etwa Münzerstraße, Graben, Hoher Markt) befanden sich die oft weitläufigen und behäbigen Häuser des Patriziats, das Rathaus in der Wiltwerkerstraße (Wipplingerstraße) war das Zentrum des politischen Lebens, die nahe Schranne am Hohen Markt jenes des gerichtlichen, St. Stephan selbstredend des kirchlichen Lebens, wogegen sich um die Burg, in der Herren- und Augustinerstraße Adel und Herren ansiedelten; das 1421 aufgehobene Getto war längst in die Bürgerstadt aufgegangen. So präsentierte sich die Stadt zu einer Zeit, da nach der Beilegung der inneren Zwistigkeiten wieder außenpolitisch-militärische Probleme auftauchten. Seit dem Jahre 1470 gab es laufend Meinungsverschiedenheiten mit dem Ungarnkönig Matthias Corvinus, der den Titel eines Königs von Ungarn begehrte und von Friedrich eine diesbezügliche Verzichtserklärung forderte. Die Auseinandersetzung verschärfte sich 1471, als König Georg Podiebrad von Böhmen verstarb und Friedrich gegen die Ansprüche des Ungarn die Wahl des Polen Wladislaw durchsetzen konnte. 1477 kam es zur formellen Kriegserklärung; Matthias konnte zwar die großen Städte nicht erobern, die Ungarn verwüsteten aber das umliegende Land. Bürgermeister Hans Heml organisierte die Verteidigung Wiens, die von Graf Haug von Werdenfels mit Erfolg geleitet wurde. Der gleichzeitig gegen die Türken kämpfende Matthias sah sich gezwungen, eine Lösung mit diesen zu suchen, um sich den Rücken freizumachen, wobei ihm die Thronwirren nach dem Tod Sultan Mohammeds II. (1481) zu Hilfe kamen. Als er im Jahre 1483 mit den Osmanen einen Waffenstillstand schloß, konnte er sich mit allen Kräften gegen den Westen wenden.

Die Ungarn in Wien. Das Wirken der Bürgermeister Haiden, Een, Radauner und Taschendorfer

Von 1479 bis 1484 amtierte in Wien Bürgermeister LAURENZ HAIDEN, der sein Wohnhaus am Petersplatz hatte. Die ersten Jahre seiner Amtszeit verliefen noch relativ friedlich; so wird uns beispielsweise zum Jahr 1479 berichtet, daß in Wien ein Puppentheater gastierte, dessen Vorstellungen der Bürgermeister an der Spitze des ganzen Stadtrates besuchte. Im Herbst 1482 standen die Ungarn neuerlich vor Wien und schlossen diesmal die Stadt völlig ein. Lebensmittelknappheit und Seuchen stellten den Widerstandswillen von Bürgermeister, Rat und Einwohnerschaft auf eine harte Probe. Kaiser Friedrich III. war nicht in der Lage, seiner Hauptstadt entscheidende Hilfe zu gewähren. So blieb es bei Beweisen seiner Zuneigung: 1479 in Form der Bewilligung einer Salzkammer (das heißt einer Salzlegstatt mit Salzhandelsbewilligung), 1480 bei der Erneuerung des alten Niederlagsrechtes und ähnlichem. Diese Privilegien konnten jedoch eine Truppenmacht nicht ersetzen, umsoweniger, als die Stadt infolge ihrer grenznahen Lage stets als allererste bedroht war. Beim Wiederaufflammen des Krieges im Frühjahr 1483 verließ Friedrich die Stadt; er konnte nicht ahnen, daß er sie in dem noch vor ihm liegenden Jahrzehnt seines Lebens nicht mehr betreten würde. Noch einmal gab es eine Gnadenfrist, als es Bürgermeister Haiden gelang, von Matthias gegen Entrichtung einer Zinszahlung die ungefährdete Einbringung der Traubenernte zu erkaufen.

Zu Beginn des Jahres 1484 spitzte sich die Lage zu. Die Ungarn eroberten gleich im Jänner mit Bruck an der Leitha die letzte noch intakte Grenzfestung und begannen mit der Belagerung von Korneuburg. Obwohl sich die kleine Stadt bis zum 1. Dezember wehrte, zeichnete sich bereits in der zweiten Jahreshälfte deutlich ab, daß Wien den Ungarn kaum würde widerstehen können: hatten sie doch zu diesem Zeitpunkt den Ring um die Stadt bereits geschlossen und die letzten Verproviantierungsmöglichkeiten unterbunden; dazu kam noch eine durch den frühen Wintereinbruch des Jahres 1484 verursachte Weinmißernte. Unruhe machte sich bemerkbar, die Wiener sahen sich ihrer Lebensgrundlage beraubt, eine große Teuerung war zu erwarten. Aber selbst wenn die breite Masse alle Gefahren und Nöte auf sich genommen hätte: die reichen Kaufleute — unter ihnen in führender Position Niklas Teschler — wollten die Verluste, die sie durch den Krieg erlitten, nicht widerspruchslos hinnehmen. Man wollte Frieden. Frieden um jeden Preis, wenn es sein mußte, sogar durch die Übergabe der Stadt an den Ungarnkönig. Auch Bürgermeister Laurenz Haiden vertrat diese Meinung und schloß sich der ungarnfreundlichen Partei an.

Die Freyung mit Schottenkirche, um 1760

Eintragung des Bürgermeisters Simon Stephan Schuster (1683—1687) im Wappenbuch

Der Kaiser verfolgte die Entwicklung aus der Ferne. Mit allen ihm noch zur Verfügung stehenden Mitteln suchte er dem hochverräterischen Treiben entgegenzuwirken. Einen seiner Getreuen, den Hauptmann von Wiener Neustadt, Hans Wulfersdorf, ernannte er zum Wiener Stadthauptmann und entsandte seinen Rat Dr. Hans Keller, einen typischen Vertreter der in diesen Jahren erstmals in Erscheinung tretenden juristisch geschulten Beamtenschicht bürgerlicher Herkunft, mit außerordentlichen Vollmachten in die Stadt. Keller machte hier kurzen Prozeß, setzte Bürgermeister Haiden ab und erhob gegen ihn und den Stadtkämmerer Thomas Tenck Anklage wegen Mißbrauchs der Amtsgewalt, wobei er im Zuge der Untersuchung bedeutende Unterschlagungen aufdeckte. Gestützt auf die gesetzlichen Möglichkeiten, schritt Keller zum äußersten, ließ Tenck am 11. Mai 1485 enthaupten und überantwortete am folgenden Tag Bürgermeister Haiden dem Folterknecht. Mögen die Vergehen in verwaltungsmäßigen Belangen die Hinrichtung begründet haben — in politischer Hinsicht war das scharfe Durchgreifen nicht von Erfolg begleitet. Formal drang Keller durch, da es ihm gelang, den kaisertreuen STEPHAN EEN als Nachfolger Haidens zum Bürgermeister wählen zu lassen, wobei er gleichzeitig die Zahl der Räte auf vierundzwanzig erhöhte, um dem Kaiser eine ausreichende Mehrheit zu sichern; auf militärischem Gebiet tat sich ebenfalls einiges, denn der Kaiser opferte sogar einen Teil des Brautschatzes seiner Gattin Eleonore, um die Versäumnisse beim Ausbau der Stadtbefestigung wiedergutzumachen, lediglich die Aufstellung eines Entsatzheeres scheiterte. Und so barg dieser 12. Mai 1485 eine besondere Tragik: zur selben Zeit, da Laurenz Haiden gepeinigt wurde, beschloß die Bürgergemeinde, Keller zur Übergabe an die Ungarn zu zwingen. Die Ablehnung dieser Forderung konnte unter den gegebenen Voraussetzungen nur von kurzer Dauer sein. Am Pfingstsamstag, dem 21. Mai, schlossen Bürgerschaft und Universität ohne Zustimmung der Kaiserlichen einen Waffenstillstand mit Matthias Corvinus. Innerhalb von zwei Tagen war man sich über die weitere Vorgangsweise im klaren — Statthalter, Stadthauptmann, kaiserliche Söldner und jene Bürger, die unter den Ungarn nicht in Wien bleiben wollten, durften ungehindert abziehen —, und am Pfingstmontag unterzeichnete der Ungarnkönig den Vertrag. Am 1. Juni erfolgte die Übergabe, Matthias zog in feierlicher Form in die Stadt ein, am 5. Juni huldigten Bürgermeister, Rat und Gemeinde dem neuen Herrn, und dieser versprach dafür die Bestätigung der Rechte und Freiheiten der Stadt. Die Ungarn waren von Wien stark beeindruckt. Bonfini, der den Herrscher begleitete, formulierte dies folgendermaßen: „Betritt man die Stadt, so glaubt man, zwischen verschiedenen Gebäuden einer ungeheuren Königsburg hin und her zu wandeln!" Seine überschwengliche Huldigung an die Stadt, welche die Abhängigkeit von Aeneas Silvius nicht leugnen kann, wäre unvollständig, würde man anhand urkundlicher Überlieferungen nicht auch die Kehrseite betrachten: die Zerrüttung der städtischen Finanzen, die Verschlechterung der Münze, deren Kurs nur mit Mühe gehalten werden konnte, das Darniederliegen des Handels infolge der Unsicherheit der Verkehrswege, den durch die Verteuerung der Rohstoffe hervorgerufenen Rückgang der gewerblichen Produktion, die zum Teil durch Kriegshandlungen hervorgerufenen Mißernten, durch welche besonders der Wein betroffen war. Alle diese Nachteile sollten nun durch den Ungarnkönig aufgehoben werden? Die reichen Handelsherren setzten höchste Erwartungen in Matthias, doch dieser enttäuschte sie. Von geringen Begünstigungen für Weinbau und Handel abgesehen, die dadurch beeinträchtigt wurden, daß Matthias zu keinem Frieden mit dem Kaiser gelangen konnte, blieb der Ungarnkönig der Stadt drei Jahre lang selbst die zugesagte Privilegienbestätigung schuldig; und als er sie am 19. Mai 1488, sicherlich über dauerndes Drängen von Bürgermeister LIENHART RADAUNER, endlich besiegelte, breitete sich über sie der Schatten der inzwischen fühlbar gewordenen Selbstherrlichkeit des Königs, dem bestätigte Freiheiten wenig galten. Hohe Steuern, die den Krieg finanzieren sollten, teure Söldner, die von den Bürgern gestellt werden mußten, und der Tatbestand, daß die Grenze nun westlich von Wien verlief, gehörten zu den Belastungen, die die Stadt zu tragen hatte. Matthias hütete sich, die von den Wienern geforderte Erneuerung des Stapelrechtes auszusprechen oder den Handel fremder Kaufleute einzuschränken, er stellte ganz im Gegenteil die reibungslose Abwicklung des Handels bis tief in sein eigenes Reich in den Mittelpunkt seines Interesses. Wien besaß nicht mehr Vermittlerposition zwischen West und Ost, sondern war eine Stadt jenseits der ungarischen Grenze. Bürgermeister Radauner starb während seiner Amtszeit Anfang Dezember 1489, zum Verweser des Bürgermeisteramtes bestimmte man LAURENZ TASCHENDORFER. Bevor noch eine endgültige Entscheidung über die Besetzung des Bürgermeisterpostens getroffen war, durcheilte eine Nachricht von größter Tragweite die Stadt: Matthias Corvinus erlitt am 6. April 1490 — noch nicht fünfzig Jahre alt — in Wien einen Gehirnschlag, an dem er starb. Das Leichenbegängnis erfolgte zu St. Stephan mit allem Pomp, der einem Herrscher gebührt. Wien blieb der Versuch erspart, sich selbst der ungarischen Herrschaft zu entledigen, da des Corvinus Reich mangels eines rechtmäßigen Erben zerfiel. Gleich dem Bemühen Přemysl Ottokars, von Böhmen her eine Neuordnung des mittleren Donauraumes herbeizuführen, war auch Matthias mit seinen Plänen gescheitert. Kaum verbreitete sich in Wien das Gerücht, der Pole Wladislaw wolle sich in seiner Eigenschaft als König von Böhmen Wien samt der ungarischen Krone aneignen, reagierte die Bürgerschaft schnell. Die ungarnfeindliche Partei, welche die Besatzungszeit überdauert hatte, sammelte sich und einigte sich rasch, den seinerzeit abgesetzten Stephan Een wenigstens vorübergehend wieder zum Bürgermeister zu machen. Dieser traf kurzfristig seine Entscheidungen: die Tore wurden geschlossen, die Stadt in Verteidigungsbereitschaft gesetzt. Nur so konnte Friedrichs Sohn, Erzherzog Maximilian, in Wien seinen feierlichen Einzug halten, vom Bürgermeister die Schlüssel der Stadt in Empfang nehmen und sich von der Bürgerschaft den Treueid leisten lassen.

Niedergang des Handels, Blüte des Humanismus. Die Bürgermeister am Ende des „Wiener Mittelalters"

Als Erzherzog Maximilian nach dem Tode des Ungarnkönigs von Tirol über die Steiermark und den Semmering nach Niederösterreich gekommen war, öffneten ihm Wiener Neustadt und andere Orte bereitwillig die Tore. Am 19. August 1490 zog er, nachdem der ungarische Statthalter in Wien, Stephan Zapolya, aus der Stadt geflüchtet war, hier ein. Ungarn konnte er allerdings nicht zurückgewinnen, denn Wladislaw und seine Erben behaupteten sich dort aufgrund der Bestimmungen des Preßburger Friedens.

Nach dem Einzug Maximilians in Wien wurde PAUL KECK, ein Mann seines Vertrauens, zum Bürgermeister gewählt. In drei Amtsperioden, zunächst bis 1493, dann von 1497 bis 1499 und schließlich nochmals von 1504 bis 1507, bekleidete er das höchste städtische Amt; dazwischen amtierten FRIEDRICH GELDREICH (1494—1496), WOLFGANG RIEDER (1500—1501, dann nochmals 1509 bis 1510) sowie LEONHARD LACKNER (1502) — dessen Epitaph sich an der Südseite des Chors der Stephanskirche befindet, wo er gemeinsam mit seinen beiden Ehefrauen in einem Wandgrab beigesetzt wurde — und WOLFGANG ZAUNER (1503).

1497, zur Zeit des Bürgermeisters Keck, wurde der damals 42jährige Humanist Konrad Celtes, den Friedrich III. zehn Jahre zuvor in Nürnberg zum Dichter gekrönt hatte, nach Wien berufen. Hier reformierte er nicht nur das Universitätsstudium, indem er besonders humanistische Fächer (vor allem Rhetorik und Poesie) in den Lehrplan aufnahm sowie das Studium des Griechischen und der Rechtswissenschaften förderte, sondern erwarb sich darüber hinaus Verdienste um die ersten theatralischen Aufführungen bei Hof. Celtes war es auch, der noch im Jahre seiner Berufung in Wien die erste Gelehrtengesellschaft, die *Sodalitas Danubiana* (Donaugesellschaft), gründete, die jedoch nach seinem Tod (1508) jede Bedeutung verlor. Mit dem 1502 geschaffenen *Collegium poetarum et mathematicorum* suchte er in Form einer Arbeitsgemeinschaft zwischen Lehrenden und Lernenden zur Vertiefung gewonnener wissenschaftlicher Erkenntnisse beizutragen, während er mit Hilfe der Donaugesellschaft den Geist der mittelalterlichen Scholastiker aus den Hörsälen der Hochschule zu verdrängen hoffte.

Sein geistiges Erbe trat der mit ihm gemeinsam wirkende Dr. Johannes Cuspinian an, ein Ostfranke wie er, der sich als Historiker und Staatsmann Anerkennung erwarb und im Jahre 1500 — im Alter von erst 27 Jahren! — Rektor der Wiener Universität geworden war. Cuspinian hatte die Verhandlungen über den Abschluß jenes Erbvertrages mit Wladislaw von Böhmen und Ungarn geführt, dessen Ergebnis — die feierliche Doppelhochzeit der Enkel Maximilians, Ferdinands und Annas, mit Maria und Ludwig, den Kindern Wladislaws, am 22. Juli 1515 in Wien — rund ein Jahrzehnt danach (1526) den Grundstein zur künftigen Donaumonarchie legte. Es darf als eine interessante Nebenerscheinung des humanistischen Wirkens angesehen werden, daß auf dem Umweg über die wissenschaftliche Forschung die Ausbildung eines österreichischen Nationalgefühls gefördert wurde. Dieser nationale Zug der Wiener humanistischen Bewegung entsprach der persönlichen Einstellung Maximilians, dessen Bewunderung für die antiken Schriftsteller sich in der engen Verbundenheit mit dem bodenständigen dichterischen Erbe auswirkte. Er verfügte 1498 die Bestellung *ainer capellen*, wodurch er Traditionelles mit Progressivem verband, weil diese bis dahin rein kirchliche Einrichtung durch die Aufnahme weltlicher Sänger und die Verpflichtung, auch zur Tafel und zum Tanz aufzuspielen, in ihren Wesenszügen stark verändert wurde. Die Hofkapelle Maximilians bedeutete für das Wiener Musikleben eine so sichere Grundlage, daß sich auf ihr in den folgenden Jahrhunderten jene Pflege der Tonkunst entwickeln konnte, welche der Stadt Wien geradezu eine Monopolstellung auf diesem Sektor des kulturellen Lebens sicherte. Viele kulturelle Entwicklungen wurden von Maximilian geprägt, ohne daß er in Wien ein monumentales Werk in Auftrag gegeben hätte; immerhin wurden 1513 die Arbeiten am Friedrichs-Grab im Stephansdom abgeschlossen, der aus Brünn berufene Anton Pilgram schuf seinen berühmten Orgelfuß und die Kanzel, das Theaterleben erfuhr einen bedeutsamen Aufschwung, und die Universität erlebte eine Hochblüte.

Die Auswirkungen der politischen und wirtschaftlichen Maßnahmen des Kaisers für das weitere Gedeihen der Stadt Wien waren verschiedener Art: politisch erlangte die Stadt durch den von ihm initiierten und 1526 eingetretenen Erbfall der böhmisch-ungarischen Länder eine Stellung innerhalb des europäischen Städtesystems, durch die sie zu jenen glanzvollen Epochen geführt wurde, deren Ergebnisse — zumindest architektonisch — noch heute im Stadtbild erkennbar sind; wirtschaftlich und administrativ hatten die Handlungen Maximilians hingegen überwiegend negative Folgen. Die Ursachen liegen auf der Hand. Maximilian hat in Wien — wenngleich der an allem Neuem interessierte Herrscher sicherlich an der Stadt Gefallen gefunden hätte — nur selten residiert. Seine Blicke richteten sich auf die westlichen Erbländer, und seine Finanzen wurden durch die großen süddeutschen Reichsstädte gesichert, mit denen Wien in keinen Wettbewerb treten konnte. Die erste Abfuhr erlitt Bürgermeister Friedrich Geldreich im Jahre 1494, als er dem Herrscher in Form einer Bittschrift eine „Gegenrechnung" für die nach dem Tod des Ungarnkönigs erwiesene loyale Haltung präsentieren wollte, in der es vor allem um Steuererleichterungen und wirtschaftliche Begünstigungen ging. Maximilian sah in der Erfüllung dieser Forderungen wohl nur die Gefahr, die städtische Autonomie zu stärken, und lehnte deshalb glattweg ab. Jede Aufwertung ständischer oder städtischer Freiheiten mußte ihm bei der Verfolgung seiner hochfliegenden politischen Pläne als hinderlich erscheinen. Wollte er, gestützt auf die Gedankenwelt des Humanismus, die Ausführung seiner Befehle, die von keiner Seite eingeschränkt werden sollten, in die Hände einer im römischen Recht geschulten Beamtenschaft legen, so mußte er die unmittelbar nach der Rückgewinnung Wiens 1490 von ihm selbst vorgenommene Privilegienbestätigung nunmehr ihrem Inhalt nach als unzeitgemäß empfinden. Die Bedeutung der städtischen Ämter nahm in dieser Zeit immer fühlbarer ab, Maximilian entmachtete die Stadt mehr denn je; lediglich 1504 kam es unter Bürgermeister Paul Keck zur Schaffung des Amtes eines Marktrichters.

Die äußerst bedenklich gewordene Situation des Wiener Handels am Ende des 15. Jahrhunderts ließ das seinerzeitige Stapelrecht zu einem Hauptzankapfel werden. In der Rückschau mutet es eigenartig an, daß man zu diesem Zeitpunkt tatsächlich noch ernsthaft erwartete, die bloße Aufrechterhaltung dieses Scheinrechtes könnte eine Besserung der Lage herbeiführen. Die politische Entwicklung, insbesondere die Einverleibung Mährens durch Matthias Corvinus, hatte Fakten gesetzt, an denen Wien nicht mehr rütteln konnte. Es war nicht zu verkennen, daß es den oberdeutschen Kaufleuten damit endgültig gelingen würde, eine Handelsstraße nach dem Südosten Europas über Brünn zu eröffnen, die an Wien vorbeiging, sodaß alle in dieser Stadt vereinigten Monopole durch die Praktik hinfällig wurden. So kam es zur Ordnung des Jahres 1506 für den Verkauf der

Waren ausländischer Kaufleute in Wien, die einen Sieg der „Gäste" bedeutete. Noch gaben sich die Wiener, mit ihrem Bürgermeister Paul Keck an der Spitze, nicht geschlagen.

Nach SIGMUND PERNFUSS (1507), nochmaligen Amtszeiten Paul Kecks (1508) und Wolfgang Rieders (1509—1510) sowie der ersten Wahl von Bürgermeister Hans Süß (1511—1512) hatte 1512 LEONHARD PUDMANNSDORFER den Bürgermeisterstuhl inne. Ihm gelang es das letzte Mal, den Wünschen der Wiener Bürgerschaft Gehör zu verschaffen. Am 30. Juli 1512 stellte Maximilian — zwar unter Berufung auf Friedrich III., aber ohne unmittelbaren Zusammenhang mit dessen Verfügungen und daher sachlich ohne Rücksicht auf die inzwischen veränderten wirtschaftlichen Kraftfelder — eine Urkunde aus, welche das Wiener Stapelrecht nochmals in vollem Umfange bestätigte.

Der „Erfolg" erwies sich nur zu bald als Pyrrhussieg; gegen den Druck der oberdeutschen Kaufherren, von denen er finanziell immer stärker abhängig wurde, konnte sich der Kaiser schon deshalb nicht zur Wehr setzen, weil diese — abgesehen von der Drohung, ihre Lager von Wien nach Brünn zu verlegen — auch unmißverständlich durchblicken ließen, es bestehe eine unmittelbare Wechselwirkung zwischen der Intensität des Handelsverkehrs und den landesfürstlichen Einkünften aus Mauten und Zöllen, weshalb die Interessen des Handels und jene des Kaisers in einem absoluten Zusammenhang stünden. So mußte es Bürgermeister HANS KUCHLER erleben, daß am 2. Juli 1513 zunächst den Fremden provisorisch ihre Rechte weitgehend wiedergegeben und zwei Monate später Regelungen getroffen wurden, die sich im wesentlichen an die Bestimmungen von 1506 hielten. Niemand war mit dieser Lösung zufrieden: die Wiener drohten, die Gewölbe der „Gäste" zu sperren, die Fremden dagegen erblickten in der Vorläufigkeit der neuen Ordnung keine hinreichende Sicherheit für die Zukunft. So ging der Streit unter Bürgermeister FRIEDRICH PIESCH (1514—1515) weiter, bis schließlich am 15. Jänner 1515 unter Bürgermeister DR. JOHANN KAUFMANN eine der Wiener Privatwirtschaft abträgliche Entscheidung fiel: Der Kaiser gab den Großhandel im Sinne der 1506 getroffenen Regelungen endgültig frei, sodaß den Wienern nur der Kleinhandel verblieb. Die fremden Kaufleute hatten einen eindeutigen Sieg errungen, und die Wiener durften nicht einmal auf spätere Revision hoffen, denn Maximilian sprach in seiner Urkunde ausdrücklich das Verbot aus, sich in Hinkunft auf ältere, den neuen Bestimmungen gegebenenfalls zuwiderlaufende Privilegien zu berufen, weil er *dieselben alle kraft dieses Briefs aufhebe, derogire und cassire*. Die mittelalterliche Wirtschaftspolitik hatte so ein unvermitteltes Ende gefunden.

Die weitere Entwicklung ergab sich fast zwangsläufig. Als nach Hans Süß (1516) HANS RINNER Bürgermeister wurde (1516—1517) — dem 1518 nochmals Leonhard Pudmannsdorfer folgte —, verlieh der in Wiener Neustadt residierende Maximilian der Stadt Wien am 20. November 1517 ein neues Stadtrecht, das man in seinem Rechtsinhalt oftmals unterschätzte. Denn nicht erst neun Jahre später, wie oft zu lesen ist, wurden die Weichen von der ständisch beschränkten Monarchie zum schrankenlosen Absolutismus gestellt, sondern bereits jetzt erfährt das bisherige Recht durch zahlreiche Einschränkungen und Auslegungen so nachhaltige Veränderungen, daß die Absicht, die städtische Autonomie aufzuheben, deutlich zum Ausdruck kommt. Dies ist vor allem dem nachdrücklichen Vorbehalt des Landesfürsten zu entnehmen, er könne nach eigenem Gutdünken das Privileg mindern oder sogar gänzlich außer Kraft setzen beziehungsweise selbst oder durch seinen Statthalter die Wahl ungeeignet erscheinender Männer zur Ausübung städtischer Ämter für ungültig erklären. Ein eher formales Bestätigungsrecht des Landesfürsten kennen wir zwar schon aus dem Ratswahlprivileg des Jahres 1396, aber hier fand sich nun eine erhebliche Verstärkung. Nach Vorlage der Wahlzettel entschied Maximilian, ob derjenige, auf den die Mehrzahl der Stimmen entfallen war, auch würdig und fähig, vor allen Dingen natürlich loyal genug war, den Posten anzutreten. Jede bei dieser Gelegenheit getroffene personelle Entscheidung mußte zur Kenntnis genommen werden. Fortan sollte man jedes Jahr einen anderen Bürgermeister wählen — eine ebenfalls schon aus dem 14. Jahrhundert bekannte Verpflichtung, die aber damals wie jetzt nur kurzfristig eingehalten wurde —, bis zu einer eventuellen Wiederwahl hatte ein Intervall von drei Jahren zu verstreichen.

In der Stadtrechtsverleihung Maximilians I. liegt eine der Wurzeln für den offenen Bruch, der sich 1519 in den Angriffen gegen die Räte des Regiments deutlich zeigte. Eine andere Ursache haben wir in der Ablehnung der maximilianischen Verwaltungsreform zu erblicken, durch welche — ohne Rücksichtnahme auf die zum Gewohnheitsrecht gewordene Situierung der landesfürstlichen Verwaltung in Wien — das Kammergericht nach Wiener Neustadt, das niederösterreichische Regiment hingegen vorübergehend nach Enns, dann nach Linz und sogar nach Schärding verlegt wurden. Dadurch, daß Maximilian noch seltener als sein Vater Friedrich III. in Wien residierte, gingen der Stadt alle mit der Hofhaltung verbundenen Vorteile wirtschaftlicher Natur verloren. Die bemerkenswerte Förderung der humanistischen Bewegung in Wien, deren Blütezeit gerade in die Jahrzehnte des wirtschaftlichen und politischen Niederganges fällt, konnte für die Stadt kein hinreichendes Äquivalent bieten.

Opposition gegen das neue „Regiment". Aufstand und Tod des Bürgermeisters Dr. Martin Siebenbürger

Am 12. Jänner 1519 starb Maximilian I. in Wels. Im selben Jahr wurde WOLFGANG KIRCHHOFER Bürgermeister von Wien. Unter ihm machte sich zwar die Opposition gegen das nach dem Tode des Kaisers aufgrund der Bestimmungen seines Testaments eingesetzte „Regiment", von dem man berechtigtermaßen eine noch stärkere Bevormundung der Stadt befürchten mußte, sogleich deutlich bemerkbar, aber Bürgermeister und Stadtrat suchten sich einer eigenen Stellungnahme tunlichst zu enthalten. Anders Dr. Martin Siebenbürger, der sich als der führende Kopf der Opposition rasch in den Vordergrund schob und in weiterer Folge sein mutiges Eintreten für die Rechte der Stadt mit dem Leben zu bezahlen hatte. Wer war dieser Dr. Martin Siebenbürger, und wie kam es zu seinem tragischen Ende?

Die Vorfahren Siebenbürgers kamen um die Mitte des 15. Jahrhunderts von Siebenbürgen über Ungarn nach Wien; sie führten den Familiennamen Capinis. Martin, der Sohn des Stadtrichters

Sigmund Siebenbürger, wandte sich dem Studium der Rechte zu, wurde ein ausgezeichneter Jurist und kam an der Universität zu Rang und Würden: er gehörte dem Professorenkollegium an und wurde dreimal Dekan der juridischen Fakultät. Sosehr Siebenbürger als überzeugter Humanist im geistigen Leben der Stadt verankert war, scheiterte doch sein erster Versuch, ein öffentliches Amt zu bekleiden, bereits nach kurzer Zeit. Bald mußte er die Stelle des Stadtrichters, die er 1512 übernommen hatte, auf Betreiben seiner einflußreichen Widersacher aus dem Kreis der landesfürstlichen Beamten wieder zurücklegen. Dadurch wurde — vielleicht unbewußt — sein weiteres politisches Wirken beeinflußt. Als Maximilian starb, stand er bedingungslos auf der Seite der ständisch-städtischen Opposition. Siebenbürger, in dem sich hohe Bildung und ungewöhnliche Begabung mit seltener Charakterfestigkeit verbanden, dürfte zwar keine exakten politischen Zielvorstellungen gehabt haben, war aber doch wie kein anderer prädestiniert, die Führung einer zu energischem Handeln drängenden Gruppe der Stände zu übernehmen. Er zwang den Wiener Stadtrat, der nach Möglichkeit noch immer jeder Entscheidung aus dem Weg gehen wollte, zur Anerkennung seiner Vorstellungen; wichtige Beamtenposten wurden neu besetzt, man beschlagnahmte die Artillerie, prägte Münzen und dokumentierte mit allen diesen Maßnahmen so den Anspruch auf eine selbständige Regierungsgewalt, daß dem kaiserlichen Regiment praktisch jeder Einfluß entzogen war. Unter diesem Druck legte sich auch der schwache Bürgermeister Wolfgang Kirchhofer auf die Forderungen der Landtagsopposition fest; selbst jene, die sich bis dahin abseits gehalten hatten — schwankende Herren, Ritter, ja, sogar Prälaten —, wandten sich nun von der Regierung ab, sodaß diese schließlich fluchtartig Wien verlassen und Zuflucht in der *allzeit getreuen* Neustadt suchen mußte.

Aufgrund einer neuen Landesordnung kam es zur Einsetzung eines ständischen Regiments; im eigentlichen geschäftsführenden Ausschuß, dem sechzehngliedrigen Landrat, war Wien mit nur zwei Mitgliedern vertreten: es waren dies Martin Siebenbürger und der frühere Bürgermeister Hans Rinner. Die revolutionäre Bewegung war nicht mehr aufzuhalten. Bürgermeister Kirchhofer sah der Entwicklung skeptisch entgegen, konnte aber, als am 11. April 1519 Michael von Eyzing vor der versammelten *gemain* feierlich versicherte, die Stände würden bedingungslos auf der Seite der Wiener stehen, nicht umhin, auch seinerseits, durch die „Genannten" gedrängt, eine ähnliche Loyalitätserklärung abzugeben. Um die Beziehungen zu dem im fernen Spanien weilenden Erben Maximilians nicht völlig abreißen zu lassen, beschloß der Generallandtag zu Bruck an der Mur bereits im März 1519, eine Delegation an den Hof zu entsenden.

In dieser Situation vermeinte Siebenbürger, der, nicht zuletzt wegen seiner ausgezeichneten lateinischen Sprachkenntnisse, zum Sprecher der Delegation erkoren worden war, eine unantastbare Stellung einzunehmen — welch tragische Verkennung der Kräfteverhältnisse! Wohl konnte er sich die uneingeschränkte Anerkennung seiner adeligen Begleiter erringen, als er in unnachgiebiger und keineswegs zeremoniengerechter Weise die Freiheitsbestrebungen der österreichischen Stände vor dem eben zum deutschen König gewählten Karl V. mit bewunderswürdigem Freimut vertrat. Allein die hinhaltende Reaktion Karls vermochte nicht darüber hinwegzutäuschen, daß Martin

Siebenbürger nur scheinbar durchgedrungen war. Noch glaubten seine Anhänger, er habe seinen Standpunkt durchgesetzt und akzeptierten ihn nach seiner Rückkehr als Führer der aktiven ständischen Oppositionspartei. Am 10. September 1520 erließ Karl V. ein Mandat zur Vornahme der Neuwahl von Bürgermeister und Rat in Gegenwart und unter Aufsicht von drei kaiserlichen Kommissären. Zweifellos erhoffte er sich damit eine Reinigung des Wiener Stadtrates von radikalen Elementen; bei einem ihm genehmen Ausgang der Wahl sollte die Stadt durch die Verleihung des Blutbannes belohnt werden. Es kam jedoch anders: aus der am 27. September durchgeführten Wahl ging anstelle des wenig profilierten Kirchhofer DR. MARTIN SIEBENBÜRGER als Sieger hervor, und mit ihm wurden fast ausschließlich Anhänger der Opposition in den Stadtrat gewählt. Noch einmal schien sich eine glückliche Wendung anzubahnen, als im Jänner 1521 Siebenbürger dennoch die Bestätigung als Bürgermeister erhielt.

Im folgenden Jahr fiel zu einem Zeitpunkt, da man immer noch auf einen Ausgleich hoffen durfte, durch ein habsburgisches Familienereignis die Entscheidung: am 29. April 1521 verzichtete Karl V. zugunsten seines Bruders Ferdinand auf die niederösterreichischen Länder. Wien bekam nun einen Herrscher, dessen strenge spanische Erziehung auf der Durchsetzung unbeschränkter Fürstenmacht basierte, einen Landesherrn, der von Anfang an gesonnen war, gegen die „Aufrührer" energisch vorzugehen, ja, ihnen unnachsichtlich den Prozeß zu machen. Hatte sich Karl durch seine bedächtigen Entscheidungen das Vertrauen seiner Untergebenen erworben, so mußte das rücksichtslos entschlossene, harte und unbeugsame Vorgehen seines Bruders umso abstoßender gewirkt haben. Eine letzte Atempause verblieb, als Erzherzog Ferdinand sich nach der offiziellen Hochzeitsfeier mit Anna von Ungarn in Linz in die Niederlande begab, doch ließ die Zusammensetzung des von ihm mit der Verwaltung betrauten Hofrates die Zukunft in einem recht düsteren Licht erscheinen.

Nun trat Siebenbürger von seinem Bürgermeisteramt zurück. Die Wahl fiel auf den bisherigen Stadtschreiber, den politisch eher farblosen Licenciaten der Rechte GABRIEL GUETRATER (der sich gerne auch Guet-Rater schrieb). Das Schicksal Siebenbürgers war jedoch nicht mehr zu ändern. Als Ferdinand aus den Niederlanden zurückkehrte, wandte er sich Anfang Juni 1522, ohne Wien zu berühren, nach Wiener Neustadt und setzte dort einen Gerichtshof ein, der seinem persönlichen Vorsitz unterstand. Ein Generalmandat zitierte alle Beteiligten, darunter auch den Wiener Bürgermeister und die „Genannten", für den 8. Juli dorthin. Vier Tage vor der gesetzten Frist wurde aus dem Wiener Rathaus auch jene Truhe nach Wiener Neustadt befördert, in der sich alle Privilegien und stadtrechtlich bedeutsamen Urkunden befanden.

Eine sich über vierzehn Tage erstreckende Verhandlung hatte keinen anderen Zweck zu erfüllen, als in feierlicher Form die völlige Ungesetzlichkeit des Verhaltens der Stände und ihrer Anhänger festzustellen. Die Wiener, allen voran Martin Siebenbürger, verfochten ihren Standpunkt in leidenschaftlicher Weise, wiewohl ihnen ihr Schicksal bewußt sein mußte. Am 23. Juli 1522 erging das Urteil: die weniger belasteten Mitglieder kamen straflos davon, die „Rädelsführer" aber fielen der unnachsichtigen Rache des Landesherrn zum Opfer. Nachdem am 9. August die Vorkämpfer des Adels, Hans von Puchaim und Michael von Eyzing, am Neustädter Marktplatz durch das

Schwert gerichtet worden waren, bestiegen zwei Tage danach sechs Wiener Bürger das Blutgerüst: neben Martin Siebenbürger zwei weitere ehemalige Bürgermeister von Wien, Hans Rinner und Friedrich Piesch, wogegen Wolfgang Kirchhofer, der während des Prozesses keine gute Figur gemacht hatte, mit dem Leben davonkam.

Gleichzeitig mit jenen Männern, welche für die ständische Sache eingetreten waren, fielen auch die Einrichtungen, die ihnen ihr Auftreten ermöglicht hatten. Bereits am 7. August erfolgte durch Ferdinand die Ladung der „Genannten", deren Körperschaft sich immer wieder als ein Herd der Unruhe und ein Zentrum der eigenstädtischen Politik erwiesen hatte, vor sein Gericht, und am 13. August hob er deren Privilegien und Gewohnheitsrechte samt und sonders auf. Am 4. Oktober verfügte er selbiges für jene Gemeinschaft, welche als ein weiterer Mittelpunkt des politischen Widerstandswillens betrachtet wurde: die Münzer-Hausgenossenschaft, das Symbol der wirtschaftlichen Macht der Stadt. An die Stelle der Genannten traten zwölf vom Landesfürsten ernannte Bürger, die Münze aber kehrte wieder in die ausschließlich landesfürstliche Verwaltung zurück.

1524 wurde HANS SÜSS — der bereits in den Jahren 1511, 1512 und 1516 dreimal das Bürgermeisteramt bekleidet hatte — das letzte Mal (für zwei Jahre!) in dieses Amt berufen. In seine Amtszeit fallen schwerwiegende Ereignisse: 1524 richtete man Caspar Tauber als ersten Blutzeugen der Reformation vor dem Stubentor hin, 1525 kam es zu einem der verheerendsten Stadtbrände (416 der rund 1000 Häuser innerhalb der Mauern fielen ihm zum Opfer), im selben Jahr verfaßte Stadtanwalt Dr. Johannes Cuspinian seinen berühmt gewordenen Bericht über den Stadtrat (der in einem Schreiben an den Markgrafen von Brandenburg enthalten ist). 1526 erließ Ferdinand I. neben dem segensreichen Gebot, eine Wasserleitung von den Quellen der Als in die Stadt zu leiten, jene „Stadtordnung", die der städtischen autonomen Verwaltung ein Ende bereitete und die für Wien — von weltgeschichtlichen Terminisierungen unabhängig — den lokal begründeten Übergang vom Mittelalter zur Neuzeit darstellt.

VERLUST DER STÄDTISCHEN AUTONOMIE, GLAUBENSKAMPF UND TÜRKENNOT

Die Stadtordnung von 1526 und ihre Folgen

Aus Lieb und Gnad des Landesfürsten empfing Bürgermeister ROMAN STAUDINGER jene am 12. März 1526 von Erzherzog Ferdinand zu Augsburg für die Stadt Wien ausgefertigte „Stadtordnung", durch die tiefgreifende Veränderungen in den Grundlagen der städtischen Verfassung und Verwaltung bewirkt wurden. Obwohl sich diese Ordnung sehr detailliert mit den inneren Aufgaben der Stadt Wien auseinandersetzte, kam sie doch ohne maßgebliche Beteiligung der Bürgerschaft zustande. Es wäre eine Unterschätzung des Rechtsinhaltes der Urkunde, wollte man übersehen, daß nun an die Stelle eines „Privilegiums" eine „Ordnung" tritt. Es gibt keine „Bevorrechtung" der Bürgerschaft mehr, das Recht im herkömmlichen Sinn wird als überaltet, reformbedürftig und der Zeit nicht mehr entsprechend bezeichnet. Die Anpassung ist gleichbedeutend mit der Anerkennung der Überordnung der landesfürstlichen Behörden. An dieser Zielsetzung ließ Ferdinand keinen Zweifel, wenn er ausdrücklich hervorhebt, daß er seinen Untertanen *als herr und landfürst fürgesetzt* sei, und im übrigen die Ansicht vertritt, *etlich derselben freihaiten unser stat Wienn* aus früherer Zeit seien *nichts nutz gewest*, ja, sie hätten sogar — wie er mit einem unmißverständlichen Seitenblick auf den vorangegangenen Aufstand erklärt — *unter unser getreuen burgerschaft irrung gebracht*. Wurde 1517 durch Maximilian I. überwiegend das wirtschaftliche Potential der Stadt rechtskräftig geschmälert, so folgte nun, neun Jahre danach, die politische Konsequenz. Das wirtschaftlich für den Landesfürsten nicht mehr interessante Bürgertum verlor auch politisch alle ihm noch verbliebenen Rechte. Das Stadtrecht Albrechts II. aus dem Jahre 1340 hob Ferdinand zur Gänze auf, aus dem Stadtrecht Albrechts I. (1296) blieben nur sechs Punkte bestehen, und diese betrafen eigentlich eher untergeordnete Sachinhalte.

Die Stadtordnung — ein Pergamentheft mit dreißig Blättern, dessen Siegel im Laufe der Zeit verlorengegangen ist — regelte, wie schon erwähnt, die Verwaltung. Der Stadtrat (Innere Rat) setzte sich aus zwölf Bürgern zusammen, die *behaust* (das heißt im Besitz eines Hauses) sein mußten und kein Handwerk ausüben durften. Weitere zwölf Bürger übten (unter gleichen Bedingungen) die Funktion von Beisitzern im Stadtgericht aus — nachweislich eine Vorstufe für den Eintritt in den Rat —, 76 bildeten einen Äußeren Rat, der sich aus der gesamten Bürgerschaft, der *gemain*, ergänzte. Die Institution der Genannten wurde zugleich mit jener der vermögenden Hausgenossen, welche durch die Beherrschung der Münzprägung eine hervorragende wirtschaftliche und politische Stellung erlangt hatten, aufgehoben, weil sie (wie es in der Urkunde wörtlich heißt) *ain zeit nicht fruchtbar sonder schädlich erschinen* und deshalb *mit rechlicher erkanntnuss abgethon werden* müßten. Damit umfaßte die oberste Stadtverwaltung insgesamt hundert Personen, denen ein Bürgermeister vorstand, der aus ihrer Mitte oder aus der gesamten Bürgerschaft zu wählen war.

Da sämtliche städtischen Funktionäre vom Landesfürsten bestätigt werden mußten, konnte von vornherein jede aufkeimende Opposition erstickt werden. Der Stadtanwalt erhielt bedeutend erweiterte Vollmachten, durfte kein Bürger sein, kein bürgerliches Gewerbe ausüben und war dem Landesherrn unmittelbar unterstellt. Es zählte zu seinen wichtigsten Aufgaben, den Erzherzog oder die Regierung zeitgerecht zu warnen, wann immer er, wie es ausdrücklich heißt, *ainicherlai abbruech unser oberkait, herrligkeit oder ander widerspenigkait merket*. Er nahm an den Ratssitzungen teil, die ohne sein Wissen nicht einmal einberufen werden durften, und hatte ein praktisch unumschränktes Vetorecht gegenüber allen Ratsbeschlüssen.

Fast alle in den Wirkungsbereich der Verwaltung fallenden Angelegenheiten wurden neu geordnet, sei es die Aufnahme der Neubürger, die Steuereinhebung oder die Rechtssprechung. Die Pflichten der städtischen Amtspersonen — Stadtschreiber, Stadtoberkämmerer, Stadtunterkämmerer, Spitalmeister und Brückenmeister, ebenso die Kirchmeister, Steuerherren, Grundbuchsherren und Viertelmeister — sind in der Stadtordnung exakt umschrieben. Die völlige Abhängigkeit vom Landesfürsten äußert sich besonders deutlich in der Bevormundung bis in kleinste Belange. Ob es sich nun um *des Statschreibers Dinst* oder um die Pflicht der Kämmerer handelte, *Einnemen und Ausgeben jährlich zu verraiten* (zu verrechnen), ob es um den Aufgabenbereich des Brückenmeisters ging, der *alle Notturft der Thonaubrücken* zu versehen hatte, oder um die Ordnung des Testamentsrechtes: dem landesfürstlichen Streben, sich um jedes Detail zu kümmern, war nichts zu unbedeutend. Alles, was man zu dieser Zeit unter dem umfassenden Begriff der *Policey* verstand, wurde von Ferdinand unmittelbar unter Kontrolle gehalten.

Betrachtet man alle diese Bestimmungen kritisch, so darf es nicht verwundern, daß auch der *ambtshandlung* des Bürgermeisters und der beiden Ratskörper entsprechender Raum gewidmet wird, zwar die Pflichten genau umschrieben und die Wirkungsbereiche sorgfältig abgegrenzt werden, über die Rechte hingegen nur ganz allgemein gesprochen wird. Mit aller Deutlichkeit wird festgelegt, daß sich die städtischen Amtsträger, vom Bürgermeister bis zum kleinsten Mitarbeiter, dem selbstherrlichen Willen des Landesfürsten bedingungslos zu unterwerfen hätten. Der Bürgermeister hat seinem Landesherrn *getreu, gewertig und gehorsam* zu sein, wogegen die im Mittelalter hervorragendste Pflicht, *der Stat und Gemainen Nutz treulichen zu fuerdern*, in den Hintergrund gedrängt wird. Als *vorgeer* des Rates hat der Bürgermeister eine gehobene Stellung, aber diese wird viel eher durch die ihm übertragene Aufgabe gekennzeichnet, als Vollstrecker landesfürstlicher Befehle und mit Mehrheit gefaßter stadträtlicher Beschlüsse (sofern gegen diese der Stadtanwalt keinen Einspruch erhoben hatte) zu fungieren. Eingedenk der Ereignisse der beginnenden zwanziger Jahre stehen Bestimmungen, wonach der Bürgermeister sich an keinen Gesprächen beteiligen dürfe, welche sich gegen die Regierung richten, und daß er keine Beziehungen zu aufrührerischen Personen unterhalten dürfe, in aller Ausführlichkeit gleich am Beginn des ihn betreffenden Abschnittes der Stadtordnung. Es wird als selbstverständlich erachtet, daß der Bürgermeister unbestechlich und unparteiisch, in der Arbeitsweise expeditiv und im Verhalten gegenüber den Parteien *senftmuetig und guetlich* sei.

Am *Sant Thomastag*, dem 21. Dezember eines jeden Jahres, wurden jene Posten im Rat neu besetzt, die infolge des Todes oder des freiwilligen Ausscheidens eines Ratsmitgliedes frei geworden waren. Durch den Äußeren Rat erfolgte die „Wahl" der Mitglieder des Stadtrates, durch den Stadtrat jene der Beisitzer und des Äußeren Rates. Diese Wahlen wurden weder geheim durchgeführt noch brachten sie endgültige Ergebnisse: jedes Ratsmitglied hatte seinen Vorschlag auf einen Zettel unter seinen eigenen Namen zu schreiben, und diese *zedel* wurden den Kommissaren der Regierung übergeben; Ferdinand selbst behielt es sich vor, aus dem vorgeschlagenen Personenkreis nach eigenem Gutdünken jene Räte auszuwählen, die er akzeptierte. Alle drei Jahre sollte in beschränktem Maß ein Austausch zwischen den Mitgliedern des Inneren und Äußeren Rates vorgenommen werden. Ausdrücklich wird auch bestimmt, daß nach Wien zugezogene Personen in keiner Weise benachteiligt werden dürften.

Ebenfalls am 21. Dezember wählten die Mitglieder des Inneren und Äußeren Rates und die Beisitzer gemeinsam den Bürgermeister. Der Vorgang war praktisch derselbe wie bei der Ratswahl: die endgültige Bestellung nahm der Landesherr vor, der sich für die „tauglichste" Person entschied, das heißt für jenen Bürger, der ihm am loyalsten gesinnt war.

Gegen Ende der Amtszeit des nächstjährigen Bürgermeisters SEBASTIAN SULZBECK wurde am 5. Dezember 1527 eine neue Handwerksordnung für Wien erlassen. Sie enthält in einem ersten Teil besondere Ordnungen für einzelne Gewerbe, in einem zweiten Teil Bestimmungen allgemeiner Art. Die gravierendste Änderung liegt in der abschließend verfügten Aufhebung der Zechen und Zünfte sämtlicher Handwerker, ihrer Satzungen und Ordnungen und der dazu erteilten Bestätigungen. Jedwede künftig erforderliche Neuregelung sollte (in konsequenter Weiterführung der Stadtordnung) von der Regierung vorgenommen werden; vom Bürgermeister oder Stadtrat ist überhaupt keine Rede mehr. Gedrängt durch die Stände, griff Ferdinand in die Organisation der Handwerker in doppelter Hinsicht ein: einerseits fielen die engen Zunftschranken, die seit langem einer freieren Ausübung des Handwerks hinderlich waren, andererseits blieben die Handwerker in allen die Stadt unmittelbar berührenden Belangen vom Stadtrat abhängig, der seinerseits auch in diesen Fragen einer Überwachung durch die Regierung unterlag. Dennoch blieben die getroffenen Anordnungen in Ermangelung von nachfolgenden Durchführungsbestimmungen einigermaßen theoretisch, sodaß die Bürgermeister, wenn auch wesentlich seltener, Handwerksordnungen ausstellten.

In das Amtsjahr Sulzbecks fallen auch die Feierlichkeiten und allenthalben veranstalteten Freudenfeuer anläßlich der Geburt eines Thronfolgers, des späteren Kaisers Maximilian II.

Es ist ein eigentümliches Zusammentreffen, daß wenige Monate nach der Stadtordnung der Stadt Wien durch den Tod König Ludwigs II. von Ungarn und Böhmen, der am 29. August 1526 nach der verlorenen Schlacht von Mohacs auf der Flucht vor den Türken in den Sümpfen jämmerlich ertrank, das Tor in eine glanzvolle Zukunft geöffnet wurde. Aufgrund der 1515 geschlossenen Erbverträge fielen seine Länder, da mit ihm das Haus Jagello ausstarb, an Österreich. Damit begann allerdings nicht nur die Entwicklung Wiens zur „Hauptstadt" eines größeren Reiches, sondern gleichzeitig die Verwicklung der Erbländer in die Türkenkriege.

Bürgermeister Wolfgang Treu und die erste Türkenbelagerung

Als Erzherzog Ferdinand 1528 WOLFGANG TREU in kritischer Situation zum neuen Bürgermeister bestellte — sein von Johannes Benk geschaffenes (keineswegs porträtgetreues) Standbild befindet sich im Festsaal des Rathauses —, stand Wien am Vorabend bedeutsamer militärischer und religiöser Ereignisse.

Wolfgang Treu entstammte einer alten Ratsbürgerfamilie. Sein Vater Niklas, der mit Juliane, der Tochter des vermögenden und einflußreichen Apothekers Vinzenz Hackenberger, verheiratet war, läßt sich bereits in den achtziger Jahren des 15. Jahrhunderts als Ratsmitglied nachweisen, und sein Sohn Wolfgang entschied sich für dieselbe Laufbahn. Seit 1512 zu erheblichem Haus- und Grundbesitz in der Stadt und in den Vorstädten gekommen, gehörte er gemeinsam mit dem ehemaligen Bürgermeister Wolfgang Kirchhofer und anderen angesehenen Männern 1522 zu jener Delegation, die sich nach Wiener Neustadt begab, um den erzürnten Erzherzog wegen der „Unbotmäßigkeit" Martin Siebenbürgers um Vergebung zu bitten. Treu vermählte sich mit Barbara, der Tochter des höchsten städtischen Beamten, des Stadtschreibers Johann Hoffmann.

Dreimal bekleidete Wolfgang Treu das Bürgermeisteramt: zunächst bis 1530, dann von 1532 bis 1533 und schließlich nochmals von 1536 bis 1537. Von 1534 bis 1538 war Treu Landtagsverordneter, 1535 wird er als Steueranschlagsverordneter genannt.

In der Zwischenzeit sehen wir zwei eher farblose Persönlichkeiten in dieser Funktion, nämlich 1531 SEBASTIAN EYSLER, der bereits in den beiden vorhergegangenen Jahren zu Gesandtschaftsreisen herangezogen worden war, und von 1534 bis 1535 DR. JOHANN PILHAMER, der zuvor und danach dem Stadtrat angehörte und sich gleichzeitig (1534 bis 1537) als Landtagsverordneter betätigte.

Als Wolfgang Treu das Bürgermeisteramt übertragen wurde, befand sich der Herrscher in einer äußerst bedenklichen außenpolitischen Lage. Wohl konnte er aufgrund der seinerzeitigen Erbverträge die böhmische und ungarische Krone beanspruchen, jedoch gelang es ihm nur in Böhmen, sich nach Ausschaltung seines bayrisch-wittelsbachischen Gegenspielers unangefochten die Wenzelskrone aufs Haupt zu setzen. In Ungarn wehrte sich die Mehrheit des Adels gegen einen habsburgischen König, und dort kam es 1526 zu einer verhängnisvollen Doppelwahl. Das durchaus richtige Gefühl des ungarischen Gegenkönigs, des siebenbürgischen Woiwoden Johann Zapolya, dem Habsburger militärisch unterlegen zu sein, veranlaßte diesen, sich der einzigen Macht zu verschreiben, die ihm in seiner aussichtslosen Stellung echte Hilfe gewähren konnte und wollte: der Pforte — allerdings unter Anerkennung türkischer Oberherrschaft. Damit waren — nach einer mißglückten habsburgischen Gesandtschaft, die im Mai 1528, also wenige Monate nach Treus Amtsübernahme, in Konstantinopel so ungeschickt verhandelte, daß sie praktisch mit einer Kriegserklärung Sultan Solimans II. zurückkehrte — die Würfel gefallen, und Ferdinand mußte darangehen, die Verteidigungsbereitschaft seiner Hauptstadt zu verbessern. Die Situation wurde zweifelsohne durch die inneren religiösen Zwistigkeiten — 1517 hatte Luther seine Thesen verkündet! — wesentlich erschwert: die protestantischen Fürsten machten die von ihnen geforderte Hilfe gegen die Türken vom

Zugeständnis voller Religionsfreiheit abhängig, die ihnen der erzkatholisch erzogene Ferdinand natürlich nicht zubilligen wollte. Der Wiener Stadtrat war ebenfalls überwiegend katholisch, wofür neben Wolfgang Treu auch Hermes Schallautzer, Sebastian Schrantz (beide später selbst Bürgermeister!), Bernhard Thau und der als Historiograph bekanntgewordene Wolfgang Lazius beredtes Zeugnis ablegen. Das Vorgehen gegen Häretiker, vor allem Wiedertäufer (1524 war Caspar Tauber, 1528 Balthasar Hubmaier nach schweren Folterungen verbrannt worden), brachte trotz der angestrebten abschreckenden Wirkung keinen durchschlagenden Erfolg; ebensowenig konnten Befehle Ferdinands die antikirchliche Bewegung beeinflussen. Das Volk, kaum in der Lage, die schwierigen theologischen Streitgespräche zu beurteilen, hielt sich an einfachere Tatbestände. So schlug man 1528 am Lugeck einen „offenen Brief" an, in welchem Bürgermeister Treu und Bischof Revellis aufgefordert wurden, den Churmeister von St. Stephan, der für Taufen und Begräbnisse unmäßige Gebühren einhob, abzusetzen, andernfalls werde man die Kinder nach der Lehre der „neuen Christen" erst als Erwachsene taufen lassen, dem Bischof aber eine „Katzenmusik" machen. Ferdinand verfügte zunächst eine Visitation und ernannte dann im November 1528 Bischof Revellis, Bürgermeister Treu, den Universitätsrektor Motz und andere ihm ergebene Männer zu Bücherzensoren, womit ihnen die Überwachung der Buchdrucker anvertraut war. Ihre katholische Gesinnung erwiesen Bürgermeister, Stadtrichter und andere Ratsherren in aller Öffentlichkeit auch durch ihre Teilnahme an den Fronleichnamsprozessionen, um der Bevölkerung ein nachahmenswertes Beispiel zu geben. 1529 drängte die Türkengefahr die Religionskämpfe vorübergehend in den Hintergrund.

Ein rund dreihunderttausend Mann starkes Osmanenheer war am 10. Mai 1529 in Konstantinopel aufgebrochen, erreichte Mitte Juli Belgrad und belagerte im Spätsommer das ungarische Ofen, in das der Sultan am 11. September seinen feierlichen Einzug halten konnte. Nun erst erkannte Ferdinand, welche Gefahr seinen Ländern drohte, sollte das von ihm bisher eher geringschätzig behandelte Wien dem Ansturm nicht standhalten. Seine immer verzweifelteren Appelle an seinen Bruder Karl, der jedoch von seinen westeuropäischen Problemen vollends in Anspruch genommen war und ihm Ratschläge erteilte, die bei ihrem Eintreffen von den Ereignissen längst überholt waren, zeigen deutlich, wie hilflos Ferdinand der Entwicklung der Dinge gegenüberstand.

Inzwischen hatten zahllose Bürger mit Frau und Kindern unter Mitnahme ihrer wertvollsten Habe die Stadt verlassen, dies traf auch für den Großteil der Ratsmitglieder zu. Nur Bürgermeister Wolfgang Treu, Stadtrichter Paul Pernfuß und drei weitere Stadträte waren zurückgeblieben. Als der Bürgermeister im August 1529 an der Spitze seiner Getreuen eine Begehung der Befestigungen vornahm, mußte er einsehen, daß die nur durch Palisaden und Holzzäune sowie Gräben geschützten Vorstädte unmöglich verteidigt werden konnten und der üble Zustand der Stadtmauern auch sonst zu den größten Befürchtungen Anlaß gab; nur an Artillerie, Munition und Lebensmitteln herrschte kein Mangel, da man sich noch ausreichend hatte versorgen können. Für alle anderen Verbesserungen war es längst zu spät: *die wern, gemeur und paßteien konnten so eillent nit woll zuegericht oder gepaut werden.* Die größte Schwierigkeit ergab sich aber auf einem anderen Gebiet, es mangelte vor allem an wehrwilligen Männern. Die saturierte Bürgerschaft, des persönlichen Wehrdienstes längst entwöhnt und von den Landesfürsten in ihrem Bestreben, den Dienst mit der Waffe gedungenen Söldnern zu überlassen, bereitwillig unterstützt (weil dies im Sinne des nach absoluter Gewalt strebenden Landesherrn zu einer weiteren Verminderung politischer Ambitionen führen mußte), dachte gar nicht daran, ihr Leben freiwillig für die Verteidigung der Stadt einzusetzen. So kam es, daß von rund 4000 Wehrfähigen nur tausend tatsächlich den Kampf mit der Waffe aufnahmen, die dann von etwa 16.000 Landsknechten Unterstützung erhielten.

Am 21. September 1529, eine Woche, nachdem der Sultan Ofen verlassen hatte, kam es zwischen Schwechat und Simmering zu den ersten Scharmützeln mit türkischen Vortruppen. Fünf Tage später war der Aufmarsch des Belagerungsheeres abgeschlossen: eine riesige Zeltstadt erstreckte sich von Nußdorf über den Wiener- und Laaerberg bis Erdberg und Simmering. Als am 27. September durch türkische Schiffe in einem Handstreich die Donaubrücken in Brand gesteckt wurden, war Wien auch vom nördlichen Niederösterreich abgeschnitten. Längst hatte Niklas Graf Salm, der oberste Feldhauptmann Ferdinands, dem die Befehlsgewalt übertragen war, seine Entscheidung getroffen: man brannte am 24. September, wirklich in letzter Minute, die Vorstädte nieder, um zu vermeiden, daß sie den Belagerern Quartier und Deckung böten. Furchtbar war das Schicksal der Flüchtlinge, die (oft von den eigenen Truppen ausgeplündert und bedroht) in die Stadt strömten; dennoch hatten sie ein besseres Los als jene, die mit ihrer Habe nach Westen geflüchtet waren; viele von ihnen fielen in die Hände der schon bis an die Enns ausschwärmenden Akindschi, der berüchtigten „Senger und Brenner", wurden gemartert, geschändet, niedergemetzelt oder in eine ungewisse Sklaverei verschleppt.

Drei Wochen wogte der Kampf hin und her, drei Wochen verteidigte die waffenfähige Mannschaft die überalterten Wälle, schlug die Angriffe der Türken zurück, grub Gegenminen, um die Unterminierung der eigenen Befestigung zu verhindern, führte heroische Ausfälle ins feindliche Lager. Trotzdem schien alles umsonst gewesen zu sein. Der von seinem prunkvollen Zelt bei Kaiserebersdorf aus die Belagerung leitende Sultan hatte den Generalsturm mit 14. Oktober angesetzt. Ein letztes Mal entbrannte ein erbittertes Ringen. Beim Kärntnertor riß eine Mine eine achtzig Meter breite Bresche, durch die sich die Flut der Angreifer in die Stadt zu ergießen drohte. Unter großen Verlusten konnte der Durchbruch im Kampf Mann gegen Mann vereitelt werden. Am Nachmittag desselben Tages verstummte plötzlich der Kampflärm: die Türken zogen sich entmutigt zurück, der Ansturm war abgeschlagen. An diesem historischen Tag dürfte aber der heldenhafte Verteidiger der Stadt, der bereits siebzigjährige Niklas Graf Salm, jene schwere Verletzung erlitten haben, der er im Mai des folgenden Jahres nach längerem Siechtum auf seinem Landgut erlag.

Der Sultan entschloß sich nun, die Belagerung abzubrechen. Mit der fadenscheinigen Erklärung, er wolle der Besatzung Gnade zuteil werden lassen, weil sich herausgestellt habe, Ferdinand befinde sich nicht in der Burg, suchte er die Niederlage zu verschleiern. Bis zum 18. Oktober rückte das gewaltige Heer, durch Regengüsse und heftige Schneefälle stark behindert, in Richtung Ungarn ab, nicht ohne zuvor alle Dörfer in der Umgebung angezündet zu haben: sie brannten *wie ein kertz*.

Die von Niclas Meldemann verfertigte Rundansicht der Stadt Wien überliefert uns viele örtliche Details der Belagerungszeit, über die Kämpfe selbst sind wir durch eine Reihe bildlicher Darstellungen und Flugblätter sehr gut unterrichtet. Als die Wiener die Absicht der Türken zum Rückzug erkannten, versammelten sich am 15. Oktober unter dem Geläut aller Glocken — diese hatten drei Wochen lang geschwiegen — Bürgermeister, Ratsherren und Bürger in der Stephanskirche, um bei einem glanzvollen Tedeum den Sieg zu feiern. Bürgermeister Wolfgang Treu, der bis zuletzt seiner Pflicht auf den Wällen und in den Spitälern nachgekommen war, eilte, wie uns überliefert ist, an das Krankenlager des Grafen Salm, um ihm für seinen Einsatz nochmals persönlich zu danken. Erst zwei Tage später rückte das Entsatzheer, für das es keine besonderen Lorbeeren mehr zu erringen gab (es hatte lediglich den Übergang der Türken über die Donau ins nördliche Niederösterreich verhindert), in Wien ein.

Im Juli 1530 erhielt Bürgermeister Wolfgang Treu von Ferdinand als Ersatz für zwei ihm gehörende niedergebrannte Vorstadthäuser einen Teil des Klostergartens von St. Clara (zwischen Kärntner Straße und Lobkowitzplatz) zum Geschenk. Die restlichen Amtsjahre Treus standen — abgesehen von der weiterhin latenten Türkenbedrohung (türkische Scharen fielen 1532 in weiten Teilen Niederösterreichs ein) — unter dem Einfluß der sich verschärfenden Religionswirren. Das Luthertum erwarb sich in Wien eine beachtliche Stellung, der Bürgermeister und Stadtrat mit Mühe zu begegnen suchten. Am 24. September 1532 empfing Wolfgang Treu gemeinsam mit der Bürgerschaft den nach seiner Krönung in Wien einziehenden Kaiser Karl V. in feierlicher Weise. Seine in der Hofburg an den Herrscher gerichtete Ansprache, die noch im selben Jahr im Druck erschien, hat sich bis auf den heutigen Tag erhalten. Wolfgang Treu dankte dem Kaiser in überschwenglichen Worten für die Hilfe während der Türkenbelagerung — die in der historischen Betrachtung wahrlich als gering zu erachten ist — und gab der Hoffnung Ausdruck, Karl möge Wien für immer von den Bedrohungen befreien. Zum Zeichen der Treue und Untertänigkeit übergab er dem Kaiser im Namen der Stadt Wien zum *zaichen irer freyden* Ochsen, Wein und Kleinodien.

In diesem Jahr wurde dem Bürgermeister durch ein tragisches Schicksal seine Gattin Barbara entrissen; er ließ ihr einen wappengeschmückten Grabstein in St. Stephan setzen. 1533 verlegte König Ferdinand seine Residenz wieder nach Wien, was für die Stadt, die sich durch die abgeschlagene türkische Belagerung die ruhmreiche Bezeichnung eines „Bollwerks der Christenheit" erworben hatte, im übrigen aber unter den wirtschaftlichen Folgen der Verwüstungen und Zerstörungen schwer litt, eine enorme Aufwertung bedeutete. Es gehört jedoch zu den eigenartigsten Umständen, daß sich Ferdinand nicht entschließen konnte, der schwer geschädigten Stadt tatkräftige Hilfe angedeihen zu lassen, umso mehr, als 1529 noch nicht einmal jene Schäden hatten beseitigt werden können, die durch den riesigen Stadtbrand des Jahres 1525 entstanden waren, als über vierzig Prozent aller Häuser in Asche sanken; der Wiederaufbau — abgesehen von der 1531 in Angriff genommenen neuen Befestigung — ging offensichtlich recht schleppend vonstatten.

1534, inzwischen war JOHANN PILHAMER Bürgermeister geworden, beschäftigte sich Wolfgang Treu über Auftrag des Stadtrates gemeinsam mit den Ratsherren Stephan Tenck, Hermes Schallautzer

Belagerung der Stadt Wien durch die Türken 1529. Man erkennt unter anderem die Schottenkirche (A), die Minoritenkirche (B), Maria am Gestade (D), die Burg (F), St. Stephan (G), die Augustinerkirche (I), die Franziskanerkirche (L) und die nicht mehr bestehende Bürgerspitalkirche (N)

Turnier im Burghof, 1560

Von Niclas Meldemann nach der Türkenbelagerung von 1529 in der Amtszeit des Bürgermeisters Wolfgang Treu angefertigte Rundansicht der Stadt

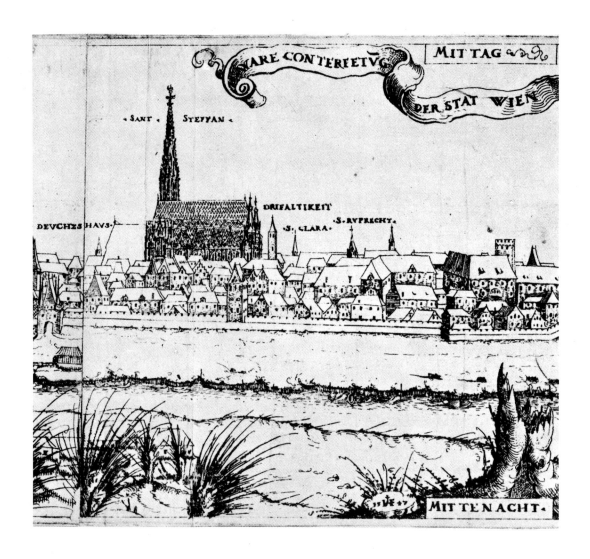

Ansicht Wiens zur Zeit des Bürgermeisters Sebastian Schrantz (1547)

Bürgermeister Hans Übermann (1556—1557 und 1566—1567)

Bürgermeister Hanns von Thau, der zwischen 1570 und 1589 fünfmal das Bürgermeisteramt bekleidete, als Obrist eines Bürgerregiments

Bürgermeister Hermes Schallautzer (1538—1539)

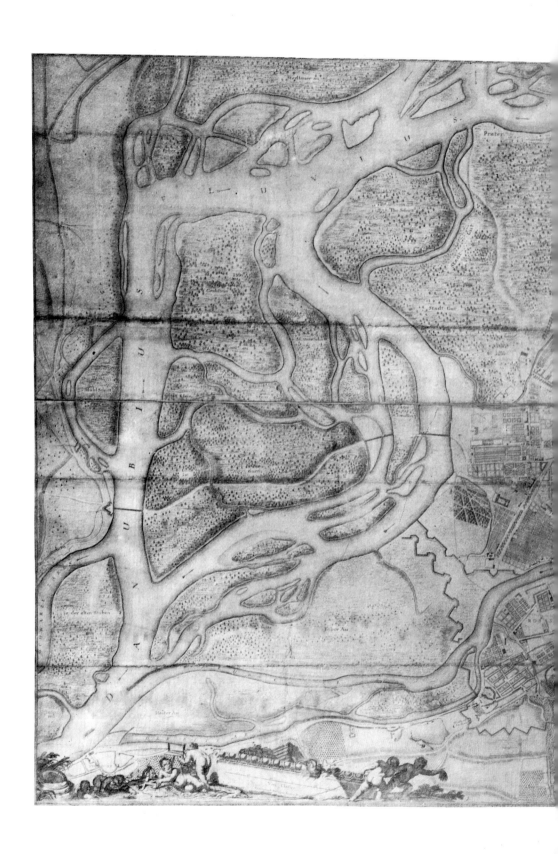

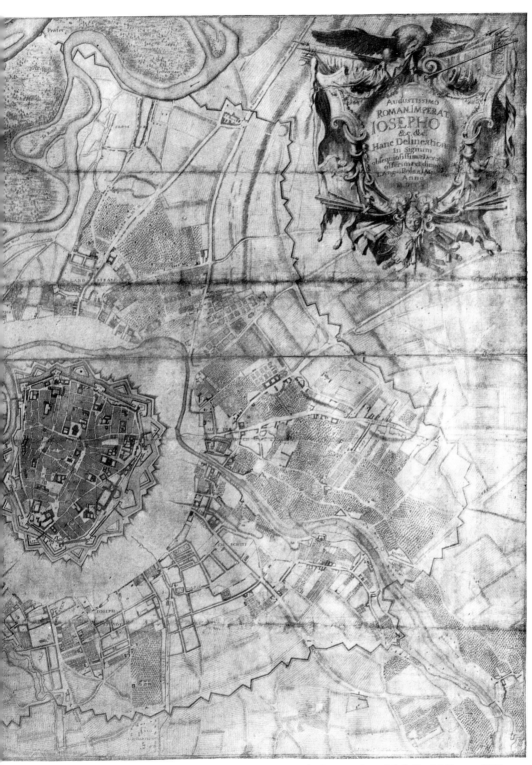

Grundriß der Stadt Wien mit ihrer Umgebung zur Zeit des Bürgermeisters Jakob Daniel Tepser, 1706

Älteste Ansicht eines Wiener Vorortes (Hernals) aus der Amtszeit des Bürgermeisters Johann Georg Dietmayr, 1649

Medaille auf Bürgermeister Georg Prantstetter
Medaille auf Bürgermeister Georg Fürst

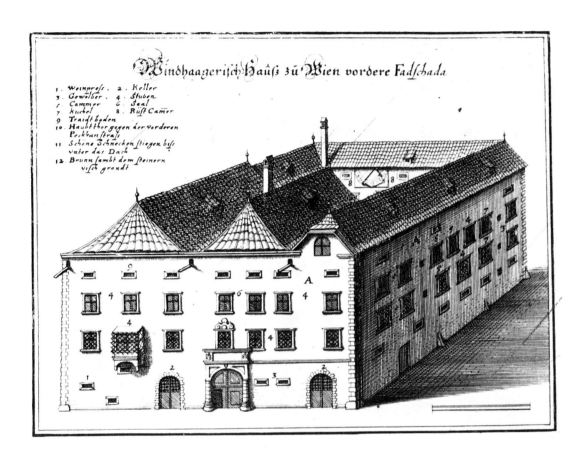

Im Windhaagschen Haus zwischen Sonnenfelsgasse und Bäckerstraße wohnte Bürgermeister Hanns von Thau

Das Wappen Daniel Mosers, der zwischen 1610 und 1637 dreimal zum Bürgermeister bestellt wurde, im Wappenbuch

In den Häusern der Südzeile des Hohen Marktes wohnten einige Bürgermeister: Mathias Brunnhofer (1564 im Haus Nr. 2), Dr. Josef Hartmann (seit 1709 im Haus Nr. 6) und Daniel Moser, der 1639 im Hause Nr. 3 verstorben ist

Im Rondellenhaus am Graben starb 1706 Bürgermeister Johann Franz Peickhardt

Im Haus Judenplatz 3 (im Bilde links) wohnte 1700 der spätere Bürgermeister Franz Wenighoffer

und Leopold Schadner damit, *der stat freiheiten und annder brieflich urkhunt in ain registratur zu ordinieren,* also das städtische Archiv neu zu ordnen, wofür ihm wie auch den drei anderen wöchentlich ein Gulden ausbezahlt wurde. Wolfgang Treu dürfte im Jahre 1540 gestorben sein.

Bürgermeister Hermes Schallautzer und der Bau einer neuen Stadtbefestigung

Der im Jahre 1503 als Sohn des Bartholomäus Schallautzer und seiner Gattin Kunigunde geborene HERMES SCHALLAUTZER spielte im öffentlichen Leben der Stadt eine bedeutende Rolle, wenn er auch nur in den Jahren 1538 und 1539 das Bürgermeisteramt innehatte, und gibt gleichzeitig ein interessantes Beispiel für die in den ratsbürgerlichen Familien noch um die Mitte des 16. Jahrhunderts verbreitete Versippung. So finden wir in Schallautzers Stammbaum (als einen seiner Urgroßväter) den vermögenden Großkaufmann Andre Hiltprant (Bürgermeister 1442). Zu seinen Verwandten zählen Helena, die Witwe des Bürgermeisters Martin Siebenbürger (der 1518 auch sein Vormund gewesen war), Katharina, die Gattin des Stadtrichters und ihm nachfolgenden Bürgermeisters Paul Pernfuß, und Augustin, der Sohn des seinerzeitigen Bürgermeisters Wolfgang Kirchhofer; der Humanist Wolfgang Lazius war sein Neffe. Schallautzer kam 1532 in den Stadtrat, sicherlich gefördert durch Pernfuß, der von 1527 bis 1530 Stadtrichter gewesen war. In den folgenden Jahren wechselten die beiden Männer einander in der Besetzung höchster Ämter ab. 1536 bis 1538 ist Pernfuß Stadtrichter, 1538 wird Schallautzer Bürgermeister, 1540 folgt ihm in dieser Würde Pernfuß, wogegen nunmehr Schallautzer (bis 1543) den Posten des Stadtrichters einnimmt. Überschlagen wir ein Jahrzehnt (Pernfuß ist inzwischen verstorben), so sehen wir Angehörige der Familie Schallautzer (Franz Straub und seinen Bruder Raimund, Franz Lackner) als Mitglieder des Stadtrates, Thomas Siebenbürger sogar als Bürgermeister (1560/1561).
Nicht die kurze Amtszeit Schallautzers als Bürgermeister ist es, die ihn historisch interessant macht, sondern der Umstand, daß er immer wieder in Verbindung mit Befestigungsbauten genannt wird. Unmittelbar nach der Belagerung von 1529 ist er an der Ausbesserung der Wehranlagen tätig, in den folgenden eineinhalb Jahrzehnten bekleidet er öffentliche Ämter und tritt für den Ausbau ein.
Während der Türkenbelagerung hatten sich die mittelalterlichen Befestigungen, die im wesentlichen aus den durch einige Vorwerke geschützten alten Ringmauern bestanden, als zu wenig widerstandsfähig erwiesen. Deshalb begann man auf Befehl Ferdinands bereits 1532 mit dem Bau von Basteien und schuf damit allmählich jene Renaissancebefestigungen, die das Aussehen der Stadt Wien durch rund drei Jahrhunderte prägten. Sie haben sich — obgleich man nach den Napoleonischen Kriegen ihre militärische Bedeutungslosigkeit erkannt hatte — noch ein weiteres halbes Jahrhundert erhalten und stellten für die Stadt eine so starke räumliche Fessel dar, daß die Anordnung zur Schleifung der Fortifikationen und die Genehmigung zur Verbauung des sie umgebenden Glacis als eine wahre Erlösung empfunden wurde. An den Planungen des 16. Jahrhunderts war zwar Leonard Colonna von Völs, der zwischen 1541 und 1553 Stadtkommandant von Wien war,

maßgeblich beteiligt, die eigentliche Bauleitung übertrug Ferdinand jedoch am 17. März 1547 dem ein Jahr zuvor zum königlichen Rat ernannten Hermes Schallautzer, der nunmehr die Funktion eines Superintendenten der landesfürstlichen Gebäude ausübte. Seine Besoldung wurde zunächst mit jährlich 300 Gulden festgelegt, ein Jahr später auf 360 Gulden erhöht; ein Bauschreiber — es war Thomas Eyseler — stand ihm zur Seite. Es darf als sicher angenommen werden, daß der Stadtkommandant gemeinsam mit dem Hofkriegsrat zwar die Rechte der obersten Baubehörde besaß, nicht aber unmittelbar mit der Leitung der Befestigungsbauten betraut war, die in der Hand des Superintendenten lag.

Im Jahr 1546 wurde Schallautzer von Ferdinand mit dem Neubau des Arsenals beauftragt, das in der Gegend der heutigen Renngasse entstehen sollte. Das „alte" Arsenal, auf einer Donauinsel nahe der heutigen Augartenbrücke gelegen, war offenbar von den Türken zerstört worden. Das „neue" Arsenal stand durch einen Kanal mit dem stadtseitigen Donauarm in direkter Verbindung und war für die Einrichtung eines Flußstreitschiffhafens in Aussicht genommen. Im Zuge der notwendig gewordenen Arbeiten an einer stärkeren Stadtbefestigung wollte man das Schiffsarsenal aus Sicherheitsgründen innerhalb der Stadtmauern eingeplant sehen; die Schiffswerften befanden sich im nahegelegenen Stadtgraben, mit welchem das Arsenalbecken ebenfalls verbunden war.

Mit kaiserlicher Instruktion vom 13. Jänner 1548 erhielt Schallautzer den Auftrag, vor dem alten Kärntnertor (auf dem Terrain der heutigen Staatsoper) die neue ausgedehnte Kärntnerbastion zu errichten; hier waren die Arbeiten vordringlich, weil die Türken 1529 in diesen Teil der alten Befestigung die größten Breschen geschlagen hatten. Am selben Tag erstattete Schallautzer an den Herrscher einen Bericht, in welchem eine Entscheidung über die vielfach einstürzende Schottenbastei erbeten wurde. Es ist bestimmt kein Zufall, daß Schallautzer zu dieser Zeit auch Augustin Hirschvogel bei seiner Planverfassung förderte. Unmittelbar mit den Arbeiten an der Kärntnerbastei standen auch Veränderungen an der Löwelbastei im Zusammenhang. Einige Jahre später gehörte dann Schallautzer als Leiter jener Kommission an, die ein Gutachten über die Baugebrechen der Augustinerbastei erstellte.

Nachdem sich Schallautzer einige Zeit mit dem Ausbau der Hofburg, dem projektierten Kaiserspital (beim heutigen Minoritenplatz) und der Renovierung des Münzhauses beschäftigt sowie — sicherlich im Zusammenhang mit dem Arsenalbau — Überlegungen für eine eventuelle Regulierung des die Stadt bespülenden wilden Donauarmes angestellt hatte (der um diese Zeit immer stärker zu versanden begann), widmete er sich in der Folge wieder überwiegend den Arbeiten an den Befestigungswerken und legte mit Jahresende 1554 einen zusammenfassenden Bericht darüber vor. Während dieser Tätigkeit bot sich ihm Gelegenheit, privaten Altertumsforschungen nachzugehen, wobei er mit seinem Neffen, dem Historiographen Wolfgang Lazius, der uns über die Funde auch eingehende schriftliche Berichte hinterlassen hat, eng zusammenarbeitete. Schallautzer hatte sich in seinem Hausgarten ein „Lapidarium" angelegt, in dem er sechs bei Aushub- und Abbrucharbeiten gefundene römische Inschriftsteine aufbewahrte. Ein letztes Dokument über seine Stellung als Festungsbaumeister besitzen wir aus dem Jahre 1560, als er eine Anzahl von Bürgern, deren Häuser vor dem Stubentor wegen der Befestigung der Stadt niedergerissen worden waren, anwies, sich zu „Altthaunaw" (in der späteren Weißgerbervorstadt jenseits des Wienflusses) neue Häuser zu erbauen, was jedoch zu lang andauernden und unerquicklichen Streitigkeiten mit dem Schottenkloster führte.

Seit dem Jahre 1527 besaß Schallautzer ein Haus an der Ecke des Petersfriedhofes und des Grabens, das er von seinem Vater geerbt hatte; hier dürfte er vermutlich gewohnt haben. Acht Jahre später (1535) fiel auch eine Hälfte des „Straicherhauses" (heute Petersplatz 2) nach mehrfachem Besitzwechsel von seinem Urahn Andre Hiltprant erblich an ihn und seine Gattin Barbara. Für das Ansehen Schallautzers spricht das für das 16. Jahrhundert seltene Vorhandensein einer Porträtmedaille. Als er am 21. März 1561 verschied, trat sein bisheriger Bauschreiber, Thomas Eyseler, die Nachfolge an.

Bürgermeister und Stadtrat in wechselvollem Kampf gegen den Protestantismus

Bereits im Jahre 1539 — dem zweiten Bürgermeisteramtsjahr Schallautzers — fiel eine in ihrer Tragweite meist unterschätzte Entscheidung. Die von ihrer Wirtschaft abhängige Stellung der österreichischen Städte war so stark gesunken, daß sich diese infolge der fortschreitenden Verarmung gezwungen sahen, die Leistung ihrer Beiträge zu den ständischen Lasten einzustellen, womit sie aber zugleich ihre Sitze — zwei von acht — im ständischen Vereinskollegium und ihre Position als gleichberechtigter „vierter Stand" einbüßten. Die Folgen sollten sich erst später zeigen. Erstaunlicherweise unterstellten sich die Städte — den Intentionen Ferdinands gegen ihre eigenen Interessen entgegenkommend — selbst dem Landesfürsten, wobei die oberen Stände irrtümlich vermeinten, sie hätten auf diese Weise eine Verbesserung ihrer Machtposition erreicht; eine Tatsache, die deutlich die politische Verwirrung dieser Zeit zum Ausdruck bringt. Unheilvoll wirkte sich diese Entscheidung vor allem auf die religiöse Entwicklung aus: die Herren und Ritter konnten sich zwar vorübergehend Religionsfreiheit sichern, hingegen bedeutete die Preisgabe der Städte eine Schwächung der protestantischen Widerstandskraft, die letztlich sogar zum Zusammenbruch führen mußte. Der Stadt Wien war jedenfalls, ebenso wie anderen Städten, die letzte Möglichkeit einer Mitbestimmung in Fragen der religiösen Bewegung genommen. Durch das Recht, die Bestellung des Bürgermeisters und des Stadtrates zu bestätigen, besaß Ferdinand gleichzeitig die Macht, auch zu einem Zeitpunkt, da bestimmt rund drei Viertel der Bevölkerung lutherisch gesinnt waren, im Rat den Anhängern der katholischen Lehre die Mehrheit zu sichern. Rund ein Jahrhundert lang tobten in Wien Religionskämpfe, bis schließlich 1625 durch ein kaiserliches Edikt der Gegenreformation, deren Erfolg im Laufe der Jahrzehnte bereits mehrfach bezweifelt worden war, endgültig zum Durchbruch verholfen wurde.

PAUL PERNFUSS, der in den Jahren 1540 und 1541 den Bürgermeisterposten innehatte, gehörte zu den konsequenten Anhängern der katholischen Lehre. Schon als er 1528 das elterliche Haus auf der Brandstätte, den bekannten Gundelhof, mit der nicht mehr geweihten Thomas-Kapelle übernahm, wandte er sich in einem Gesuch an König Ferdinand, in welchem er erklärte, er wolle, eingedenk seiner frommen Eltern, *darzue vil pöser ergernus zu verhueten und dem jetzigen Lutherischen Wesen zuwider, dasselbe zergangene Stifftl gleich als von neuem erheben*. Pernfuß war es auch, der am 27. September, wie die städtischen Rechnungsbücher ausweisen, einer Einladung folgend, mit Mitgliedern des Stadtrates zur Hochzeit des jüngeren Grafen Niklas von Salm nach Preßburg reiste. Die städtische Verwaltung erfuhr durch ihn insoferne eine wesentliche Veränderung, als er 1540 einen *Magister sanitatis* einführte, der die Verantwortung für das Gesundheitswesen Wiens zu übernehmen hatte.

Der nachfolgende Bürgermeister, STEPHAN TENCK, amtierte von 1542 bis 1546. Unter ihm kam es 1546 zur Schaffung der Stadtguardia. Da sich zuletzt während der türkischen Belagerung erwiesen hatte, daß der bewaffneten Bürgern und Handwerkern anvertraute Wachdienst bei den Stadttoren von diesen nur widerwillig verrichtet wurde, entschloß sich Bürgermeister Tenck, siebzig Landsknechte in Dienst zu nehmen, die unter der Leitung eines Hauptmannes die Tag- und Nachtwache bei den Toren und auf den Wällen versahen. Einige Jahrzehnte später (1580) unterstellte man die Stadtguardia dem obersten Stadthauptmann und zog sie fortan auch für den Sicherheitsdienst in den Vorstädten heran. Zu diesem Zeitpunkt hatte sich ihr Personalstand längst mehr als verdoppelt; bis zur zweiten Türkenbelagerung (1683) waren es nicht weniger als 1200 Mann. Auf kulturellem Gebiet kam es im selben Jahr (1546) zur Veröffentlichung der ersten Wiener Stadtgeschichte, der *Vienna Austriae* des damals zweiunddreißigjährigen Humanisten und Arztes Wolfgang Lazius, der seit 1540 Universitätsprofessor war und sich als Historiograph und Kartograph Ferdinands ebenso betätigte wie als dessen Leibarzt. Bereits am 20. August 1545 hatte Tenck seinem Oberkämmerer, dem nachmaligen Bürgermeister Sebastian Hutstocker, die Anweisung gegeben, dem Lazius für sein Werk, das er der Stadt widmete, einen Betrag von hundert Gulden auszuzahlen.

Unter Tencks Nachfolger SEBASTIAN SCHRANTZ (1547—1548) kam es zur ersten trigonometrischen Vermessung der Stadt. Die Stadtpläne von Augustin Hirschvogel und Bonifaz Wolmuet (beide aus dem Jahr 1547) sind bis heute erhalten und vermitteln erstmals einen weitgehend maßstabgetreuen Einblick in den Grundriß der Stadt zu jener Zeit. Im selben Jahr verfaßte der Schulmeister bei den Schotten zu Wien, Wolffgang Schmeltzl, seinen bekannten *Lobspruch der hochlöblichen weitberümbten Khünigklichen Stat Wienn in Österreich*, den er ausdrücklich dem *edlen, ernvesten und weysen* Bürgermeister Schrantz sowie dem Stadtrat widmete und der unter anderem die oft zitierten Verse enthält:

> *Wer sich zu Wienn nit neren kan,*
> *Ist uberal ein verdorbner Man!*

Dieses Werk überliefert uns so detaillierte Angaben über alle nur denkbaren Bereiche des städtischen Lebens um die Mitte des 16. Jahrhunderts, daß man sich nach seiner Lektüre ein plastisches Bild von den damals herrschenden Verhältnissen machen kann.

SEBASTIAN HUTSTOCKER, der Sohn des Ratsherrn Hans Hutstocker, der die künstlerisch bedeutende Kreuztragung am Nordchor des Stephansdomes gestiftet hatte, hielt wie sein Vorgänger konsequent am katholischen Glauben fest. 1536 in den Äußeren Stadtrat berufen, dem auch sein älterer Bruder Wolfgang angehörte, stieg er 1542 zum Beisitzer des Stadtgerichtes, 1544 zum Mitglied des zwölfköpfigen Inneren Stadtrates auf und übernahm zugleich (bis 1546) die Stelle des für die Gebarung der Stadt verantwortlichen Oberkämmerers. Seine erste Gattin, Veronika, eine Tochter des Bürgermeisters Friedrich Piesch (1514—1515), war zu diesem Zeitpunkt bereits verstorben. 1549 rückte Hutstocker auf den Bürgermeisterposten vor, den er auch in den Jahren 1550, 1553, 1554 und 1555 bekleidete. Diese Jahre sind ebenso durch die besondere Pflege der Wissenschaften im Zeichen des Humanismus gekennzeichnet wie durch verschiedene bauliche Maßnahmen: um 1550 wurde die erste Trinkwasserleitung in die Hofburg gebaut, 1552 entstand das berühmte „Schweizertor" der Hofburg, das zu den wenigen Denkmälern der Renaissance zählt, die Wien besitzt.

Zwei Ereignisse — ein tragisches und ein festliches — sind es jedoch, die den Namen Hutstockers in besonderem Maße der Nachwelt überliefert haben. Das eine fällt in das Jahr 1549. Ein lutherischer Bäckergeselle drang am Graben vor dem heutigen Palais Bartolotti-Partenfeld in die Fronleichnamsprozession, an der wohl, wie es den Gepflogenheiten entsprach, auch der Bürgermeister teilnahm, entriß dem Priester die Monstranz und warf diese zu Boden. Er wurde sogleich ergriffen und — nachdem man sich erfolglos bemüht hatte, ihn zu bekehren — gefoltert und nach gräßlichen Martern auf der Gänseweide vor dem Stubentor verbrannt. Dieser Vorgang zeugt nicht nur von der unerbittlichen Grausamkeit der damaligen Rechtspflege, sondern ist darüber hinaus symptomatisch für die Entwicklung des Glaubenskampfes, der mit steigender Härte von seiten der Obrigkeit kompromißlos geführt wurde. Zur selben Zeit gewannen auch die Wiedertäufer ihre Bedeutung zurück; 1549 übergab man allerdings einen ihrer Vorkämpfer, den Edelmann Christoph Hebenstreit, auf dem Gries vor dem Stubentor dem Scheiterhaufen, ein weiterer wurde 1550 in der Donau ertränkt. Zeremonienreiche Leichenbegängnisse bildeten damals für die katholischen Bruderschaften ein echtes Wagnis, da die Bevölkerung nicht selten die Priester bei dieser Gelegenheit attackierte.

König Ferdinand, der bis zum Tode Martin Luthers (gestorben 1546, als in Wien Stephan Tenck Bürgermeister war) der protestantischen Bewegung zwar kompromißlos, aber doch unaktiv gegenübergestanden war, duldete stillschweigend die Ausübung des protestantischen Gottesdienstes unter den Adeligen, ohne allerdings jemals die Billigung freier Religionsausübung gesetzlich zu verankern. Innerhalb der Bürgerschaft vermischten sich nicht selten religiöse mit politischen und wirtschaftlichen Interessen. Jene, die Ämter anstrebten, stellten sich auf die Seite der Katholiken, weil ihnen diese Gesinnung am ehesten die Möglichkeit öffnete, in den Stadtrat zu gelangen; neben Treu, Schallautzer, Schrantz, Prantstetter und Thau finden wir deshalb im Rat auch Söhne von Familien, die — wie etwa die Siebenbürger — der protestantischen Partei angehörten. Ebenso schlossen sich diejenigen, denen wirtschaftliche Erfolge am Herzen lagen, der katholischen Kirche an, in der Hoffnung auf Unterstützung seitens der Regierung gegen die ausländischen, meist protestantischen Kaufherren. Alle diese Überlegungen führten zu einer katholischen Mehrheit im Stadtrat, ohne daß dadurch Rückschlüsse auf die Einstellung der Bevölkerung oder gar des Adels gezogen werden dürfen. Der erzkonservative Wolffgang Schmeltzl aber kann in seinem „Lobspruch" mit Genugtuung festhalten, er habe beim Gottesdienst zu St. Stephan *rath und gemein angetroffen, versammelt zu hören Gottes wort.*

Das bedeutendste festliche Ereignis in Hutstockers Amtszeit war ein grandioses Spektakel, das sich den Wienern am 14. April 1552 anläßlich des glanzvollen Einzuges Erzherzog Maximilians bot, der, aus Spanien zurückkehrend, in seinem Troß neben fremdländischen Menschen (Afrikanern) viele nie gesehene exotische Tiere mit sich führte. Unter diesen befand sich auch ein gewaltiger grauer Koloß mit mächtigem Körper, seltsamem Kopf und baumstammdicken Beinen: der erste Elefant, der jemals den Boden Wiens betrat und der deshalb von der versammelten Menschenmenge zu Recht angestaunt wurde. Als das arme Tier bereits am Ende des folgenden Jahres, allem Anschein nach dem Klimawechsel nicht gewachsen, in der Menagerie des Ebersdorfer Schlosses verendete, machte man dem Bürgermeister den riesigen Knochen des rechten Vorderfußes zum Geschenk, und er ließ sich daraus 1554 einen kunstvollen Sessel schnitzen, der sein Wappen und eine umständliche Inschrift aufweist und noch heute im Stift Kremsmünster verwahrt wird.

CHRISTOPH HAYDEN war Bürgermeister (1551 und 1552), als Ferdinand in konsequenter Verfolgung seiner Rekatholisierungsabsichten die Jesuiten nach Wien berief und die Gegenreformation, insbesondere als 1552 Petrus Canisius nach Wien kam, in ein entscheidendes Stadium trat. Hayden war es auch, der in diesem Jahr gemeinsam mit dem Bausuperintendenten Hermes Schallautzer und dem Stadtrat jene Beschaufahrt auf der Donau vornahm, auf welcher eine — jedoch erst über vier Jahrzehnte danach tatsächlich zustandegekommene — Regulierung des (heutigen) Donaukanals beraten wurde. Von 1553 bis 1555 bekleidete Sebastian Hutstocker nochmals das Bürgermeisteramt, in diesen Jahren hatte Hayden die Funktion des Stadtrichters inne. In Hutstockers Amtszeit fallen überregionale Entscheidungen in Religionsangelegenheiten, die sich auch auf Wien auswirken sollten. Die schärfere Gangart Ferdinands gegenüber den Protestanten hatte unter dem Adel Beunruhigung ausgelöst, besonders 1554 bei Erlaß des Verbotes, das Abendmahl nach evangelischem Brauch in zweierlei Gestalt (Hostie und Wein) zu verabreichen. Während es 1555 zum Augsburger Religionsfrieden kam, zeichnete sich auch in Wien ein Wandel ab: Erzherzog Maximilian ernannte 1554 einen Mann zum Hofprediger, den sein Vater Ferdinand aus dieser Stellung entlassen hatte, weil er sich weigerte, sein Eheweib zu verstoßen. Damit bahnte sich eine Entwicklung an, die in den siebziger Jahren entsprechenden Ausdruck fand.

Nach Hans Übermann, der zum erstenmal in den Jahren 1556 und 1557 amtierte, übernahm Georg Prantstetter (der unmittelbar zuvor 1556/57 Stadtrichter gewesen war) die Bürgermeisterwürde: dreimal — 1558/59, 1568/69 und 1572/73 — übte er diese Funktion aus. Aus dem Jahr 1558 ist uns eine Ansicht Wiens von Süden erhalten, die wir Hans Sebald Lautensack zu verdanken haben. Noch während seiner Amtszeit machte Prantstetter, von dem wir ebenfalls eine zeitgenössische Medaille besitzen, am 1. November 1572 sein Testament, mit dem wir uns noch auseinanderzusetzen haben werden.

1560 wurde THOMAS SIEBENBÜRGER in sein Amt eingeführt. Am Ende seines zweiten Amtsjahres (1561) erließ Ferdinand, der 1556 seinem Bruder Karl in der Kaiserwürde gefolgt war, ein Dekret, demzufolge künftighin weder Bürgermeister noch Stadtrichter länger als zwei aufeinanderfolgende Jahre ihren Posten behalten durften; erst nach einer zweijährigen Unterbrechung sollten sie neuerlich wählbar sein. Diese Bestimmung wurde mehr als drei Jahrzehnte, nämlich bis 1592, strikte befolgt, und auch dann hielt man zumindest an einem zweijährigen Rhythmus fest. Auf Thomas Siebenbürger folgte für zwei Jahre der mit ihm zugleich als Stadtrichter tätig gewesene HERMANN BAYR (1562–1563). Bayr war es, der am Ende des Jahres 1562 den Auftrag erteilte, die bis dahin im Rathaus verwahrten bürgerlichen Waffenbestände in das der Stadt gehörige und unmittelbar davor zu einem Bürgerlichen Zeughaus adaptierte Gebäude Am Hof (heute Nummer 9) zu verlegen, das sich zwischen dem Wasserstadel (heute Am Hof 10) und dem Zeugstadel in der Färbergasse befand. Seit Hermann Bayrs Zeiten, im speziellen mit seiner Teilnahme an den Krönungsfeierlichkeiten in Preßburg im September 1563 verbunden, hatte der Bürgermeister die Charge eines „Obristen" der Bürgerwehr, während der Oberkämmerer als sein Stellvertreter „Obristlieutenant" war. Bayr muß sich dem Landesherrn gegenüber so loyal verhalten haben, daß er im Anschluß an seine Amtszeit — und dies bedeutet selbst für jene absolutistische Epoche eine Seltenheit! — von Ferdinand sogar für drei Jahre als Stadtanwalt installiert wurde, womit er die oberste Kontrollfunktion über seine ehemaligen Stadtratskollegen Brunnhofer (Bürgermeister 1564–1565) und Übermann (seit 1566) ausübte.

Die Religionskämpfe auf ihrem Höhepunkt: von Matthias Brunnhofer bis Oswald Hüttendorfer

Am 25. Juli 1564 verstarb Kaiser Ferdinand I. in Wien. In seinem Testament, einem neuen Hausgesetz, bestimmte er seinen ältesten Sohn Maximilian zum Landesherrn in Ungarn, Böhmen und Österreich, wogegen seinen beiden anderen Söhnen — Ferdinand und Karl — die westlichen beziehungsweise südlichen (innerösterreichischen) Länder zufallen sollten. Maximilian, im Alter von 37 Jahren stehend, mit seiner leiblichen Cousine Maria bereits seit sechzehn Jahren vermählt und 1552 von Spanien nach Wien gekommen, hatte sich hier alsbald die Stallburg — das repräsentativste Renaissancebauwerk unserer Stadt — als Residenz errichten lassen. 1565, unmittelbar nach der Regierungsübernahme, übersiedelte er in die Hofburg, worauf man in der Stallburg die Hofstallungen unterbrachte. Zu diesem Zeitpunkt war MATTHIAS BRUNNHOFER Bürgermeister von Wien (1564–1565), über dessen Ersuchen Kaiser Maximilian II. bereits am 26. September 1564 gegen eine Taxe von fünfzig Gulden einen Bestätigungsbrief der Ferdinandeischen Stadtordnung von 1526 ausfertigen ließ. Das Original, ein aus fünfundfünfzig Pergamentblättern bestehendes, in roten Samt gebundenes und mit goldener Schnur geheftetes Buch, an dem das Wachssiegel Maximilians hängt, befindet sich im Wiener Landesarchiv.
Im Jahr darauf wurde ein vor rund vier Jahrzehnten von Ferdinand initiiertes Werk vollendet:

nach dem verheerenden Stadtbrand von 1525 hatte der Erzherzog angeordnet, ein fließendes Wasser in die Stadt zu leiten. Man entschloß sich damals zur Herstellung einer Röhrenleitung, die im Quellgebiet der Als in Hernals begann und am Hohen Markt in einem Brunnen endigte; es war die erste öffentlichen Zwecken dienende Wasserleitung Wiens, die unter der Bezeichnung „Hernalser Wasserleitung" bekanntgeworden ist.

Der Nachfolger Brunnhofers — dieser war am 23. Februar 1567 verstorben — im Bürgermeisteramt war 1566 HANS ÜBERMANN, der ein erstes Mal bereits 1556 und 1557 amtiert hatte und nun, ein volles Jahrzehnt später, nochmals auf zwei Jahre diesen Posten erlangte. Gleich in Übermanns erstes Amtsjahr fallen drei nachhaltig wirkende schriftliche Ausfertigungen: die Anlage des sogenannten Hofquartierbuches, das eine erstmalige generelle Erfassung aller in der Stadt befindlichen Häuser notwendig machte und deshalb für die Beurteilung der baulichen Ausgestaltung Wiens größte Bedeutung besitzt; zweitens die Schrannenordnung, mittels welcher am 27. Juli 1566 eine Abgrenzung der Kompetenzen von Bürgermeister und Stadtrat einerseits und Stadtrichter andererseits zustande kam; drittens schließlich die Veröffentlichung einer neuen, äußerst eingehenden Grundbuchsordnung. Übermann spielte sich auch in religiösen Belangen stärker in den Vordergrund. Dabei erwies er sich trotz der von Maximilian II. am Beginn seiner Regierungszeit an den Tag gelegten unschlüssigen Haltung — der Kaiser vermeinte damals offenbar noch, einen Ausgleich herbeiführen zu können — als bedingungsloser Anhänger der Regierung. Dies brachte ihn sehr bald in Schwierigkeiten, als er sich an die 1566 vom Kaiser an die Städte und Märkte ergangene Weisung, mit den oberen Ständen in Religionsangelegenheiten nicht zu kooperieren, so strikte hielt, daß er es — als Vertreter des vierten Standes zu einer Beratung geladen — standhaft ablehnte, an den Gesprächen teilzunehmen; eine Haltung, die ihm sicherlich das Wohlwollen seines Landesherrn, naturgemäß aber zugleich das Mißtrauen des Landmarschalls und der übrigen niederösterreichischen Städte eintrug, die sich mit seinem Standpunkt keineswegs solidarisch erklärten.

Erst unter Übermanns Nachfolger GEORG PRANTSTETTER (1568—1569) kam es am 18. August 1568 zu jenem entscheidenden kaiserlichen Dekret, das den Ständen in ihren Schlössern, Städten und Märkten die freie Ausübung der Augsburger Konfession gestattete. Zu dieser Zeit wurde im Zusammenhang mit den Beratungen über die Auflassung von Frauenklöstern der Unterricht der weiblichen Jugend zu einem aktuellen Problem. Der Klosterrat schlug 1569 vor, auf den Gütern der Klöster drei Unterrichts- und Erziehungshäuser errichten zu lassen, die der adeligen und bürgerlichen Jugend zugänglich sein sollten. Wiewohl man unter anderem das Büßerinnenkloster zu St. Hieronymus in Erwägung zog, bedurfte es doch des persönlichen Eingreifens des Bürgermeisters, diese Schule ins Leben zu rufen. Ende 1569 berichtete er dem Klosterrat, die Stadtverwaltung sei entschlossen, das Kloster zu einer Schule umzugestalten und an dieser etwa zwanzig Bürgermädchen zu erziehen. In seinem Testament, das Prantstetter während seiner zweiten Amtszeit (1572—1573) am 1. November 1572 verfaßte — er ist eineinhalb Jahre später, am 6. Mai 1574, gestorben —, vermachte er die beträchtliche Summe von fünftausend Gulden zur Errichtung einer Stiftung, aus deren Zinsen die Erziehung von zehn armen Bürgermädchen bestritten werden sollte. Es bedarf keines augenfälligeren Beweises, wie sehr sich Bürgermeister Prantstetter in dieser Frage persönlich engagierte.

Zu dieser Zeit war nach einer vorläufig letzten Bedrohung der Ostgrenze durch den damals schon fünfundsiebzigjährigen Soliman II. (1566), den während der Belagerung des von Zriny heldenhaft verteidigten Szigeth der Tod ereilte, im Jahre 1568 durch dessen unkriegerischen Sohn Selim II. ein achtjähriger Waffenstillstand geschlossen worden, mit zweimaliger Verlängerung um dieselbe Frist, womit die Türkengefahr fürs erste gebannt schien.

Im Jahre 1570 kam ein Mann auf den Bürgermeisterposten, der sich seit eineinhalb Jahrzehnten in den verschiedensten Funktionen nachweisen läßt: HANNS VON THAU, der Sohn des Gerhart von Thau. Hatte es Gerhart nur bis zum Oberkämmerer gebracht, stieg sein Sohn die Stufenleiter zum Äußeren Rat (1555), Stadtgerichtsbeisitzer (1556—1561), Stadtrichter (1562—1563) und Inneren Rat (seit 1564) rasch empor; von 1566 bis 1569 bekleidete er das verantwortungsvolle Amt eines Oberkämmerers, zwischen 1570 und 1589 wurde er insgesamt fünfmal — jeweils für die Dauer von zwei Jahren — zum Bürgermeister bestellt. Im Spätsommer des Jahres 1571 stand Wien im Mittelpunkt eines festlichen Ereignisses, das den Bürgermeister stark in Anspruch nahm: im Beisein der aus aller Herren Länder gekommenen Fürstlichkeiten fand die Vermählung von Maximilians Bruder, Erzherzog Karl von Innerösterreich, mit Maria Anna von Bayern statt. Der Hochzeit, die erst nach Beseitigung zahlreicher kirchlicher Hindernisse zustande gekommen war, kam höchste politische Bedeutung zu. Um größtmögliche Pracht entfalten zu können, hatte man extra beim Augsburger Handelshaus der Fugger ein Darlehen aufgenommen, sodaß der für das auf den 26. August 1571 festgesetzte Ereignis gewünschte pompöse Rahmen in der Wiener Burg geboten werden konnte. Aus Anlaß dieser Feierlichkeiten erschien noch im selben Jahr ein reich illustriertes Werk, das neben einer in weitschweifigen Versen gehaltenen Schilderung durch seine für die Topographie und Heraldik, vor allem aber für die Trachten und das damalige Aussehen der Wiener Bürgerwehr bedeutsamen Abbildungen unser Interesse verdient. Bürgermeister Thau setzte seinen ganzen Ehrgeiz darein, dieses Fest zu einem weit über die Grenzen beachteten Ereignis zu gestalten. Nicht umsonst sagt der Autor Heinrich Wirrich in seiner Einleitung:

Eine solche Statt derselben gleich
Findt man nit baldt im teutschen Landt.

Unter den Abgebildeten darf auch Hanns von Thau, *Burgermaister der Statt Wienn und Obrister über ein Regiment Bürger daselbst*, nicht fehlen; ein Mann, von dem es unter anderem heißt:

An Ehr und Gut ist er sehr reich,
An Weissheit und Verstandt dergleich,
Von menniglich darfür erkendt,
Darumb fürt er das Regiment.

Wenn wir auch von der Abbildung des Werkes keine Porträttreue erwarten dürfen, so können wir uns doch von Bürgermeister Thau eine Vorstellung machen: zu Pferde, umgeben von vier bewaffneten Bürgern, die mit Hackenbüchsen beziehungsweise Hellebarden bewehrt sind, in kostbaren

Kleidern und — wie es scheint — mit Panzerwerk und Küraß angetan, am Hute einen hohen Federbusch tragend, sein Pferd mit reichem Sattel- und federngeschmücktem Zaumzeug versehen, so ritt er wohl an der Spitze des Stadtrates, die ihn begleitende Bürgerschaft in zehn Fähnlein geteilt, am 22. August dem Erzherzog Karl nach St. Marx entgegen, und am nächsten Tag dem Erzherzog Ferdinand, der in großer Begleitung durch das Schottentor einzog. Zu diesem Anlaß waren auch Maximilians II. Söhne Rudolf (der spätere Kaiser) und Ernst aus Hispanien nach Wien gereist, wo sie per Schiff auf der Donau eintrafen, dort von Bürgermeister Thau und dem Stadtrat empfangen und in die Stadt geleitet wurden. Wie der Oberkämmerer in seinem Rechnungsbuch vermerkt, verehrte der Bürgermeister *iedem ain gross silbern, innen und aussen vergults toppelts Trinckgeschierr*. Den Höhepunkt bildete natürlich am 24. August der Aufmarsch der Bürgerwehr in vollem Waffenschmuck *auf der Scheibe* (ein Gebiet nächst der heutigen Pramergasse am Donaukanal), wo der Kaiser die Prinzessin feierlich empfing.

Nach Thaus erster Amtsperiode wurde nochmals sein Vorgänger Georg Prantstetter ernannt (1572 bis 1573), nach seiner zweiten (1574—1575) folgte CHRISTOPH HUTSTOCKER (1576—1577); dann wechselte er sich mit BARTHOLOMÄUS PRANTNER ab, der 1580 bis 1581 und 1584 bis 1585 Bürgermeister war, gefolgt von OSWALD HÜTTENDORFER (1586—1587), der schließlich ein letztes Mal dem Hanns von Thau Platz machte (1588—1589). Nach einer ersten Amtszeit des Georg Fürst (1590 bis 1591), dem wir uns noch gesondert widmen wollen, folgen — abgesehen von PAUL STEYRER (1596—1597) — zwei Bekannte: Bartholomäus Prantner, bei dem erstmals die zweijährige Ablöse durchbrochen wurde (1592—1595), und Oswald Hüttendorfer (1598—1599).

Diese drei Jahrzehnte standen in Wien, da die außenpolitisch-militärische Lage zunächst zu keinen Besorgnissen Anlaß gab, vorwiegend im Zeichen der Religionszwistigkeiten. Als Maximilian II. am 12. Oktober 1576 zu Regensburg starb, stand Bürgermeister Christoph Hutstocker, der einer den Protestanten entgegenkommenden Lösung zuneigte, vor einer geänderten Situation. Hatte Maximilian II. den Evangelischen gegenüber auch nicht das gehalten, was sie sich aufgrund seiner vor der Thronbesteigung gezeigten Haltung erhofften, und war er auch selbst — wenngleich überwiegend aus politischen Erwägungen — dem katholischen Glauben treu geblieben (man spricht gerne von einem „Reformkatholizismus", um seine Zwischenstellung zu charakterisieren), so bedeutete sein Tod für die Protestanten doch einen schweren Schlag. Dies zeigte sich bereits 1577, als sein Sohn und Nachfolger Rudolf II. jeden öffentlichen protestantischen Gottesdienst, das Schulehalten sowie jede Seelsorge in bürgerlichen Häusern unter strengster Strafandrohung verbot, 1578 auch das letzte protestantische Reservat, die Landhauskapelle, aufhob und die Kirche im Geyerschen Schloß zu Hernals sperrte, sodaß den Wienern nur noch das ebenfalls einem Geyer gehörende Inzersdorf zum „Auslaufen" — wie man den Besuch eines protestantischen Gottesdienstes nannte — übrigblieb. Da Rudolf, ein Zauderer wie sein Urahn Friedrich III., seine Residenz nach Prag verlegte, gab in Wien sein Bruder Ernst, den er zum Statthalter in Niederösterreich eingesetzt hatte, den Ton an. Unter ihm, der bei den Jesuiten in Spanien erzogen worden war, beginnt jene Bewegung, die wir als Gegenreformation kennen.

Wieder war Hanns von Thau Bürgermeister, als es am 19. Juli 1579 zu jenen erschütternden und eindrucksvollen Kundgebungen vor der Burg kam, die unter der Bezeichnung „Sturmpetition" in die Geschichte eingegangen sind. Waren auch „nur" etwa 6000 Personen, unter ihnen sogar Ratsangehörige und kaiserliche Räte, versammelt, um von Erzherzog Ernst mit den Rufen „Wir bitten ums Evangelium, ums Evangelium!" und einer Bittschrift Glaubensfreiheit zu fordern, so vertraten zu dieser Zeit doch achtzig Prozent der Wiener Bevölkerung eine lutherische Gesinnung. Bereits drei Tage zuvor war es zur Einberufung des Stadtrates durch den Erzherzog gekommen, der bei dieser Gelegenheit von den Ratsherren Rechenschaft wegen einer den protestantischen Ständen abgegebenen Übereinstimmungserklärung verlangte — ein Zeichen dafür, daß selbst der bis dahin strenggläubige Rat zu wanken begann. Zu diesem Zeitpunkt war der Äußere Rat mit Sicherheit evangelisch eingestellt.

Aller Protest war zwecklos: der Erzherzog überlegte es sich nur kurz, dann empfing Bürgermeister Thau am 24. Juli die Antwort auf das am 19. Juli überreichte „Bürgerlibell", das auch vom Äußeren Rat und von den Stadtgerichtsbeisitzern unterzeichnet war — eine unnachgiebige Antwort. Der Landtag faßte eine scharfe Resolution, der Kaiser wurde zur Ordnung der Religionsfrage aufgefordert, Bürgermeister Thau stimmte dagegen, Christoph Hutstocker hingegen dafür. Erst 1580 fühlte sich die Regierung stark genug, um energisch durchzugreifen. Jene Bürger, die trotz des ergangenen Verbots Verbindung mit den evangelischen Herren und Rittern aufgenommen hatten, wurden kurzerhand verhaftet und des Landes verwiesen, das geistige Zentrum der „Ketzer", die Landhausbuchhandlung des Elias Freitag, wurde geschlossen. Den Städten und Märkten untersagte Erzherzog Ernst nachdrücklich alle Religionsverhandlungen, und Bürgermeister Bartholomäus Prantner erklärte 1580, sich diesem Gebot fügen zu wollen. Der Landesfürst konnte einen bedeutenden Erfolg für sich buchen, die Städte waren somit von den beiden anderen weltlichen Ständen abgetrennt, die evangelische Bewegung kam zum Stillstand. Am 1. August 1580 wurde eine 300 Mann starke Garnison in die Stadt verlegt. Nun war die Zeit reif, um die Bevölkerung wieder für den katholischen Glauben zu gewinnen. Diese Aufgabe fiel weiterhin den militanten Jesuiten zu, deren leidenschaftlichfanatischer Glaube sich in unerbittlichem Vorgehen äußerte. Am 22. Dezember 1585, als gerade Bürgermeister Bartholomäus Prantner dem zu seinem Nachfolger bestellten Oswald Hüttendorfer die Amtsgeschäfte übergab, erging ein Dekret, wonach nur derjenige das Bürgerrecht erhalten dürfe, der sich in geistlichen und weltlichen Belangen der Obrigkeit zu unterwerfen erkläre; Kirchenbesuch, Beichte und Kommunion wurden für die Bürger obligat!

Die hervorstechendste Persönlichkeit der Gegenreformation war jedoch der aus Wien gebürtige und hier zunächst sogar evangelisch erzogene Melchior Khlesl, der 1579 als Offizial des Passauer Bischofs nach Wien gekommen war; obgleich nicht dem Orden der Gesellschaft Jesu angehörend, zählte er zu dessen entscheidenden Wegbereitern. Im Laufe der letzten Amtsperiode des Bürgermeisters Hanns von Thau mußten 1588 auch die letzten Stätten, die einen „Auslauf" der Wiener Bürger ermöglicht hatten, nämlich die Kapellen in Inzersdorf, Vösendorf und St. Ulrich, geschlossen werden. Gerade als sich die religiösen Schwierigkeiten infolge des harten Durchgreifens seitens der

Regierung zu legen begannen, stieg 1594 — deutlich geworden durch die Übergabe der starken Festung Raab, die im folgenden Jahr durch die öffentliche Hinrichtung des Festungskommandanten Ferdinand Graf Hardegg Am Hof in Wien ihre Ahndung fand — die Türkengefahr neuerlich bedrohlich an. Aber auch im Hause Habsburg faßten Unstimmigkeiten Fuß, die auf die Bestrebungen des ehrgeizigen Erzherzogs Matthias, der auf einen Sturz Kaiser Rudolfs II. hinarbeitete, folgten. Im Jahr des Falles von Raab starb in Wien Bischof Neubeck. Es war klar, daß nur Melchior Khlesl als sein Nachfolger in Frage kommen konnte; doch Khlesl zögerte jahrelang, dem an ihn ergangenen Ruf nachzukommen.

Die Bürgermeister an der Wende zum 17. Jahrhundert

Nach fast zwei Jahrzehnte langem Wirken im Dienste der Gegenreformation entschloß sich Melchior Khlesl 1598 — während der Amtszeit des Bürgermeisters OSWALD HÜTTENDORFER — endlich, die Wiener Bischofswürde anzunehmen. Seit 1588 Bischof von Wiener Neustadt gewesen, dürften den kompromißlosen Streiter merkwürdigerweise vor allem materielle Überlegungen zu einem vier Jahre dauernden Zögern bewogen haben, vielleicht auch ein befürchteter verkleinerter Wirkungskreis gegenüber dem verlorenen Passauer Offizialat. Deshalb zogen sich auch nach 1598 die Verhandlungen noch in die Länge: erst 1602 wurde Khlesl in aller Form in sein Amt eingeführt, und erst 1614, zwei Jahre bevor er Kardinal wurde, empfing er die Bischofsweihe.

Der erste Bürgermeister des neu angebrochenen Jahrhunderts, ANDRE RIEDER, war kein Wiener. Er kam aus der Steiermark (seine Geschwister blieben in Graz), erwarb in Wien 1564 das Bürgerrecht, übte den Beruf eines deutschen Schulhalters aus, verheiratete sich und erwarb gemeinsam mit seiner Frau Ursula im Jahr 1568 um den enormen Betrag von 1200 Pfund Pfennig das Haus „Zum blauen Hechten" am damaligen Kienmarkt (heute Vorlaufstraße 3), also in einer der vornehmsten Gegenden Wiens. 1580 beginnt seine politische Karriere mit der Berufung in den Äußeren Rat, 1587 steigt er als Beisitzer in das Stadtgericht auf, und schon im darauffolgenden Jahr begegnen wir ihm als Mitglied des Inneren Rates. In den neunziger Jahren war Rieder abwechselnd Oberkämmerer (1591 bis 1593 beziehungsweise 1596—1599) und Stadtrichter (1594—1595). Nach dem Tod seiner ersten Gattin heiratete Rieder 1594 ein zweites Mal: Barbara, die Tochter des kaiserlichen Bruckmeisters Stephan Hartmann.

Im September 1600, wenige Monate nach seiner Wahl zum Bürgermeister (Dezember 1599), wurde Rieder vom Kaiser in Anerkennung seiner im Dienste der Stadt erbrachten Leistungen mit dem rittermäßigen Adelstitel ausgezeichnet. Seine Amtsjahre standen trotz der mit großem Jubel aufgenommenen Rückeroberung der Festung Raab im Jahre 1598 unter dem Eindruck steigender Türkengefahr, wurden aber auch beeinträchtigt durch einen offenkundig werdenden geringen Kampfwillen der Söldner; die Soldaten meuterten, weil es den Heerführern an Geld und Proviant mangelte, sodaß einige der Rädelsführer, um ein Exempel zu statuieren, Am Hof hingerichtet wurden.

Andre Rieder hatte, als er am 8. Februar 1601 mit eigener Hand sein Testament schrieb, *ain zimbliches Alter erraicht* (wie er es selbst formulierte). Sorgfältig verteilte er seine Besitztümer unter seine Frau, seine Kinder, Geschwister und Freunde: das Wohnhaus am Kienmarkt, ein Haus vor dem Neuen Tor, Weingärten und Silberschmuck fallen an seine Gattin, Obligationen, weiterer Schmuck, goldene Münzen und Becher an die Töchter, Kleider, Wehr und Waffen eignet er seinem Bruder zu, eine *verguldte Halsuhr in eim grüen Samtes Peüttl* seinem Schwager; dem Stadtgerichtsbeisitzer Michael Grecht vermacht er seinen neuen schwarzen Rock, dessen Amtskollegen, dem schwerreichen Handelsherrn Lazarus Henckel, einem bedeutenden Geldgeber des Kaisers, und seinem gleichnamigen Sohn je einen silberbeschlagenen und vergoldeten Säbel, während er sein Richtschwert *(so mir in meinem Richterambt zugestanden ist)*, das offensichtlich nach Beendigung seiner Amtszeit in seinen Privatbesitz übergegangen war, dem Hofkammerdiener Schretl zudachte. Einige Wochen später, am 26. März 1601, ist Rieder während seiner Amtszeit gestorben; man darf annehmen, daß sein Amtsvorgänger, der nunmehrige Senior des Inneren Rates Oswald Hüttendorfer, das Bürgermeisteramt bis zur Neuwahl am Jahresende verwaltete.

Die Wahl fiel auf einen Mann, der bereits mehr als ein Jahrzehnt zuvor (1590–1591), schon damals hochbetagt, das Bürgermeisteramt innegehabt hatte: auf GEORG FÜRST, der zu diesem Zeitpunkt im 82. Lebensjahr stand. Auch er war kein Wiener. 1520 als Sohn des kaiserlichen Hofrichters der Herrschaft Burg Wels, Dr. jur. Johann Georg Fürst, geboren, wandte sich Georg nach Wien. Seit wann er sich hier aufhielt, wissen wir nicht. Erst 1575 tritt er in unser Blickfeld, als er gemeinsam mit seiner Gattin Katharina ein Haus auf der Brandstatt (heute Jasomirgottstraße 4) erwarb. Sein Eintritt ins politische Leben setzte zwar überraschend spät ein — er war 1577 Äußerer Rat, 1578 Stadtgerichtsbeisitzer, 1579 Mitglied des Inneren Rates —, ist aber in der Rasanz der zeitlichen Abfolge kaum zu überbieten. Sicherlich erfuhr seine Karriere durch eine betont katholische Einstellung — die er auch in aller Öffentlichkeit dokumentierte — maßgebliche Förderung. So steht sein Name 1580 demonstrativ in der Reihe anderer Stifter auf der Tafel eines künstlerisch bemerkenswerten Passionsreliefs, das sich damals an der Südseite des Chores von St. Stephan befand. Nun scheint sein weiterer politischer Aufstieg endgültig gesichert; 1584 erfolgte seine Bestellung zum Oberkämmerer, was für ihn, wenn auch schon 64jährig, eine der letzten Hürden auf dem Weg zum Bürgermeistersessel bedeutete. Damals wechselte er, nunmehr arriviert, seine Wohnung und übersiedelte in das prächtige Eckhaus Graben–Dorotheergasse (heute Palais Bartolotti). 1588–1589 Stadtrichter, wurde ihm in dieser Zeit (6. September 1589) der rittermäßige Adelstitel verliehen, und wenige Monate später folgte seine Wahl zum Bürgermeister. Nach zwei Jahren kehrte er in den Inneren Rat zurück. Im Laufe der Jahre starben alle Mitbewerber: Oswald Hüttendorfer offenbar bereits 1597, Bartholomäus Prantner am 13. Februar 1599, Andre Rieder am 26. März 1601 sowie Paul Steyrer am 28. November 1601, einen Monat vor der nächsten Bürgermeisterwahl. So fiel, möglicherweise nicht zuletzt deshalb, die Entscheidung zugunsten des nunmehr 82jährigen Greises. Es ist ihm eine Periode relativen Friedens in der Stadt beschieden: ohne unmittelbare Bedrohung durch die Türken, ohne Feuersbrünste, Epidemien und sonstige Katastrophen. Die Bautätigkeit nahm zu, am 14. August 1603 wurde der Grundstein zur neuen, vielleicht von P. Bonaventura Daum in Formen süddeutscher Renaissance mit starken gotischen Nachklängen erbauten Franziskanerkirche gelegt, die man mit der älteren und kleineren Hieronymuskapelle vereinigte. Es ist die erste von zahlreichen neuen Klosterkirchen des beginnenden Jahrhunderts, die zum Zeichen des Durchbruchs der Gegenreformation allenthalben emporwuchsen. Ein 1602 erneuerter vier Jahre alter Befehl des Erzherzogs Matthias verhielt die Wiener dazu, auch selbst an der Verschönerung ihrer Stadt mitzuwirken: jeder Hausbesitzer mußte für die Pflasterung des Straßenteils vor seinem Haus selbst aufkommen, die Stadt stellte lediglich Baumaterial und Fuhrwerke zur Verfügung.

Am 3. August 1603 ist Georg Fürst verstorben; trotz seines hohen Alters hinterließ er kein Testament. Bis zur nächsten Bürgermeisterwahl betreute der Senior des Inneren Rates, Lucas Lausser, das Amt, doch betraute man ihn vorerst nicht mit dieser Würde. Von Georg Fürst besitzen wir eine hervorragende Porträtstudie von Severin Brachmann auf einer 1581 angefertigten (und datierten) Medaille, die vom Historischen Museum der Stadt Wien verwahrt wird.

Die Bürgermeister Augustin Haffner und Lucas Lausser

Aus der am 21. Dezember 1603 durchgeführten Wahl ging der damals wohl im sechsten Lebensjahrzehnt stehende vermögende Handelsmann AUGUSTIN HAFFNER siegreich hervor. Zum zweitenmal, mit Eva, der Tochter des Äußeren Rates Paul Ernst, verheiratet — seine erste Gattin, Magdalena, war nach kinderlos gebliebener Ehe im Jahre 1585 verstorben —, entsprossen dieser Verbindung nicht weniger als dreizehn Kinder, von denen bei Haffners Tod noch fünf am Leben waren, darunter sein Sohn Dr. Martin, der es 1626 zum Rektor der Universität brachte, 1629 Aufnahme in die niederösterreichischen Landstände fand und 1654 im Alter von fast 70 Jahren als niederösterreichischer Regimentsrat starb. Augustin Haffners Vater war Schneidermeister gewesen, hatte 1542 vorübergehend das Amt eines städtischen Steuerhandlers bekleidet und starb 1565. Er hinterließ seinem Sohn das Haus Kohlmarkt 18, das dieser vier Jahre später veräußerte, um zu seiner Mutter in deren Haus Freyung 1 (gelegen *auf dem mist*) zu ziehen, das er dann 1580 erbte. Im selben Jahr kommt Haffner in den Äußeren Rat, und von diesem Augenblick an beginnt er (längst verheiratet), seinen Besitz langsam zu mehren: er erwirbt ein Haus in der Alser Straße, 1584 — zu einem Zeitpunkt, da er nach zweijähriger Tätigkeit als Stadtgerichtsbeisitzer und Kirchmeister zu St. Stephan soeben in den Inneren Rat aufgestiegen war — ein weiteres Haus in der allerdings nicht sehr vornehmen Gegend der Schenkenstraße, 1591 schließlich — nun bereits in zweiter Ehe mit Eva verheiratet — das Haus Salvatorgasse 10 nächst dem Rathaus. Im folgenden Jahr erleidet Haffner einen schweren finanziellen Rückschlag: das Haus in der Alservorstadt brennt nieder, er muß seinen gesamten Besitz der Gattin verpfänden und sieht sich im folgenden Jahr sogar gezwungen, das Haus in der Salvatorgasse zu verkaufen. 1594 Oberkämmerer geworden, hat er offenbar die größten materiellen Schwierigkeiten überwunden. Er kauft 1596 das dem seinen benachbarte Haus auf der Freyung und baut die beiden Häuser in eines zusammen. Inzwischen hatte er sich interessanterweise in die Matrikel der Wiener Universität eintragen lassen. 1603 wird seiner Gattin das Haus Graben 17 grundbücherlich angeschrieben, und zwei Jahre später — Haffner war inzwischen zum Bürgermeister avanciert — werden in den Steueranschlagbüchern zwei weitere Häuser — ein größeres am Graben, dem Haus seiner Gattin benachbart, ein kleineres in der Nähe — als sein Besitz vermerkt. Eindeutig katholisch gesinnt, stand Bürgermeister Haffner zu diesem Zeitpunkt einem ebenfalls zur Gänze katholischen Stadtrat vor und verkörpert damit die auch unter Erzherzog Matthias vertretene Tendenz, die (weitgehend lutherische) Bürgerschaft von ihrer Führungsspitze her zu beeinflussen. Am 19. Jänner 1604, wenige Tage nach Haffners Amtsantritt, unterzeichnete Kaiser Rudolf II. den Wappen- und Adelsbrief für den Bürgermeister, mit welchem er ihn, wie es der damaligen Formulierung entspricht, *mit allen seinen ehelichen Leibserben und derselben Erbeserben* zu *recht edel geborn rittermeßigen Lehens- und Turniersgenoßleuten* erhebt. Zwei Jahre später, noch in Haffners Amtszeit, fällt der Abschluß eines zwanzigjährigen Friedens mit den Türken (1606), den Erzherzog Matthias gegen die Intentionen seines kaiserlichen Bruders durchsetzte. 1607, in seinem letzten Amtsjahr als Bürgermeister, erweiterte Haffner seinen Besitz durch den Ankauf des traditionsreichen Gundelhofes (Bauernmarkt 4), eines ausgedehnten, jedoch recht baufälligen Gebäudekomplexes, den auch bereits frühere Bürgermeister bewohnt hatten. Da Haffner nach dem Ende seiner zweiten zweijährigen Amtsperiode nicht mehr in den Stadtrat zurückzukehren gedachte, konnte er sich in der Folge ausschließlich seinen Geschäften und dem Umbau des Gundelhofes widmen. Die Renovierung, die auch einen großzügigen Wiederaufbau der Hauskapelle „Zum hl. Thomas" mit einschloß und erst wenige Jahre vor Haffners Tod vollendet war, gehört zu den großartigsten Leistungen jener Zeit; mit Stolz erwähnt sie Haffner in seinem Testament.

Haffner ist ein reicher Mann geworden: er besaß nicht weniger als acht Häuser, dazu kamen ein großes Anwesen in Mödling und eine schier unzählbare Menge von Weingärten, die hohe Erträge abwarfen; außerdem verfügte er über so ausreichende Mengen an Bargeld, daß er zu den wenigen Privatleuten seiner Zeit gehörte, die in der Lage waren, Geld zu verleihen. Haffners zweite Gattin konnte sich nicht nur am sozialen, politischen und materiellen Aufstieg ihres Ehegatten erfreuen, sondern erlebte es auch noch, daß ihr ältester Sohn Martin 1611 zum Doktor beider Rechte promoviert wurde und daß ihre älteste Tochter Barbara am 26. April 1606 zu St. Stephan den damals 36jährigen, aus dem Oberpfälzer Wald zugewanderten, eben in den Inneren Rat gewählten Paul Wiedemann heiratete, der in späteren Jahren (1623—1625) Bürgermeister werden sollte. Mit dieser Eheschließung setzte eine jener für diese Zeit symptomatischen „Kettenheiraten" ein, welche bis ans Ende des 17. Jahrhunderts immer wieder Bürgermeister erfaßte.

Ende 1614 ist Eva Haffner verstorben; sie hinterließ ein Testament, das vor allem deshalb unser Interesse verdient, weil es von ihr eigenhändig geschrieben worden ist, was auf einen für eine Frau der damaligen Zeit ungewöhnlich hohen Bildungsgrad schließen läßt. Am 20. März 1616 ging auch das an Erfolgen reiche Leben Augustin Haffners zu Ende.

Haffners Nachfolger wurde der bereits erwähnte Ratssenior LUCAS LAUSSER, über dessen Lebensweg wir allerdings nicht so gut informiert sind. Woher er stammt, läßt sich nicht feststellen. Sein Lebenslauf ist erst ab dem Jahr 1575 bekannt, als er in den Äußeren Rat kam, dem er bis 1587 angehörte. Er vermählte sich mit Apollonia, der Tochter des Ratsherrn Christoph Pirkheimer d. Ä., deren Bruder, Christoph Pirkheimer d. J., 1594 zum Rektor der Wiener Universität gewählt wurde und als niederösterreichischer Regierungskanzler bekannt ist; zu den Verwandten Apollonias zählt auch der 1580 erstmals zum Bürgermeister gewählte Bartholomäus Prantner. In diesem Jahr kaufte Lausser mit seiner Gattin ein Haus samt Stadel und Garten am Franziskanerplatz 4, außerdem hatte er ein kleineres Haus in der Weihburggasse in seinem Besitz.

Laussers Laufbahn ist als eher durchschnittlich zu bezeichnen. Seit 1588 ist er Stadtgerichtsbeisitzer, 1590 zieht er in den Inneren Rat ein, und in diesem Amt bleibt er bis 1607 tätig — unterbrochen lediglich durch eine zweijährige Übernahme des Stadtrichteramtes (1598 und 1599); als Ratsherr begibt er sich unter anderem 1594 nach Regensburg, um am dortigen Reichstag teilzunehmen. Während seines ersten Bürgermeisteramtsjahres kehrte am 14. Juli 1608 König Matthias, von Prag kommend, nach Wien zurück. Dieser Einzug gestaltete sich zum glänzendsten Ereignis, das Wien seit langem erlebt hatte. Der bereits erwähnte reiche Handelsherr Lazarus Henckel ließ es sich nicht nehmen, in der Taborstraße auf eigene Kosten eine Triumphpforte errichten zu lassen, dazu zwei Springbrunnen, aus denen dauernd weißer und roter Wein floß; die Stadt selbst hatte zwischen der Donaubrücke und dem Rotenturmtor zwei weitere kunstvolle Triumphpforten aufgebaut. Vor dem Tor erwartete Lucas Lausser an der Spitze eines Bürger-Corps, umgeben vom Stadtrat, den König, während berittene Bürger einen Baldachin aus weißem und rotem Damast hielten, unter welchem der Herrscher sodann, von einer dichtgedrängten Menschenmenge umjubelt, einritt. Als Rittmeister der Bürgerwehr befand sich inmitten der Zuschauer ein Mann, der sich schon zu dieser Zeit der Förderung durch den Landesfürsten erfreute und zu höchsten Ämtern berufen schien: Daniel Moser. Als der König in die Stadt einritt, begrüßten ihn nahe dem Rotenturmtor die Juden unter rituellen Zeremonien mit ihren Gesetzestafeln, am Lugeck erhob sich eine von den italienischen Handelsherren aufgerichtete, mit den sieben Planeten verzierte Triumphpforte, und beim Eingang zum Stephansfreithof, am Anfang der Rotenturmstraße, hatte sich der hohe Klerus versammelt, den König in den Dom zu geleiten, wo er an einem feierlichen Tedeum teilnahm. Über Graben und Kohlmarkt ging es dann — durch sechs weitere Triumphpforten, die von den deutschen Handelsleuten, der Bürgerschaft und den Hofhandelsleuten stammten — in die Hofburg.

So prunkvoll die Stände Matthias auch empfingen, hielt sie doch nichts davon ab, ihm schon im nächsten Jahr weitgehende Konzessionen für das protestantische Religionsbekenntnis abzunötigen; die sogenannte „Religionskapitulation" vom 19. März 1609, die vor allem den Adel begünstigte. Das „Auslaufen" der Wiener nach Hernals, wo Hans Jörger eine protestantische Kirche errichtete, und in andere Orte der Umgebung Wiens nahm man stillschweigend hin. Nur zwei Monate danach, am 20. Mai 1609, ist Lausser gestorben. Er dürfte über einen bescheidenen Wohlstand nie hinausgekommen sein, denn seiner Witwe hinterließ er neben dem Haus am Franziskanerplatz lediglich einige Weingärten, von deren Erträgnissen sie ein eher kümmerliches Leben fristete, bis auch sie

Bürgermeister Dr. Peter Joseph Kofler (1741—1744 und 1751—1764)

Blick in die Taborstraße mit Kirche und Kloster der Barmherzigen Brüder (1783)

um 1620 starb. Im Todesjahr Laussers schuf Jacob Hoefnagel seinen berühmt gewordenen Vogelschauplan Wiens, eine Ansicht von Norden, von der Leopoldstadt aus, die uns das letzte Abbild der gotischen Stadt überliefert.

Die überragende Persönlichkeit des Bürgermeisters Daniel Moser

Zum Nachfolger Lucas Laussers wurde ein Mann gewählt, der in der ersten Hälfte des 17. Jahrhunderts die bemerkenswerteste Erscheinung auf dem Wiener Bürgermeisterstuhl gewesen ist. Seine glänzende Karriere, sein erstaunlich rascher Aufstieg in der Verwaltung, seine ausgeprägte Loyalität gegenüber dem Landesfürsten — die ihn vor allem für Kaiser Ferdinand II. geradezu unentbehrlich machte —, aber auch die Ereignisse während seiner Amtszeit lassen ihn aus der Reihe der Bürgermeister der frühen Neuzeit hervortreten. Die außergewöhnlich lange Amtsdauer (insgesamt 23 Jahre innerhalb eines Zeitraumes von 28 Jahren) unterstreicht die Bedeutung Bürgermeister Mosers auch deshalb, weil man sich bei ihm in mancher Hinsicht über geltende Bestimmungen hinwegsetzte.
Daniel Moser, am 30. Oktober 1570 als Sohn eines an der Schlagbrücke tätigen städtischen Mautners geboren, war Wiener. Er widmete sich — eigenen Angaben zufolge — zunächst dem Studium der freien Künste (möglicherweise allerdings nicht in Wien, da wir in den Wiener Universitätsmatrikeln keine Immatrikulation finden können), zog vorerst mit dem Regiment des Freiherrn Hans von Breuner durch Frankreich und die Niederlande und zeichnete sich anschließend im Alter von 26 Jahren in Kämpfen gegen die Türken aus. Als ein Jahr darauf, 1597, sein Vater starb, kehrte Daniel nach Wien zurück, trat das lediglich aus einem kleinen Haus in der Vorderen Bäckerstraße (ein Teil des heutigen Areals Dr. Ignaz Seipel-Platz 1) bestehende bescheidene Erbe an und heiratete ein Jahr später Katharina Wankher, die damals erst 16jährige Stieftochter des Ratsherrn Georg Herbst. 1599 begann Moser seine magistratische Laufbahn als Steuereinnehmer, erwarb im selben Jahr das Wiener Bürgerrecht und wurde schon 1600 in den Äußeren Rat aufgenommen. Blitzartig schwang er sich 1606 unmittelbar aus diesem Ratskollegium in die Position des Stadtrichters empor — vielleicht ein Dank des Landesfürsten für sein energisches Eintreten bei der Verfechtung des kaiserlichen Standpunktes auf dem Ungarischen Landtag des Jahres 1604. Es dürfte kein Zufall sein, daß 1606 das Familienwappen Mosers gebessert wurde und der Kaiser ihm den rittermäßigen Adelstitel verlieh. Kaum waren vier Jahre verstrichen, folgte vor Weihnachten 1609 — Moser hatte eben seinen 39. Geburtstag begangen — der Vorschlag, ihm das Bürgermeisteramt zu übertragen, den der Kaiser ohne Zögern akzeptierte.
Moser übernahm zu einem Zeitpunkt die Verwaltungsgeschäfte, da Wien — wie wir aus dem im selben Jahr entstandenen Vogelschauplan Jacob Hoefnagels ablesen können — am Ende der gotischen Periode seiner architektonischen Entwicklung stand. Noch dominierten zwar die schmalen gotischen Häuser mit meist nur drei Fensterachsen, die sich auf den langgestreckten mittelalterlichen Parzellen weit in die Tiefe hinzogen; bald wurden sie jedoch durch die sich allmählich durchsetzenden

Renaissancebauten verdrängt. Man begann höher und breiter zu bauen, in die ebenerdigen Trakte kamen Gewerbebetriebe und Verkaufsläden, die Wohnräume der Besitzer lagen in dem nunmehr vornehmeren ersten Stock, während sich die Mieter mit den Obergeschossen oder Hoftrakten zufriedengeben mußten. Am Beginn des 17. Jahrhunderts stehen wir zugleich vor einer grundlegenden soziologischen Umschichtung, die in Mosers Amtszeit immer deutlichere Konturen annahm.

Die ersten Jahrzehnte des 17. Jahrhunderts werden in Wien — wenn wir, da Mosers letzte Amtsperiode erst 1637 endete, etwas vorgreifen — durch einschneidende architektonische und konfessionelle Veränderungen charakterisiert. Unter dem maßgeblichen Einfluß Melchior Khlesls, der unter Kaiser Matthias (1612–1619) praktisch die Regierungsgeschäfte führte, setzte sich, unterstützt durch eine von Khlesl gesteuerte „Klosteroffensive", das Gedankengut der Gegenreformation eindeutig durch. War es im gesamten 16. Jahrhundert in Wien zu keinen nennenswerten Kirchen- oder Klosterbauten gekommen (das Bauwesen beschränkte sich in der Renaissance unter dem Schock der Türkenbedrohung fast ausschließlich auf die Anlage von Befestigungswerken, mit deren Errichtung überwiegend aus Italien berufene Baumeister betraut wurden), so überstürzten sich nun die Neugründungen in einem weder zuvor noch danach jemals erreichten Maß. Den Anfang machten 1603 die Franziskaner, ihnen folgten 1614 in der Leopoldstadt die Barmherzigen Brüder, 1622 die Dominikaner mit ihrem Kloster und noch im selben Jahr die Kapuziner, 1623 die Karmeliter, 1624 die Paulaner auf der Wieden und 1626 die Barnabiten. 1627 begann sowohl der Bau der Jesuitenkirche wie jener von St. Anna. 1628 folgten die Unbeschuhten Karmeliter, 1630 berief Ferdinand II. die Unbeschuhten Augustiner nach Wien und quartierte sie in dem der Hofburg benachbarten Kloster ein, die bis dahin dort wirkenden Beschuhten Augustiner mußten auf die Landstraße abwandern und erbauten 1642 die Rochuskirche. Dann haben wir 1633 die Schwarzspanier und schließlich 1638 die bereits von Ferdinand III. berufenen Serviten zu nennen; dazu kamen die Umbauten der Dominikanerkirche (1631) und der Schottenkirche (1643). Unter diesen die Stadt wie ein Spinnennetz überziehenden religiösen Bauwerken befinden sich zahlreiche klassische Beispiele des Wiener Frühbarocks (etwa die Dominikaner-, Jesuiten- und Kapuzinerkirche). Hier wie bei den Bürgerbauten jener Zeit machten sich ebenfalls überwiegend italienische Einflüsse geltend, wobei vor allem römische Kirchenbauten (in erster Linie die „Musterkirche" der Jesuiten, „Il Jesu") als unmittelbares Vorbild für so manches Wiener Bauwerk dienten; obwohl zahlreiche bekannte italienische Architekten im Auftrag der vielen Orden bauten, so blieb letztlich doch die in ihrer Fassade entscheidend veränderte, 1662 vollendete Kirche Am Hof das einzige Bauwerk, das sich durch seine Balustrade in einzigartiger Weise an römische Papstkirchen anlehnte. In der Bäckerstraße entstand in den Jahren 1623 bis 1627 die Alte Universität, in den dreißiger Jahren folgte das Erzbischöfliche Palais. Diese grandiose Bauperiode konnte nicht einmal durch den (glücklicherweise letzten) Stadtbrand gehemmt werden, der im Jahre 1627 weite Teile der Innenstadt in Schutt und Asche legte.

Kehren wir zu Daniel Moser zurück. Als er sich 1611 bei der Einbegleitung der königlichen Braut *stattlich stafirt* hatte, mußte ihm die Stadt Unkosten in Höhe von nicht weniger als 172 Gulden ersetzen. Ein Jahr darauf, 1612, arrangierte die Stadt Wien für Matthias, den Nachfolger des nach 36jähriger Regierung verstorbenen Kaisers Rudolf II., einen festlichen Empfang: natürlich führte Daniel Moser die berittenen Bürger an. Aber auch seine ersten Amtshandlungen als Bürgermeister zeigen deutlich, daß er sich des Vertrauens, das der Landesfürst offenkundig in ihn gesetzt hatte, würdig zu erweisen trachtete. Unmittelbar nach seiner Bestellung ließ er nämlich im Jänner 1610 alle jene Ratsherren und Bürger in Untersuchung ziehen, die mit den evangelischen Ständen nach Preßburg gereist waren, um sich dort der Hilfe der Ungarn in Fragen der Glaubensfreiheit zu versichern. So konnte es nicht ausbleiben, daß ihm gegen Ende seiner ersten Amtsperiode, am 29. September 1613, der Ehrentitel *Seiner kaiserlichen Majestät Rat* verliehen wurde, ein Zeichen besonderen Wohlwollens seitens des Landesfürsten. Zwei Jahre zog sich Moser daraufhin in den Stadtrat zurück, während Veit Resch den Bürgermeisterposten übernahm.

Schon 1616 ist Daniel Moser neuerlich Stadtoberhaupt. Auch diesmal ist das Amt, das er antritt, nicht leicht. Die Gegensätze zwischen den Religionsgemeinschaften hatten an Härte wieder zugenommen, und es gestaltete sich äußerst schwierig, in der von der Kirche keineswegs zurückgewonnenen Stadt die Interessen des katholischen Monarchen und seiner Regierung mit Erfolg gegen die Mehrheit der Bevölkerung zu vertreten. Die Lage spitzte sich zu, als 1618 in Böhmen offen der Glaubenskrieg ausbrach und am 5. Juni des folgenden Jahres Mathias Thurn mit seinen Anhängern vor Wien stand, wo inzwischen Ferdinand II. die Nachfolge in der Herrschaft angetreten hatte. In dieser heiklen Situation verstand es Daniel Moser nicht nur, die erregte Bevölkerung zu beruhigen, sondern es gelang ihm auch, 1500 treuergebene katholische Bürger und 600 Studenten zu bewaffnen und die Stadttore schließen zu lassen. Die für den Fortbestand des Katholizismus entscheidende Tat setzte er jedoch, als er im Augenblick der höchsten Gefahr, da Andreas Freiherr von Thonrädl und die protestantischen Landesherren am 11. Juni 1619 bereits gewaltsam zum Kaiser in die Burg eingedrungen waren, heimlich die Dampierreschen Kürassiere durch das Fischertor in die Stadt einließ und damit die Entscheidung zugunsten Ferdinands herbeiführte: Thurn mußte sein in der Favorita aufgeschlagenes Hauptquartier aufgeben und unverrichteter Dinge abziehen. Der Kaiser konnte aufatmen und sein Lob, die Stadt Wien habe sich *mit unerschrockenem Gemüt, und benebens sorgfeltig Wachsamkeit, so Tag so Nacht ganz namhaft und tapfer gezeigt*, galt sicherlich vor allem Bürgermeister Moser, dessen Entschlossenheit und Loyalität sich selbst gegenüber einer qualifizierten Mehrheit protestantischer Bürger bewährt hatte.

Zwei Jahre nach diesen turbulenten Tagen, am 11. Oktober 1621, starb Mosers erste Gattin Katharina. Neun Kinder aus dieser Ehe sind uns namentlich bekannt: zwei Töchter heirateten prominente Wiener Bürger, und zwar wurde Johanna knapp nach ihrem 14. Geburtstag dem Syndicus der Stadt Wien, Dr. Johann Widmer, vermählt, die 1602 geborene Rosina 1622 dem Ratsherrn Paul Wiedemann, der ein Jahr darauf, zwischen Mosers zweiter und dritter Amtsperiode, von 1623 bis 1625 das Bürgermeisteramt innehatte. Moser, dessen zweite Eheschließung in das Jahr 1622 fällt — seine zweite Gattin, eine Witwe aus Ungarisch-Altenburg, hieß ebenfalls Katharina —, erwies sich auch in privaten Unternehmungen erfolgreich. Er hatte einige Häuser erworben, darunter 1617 jenes Doppelhaus an der Ecke des Hühnergässels (heute Hoher Markt 3), in das er an der Wende zum Jahr 1623 — offenbar unmittelbar nach seiner Hochzeit — mit seiner Gattin übersiedelte, da sein bisheriges Wohnhaus am heutigen Dr. Ignaz Seipel-Platz der expandierenden Bautätigkeit der Jesuiten zum Opfer fiel. Wir werden wohl kaum fehlgehen, wenn wir annehmen, daß seine Heirat ihn veranlaßte, sein Bürgermeisteramt für einige Zeit zurückzulegen; da sein Schwiegersohn Paul Wiedemann den Posten übernahm, verfügte er jedoch zweifellos weiterhin über genügend Einfluß.

Betrachten wir kurz Mosers weitere Besitzvermehrung. Bis 1629 befand sich auch das benachbarte „Schreinhaus" (Hoher Markt 2) in seinem Besitz, 1628 machte ihm die Stadt Wien drei kleine Nachbarhäuser (Teil von Hoher Markt 4) zum Geschenk, die Moser an seinen gleichnamigen Sohn weitergab, dafür jedoch 1630 das danebenliegende „Leinwandhaus" (gleichfalls Teil von Hoher Markt 4) kaufte. Auch in den Vorstädten erwarb er Besitz; so beispielsweise ein Haus in Altlerchenfeld (heute Josefstädter Straße 43) und einen zu seiner Zeit stadtbekannten Ziergarten in der Roßau, wo ihn 1636 sogar Königin Maria Anna, die Tochter Philipps I. von Spanien und Schwiegertochter Ferdinands II., mit ihrem Besuch beehrte.

Nachdem Paul Wiedemann das Bürgermeisteramt drei Jahre ausgeübt hatte, wählte man für das Jahr 1626 wieder Daniel Moser, der damit seine dritte (und längste) Amtszeit begann; fünfmal traf die Wahl nach Ablauf seiner jeweiligen Amtsperioden wieder auf ihn. Sogleich widmete er sich, nachdem Ferdinand II. unter Mosers Schwiegersohn 1625 die entscheidende gegenreformatorische Maßnahme gesetzt hatte, auch selbst wieder der Lösung religiöser Fragen. So kam es 1627 zur Ausweisung der protestantischen Prediger. Als Symbol der Macht des nunmehr im Glauben geeinten Stadtrates aber gab Daniel Moser kurz nach seiner Amtsübernahme im Frühjahr 1626 dem Oberkämmerer den Auftrag, ein *parhamenes puech* anfertigen zu lassen, das sogenannte „Wappenbuch der Stadt Wien". Seine mit rotem Samt überzogenen hölzernen Deckel tragen in der Mitte, an den Schließen und auf den Eckbeschlägen Wappen städtischer Funktionäre des Jahres 1626. Der Kodex, welcher in prunkvoller Ausführung großformatige handgemalte Wappen der damaligen städtischen Würdenträger enthält, wurde 1703 kontinuierlich, dann eher zufällig weitergeführt, jedoch niemals vollendet; leider fehlen — ausgenommen einzig und allein jener des Paul Wiedemann — die zu den Wappenbildern gehörenden Lebensläufe. Dennoch zählt das Wappenbuch zu den historisch wertvollsten Stücken des Wiener Landesarchivs.

Wir haben erwähnt, daß Kaiser Ferdinand II. Bürgermeister Moser zu großem Dank verpflichtet sein mußte. Neun Jahre nach dem entscheidenden Eingreifen des Bürgermeisters während der „Sturmpetition" nahm der Kaiser eine Gelegenheit wahr, sich mit ungewöhnlicher Vehemenz für seinen Günstling einzusetzen. Moser hatte sich am 20. März 1628 um die Aufnahme in die Landstände von Österreich unter der Enns beworben, war aber vom Ritterstand mit der Begründung abgelehnt worden, er müßte sich zuvor *der bürgerlichen Funktionen entladen*. In diesem Augenblick schaltete sich der Kaiser persönlich ein und appellierte an seinen Ritterstand: er möge doch in diesem einen Fall die Ausnahme zulassen und Moser in das Gremium aufnehmen — *ungehindert seines tragenden Bürgmaister Ambts, deßen Wir ihne, wegen dieser erhebung umb seiner Unß dabey er-*

zaigenden nuzlichen dienst willen, weder ietzt noch khünfftig, wan er durch ordentliche Waal darzue gelangen wirdet, keineswegs zu erlaßen gedenkhen. Diesem „Wink" wagten sich die Ritter nicht zu widersetzen.

Nicht allein der Kaiser, auch die Stadt suchte sich dem Bürgermeister erkenntlich zu zeigen. So erhielt er — ebenfalls 1628 — über Initiative des Stadtrates *ain silbern vergulteß Gießböckh sambt der Kandl, weil er sich umb gemainer Statt sachen gar embssig und erspießlich angenommen habe*. Die Stadt konnte schließlich in diesen unruhigen Zeiten einen starken Mann gebrauchen und mußte sich seiner weiteren Dienste versichern; dies umso mehr, als sich immer wieder gezeigt hatte, daß sich Moser dank seiner guten Beziehungen zum Kaiser als äußerst nützlich erwies. Er stellte (an mittelalterliche Gepflogenheiten anknüpfend) sein eigenes in vornehmer Gegend liegendes Haus am Hohen Markt willig für offizielle Empfänge zur Verfügung und tat auch sonst vieles, was ihm den Dank seiner Ratskollegen sicherte. Im Juni 1631 erhielt er eine Entschädigung in Höhe von 500 Gulden als Abgeltung seiner Auslagen, als er *etliche fürstliche Persohnen neben dem päpstlichen Herrn Nunciam und anderen kayserlichen Räthen eingeladen* und diese, wie in der städtischen Oberkammeramtsrechnung vermerkt ist, *köstlich tractirt* hatte.

1634 kam es zu einer Entscheidung, die man wohl als einzigartig in der Geschichte der Wiener Bürgermeister bezeichnen darf: am 31. Jänner faßte der Stadtrat den Beschluß, Daniel Moser auf Lebenszeit an jedem Neujahrstag 600 Gulden zu überreichen — nicht nur, weil er bereits mehr als zwanzig Jahre hindurch den Bürgermeisterposten bekleidete, sondern wegen seiner *bey denen vergangenen und noch schwebenten schwären Kriegßzeiten erzaigten villföltigen Dienst*. Das Erstaunliche daran ist aber, daß nach seinem Tod auch seine Erben noch zehn Jahre hindurch in den Genuß dieser Ehrengabe gelangen sollten. Von diesem Augenblick an wiederholten sich die Gaben und Ehrungen in immer kürzerer Folge: wenige Monate später, im September 1634, bezahlte die Stadt beispielsweise die Bildhauer und Steinmetze, die im Garten des Bürgermeisters in der Roßau die *Stainen Säullen und Bilder errichtet* hatten, zu seinem 65. Geburtstag (1635) übergab man ihm das Bildnis des hl. Rochus in vergoldetem Silber, im nächstfolgenden Jahr eine vergoldete Silberschale und wieder ein Jahr später ein *mit vergulden Silber zierlich eingefastes Straußen Ay*. Ja, selbst die Überreichung einer städtischen Beschwerde an den Kaiser, also eine durchaus zu seinen Amtsobliegenheiten zählende Mühe, war dem Stadtrat 100 Reichstaler wert!

Als Kaiser Ferdinand II. 1637 starb, dürfte dies für Daniel Moser, der sich mehr denn irgendeiner seiner Zeitgenossen mit dem Kaiser verbunden fühlte, der äußere Anlaß gewesen sein, auf sein Bürgermeistermandat zu verzichten und endlich die Rechte des Adels in Anspruch zu nehmen. Er legte 1638 den Eid als Landrechtsbeisitzer ab, kaufte 1639 von seinem Schwiegersohn Veit Schinderl die Herrschaft Ebreichsdorf, fand jedoch bereits am 23. Oktober 1639, eine Woche vor seinem 69. Geburtstag, in seinem Patrizierhaus am Hohen Markt 3 den Tod.

Mit Daniel Moser wurde einer der bedeutendsten Bürgermeister der frühen Neuzeit zu Grabe getragen, dessen Persönlichkeit es verdient, der Vergessenheit entrissen zu werden. Sein Name ist mit dem Durchdringen der Gegenreformation untrennbar verknüpft.

Die Bürgermeister der „Ära Moser": Veit Resch, Paul Wiedemann und Christoph Faßoldt

VEIT RESCH amtierte nur in den beiden Jahren 1614 und 1615. Unbekannter Herkunft, tritt er uns erstmals 1584 in der Eigenschaft eines städtischen Kanzleischreibers entgegen. 1585 erhielt er das Bürgerrecht, zugleich trat er die Stelle eines Grundbuchsverwalters an, und zwei Jahre danach wurde er in den Äußeren Rat gewählt. Als er 1599 Beisitzer des kaiserlichen Stadtgerichtes wurde, legte er nicht nur die Grundbuchsverwaltung zurück, sondern wechselte, offenbar als äußeres Zeichen seines sozialen Aufstiegs, auch seine Wohnung. Er verkaufte sein kleines Haus Am Hof und erwarb ein wesentlich größeres am nahegelegenen Judenplatz, das einen Wert von über 1000 Gulden repräsentierte. Bereits im folgenden Jahr (1600) stieg er in den Inneren Rat auf und übernahm 1602 als Oberkämmerer die Leitung des städtischen Finanzhaushalts. In Würdigung seiner Verdienste besserte ihm der Landesfürst sein altes Familienwappen zu einem adeligen; später erhielt er, wie Daniel Moser, den Ehrentitel eines *Rates Seiner Majestät*. Resch stand mit den Honoratioren sicherlich in engem persönlichen Kontakt, denn wir finden seine Unterschrift 1617 auf dem Testament von Bürgermeister Haffners Tochter Barbara, die mit Paul Wiedemann verheiratet war.

Im Gegensatz zu vielen seiner Ratskollegen wickelte Resch keine einträglichen Handelsgeschäfte ab, sondern lebte, abgesehen von seinen Einkünften aus Häusern und Weingärten, ausschließlich von seiner Aufwandentschädigung. Als Mitglied des Inneren Rates erhielt er 52 Reichstaler jährlich, das sind etwa 78 Gulden, dazu kamen Neujahrsgeschenke, meist ein goldener Salvatorpfennig im Wert von 18 Gulden und ein Golddukat für die Gattin. Als Bürgermeister erhielt er allerdings ein bedeutend höheres Salär: 400 Gulden jährlich, dazu ein größeres Neujahrsgeschenk sowie bestimmte Deputate und Vergünstigungen.

Während seiner beiden Amtsjahre begannen die Barmherzigen Brüder mit dem Bau ihres Spitals im Unteren Werd. Zur selben Zeit nahm man die längst fällige gründliche Renovierung der Bürgerschule zu St. Stephan in Angriff und sorgte für eine Verbesserung des recht im Argen liegenden Lehrbetriebes.

Als Daniel Moser für das Amtsjahr 1616 wieder zum Bürgermeister gewählt wurde, setzte Resch seine Tätigkeit im Inneren Rat fort und übte für längere Zeit auch die Funktion eines Superintendenten des Bürgerspitals aus: sie brachte ihm nicht nur eine Ehrung seitens der Stadt Wien ein — man überreichte ihm 1625 in Anerkennung seiner Verdienste einen vergoldeten silbernen „Hofbecher" —, sondern auch zusätzliche Einnahmen aus den Lehen des Bürgerspitals in Schwechat, Simmering und anderen Orten, die Resch, der keineswegs in glänzenden Verhältnissen lebte, sicherlich gut gebrauchen konnte. Veit Resch ist am 27. August 1625 gestorben, seine Gattin Sophie überlebte ihn um knapp drei Jahre; die Testamente beider Ehepartner haben sich bis auf unsere Tage erhalten.

Von wesentlich größerer Bedeutung ist Mosers Schwiegersohn PAUL WIEDEMANN. Wiedemann kam 1570 in Neunburg im Oberpfälzer Wald als Sohn eines dortigen Ratsherrn zur Welt, verließ 1588 seine Heimat und arbeitete bis 1591 als Amtshelfer des Stadtschreibers in Baden bei Wien.

Dann kam er in die Haupt- und Residenzstadt, war zunächst als Amtsschreiber, dann als Steueramtsgegenhandler tätig und erwarb 1593 das Bürgerrecht. Im selben Jahr heiratete er die zweifache Witwe Margaretha, die zuletzt mit dem Äußeren Rat Veit Varinger vermählt gewesen war. Zwei Jahre danach zog Wiedemann selbst in den Äußeren Rat ein, verwaltete in den nächsten Jahren entweder das Grundbuch oder er kontrollierte als *Remanenzer* die Außenstände im städtischen Finanzhaushalt. Obwohl er 1604 Stadtgerichtsbeisitzer wurde, seine Schwester Barbara den Ratsherrn Niklas Polstermair heiratete und Wiedemann bereits 1606, also nach nur zweijähriger Tätigkeit im Stadtgericht, erstmals in den Inneren Rat gewählt wurde, ist ihm der endgültige soziale Aufstieg in diesem Zeitraum noch nicht gelungen.

Da starb zu Beginn des Jahres 1606 seine erste Gattin. Schon am 26. April stand Wiedemann neuerlich vor dem Traualtar von St. Stephan: mit ihm die erst neunzehnjährige Barbara, die Tochter des seinerzeitigen Bürgermeisters und reichen Handelsherrn Augustin Haffner. Damit scheint die politische und ökonomische Karriere des strebsamen Mannes gesichert gewesen zu sein: er hat Zugang zu der gehobenen Wiener Gesellschaft gefunden. 1608 wird er nochmals Stadtgerichtsbeisitzer, 1611 zieht er endgültig in den Inneren Rat ein, dem er bis zu seiner Ernennung als Stadtrichter (1620) angehört; zuvor verwaltete er, wie dies häufig der Fall war, sechs Jahre lang (1614 bis 1619) das Oberkammeramt. Schon 1613 hatte der Kaiser sein Wappen, das einen bärtigen Mann mit Lorbeerkranz zeigt, zu einem adeligen gebessert, 1616 — als Augustin Haffner starb — gab Wiedemann seine eher bescheidene Wohnung am Judenplatz auf und übersiedelte in den von seinem Schwiegervater zu einem repräsentativen Wohnsitz gestalteten Gundelhof. Hier begründete er 1624, nun bereits als Bürgermeister amtierend, neben einer Meßstiftung auf der hauseigenen Thomaskapelle auch eine Stiftung von 500 Pfund Pfennig zum Wohle der Armen, die erst im Zuge des Hausabbruches 1875 eliminiert wurde.

Mittlerweile war Barbara 1622 gestorben; die in ihrem Testament fixierten Widmungen (etwa Beträge für die bauliche Erhaltung des Stephansdomes, für die Anschaffung einer Prozessionsfahne, für die Fronleichnamsbruderschaft zu St. Stephan und die Sebastiansbruderschaft bei den Schotten, zum beabsichtigten Gebäude der Jesuiten, für den Orden bei der Himmelpforte, dem ihre Schwester angehörte, sowie für eine Reihe von Armenhäusern) spiegeln die soziale und religiöse Gesinnung ihrer Zeit wider. Golddukaten, Schmuck und kostbare Kleider gingen an nahe Verwandte, 6000 Gulden an ihre Tochter, der stattliche übrige Besitz fiel dem zum Universalerben eingesetzten Witwer zu. Materiell und gesellschaftlich in jeder Hinsicht abgesichert, schloß Wiedemann nach wenigen Monaten, am 5. Juni 1622, seine dritte Ehe; die Wahl des nunmehr 52jährigen Mannes fiel auf die erst 20jährige Tochter des amtierenden Bürgermeisters Daniel Moser, Rosina. Wie bei den Honoratioren üblich, lud Wiedemann in ehrerbietiger Form Kaiser Ferdinand II. zur Hochzeit ein; ein Hofbeamter, dessen Rang dem Wiedemanns angemessen war, überbrachte im Auftrag des Kaisers einen „Hofbecher".

1623 erhielt Wiedemann den Titel eines „kaiserlichen Rates" und wurde ein halbes Jahr später zum Bürgermeister gewählt. Er übernahm die Verwaltung in einem Augenblick, da die wirtschaftliche Situation infolge des seit 1618 tobenden Glaubenskrieges (der als „Dreißigjähriger Krieg" in die Geschichte eingegangen ist) und einer verfehlten Währungspolitik äußerst angespannt war. Geldentwertung und Teuerung erforderten rigorose Maßnahmen, die die Regierung am 14. Dezember 1623 in der Form setzte, daß sie das neben den guten Münzen kursierende schlechte („lange") Geld radikal auf rund ein Siebentel seines Wertes herabsetzte. Die wirtschaftliche Not hatte ein derartiges Ausmaß erreicht, daß den städtischen Beamten und Funktionären Zuschüsse gezahlt werden mußten.

1623 wurde den Jesuiten die Universität übergeben, zwei Jahre später stellte man die Protestanten aufgrund eines kaiserlichen Edikts vor die Wahl, entweder zum katholischen Glauben zurückzukehren oder auszuwandern. Viele protestantische Familien wählten lieber eine ungewisse Zukunft und verließen ihre Heimat; erschütternde zeitgenössische Berichte geben uns Einblick in die menschliche Härte, die dabei Anwendung fand. Aber die Gegenreformation hatte gesiegt; 1631 wurde Wien zum Fürstbistum erhoben. Mehr denn je etablierten sich nun in der Stadt viele Zentralbehörden, und dies führte infolge des Zuzugs vieler hoher Beamter, die in den landesfürstlichen und Reichsbehörden oder am Hof des absoluten Herrschers tätig waren und somit eine neue adeligbürokratische Oberschicht bildeten, zu einer Veränderung der sozialen Struktur. Die bereits erwähnte „Klosteroffensive" brachte noch ein weiteres Bevölkerungselement in die Stadt: eine große Anzahl von Welt- und Klostergeistlichen. Von diesen beiden Gruppen wurde das rechtlos gewordene und verarmte Bürgertum vorübergehend zurückgedrängt und zudem durch eine nach der Türkenbelagerung mit ihren wirtschaftlichen Rückschlägen entstandene Masse Besitzloser unterwandert. Die sozialen Gegensätze, die sich um diese Zeit scharf herauszubilden begannen, lassen sich in einfacher Weise durch zwei Neuerungen illustrieren: die Einführung einer Luxussteuer und die Einrichtung einer Armenkasse. Den Bürgern, die den Wein- und Ackerbau rund um die Stadt den Dorfbewohnern überließen, blieben bescheidene Einkünfte aus Handel, Handwerk und Gewerbe. Die Erzeugnisse richteten sich nach dem Luxusbedürfnis der wohlhabenden Oberschicht aus, doch versäumte man es, der Wirtschaft durch die Schaffung eines exportfähigen Großgewerbes eine tragfähige Basis zu geben. Den Juden wies man ein eigenes Stadtviertel im Unteren Werd zu (Teil der heutigen Leopoldstadt), in welchem sie sich 1625 ansiedeln durften.

Gleichzeitig mit der 1626 stattgefundenen Wiederwahl Daniel Mosers zum Bürgermeister übernahm Wiedemann den Posten des Stadtrichters. Er blieb anschließend bis 1650 im Rat und starb im hohen Alter von fast 81 Jahren am 21. Dezember 1650 im Gundelhof. Seine Witwe heiratete später den um ein Dutzend Jahre jüngeren Ratssenior Daniel Lazarus Springer.

Nach Daniel Moser wurde für die Jahre 1638 und 1639 CHRISTOPH FASSOLDT, der Sohn eines Schmiedemeisters aus Hollfeld im Fürstbistum Bamberg, zum Bürgermeister gewählt. Er kam 1605 zunächst als Student nach Wien, erwarb hier auch das Baccalaureat, wandte sich dann aber 1614 der Verwaltungslaufbahn zu und war zwölf Jahre als *Remanenzer* im Finanzressort tätig. 1616 in den Äußeren Rat gewählt, übte er die verschiedensten Funktionen aus, bis er 1625 Stadtgerichtsbeisitzer und im folgenden Jahr Mitglied des Inneren Stadtrates wurde, dem er sodann lebenslänglich angehörte. Durch seine Heirat mit Barbara, der Tochter eines Ratskollegen, des wohlhabenden Fellhändlers Pauer, kam er in den Besitz eines Hauses am vornehmen Kienmarkt und verkehrte seitdem in der besten bürgerlichen Gesellschaft. Dennoch konnte er — zwangsläufig im Schatten des bedeutenderen Daniel Moser stehend — erst nach dessen Ausscheiden das Bürgermeisteramt erreichen. Noch zweimal sollte sich Faßoldt verheiraten, das letzte Mal erst während seiner Bürgermeisteramtstätigkeit; in beiden Fällen waren es Töchter von Ratskollegen. Doch schon am 29. März 1641 verstarb Faßoldt in seinem Wohnhaus am Kienmarkt. Da er kein Testament hinterließ, begann um seine Hinterlassenschaft ein unschöner Erbstreit, durch den allerdings so detaillierte Angaben über seinen Besitz überliefert sind, daß wir uns ein anschauliches Bild von seiner Lebensweise machen können. Das Wohnzimmer beispielsweise besaß bemalte Tapeten, und an den Wänden hingen 24 Tafelbilder, die anschließende *Stuben Camer* enthielt in Truhen und Schränken Kleider und Wäsche in großen Mengen — die Mäntel waren durchwegs aus englischem Tuch, drei Schlafpelze für die kalten Winternächte —, ein *Schreib Khästl mit zwölff Schublädln von Bildtschnizer Arbeith* und zwei türkische Teppiche, in der Schlafkammer stand das übliche Himmelbett. In der Küche gab es Kupfer-, Messing- und Zinngeschirr in unglaublicher Zahl (98 Pfund wog allein das Kupfergeschirr!), in den Zimmern auch Silbergeschmeide, dazu Becher und Kannen, ganze Säcke mit Dukaten und Talern, schließlich — für die damalige Zeit in dieser Menge eine ganz große Seltenheit! — nicht weniger als 92 Bücher. Wohl sortiert war auch der Weinkeller, den Faßoldt angelegt hatte: die Fässer enthielten 930 Hektoliter Wein.

Während seiner Amtszeit war es zu keinen spektakulären Ereignissen gekommen. Trotz aller Erfolge der Gegenreformation war der protestantische Glaube in Wien noch immer nicht ausgerottet, sodaß sich Ferdinand III., der die Ansichten seines 1637 verstorbenen Vaters konsequent teilte, entschloß, die Serviten nach Wien zu berufen, die sich 1638 in der Roßau ihr Kloster erbauten. Es wirft ein bezeichnendes Licht auf die sozialen Verhältnisse, wenn 1639 im Bürgerspital ein Ort geschaffen wurde, an den heimlich uneheliche Kinder gebracht werden konnten, um den sich häufenden Ermordungen Neugeborener — diese ertränkte man meist in den Abwässerkanälen — entgegenzutreten.

Die Schweden vor Wien: *Bürgermeister Konrad Pramber*

Die militärischen Ereignisse des Dreißigjährigen Krieges verlagerten sich in den vierziger Jahren des 17. Jahrhunderts auch in die nähere Umgebung Wiens. 1645 standen schwedische Truppen nördlich der Stadt. Bürgermeister war zu dieser Zeit KONRAD PRAMBER. Im Jahre 1588 wahrscheinlich in Korneuburg geboren, wo er 1617, als er die Witwe Anna Ruebacker heiratete, Stadtschreiber war, übersiedelte Pramber mit seiner Gattin um 1618 in ein kleines Haus in der Wollzeile, legte 1619 in Wien den Bürgereid ab, wurde *Raithandler* (Rechnungsbeamter) und 1623 Präsident der *Pupillenraitkammer* (Waisengeldverrechnungsstelle). Zehn Jahre gehörte er dem Äußeren Rat an, dann stieg er 1630 in die Reihe der Gerichtsbeisitzer und 1634 in den Inneren Rat auf, 1638 folgte die Nominierung zum Stadtrichter, 1640 schließlich die Wahl zum Bürgermeister. Hatte man schon 1638 unter Christoph Faßoldt — als der schwedische Feldherr Johann Banér vor Prag stand — einen Vorstoß der Schweden in Richtung Wien für möglich gehalten und sich bemüht, die Befestigungsanlagen in Verteidigungsbereitschaft zu setzen, geriet die Gefahr durch eine überraschende Wendung im Kriegsgeschehen schnell wieder in Vergessenheit. Unabhängig davon waren mittlerweile die schon ein Jahrhundert zuvor begonnenen Befestigungswerke mit dem Bau der Kärntnerbastei und dem Ravelin vor dem Schottentor weitgehend zum Abschluß gebracht worden.

Als sich Leonhard Torstenson im Frühjahr 1645 plötzlich der mittleren Donau näherte, am 24. März vor Stein lag, es sogleich im Sturm überrannte und fünf Tage später auch Krems zur Kapitulation zwang, war die Wiener Bürgerschaft in keiner Weise auf diese Ereignisse gefaßt. Am selben Tag fand in Wien unter Beteiligung des Bürgermeisters und der Honoratioren sowie in Anwesenheit Kaiser Ferdinands III. ein großer Bittgang statt — die Denksäule Am Hof erinnert daran —, um die Hilfe des Himmels für die bedrohte Stadt zu erflehen. Inzwischen rückte Torstenson weiter vor; am 8. April fielen ihm Kreuzenstein und Korneuburg kampflos in die Hände, und am 10. April mußten die Wiener die Wolfsschanze räumen, die zum Schutze der Donaubrücken angelegt worden war, und sich auf das südliche Stromufer zurückziehen. Schwedische Batterien eröffneten das Feuer auf die Stadt, in der höchster Alarmzustand herrschte: an die 5000 Bürger, Handwerker und Studenten hielten sich an der Seite von rund 35.000 kaiserlichen Soldaten bereit, die Hauptstadt zu verteidigen. Es sollte jedoch nicht dazu kommen. Torstenson, der es nicht wagte, ohne Bundesgenossen die Stadt zu stürmen, zog sich nach einigen Tagen wieder zurück, schlug sein Hauptquartier in Mistelbach auf, von wo er sich dann nach Mähren wandte und monatelang vergeblich Brünn belagerte. Im Herbst desselben Jahres drang er nochmals bis Korneuburg vor, konnte aber auch diesmal keine Entscheidung herbeiführen. Damit war die letzte Bedrohung im großen Krieg gebannt. Wien, vom Weltgeschehen nicht weiter beachtet, sank zurück in den etwas lethargischen Zustand einer fürstlichen Residenzstadt. Von politischer Aktivität kann nach wie vor keine Rede sein, ja, selbst die kulturelle Ausstrahlung Wiens blieb hinter deren echter schöpferischer Kraft weit zurück. Es bedurfte erst jenes Ereignisses, das die gesamte abendländische Welt aufrüttelte — der zweiten Belagerung Wiens durch die Türken —, um hier endgültig Wandel zu schaffen.

Konrad Pramber, der sich während seiner Amtszeit des öfteren der Wertschätzung der Stadt erfreute — man verehrte ihm zu jedem Geburtstag vergoldete und fein ziselierte Silbergeschmeide: Kannen, Flaschen, Schalen, sicherlich kunstvolle Arbeiten aus Wiener Goldschmiedewerkstätten, dazu meist welsche Früchte und fremdländisches Geflügel —, mußte zur Stärkung seiner Gesundheit des öfteren Kuraufenthalte in dem schon damals gerne frequentierten Baden bei Wien antreten, wofür ihm und seiner Gattin jedesmal nennenswerte finanzielle Zuschüsse gewährt wurden. Im 67. Lebensjahr stehend, verfaßte Pramber sein Testament, in welchem er sich väterlich um seine Familie sorgte, nicht zuletzt war er auch auf deren leibliches Wohl bedacht: seinem Sohn, der selbst keine Weingärten besaß, testierte er — *damit er an einem Trunckh keinen Mangel habe* — an die 1700 Liter guten Weines. Am 3. Juni 1655 schloß Pramber in seinem Wohnhaus, das er 1638 durch den Zukauf eines Nachbarhauses stattlich vergrößert hatte, für immer die Augen.

Unter seinem Nachfolger CASPAR BERNHARDT, der das Bürgermeisteramt von 1646 bis 1648 verwaltete, wurde der Dreißigjährige Krieg beendet. Bernhardt, um 1595 geboren, begann seine magistratische Laufbahn im Alter von 27 Jahren, heiratete eine wesentlich ältere, schon zweimal verwitwete Wienerin, die bald starb, dann in zweiter Ehe nochmals eine (wenn auch jüngere) Witwe, die er — nachdem sie ihm vier Söhne geboren hatte — 1640 bei der Geburt des fünften Kindes im Kindbett verlor. Aus beiden Ehen besaß Bernhardt nunmehr ein ansehnliches ererbtes Vermögen, das es ihm erlaubte, unangefochten einen bemerkenswerten sozialen Aufstieg zu nehmen. Wieder ist es der herkömmliche Weg vom Äußeren Rat über die Gerichtsbeisitzer in den Inneren Rat bis zum Amt des „Finanzstadtrats", des einflußreichen Oberkämmerers (1638). Bernhardt hatte eine glückliche Hand: im Gegensatz zu seinem Amtsvorgänger konnte er einen namhaften Überschuß erwirtschaften, der ihm — den Gepflogenheiten der Zeit entsprechend — nach Abschluß der Rechnungen zur persönlichen Verfügung verblieb. Über seine Amtstätigkeit als Bürgermeister ist nichts Wesentliches zu berichten. 1646 kaufte er das geräumige Haus Tuchlauben 19 und übersiedelte dorthin, nachdem er den größten Teil seines früheren Realitätenbesitzes — einen Anteil am „Kleinen Melkerhof" sowie Häuser am Anfang der Rotenturmstraße (dort, wo heute der „Kennedy-Hof" steht), im Tiefen Graben und unter den Tuchlauben — veräußert, und, ob freiwillig, ob erzwungen, bleibt unbekannt, gegen städtische Obligationen eingetauscht hatte. Das Haus Tuchlauben 19 wurde auch sein Sterbehaus. Hier erlag er, nach Abfassung seines Testamentes am 10. Oktober, am 22. Oktober 1648 der *Wundwassersucht*. Bedachtsam hatte er seinen Besitz unter seine Verwandten verteilt. Ein von ihm erbautes Sommerhaus mit Garten vermachte er seiner Gattin, *die ketten sampt dem Kayserlichen Gnadenpfennig* sowie *einen gespitzten diemantring und saphir* seinem ältesten Sohn Franz, Schmuck und Silber seinen Töchtern, die Bibliothek seinem Sohn Caspar, der 1672 bis 1692 Abt des Zisterzienserstiftes Zwettl wurde und diesem Stift unter anderem die ererbte Bibliothek historischer Werke zubrachte. Die *amptsbüecher*, verfügte Pramber, sollten, *damit sie nit in frembde Händt kommen*, verbrennt werden. Neben Legaten an sein Dienstpersonal — ein Kutscher, ein Hausknecht und weibliche Kräfte werden ausdrücklich erwähnt — und den der Zeit entsprechenden reichhaltigen Widmungen an die Spitäler, Klöster (Kapuziner, Augustiner, Karmeliter, Paulaner, Serviten, Barmherzige Brüder, Jesuiten, Prediger) und Bruderschaften gibt es noch ein recht merkwürdiges Legat: dem Hofkanzler Freiherrn von Goldeck vermachte Pramber sein *raisskästl, darinnen allerley zu dem tisch gehörige notturfften seind von silber und verguldt*, knüpft daran aber die *gehorsambe bitt*, der Kanzler möge, wenn des Pramber Kinder einer Protektion bedürften, *mit gnediger beförderung ihrer personen dessen in gnaden gedenckhen*. Das von Pramber eigenhändig unterzeichnete sowie unter anderem von Paul Wiedemann mitbesiegelte Testament befindet sich im Wiener Landesarchiv, sein adeliges Wappen ist in künstlerischer Form im „Wappenbuch" überliefert, ebenso aber auch auf seinem Grabstein, der sich im rechten Seitenschiff von St. Stephan befindet.

Bürgermeister Johann Georg Dietmayr und seine Nachfolger

Dreimal wird der 1608 geborene JOHANN GEORG DIETMAYR jeweils für eine Reihe von Jahren zum Bürgermeister gewählt; er amtiert von 1648 bis 1654, von 1656 bis 1659 und nochmals von 1664 bis 1667. Ende 1638 erwarb er das Wiener Bürgerrecht, im darauffolgenden Jahr schloß er sein Studium der Rechte mit dem niedrigsten akademischen Grad eines Baccalaureus ab, dann kam er jedoch durch seine Heirat mit der aus der Stadtratsfamilie Ernst stammenden Arztenswitwe Anna Rosina Geisler in die gehobene Wiener Gesellschaft. Sein Schwager wird Silvester Pacher von Pachburg, *kaiserlicher Diener und der kaiserlichen achtzehn Stätt und Märkt Einnehmber*, der mit Anna Rosinas Schwester Barbara vermählt ist, die dritte Schwester, Eva, kennen wir als Gattin des Bürgermeisters Augustin Haffner. Wie so oft wird auch im Falle der Familien Ernst und Dietmayr die Verschwägerung in allen ihren für ihre Mitglieder positiven Folgen deutlich, nicht zuletzt hinsichtlich der Ämter, die sie unter sich verteilten, und wegen des vererbten Besitzes; Dietmayr bezog mit seiner Gattin das von Paul Ernst ererbte Haus in der Himmelpfortgasse 1, erwarb 1639 ein Haus in der Johannesgasse und erbte schließlich ein weiteres in der Kärntner Straße.

Gegen Ende von Dietmayrs erster Amtsperiode erließ Ferdinand III. 1652 jenes „Reformationspatent", in welchem fast alle gegen die Protestanten gerichteten Bestimmungen nochmals endgültig zusammengefaßt wurden. Um diese Zeit lebten in der Stadt und in den Vorstädten, wie man einer 1649 erschienenen ausführlichen Beschreibung in Matthäus Merians „Topographia provinciarum Austriacarum" entnehmen kann (die auch fünf Kupferstiche der Stadt und ihrer näheren Umgebung, darunter von Hernals, enthält), rund 60.000 Einwohner. Gleich zu Beginn seiner Amtstätigkeit kümmerte sich der Bürgermeister um verschiedene Verwaltungsangelegenheiten. Dazu gehörte beispielsweise im Jahre 1650 die Einrichtung der Rumorwache. Die Soldaten der Stadtguardia hatten den Bürgern durch ihr Verhalten immer wieder Anlaß zu Beschwerden gegeben, weshalb der Stadtrat über Vorschlag Dietmayrs für den Sicherheitsdienst in den Straßen und zur Unterstützung der Stadtguardia auf den Märkten diese neue Wache schuf, die bis nach der zweiten Türkenbelagerung in dieser Form bestehen blieb.

Als Bürgermeister war Dietmayr Rektor der Allerheiligen-Bruderschaft im Bürgerspital, zu deren zwölf Vorstehern auch ein Mitglied des Inneren Stadtrates, DR. THOMAS WOLFGANG PUECHENEGGER, gehörte, der Dietmayr in den Jahren 1654 und 1655 in seinem Amt ablöste. Puechenegger war nur etwa drei Jahre jünger als sein Vorgänger und Besitzer des Hauses Schulerstraße 24, das er mit seiner Gattin Anna Sophie und seinen wenigstens sechs (namentlich überlieferten) Kindern bewohnte. Er dürfte gebürtiger Wiener gewesen sein: das Wohnhaus wird nämlich als sein väterliches Haus bezeichnet. 1655 ordnete Puechenegger, wie einem erhalten gebliebenen Aktenstück zu entnehmen ist, eine genaue Beschreibung aller Insassen der bürgerlichen Häuser Wiens an. Im selben Jahr starb am 21. Mai seine Gattin im Alter von nur 33 Jahren, nachdem im Jahr zuvor seine Schwester Katharina, die fünf Kinder hinterließ, vom Tod ereilt worden war. Wie jüngste Forschungen ergeben haben, wurde Wien in diesen Jahren von einer bisher unbeachtet gebliebenen Pestepidemie heimgesucht.

Es wäre durchaus denkbar, daß die Personenstandsaufnahme in diesem Zusammenhang gesehen werden muß. 1654 traf auch das Herrscherhaus ein harter Schlag, als der in diesem Jahr vom Reichstag nach Wien zurückkehrende junge König Ferdinand IV., den der Bürgermeister im Namen der Stadt feierlich begrüßt hatte, von den Blattern befallen am 9. Juli starb. Puechenegger selbst wurde in diesen Jahren, wie es medizinisch üblich war, „zur Ader gelassen", wofür ihm der Stadtrat jeweils 30 Reichstaler verehrte.

Nach Beendigung seiner Amtsperiode wieder in den Inneren Stadtrat zurückgekehrt, lebte Puechenegger noch fast zwei Jahrzehnte; im Alter von 63 Jahren ist er am 28. Mai 1674, nachdem er vier Wochen zuvor sein Testament verfaßt hatte, als „Senior des Stadtrates" in jenem selben Haus in der Schulerstraße gestorben, das ihm über ein Vierteljahrhundert als Wohnstätte gedient hatte. Sein 1649 dort geborener Sohn Wolfgang Bernhardt hat sich während der zweiten Türkenbelagerung besondere Verdienste erworben.

1656 war wieder Johann Georg Dietmayr, der im Jahr zuvor mit dem Prädikat „von Dietmannsdorf" in den Adelsstand erhoben worden war, Bürgermeister. Er übernahm ein Gemeinwesen, dessen finanzielle Schwierigkeiten auch in den beiden abgelaufenen Jahren nicht hatten behoben werden können. Selbst der Landesfürst blickte mit Sorge auf die Gebarung seiner Residenzstadt und erließ deshalb am 24. März 1656 eine Instruktion für den Stadtanwalt mit der Anweisung, im Hinblick auf die seit Jahrzehnten schlechte Finanzlage Wiens der finanziellen städtischen Verwaltung künftig besonderes Augenmerk zu widmen und den Oberkämmerer in seiner Tätigkeit zu beaufsichtigen. Nichtsdestoweniger veranstaltete die Stadt am 1. Oktober 1658 zur Begrüßung des nach dem Tode Ferdinands III. zum Kaiser gekrönten Leopold I. anläßlich seines Einzuges grandiose Festlichkeiten. Das Volk drängte sich umso mehr in den Straßen, als der jugendliche Herrscher in der Öffentlichkeit ziemlich unbekannt war. Durch die Stände und Bürger zu Pferde von Schönbrunn eingeholt, begab sich Leopold in die Gegend des heutigen Getreidemarktes, wo man ein prunkvolles Zelt errichtet hatte, unter dem der Kaiser die ihm von Bürgermeister Dietmayr überreichten Schlüssel der Stadt entgegennahm. Dann ritt er zum Stubentor und durch dieses zum Stephansdom, wo er vom Klerus empfangen wurde. Mit Leopold I. kam der erste „Barockkaiser" auf den Thron, der Wien zum Mittelpunkt der europäischen Musik- und Theaterwelt machte, die Verwaltung straffte und die Wirtschaft im Sinne des Merkantilismus beeinflußte. Achtzehnjährig zur Herrschaft gekommen, gelang es ihm im Verlaufe seiner 47jährigen Regierung, das Habsburgerreich zur europäischen Großmacht emporzuführen, die Türken entscheidend zu schlagen und Ungarn mit Siebenbürgen zu gewinnen, wobei er eine Politik des absolutistischen Zentralismus und der Gegenreform vertrat.

Diese Regierungsgrundsätze hatten ihre Auswirkungen. Es ist ein in vieler Hinsicht bemerkenswerter Umstand, daß in jenen Tagen der Hof eine ganz besondere Anziehungskraft auf weite Teile der Bevölkerung ausübte, ja daß es (zeitgenössischen Berichten zufolge) weit attraktiver war, das kleinste Amt bei Hofe zu bekleiden als ein hohes städtisches Amt; nicht das Vertrauen der Bürger, der Handwerker gab das größte Ansehen, sondern der Abglanz der kaiserlichen Huld. Selbst angesehene

Bürger drängten sich daher in die Dienste des Hofes oder — in Ermangelung sich bietender Möglichkeiten — in jene des hohen Adels. Die nebensächlichsten Titelchen waren äußerst begehrt, und die Formen des höfischen Lebens wurden in bürgerlichen Kreisen nur allzu gerne, wenn auch vergröbert und verzerrt, kopiert. Die Übernahme der feierlichen und umständlichen spanischen Hofetikette führte letztlich dazu, daß auch das bürgerliche Leben pedantischer und kleinlicher wurde, daß man auch im Bürgerstand auf die Beachtung der geringfügigsten Rangunterschiede peinlich Bedacht nahm, wodurch sich nicht nur die soziale Kluft zwischen den Ratsfamilien und den Kaufleuten sowie zwischen diesen und den Handwerkern ständig vergrößerte, sondern jene Handwerker, die „in der Stadt" arbeiteten, sich von den in den Vorstädten tätigen absonderten, ja auf diese herabsahen. Was sich einige Jahrzehnte danach ins Gegenteil verkehren sollte, war um diese Zeit noch die Maxime: alles drängte in die Stadt, der Besitz eines Hauses oder gar eines Palais innerhalb der Mauern dünkte manchem als das höchste erreichbare Ziel seines Lebens.

Dietmayr, der mittlerweile ein zweites Mal geheiratet hatte, erlebte in dieser Amtsperiode noch die Entstehung des ersten Hofkomödienhauses neben dem „spanischen Ravelin" (1659), der Baubeginn an einem neuen Trakt der Hofburg, dem Leopoldinischen Trakt (1660), fällt bereits in die Amtszeit von Bürgermeister JOHANN CHRISTOPH HOLZNER, der zunächst bis 1663, dann (nach einer nochmaligen Wahl Dietmayrs) von 1667 bis 1669 das höchste städtische Amt verwaltete. Neben dem 1666 vollendeten Erweiterungsbau der Hofburg, durch den eine Verbindung zwischen den alten Bauteilen des Cillierhofes und des Schweizertraktes hergestellt und die barocke Umgestaltung der Hofburg eingeleitet wurde, setzte auch anderwärts eine bedeutsame Bautätigkeit ein: so fallen in diese Jahre der Umbau des Starhemberg-Palais (1661) und die Konzipierung der Fassade der damaligen Jesuitenkirche Am Hof (1662). In den sechziger Jahren erreichte man in einer letzten Etappe mit dem Ausbau der Stadttore, insbesondere aber mit der Vollendung des Burgravelins, auch einen gewissen Abschluß der Stadtbefestigung.

Holzner, der sein Bürgermeisteramt unter anderem dazu benützte, seinen Vermögensstand zu konsolidieren — aus den Grundbucheintragungen wissen wir, daß er zwei Häuser (im Steyrerhof und am Fleischmarkt), auf denen Steuerschulden lasteten, nur deshalb erwerben konnte, weil er sich dank seiner Position offenbar die Möglichkeit zu schaffen wußte, preisgünstig in deren Besitz zu gelangen! —, wurde 1663 dennoch in dankbarer Anerkennung geleisteter Dienste mit einem hohen Ehrengeschenk von 500 Gulden verabschiedet. Vier Jahre später, 1667, wählte man ihn, nachdem Dietmayr von 1664 bis 1667 eine dritte Amtsperiode absolviert hatte, neuerlich auf drei Jahre zum Bürgermeister. Er starb wenige Jahre später, am 13. Mai 1672, in seinem Haus in der Leopoldstadt.

Die neuerdings anschwellende Türkengefahr, die nach der Kapitulation der Festung Neuhäusel 1663 Wien in Atem hielt, wochenlange Festlichkeiten anläßlich der Vermählung Leopolds I. mit der spanischen Infantin Margareta Theresia 1666 (die in einem historisch gewordenen „Carroussel" am Platz In der Burg und in großartigen Feuerwerken ihre Höhepunkte fanden), eine unglückliche Ungarnpolitik des Hofes, die mit einem Todesurteil gegen Graf Nádasdy endete (der 1671 in der Bürgerstube des Alten Rathauses hingerichtet wurde), der die Bevölkerung in Unruhe versetzende

Brand im eben erst fertiggestellten Leopoldinischen Hofburgtrakt (1668) sowie eine 1669 ins Auge gefaßte Ausweisung der Juden aus ihrem Getto im Unteren Werd bildeten den wechselvollen Hintergrund der Regierungsjahre der Bürgermeister Dietmayr und Holzner.

Daniel Lazarus Springer und Dr. Peter Sebastian Fügenschuh

Mit dem Titel *Seiner Majestät Rat* ausgezeichnet, beendete Johann Christoph Holzner 1669 endgültig seine Amtstätigkeit als Wiener Bürgermeister. Zu seinem Nachfolger wurde der um 1614 geborene DANIEL LAZARUS SPRINGER vorgeschlagen und vom Kaiser anstandslos bestätigt. Er trat 1670 sein Amt an. Acht Wochen später, am 28. Februar, erging jener verhängnisvolle kaiserliche Befehl, demzufolge die in Wien ansässigen Juden — ihre Zahl schätzte man auf etwa 3000 — bis zum Fronleichnamstag ausnahmslos das ihnen 1625 eingeräumte Getto im Unteren Werd zu verlassen hatten; es nützte ihnen nichts, daß der Kaiser ihre Schutzbriefe und Privilegien in den sechziger Jahren nicht weniger als dreimal bestätigt hatte. Man wird nicht fehlgehen, wenn man diese Entscheidung Leopolds I. auf den Einfluß seiner strenggläubigen spanischen Gattin Margareta Theresia zurückführt, deren Judenhaß allgemein bekannt war. Der Bevölkerung, die in demagogischer Weise gegen die jüdischen Mitbürger aufgewiegelt wurde, versprach man goldene Berge. Umso bitterer war die Enttäuschung, als sich ganz im Gegenteil sehr bald negative Folgen der Ausweisung bemerkbar machten: das Wirtschaftsleben stagnierte, die Häuser im Getto blieben größtenteils unverkäuflich, sodaß ganze Gassen verödeten, der Steuerausfall wirkte sich unangenehm aus, weshalb die Bürger für die dem Fiskus entgehende Judensteuer aufkommen sollten, und letzlich mangelte es dem Hof an jüdischen Darlehensgebern. Daran konnte selbstverständlich auch nichts ändern, daß Leopold anstelle der abgebrochenen Synagoge eine dem Landespatron, dem hl. Leopold, geweihte Kirche erbauen, das Talmudlehrhaus in eine Schule umwandeln und 1671 in der — inzwischen nach dem Kaiser benannten — „Leopoldstadt" ein „Arbeitshaus" errichten ließ. Wider besseres Wissen hielt man an der getroffenen Entscheidung fest. Erst als die Kaiserin 1673 einem Lungenleiden erlag, besserte sich die Situation, und 1675 erhielten 250 vertriebene jüdische Familien gegen Erlag einer beträchtlichen Geldsumme die Erlaubnis, sich wieder in Wien niederzulassen.

Im Jahre 1674 war DR. PETER SEBASTIAN FÜGENSCHUH zum Bürgermeister gewählt worden, ein zu diesem Zeitpunkt 45jähriger Mann, über dessen Herkunft wir nichts Genaues wissen. Manche seiner Verwandten — sein Stiefvater und sein Schwager — verdienten sich durch Handelsgeschäfte ihren Lebensunterhalt; Fügenschuh hingegen hatte sich nach Abschluß seiner juridischen Ausbildung der Verwaltungslaufbahn zugewendet und nach einem konventionellen Aufstieg 1668 das Amt des Stadtrichters übernommen.

1678 bekleidete nochmals Daniel Lazarus Springer das Bürgermeisteramt. Diesem war in der Zwischenzeit — wie schon seinen Vorgängern — der Titel *Seiner Majestät Rat* verliehen worden, und er war seit 1676 Senior des Stadtrates. In zweiter Ehe mit der um zwölf Jahre älteren Rosina, der

Tochter des 1639 verstorbenen Daniel Moser und Witwe nach dem Bürgermeister Paul Wiedemann, verheiratet, gelangte er durch sie in den Besitz des weitläufigen und repräsentativen Gundelhofes am Bauernmarkt; Rosina war das wertvolle Objekt 1650 nach dem Tode Wiedemanns zugefallen, der es bekanntlich von seiner zweiten Gattin Barbara, der Tochter des Bürgermeisters Augustin Haffner, ererbt hatte. Springer war so vermögend, daß er sich sogar *ross und wagen* halten konnte.

Im Frühjahr 1679 zeigten sich in der Leopoldstadt einige Fälle von Beulenpest, bald darauf auch in anderen Vorstädten. Hatte die Seuche anfangs nur vereinzelte Opfer gefordert, so begann sie mit Beginn der heißen Jahreszeit, im Juli, fürchterlich zu wüten. Tausende und Abertausende starben dahin. Umsonst hatte der berühmte Arzt Paul de Sorbait, der als „Pestarzt" in die Geschichte eingegangen ist, schon 1678, als die Seuche in Ungarn auftrat, prophylaktische Maßnahmen gefordert; das Volk schlug alle ärztlichen Mahnungen in den Wind, glaubte lieber an die Strafe Gottes, die von allen Kanzeln gepredigt wurde, und suchte Rettung in Gebeten und Bußübungen, wie sie der stadtbekannte Prediger Abraham a Sancta Clara forderte. Die genaue Zahl der Toten wird sich wohl nie ermitteln lassen; die gigantischen Sterbeziffern zeitgenössischer Berichte lassen sich aus den noch erhaltenen vom Totenbeschreibamt geführten Totenbeschauprotokollen zwar nicht belegen, doch besagt das nicht viel, da es fraglich erscheint, ob den Beschauärzten alle Todesfälle zur Kenntnis kamen. Am Höhepunkt der Seuche konnten keine Einzelgräber mehr angelegt werden, sondern man beerdigte die Toten, mit Kalk übergossen, zu Hunderten in eilig ausgehobenen Pestgruben. Der Kaiser hatte im August die Stadt verlassen und sich zunächst nach Mariazell, dann nach Prag begeben; wenig später flohen auch die ausländischen Gesandten und der Adel sowie die reichen Bürger. Die Stadt begann sich zu entvölkern, Straßen und Plätze verödeten, Handel und Gewerbe standen still. Erst eine rauh hereinbrechende Novemberkälte machte dem Wüten der Pest ein Ende, ein Umstand, den Abraham a Sancta Clara wegen der auch später noch hin und wieder auftretenden Krankheitsfälle nicht gelten lassen wollte. Er schrieb das Abklingen viel eher der von Leopold gelobten Dreifaltigkeitssäule auf dem Graben zu, die unter der Bezeichnung „Pestsäule" noch heute den künstlerischen Mittelpunkt des Platzes bildet. Vor der provisorischen hölzernen Säule versammelte sich die Bevölkerung mit Bürgermeister Springer und den Honoratioren am 17. Juni 1680, um in einer prunkvollen Prozession mit nachfolgendem feierlichem Hochamt dem Himmel für die Errettung der Stadt zu danken. Unter den Toten des Jahres 1679 befanden sich auch der frühere Bürgermeister Peter Sebastian Fügenschuh und Rosina, seine Gattin. Unter jenen aber, die sich im Kampf gegen die furchtbare Seuche besondere Verdienste erwarben, tritt bereits ein Mann hervor, der die Nachfolge Springers antreten und sich wenige Jahre später durch seinen heldenhaften Einsatz während der zweiten Türkenbelagerung auszeichnen sollte: Johann Andreas von Liebenberg.

Bürgermeister Josef Georg Hörl (1773—1804)

Fernsicht auf Wien von der Triester Straße, 1817

GLANZ DER BAROCKSTADT

Johann Andreas von Liebenberg und die zweite Türkenbelagerung

In der langen Reihe der Wiener Bürgermeister nimmt JOHANN ANDREAS VON LIEBENBERG eine hervorragende Stellung ein. Sein Name — bereits in zeitgenössischen Berichten mit Respekt genannt und sehr bald von geradezu legendärem Klang — ist in die europäische Geschichte eingegangen, weil seine Amtszeit mit einem Ereignis von welthistorischer Bedeutung, der erfolgreichen Abwehr der Türken, untrennbar verbunden ist. Hinter diesem militärischen Einsatz tritt Liebenbergs Verwaltungstätigkeit, mag sie auch noch so bedeutsam gewesen sein, merklich zurück, ja man darf wohl zu Recht annehmen, daß diese allein kaum ausgereicht hätte, ihn zu einer der bekanntesten Gestalten der Wiener Geschichte der frühen Neuzeit zu machen.

Was Liebenbergs Lebenslauf betrifft, so wissen wir nicht einmal, wann und wo er geboren wurde. Allgemein wird angenommen, daß er 1627 das Licht der Welt erblickt hat, weil er im Jahr seines Todes im 56. Lebensjahr stand; und ebenso darf als sicher angenommen werden, daß er in Wien geboren wurde, da sein Vater, der als Hofkanzleiregistrator tätig war, 1622 in Wien geadelt wurde. Frühzeitig trat Liebenberg, über dessen Jugendjahre wir ebensowenig orientiert sind, in den Dienst der Stadt Wien; die städtischen Oberkammeramtsrechnungen im Jahre 1652 erwähnen ihn als *gemainen Stadtexpeditor*, und drei Jahre später gehörte er dem Äußeren Rat an. Nachdem er sich seit 1660 als *Oberraithandler* betätigt hatte — womit er, im heutigen Sinne, als Leiter der städtischen Rechnungsbeamten anzusprechen wäre —, avancierte er 1669, die Rangleiter verhältnismäßig langsam emporklimmend, in den Kreis der Stadtgerichtsbeisitzer und wurde 1676 in den Inneren Rat berufen. Bisher unaufgearbeitetes Quellenmaterial zu seiner Amtstätigkeit in den späten siebziger Jahren könnte möglicherweise noch manches interessante, vielleicht sogar überraschende Ergebnis zutage fördern.

Mit dem Eintritt in den Inneren Rat dürften die ärgsten Aufstiegsschwierigkeiten Liebenbergs überwunden gewesen sein. 1678 wurde er Stadtrichter, und dieses Amt übte er auch im Pestjahr 1679 aus. Damals erwarb er sich vor allem deshalb große Verdienste, weil er anstelle von Bürgermeister Daniel Lazarus Springer in das *Collegium sanitatis*, das Sanitätskollegium, eingetreten ist, dem die Überwachung und Durchführung der Seuchenbekämpfung übertragen war. Gemeinsam mit Doktor Sorbait, der auch die persönliche ärztliche Betreuung Liebenbergs übernahm, vertrat er das *Directorium sanitatis*. Zum äußeren Zeichen der Anerkennung wurde Liebenberg für seinen Einsatz während der Epidemie der Titel „Kaiserlicher Rat" verliehen, die Stadt Wien verehrte ihm am 14. September 1680 *für gehabte Unkosten* anläßlich eines bei der Mariensäule Am Hof abgehaltenen Dankgottesdienstes die ansehnliche Summe von 300 Gulden.

Bereits Anfang 1680 hatte Liebenberg das Bürgermeisteramt angetreten. In den folgenden noch friedlichen Jahren kümmerte er sich vor allem um die städtischen Finanzen. Nach Jahrzehnten der Unsicherheit — die Siege Montecuccolis gegen die Türken bei St. Gotthard an der Raab und bei Mogersdorf im Burgenland in den Jahren 1663/1664 hatten nur vorübergehende Entlastung gebracht, die Magnatenverschwörung in Ungarn 1669 bis 1671 hatte jedoch durch die Kollaboration mit den Türken die Gefahr für Wien wesentlich verschärft — sammelte Großwesir Kara Mustapha 1683 neuerlich eine gewaltige Heeresmacht zu einem Vorstoß nach Mitteleuropa. Die Aufbringung der erforderlichen Gelder und die Aufstellung von Kampfverbänden bereiteten dem Kaiser größte Schwierigkeiten; allein durch die maßgebliche finanzielle Unterstützung seitens des Papstes und dank eines Bündnisses mit dem Polenkönig Johann Sobieski, das zu Beginn des Jahres 1683 effektuiert werden konnte, erhielt die Verteidigung überhaupt noch eine reelle Chance. War man sich infolge der die wahren Absichten verschleiernden Aufmarschtaktik Kara Mustaphas lange Zeit über dessen Feldzugsplan im unklaren gewesen, so wurden die letzten Zweifel über sein Angriffsziel in dem Augenblick zerstreut, als er am 5. Juli von Raab aufbrach und eine Woche danach die Leitha überschritt. Am 13. Juli erschien die türkische Vorhut am Wienerberg, am 15. und 16. Juli war die Einschließung Wiens vollendet. Durch die brennenden Vorstädte rückten die Türken bis an den Rand des Glacis vor und stellten nach und nach für ihre Kampftruppen 25.000 Zelte auf. Kara Mustapha selbst ließ sein prunkvolles Hauptquartier im Raum von St. Ulrich aufschlagen, um von hier aus persönlich den Hauptangriff des Belagerungsheeres gegen den Festungsabschnitt zwischen der Burg- und Löwelbastei lenken zu können. Von Laufgräben, die sie bis unmittelbar unter die Festungswälle gruben und von denen aus sie ihre Sturmangriffe an die Stadt herantrugen, von intensiven Kanonaden mit den Batterien, die in dem wegen seines ansteigenden Terrains günstigen Sektor zwischen Mariahilfer Straße und Neustiftgasse postiert waren, sowie von Minen, die sie in Stollen unterhalb der Ravelins und Kurtinen zur Explosion brachten, versprachen sich die Türken am ehesten schnelle Erfolge. Die Verteidiger, allen voran Stadtkommandant Ernst Rüdiger von Starhemberg und Bürgermeister Johann Andreas von Liebenberg, hatten sich, soweit dies unter den gegebenen Umständen überhaupt möglich gewesen war, vorgesehen: sie ließen in Eile die Befestigungen ausbessern, die Lebensmittelvorräte ergänzen, die Geschütze aus den Arsenalen auf die Basteien und Ravelins schaffen sowie die Vorstädte niederbrennen. Hof, Adel und reiche Bürger setzten sich mit allen Anzeichen von Hast nach dem Westen und Norden ab. Die Zusage militärischer Hilfe aus den Erblanden, dem Reich und Polen beschränkte sich vorherhand auf Versprechungen; in der Stadt standen für die Verteidigung lediglich 11.000 Mann regulärer Truppen zur Verfügung, verstärkt durch etwa 5000 bis 6000 Handwerker, Kaufleute, Studenten und Hofbedienstete. Viele dieser bürgerlichen Verteidiger besaßen keine entsprechende Kampfausbildung, sodaß sie nur im Wachdienst verwendbar blieben. Erschwerend kam hinzu, daß durch die Pest riesige Lücken in die Bevölkerung gerissen worden waren. Immerhin hatte Leopold I. vor seiner Abreise ein militärisches und ein politisch-verwaltendes Verteidigungskollegium eingesetzt, wobei ihm besonders in der Wahl Starhembergs eine glückliche Entscheidung gelungen war.

Bürgermeister Liebenberg scheute sich nicht, die Verteidigungsvorbereitungen mit eigener Hand zu unterstützen: er leitete persönlich die Schanzarbeiten, organisierte die Bürgerwehr und überwachte die Verproviantierung. Es wird uns berichtet, daß er durch ermunterndes Beispiel und verständnisvolle Anordnungen das Selbstvertrauen der Wiener Bürgerschaft außerordentlich gehoben habe. Dennoch kam die Stadt, nachdem bereits am ersten Belagerungstag durch einen im Schottenhof ausgebrochenen Brand, der das nahegelegene Arsenal gefährdete und den Pulverturm unmittelbar bedrohte, eine nur mit Mühe gemeisterte bedenkliche Situation entstanden war, schon wenige Wochen nach dem Beginn der Belagerung in eine Krise größten Ausmaßes. Zu einem ersten größeren Erfolg der Belagerer kam es am 23. Juli, als es ihnen glückte, durch zwei Minensprengungen das Vorwerk der Burg- und Löwelbastei, die Contrescarpe, schwer in Mitleidenschaft zu ziehen. Die Siegeszuversicht der Belagerten wurde jedoch erst dann erschüttert, als es den Türken am 3. August gelang, die Contrescarpe zu besetzen. Am 12. August legten sie durch eine riesige Minensprengung auch die Spitze des Burgravelins in Trümmer. Immer mehr wurde klar, daß nun nur noch Hilfe von außen die Stadt retten konnte.

Diese Hilfe ließ auf sich warten. Sosehr die Verteidiger auch den Anmarsch des Entsatzheeres ersehnten, kann man doch rückblickend das vorsichtige Agieren Herzog Karls von Lothringen verstehen: war er doch auf das Eintreffen der Hilfstruppen aus Sachsen und Polen angewiesen, die erst Mitte August aus ihren Heimatländern aufbrachen. Auch mußte er sich darüber im klaren sein, daß er sich den Türken in offener Feldschlacht zu stellen habe und vom Ausgang dieses Kampfes mehr abhing als bloß der Entsatz von Wien. Ein Erfolg hätte den Sultan endgültig zum Herrn der besetzten Gebiete gemacht und den Türken den Weg nach Mitteleuropa geöffnet. Karl von Lothringen ging mit größter Umsicht ans Werk: er versicherte sich seiner Bundesgenossen, führte die eigene Armee ins Tullner Becken, schützte die Stadt Krems, die der natürliche Sammelplatz für die Truppen sein sollte, säuberte das Gebiet nördlich der Donau von umherstreifenden Tataren und schlug diese vernichtend.

Inzwischen ging der Kampf um die Burgbastei, welche die Türken nur mehr den „Zauberhaufen der Christen" nannten, seinem Höhepunkt entgegen: am 23. August faßten die kampfwütigen Janitscharen auf dem Ravelin Fuß, am 3. September war das für uneinnehmbar gehaltene Bollwerk zur Gänze in ihrer Hand, am folgenden Tag ging an der Flanke der Burgbastei eine große Mine hoch und richtete so schwere Schäden an, daß nur der persönliche Einsatz Starhembergs eine Katastrophe verhindern konnte; am 6. September riß die bis dahin gewaltigste Sprengung eine zwölf Meter breite Bresche in die Löwelbastei, und die bereits ausgelaugten und überforderten Verteidiger konnten den Ansturm der Janitscharen nur unter Aufbietung ihrer letzten Kräfte zum Stillstand bringen. Als am 8. September weitere Minen explodierten, konnte man auch die Löwelbastei kaum mehr als ein verteidigungsfähiges Mauerwerk bezeichnen.

Zwar hatten sich auch bei den Türken bereits Ermüdungserscheinungen bemerkbar gemacht, und die Janitscharen beriefen sich darauf, daß sie nur zu vierzigtägiger Dienstleistung vor einer belagerten Festung verpflichtet seien, aber auch bei den Verteidigern war es infolge der Maßnahmen Starhembergs zu ernsten Differenzen mit der Bürgerschaft gekommen; diese wurden noch dadurch verstärkt, daß Bürgermeister Liebenberg, der nach beiden Seiten hin immer die ausgleichende Vermittlerrolle übernommen hatte, seit Mitte August schwer krank darniederlag und an seinem Aufkommen Zweifel bestanden. Tatsächlich verstarb er in der Nacht vom 9. auf den 10. September 1683 *in seiner behaußung am Hoff*, getröstet durch den Anblick der ersten von den Vortruppen des Entsatzheeres am 8. September über dem Kahlenberg abgefeuerten Raketen. Doktor Sorbait persönlich führte, wie im Protokoll vermerkt ist, die Totenbeschau durch.

Am 12. September, einem Sonntag, strömte das Entsatzheer von den Höhen des Kahlengebirges herab und verwickelte das Heer Kara Mustaphas — dessen militärische Nachlässigkeit, nicht einmal die Höhenzüge in seinem Rücken hinreichend gesichert zu haben, unbegreiflich erscheint — in eine weiträumige Schlacht. Nach wechselvollem Kampf gelang Herzog Karl von Lothringen schließlich der entscheidende Durchbruch, der die feindlichen Linien auf der ganzen Front zwischen Döbling und Breitensee ins Wanken brachte und die Türken zu einem allgemeinen Rückzug zwang, der trotz aller Bemühungen des Großwesirs in eine derart regellose Flucht ausartete, daß den Siegern eine unüberschaubare Beute in die Hände fiel. Starhemberg wurde von Kaiser Leopold I., der am 14. September seinen feierlichen Einzug in Wien hielt, zum Feldmarschall ernannt und mit einem Ehrengeschenk von 100.000 Gulden bedacht. Einige Ratsherren erhielten ebenfalls Ehrengeschenke, andere wurden 1687 — sehr verspätet! — mit goldenen Gnadenketten und dem kaiserlichen Ratstitel ausgezeichnet. Für die schwer getroffene Bevölkerung hatte der Kaiser lediglich den Rat übrig, sie möge die vergangenen Zeiten als eine Prüfung betrachten, die sie zu *Tugent, Ehrbarkeit und Gottesforcht* erziehen und veranlassen solle, *Haß, Neid und Zank, Kleiderprunk und jede Art von Unzucht, dergleichen vorher im vollen Schwung gewesen, abzutun*. Die Versuche, Geldzuschüsse für den Wiederaufbau oder wenigstens Steuernachlässe zu erlangen, blieben erfolglos; es dürfte für die hartgeprüften Wiener kaum vorhersehbar und keineswegs tröstlich gewesen sein, daß ihr zähes Ausharren den Aufstieg Wiens zur Hauptstadt der durch diesen Sieg zu einer europäischen Großmacht aufsteigenden Donaumonarchie, im besonderen Sinne zu jener „Kaiserstadt" ermöglicht hat, der in den folgenden Jahrzehnten mit einer architektonischen und kulturellen Glanzzeit besondere Bedeutung beschieden sein sollte.

Nach dem Tod von Johann Andreas von Liebenberg trug man das Bürgermeisteramt zunächst seinem Vorgänger, Daniel Lazarus Springer, an, der jedoch unter Hinweis auf seinen schlechten Gesundheitszustand ablehnte. Man entschloß sich daher, Daniel Fockhy, der seit Liebenbergs Erkrankung dessen Vertretung übernommen hatte, bis zur normalen Wahl am Jahresende mit der Administration des Bürgermeisteramtes zu betrauen; das Amt des Oberkämmerers, das Fockhy in diesem Jahr verwaltete, behielt er weiterhin.

Bei der regulären Wahl fiel die Entscheidung zugunsten des amtierenden Stadtrichters SIMON STEPHAN SCHUSTER, der 1680 und 1681 Oberkämmerer und seit 1682 Stadtrichter gewesen war. Schuster, um 1626 geboren, stand im Zeitpunkt der Übernahme des Bürgermeisterpostens in etwa demselben Alter wie der verstorbene Liebenberg. Schuster übte das Amt zwei aufeinanderfolgende zweijährige Funktionsperioden hindurch (also bis 1687) aus. Er zählte auch zu jenen Männern, die sich zur Zeit der Belagerung um Bürgermeister Liebenberg geschart und sich gemeinsam mit diesem besondere Verdienste erworben hatten; sie bildeten jenen engeren Kreis, aus dem in den nächsten Jahrzehnten immer wieder Männer ausgewählt wurden, denen die Lenkung der Geschicke der Stadt Wien anvertraut werden konnte. Da war einmal — neben Schuster — das Mitglied des Inneren Rates Johann Franz Peickhardt, vorerst Stadtrichter, dann seit 1692 und nochmals seit 1700 für jeweils vier Jahre Bürgermeister; er war während der Belagerung Hauptmann einer Bürgerkompanie. Weiters Jakob Daniel Tepser, Proviantmeister, später Stadtrichter und von 1696 bis 1699 sowie von 1704 bis 1707 — alternierend mit Peickhardt — Bürgermeister. Diesen vier Männern — Schuster, Fockhy, Peickhardt und Tepser — folgte erst 1708 in der Person Johann Franz Wenighoffers ein Beamter, der seine Laufbahn 1684 mit der Erlangung des Bürgerrechts als Stadtgerichtsbeisitzer begann.

Auch Schuster gehörte zu jenen, die für ihre Verdienste materielle Vorteile in Anspruch nahmen: am 2. Mai 1686 wurden ihm über eigenes Ansuchen auf Steuerschuldigkeiten aus den Jahren 1682 bis 1684 über 326 Gulden *zur wollmeritirten* (= wohlverdienten) *Ergöczlichkeit* geschenkt. Schuster, seit den fünfziger Jahren mit einer zweifachen Witwe namens Regina verheiratet, die zweifellos älter gewesen sein mußte als er (ihr erster Gatte starb bereits 1636, zu diesem Zeitpunkt war Schuster zehn Jahre alt), erwarb sich den akademischen Grad eines Magister philosophiae, gelangte mit seiner Gattin 1661 in den Besitz des Hauses Rotenturmstraße 7 und hatte acht Kinder, zuerst vier Töchter, dann vier Söhne. Unter Bürgermeister Schuster begann die Stadt, befreit von türkischer Bedrohung, aufzublühen, es entstanden die ersten Adelspaläste innerhalb und außerhalb der Stadt, und man konnte auch wieder an friedliche Dinge denken. Zwischen 1685 und 1687 erbaute der Italiener Giovanni Pietro Tencala für den Oberstallmeister Graf Dietrichstein jenes Palais, das 1753 Fürst Lobkowitz übernahm, 1686 traf jener Architekt in Wien ein, der in der folgenden Epoche eine entscheidende Rolle spielen sollte: Johann Bernhard Fischer von Erlach.

Das Aufblühen der Stadt nach der Türkenbefreiung

Die Entsatzschlacht war geschlagen. Im Gegenstoß wurden binnen weniger Jahre Ungarn und Siebenbürgen erobert, die Türken im Verlauf der nächsten drei Jahrzehnte weit auf den Balkan zurückgeworfen. Die latente Bedrohung Wiens fand damit ihr Ende. Der Grundriß Wiens mit seinen Vorstädten und seiner weiteren Umgebung bis zu den Wienerwaldbergen sowie dem türkischen Zeltlager ist uns in einem Kupferstich nach dem Federriß des seit 1674 in Wien tätigen Festungsbaumeisters Daniel Suttinger aus dem Jahre 1683 überliefert, für welchen ihm der Stadtrat ein Ehrengeschenk hatte anweisen lassen.

In wenigen Jahren suchte man nun nachzuholen, was eineinhalb Jahrhunderte hindurch versäumt worden war. Die Stadt erlebte einen Aufschwung sondergleichen. Adel und Bürgertum strömten aus den engen, finsteren Gassen der Altstadt hinaus in die luftigen, grünen Vorstädte, die, rasch wiederaufgebaut und 1704 durch den sogenannten Linienwall gesichert, Platz für rege Bautätigkeit boten.

Das „große 18. Jahrhundert", für Österreich identisch mit dem Aufstieg der Donaumonarchie zur Großmacht von europäischem Rang, war für Wien das Jahrhundert des Barocks, ein Zeitraum architektonischer, künstlerischer und kultureller Entwicklung, der über politische Ohnmacht und soziale Mißstände hinwegzutäuschen vermochte. In diesem Jahrhundert wuchs die Stadt auf das Zehnfache ihrer Größe an. Es entstanden jene Gartenpaläste des Adels, die noch heute zwischen Ringstraße und Gürtel das Stadtbild beeinflussen, und jene weitausladenden Bürgerhäuser des wohlhabenden Mittelstandes, die zwar im Laufe der Jahre mehr und mehr verschwanden, uns jedoch aus zeitgenössischen Darstellungen ein Begriff sind. Neue Gewerbebetriebe ließen sich nieder, aber auch die sozialen Kontraste zwischen den reichen Bürgern und den unteren Schichten des Volkes wurden immer fühlbarer. Der Wandel zeigte sich allenthalben: sei es in der Ansammlung großer Vermögen, in der neuen Bauweise, in den differenzierten sozialen Schichten. Die Jahrzehnte des Hochbarocks, die etwa um 1770 zum Abschluß kamen, geben Wien bis heute das Gepräge.

Wenige Jahre nach der Türkenbelagerung, 1686, erschien der Vogelschauplan von Folbert van Alten-Allen, der, 1683 skizziert, am Beginn der neuen Entwicklung steht. Vom Westen der Stadt her aufgenommen, sieht man im Vordergrund zur Linken die Währinger Straße, zur Rechten die Alser Straße; der Blickpunkt dieses ersten großen Panoramas von Wien liegt etwa beim heutigen Allgemeinen Krankenhaus. In Entwurf und Stich eine künstlerische Leistung, überliefert die Vogelschau die bedeutsamste Darstellung des frühbarocken Stadtbildes, die nicht nur einen Gesamteindruck vermitteln will, sondern auch die Bauwerke im einzelnen zeigt.

Es dürfte von Interesse sein, das Wien zum Zeitpunkt der zweiten Türkenbelagerung kurz topographisch zu betrachten. Wie sah es innerhalb der Festungsmauern am Beginn der Barockära aus? Die Straßen und Gassen waren noch sehr eng, die Kärntner Straße zum Beispiel war nur etwa neun Meter breit. Viele Stadtteile besaßen noch gar keine Straßenzüge, das kann deutlich beim Bürgerspitalkomplex (zwischen Kärntner Straße, Neuem Markt und Augustinerstraße) gesehen werden, ebenso bei der Brandstätte und beim Wildpretmarkt oder beim alten Arsenal in der Gegend der Renngasse sowie beim weitläufigen Kaiserspital zwischen Hofburg und Minoritenplatz. Der Stephansplatz hatte noch ein anderes Gesicht als heute: rund um die Kirche bestand, wie auch bei anderen städtischen Kirchen, ein Friedhof. Stephansplatz, Stock-im-Eisen-Platz und Graben verfügten über keine breite Verbindung, sondern waren in sich abgeschlossen, neben der Domkirche befanden sich der Heilthumstuhl (der 1700 aus Verkehrsrücksichten abgerissen wurde) und die Magdalenenkirche, die 1781 während einer kirchlichen Feier abbrannte und nicht mehr aufgebaut wurde. Auch die Gegend um den Michaelerplatz unterschied sich wesentlich von der heutigen.

Im Norden der Stadt floß die völlig unregulierte Donau, die zahlreiche Inseln bildete, darunter auch jene des Stadtguts und des Praters. Auf dem Plan von Anguissola-Marinoni (1706) sind erstmals die Vorstädte in ihrer ganzen Ausdehnung ersichtlich. Sie reichen zum Teil bereits bis zum Linienwall, der inoffiziell die Vorstadtgrenze bildete (und seit 1829 als Verzehrungssteuerlinie galt). Die Stadt, Hof und Adel waren die Bauherren der nächsten Jahrzehnte, in denen Johann Bernhard und Joseph Emanuel Fischer von Erlach sowie Lukas von Hildebrandt neben italienischen Architekten Meisterwerke der Baukunst schufen. So baute Hildebrandt für die Rofrano in der Josefstadt das (heutige) Auersperg-Palais, wenig später Oedtl nach Plänen Fischers von Erlach im nahegelegenen St. Ulrich ein Palais für Graf Trautson. Einer der schönsten Wiener Sommerpaläste entstand unter der kundigen Leitung Martinellis für den Fürsten Liechtenstein in der Roßau, und am Strozzigrund ließ sich die Gräfin Strozzi einen Sommersitz errichten. Das wohl schönste und größte Bauwerk dieser Art dürfte aber das von Martinelli für den Grafen Khevenhüller begonnene und 1705 von Gabrielis für den Fürsten Liechtenstein vollendete Majoratshaus in der Bankgasse sein: wahrscheinlich auch das einzige der Wiener Palais, das in seiner Fassade in unübertroffener Weise an große römische Vorbilder anknüpft und damit über die Jahrhunderte hinweg den Beweis für die Stärke des italienischen Architektureinflusses erbringt.

Die Barockpaläste aus dieser künstlerischen Glanzzeit bestimmen nach wie vor das Wiener Stadtbild und halten die Erinnerung an eine Zeit wach, in der Wien im Begriffe stand, sich in allen Facetten seines künstlerisch-kulturellen Lebens zu einer für Europa beispielgebenden Residenz zu entwickeln.

Verdienste um Pestbekämpfung und Türkenabwehr: Daniel Fockhy

Für die Jahre von 1688 bis 1691 wurde DANIEL FOCKHY zum Bürgermeister bestellt. Am 8. März 1626 in Wien geboren, entstammte er einer in Westungarn ansässig gewesenen Familie (sie schrieb sich dort *Foky*). Daniels Vater, Emerich, kam zu Beginn der neunziger Jahre des 16. Jahrhunderts nach Wien, eröffnete hier einen Honig- und Zwetschkenhandel (bei dem er sich bestimmt aufgrund seiner Herkunft gute Geschäftsverbindungen schaffen konnte) und erwarb 1596 das Wiener Bürgerrecht. 1600 kaufte er ein bescheidenes Haus am Kienmarkt (heute Judengasse 4), das sich auf Daniel und später auf dessen Nachkommen vererbte. 1605 wurde Emerich in den Äußeren Rat gewählt, zwei Jahre später starb seine erste Gattin, mit der er drei Töchter hatte. Seine zweite Frau, Katharina, gebar ihm neun Kinder, unter diesen — neben fünf weiteren Söhnen — auch Daniel. Als Emerich, der inzwischen (1623) von Ferdinand in seiner Eigenschaft als König von Ungarn in den Adelsstand erhoben worden war, am 27. Juli 1636 starb, hinterließ er den zur Zeit seines Todes noch lebenden sieben Kindern einen erheblichen Barbetrag, zahlreiche Wertgegenstände und das erwähnte Haus am Kienmarkt. Mit der Oberaufsicht über die Erziehung seiner Kinder betraute er testamentarisch zwei angesehene Ratsherren, unter ihnen Christoph Faßoldt, der 1638 zum Bürgermeister gewählt würde. Als Testamentszeuge fungierte unter anderem der ehemalige Bürgermeister Paul Wiedemann, dem Fockhy für diesen Dienst einen doppelten Dukaten in Gold vermachte. Einer der Söhne, Benedikt, führte das Handelsgeschäft seines verstorbenen Vaters weiter, drei andere Söhne erlangten beachtliche Stellungen: Michael (von Beruf ebenfalls Kaufmann) stieg in den Inneren Stadtrat auf, Georg wurde zum Doktor beider Rechte promoviert und stand eine Zeitlang im Dienste der Stadtverwaltung, Daniel aber machte von allen Geschwistern die größte Karriere.

Zunächst wandte er sich dem Kaufmannsstande zu und wurde *kayserlicher befreiter Handelsmann in der Niderlage*. Im Alter von 35 Jahren erwarb er 1661 das Bürgerrecht, und zwei Jahre darauf begann er seine öffentliche Laufbahn: er wurde Mitglied des Äußeren Rates, 1667 erfolgte seine Ernennung zum Stadtgerichtsbeisitzer. Während der sieben Jahre, die er in dieser Körperschaft tätig war, kam es zu einer wesentlichen Verbesserung in der Besoldung der Beisitzer. Hatte 1667 die *ordinari Besoldung* jährlich zwölf Gulden betragen, wozu noch ein Deputat von zwölf Küffel Salz kam, dazu eine „Aufbesserung" in Höhe von 100 Gulden, die teils vom Stadtgericht, teils von der Stadtkasse zur Anweisung gelangte, wurden ab 1672 die Einkünfte um weitere 200 Gulden erhöht, welche die Stadtkasse bezahlen mußte.

Entgegen dem sonst üblichen Termin am Jahresende wurden Daniel Fockhy und Simon Stephan Schuster im Sommer 1674 in den Inneren Rat berufen. In der Funktion eines Inneren Rats erhielt auch Fockhy, als 1676 des Kaisers zweite Gattin, Claudia Felizitas, starb, einen aus feinem schwarzem Tuch gearbeiteten Klagmantel mit einem Trauerflor zugesprochen. Diese zu gewissen Feierlichkeiten zugewiesenen Kleidungsstücke unterlagen in ihrer Ausstattung der 1671 von Leopold I. erlassenen „Kleiderordnung", nach welcher die Bevölkerung (abgesehen von den drei oberen Ständen und Wirklichen kaiserlichen Räten) in fünf Klassen eingeteilt worden war. Fockhy gehörte als Innerer Rat der zweiten Klasse an, der es beispielsweise nicht gestattet war, eine Kette und einen Ring von größerem Wert als 100 Reichstaler zu tragen, die aus Edelsteinen bestehenden Arm- und Halsbänder der Frauen und Töchter durften die Gesamtsumme von 600 Gulden nicht überschreiten.

Während der Pestepidemie von 1679 beteiligte sich Fockhy gemeinsam mit seinen Stadtratskollegen an den Beratungen über die zu ergreifenden Maßnahmen, wobei es ihm zufiel, die Lazarette zu überwachen; mit Recht bescheinigte man ihm später, er habe sich dort *in fast augenblicklicher Todesgefahr forth und forth gebrauchen lassen*. In Fockhys Bürgermeisteramtszeit fällt die Errichtung der von Leopold I. gelobten Denksäule am Graben, die nach den Plänen von Burnacini 1693 fertiggestellt werden konnte. In sanitären und wohlfahrtspflegerischen Angelegenheiten hinreichend bewandert, bekleidete Fockhy anschließend bis an sein Lebensende den Posten eines Superintendenten des Bürgerspitals, zugleich jenen der Armenhäuser zu St. Marx und zum Klagbaum sowie kleinerer Stiftungen. Seiner Zeit weit voraus scheinen zwei Verträge zu sein, die Fockhy in der genannten Eigenschaft mit der Tischler- und der Schneiderzeche aushandelte: für erkrankte Gesellen und Lehrjungen durften die Zechen gegen Erlag von jährlich je 20 Gulden zwei beziehungsweise drei Betten im Bürgerspital unterhalten, deren Kosten von der Gesellenlade zu tragen waren. Zum Lehensträger des Bürgerspitals bestimmte Kaiser Leopold I. seinen *getreuen lieben Daniel Fockhy*.

In offizieller Mission begab sich Fockhy 1681 gemeinsam mit dem damaligen Oberkämmerer Simon Stephan Schuster, dem Stadtschreiber Nikolaus Hocke und dem Inneren Rat Johann Martin Drach zum Kaiser nach Wiener Neustadt, um diesem die Probleme vorzutragen, welche der Stadt nach dem Erlöschen der Pest erwuchsen. Im folgenden Jahr — Schuster wurde Stadtrichter — übernahm Fockhy das Oberkammeramt, das er vier Jahre lang verwaltete. Als Oberkämmerer bezog er eine jährliche Besoldung von 400 Gulden, dazu eine *Rekompens* von 300 Gulden. In diese Amtszeit fällt die zweite Türkenbelagerung, während welcher — im Gegensatz zu 1529 — der gesamte Stadtrat in Wien verblieb. Wie Stadtschreiber Nikolaus Hocke in einer *Kurtzen Beschreibung dessen, was in wehrender türckischen Belägerung passiret*, dargelegt hat, oblag Fockhy gemeinsam mit Jakob Daniel Tepser die Überwachung der Verteilung des Proviants, insbesondere jener *des schwartz und weissen Brods und Semmeln*; darüber hinaus trug Fockhy auch für den Ausschank des Weines, an dem nicht gespart wurde, die Verantwortung.

Nach seiner Wahl zum Bürgermeister verlegte Fockhy die Bürgermeisterkanzlei in sein Wohnhaus am Kienmarkt und hielt im Rathaus täglich Ratssitzungen ab. Fockhy war es dann auch, der als höchster städtischer Funktionär die Entsatzschlacht miterlebte und am 13. September den Polenkönig Sobieski empfing, der die Ankunft Kaiser Leopolds I. nicht abwartete. Im Anschluß an einen Dankgottesdienst führte Starhemberg den König in einem *koblwagen* in sein Haus in der Krugerstraße, wo der *ganze Stadtrat und das kaiserliche Stadtgericht* — allen voran der Bürgermeister — *gehorsamst aufgewartet* hatten und *zu dem königlichen Handkuß gnädigst zugelassen* wurden. Am nächsten Tag zog auch Leopold I. feierlich in seine befreite Hauptstadt ein. Bei dieser Gelegenheit sprach er Fockhy und den Wienern seinen Dank für ihr heldenmütiges Verhalten aus. Am 19. September begab sich Fockhy zum Kaiser und hielt mit ihm in der Stallburg einen kleinen *Sermon*, das heißt, er wechselte mit ihm einige Worte, bevor Leopold nach Linz abreiste.

Zu Beginn des Jahres 1686 übergab Fockhy das Oberkammeramt seinem Nachfolger Johann Peickhardt und zog sich auf seinen Posten in den Inneren Rat als dessen Senior zurück. Am 24. Jänner 1687 wurden Fockhy, Hocke und zehn Stadträte, unter ihnen auch der spätere Bürgermeister Tepser, mit dem Titel eines „Kaiserlichen Rates" ausgezeichnet. Seine allgemein anerkannten Verdienste bewogen jedoch am 21. Dezember 1687, nachdem Simon Stephan Schuster vier Jahre hindurch das Bürgermeisteramt verwaltet hatte, den Großteil der hundert wahlberechtigten Funktionäre, seinen Namen auf die Stimmzettel zu schreiben, die sie der Wahlkommission übergaben. Die Regierung schloß sich dem mehrheitlichen Vorschlag an und ernannte Daniel Fockhy zum Bürgermeister von Wien; er übte dieses Amt vier Jahre lang aus. Da Fockhy dem Inneren Rat angehört hatte, ergaben sich keine weiteren Konsequenzen. Anders wäre es gewesen, hätte man den Bürgermeister aus dem Kreise der Stadtgerichtsbeisitzer oder Äußeren Räte gewählt; in einem solchen Falle mußte das zuletzt kooptierte Mitglied des Inneren Rates in diejenige Institution zurückgehen, aus welcher der Bürgermeister kam. Wurde der Bürgermeister — was verfassungsmäßig möglich war — aus der Bürgerschaft gewählt, dann mußte das jüngste Mitglied des Äußeren Rates vorübergehend ausscheiden.

Fockhy lud die Ratsherren zu Sitzungen in das Rathaus in der Wipplingerstraße ein — die Einladung war jedoch an die vorher einzuholende Zustimmung des Stadtanwaltes gebunden. War der Bürgermeister verhindert, hatte er dies dem Stadtanwalt zu melden und ein Mitglied des Stadtrates, tunlichst seinen Amtsvorgänger im Bürgermeisteramt, mit seiner Vertretung zu beauftragen. Dem Bürgermeister oblag die Aufsicht über die städtischen Ämter; die Errichtung städtischer Gebäude mußte er direkt der Regierung melden. Weiters war dem Bürgermeister das Sanitätswesen, dem damals große Bedeutung zukam, unmittelbar unterstellt, wobei er auch dafür zu sorgen hatte, daß das Krankenhaus nur denjenigen Personen, die seiner bedurften, offenstand. Die Schlüssel zu den Stadttoren befanden sich in seiner Verwahrung. Zu seinen und des Stadtrates Obliegenheiten zählten ferner die Verleihung des Bürgerrechtes, die Überwachung aller in Wien beschäftigten Arbeiter sowie die Oberaufsicht über bürgerliche Heiraten, Testamente, Vermächtnisse, Erbschaften und Vormundschaften. Trotz dieser Fülle von Aufgaben war aber der Aktionsradius der Bürgermeister in der damaligen Zeit äußerst beschränkt, von den Anordnungen des Landesfürsten abhängig und zur politischen Bedeutungslosigkeit verurteilt. Es blieben ihm Titel und Würde — ein geringer Ersatz für den völligen Verlust der Einflußnahme auf die Stadtverwaltung in eigener Kompetenz. Man darf nicht vergessen, daß dem Stadtanwalt — einem vom Landesfürsten bezahlten Beamten — unter anderem seit dem Jahre 1564 die Aufsicht über das gesamte Sicherheitswesen sowie über die sanitären und gewerblichen Zustände eingeräumt war, daß er das Recht hatte, an allen Stadtratssitzungen teilzunehmen, darüber hinaus die Pflicht, gemeinsam mit dem Bürgermeister die Ratsstube als erster zu betreten und als letzter zu verlassen. Um allen Schwierigkeiten auszuweichen, galt die Bestimmung, daß der Stadtanwalt kein Bürger der Stadt sein dürfe, womit er nicht nur die Rolle eines Beobachters zur Wahrung landesfürstlicher Interessen zu übernehmen verstand, sondern praktisch als ein Konfident der Regierung, als ein Spitzel, angesehen werden kann. Daher steht die Amtsführung Fockhys als Bürgermeister nur zu einem geringen Teil im Zeichen seiner Persönlichkeit, sie ist vielmehr ein getreues Spiegelbild der Stellung der Stadt in ihrer Abhängigkeit von Landesfürst und Regierung.

Das Leben Fockhys ist nicht uninteressant. Zum ersten Male 1653 mit der damals 17jährigen Maria Magdalena Laminith verheiratet, stammen aus dieser Ehe sechs Kinder; seine 1659 geborene Tochter Marie starb mit vier Jahren an den Blattern; der älteste Sohn, Franz (geboren 1660), schlug die politische Laufbahn ein, wurde Äußerer Rat und Raithandler und starb 1703; der nächstälteste, Daniel Leopold (geboren Ende 1660), studierte Pharmazie und war als Provisor der Bürgerspitalsapotheke tätig — im Hinblick auf die Superintendentenstelle seines Vaters sicher kein Zufall! Der nächste Sohn, Johann, starb im zweiten Lebensjahr, dann folgten noch Johann Maximilian (geboren 1666) und eine Tochter Felizitas. Am 26. August 1667 ist Fockhys erste Gattin verstorben. Seiner 1669 geschlossenen zweiten Ehe mit der 25jährigen Witwe Maria Veronica verdankt er nur einen einzigen Sohn: Jacob Ignaz, der Philosophie und Medizin studierte, beide Studien mit dem Doktorat abschloß und später Leibarzt der Kaiserin Wilhelmina Amalia, der Witwe Josephs I., wurde; er ist 1722 gestorben und wurde im Familiengrab zu St. Stephan bestattet.

Fockhys Tätigkeit als Oberkämmerer dürfte viel dazu beigetragen haben, seinen persönlichen Besitz zu mehren; die Kämmerer hafteten zu dieser Zeit zwar mit ihrem persönlichen Vermögen für die Gebarung, durften sich aber andererseits bei guter Wirtschaftsführung auch zuweilen beträchtliche Rechnungsreste behalten. Fockhy vermochte seine Gelder gewinnbringend anzulegen, sodaß er des öfteren selbst der Stadt aus seinem Vermögen Kredite gewähren konnte. Am Ende seiner Kämmereramtszeit verfügte Fockhy über ein *bei gemainer Statt anliegendes Capital* von 14.000 Gulden.

In Fockhys Bürgermeisteramtszeit fallen einige beachtenswerte, wenn auch keineswegs besonders spektakuläre Ereignisse. Eine der wesentlichsten Neuerungen ist wohl die am 5. Juni 1688 erstmalig in Wien eingeführte öffentliche Beleuchtung der Straßen und Plätze. Damit wurde dem Zustand ein Ende gesetzt, daß man in Wien — wenigstens theoretisch, soweit man die noch geltende Kundmachung von 1554 beachtete — im Winter nach acht Uhr, im Sommer nach neun Uhr abends die Straßen eigentlich nicht mehr hätte betreten dürfen. Nun gelangten 2000 mit Klauenöl gefüllte Blechlampen zur Aufstellung, wofür man von den Hausbesitzern einen *Illuminationszuschlag* einhob.

Eine arge Feuersbrunst, die 1682 den Mehlmarkt ergriffen hatte und deren Bekämpfung der für die Löscharbeiten verantwortliche Fockhy persönlich leitete, sowie die zu Beginn der Türkenbelagerung ausgebrochenen gefährlichen Brände im Schottenkloster und in der Roßau dürften ihn veranlaßt haben, 1688 eine neue Feuerordnung zu erlassen.

Im übrigen konnte es auch in Fockhys Amtszeit nicht ausbleiben, daß er (1690) für den festlichen Empfang eines Angehörigen des Kaiserhauses durch die Stadtverwaltung Sorge zu tragen hatte: der am 26. Jänner 1690 in Augsburg zum römisch-deutschen König gekrönte Joseph zog am 4. März mit seinen Eltern, seiner Gattin und seinem Gefolge in Wien ein. Fockhy erhielt ein ihm gebührendes Deputat von 500 Gulden, Oberkämmerer Tepser 200 Gulden, *zumal beide Herrn ein absonderliche namhafte spesa führen mußten*, dazu wurden den Honoratioren je 150 Gulden zur Anschaffung der Ehrenkleidung gewährt. Der zu Schiff angekommene Herrscher wurde beim Stubentor von Bürgermeister Daniel Fockhy mit einer *wohlgezierten Compagnie* hoch zu Roß empfangen: die berittene Mannschaft in Röcken aus schwarzem Samt, von dem sich die schweren goldenen Ketten gut abhoben, die Hüte mit weißen Federn geschmückt. Die Rede des Bürgermeisters, gedruckt überliefert, ist ein Beispiel barocker Ausdrucksweise und bildreichen Überschwanges, worin der Herrscher mit ruhmreichen Gestalten der Bibel verglichen wird — nicht zuletzt, um auf diese Weise die Bibelkenntnis des Bürgermeisters unter Beweis zu stellen! Zum Pfand seiner *schuldigst- und unterthänigsten Treu* übergab Fockhy sodann dem Kaiser *in aller Unterthänigkeit die ihm anvertrauten Stadt- und Thor-Schlüssel*, um sodann an der rechten Seite des von acht Ratsherren getragenen goldbestickten Baldachins, unter dem der Kaiser ritt, einherzugehen. Unter dem Geläute der Glocken bewegte sich der Zug zur Stephanskirche und nach Beendigung der kirchlichen Zeremonien zu der am Stock-im-Eisen-Platz von Stadtverwaltung und Bürgerschaft errichteten Ehrenpforte; derartige Ehrengerüste und Triumphpforten wurden auf Kosten der Bürger bei feierlichen Anlässen stets in pompöser Form aufgerichtet, um nach einmaliger Verwendung wieder abgerissen zu werden. Der Bürgermeister, der nach der bereits erwähnten Kleiderordnung nunmehr der ersten Klasse der Bevölkerung angehörte, trug als Festkleidung einen von einem breiten Degenband umschlungenen Rock, darauf die ihm vom Kaiser verliehene Gnadenkette (anstelle der von ihm ansonsten getragenen goldenen Kette, die ihm ebenso wie den Mitgliedern des Inneren Rates, dem Stadtrichter und den Stadtgerichtsbeisitzern als Zeichen der Würde zustand), darüber breitete sich der zu dieser Zeit gebräuchliche spanische Mantel, um den Hals lag ein Spitzenkragen, und auf dem Haupte trug er das kleine runde Samtkäppchen. Der sozialen Klasse entsprechend durfte der Bürgermeister sich einen eigenen Wagen halten und diesen für alle Fahrten innerhalb der Stadt benützen.

Nach seiner Ablösung durch Johann Franz Peickhardt (gewählt Ende 1691) verblieb Fockhy bis zu seinem Tod im Inneren Rat. Er bewohnte weiterhin sein Haus am Kienmarkt (heute Judengasse 4), das erst kurz vor dem Zweiten Weltkrieg abgerissen wurde. Es war ein dreistöckiges, zur Straße hin ziemlich schmales Gebäude mit einer im Stile des 17. Jahrhunderts errichteten, zu beiden Seiten abgehackten Dachkonstruktion. Hier starb er am 23. März 1695 an den Folgen eines Schlaganfalles, trotz der aufopfernden Betreuung durch den bekannten Leibarzt und *praktischen Professor* Dr. Illmer. Sein Testament, das er bereits ein Jahr vor seinem Tod, am 16. März 1694, mit zittriger Schrift niederschrieb, trägt die Siegel prominenter Zeugen: des Bürgermeisters Johann Franz Peickhardt, des Stadtrichters Jakob Daniel Tepser, des gewesenen Bürgermeisters Simon Stephan Schuster (der jedoch selbst vor Fockhy gestorben ist) und des Stadtschreibers Franz Andreas Gall. Fockhys Wappen, von Hans Georg Payer farbenprächtig gemalt, ist im Wappenbuch der Stadt Wien enthalten, das von ihm verwendete Siegel zeigt neben dem Wappen seine Initialen.

Umbau des Rathauses in der Wipplingerstraße: Bürgermeister Johann Franz von Peickhardt

Am 21. Dezember 1691 entschieden sich die Wahlberechtigten für JOHANN FRANZ PEICKHARDT als neuen Bürgermeister. Mit ihm kam ein jüngerer Mann auf den höchsten städtischen Amtsposten. Um 1647 in Bayern geboren, entstammte er einer Familie, die im öffentlichen Dienst des Churhauses Bayern stand. Nach Abschluß seiner Studien in Bayern zog Peickhardt nach Wien — das auf ihn offenbar eine größere Anziehungskraft ausübte als das damalige München — und erwarb hier im März 1678 als kaiserlicher *Stadtgerichts-Supernummerarius* das Bürgerrecht. Im selben Jahr wurde der Beamte Peickhardt — offenkundig unter Umgehung einer vorherigen Tätigkeit im Äußeren Rat — in den Kreis der Stadtgerichtsbeisitzer aufgenommen, vier Jahre später, 1682, rückte er in den Inneren Rat auf. Inzwischen hatte er sich während der Pest von 1679 als *Commissarius in Collegio Sanitatis* Verdienste erworben. Am 23. November 1681 vermählte er sich mit Judith, der Witwe des Äußeren Rates Matthias Schmidt. Seine Gattin hatte aus erster Ehe vier Töchter, darunter die 1671 geborene Therese Margarethe Eva, die sich später mit dem Unterkämmerer Georg Altschaffer verheiratete, der zu Peickhardt auch beruflich in engere Beziehungen trat. Judith brachte weiteren Besitz in die Ehe: jenes Haus am Graben (mit der alten Hausnummer 569), das — bis 1840 mit anderen Gebäuden das westliche Ende des Platzes vor dem Zugang zu den Tuchlauben bildend — unter den Namen „Ellerbachsches oder Rondellenhaus" bekannt war und gemeinsam mit dem benachbarten Haus „Zum goldenen Hirschen" dem Graben durch Jahrhunderte einen charakteristischen Abschluß gab.

Während der Türkenbelagerung stand Peickhardt im alten Widmerviertel einer Bürgerkompanie von 222 Mann als Hauptmann vor und fungierte auch als Quartierkommissar. Wie schon berichtet, erhielt auch er aufgrund seiner Verdienste den Titel eines „Kaiserlichen Rates", eine goldene Ehrenkette, 150 Taler in Gold und im November 1683 von der Stadt ein Ehrengeschenk von 150 Gulden.

Am 14. Jänner 1684 kam Peickhardts erster Sohn zur Welt: Nikolaus Franz Ignaz, der Domprediger bei St. Stephan wurde und unter anderem durch seine Leichenreden auf Prinz Eugen (1736), Karl VI. (1740) sowie die Festrede anläßlich der Krönung Maria Theresias zur Königin von Böhmen berühmt geworden ist; Nikolaus ist im 69. Lebensjahr in Wien hochgeehrt gestorben. Peickhardts zweiter Sohn, Joseph Anton, beschritt wie sein Vater die öffentliche Laufbahn, vermählte sich mit der Tochter eines Mitgliedes des Inneren Stadtrates und stieg schließlich auch selbst in diese Körperschaft auf.

Peickhardts erste Amtsperiode endete nach vier Jahren im Dezember 1695; für einen Zeitraum von ebenfalls vier Jahren folgte ihm sein Kollege Jakob Daniel Tepser, dann fiel neuerlich die Wahl auf Peickhardt — wiederum für vier Jahre, und nochmals löste ihn sodann Tepser in dieser Funktion ab. Unmittelbar nach seiner zweiten Wahl wurde Peickhardt am 15. Jänner 1700 in den Ritterstand erhoben. Sein Wappen — ein viergeteilter Schild mit je zwei geharnischten Männerarmen, in der Faust einen Streitkolben haltend, und je zwei halben Mondscheiben — ist im Wappenbuch der Stadt abgebildet (in dem er auch bereits 1686 als Oberkämmerer und 1688 als Stadtrichter aufscheint). Oberkämmerer war Peickhardt, nachdem er im Anschluß an die Türkenbelagerung zwei Jahre im Inneren Rat tätig war, in den Jahren 1686 und 1687, dann wurde er 1688 bis 1691 unter Daniel Fockhy Stadtrichter, 1692 bis 1695, wie erwähnt, Bürgermeister, anschließend 1696 bis 1699 (diesmal unter Tepser) wieder Stadtrichter, und von 1700 bis 1703 betreute er in einer zweiten Funktionsperiode nochmals das Bürgermeisteramt. Mehrfach erhielt er in Anerkennung seiner überaus eifrigen Amtsführung als Oberkämmerer und Stadtrichter von der Stadt Geldgeschenke.

Seine privaten Einkünfte bezog er aus der Gastwirtschaft „Zur goldenen Gans" (Rotenturmstraße 23), die seine Gattin Judith von ihrer Mutter und ihrem Stiefvater, dem Äußeren Rat und Leinwandhändler Hanns Jacob Ollinger, geerbt hatte, und einem weiteren Wirtshaus, „Zum schwarzen Adler", in der Währinger Straße. Sein Weingartenbesitz, ebenfalls über seine Gattin an ihn gekommen, lag überwiegend in Sievering. Die Peickhardtsche Wohnung befand sich hingegen im „Rondellenhaus" am Graben, wo er am 13. Juli 1706 im Alter von kaum sechzig Jahren gestorben ist. Peickhardts Gattin überlebte ihn um über ein Jahrzehnt und setzte testamentarisch eine ihrer Töchter aus erster Ehe, die unverheiratet gebliebene Barbara, zur Universalerbin ein. Den

Gepflogenheiten der Zeit entsprechend sorgte sie durch eine „ewige" Stiftung, für die sie 3000 Gulden bereitstellte, sowie durch zahlreiche Legate an Bruderschaften, Arme und Priester für ihr Seelenheil, gedachte jedoch auch ihres Beichtvaters.

In die beiden Amtsperioden Peickhardts fallen vor allem bauliche Veränderungen der Stadt. Stärker als zuvor machte sich das Bestreben höfischer, adeliger und bürgerlicher Kreise bemerkbar, durch eine Verschönerung vorhandener Häuser oder durch prächtige Neubauten den eigenen Rang zu betonen. Besonders Johann Bernhard Fischer von Erlach entfaltete eine äußerst rege Tätigkeit; seine leider nicht verwirklichten Entwürfe für das Schloß Schönbrunn, in den Jahren 1692 und 1693 entstanden, legen Zeugnis ab für seine universelle architektonische Begabung. Andere Palastbauten wurden realisiert: 1683 bis 1692 das (schon im 18. Jahrhundert demolierte) Palais Strattmann in der Bankgasse, das mit einiger Sicherheit als ein Jugendwerk des älteren Fischer angesehen werden kann, 1695 bis 1698 das Winterpalais des Prinzen Eugen in der Himmelpfortgasse, dessen prachtvolles Treppenhaus — für Wien eine Novität! — Einfahrt und Hauptgeschoß zu einem einheitlichen Raum zusammenfaßt und damit eine monumentale Lösung von überwältigender Schönheit bietet. Etwa zur gleichen Zeit entstanden das Palais Batthyany-Schönborn in der Renngasse mit seinen an die Schule Berninis anklingenden Formen, das in der Art des Giovanni Pietro Tencala erbaute Palais Esterházy in der Wallnerstraße sowie das Starhembergpalais in der Dorotheergasse.

In einer Zeit gesteigerten Repräsentationsbedürfnisses konnte (oder wollte) sich auch die Stadtverwaltung diesem allgemeinen Trend nicht entziehen. Deshalb erhielt Unterkämmerer Georg Altschaffer unter Bürgermeister Tepser 1699 den Auftrag, die Ratssäle und die Fassade des Rathauses in der Wipplingerstraße im Sinne des Barocks umzugestalten. Dieser Wunsch des Bürgertums, sich ein würdiges Domizil zu schaffen, wurde durch die neugegründete Stadtbank, die in einigen Räumen des hinteren Traktes des Gebäudekomplexes etabliert war, nachhaltig unterstützt. Wir können annehmen, daß die Erneuerung der Repräsentationsräume in zwei Phasen erfolgte, von denen die erste 1702, zugleich mit der Fertigstellung der Fassade noch während der Peickhardtschen Funktionsperiode abgeschlossen war. Damit entstand zwischen 1699 und 1702 ein neues Palais für die städtische Verwaltung, das bis 1885 — dem Jahr der Übersiedlung in das neue Haus an der Ringstraße — die Bürgermeister- und Rats- beziehungsweise (seit 1848) Gemeinderatssäle aufnahm.

Der Architekt, der zu Beginn des 18. Jahrhunderts die Gebäudefront entlang der Wipplingerstraße erneuert hat — sie wurde erst im späten 18. Jahrhundert durch Theodor Valéry, der die Fassadenlänge verdoppelte, in die heutige Form gebracht —, ist uns zwar namentlich nicht bekannt, darf aber als eigenständiger Baukünstler angesprochen werden, der trotz seiner historischen Bindung an den modernsten Strömungen seiner Zeit Interesse zeigte. Seine geschickte Aufnahme architektonischer Einflüsse von seiten des älteren Fischer von Erlach und seine Betonung verschiedener tektonischer Bauelemente, im besonderen die überaus schöne Portal-Fenster-Gruppe, ließen ihn ein Werk schaffen, das in mancher Hinsicht für das ganze 18. Jahrhundert richtungsweisend werden sollte.

Ausdehnung des Burgfriedens und Bau des Linienwalles: Bürgermeister Jakob Daniel Tepser

JAKOB DANIEL TEPSER wurde als zweites von sechs Kindern des bürgerlichen Leinwandhändlers Martin Tepser und dessen Gattin Regina geboren und am 27. Jänner 1653 in der Domkirche zu St. Stephan getauft. Er wuchs im Milieu des Leinwandhandels auf, denn auch seine Mutter entstammte als Tochter des Äußeren Rates Johann Georg Marienbaum dieser Branche. Martin ließ seinen Sohn zwölf Jahre in diesem Beruf ausbilden und bestimmte ihn in seinem 1682 publizierten Testament dazu, die „Leinwandhandlungsfreiheit" zu übernehmen. Der Umstand, daß Vater Martin ab dem Jahre 1675 bis zu seinem Tode (1682) Mitglied des Äußeren Rates war, beeinflußte jedoch den Lebensweg seines Sohnes, der sich ebenfalls für die öffentliche Laufbahn entschied und im Pestjahr 1679, erst 26 Jahre alt, in der Reihe der Stadtgerichtsbeisitzer aufscheint. Mit anderen unerschrockenen Männern, die man in diesen Tagen gut brauchen konnte, war er im Sanitätskollegium tätig und versuchte, obgleich Leben und Treiben nahezu lahmgelegt waren und die zurückgebliebenen Bewohner am Rande der Panik standen, nach Kräften für die Bevölkerung zu wirken.

Wenige Monate danach — die Seuche war gerade erst erloschen — stand Tepser am 6. Mai 1680 mit der aus Lothringen stammenden Witwe des Wiener bürgerlichen Goldarbeiters Sebastian Fontenoi, Juliana, einer um sieben Jahre älteren Frau, vor dem Traualtar der Schottenkirche, mit ihm als seine Trauzeugen Bürgermeister Johann Andreas Liebenberg, Stadtrichter Dr. Matthias Perfilla und Oberkämmerer Simon Stephan Schuster (der einige Jahre später selbst Bürgermeister wurde). Die Stadt verehrte ihm anläßlich seiner Vermählung, wie in einer Handschrift säuberlich vermerkt ist, ein vergoldetes Silbergeschirr im Werte von 97 Gulden. Betrachtet man diese Hochzeit mit allen sie begleitenden Auswirkungen, so darf man mit Recht annehmen, daß Tepser zu diesem Zeitpunkt bereits Eingang in die beste Wiener Gesellschaft gefunden hatte.

Wie in vielen Fällen dürfte auch Tepser getrachtet haben, durch die Eheschließung mit einer begüterten Witwe selbst zu Besitz zu gelangen. Juliana war zweifelsohne vermögend: so besaß sie unter anderem aus ihrer ersten Ehe das Haus Am Hof 8, das sogenannte „Schmale Haus" neben dem Zeughaus, in welchem Tepser bis an sein Lebensende wohnte. Bis 1682 blieb Tepser Beisitzer im Stadtgericht, dann stieg er, wie üblich, 1683 in den Inneren Rat auf: gerade im rechten Zeitpunkt, um sich während der Türkenbelagerung in seiner neuen Position hervortun zu können. Nicht nur, daß er bei der Verproviantierung dem Oberkämmerer Daniel Fockhy zugeteilt war, hatte er sich auch — wie es in seinem Adelsbrief heißt — *mit Leib- und Lebensgefahr* eingesetzt und den Notleidenden, die bei schweren Schanz- und Befestigungsarbeiten oft erst nach Mitternacht ihre Arbeit beenden konnten, *mit größter Mühe und Ungelegenheit täglich über 3000 Portionen Brot ausgeteilt*. Daneben war er, da die Bürgerschaft den Stadtvierteln entsprechend in acht Kompanien eingeteilt war, dem alten Schottenviertel als Leutnant zugeteilt. Nach der Belagerung übernahm Tepser das Soldaten- und Hofquartierkommissariat, wobei ihm insbesondere das Beschaffen von Schanzkörben und Ochsenhäuten oblag.

Gemeinsam mit anderen verdienten Männern wurde auch Tepser vom Stadtrat ein Ehrengeschenk von 150 Gulden zugesprochen: zum Dank für seine *sorgfältigen Verrichtungen und groß getragenen Eifer zu einer wohlmeritierten Recompensierung*, wie es unter dem 24. November 1683 in einem diese Ausgaben verzeichnenden Codex wörtlich heißt. Und ebenso verlieh auch ihm 1687 Kaiser Leopold I. den Titel eines Kaiserlichen Rates sowie eine goldene Gnadenkette, dazu sein Bildnis in einem Medaillon. Im selben Jahr erwarb Tepser mit seiner Gattin um 3000 rheinische Gulden zwei Häuser im Tiefen Graben (heute 11—15).

1688 wird Tepser die Leitung des Oberkammeramtes übertragen. Vier Jahre lang ist er nun, in einer nach den langen Kriegsjahren schwierigen Zeit, für die Finanzgebarung der Stadt verantwortlich, erhält aber daneben noch *viel schwere extra ordinari Verrichtungen* übertragen. Zahllosen Kommissionen wohnte er beispielsweise wegen der Reorganisierung der Rumorwache, der Anschaffung der neu erfundenen Lederschläuche für die Feuerlöscharbeiten und der Stabilisierung der Befestigungswerke bei, er läßt aber auch *Gemainer Stat Archiv und Bibliothec, so viel Jahr zerstreuet und in einem der Feuersgefahr unterworffenen Orth gelegen*, in Sicherheit bringen, ordnen und über die Bestände ein verläßliches Inventar anlegen. In umsichtiger Weise und eingedenk der verflossenen Gefahren ließ er weiters das bürgerliche Zeughaus mit Waffen versorgen und in die Stadtkästen größere Vorräte an Getreide und Mehl schaffen; daneben kümmerte er sich um die Einführung eines verläßlichen Maßes und um eine gleichmäßigere Besteuerung.

Im Jahre 1692 wurde Tepser zum Stadtrichter ernannt, während Peickhardt das Bürgermeisteramt übernahm. In den folgenden sechzehn Jahren versahen Tepser und Peickhardt abwechselnd diese höchsten städtischen Ämter: 1692 bis 1695 und 1700 bis 1703 war Tepser Stadtrichter, Peickhardt hingegen Bürgermeister, in den Jahren 1696 bis 1699 und 1704 bis 1707 war es genau umgekehrt. Tepser führte in den Jahren seiner richterlichen Tätigkeit nicht weniger als 262 Kriminalprozesse durch, ließ rund 2000 Personen in Gewahrsam nehmen und machte sich um die richtige Führung der Waisenverrechnungsstelle verdient.

In die Bürgermeisterjahre Tepsers fallen nur drei Ereignisse überdurchschnittlicher Bedeutung. 1698 erließ Leopold I. ein Burgfriedensprivileg, durch welches die Erweiterung und Erneuerung des Burgfriedensrechtes in einem Teil der Vorstädte Wiens geregelt wurde. 1704 ließ Prinz Eugen, als sich die Überfälle der die niederösterreichischen Gebiete durchstreifenden Kuruzen häuften und die Bevölkerung der Vorstädte in Angst und Schrecken versetzten, einen Wall rund um die Vorstädte errichten (der später „Linienwall" genannt wurde) und verpflichtete zu dessen Bau alle männlichen Bewohner im Alter zwischen 18 und 60 Jahren. Schließlich fällt in Tepsers Bürgermeisterzeit die 1705 erfolgte Gründung der Stadtbank, bei der er Zeugnis von seiner persönlichen Tüchtigkeit ablegen konnte. Hatte es im 17. Jahrhundert in Österreich überhaupt kein öffentliches Bankinstitut gegeben und hatte das 1703 ins Leben gerufene Banco del Giro keine lange Lebensdauer gehabt, so sollten in Zukunft die Bankgeschäfte von der Stadt Wien allein besorgt werden. Tepser erhielt die Ämter eines *Bancogefällsamtsdirektors* und eines *Directors Gemainer Stadt Wien Banco-Hauptkassa und Buchhalterei* übertragen, die er von 1706 bis 1708 innehatte; anschließend —

Johann Andreas von Liebenberg, Bürgermeister während der 2. Türkenbelagerung

Belagerung der Festung Wien durch die Türken
Kämpfe an den Mauern Wiens, 1683

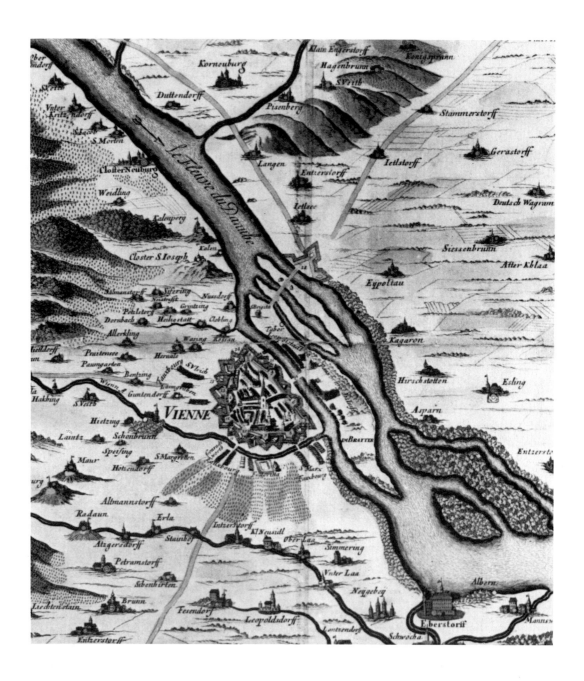

Plan der Umgebung von Wien mit dem unregulierten Donaustrom, 1692

Beispiele aus dem Wappenbuch: Bürgermeister Caspar Bernhardt (1646—1648); Bürgermeister Dr. Thomas Wolfgang Puechenegger (1654—1655); Bürgermeister Johann Andreas von Liebenberg (1679—1683); Bürgermeister Daniel Fockhy (1688—1691)

Verzeichnis des Personalstandes von Stadtrat und Stadtgericht unter Bürgermeister Jakob Daniel Tepser, 1706

Bürgermeister Jakob Daniel Tepser als Teilnehmer an einer Hoftafel anläßlich der Erbhuldigungsfeiern für Joseph I., 1705

Vogelschauplan der Inneren Stadt von Joseph Daniel Huber, 1785

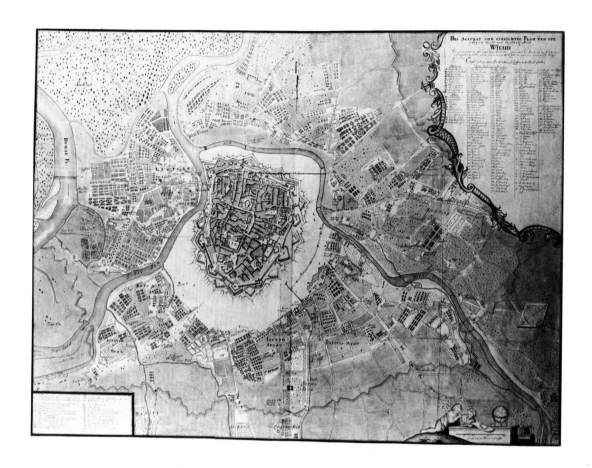

Die Stadt Wien mit ihren Vorstädten 1736, am Ende der Amtszeit Andreas Ludwig Leitgebs

Bürgermeister Johann Adam von Zahlheim nimmt mit Abgeordneten der Stadt (im Vordergrund des Bildes) an einem festlichen Hochamt zu St. Stephan teil (1740)

Wir Peter Joseph Edler von Kofler, des H. R. R. Ritter J.U.D. Burgermeister-Amts-Verwalter, wie auch der Raht der Kaiserl. Königl. Haupt- und Residenz-Stadt Wien. Bekennen hiemit, daß uns H. Mathaus Lambertus Fourneau alhier Wohnhaft anngezeigt, daß selber anjezo in Verrichtung in sein Vatterlandt von dieser Stadt aus, nacher Lüttich in Niderland, und von aufero zu verreisen gedacht und Willens seye. Damit selber aber unter Weegs, aus Verdacht und Argwohn, als einer etwann allhier graſſirenden Infection oder anſteckenden üblen Kranckheit nicht verhinderlich aufgehalten werde, sondern aller und jeder Orten deshalben freyen ſicheren Paß haben und nehmen möchte. Als hat er Uns um Ertheilung eines glaubwürdigen Scheins oder Foede deswegen erſucht und gebetten. Bezeugen demnach hierüber, daß in hieſiger Stadt und denen herumligenden Vorſtädten der Zeit (GOtt Lob) ein guter geſunder Luft, auch von keiner anſteckenden, oder contagioſen Krankheit das geringſte nicht verſpüret werde. Zu wahrer Urkund deſſen, iſt Unſer Gemeiner Stadt kleines Secret-Inſigel hierunter geſtellet worden. Geben zu Wien in Oeſterreich, den 1:ten Monats Februar Im Jahr Chriſti 1754.

Bürgermeister Dr. Peter Joseph Kofler stellt einen Reisepaß aus

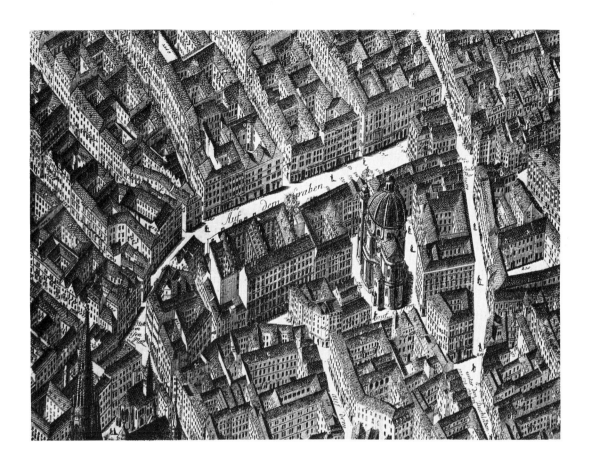

Im Zentrum Wiens hatten viele Bürgermeister ihre Wohnsitze. So standen die Bürgermeister August Haffner, Paul Wiedemann und Daniel Lazarus Springer im Besitz des Gundelhofes am Bauernmarkt (im Bild unten). Bürgermeister Georg Fürst starb 1603 im Haus Graben 11, Johann Franz Peickhardt im Rondellenhaus (dem heute nicht mehr existierenden Häuserblock am Westende des Grabens) und Johann Adam von Zahlheim im Haus Graben 7

Seine Röm. Kaiserl. Königl. Apostol. Majestät haben in Fortsetzung des Justiz-Regulierungs-Geschäfts den Magistrat der Stadt Wien, als das allgemeine hierortige forum non nobilium mit ersten November dieses Jahres anzugehen, vermög seb dato 5ten und praes 20ten des unten gelangten Hof-Dekrets dahin zu systemisiren geruhet.

Erstens: Es soll in der kais. königl. Residenz-Stadt Wien der Magistrat nicht als eine landesfürstliche Stelle, sondern in der Eigenschaft einer bürgerlichen Behörde bestehen, und unter der Benennung des Magistrats der kais. Residenz Stadt Wien die seiner Wirksamkeit anvertrauten Geschäfte verwalten.

Zweitens: Der Magistrat soll eine dreifache Bestimmung haben, nämlich die politisch- und ökonomischen Geschäfte der Stadt, die Zivilgerichtsbarkeit, endlich die Criminal-Gerichtsbarkeit: in diesen dreyen Bestimmungen soll der Magistrat nur einen Körper ausmachen, unter einem Bürgermeister mit Zugebung zweyer Vize-Bürgermeister stehen, unter seiner allgemeinen Benennung in allen Angelegenheiten ausgehen, und dennoch die Geschäfte selbsten aber in dreyen abgetheilten Senaten besorgen, nämlich a. der Senat in publico-politicis et oeconomicis.

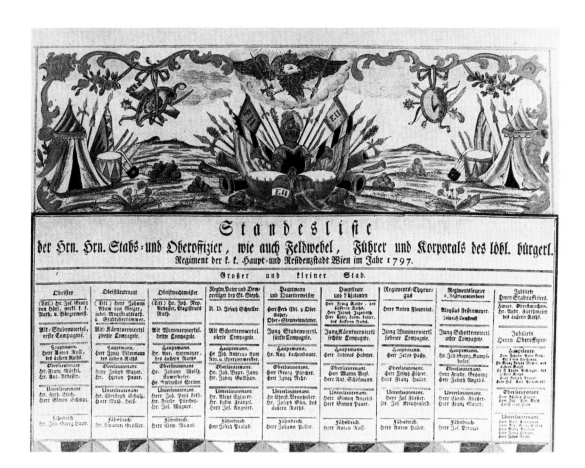

Standesliste des Bürgeraufgebotes unter Bürgermeister Josef Georg Hörl, 1797

Neuordnung der Einteilung und der Geschäftsführung des Wiener Magistrats durch Kaiser Joseph II., 1783

Im Unterkammeramtsgebäude Am Hof 9 befand sich im 3. Stock bis ins 19. Jahrhundert die Dienstwohnung der Bürgermeister (im Bild rechts). Im Nebenhaus Am Hof 8 starb 1741 Bürgermeister Jakob Daniel Tepser

1708 folgte (möglicherweise aus diesem Grund) im Bürgermeisteramt Johann Franz Wenighoffer — übernahm er 1709 bis 1710 gemeinsam mit anderen Räten die Oberaufsicht über die Stadtbank in der kaiserlichen Ministerial-Deputation.

Auf dem Sektor der Stadtverwaltung ging es vor allem um sanitäre und baupolizeiliche Maßnahmen. 1705 wurde die städtische Totenbeschau auf alle Vorstädte bis zum Linienwall ausgedehnt, auch wenn diese gegebenenfalls einer fremden Jurisdiktion unterstanden (nicht alle Vorstädte gehörten damals zur Grundherrschaft der Stadt; es gab eine Reihe fremder Herrschaften, etwa jene der Schotten, des Bürgerspitals, des Domkapitels oder des Bistums). 1707 wurde in einem Bericht an das *Collegium sanitatis* festgelegt, daß die Scheine der Totenbeschauer in das Totenbeschreibamt gebracht werden müßten, wo man sie ins „Totenprotokoll" eintrug (die Totenbeschauprotokolle haben sich ab dem Jahre 1648 erhalten und befinden sich im Wiener Landesarchiv). Am 10. Oktober 1704 kam es zur Erlassung eingehender baupolizeilicher Vorschriften, wobei neben dem Verbot, wegen der Feuergefahr die Dächer mit Holzschindeln zu decken, auch einige recht modern anmutende Bestimmungen erlassen wurden: es sollten keine Gebäude *wider die Zierde der Stadt* errichtet und die Baulinien eingehalten werden (dieses Verbot für das Hinaus- oder Zurückrücken der Häuser dehnte man 1706 bezeichnenderweise auch auf die Keller aus, die von den Bauherren gerne weit unter die Straße vorgeschoben wurden!).

Als am 24. Februar 1699 König Joseph I. mit seiner Gemahlin Wilhelmina Amalia von der Favorita her durch das Stubentor über Wollzeile, Graben und Kohlmarkt zur Michaelerkirche seinen *pomposen Einzug* hielt, begleitete ihn Bürgermeister Tepser als Rittmeister mit der Stadtratskompanie. Mit der Erreichung der Position eines Rates des niederösterreichischen Regiments beendete Jakob Daniel Tepser seine Karriere. Aufgrund des Diploms vom 19. Juli 1707 durfte er sich auch Edler von Tepsern nennen, am 24. November 1707 wurde er in den niederösterreichischen Ritterstand erhoben. Mit der Prädikatsverleihung war auch eine Besserung seines Wappens verbunden: es trug seither zwei weiße Steinböcke, zwei schwarze Adler und zwischen den beiden unteren Feldern einen Felsen mit einem grünen Baum. Seine Vermögensverhältnisse hatten sich recht günstig entwickelt. Seine Tätigkeit als Finanzfachmann ermöglichte es ihm, sein durch zahlreiche Ämter erworbenes und durch Einkünfte aus eigenen Besitzungen vermehrtes Vermögen gewinnbringend anzulegen, sodaß er im Laufe der Zeit einen recht beachtlichen Haus- und Grundbesitz sein eigen nannte. Am Rennweg ließ er sich einen Sommersitz mit Garten errichten, ein weiteres Haus mit Garten erwarb er Am Tabor, dazu kamen mehrere Weingärten und das Wirtshaus „Zum weißen Löwen" am Salzgries, das er sogleich vergrößern ließ. Die Krönung seines Besitzes aber bildete ein um 7400 Gulden von der Stadt gekaufter Teil des Harrachschen Gartens in der Roßau (heute Roßauer Lände), *darauf einiges Gepäu stehet, und das übrige zu einem Lust- und Kuchlgarten zugerichtet ist, samt dem durch gelegte Röhrn darin springenden Wasser*: eine adelig anmutende Realität, die durch den kunstvoll angelegten und mit Wasserspielen ausgestatteten Park zum Anziehungspunkt der ganzen Umgebung wurde. Als eine der letzten von Tepsers Transaktionen — der Kulminationspunkt seiner Finanzgeschäfte liegt in den letzten Jahren seiner Bürgermeisteramtstätigkeit — kennen wir den Erwerb der Herrschaft Gutenbrunn in Niederösterreich, zu der 99 Häuser gehörten; hier stiftete Tepser eine eigene Pfarre. Seine Wohnung behielt er — wie bereits erwähnt — im „Schmalen Haus" Am Hof, in dem er am 20. September 1711 — am Tag zuvor hatte er sein Testament abgefaßt — im Alter von nur 58 Jahren gestorben ist; zu seiner letzten Ruhestätte bestimmte er seinen Herrschaftssitz.

Die neue Bürgermeistergeneration des beginnenden 18. Jahrhunderts

Mit dem Ausscheiden Jakob Daniel Tepsers aus dem Bürgermeisteramt ist die Wirkungsperiode der „Türkenbelagerungsgeneration" zu Ende. Sein Nachfolger, der am 21. Dezember 1708 gewählte Beamte JOHANN FRANZ WENIGHOFFER, hat zwar, da er um 1658 in Wien geboren wurde, das Türkenjahr in wehrfähigem Alter miterlebt, begann seine politische Laufbahn aber erst 1684 mit seinem Eintritt in das Kollegium der Stadtgerichtsbeisitzer, nachdem man ihm am 10. April dieses Jahres das Bürgerrecht verliehen hatte. Immerhin war auch Wenighoffer familiär „belastet": sein Vater Mathias, von Beruf kaiserlicher Hoffischmeister, wurde 1669 in den Äußeren Rat gewählt; im selben Jahr ließ er, wohl zum Zeichen seiner gehobenen sozialen Stellung, den erst zehnjährigen Johann Franz an der Wiener Universität immatrikulieren! Mathias blieb in seiner Ratsposition bis zu seinem Tod am 22. Oktober 1674.

Wenighoffers Elternhaus, das in späteren Tagen von den Wienern einfach „Zum Wenighoffer" genannt wurde, lag auf dem Judenplatz und trug die alte Conskriptionsnummer 409 (heute Judenplatz 3). Johann Franz entstammte einer großen Familie. Seine Eltern — Mathias und Marie Elisabeth, die Tochter des bürgerlichen Barbiers Johann Künzel, die am 18. Jänner 1649 vor den Traualtar getreten waren — hatten, soweit wir orientiert sind, zehn Kinder; fast alle von ihnen haben angesehene Stellungen erreicht, doch nur Johann Franz brachte es zu den höchsten Ehren.

Vierzehn Jahre lang übte Wenighoffer das Amt eines Stadtgerichtsbeisitzers aus, bevor er — zunächst für zwei Jahre — in den Inneren Rat aufsteigen konnte (1698 und 1699). Als Peickhardt Bürgermeister wurde, mußte Wenighoffer nochmals für zwei Jahre in den Äußeren Rat zurück, nahm dann seine Tätigkeit im Inneren Rat wieder auf und avancierte rasch in höhere Ämter: 1704 ernannte ihn der Kaiser über Vorschlag der Regierung zum Stadtrichter, und nach vier Jahren fiel bei der Bürgermeisterwahl auf ihn die Mehrheit der Stimmen. Seine administrativen Aufgaben waren äußerst vielfältig. So wissen wir von seiner Tätigkeit im Armenamt, in der Bancogefäll- und Handgrafenamtsadministration und als Direktor der Stadtbank (1709); 1712 wird er in einem erhaltenen Aktenstück als Superintendent über das Zuchthaus bezeichnet, 1714 unter Bezugnahme auf ein Dekret vom 23. Februar als Schützenkommissär, seit 1715 regelmäßig als Superintendent der Engelhartischen Stiftung und schließlich zwischen 1719 und 1726 als Bankalitätsrat und kaiserlicher *Bancogefällsamtsconpraeses*. Nachdem zu Weihnachten 1712 seine Bürgermeisteramtszeit zu Ende gegangen war, erhielt Wenighoffer 1713 für seine Bemühungen als Bürgermeister sowie in Banco- und Sanitätsangelegenheiten von der Stadt eine Ehrengabe in der erstaunlichen Höhe von 4000 Gulden.

Johann Franz Wenighoffer ist am 21. April 1734 in seinem Wohnhaus am Judenplatz an einem *hitzigen Steckkatarrh* gestorben. Als er den Tod nahen fühlte, war er bereits zu schwach, sein Testament selbst zu schreiben. Er rief daher ehrenwerte, in seinem Hause wohnende Männer zu sich, um ihnen mündlich seinen letzten Willen kundzutun. In Form eines Gedächtnisprotokolles haben die Zeugen denselben unverzüglich schriftlich niedergelegt. Dennoch löste dieses „Testament" einen endlosen Erbstreit unter den Hinterbliebenen aus, der sich über achtzehn Jahre hinzog. Und sogar dann kam es zu keiner Entscheidung, sondern zu einem Vergleich — offenbar deshalb, weil die streitenden Parteien des Zwistes längst überdrüssig geworden waren. Wenn man sich die Liste derer betrachtet, die sich da um das nur auf den ersten Blick große Vermögen stritten — diesen 132.000 Gulden Aktiven standen nicht weniger als 106.000 Gulden an Passiven gegenüber! —, so befinden wir uns in der guten Wiener Gesellschaft, denn Bürgermeister Wenighoffer hatte seine Töchter bestens verheiratet: Anna Maria mit dem Inneren Rat Johann Franz Purck, Anna Eva Katharina zunächst mit dem Inneren Rat Johann Conrad von Henckel, dann mit dem Hofkammerzahlamtsbuchhalter Gottfried von Pomal, Anna Barbara mit dem Reichshofratsagenten Franz Maximilian von Forchandt, dem Sohn eines kaiserlichen Hof- und Kammerjuweliers, und Anna Clara mit dem Inneren Rat und Oberkämmerer Johann Christian Neupauer.

Nachfolger Wenighoffers wurde der nur um ein weniges jüngere JOHANN LORENZ TRUNCK VON GUTTENBERG, ein zweiundfünfzigjähriger Mann adeligen Geblütes. Seine Ahnen waren in Württemberg beheimatet und besaßen dort ein Rittergut — *zu Guettenberg genannt*. 1603, heißt es, seien sie von Kaiser Rudolf II. geadelt, jedoch während des Schwedischen (das heißt Dreißigjährigen) Krieges vertrieben und aller ihrer Dokumente beraubt worden. Über vierzig Jahre lang stand Vater Lorenz im Dienste der Erzbischöfe von Freising als deren Hofmeister, kam in dieser Eigenschaft mit seiner Familie nach Wien, erwarb hier das Bürgerrecht und wurde sogar in den Äußeren Rat gewählt. 1707 erlitt er eine tödliche Verwundung im Kampf gegen die Türken.

Die jahrzehntelange Tätigkeit für das Bistum Freising wirkte sich offenbar auf die geistige Ausrichtung der ganzen Familie Trunck nachhaltig aus. Der Bruder von Johann Lorenz' Vater trat in ein Prämonstratenserkloster in Mähren ein, und auch bei seinen eigenen Kindern zeigte sich deutlich der großväterliche Einfluß: Johann Anton Laurenz wurde hochfürstlich freisingischer Hofrat, Adam Franz de Paula Canonicus im Stift Seckau, Joseph Nicolaus verschrieb sich dem Kloster zu Neuburg, Ignaz Dominik wirkte als Professor bei den Dominikanern zu Wien und Stephan Ernst als Priester der Sozietät Jesu, eine Nichte war Ordensfrau.

Seit 1686 als Äußerer Rat, unmittelbar darauf als Stadtgerichtsbeisitzer und schon 1688 als Innerer Rat mitten im politischen Leben stehend, wirkte Trunck von Guttenberg lange Jahre im stillen, ohne sich besonders in den Vordergrund zu drängen. Erst rund zwei Jahrzehnte später, als er 1707 Oberkämmerer und 1708 Stadtrichter wurde, begann seine Karriere, die ihn fünf Jahre später auf den Bürgermeistersessel brachte. Am 16. Jänner 1708 erfolgte seine Erhebung in den Adelsstand mit dem Prädikat „Trunck von Guttenberg". Das Jahr seines Amtsantrittes, 1713, gehört allerdings zu den schwersten, die Wien zu Beginn der Regierung Kaiser Karls VI. erleben mußte: ein letztes Mal wurde die Stadt von einer Pestepidemie ungeheuren Ausmaßes befallen, und der neuernannte Bürgermeister, der auch die Geschäfte eines obersten Sanitätsdirektors zu führen hatte, befand sich bestimmt in keiner beneidenswerten Lage. Es zeugt von der Gefahr, in die auch die bürgermeisterliche Familie geraten sein dürfte, daß die Gattin des Bürgermeisters, Maria Magdalena, am 22. August dieses Jahres ein Testament aufsetzte; sie überlebte jedoch die Seuche und starb erst fünfzehn Jahre später. Dieser Pestepidemie verdankt Wien als besonderes Juwel eine der kostbarsten Schöpfungen der kirchlichen Barockarchitektur: die von Johann Bernhard Fischer von Erlach 1716 begonnene und 1737 von seinem Sohn Joseph Emanuel vollendete, dem Namensheiligen des Kaisers, Karl Borromäus, gelobte Karlskirche, die sich, jenseits des noch in offenem Gerinne unreguliert der Donau zufließenden Wienflusses, an steiler Böschung hinter wuchernden Sträuchern erhob — von der Stadt aus hinter dem Glacis frei sichtbar und in die verlängerte Achse der Herren- und Augustinerstraße gestellt. In dieser Kirche faßte Fischer alle Elemente seiner Kunst zu einer fast profan wirkenden Festarchitektur zusammen, wobei er in einer nur dem wirklich genialen Künstler gelingenden Mischung hellenistische und römische neben italienisch-barocke Elemente setzte, ohne den durch eine mächtige Kuppel betonten Zentralraumgedanken außer acht zu lassen — eine grandiose Synthese von Formenreichtum und Harmonie. Während der ältere Fischer an der Karlskirche baute, schuf sein großer italienischer Gegenspieler Johann Lukas von Hildebrandt eines der bedeutendsten Werke der Palastarchitektur auf Wiener Boden: das von Prinz Eugen in Auftrag gegebene Belvedere.

Vier Jahre lang präsidierte Trunck von Guttenberg dem Stadtrat, dann zog er sich in andere Positionen zurück, zunächst in den Inneren Rat, als dessen „Senior" er seit 1721 bezeichnet wird. Im selben Jahr wurde ihm auch der Titel „Kaiserlicher Rat" verliehen. Von 1726 bis knapp vor seinem Tode war er sodann als *Bancalitäts Rat und der kaiserlichen Banco Gefäll Administration Con-Präses* tätig, womit er eines jener Ämter innehatte, die man regelmäßig mit hohen städtischen Funktionären besetzte. Johann Lorenz Truncks Wohnhaus lag, wie so manches seiner Vorgänger, im ältesten Teil Wiens, und zwar am alten Kienmarkt (heute Sterngasse 4). Er erwarb es 1707, im Todesjahr seines Vaters, als er selbst Oberkämmerer wurde; in diesem Haus ist er am 5. September 1742 auch gestorben. 1709 kaufte er ein heute in den Augarten einbezogenes Haus mit dem Schildnamen „Zum grünen Baum" in der Leopoldstadt, und 1710 erwarb er ein zweites Stadthaus (heute Habsburgergasse 8), ein mächtiges Gebäude, das gegen Ende des 18. Jahrhunderts vier Stockwerke aufwies. Dazu kamen Besitzungen auf der Wieden und in Mauer.

In Johann Lorenz Truncks Amtszeit fällt die zweite Ausbaustufe des Alten Rathauses, für deren Detailplanung er sicherlich persönlich verantwortlich ist. Soweit wir den Urkunden entnehmen können, wurde in den Jahren 1712 und 1713 die „Innere Ratsstube" (der Große Ratssaal, der heute für kulturelle Veranstaltungen der Zentralsparkasse der Gemeinde Wien Verwendung findet) künstlerisch ausgestaltet; damals fertigte der Kammermaler Johann Michael Rottmayr jene Deckengemälde an, die sich seit 1885 im Grünen Saal des Rathauses am Ring befinden. Neben der Ausstattung dieses und des danebenliegenden Kleinen Ratsaales mit Gemälden und Stukkaturen entstand weiters der sogenannte Wappensaal, heute repräsentativer Vorsaal der Bezirksvorstehung des ersten Gemeindebezirkes; seine Fertigstellung fällt in das darauffolgende Jahr 1714. Es konnte erst kürzlich nachgewiesen werden, daß die an der Decke angebrachten Wappen jenen des Inneren Stadtrates dieses Jahres entsprechen, wobei unter anderem neben Bürgermeister Trunck von Guttenberg auch sein Amtsvorgänger Wenighoffer mit seinem Wappen verewigt ist. Die Inhaber der Wappen sind durch den Beisatz ihres Namens auf einem Spruchband gesichert. Bei vier Wappen — jenen des Stadtanwalts Loiselli, des Bürgermeisters, Wenighoffers und des Ratsseniors Schreyer — befindet sich in einem weiteren Spruchband auch eine Devise; die des Bürgermeisters lautet *Aequitate et Sobrietate* — Mit Gerechtigkeit und Besonnenheit.

In den Jahren 1717 bis 1728 wechselten sich wieder zwei Männer in der Amtsführung ab: zunächst übernahm von 1717 bis 1720 Josef Hartmann die Geschäfte, 1721 bis 1724 Franz Josef Hauer; dann folgten für jeweils zwei Jahre nochmals Amtszeiten Hartmanns (1725 und 1726) beziehungsweise Hauers (1727 und 1728).

Mit DR. JOSEF HARTMANN kam wieder ein Ortsfremder auf den Bürgermeisterposten. Um 1668 in Neukirchen (bei Tettnang?) geboren, ergriff er zwar den Beruf eines Beamten, bezog jedoch seine Haupteinkünfte bemerkenswerterweise aus einem schwunghaften Geldverleih. Hartmann dürfte erst in seinem vierten Lebensjahrzehnt nach Wien gekommen sein; jedenfalls absolvierte er sein Jusstudium nicht hier und erwarb das Wiener Bürgerrecht erst 1703, nachdem er im Jahr zuvor die Stelle eines Urteilschreibers angetreten hatte. Unter Umgehung des Äußeren Rates wurde er 1704 zum Stadtgerichtsbeisitzer gewählt, avancierte 1708 zum Gegenhandler und trat 1710 in den Inneren Rat ein. Zunächst im Kirschnerischen Haus im Taschengässel in einer Wohnung eingemietet, übersiedelte er 1709 in ein eigenes Haus am Hohen Markt 6, später in ein anderes in der Bäckerstraße, das seine Gattin, eine Enkelin des Bürgermeisters Puechenegger, in die Ehe mitgebracht hatte. Eigenartigerweise übersiedelte er dann nach dem Ende seiner vierjährigen Bürgermeisteramtszeit 1721 in das Unterkammeramtsgebäude Am Hof 9, in eine „Dienstwohnung", in der er am 17. Mai 1732 am *Schlagfluß* verschied. Er war der erste einer Reihe von städtischen Funktionären, die im Unterkammeramt wohnten. Inzwischen war er 1721 bis 1724 Stadtrichter, dann, wie erwähnt, nochmals zwei Jahre lang Bürgermeister gewesen — seine Wiederwahl erfolgte, wie es in einem zeitgenössischen Akt heißt, *wegen seines besonderen Eifers und Fleißes* —, und bis an sein Lebensende gehörte er dem Inneren Stadtrat an. Als Bürgermeister war er Präses der Bancogefällamtsadministration und Direktor der Bancohauptkassa. Die Verwaltung nahm unter ihm insoferne eine positive Entwicklung, als 1725 unter Zuziehung des Unterkämmerers, älterer Werkleute und Sachverständiger eine neue Bauordnung zustande kam, welche gerade in einer Zeit, da die private Bautätigkeit einen Kulminationspunkt erreichte, äußerst notwendig gewesen sein mußte.

Josef Hartmann war ohne Zweifel einer der vermögendsten Bürgermeister seiner Zeit. Seine Hinterlassenschaft machte die gigantische Summe von über 130.000 Gulden aus, von denen er fast die Hälfte, nämlich über 63.000 Gulden, in festverzinslichen Papieren (vor allem Oberkammeramts- und Stadtbancoobligationen) angelegt hatte.

In bescheideneren, wenngleich durchaus konsolidierten Verhältnissen lebte FRANZ JOSEF HAUER, der in den Jahren 1721 bis 1724 sowie 1727 und 1728 Bürgermeister war. Wo Hauer geboren wurde, wissen wir nicht, doch ist Wien als Geburtsort nicht auszuschließen. Als Geburtsjahr nimmt man das Jahr 1678 an. Hauers Vater, Martin, war kaiserlicher Diener, *Hofeisler* und Mitglied des Äußeren Rates; er starb, als sein Sohn fünfzehn Jahre alt geworden war. Martin Hauer muß sich in durchaus gesicherten Vermögensverhältnissen befunden haben, sonst hätte er dem Kaiser während der Türkenbelagerung nicht den für einen Privaten enormen Betrag von 50.000 Gulden vorstrecken können, wobei es offenbleiben muß, ob diese Schuld jemals zur Gänze zurückgezahlt wurde oder ob die genau fünfzig Jahre später erfolgende Erhebung Franz Josef Hauers in den Ritterstand mit dem Prädikat *von* und eine damit verbundene Wappenbesserung als eine Art Abgeltung zu betrachten sind; sicher ist jedenfalls, daß im Adelsbrief ausdrücklich auf die Verdienste von Hauers Vater als Kreditgeber hingewiesen wird und daß Hauers hinterlassenes Vermögen diese Kreditsumme weit überstieg.

Franz Josef Hauer legte 1701 in Wien den Bürgereid ab und nahm anschließend den üblichen Aufstieg in öffentliche Ämter, wobei der Eintritt in den Inneren Rat 1708 und die Ernennung zum Stadtrichter 1717 als Fixpunkte erwähnt werden sollen. Er vermählte sich mit Maria Christine van Ghelen, der Tochter des Hofbuchdruckers Johann van Ghelen und der Elisabeth de la Fontaine, einer Wiener Goldschmiedetochter. 1718 erbte er das väterliche Haus Kärntner Straße 4, ein dreistöckiges Gebäude, von seiner in diesem Jahr verstorbenen Mutter und bewohnte es dann drei Jahrzehnte bis an sein Lebensende (er starb am 5. Mai 1748). Das Haus war prächtig, und man bezifferte seinen Wert mit 18.000 Gulden; die Hausherrenwohnung verfügte sogar über einen eigenen Hausaltar, dessen Reliquien als so wertvoll erachtet wurden, daß sie testamentarisch besondere Erwähnung fanden. Bis gegen Ende des 18. Jahrhunderts blieb das Haus im Besitz der Familie und warf beachtliche Zinseinnahmen ab.

Daneben besaß der Bürgermeister zwei interessante Objekte außerhalb der Stadtmauern: in der Leopoldstadt das Haus „Zum schwarzen Adler", eines der ältesten Einkehrwirtshäuser Wiens (Taborstraße 11 samt einem Teil der Gredlerstraße), das sich nicht nur zu einem von der Vorstadtbevölkerung gerne besuchten Speisehaus entwickelte, sondern von dem auch berichtet wird, es sei in seinem Hof 1720 erstmals ein *animalisches Spektakel* abgehalten worden, ein „Vergnügen", das in späteren Jahren das Hetzhaus auf der Landstraße zum Anziehungspunkt blutrünstiger Zuschauer machen sollte. Die Sommermonate verbrachte Hauer jedoch in seinem Gartenhaus im Kahlenbergerdorf, das auch von Gästen gerne aufgesucht wurde. So berichtet beispielsweise der aus der Zeit Maria Theresias als deren Obersthofmeister bekannte Johann Josef Fürst Khevenhüller-Metsch, der mit Hauers ältestem Sohn Johann Josef — der später als Hofrat beim Hofkriegsrat ebenfalls ein hohes Regierungsamt bekleidete — beim Schottenprior P. Antonio Kramer *Philosophie gehöret*, er habe in Hauers *Maison de campagne im Kallen Dörffl nächst dem Kallen Berg öfters Unterhaltung macht*.

Bei allem äußeren Glanz, der den ersten Jahrzehnten des 18. Jahrhunderts anhaftet, darf man nicht übersehen, daß schon damals soziale Probleme bestanden und fallweise auch an die Oberfläche gelangten. Dazu gehört beispielsweise die in Hauers Amtszeit fallende sogenannte „Schuhknechtrevolte" des Jahres 1722, welche starke Beunruhigung nach sich zog, da es um Fragen der Arbeitsbedingungen und Entlohnung ging, mit denen man die Bürger konfrontierte, und die in weiterer Folge die Schwierigkeiten deutlich werden ließ, mit welchen die „Polizei" — dieser Ausdruck kommt erst um diese Zeit allmählich auf — zu kämpfen hatte. Gab es doch drei verschiedene Körper, die für das Sicherheitswesen verantwortlich waren: die Stadtguardia, die Rumorwache und die Tag- und Nachtwache. War die Stadtguardia schon gegen Ende des 16. Jahrhunderts zu einem kaiserlichen Fähnlein geworden und ihr Personalstand bis zur zweiten Türkenbelagerung, bei der sie sich trotz ihres nicht allzu guten Rufes bewährte, auf 1200 Mann angewachsen, war sie bei der Bürgerschaft doch angefeindet, weil ihre Angehörigen sich infolge der schlechten Entlohnung auch gewerblich betätigten und so den in Zünften zusammengefaßten Handwerkern unlautere Konkurrenz machten. Viele schenkten auch Bier und Wein aus (wozu sich die kleinen Basteihäuschen, die sie in Ermangelung von Kasernen bewohnten, recht gut eigneten), während ihre Frauen einen Lebensmittelzwischenhandel betrieben, indem sie den Bauern vor den Toren ihre Waren abkauften, um diese dann mit Gewinn auf den Märkten abzusetzen. Diese Spannungen waren auch der Grund, warum sich die niederösterreichische Regierung zur Aufstellung einer eigenen Wache, der Rumorwache, entschlossen hatte. Obwohl man der Stadtguardia die militärischen Aufgaben beließ und der Rumorwache nur die polizeilichen übertrug, kam es doch dauernd zu Reibereien zwischen den beiden Truppenkörpern. Zu den polizeilichen Obliegenheiten gehörten zu Beginn des 18. Jahrhunderts überraschenderweise bereits Verkehrsregelungen, vor allem die Überwachung des ruhenden Verkehrs. Die engen Gassen wurden nicht selten von voluminösen Markt- oder Bierwagen derart verstellt, daß jede Durchfahrt unmöglich war.

Zwei Jahre lang, 1729 und 1730, übernahm der 1684 in Wien geborene JOHANN FRANZ PURCKH nach Hauers Ausscheiden das Bürgermeisteramt. Er war Sohn eines Wachskerzlers im Oberen Werd. 1709 erwarb Purckh das Wiener Bürgerrecht, im selben Jahr gehörte er den Stadtgerichtsbeisitzern an, aber erst ein Jahrzehnt später gelang es ihm, in den Inneren Rat aufzusteigen. Durch die Heirat mit Maria Anna, der Tochter des Bürgermeisters Johann Franz Wenighoffer, fand er Eingang in die bessere Gesellschaft (1720). Während der jeweils zweiten Amtsperioden Hartmanns und Hauers versah Purckh das Amt des Stadtrichters, wurde dann Bürgermeister und, den bereits üblichen Usancen folgend, 1729 auch *Praeses der Banco-Gefäll-Administration,* bei der er nach Beendigung seiner Bürgermeisteramtstätigkeit von 1731 bis 1741 als deren *Conpraeses* verblieb. Sein Stadthaus, das er 1714 käuflich erwarb, befand sich in der Bognergasse (heute Teil des Hauses Nummer 11, damals 317), ein vierstöckiges ansehnliches Gebäude, dessen gleich großes, wenn auch weniger einträgliches Nebenobjekt (alte Nummer 318) Purckh 1729 von seiner Mutter dazuerbte. Ebenfalls aus dem Nachlaß seiner Mutter stammte ein vierstöckiges Haus in der Roßau mit dazugehörigem Grund (heute Grüne Torgasse 7), wogegen das „Wenighofferische Haus" am Judenplatz nicht in seinen, sondern nach längeren Erbstreitigkeiten erst in den Besitz seiner Nachkommen gelangte. Darüber hinaus hinterließ Bürgermeister Purckh, als er am 22. Juni 1746 in seinem Haus in der Bognergasse starb, Weingärten *im Grinzinger Gebirg,* Obligationen im Wert von 22.000 Gulden und Tafelsilber.

Das tragische Geschick des Bürgermeisters Bartuska

FRANZ DANIEL EDLER VON BARTUSKA, der nur zwei Jahre (1731 und 1732) das Bürgermeisteramt innehatte, wäre sicherlich nicht in die Geschichte eingegangen, hätte er nicht durch selbstherrliche Transaktionen den Unwillen seiner Zeitgenossen erregt. Immerhin darf vorweg festgehalten werden, daß im ersten Jahr seiner Amtstätigkeit insoferne ein bedeutsamer Entschluß gefaßt wurde, als die Regierung bestimmte, der Bürgermeister habe alle zwei Jahre mit dem Stadtrichter im Amte zu wechseln. Beide, Bürgermeister und Stadtrichter, sollten gemeinschaftlich die Leitung des städtischen Wirtschaftswesen übernehmen sowie für die Einrichtung der verschiedenen städtischen Ämter, die Besorgung des Stadtbanco und sonstiger kommunaler Angelegenheiten verantwortlich sein. In wichtigeren Fällen mußte der Bürgermeister den Stadtrichter in den Rat laden, und dieser durfte, wenn er sich keiner Pflichtverletzung schuldig machen wollte, einer solchen Ratssitzung nicht fernbleiben. Wahrscheinlich trat schon 1731 die *Stadt Wiener Wirtschaftskommission* in Aktion, die in den nächsten Jahrzehnten eine beachtliche Betriebsamkeit entfaltete. In die Amtszeit Bartuskas fällt auch die Renovierung der Fassade des Bürgerlichen Zeughauses.

Franz Daniel Bartuska wurde um 1680 als Sohn des im Feldpostdienst tätigen Franz Maximilian Bartuska und dessen Gattin Catharina Dörfler, der Tochter des Stadtrichters zu Baden, in Wien geboren; 1707 trat er als Stadtgerichtsbeisitzer in den öffentlichen Dienst. Sein Vater hatte sich, über ein halbes Jahrhundert in kaiserlichen Diensten stehend, vor allem während der Franzosenkriege als Feldpostmeister hervorgetan, was von Kaiser Karl VI. 1724 mit der Verleihung des rittermäßigen Adelsstandes samt dem Prädikat *von* honoriert wurde.

Im Zeitpunkt der Adelsverleihung an seinen Vater war Franz Daniel nach dem üblichen etappenweisen Aufstieg 1720 Mitglied des Inneren Rates und 1722 zusätzlich Obereinnehmer in der Bancohauptkassa und Buchhalterei geworden. Nach seinem Jusstudium an der Wiener Universität erwarb er auch hier das Doktorat, erhielt dann durch die Vermittlung seines Vaters eine Anstellung bei der Post, die ihn in weite Teile Europas führte und ihm einen für seine Zeit erstaunlichen geistigen Horizont eröffnete. So kam er nach Holland und ging in geheimen Missionen an den Churpfälzischen und Sächsischen Hof. Seine Rechtspraxis erwarb sich Bartuska in der österreichischen Hofkanzlei, dann trat er in die Dienste der Stadt Wien.

Bereits 1708 hatte er in Wels Elisabeth Franziska, die Tochter des kaiserlichen *Oberwasseraufsehers* zu Wels, Johann Franz Heyberger, geheiratet, mit der er binnen etwa zehn Jahren mindestens sechs Kinder in die Welt setzte, die in späteren Jahren durch die Wahl ihrer Berufe teilweise in entferntere Gegenden, so zum Beispiel bis ins Elsaß, verschlagen wurden. Am 27. Februar 1730 erfolgte Bartuskas Erhebung in den Ritterstand mit der Verleihung des Prädikates *Edler von* sowie der Besserung des Familienwappens. Wenige Monate später wurde seine Wahl zum Bürgermeister bestätigt, gleichzeitig erhielt er den Posten eines Direktors der Bancohauptkassa und Buchhalterei und den eines kaiserlichen Ministerial-Banco-Deputations-Assessors.

Bartuska entwickelte in Wirtschaftsangelegenheiten außergewöhnliche Fähigkeiten. Dies führte allerdings dazu, daß er sich auf Spekulationen einließ, von denen er möglicherweise annahm, daß sie für die Stadt lukrativ sein würden. So errichtete er als Bürgermeister eine sogenannte „Extra-Wirtschaftskassa", entnahm dem Oberkammeramt ohne Wissen des Stadtrates eine namhafte Summe an Stiftungs-, Pupillen-(Waisen-) und Parteiengeldern und lieh davon 565.000 Gulden dem Wolf Wertheimer, wofür dieser als Sicherstellung verschiedene Wertpapiere, offene Hofforderungen und Schmuck hinterlegte.

Hatten sich schon während der Zeit, da Bartuska Stadtrichter war (1733—1736), Stimmen geregt, die seine Finanztransaktionen offener Kritik unterwarfen, so verdichtete sich die Opposition in der folgenden Zeit so stark, daß ihm ein regelrechter Prozeß gemacht, 1738 die Würde eines Inneren Rates aberkannt und die bereits zugesicherte Stelle als niederösterreichischer Regierungsrat wieder entzogen wurde. Am 26. Juli 1738 mußte er einen Eid ablegen, aus den Geldgeschäften keinen persönlichen Nutzen gezogen zu haben, außerdem wurde von der Stadt Wien sein gesamtes im Oberkammeramt befindliches Vermögen in Höhe von 50.000 Gulden — offenbar Obligationen — zwecks eventueller Schadloshaltung beschlagnahmt. Bartuska durfte Wien zunächst nicht verlassen, konnte es aber dann doch durchsetzen, daß man ihn — sogar auf Kosten der Stadt, denn die Reiseausgaben sind in den Oberkammeramtsrechnungen verbucht! — nach München schickte, wo er sich zwei Jahre hindurch aufhielt, um die von Wertheimer stammenden Churbayrischen Landschaftsobligationen zu kapitalisieren.

Dann trat der entscheidende Umschwung ein. Die Hofkammer, an die Wertheimer vor allem Forderungen zu stellen hatte, die nun als Pfand in den Händen der Stadt lagen, entschädigte dieselbe mit einer Summe von 700.000 Gulden und übernahm dafür die in Rede stehenden Forderungen. Damit war praktisch ein Schlußstrich unter die Affäre gezogen. Dennoch mußte Bartuska bis zu seinem Tode — er starb am 3. April 1754 — um seine Rehabilitierung und die Rückstellung seines Kapitals kämpfen, was letztlich auch gelang. Es ist eine Pikanterie am Rande, daß Bartuska im Zuge seiner Beweisführung sogar belegen konnte, die Stadt habe durch seine (wenn auch eigenwilligen und keineswegs legalisierten) Transaktionen letztlich doch einen — allerdings nur bescheidenen — finanziellen Gewinn erzielen können.

Kunst und Kultur des barocken Wien

Im 18. Jahrhundert erfuhr das Wiener Stadtbild einen unvergleichlichen Wandel. Zum erstenmal werden uns auch Häuser und Paläste, Kirchen und Klöster, Straßen und Plätze in einer Fülle zeitgenössischer Darstellungen überliefert, und so geben uns zu Beginn des Jahrhunderts die umfassenden Serien von Delsenbach und Pfeffel-Kleiner gleichermaßen Einblick in das Aussehen wie in das Leben der Stadt. Hatten sich das 16. Jahrhundert mit dem Ausbau der Befestigung und das 17. Jahrhundert mit seinem „Nachholbedarf" an Kloster- und Kirchenneubauten spezielle Aufgaben gesetzt, so drang nach der zweiten Türkenbelagerung jene Stilrichtung aus Italien ein, die sich dort bereits ein Jahrhundert früher entfalten konnte: der Barock. Es war nicht nur die Architektur, die im 18. Jahrhundert einen Wandlungsprozeß durchmachte, es kam auch erstmals zur Ausbildung des architektonisch gegliederten Raumes, der im barocken Palastgarten seine charakteristische Ausdrucksform fand. Der abgesonderte Renaissancegarten, der sich in althergebrachter Weise, eher ländlich anmutend, um ein „Lusthaus" erstreckte, ging über in jene barocke Gartenanlage, die in Planung und Ausführung zu einem integrierenden Bestandteil des barocken Bauwerkes wurde und im Raumgefühl innerhalb der Stadt (und der Vorstädte) neue Akzente setzte.

Der Durchbruch der barocken Bauidee in Wien gelang endgültig erst, als in der Person des 1686 in die Stadt gekommenen Architekten Johann Bernhard Fischer von Erlach, der seinen ebenfalls schöpferisch tätigen Sohn Joseph Emanuel an Einfallsreichtum und Schaffenskraft, Produktivität und — man kann es ruhig sagen — Genialität bei weitem übertraf, ein Künstler ans Werk ging, der die barocke Baukunst des Südens mit dem Wesen unseres Landes derart zu verbinden verstand, daß sich eine der Wiener Mentalität entsprechende bodenständige Kunstform ausbildete. Die Renaissance mit ihrer statisch-harmonischen Bauweise vermochte in Wien niemals richtig Fuß zu fassen, sodaß sich nur wenige bedeutende Objekte dieser Epoche (etwa die Stallburg) erhalten haben. Nun wurde sie abgelöst durch den bewußt Kontraste setzenden Barock, der, das Dynamische, Bewegte, Erregende in den Vordergrund stellend, in Architektur, Plastik und Malerei gleichermaßen das Dekorative und Prächtige, das Diesseitige und Lebensbejahende bevorzugte. So wird der Barock zum Spiegelbild der Gesellschaft Wiens, die — sei es aktiv teilnehmend oder passiv miterlebend, die Schaulust befriedigend und darüber die Sorgen des Alltags vergessend — an glanzvollen Festen, repräsentativen Empfängen, pompösen Aufzügen und Prunkgewändern höchsten Gefallen fand. Ohne Unterschied wurden Leben und Tod in dem Bestreben, die Grenzen möglichst zu verwischen, durch den Pomp eines Lebensstils verherrlicht und glorifiziert, der sich nur in in diesem Zeitabschnitt in voller Eigenständigkeit entfalten konnte, im Laufe der folgenden Jahrzehnte — im Spätbarock und Rokoko — aber zu jener verspielten und überquellenden Kunstform ausartete, der fast zwangsläufig der nüchterne Klassizismus folgen mußte.

Wohl betrachtet man bereits Leopold I. als „Barockkaiser", doch konzentrierte sich in der zweiten Hälfte des 17. Jahrhunderts die barocke Ausdrucksform unter Zurückdrängung frühbarocker Bauweise noch überwiegend auf Schöpfungen der Musik und des Theaters, während unter Joseph I., vor allem aber unter Karl VI. Architektur und Plastik eine dominierende Rolle spielten. Der Hochbarock „hatte seine Entwicklungsgrundlage im vollendeten Absolutismus der Epoche" (May). Für Wien ergab sich nach 1683 aus der veränderten militärisch-wirtschaftlichen Situation insofern eine die soziale Struktur und das geistige Leben unmittelbar beeinflussende Konsequenz, als die aus ihrer bedrohten Grenzlage zum Mittelpunkt im Raum des römisch-deutschen Kaisertums emporgehobene Stadt dank ihres Residenzstadtcharakters ein Reichsbewußtsein entwickelte, das ihren Bewohnern bis dahin völlig fremd gewesen war. Die kaiserliche Machtfülle erforderte fast zwingend jene Entfaltung und Repräsentation, die während der Regierungszeiten Karls VI. und Maria Theresias deutlich zum Ausdruck kommen. Was der hohe Adel begonnen hatte, fand nun im Wirken des Hofes seine stete Fortsetzung. Karl VI. gab Johann Bernhard Fischer von Erlach aus bereits bekannten Gründen den Auftrag zur Erbauung der Karlskirche (1716—1737) und Maria Theresia ließ 1744 bis 1749 durch Nicolaus Pacassi das Schloß Schönbrunn grundlegend umgestalten; der Park war schon im Jahre 1705 durch Jean Trehet angelegt worden. Der großartige Entwurf Fischers, der das Schloß auf die Höhe der heutigen Gloriette stellen wollte und sich in seiner Konzeption viel stärker an das französische Versailles anlehnte, kam leider nicht zustande.

Das Bürgertum wollte nicht zurückstehen. Die Vorstädte und Vororte wurden großzügig umgebaut, andere an Ausfallstraßen und im unverbaut gebliebenen Terrain neu gegründet. Josefstadt, Lichtental, Himmelpfortgrund, Am Thury und Strozzigrund sind markante Beispiele für diese Entwicklung. Neue Bürgerhäuser schossen geradezu aus dem Boden. Viele haben sich bis heute erhalten; bemerkenswert und daher herausgehoben sei ein besonders schönes in der Vorstadt St. Ulrich gelegenes Bürgerhaus (St. Ulrichs-Platz 2). Innerhalb der Stadt wären zu nennen: Hochholzerhof (Tuchlauben 5), Schwindhof (Fleischmarkt 15), Großes Michaelerhaus (Kohlmarkt 11), Märkleinsches Haus (Am Hof 7) und eines der wenigen alten Häuser am Neuen Markt (Nummer 14); alle diese Häuser entstanden in der Regierungszeit Karls VI. Durch Vergrößerung der Bauparzellen konnten die Häuser stattlicher werden. Seit etwa 1720 begann sich das Wohnhaus des vermögenden Bürgers dem Stadtpalais anzugleichen. An prominenten öffentlichen Gebäuden sind noch zu erwähnen: das Churhaus (Stephansplatz 3—Singerstraße 5), das heutige Bundeskanzleramt auf dem Ballhausplatz und die Böhmische Hofkanzlei (Wipplingerstraße 7—Judenplatz 11).

Wenden wir uns nun jenen Künstlern zu, welche die Stadt — der künstlerische Individualismus war voll erwacht, der Zeichner von der Bewegtheit des städtischen Geschehens gepackt — in jener Form überliefert haben, die wir heute schlechtweg als Vedute bezeichnen. Die grafischen Ansichtenfolgen, in denen der Architektur das Straßenbild mit dem lebendigen Alltag gleichberechtigt an die Seite gestellt wird, beginnend mit den *Prospecten und Abrißen einiger Gebäude von Wien*, die Johann Adam Delsenbach geschaffen hat; er war zwischen 1710 und 1721 wiederholt in Wien tätig und brachte das Werk zwischen 1713 und 1719 heraus. Die *Prospecte*, nach eigenen Zeichnungen und jenen der beiden Fischer von Erlach gestochen, fanden durch Salomon Kleiner, Johann Andreas Pfeffel und Johann August Corvinus eine äußerst wertvolle Fortsetzung. Der Augsburger Kleiner, der im selben Jahr nach Wien kam, in dem Delsenbach nach Nürnberg zurückkehrte (1721), nahm in Verbindung mit verschiedenen Meistern der Augsburger Kupferstecherschule zwischen 1724 und 1737 die wesentlichsten alten und neuen Paläste, Kirchen und Klöster, aber auch die bedeutendsten Plätze, Straßen und Gärten auf und veröffentlichte die Stiche in einem vierteiligen Sammelwerk, das unter dem Titel *Wahrhaffte und genaue Abbildung Aller Kirchen und Clöster* 132 Ansichten umfaßt.

Die barocke Residenzstadt war sich ihrer engen Grenzen bereits bewußt. Rein architektonisch wurden sie, abgesehen von den weitläufigen Befestigungsanlagen und dem mit Bauverbot belegten Streifen des Glacis, kaum zur Kenntnis genommen, rechtlich hingegen hatte Leopold I. unter Bürgermeister Jakob Daniel Tepser eine Konsequenz gezogen, als er im Burgfriedensprivileg von 1698 eine Reihe von Vorstädten wenigstens in einigen Belangen mit Wien verband. Die Stadt erhielt das Recht der Steuereinhebung, der Markt- und Gewerbeaufsicht sowie der Polizeigewalt; die Vorstädte gewannen zwar einen Rückhalt an ein größeres Gemeinwesen, ihre Bewohner aber hatten fühlbare Lasten auf sich zu nehmen, da sie nun *mit der Stadt leiden*, das heißt städtische Steuern entrichten mußten. Eine Anzahl von Grundherrschaften blieb bestehen und entzog sich auch weiterhin — bis in die Mitte des 19. Jahrhunderts — der Jurisdiktion der Stadt. Eigentlich stehen wir, wenn dies auch selten so beurteilt wird, vor einer vollzogenen Stadterweiterung, und es mag von Interesse sein, in diesem Zusammenhang eine Bemerkung der bekannten Lady Montague zu zitieren, die im Herbst 1716 Wien einen Besuch abstattete und in einem ihrer Briefe meinte, der Kaiser würde *eine der größten und bestens gebauten Städte in Europa haben*, fände er es *für dienlich, die Stadtpforten wegzuschaffen und Wien mit der Vorstadt zu vereinen*. Lady Montague war mit dieser Überlegung allerdings ihrer Zeit weit voraus.

Was die zeitgenössische gehobene Gesellschaft trotz allen Glanzes der Kaiserstadt bedrückte, war die Tatsache, daß der Sitz der Herrscher, die Hofburg, der Machtposition der Habsburger nicht entsprach. Man dachte deshalb an einen großzügigen Neu- oder doch wenigstens Umbau. Die prominentesten Künstler — Fischer von Erlach und Hildebrandt allen voran — bemühten sich unter Schonung des Vorhandenen geeignete Vorschläge zu unterbreiten. Man kam zu keinem Entschluß — auf die Pläne Fischers griff erst Kirschner beim Bau seines Michaelertraktes zurück. Aber selbst die Teilergebnisse der hochbarocken Erweiterungen sind imponierend. Monumental — und selbst in jener an prachtvollen Bauwerken überreichen Zeit hervorragend — ist beispielsweise der während der Amtszeit Bürgermeister Hartmanns von Fischers Sohn Joseph Emanuel vollendete Bau der Hofbibliothek am Josefsplatz. Gleichzeitig begann Fischer in Gemeinschaft mit Hildebrandt den Reichskanzleitrakt der Burg, der die zweite noch fehlende Verbindung vom Schweizertrakt zur Amalienburg bildete und den inneren Burghof endlich auch von der letzten Seite her abschloß. Die vom jüngeren Fischer konzipierte und unter Bürgermeister Leitgeb 1735 fertiggestellte Winterreitschule stellte eine Verbindung zur Stallburg her, 1748 folgten der Große und der Kleine Redoutensaal. Es blieb Nicolaus Pacassi vorbehalten, Ende der sechziger Jahre die letztgenannten Bauwerke zu einer Einheit zusammenzufassen und damit die klassische Ausgeglichenheit des Josefsplatzes zu schaffen, der mit Recht zu den schönsten Plätzen Wiens zu zählen ist. Jenseits des Glacis entwarf der ältere Fischer — wobei es auch hier seinem Sohn zufiel, das 1723 begonnene Werk seines Vaters zu vollenden — die Hofstallungen (den heutigen „Messepalast"), einen ausgedehnten Gebäudekomplex, der Platz für 600 kaiserliche Pferde bot.

Fischer und Hildebrandt, mit Aufträgen überhäuft, verharrten nicht in Eklektizismus und Epigonentum, sondern haben durch großartiges Nachholen von Bauaufgaben und Stilformen Anschluß an die europäische Entwicklung gefunden und darüber hinaus durch die Verschmelzung fremden und heimischen Ideenreichtums völlig Neues geschaffen. Auf dem Höhepunkt seiner künstlerischen Potenz arbeitete Fischer überwiegend für den Hof. Hildebrandt war zehn Jahre später als Fischer nach Wien gekommen (1696) und stand in seinem Wirken diesem keineswegs nach. Er arbeitete schon

1697 am Palais Mansfeld-Foldi (heute Schwarzenberg), 1706 am Palais Schönborn (heute Volkskundemuseum in der Laudongasse) und 1713 am Palais Daun-Kinsky auf der Freyung. 1714 wandte er sich seinem größten Projekt, dem Doppelschloß des Prinz Eugenschen Belvedere, zu. Hildebrandt übernahm auch den Neubau der barocken Peterskirche (1703) und die Planung der Piaristenkirche (1716).

Als Architekt der Stadt arbeitete Anton Ospel, ein Schüler Ferdinando Galli-Bibienas: sein Hauptwerk, das 1683 beschädigte Bürgerliche Zeughaus Am Hof, wurde nach seinem Entwurf 1731 und 1732 im Auftrage des Bürgermeisters Dr. Franz Daniel Bartuska umgestaltet. Die Hauptfassade, stark von spanischen oder französischen Vorbildern beeinflußt und durch Bildwerke Lorenzo Mattiellis geschmückt, ist eine äußerst bemerkenswerte Leistung. Um dieselbe Zeit vollendete Donato Felice d'Allio seine Salesianerinnenkirche (1730). In den Vorstädten und Vororten waren in erster Linie Christian Matthias Gerl (Elisabethinerinnenkirche) und sein Sohn Matthias Franz tätig, der die Kirche St. Thekla sowie Kirchen in Simmering, Kaiser-Ebersdorf, Ober-St. Veit, Oberlaa und Schwechat erbaute.

Dieses Überangebot an heimischen Kräften schlug die im 17. Jahrhundert dominierenden italienischen Baumeister — unter ihnen Tencala und Martinelli — aus dem Feld. Wie bei der Architektur war es auch in der Plastik und Malerei, die aus den Händen fremder Hofkünstler in ansässige, wenn vielleicht in Italien geschulte Kreise überging. So ragen unter den Bildhauern Paul Strudel, Lorenzo Mattielli, Matthias Steinl und Giovanni Giuliani hervor, unter den Malern Johann Michael Rottmayr, Martino Altomonte und Peter Strudel. In der nächsten Generation sind Daniel Gran, Paul Troger und Bartolomeo Altomonte mit der „klassischen Periode" der österreichischen Barockmalerei und -plastik zu identifizieren. Die bedeutendsten Persönlichkeiten, wie Georg Raphael Donner und Paul Troger, fanden zwar noch die entsprechende Architektur für ihre dekorativen Aufgaben, mußten aber doch mehr und mehr ihre Tätigkeit vom Zentrum Wien in andere Gebiete der Monarchie verlegen; spätere Künstler, insbesondere Maulbertsch und Schmidt, sprengten durch ihre zunehmend klassizistischen Elemente bereits die Einheit des barocken Gesamtkunstwerks. Gegen Ende der dreißiger Jahre hörte die barocke Baubewegung in Wien — abgesehen von Schönbrunn, das erst nach dem Tode Karls VI. im Auftrag Maria Theresias durch Nicolaus Pacassi in seine heutige Form gebracht wurde — im wesentlichen auf. Die Barockbauten haben jedoch den architektonischen Gesamteindruck der historischen Stadtteile bis heute entscheidend beeinflußt.

Hand in Hand mit der bildenden Kunst entwickelten sich — in den Anfängen auf den musikbegabten und selbst schöpferisch tätigen Kaiser Leopold I. zurückgehend — auch Musik und Theater in ungeahntem Maße. Festlichkeiten, Illuminationen und Aufzüge, die ebenso zu den Ausdrucksformen des Barocks gehörten, trugen der volkstümlichen Religiosität wie der von überschwenglicher Phantasie erfüllten Lebensfreude Rechnung.

Aus dieser Zeit stammt der Glanz, der Wien — und in gleicher Weise Salzburg — als Theaterstadt umgibt, wobei sich Schauspiel, Musik und Tanz mit Malerei und Bühnenarchitektur im „Großen Welttheater" vereinigten.

Die Bürgermeister Andreas Ludwig Leitgeb und Johann Adam von Zahlheim

Nach dem Ausscheiden von Dr. Franz Daniel von Bartuska kam mit ANDREAS LUDWIG LEITGEB ein gebürtiger Kärntner auf den Bürgermeisterposten. Um 1683 in Klagenfurt geboren und 1723 mit der um zwölf Jahre jüngeren Maria Katharina, der Tochter des *Comendanter zu Seraglio*, Samuel von Seraio, verheiratet, tritt uns Leitgeb im Alter von 37 Jahren erstmals in einer öffentlichen Funktion entgegen: seit 1720 ist er Stadtgerichtsbeisitzer, vier Jahre später avanciert er zum Urteilschreiber, und 1728 steigt er in den Inneren Rat auf; schon im nächsten Jahr wird er zum Stadtrichter vorgeschlagen und von Kaiser Karl VI. in dieser Funktion bestätigt. Vier Jahre lang (bis 1732) übt Leitgeb dieses Amt aus — Bürgermeister waren zu dieser Zeit Purckh und Bartuska —, dann wird er zum ersten Mal selbst Bürgermeister. 1734 bis 1736 ist Leitgeb auch *Praeses* der kaiserlichen *Banco-Gefäll-Administration*.

In den nächsten Jahren ging es in vierjährigem Turnus weiter. Zuerst nur Senior des Stadtrates (1737—1740), begann Leitgeb 1741 ein zweites Mal seine Tätigkeit in den höchsten Ämtern der Stadt: bis 1744 war er wieder Stadtrichter — Bürgermeister wurde in dieser Zeit Dr. Peter Joseph Kofler —, dann wurde Leitgeb 1745 neuerlich zum Bürgermeister gewählt. Im siebenten Jahr seiner Amtstätigkeit ereilte ihn am 30. Juni 1751, noch nicht siebzig Jahre alt, der Tod; die Totenbeschau ergab als Todesursache Schlagfluß, doch muß Leitgeb schon längere Zeit krank gewesen sein, weil sein Verlassenschaftsausweis offene Forderungen der Bürgerspitalsapotheke in Höhe von 300 Gulden beinhaltet.

Die Familie Leitgeb führte ein bürgerliches Wappen, das einen Mann mit einem Krug, also einen *Leutgeb* (Wirt), zeigt — ein Hinweis auf die Entstehung des Familiennamens. Leitgeb, der nur einmal verheiratet war, hatte eine einzige Tochter, Maria Theresia, verheiratete diese aber ausgezeichnet mit dem Hofrat Johann Peter von Bolza, der einer einflußreichen und angesehenen Familie entstammte.

Mit Leitgeb haben wir den seltenen Fall eines Bürgermeisters vor uns, der als Privatmann keine wirtschaftlichen Erfolge aufweisen konnte. Ja, er besaß in der Stadt nicht einmal ein eigenes Haus! Zeitweise logierte er am Hohen Markt und am Stock-im-Eisen-Platz, dann übersiedelte er 1734, als nach dem Tod des ehemaligen Bürgermeisters Dr. Josef Hartmann (1732) dessen Dienstwohnung freigeworden war und Ospel seine Renovierungen am Zeughaus beendet hatte, ins Unterkammeramtsgebäude (Am Hof 9). Hier lebte er mit seiner Gattin, die nur wenige Monate vor ihm starb, bis an sein Lebensende.

Leitgeb erwarb zwar ein Haus mit Garten in Dornbach, das im Grundbuch auf den Namen seiner Gattin eingetragen ist, hinterließ aber bei seinem Ableben ein erhebliches Passivum. Zu den Gläubigern zählten die verschiedensten Handwerker — Steinmetz, Schlosser, Anstreicher, Zimmermeister —, die am Dornbacher Haus Arbeiten verrichtet hatten; die gelieferten *Stein und Arbeit* könne man, wie es im Verlassenschaftsakt heißt, dort noch sehen. Insgesamt erreichten Leitgebs Schulden die Summe von 12.241 Gulden. Nichtsdestoweniger hielt er sich, seinem Stande entsprechend,

Pferd und Wagen und ließ aus eigenen Mitteln (1744 oder 1748) eine aus Stein gehauene Statue des hl. Johannes von Nepomuk auf dem Hafnersteg über den Dornbach bei Neuwaldegg aufstellen.

Leitgebs Bürgermeisterjahre waren reich an bedeutsamen lokalen Ereignissen. Während der Amtsperiode in den dreißiger Jahren kam es zur Errichtung der städtischen Papierfabrik in Rannersdorf (1732), der Bau der Karlskirche stand vor dem Abschluß, und 1736 starb der greise Prinz Eugen, eine der legendärsten Gestalten dieser Epoche. In den Jahren zwischen 1733 und 1735 gelang es Leitgeb, eine empfindliche Teuerungswelle zu überwinden, die sich als Folge des Krieges gegen Frankreich eingestellt hatte, wobei es sich als vorteilhaft erwies, daß er als Bürgermeister ein entscheidendes Mitspracherecht in der Leitung der wirtschaftlich einflußreichen Stadtbank besaß.

Ende 1736 trat Leitgeb in den Inneren Rat zurück, an seiner Stelle wurde der um 1694 (wahrscheinlich in Wien) geborene JOHANN ADAM VON ZAHLHEIM zum Bürgermeister gewählt. Sein Vater, Raimund Sebastian Zagelauer, ein gebürtiger Mährer, kam nach der zweiten Türkenbelagerung nach Wien, kaufte sich ein Haus, schlug hier seinen ständigen Wohnsitz auf und betätigte sich auch in öffentlichen Ämtern (seit 1704 im Äußeren Rat). Am 30. Juni 1719 wurde er mit dem Prädikat *von Zahlheim* in den Adelsstand erhoben. Kurz zuvor hatte sich Johann Adam mit Eva Catharina Reis vermählt; vier Jahre später starb seine Mutter und 1729 verlor er auch seinen Vater. Raimund Sebastian hinterließ ein beachtliches Vermögen, wobei in der Gesamtsumme von über 57.000 Gulden auch ein Bräuhaus in Schwechat und Weingärten zu *Braittenbrunn am Hungarischen See* enthalten waren. Johann Adam, der seit 1715 selbst dem Äußeren Rat angehörte (also mit seinem Vater gemeinsam in dieser Körperschaft tätig war), wurde 1724 Mitglied des Inneren Rates und stand damals bereits einer großen Familie vor.

Vielleicht aufgrund seiner Initiative wurde unmittelbar nach seinem Amtsantritt als Bürgermeister am 2. März 1737 die Einsetzung der schon seit 1731 tätigen städtischen Wirtschaftskommission definitiv. Im selben Jahr beschloß der Stadtrat unter seinem Vorsitz, nachdem der nächst der Mehlgrube gelegene Springbrunnen beseitigt worden war, in der Mitte des Platzes anstelle eines dort befindlichen alten Ziehbrunnens eine Fontäne größeren Ausmaßes zu errichten. Dies bedeutete die Geburtsstunde des Providentiabrunnens. Den Auftrag erhielt — nach einem Wettbewerb mit Lorenzo Mattielli — der vierundvierzigjährige Georg Raphael Donner, aus Eßling bei Wien gebürtig, der bisher hauptsächlich in Preßburg gearbeitet hatte und nun die Chance erhielt, sich *allhier in publico eine immerwehrende Ehre machen zu können*. Die Stadt Wien darf sich rühmen, einem der größten Künstler seiner Zeit Gelegenheit zu seiner hervorragendsten Schöpfung geboten zu haben. Der Brunnen, bar jedes religiösen oder kaiserlichen Symbols, ist das erste Denkmal, das die Bürgerschaft Wiens sich zur Ehre und der Stadt zur Zierde errichten ließ. Dem Künstler gelang mit diesem Werk der Durchbruch zu einer hierzulande bisher nicht erreichten Eigenständigkeit der Plastik. Die volle Zufriedenheit des Stadtrates äußerte sich nicht nur darin, daß dem Künstler außer dem ausbedungenen Lohn noch ein Ehrensold ausbezahlt wurde, sondern darüber hinaus in weiteren Aufträgen. Nach dem Providentiabrunnen schuf Donner für Wien noch eine zweite Brunnenanlage, die jedoch wieder stärkere Beziehung zur Architektur aufweist: den Andromedabrunnen im Hof des Alten Rathauses, an dem er, wieder unter Bürgermeister Zahlheim beauftragt, 1740 und 1741 arbeitete.

Auch Zahlheim wurde Praeses der Banco-Gefäll-Administration und übte diese Funktion von 1739 bis 1741 aus; anschließend blieb er als Senior des Inneren Rates weiter tätig. Hatte er 1726 eine Mietwohnung im Pfeifferischen Haus unter den Tuchlauben bezogen, so übersiedelte er 1736 in das Haus „Zu den heiligen drei Königen" auf dem Graben (damals Nummer 1093, heute Graben 7), das er bereits seit dem Jahre 1724 — aus dem Erbe seines Vaters — sein eigen nannte und das, seinem Wert von 22.000 Gulden entsprechend, recht repräsentativ gewesen sein muß. 1739 erwarb er gemeinsam mit seiner Gattin noch ein Haus in der Leopoldstadt (heute Obere Donaustraße 61), das, mit Stadel und Garten versehen, eher ländlichen Charakter gehabt haben dürfte. Wie die meisten Funktionäre der Stadt besaß auch Zahlheim Obligationen des Oberkammeramtes und der Stadtbanco, dazu einen ihm von der Stadt verliehenen „Gnadenpfennig", eine wertvolle Tabaksdose und einige Pretiosen, vor allem aber — seltsamerweise von seinem Vater ererbt, der als Äußerer Rat keinen Anspruch darauf hatte! — Pferd und Wagen. Zahlheim ist am 22. Juni 1743 in seinem Haus am Graben gestorben.

In die Skandalchronik wurde Zahlheims Familienname vier Jahrzehnte nach seinem Tod verwickelt, als sein Neffe Franz de Paula, ein Sohn seines Bruders Franz Joseph (eines Mauteinnehmers am Roten Turm), der die Magistratslaufbahn eingeschlagen, jedoch über seine Verhältnisse gelebt hatte, eine *erschröckliche* Gewalttat beging. Er ermordete 1786 seine Haushälterin, eine Verwandte, um mit deren Geld seine Schulden begleichen zu können. Vielleicht hoffte er, auch im Falle seiner Entdeckung mit dem Leben davonzukommen, da Joseph II. mit der Abschaffung der Todesstrafe eine tiefe Abneigung gegen diese Art der Sühne gezeigt hatte. Dennoch zögerte der Kaiser in diesem besonderen Falle nicht, die Hinrichtung des Mörders anzuordnen — eine Entscheidung, die im Volk deshalb große Unruhe hervorrief, weil sich sofort das Gerücht verbreitete, das Zahlheimische Verbrechen habe Joseph bestimmt, seine ursprüngliche Verfügung generell zurückzunehmen. Zahlheim blieb jedoch der einzige, dessen Todesurteil — er wurde gerädert — unter Kaiser Joseph II. in Wien tatsächlich vollstreckt worden ist.

Vier Jahre lang verwaltete nach Zahlheims Ausscheiden Dr. Peter Joseph Kofler — auf den wir im nächsten Abschnitt näher eingehen werden — das Bürgermeisteramt, während Andreas Ludwig Leitgeb Stadtrichter war. Dann fiel am Thomastag des Jahres 1744 die Wahl nochmals auf den nunmehr 61 Jahre zählenden Leitgeb. Inzwischen hatte Maria Theresia nach dem Tode ihres Vaters Karl VI. die Regierungsgeschäfte übernommen, ihr Gemahl Franz Stephan von Lothringen wurde 1745, im ersten Amtsjahr Leitgebs, zum römisch-deutschen Kaiser gewählt. Die vierziger Jahre waren charakterisiert durch politische und militärische Schwierigkeiten, denn Maria Theresia mußte ihr Erbe nach innen und außen verteidigen. Immerhin erlebte Leitgeb auch den Umbau des Schlosses Schönbrunn, zu dem sich Maria Theresia nicht zuletzt deshalb entschlossen hatte, weil sie die Favorita, in der ihr Vater gestorben war, nicht mehr betreten wollte.

In Leitgebs Amtsperiode fallen aber 1749 vor allem jene einschneidenden Verwaltungsreformen der

Bürgermeister Dr. Johann Kaspar von Seiller (1851—1861)

Bürgermeister Dr. Cajetan Felder (1868—1878)

damals 36jährigen Monarchin, die darauf abzielten, aus der Monarchie einen zentral gelenkten, im absolutistischen Sinn modernen Staat und damit aus der Haupt- und Residenzstadt Wien den eigentlichen Mittelpunkt eines im Entstehen begriffenen habsburgischen Großreiches zu machen. Prag und Budapest mußten alle Hoffnungen aufgeben, im kommenden Reich eine Wien ebenbürtige Rolle zu erhalten: für Prag sollten die Zeiten Kaiser Rudolfs II., der lieber in der „Goldenen Stadt" als im gefährdeten Wien residieren und seinen kulturellen Ambitionen nachgehen wollte, nicht mehr wiederkehren, für Budapest wurde die angestrebte Gleichberechtigung zum unerfüllbaren Traum. Die Verwaltungsstellen aller Länder, die damit — fast unmerklich — einander näherkamen, befanden sich in Wien, und Maria Theresia selbst betonte die Bedeutung der Stadt durch ihre dauernde, nur selten auf wenige Wochen unterbrochene Anwesenheit. Diese Hebung der staatsrechtlichen Bedeutung Wiens änderte allerdings nichts daran, daß das politische Leben der Stadt weiterhin verkümmerte, umso mehr, als sich der absolutistische Staat nach wie vor an die von Ferdinand I. fixierte und von seinen Nachfolgern immer wieder in gleicher Form bestätigte „Stadtordnung" anschloß, welche ein politisches Eigenleben Wiens weitgehend unterband. Die Zeit, da es eine Möglichkeit gegeben hätte, den mittelalterlichen Zustand mit seinem bürgerlichen Standesbewußtsein wiederherzustellen, war längst vorbei. Deutlich trat auf dem gesellschaftlich-sozialen Sektor ein Wandel zutage, der die verfassungs- und verwaltungsrechtliche Stellung der Bewohner beeinflußte. Die Ausbildung eines Untertanenbewußtseins (das in krassem Widerspruch zur mittelalterlichen Einstellung des freien Bürgertums stand) führte zu einer erkennbaren Minderung der politischen Kräfte und ermöglichte es dem Landesfürsten, verhältnismäßig leicht den von ihm angestrebten Einfluß auf alle jene Ämter und Stellen zu nehmen, die seinerzeit ausschließlich den Bürgern offengestanden waren. Das Ergebnis — schrittweise erreicht und im Laufe der Darstellung schon des öfteren erwähnt — war die Unterwerfung städtischer Behörden unter die staatliche Aufsicht sowie die Durchdringung und Besetzung kleiner und kleinster Positionen mit landesfürstlichen Beamten, womit die Rechte des Rates, dem zuvor die Stellenbesetzung zugestanden hatte, auch in diesen Belangen immer stärker beschnitten wurden. Am Ende dieser die städtische Selbstbestimmung untergrabenden Entwicklung stand die Ausbildung einer staatlichen Verwaltung.

Dem Staat kam in seinen Absichten die Wirtschaft insofern zu Hilfe, als das auf großräumige Territorien ausgerichtete merkantilistische Gedankengut eine so starke Wechselwirkung zwischen den politischen und wirtschaftlichen Bereichen nach sich zog, daß es zunächst kaum auffiel, wenn sich die städtische Verwaltung selbst auf dem Gebiete der Budgetierung so nachhaltige Eingriffe der staatlichen Oberaufsicht gefallen lassen mußte, daß sich rückblickend die Frage aufdrängt, ob zu diesem Zeitpunkt überhaupt noch von städtischer und nicht bereits ausschließlich von landesfürstlicher Wirtschaftspolitik zu sprechen ist. Ein Meilenstein in dieser Entwicklung war die 1737 effektuierte Einsetzung der *Stadt Wiener Wirtschaftskommission*, in welcher zwar der Bürgermeister als Vorsitzender und vier ehemalige Oberkämmerer als Beiräte fungierten, die aber auf dem Umweg über das Präsidium des niederösterreichischen Statthalters in letzter Instanz doch einer *authorisirten Hof-Commission* unterstand. Diese Hofkommission konnte nicht nur Berichte einfordern, die sich selbst auf die geringsten Kleinigkeiten der städtischen Wirtschafts- und Finanzgebarung erstreckten, sondern auch unmittelbar in die Beschlußfassung eingreifen und es damit dem Staat ermöglichen, die *Economie* Wiens jederzeit in seinem Sinne zu dirigieren. In Leitgebs Amtszeit fiel 1749 ein noch strafferes Anziehen der staatlichen Zügel: Maria Theresia bestellte im Zuge ihrer großen Reformen eine Hofwirtschaftskommission, zu welcher der Wiener Wirtschaftsrat lediglich eine weisungsgebundene Unterkommission bildete. Neben Bürgermeister Leitgeb, dem Oberkämmerer und zwei (von Maria Theresia ausgewählten und ernannten) Mitgliedern des Inneren Rates gehörten dieser Kommission auch zwei landesfürstliche Kommissäre an, womit im Hinblick auf die zusätzlich vorauszusetzende Loyalität des Bürgermeisters das staatliche Übergewicht einwandfrei gegeben war. Die Drosselung jeder städtischen Selbständigkeit führte zu manchen Lächerlichkeiten, wenn es etwa sogar einer kaiserlichen Entschließung vorbehalten blieb, welche Art von Sesseln bei den Beratungen verwendet werden durften.

Eine Änderung der Situation ergab sich erst unter Joseph II., der 1782 bestimmte städtische Aufgabenbereiche einem neuaufgestellten Stadthauptmann übertrug und 1783 eine Neuordnung der Stadtverwaltung in die Wege leitete, die dieser zwar ein größeres Maß an Eigenverantwortlichkeit in lokalen administrativen Belangen zubilligte, den Bürgermeister selbst aber — nicht zuletzt durch die Ernennung auf Lebenszeit — eher noch stärker als zuvor von der staatlichen Obrigkeit abhängig machte.

Abhängigkeit vom absolutistischen Staat: Bürgermeister Dr. Peter Joseph Kofler

Als Senior des Stadtrates wurde nach dem Ableben des Bürgermeisters Andreas Ludwig Leitgeb der im 51. Lebensjahr stehende DR. PETER JOSEPH KOFLER, dem Maria Theresia am 25. April 1750 den Ritterstand mit dem Prädikat *Edler von* verliehen hatte, neuerlich zum Bürgermeister der Stadt Wien ernannt. Am 29. Juli 1700 in Ruffre in Südtirol als Sohn des Jakob Kofler geboren, hatte Kofler im Zeitpunkt seiner Bestellung bereits eine zwei Jahrzehnte umfassende öffentliche Dienstzeit hinter sich, in deren Verlauf er in den Jahren von 1741 bis 1744 — in relativ jungen Jahren — auch schon als Bürgermeister tätig gewesen war.

Kofler kam als Student der Rechtswissenschaften an die Wiener Universität und erlangte hier den akademischen Grad eines Juris utriusque Doctor, eines Doktors beider Rechte. Nach Aneignung der erforderlichen Praxis durch mehrjährige Tätigkeit in verschiedenen Wiener Anwaltskanzleien erfolgte 1731 seine Berufung als Beisitzer ins Stadtgericht, in dem er einen bemerkenswert raschen Aufstieg nahm: 1734 übertrug man ihm die gehobene Stelle eines Urteilschreibers, 1737 wurde er zum Stadtrichter ernannt, nach vierjähriger Tätigkeit in diesem Amt zum Bürgermeister gewählt und von Maria Theresia in dieser Funktion bestätigt. Inzwischen hatte Kofler am 17. September 1732 seinen Bürgereid abgelegt und 1736 eine Landsmännin, Flora Dominika Poli aus Rovereto, geheiratet.

Der Amtsantritt Koflers stand unter keinem günstigen Stern. Maria Theresia sah sich zu Beginn ihrer Regierungszeit in den Österreichischen Erbfolgekrieg mit dem König von Preußen und dem Kurfürsten von Bayern verwickelt, bei dem es um die Geltung der Pragmatischen Sanktion und die Anerkennung der Rechtmäßigkeit der Erbansprüche der Herrscherin ging. Zur Aufbringung der gewaltigen Summen für die Kriegführung wurde auch die Wiener Stadtbank herangezogen. Kofler hatte 1741, *als der Feind ins Land einfiel* — die vereinigten bayrisch-französischen Truppen überschritten im September die Enns und rückten bedrohlich ostwärts —, auch persönlich *großen Schaden* erlitten, ohne daß wir über die Art seiner Verluste Näheres in Erfahrung bringen könnten. Jedenfalls wurde ihm aus diesem Grund zu Beginn des Jahres 1742 der Zins für seine Wohnung im dritten Stock des städtischen Unterkammeramtsgebäudes Am Hof erlassen. Es war um diese Zeit gebräuchlich, daß der Bürgermeister nicht nur im Rathaus, sondern ebenso in seinen Privaträumen amtierte. Der über die *Scardiener* gebietende Rottmeister sollte daher, wie am 1. Dezember 1741 ausdrücklich bestätigt wird, beim jeweiligen Bürgermeister *zu hauß im Vorzimmer auffwarthen und die dahin kommenden Partheyen anmelden*. Infolge der *hart- und trübseeligen Zeiten* konnten die Räte und der Bürgermeister *mit dem habenden Einkommen ihrer Würde nach nicht bestehen*, weshalb sie in einer Eingabe in der sie ihre wirtschaftliche Lage eingehend schilderten, um eine Aufbesserung ihrer Gehälter ansuchten, die ihnen bewilligt worden ist.

Die der Stadt Wien drohende militärische Gefahr veranlaßte den Bürgermeister 1742, neue Regelungen hinsichtlich der Verwahrung der Stadttorschlüssel zu treffen. Hatten bis dahin sechs Schlüsselwächter der Stadtguardia die Tore in der Früh und am Abend auf- beziehungsweise wieder zugesperrt, so wurden diese nunmehr von einem Korporal und vier Mann des Garnisons-Regiments abgelöst, die *in deren Burgermeistern Behausungen, wo die Schlüssel aufbehalten werden, commandirt wurden*. Alle diese Obsorge für die Stadt und die Regierung blieb nicht unbelohnt: 1743 wurde die Wahl Koflers zum Bürgermeister und jene Leitgebs zum Stadtrichter ausdrücklich *in sonderlicher Beobachtung des devotisten Eyffers* bestätigt, *so ein jeder bey fürgewaltheter Feindsgefährlichkeit und fürdauernden Kriegslaüften erwisen*. Da der Bürgermeister in dauerndem engem Kontakt mit dem Kaiserhaus stand und sich des öfteren *in gemainer Statt Anliegenheiten* zu Audienzen begeben mußte, bewilligte ihm der Stadtrat die Anschaffung eines *Galla-Kleyds* auf Kosten der Stadt und setzte dafür den enormen Betrag von 400 Gulden aus. Es gereiche *zur Ehre des Magistrats und Zierde der Burgerschafft*, lesen wir in einem Aktenstück, in welchem die Ausgabe begründet wird, daß *Er Herr Burgermaister in einem distinguirten Kleyd erscheine*; dies auch im Hinblick auf Gratulationen und Danksagungen im Namen des Magistrats und weil der Bürgermeister *an denen Galla-Tagen als Vorsteher der Burgerschafft bey Hoff zu erscheinen* habe. 1756 wandte sich der Bürgermeister in eigener Sache mit der Bitte an die Regierung, ihm anstelle des lebenslänglichen Freiquartiers im Amtsgebäude Am Hof jährlich 500 Gulden zuzuwenden. Dem Ansuchen wurde stattgegeben, wenngleich unaufgeklärt bleibt, welche Konsequenzen sich aus der Genehmigung ergaben, denn Bürgermeister Kofler ist, wie das amtliche Totenbeschauprotokoll ausweist, am 26. Mai 1764 dennoch in dieser Dienstwohnung verstorben.

Wenden wir uns den Ereignissen während Koflers zweiter Amtsperiode zu. Hatten sich schon zu Beginn der vierziger Jahre auch aus internen Gründen finanzielle Schwierigkeiten ergeben — so wurde das städtische Budget durch Neubauten, wie etwa des Waisenhauses am Rennweg, stark belastet —, besserten sich diese Verhältnisse in den fünfziger Jahren nur unwesentlich. Entscheidend für die Amtstätigkeit Koflers war es, daß er die Auswirkungen der unter Bürgermeister Leitgeb dekretierten grundsätzlichen Neuordnung der staatlichen Verwaltung (1749) zu tragen hatte, als er mit Beginn des Jahres 1752 die Bürgermeisteramtsgeschäfte übernahm. (Zuvor war er aufgrund einer kaiserlichen Entschließung vom 6. Juli 1751 als *Exkonsul* mit der Vertretung nach dem verstorbenen Bürgermeister Leitgeb betraut worden.)

Koflers Loyalität gegenüber der Herrscherin, die sicherlich seine neuerliche Bestellung gefördert hatte, und sein vorbildliches administratives und wirtschaftliches Wirken im Sinne der Regierung dürften Maria Theresia bewogen haben, ihn dreizehn Jahre lang immer wieder in seiner Funktion zu bestätigen, sodaß er erst mit seinem Tod aus dem Amt ausschied. Kunst und Kultur erlebten während der fünfziger und sechziger Jahre — nun bereits im Sinne eines den Spätbarock ablösenden Rokokostils — eine neue Blüte; hierher gehört vor allem der 1753 von Jean Nicolas Jadot de Ville-Issey in Angriff genommene und 1756 vollendete Bau der Universitätsaula (heute Gebäude der Österreichischen Akademie der Wissenschaften). Das Theaterleben erfuhr, um ein Beispiel herauszugreifen, 1762 durch die Erstaufführung von Christoph Willibald Glucks „Orpheus und Eurydike" im alten Burgtheater einen glanzvollen Höhepunkt; ein Jahr darauf wurde das neue Kärntnertortheater eröffnet.

Die Verwaltungsreformen Maria Theresias brachten es mit sich, daß man 1753 ein neues städtisches Urbar (Grundbuch) anlegte und 1754 daranging, eine allgemeine Volkszählung durchzuführen, welche uns für Wien erstmals genaue Zahlen über die in der Stadt und in den Vorstädten lebende Bevölkerung liefert. Schätzt man um 1700 rund 80.000 und beim Regierungsantritt Maria Theresias etwa 130.000 Einwohner, so ergab nun die Zählung 175.000 Bewohner. Bis zum Ende der Regierungszeit Josephs II. (1790) sollte sich diese Zahl auf 207.000 erhöhen.

In die Amtszeit Peter Joseph Koflers fallen einige repräsentative Wiener Ölveduten, die uns Bernardo Bellotto — am Kulminationspunkt der das ganze 18. Jahrhundert über künstlerisch gereiften Stadtvedute stehend — hinterlassen hat. Zwei Bilder Bellottos sind es vor allem, die uns beeindrucken: die Freyung mit der sonnenbeschienenen Schottenkirche und dem überschatteten Platz, in dessen Mittelgrund das Marktleben pulsiert, und der Lobkowitzplatz. Beide Werke entstanden 1759 und 1760. Die Atmosphäre der Stadt konnte in diesen Darstellungen, denen zwei Jahrzehnte später jene großen graphischen Vedutenserien folgen sollten, die Carl Schütz, Johann Ziegler und Laurenz Janscha geschaffen haben, in ganz anderer Weise eingefangen werden als in den nüchternen Architekturblättern Delsenbachs und den Alben Salomon Kleiners. Die Lebendigkeit des Spätbarocks und des Rokoko, mit dem die maria-theresianische Ära ausklingt, sowie die Kolorierung vermitteln uns mehr als eine bloße Ansichtensammlung. Stadtbild und Menschen verschmelzen zu einer Einheit von höchster Aussagekraft und Bildwirksamkeit.

Leopold Franz Gruber und die ersten Amtsjahre Bürgermeister Hörls

Nach dem Tod des Dr. Peter Joseph Kofler, der die bis dahin längste zusammenhängende Amtszeit eines Wiener Bürgermeisters erreichte, wurde — nachdem man für das restliche Jahr einem der Senioren des Inneren Rates, Leopold Franz Gruber, die Geschäfte übertragen hatte — für die Zeit bis 1767 JOSEF ANTON BELLESINI zum Bürgermeister bestellt. In seine Amtszeit fällt, als lokal interessantes Ereignis, die Öffnung des Praters durch den 1765 zum Kaiser gewählten Joseph II. für die Bevölkerung (1766). Anschließend erfolgte Ende 1767 die Wahl des inzwischen wieder in den Inneren Rat zurückgekehrten LEOPOLD FRANZ GRUBER. Als Sohn des Adam Franz Gruber, eines Leiblakaien der Kaiserin Amalie, und seiner Gattin Eva Justina, einer gebürtigen Managetta von Lerchenau — ihr Vater war Marktrichter im niederösterreichischen Türnitz —, um 1709 geboren, widmete sich Gruber dem juridischen Studium an der Universität, beendete es jedoch mit der Erreichung des niedrigen akademischen Grades eines Baccalaureus. Obwohl er bereits im Alter von etwa 28 Jahren Stadtgerichtsbeisitzer wurde, vollzog sich sein Aufstieg langsam. 1746 endlich im Inneren Rat, mietete er sich im Haus Sterngasse 7 ein, das seit dem 15. Jahrhundert das Hausschild „Zur großen Presse" führte; es ist jenes Haus Ecke Marc Aurel-Straße, das gemeinsam mit seinem Nachbarhaus nach dem Zweiten Weltkrieg unter recht spektakulären Begleitumständen der Spitzhacke zum Opfer fiel und einem modernen Wohnhaus Platz machen mußte.

Die „Große Presse" befand sich im Besitz eines hofbefreiten Leinwandhändlers namens Krazer und seiner um zweiundzwanzig Jahre jüngeren Gattin Maria Anna. Als Krazer 1749 starb, heiratete Leopold Franz Gruber am 8. September desselben Jahres die mit ihm etwa gleichaltrige Witwe. Zu diesem Zeitpunkt lassen sich bereits Verbindungen zu den höchstgestellten Persönlichkeiten der Stadtverwaltung nachweisen: als Beistände unterzeichneten zwei Tage später unter anderem der gewesene Bürgermeister Kofler (für den Bräutigam) und der amtierende Bürgermeister Leitgeb (für die Braut) den Heiratskontrakt. Das weitere Leben Grubers verlief, soweit wir es beurteilen können, ohne besondere Höhepunkte. Seine Ehe blieb kinderlos — aus erster Ehe hatte seine Gattin drei Töchter —, er war weiterhin im Inneren Rat tätig und scheint auch in seinem Beruf — über den wir überhaupt nichts aussagen können — keine erkennbaren Erfolge gehabt zu haben, denn sein Vermögen blieb bis zu seinem Tod unbedeutend. Wahrscheinlich nur, weil er schon seit achtzehn Jahren dem Inneren Rat angehörte, fiel 1764 (nach dem Tode Koflers) die Wahl auf ihn, das Bürgermeisteramt zu übernehmen. Dann entschied man sich jedoch nicht mehr für ihn, sondern für Bellesini und ließ Gruber als Senior in den Rat zurückkehren. Dem Umstand, daß sich auch Bellesini keine Lorbeeren zu erringen verstand, dürfte es Gruber zu verdanken haben, daß man sich Ende 1767 doch wieder an ihn erinnerte. Sechs Jahre hindurch versah er nun das höchste Amt der Stadt. 1770 wurde er Praeses der Stadt Wiener Wirtschaftskommission, nach 1774 blieb er deren Mitglied, 1781, schon über siebzig Jahre alt, legte Gruber alle Ämter zurück, womit sich der seltene Fall ergab, daß man von einem „emeritierten Rat" hört. Unter Hinterlassung eines Testamentes — das Gesamtvermögen betrug nur 5114 Gulden, darunter das halbe Haus in der Sterngasse (seine Gattin hatte ihn 1769 zu gleichen Teilen grundbücherlich anschreiben lassen) mit einem Wert von allein 4250 Gulden — ist Leopold Franz Gruber in diesem Haus am 25. November 1784 im Alter von 75 Jahren *an Auszehrung* gestorben. Am 27. November fand sein Begräbnis statt.

In die Amtszeit Grubers fallen einige Begebenheiten von besonderem Interesse: 1769 begann Joseph Daniel von Huber mit der Arbeit an seinem Vogelschauplan der Stadt und ihrer Vorstädte, 1770 erfolgte die erste offizielle Häusernumerierung, 1771 entwarf Josef Nagel seinen Grundriß der Stadt, und 1772 kam es zur Einführung der ältesten Post von Wien, der sogenannten „Klapperpost". Um diese Zeit setzte auch die Hinwendung zum Baustil des Klassizismus ein, die Neigung zu einfacherem, zweckentsprechenderem, allerdings auch nüchternem Bauen, wobei als typisches Beispiel das von Andreas Zach 1774 auf der Freyung fertiggestellte Prioratshaus des Schottenstiftes genannt werden kann, das wegen seiner gleichförmigen Geschoßhöhen und der Abrundung der Ecken von den Zeitgenossen als „Schubladkasten" verspottet wurde.

Die erste Numerierung der Häuser der Stadt wurde mit Patent vom 10. März 1770 angeordnet, um die Unzukömmlichkeiten, die sich bei der Militärrekrutierung ergeben hatten, abzustellen. Bis dahin erfolgte die Bezeichnung der Häuser nach ihren Besitzern oder Hausschildern. Im Laufe der Jahre 1770 und 1771 führte man nun die Numerierung durch; mit Hofdekret vom 15. Dezember 1770 wurde verfügt, die Nummern an den Häusern seien *bey Strafe von 9 Gulden kenntlich und sichtbar zu machen*. Nachdem das Dekret auf dem üblichen Weg über die niederösterreichische Regierung zu Bürgermeister Gruber gelangt war, erteilte dieser dem Steueramt den Befehl, die Verordnung den Hausinhabern zur Kenntnis zu bringen. Bürgermeister Gruber nahm sich der Angelegenheit sehr an und suchte laufend durch detaillierte Weisungen eine klaglose Durchführung der Numerierung sicherzustellen. Daß diese nicht gassenweise erfolgte, sondern man eine *Conscriptionsnumerierung* wählte, welche in der Stadt und in jeder der damals zwischen Glacis und Linienwall bestehenden 34 Vorstädte jeweils mit der Nummer 1 begann, um sodann den Ort nach allgemeinen topographischen Gesichtspunkten in einer arithmetischen Nummernfolge zu durchlaufen, wäre noch hinzunehmen gewesen; daß man aber verabsäumte, die noch unverbauten Grundstücke von Anfang an zu berücksichtigen, mußte bei der damals regen Bautätigkeit schon nach kurzer Zeit zu Schwierigkeiten führen, weshalb es auch nicht ausbleiben konnte, daß man die Numerierung in der Inneren Stadt und in den magistratischen Vorstädten 1795 und 1821 durchgehend änderte, ohne jedoch am System selbst zu rütteln.

Im Zusammenhang mit der Häusernumerierung, welche die Postzustellung erleichterte, wurde auch das Interesse der Bevölkerung an einer „Stadtpost" gehoben. Während der Postverkehr mit dem Ausland bereits aufgenommen war, und zwar langsam, doch weitgehend störungsfrei funktionierte, mußte man sich für die Zustellung von Briefen in Vorstädte oder andere Stadtviertel einen eigenen Boten aufnehmen. Der Niederländer Josef Harty nahm sich 1771 dieses Problems an und erhielt am 8. Februar 1772 auf zehn Jahre das Privilegium, eine „kleine Post" einzurichten, mit der *jedermann von morgens bis abends, zu allen Stunden, aus einer Gegend der Stadt in die andere Briefe befördern lassen kann*. Am 1. März 1772 nahm die „Klapperpost", wie sie der Volksmund aufgrund der sich mit mechanischen Mitteln geräuschvoll bemerkbar machenden Briefträger nannte, ihren Betrieb auf.

Ende 1773 wurde Bürgermeister Gruber durch Josef Georg Hörl abgelöst. Mit ihm beginnen lange „Regierungszeiten" der Wiener Bürgermeister. Die staatspolitischen Ereignisse warfen ihre Schatten gleich zu Beginn von Hörls Amtstätigkeit auch auf die Hauptstadt Wien: 1773 kam es zur Aufhebung des Jesuitenordens und zum Einsetzen jener Reformbestrebungen, die ab 1780 mit der Regierungsübernahme durch Joseph II. — den Hörl, soweit es in seinen Kräften stand, persönlich unterstützte — in rascher Folge einer Realisierung zustrebten. Das Jahrzehnt zwischen 1770 und 1780 ist auch der Beginn jener Ära, die man in der Wirtschaftsgeschichte als das Manufakturzeitalter bezeichnet. Wien war seitdem nicht nur der Verwaltungsmittelpunkt des Reiches, sondern auch ein Zentrum für den Großhandel und die Finanzleute. Neben dem alteingesessenen Adel gewann das Bürgertum, das nicht selten nobilitiert wurde, immer mehr an Bedeutung. Parallel mit der räumlichen Entwicklung der Vorstädte geht die Veränderung der Stadtverfassung und Stadtverwaltung. Es gab Rechte für die Bürgerschaft und solche für die Hofangehörigen sowie für die geistlichen und weltlichen Großen. Diese Personenkreise waren ebenso wie ihre Besitztümer der städtischen Rechtsprechung entzogen. Dazu kam das Problem der fremden Grundherrschaften, die nicht einmal der Steuerobrigkeit der Stadt unterworfen waren. Die Stadt versuchte in den nächsten Jahrzehnten diesem für sie abträglichen Zustand entgegenzuwirken und konnte tatsächlich im Verlaufe der ersten Hälfte des 19. Jahrhunderts nach und nach die fremden Herrschaften — bis auf sieben — käuflich erwerben.

Das Aussehen der Stadt Wien im ausgehenden 18. Jahrhundert

Jacob Hoefnagel hat uns 1609 das letzte Abbild der gotischen Stadt überliefert. Joseph Daniel von Huber und Joseph Nagel verdanken wir jene „topographischen Urkunden", welche die gegenüber dem ausgehenden 16. Jahrhundert stark veränderten Konturen der „Kaiserstadt" an ihrem barocken Höhepunkt festhalten.

Joseph Daniel von Huber, ein Obristwachtmeister des Großen Generalquartiermeisterstabes, arbeitete, als er 1769 von Maria Theresia und Joseph II. den Auftrag erhielt, eine große Vogelschau der Stadt und ihrer Vorstädte zu entwerfen, an dieser Aufnahme fünf Jahre, dann erfolgte bis 1776 die Übertragung auf 24 Kupferplatten. Diese „Scenographie" ist in Entwurf und Stich ein Kunstwerk höchsten Ranges — architektonisch vor allem deshalb unvergleichlich, weil sie zahlreiche bauliche Einzelheiten enthält, die in Ermangelung spezieller Ansichten auf andere Weise bildlich überhaupt nicht faßbar wären.

Die Darstellung Hubers vermittelt einen umfassenden Eindruck von der territorialen Ausdehnung der Stadt, vom Verbauungsgrad, ja, in strenger Präzision selbst vom Aussehen der einzelnen Häuser, soweit deren Fassaden in Hubers Blickrichtung lagen. Zum unmittelbaren Vergleich neben Hubers

Vogelschau besitzen wir auch jene instruktive und inhaltsreiche Ansicht von Folbert van Alten-Allen aus den Jahren nach der zweiten Türkenbelagerung, die praktisch den Zustand am Beginn der Barockzeit dokumentiert. Das Werk Hubers bedeutet jedoch — im Gegensatz zur Gesamtschau Alten-Allens — „die Erfüllung jeglicher topographischer Darstellung mit künstlerischen Mitteln" (Alfred May) und ist daher von unschätzbarem historischem Wert.

Mit dem Ausklang der maria-theresianischen Ära endet das Vorherrschen des aristokratischen feudalen Bauens: nicht mehr das Palais, sondern das Miethaus wird für das Aussehen der Stadt bestimmend. Die Angleichung der bürgerlichen an die adelige Bauweise führte zwangsläufig zu einer Anpassung der Vorstädte an die Innenstadt — wurde sie hier einfacher, so wurde sie draußen, jenseits des unverbauten Glacis, städtischer. Hatte Maria Theresia den privilegierten Hausbesitz durch die Einführung einer allgemeinen Hauszinssteuer empfindlich getroffen, so kam es durch die Aufhebung des Hofquartierrechtes unter Joseph II. zu einer Entscheidung von nachhaltiger sozialer und architektonischer Tragweite. Da 1781 der Anspruch auf ein dem Rang des Beamten entsprechendes Hofquartier durch ein ebenfalls rangmäßig abgestuftes „Quartiergeld" ersetzt wurde, konnten die Hausbesitzer seither wieder frei über alle Wohnungen in ihren Häusern verfügen und die Zinse der Nachfrage anpassen. Damit schlug im Jahr 1781 — sicherlich unbeabsichtigt und unbewußt — die Geburtsstunde zweier unerfreulicher Faktoren. Sozial gesehen entwickelte sich der ausschließlich seine persönlichen wirtschaftlichen Interessen vertretende „Hausherr", der besonders in der liberalen Ära eine der verhaßtesten Erscheinungen darstellte, wenngleich er durch die nur selten sozialkritische Karikatur in einem eher milden Licht erscheint. Städtebaulich hingegen sehen wir in der Verfügung Josephs die Wurzel eines jede architektonische Schönheit zurückdrängenden, ausschließlich auf Rentabilität, das heißt auf höchstmöglichen Ertrag bei geringstem Kapitaleinsatz, ausgerichteten Baustils, der im Laufe der Jahrzehnte zu jenen charakterlosen Straßenzügen führte, die noch heute das Stadtbild verunzieren.

Joseph Daniel von Huber, der seiner totalen Vogelschau 1785 in vergrößertem Maßstab eine Vogelschau der Innenstadt folgen ließ, erfaßte das barocke Stadtbild als Ganzes, wogegen es uns durch Fischer, Delsenbach, Pfeffel, Kleiner, Bellotto, Schütz und Ziegler — der jeweiligen Epoche entsprechend — nur im Detail dargeboten wird. Der Grundrißplan des Hofmathematikers Joseph Nagel — ebenfalls in kaiserlichem Auftrag entstanden — bildet zu Hubers „Scenographie" eine ideale topographische Ergänzung.

Schon ein Jahrzehnt nach Huber beginnt 1779 die großartige Vedutenserie von Schütz-Ziegler-Janscha, die wir als den eigentlichen Beginn der Wiener Vedutenkunst empfinden. Diese Veduten widerspiegeln minuziös das Leben und Treiben in der Stadt und wurden den baulichen Veränderungen laufend angepaßt; ebenso wandeln sich in den verschiedenen „États" (wie man die veränderten Neuauflagen nannte) die Fahrzeuge und die Kleidung der abgebildeten Bewohner Wiens. Besonders deutlich werden die Unterschiede zum Beispiel auf der Landstraße, wo Ende des 18. Jahrhunderts die Nikolaikirche (die vor der Rochuskirche beim alten Friedhof stand) abgerissen wurde. Die Veduten zeigen uns auf zahlreichen Blättern die Straßen und Plätze des Barocks, jedoch bereits an der Schwelle zum Klassizismus. Hoher Markt, Kohlmarkt, Graben und Neuer Markt gehören neben zahlreichen Vorstadtdarstellungen zu den bekanntesten Blättern der Serie. Die Karlskirche stand noch in unverbautem Gelände am Wienfluß, die Palais am Rande der Vorstädte waren bei einem Gang über das Glacis von weitem zu sehen, und auf der Schlagbrücke beim Rotenturmtor drängten sich Fahrzeuge und Menschen — die Gehwege und die beiden Fahrspuren waren sogar durch Holzgeländer voneinander getrennt. Um diese Zeit nahm die Zahl der Kutschen und sonstigen Fahrzeuge rapid zu; man mußte erstmals zu behördlichen Maßnahmen greifen; 1775 unter Bürgermeister Hörl warnte man die Kutscher, nicht des Nachts die Laternenanzünder niederzufahren. Es folgte eine Vergrößerung der Straßen und Plätze, um die Stadt „verkehrsgerecht" zu machen, man riß Häuser nieder, um die „Passagen" zu verbreitern, und erließ allenthalben Vorschriften zur Regelung und Überwachung des Verkehrs.

Der Initiator der Vedutensammlung war der hochbegabte Carl Schütz (1745–1800). Er wurde an der Kunstakademie von St. Anna ausgebildet und war ein Schüler des Architekten Ferdinand von Hohenberg, dessen Gloriette eben um diese Zeit (1775) vollendet war. Er war ein Meister im Zeichnen, Aquarellmalen, Kupferstechen und Radieren. 1772 wurde er als Architekt Akademiemitglied. Um diese Zeit faßte er den Entschluß, die Stadt, in der er lebte, mit dem sicheren Blick des Architekturzeichners, der Fähigkeit des Grafikers und einem ausgeprägten Sinn für zarte Farbtöne festzuhalten; so entstanden Ansichten von bestechender Schönheit. 1778 verband sich Schütz mit einem gleichgesinnten Künstler, dem Maler und Kupferstecher Johann Ziegler (1749–1802), dessen Stärke mehr in der Darstellung der Landschaft lag, womit sich eine äußerst fruchtbare Zusammenarbeit anbahnte. Später gesellte sich zu diesem Team einer der führenden Landschaftsmaler des damaligen Wien, Laurenz Janscha (1749–1812), hinzu.

Die ersten Ausgaben der Ansichtenfolge — sie enthielt 36 Blätter — erschienen 1784, bis zum Ende des 18. Jahrhunderts folgten weitere sechs Ausgaben. In den ersten Jahrzehnten des 19. Jahrhunderts gab der Verlag — die Künstler arbeiteten mit dem Kunstverlag Artaria zusammen — in verschiedenen Varianten weitere Vedutenfolgen heraus, wobei auch Veduten von anderer Hand (besonders von Jakob Alt) einbezogen wurden. Die große Leistung der Rokoko-Vedute führt wegweisend zur Vedutenkunst des 19. Jahrhunderts weiter, die mit Rudolf von Alt einen neuen Höhepunkt erreichte.

DIE STADTVERWALTUNG ALS LANDESFÜRSTLICHE BEHÖRDE

Die Magistratsordnung Josephs II.

Der 16. August 1783 ist ein für die Wiener Stadtverfassung und Verwaltungsorganisation denkwürdiges Datum. Hatte man rund viereinhalb Jahrzehnte zuvor (1737) eine strenge Trennung der Geschäfte des Stadtrichters von der übrigen Verwaltung beschlossen — eine recht avantgardistische Maßnahme, da diese Trennung von Justiz und politischer Verwaltung auf staatlicher Ebene erst 1749 zustande kam! —, so wurde nun die Neuordnung der staatlichen Rechtspflege zum Anlaß genommen, im städtischen Bereich eine noch tiefergehende Reorganisation durchzuführen. 1782 erfolgte zunächst insoweit eine Umwandlung des Stadtgerichtes, als diesem in der Stadthauptmannschaft eine landesfürstliche Behörde für alle Polizei- und Gerichtsangelegenheiten an die Seite gestellt wurde, deren Einfluß von Anfang an allein deshalb viel bedeutender sein mußte als jener des städtischen Amtes, weil sich ihr Wirkungskreis — ohne Rücksicht auf die grundherrschaftliche Gliederung — über das ganze Gebiet Wiens erstreckte.

Josephs nächster Schritt war es, die Sonderstellung des Wiener Stadtgerichtes zu beseitigen, indem er dem Magistrat die Gerichtsbarkeit übertrug. Der Kaiser beabsichtigte auf diese Weise, *alle Geschäfte der Stadt Wien sowohl in Ansehung der der alleinigen Besorgung des Stadtrichters bisher obgelegenen Criminalien, als auch in publico-politicis et oeconomicis mit dem foro non nobilium in eine Stelle unter der einfachen Benennung des Magistrates zu vereinigen*, wobei nach sachlichen Grundsätzen Unterabteilungen geschaffen werden sollten.

So logisch die ganze Angelegenheit bei rein administrativer Betrachtung auch sein mochte, zog sie doch ihre zwar unausgesprochenen, aber bewußt angestrebten und genau kalkulierten Folgeerscheinungen nach sich. Eine Tatsache darf nämlich als erwiesen betrachtet werden: die Meinungsverschiedenheiten, die sich in den Diskussionen zwischen der niederösterreichischen Regierung und der Vereinigten Hofstelle ergeben hatten, bezogen sich einzig und allein auf unwesentliche Details. Im Kernpunkt war man sich völlig einig — und dieser Kernpunkt ist gleichzusetzen mit der nicht zu leugnenden Tendenz, den landesfürstlichen Einfluß auf die Stadtverwaltung unter allen Umständen zu verstärken und die letzten vorhandenen Reste bürgerlicher Selbständigkeit noch weiter einzuschränken. Es kam schließlich so weit, daß die untergeordneten Dienststellen in ihrer Beflissenheit, die Interessen des absoluten Landesfürsten optimal zu vertreten, sogar rücksichtsloser und kompromißloser vorgingen, als es den Wünschen Josephs II. entsprach. Joseph war nämlich gewillt, an der Wählbarkeit des Bürgermeisters, der Vizebürgermeister und der Magistratsräte durch die Bürgerschaft festzuhalten, und vertrat weiters den Standpunkt, daß man die Vertreter der Bürgerschaft nicht allzusehr gängeln solle. Es wäre jedoch eine Fehleinschätzung der Situation, wollte man daraus den Schluß ziehen, der Kaiser wäre in der Frage der Magistratsordnung auf der Seite der Bürger gestanden. Seine Zurückhaltung verfolgte lediglich den Zweck, seine straffe Führung unter tunlichster Mitarbeit der Geführten abzuwickeln, und dieses für ihn wirtschaftlich und politisch wichtige Mitgehen konnte er natürlich nur erwarten, wenn er den Bürgern das Gefühl beließ, daß sie wenigstens in einigen Fragen selbst entscheiden könnten. Eine Sonderstellung läßt sich daraus nicht ableiten; ausdrücklich beauftragte Joseph die Regierung, *„die Stadt Wien unter keinem anderen Gesichtspunkt zu betrachten, wie alle anderen Städte".*

Drei Monate dauerten die Verhandlungen, und in dieser Zeit gehörte JOSEF GEORG HÖRL, der seit 1773 das Bürgermeisteramt verwaltete, zu den engsten Beratern des Kaisers. Dann fiel — wie schon erwähnt — am 16. August 1783 die Entscheidung, als Joseph II. ein an das Niederösterreichische Appellationsgericht adressiertes Hofdekret unterzeichnete, das anschließend durch dessen Präsidenten, Franz Wenzel Graf von Sinzendorf, in der damals üblichen aktenmäßigen Aufmachung der Stadt Wien kundgemacht wurde. Der auch äußerlich deutlich erkennbare Unterschied zur feierlichen Urkundenform früherer Privilegien und Rechtssatzungen ist für die josephinische Epoche durchaus symptomatisch. Von 1783 bis zur Erlassung der Provisorischen Gemeindeordnung des Jahres 1850 war aufgrund dieses Dekrets der Magistrat als Organ der Stadtverwaltung unter der gemeinsamen Leitung durch den Bürgermeister in drei voneinander unabhängig amtierende Senate gegliedert. Der Senat *in publico-politicis et oeconomicis* war für die eigentliche Verwaltung und Finanzgebarung zuständig, der Senat *in judicialibus civilibus* für die Zivilgerichtsbarkeit und der Senat *in judicialibus criminalibus* für die Strafgerichtsbarkeit. Dem erstgenannten Senat stand der Bürgermeister selbst vor, den beiden anderen je einer der beiden Vizebürgermeister. Stadtgericht und Stadtrat verschwanden zur Gänze und gingen im „Magistrat der Residenzstadt Wien" auf, einer Behörde, die zwar nach dem Wortlaut des Gesetzes nicht landesfürstlich war, de facto aber — unter Berücksichtigung des von oben her ausgeübten Drucks — kaum eine andere Bezeichnung verdient. Die Leitung des Magistrats oblag dem Bürgermeister. Die Wahl der städtischen Funktionäre und der Räte der Magistratssektionen stand dem an die Stelle des Äußeren Rates tretenden Bürgerausschuß zu. Es darf als selbstverständlich vorausgesetzt werden, daß die Wahl unter Einfluß und Aufsicht der Regierung vor sich ging. Die Bestätigung seitens der Regierung galt nur für jeweils vier Jahre und wurde — aufgrund guter Dienste — ohne nochmalige Wahl verlängert. Damit konnte die Amtszeit unter Umständen lebenslänglich sein, allerdings waren die Funktionäre völlig von der Gnade (oder Willkür) der Regierung abhängig. Die Beteiligung der Bevölkerung wurde praktisch vollkommen ausgeschaltet, da die Wahl in den Bürgerausschuß nur mehr durch den Magistrat erfolgte, der seinerseits eben diesem Bürgerausschuß seine Wahl verdankte. Somit hatte das Bürgermeisteramt jeden Einfluß, ja jede wie immer geartete politische Bedeutung verloren und war zu einer landesfürstlichen Beamtenstelle degradiert.

Betrachtet man den hiedurch zustandegekommenen Aufbau der Verwaltung, dann muß man feststellen, daß von den mildernden Intentionen des Kaisers nicht viel übriggeblieben ist. In der politischen Verwaltung war es die niederösterreichische Regierung, in der Rechtspflege das Appellationsgericht und auf dem Wirtschaftssektor die Hofrechenkammer, welche die Abhängigkeit der Stadtverwaltung auch in kleinsten Belangen demonstrierte. Das Ziel Josephs, einen autoritär geführten Staat aufzubauen, der in den übereinanderliegenden Schichten der Verwaltung vom städtischen Magistrat bis zur Hofstelle straff durchorganisiert war, konnte allerdings bis in die letzte Konsequenz deshalb nicht erreicht werden, da die Pläne des Kaisers zu rasch realisiert wurden und es vielfach an Erfahrungen, aber auch an entsprechenden Mitarbeitern mangelte, die sich zu einer bedingungslosen Unterstützung bereitfanden.

Die Magistratsreform Josephs II. ist mehr als ein bloßer Abschnitt in der Verfassungs- und Verwaltungsgeschichte. Oberflächlich beurteilt, könnte man annehmen, daß sich 1783 nur jenes politische Schicksal der Stadt endgültig erfüllte, welches Ferdinand bereits 1526 durch seine „Stadtordnung" skizzierte, und daß Joseph durch die Eingliederung der Stadt in den strengen Behördenapparat eines absoluten Staates lediglich einen Schlußstrich zog. Diese Erklärung wäre zweifellos zu einfach. Der Unterschied, der bei genauerer Auseinandersetzung mit den Fakten zutage tritt, liegt in der veränderten Verflechtung politischer und wirtschaftlicher Motive. Die Jahrhunderte sind an Wien nicht spurlos vorübergegangen. Am Ende des 18. Jahrhunderts kann den politischen Wünschen der Bürgerschaft zwar ebensowenig Nachdruck verliehen werden wie zu Beginn des 16. Jahrhunderts, aber die Voraussetzungen waren nicht mehr dieselben. War dem Landesfürsten damals die Stadt wegen ihres wirtschaftlichen Niederganges uninteressant geworden, so konnte sie trotz ihres inzwischen effektiv erkennbaren wirtschaftlichen Aufstieges (seit der zweiten Türkenbelagerung) jedoch dessen — im Laufe von zweieinhalb Jahrhunderten verankerte — absolute Machtposition nicht mehr erschüttern. Eine wesentliche Veränderung ist zu registrieren, die sich im 19. Jahrhundert auswirken sollte: die wirtschaftliche Blüte kam nicht mehr wie früher der breiten Schichte der Gewerbetreibenden und Kaufleute zugute, sondern — im Sinne eines entscheidenden Durchbruchs des Merkantilismus — einer verhältnismäßig geringen Zahl von Unternehmern, die große Vermögen in ihrer Hand vereinigten, sich einerseits von der großen Masse der noch selbständigen Kleinbürger abhoben, andererseits von der allmählich steigenden Zahl der überwiegend nur im Taglohn stehenden Fabriksarbeiter bewußt distanzierten. Damit war die ursprüngliche Geschlossenheit des Bürgerstandes dem Zerfall preisgegeben. In dieser Entwicklung liegt ohne Zweifel ein weiterer Grund dafür, daß sich die alte Parallelität von wirtschaftlichem Erfolg und politischer Macht nicht mehr aufrechterhalten ließ, denn die merkantilistischen Gedankengänge, die Überleitung des mittelalterlichen zünftisch orientierten Stadtbürgers zum neuzeitlichen Staatsbürger hat nicht nur entscheidend zur Beschleunigung eines politisch-gesellschaftlichen Wandlungsprozesses beigetragen, sondern in der Folge dazu geführt, daß sich die Wirtschaft unabhängiger von der Politik entwickelte. Erst in der zweiten Hälfte des 19. Jahrhunderts zeigt sich insofern ein Wandel, als die Wirtschaftskräfte auf dem Weg über die Wahl in den Gemeinderat ihre Interessen wahrnahmen, zugleich aber auch politische Entscheidungen beeinflußten.

So stehen wir am Ausgang des 18. Jahrhunderts an einer entscheidenden Wende, am Abschluß einer Epoche, die unter der Bezeichnung „Barock" in Maria Theresia eine letzte vollgültige Vertreterin gefunden hatte. Politisch zeichnet sich das Ende der römisch-deutschen Kaiserstadt ab, die 1804 in jene „k. k. Kaiserstadt" übergeleitet wurde, welche als Zentrum des monarchischen Staates, mit neuen Funktionen ausgestattet, für mehr als ein Jahrhundert zum Kristallisationspunkt werden sollte. Wirtschaftlich deutet sich bereits der Übergang zur modernen Großstadt an, in der Industrie und Handel und damit ein neues Bürgertum eine entscheidende Stellung einnahmen. Sozial liegen die Folgen auf der Hand: die Änderung im Gefüge der Stadt macht Wien zu einem Sammelplatz der unterdrückten Unzufriedenen, zu einem Schmelztiegel des Widerstandes gegen den langsam vermorschenden Absolutismus, der sich von seinen ursprünglichen Zielsetzungen immer weiter entfernt, im Polizeistaat des Vormärz aber eine letzte Möglichkeit erblickt, seine Position zu verteidigen. Kulturell wird das „Jahrhundert der Architektur", das mit den großartigen Schöpfungen des Barocks, des Rokoko und des Klassizismus bis heute das Antlitz der Stadt zu prägen verstand, von einer Periode abgelöst, in der vor allem Musik, Malerei und Dichtkunst Wien zum künstlerischen Mittelpunkt Europas machten.

Bürgermeister Josef Georg Hörl

Am 22. August 1722 in Wien geboren, war JOSEF GEORG HÖRL im Zeitpunkt des josephinischen Magistratsdekrets bereits seit mehr als dreieinhalb Jahrzehnten in öffentlichen Ämtern und über zehn Jahre als Bürgermeister tätig. Nicht nur, weil er bis auf den heutigen Tag von keinem seiner Vorgänger oder Nachfolger in der Amtsdauer übertroffen wurde, sondern auch weil sein Leben und seine Amtszeit von so vielfältigen Ereignissen erfüllt sind, gehört er zu den interessantesten Männern, die im Laufe der Jahrhunderte den Bürgermeisterposten bekleidet haben. Sein erstes öffentliches Amt übernahm er im Alter von 25 Jahren: er wurde 1747 Stadt- und Landgerichtsbeisitzer. Nach seiner am 24. Mai 1760 erfolgten Ernennung zum Magistratsrat rückte er am 10. September desselben Jahres auf den Posten eines Seniors des Stadt- und Landgerichtes vor, und vier Jahre danach, am 20. November 1764, bestellte man ihn zum Stadtrichter. In seinem 51. Lebensjahr setzte ihn Maria Theresia am 16. Februar 1773 feierlich in das Amt des Bürgermeisters ein. Hörl bezog eine Dienstwohnung im Unterkammeramtsgebäude Am Hof (in der heutigen Feuerwehrzentrale), die er zeitlebens behielt. Vielleicht als Belohnung dafür, daß er Joseph II. über dessen Wunsch in den letzten beiden Jahren seiner Mitregentschaft (seit 1778) hinsichtlich der schon damals im Gespräch stehenden Umorganisierung des Magistrats beratend zur Seite gestanden hatte, wurde ihm am 1. März 1780 der Titel eines k. k. Rates verliehen.

Josef Georg Hörl waltete zunächst sieben Jahre unter Maria Theresia seines Amtes als Bürgermeister, erlebte dann die zehnjährige Regierung Josephs II. mit allen ihren reformatorischen Ereignissen — Toleranzedikt (1781), Klosteraufhebungen und Besuch von Papst Pius VI. in Wien (1782), Konstituierung des Magistrats (1783) — und blieb auch unter Kaiser Leopold II. sowie Franz II. auf diesem Posten. Die Französische Revolution, die berüchtigten Wiener Jakobinerprozesse, die Napoleonischen

Koalitionskriege und das Aufgebot der Wiener Bürgerschaft von 1797 fallen ebenso in seine Ära wie das bedrohliche Näherrücken des großen Korsen und der aufsehenerregende Tumult vor dem Hause des französischen Gesandten Graf Bernadotte in der Wallnerstraße, als dieser am Balkon die Trikolore hißte (1798). Im letzten Amtsjahr Hörls (1804) nahm Kaiser Franz II. die österreichische Kaiserkrone an. Aus der Fülle der kulturellen Ereignisse sei — um eine Auswahl zu treffen — auf die Eröffnung des Burgtheaters als „Deutsches Nationaltheater" (1776), des Leopoldstädter Theaters (1781), des Theaters in der Josefstadt (1788) und des Theaters an der Wien (1801) verwiesen. Wolfgang Amadeus Mozart stand auf dem Höhepunkt seines Schaffens und verstarb 1791, im folgenden Jahr (1792) nahm Ludwig van Beethoven seinen dauernden Wohnsitz in unserer Stadt. Seit 1785 erschienen in Wien die von Josef Richter verfaßten „Briefe eines Eipeldauers an seinen Herrn Vetter in Kagran über d' Wienerstadt", die sich durch Jahrzehnte der Beliebtheit des Publikums erfreuten. Aus der josephinischen Zeit besitzen wir neben einer vom k. k. Obristwachtmeister des Generalquartiermeisterstabes Joseph Daniel Huber stammenden Vogelschau der Innenstadt (1785), die einen Höhepunkt in der Aufnahme des barocken Gesamtbildes der Stadt darstellt, die bereits erwähnte, überwiegend von Carl Schütz und Johann Ziegler gestaltete Vedutenserie; die zahlreichen erhaltenen kolorierten Stiche, die nach Aquarellvorlagen entstanden sind, vermitteln uns ein Gefühl von der Atmosphäre Wiens im ausgehenden 18. Jahrhundert und dank einer dem Spätbarock eigenen Lebendigkeit der Darstellung einen kaum zu überbietenden Einblick in die topographischen Verhältnisse dieser Zeit.

Werfen wir in diesem Zusammenhang einen Blick auf die baulichen Veränderungen, die sich während der Amtszeit Hörls nachweisen lassen. Das spektakulärste Ereignis ist auf jeden Fall die Eröffnung des Allgemeinen Krankenhauses (1784); im selben Jahr kam es zur Aufhebung aller noch innerhalb der Stadt bestehenden Friedhöfe, womit ein nicht unwesentlicher Beitrag zur Gesundheitsfürsorge geleistet wurde. Nach dem Brand der Maria-Magdalena-Kapelle neben dem Stephansdom — deren Grundmauern nunmehr im Zuge des U-Bahn-Baues freigelegt werden konnten und museal der zu errichtenden U-Bahn-Station einzugliedern sind — erfolgte eine Regulierung des gesamten Platzes; die Mittel hiefür standen im Krönungsgeschenk für Franz II. zur Verfügung, der es sich verbeten hatte, daß man ihm für seinen Einzug, wie dies bis dahin üblich gewesen war, kostspielige und doch vergängliche Ehrenpforten errichte. Bereits 1776 begann man mit der Beleuchtung des Glacis, 1782 wurden die ersten Bäume auf dem zum Teil öden Terrain gepflanzt; und 1778 setzte innerhalb der Stadtmauern die Straßenpflasterung mittels Granitsteinen ein. Die Bautätigkeit in der Stadt nahm einen beachtlichen Aufschwung, und eine ganze Reihe von Bauwerken aus diesen Jahrzehnten bilden noch heute eine Zierde Wiens (etwa das 1774 fertiggestellte sogenannte Schubladkastenhaus auf der Freyung oder das 1784 erbaute Palais Pallavicini auf dem Josefsplatz).

Im Jahre 1793, kurze Zeit nach dem Regierungsantritt von Kaiser Franz II., kam es insofern zur Ziehung eines Schlußstriches unter die Reformen, als auf dem Verordnungswege verfügt wurde, die Bürgermeister aller landesfürstlichen Städte hätten — körperliche Leistungsfähigkeit vorausgesetzt — ohne neuerliche Wahl oder Bestätigung in Hinkunft ihr Amt auf Lebenszeit auszuüben.

Wieder zehn Jahre später, knapp vor der Abberufung Hörls durch die Regierung, ließ man die Wahl jener Gemeindefunktionäre fallen, die sich neben den administrativen Geschäften mit dem Gerichtswesen zu befassen hatten und für welche bestimmte Prüfungen und Studien vorgesehen waren. Ihre Ernennung erfolgte aufgrund eines für den Kaiser nicht verbindlichen Vorschlages seitens der Landesstelle und des Obergerichtes. Als Kaiser Franz bei dieser Gelegenheit auch die Wahl des Bürgermeisters eliminieren wollte, stieß er jedoch auf den erwachenden Widerstand der Bürger, die sich dieses letzte ihnen noch verbliebene „Recht" nicht nehmen lassen wollten. In einer Petition legten sie ihre Wünsche nieder und erbaten sich die Aufrechterhaltung des bisherigen Vorschlagsrechtes, das in der Vorlage einer Liste mit sechs Namen bestand, aus denen der Kaiser den Bürgermeister auswählen konnte.

Im Jahr 1803 erfolgte die Eröffnung des 1795 begonnenen Wiener-Neustädter-Kanals, der nächst dem alten Invalidenhaus vor dem Stubentor in einem großen Hafenbassin endete. Er fristete jahrzehntelang ein trostloses Dasein; sein Bassin bot sich lange Zeit im Winter als Eislaufplatz an, der Kanal selbst nimmt heute die Trasse der Schnellbahn und die Station Landstraße auf. Um dieselbe Zeit wurde auch ein anderes Großprojekt in Angriff genommen: der Bau der „Albertinischen Wasserleitung", welche, aus Quellen der Gegend von Hütteldorf gespeist, zum erstenmal größere Gebiete der Stadt mit Trinkwasser versorgte. 1803 bestellte man den damaligen Stadtoberkämmerer Stephan von Wohlleben zum Bauoberleiter, 1804 war der Bau vollendet; Mariahilf, Schottenfeld, Josefstadt und Gumpendorf zählten zu jenen Vorstädten, die auf diese Weise mit Quellwasser versorgt werden konnten.

Der Klosterneuburger Propst Floridus Leeb gründete 1786 das nach ihm benannte „Floridsdorf", das ein Jahrhundert später vor allem durch die Konzentrierung von Industriebetrieben eine solche Bedeutung erlangt hatte, daß der niederösterreichische Statthalter Kielmannsegg sogar erwog, es — als Pendant zum Wien Karl Luegers — zur Hauptstadt Niederösterreichs zu erheben.

Betrachten wir abschließend kurz die soziale Entwicklung. 1795 wurde die Errichtung neuer Fabriken verboten, weil man in ihnen eine Sammelstätte des Proletariats erblickte und vermeinte, auf diese Weise dessen Forderungen zurückdrängen zu können. 1802 durften darüber hinaus weder in der Stadt noch in den Vorstädten neue Fabriken gebaut werden, was dazu führte, daß sich die Industrialisierungswelle in den folgenden Jahrzehnten auf die Vororte außerhalb des Linienwalls konzentrierte und dort zu jenen Mißständen auf dem Arbeitsmarkt- und Wohnungssektor führte, die letztlich die Revolution von 1848 heraufbeschworen. Wien war mittlerweile stark gewachsen: man zählte im Jahre 1800 über 231.000 Einwohner.

Anläßlich der Vollendung seiner 50jährigen Dienstzeit wurde Josef Georg Hörl 1797 mit der Goldenen Verdienstmedaille an goldener Kette ausgezeichnet und ihm zugleich der Titel eines k. k. niederösterreichischen Regierungsrates verliehen. In dieses Jahr fällt auch die Organisation seines Aufgebotes der Wiener Bürgerschaft gegen Napoleon. Noch sieben Jahre beließ ihn die Regierung im Amt. Knapp nach Vollendung seines 31. Amtsjahres als Bürgermeister und seines 82. Geburtstages wurde Josef Georg Hörl mit Regierungsdekret vom 27. März 1804 in den Ruhestand versetzt und trat am 30. Oktober — an dem Tag, an welchem der zu seinem Nachfolger bestellte Stadtoberkämmerer Stephan von Wohlleben den Diensteid ablegte —, von diesem Posten zurück. Bei dieser Gelegenheit erhielt er den Titel eines k. k. Hofrates. Zwei Jahre danach, am 10. Dezember 1806, wenige Wochen vor seinem 85. Geburtstag, ereilte Josef Georg Hörl der Tod. Er hatte sechs Regenten auf dem österreichischen Thron erlebt, und von vier Herrschern *Merkmale ihres höchsten Wohlgefallens* erhalten (wie es in einer anläßlich seines Ablebens in Wien gedruckten „Kurzen Lebensgeschichte" heißt). Am 12. Dezember 1806 trug man den allseits Geachteten mit allem Pomp zu Grabe. Wir können den Ablauf dieses Leichenbegängnisses, das wie so oft die schaulustigen Wiener in Scharen auf die Straße getrieben hat, recht genau rekonstruieren; die Schuljugend eröffnete den Zug, an diese schlossen sich die Zöglinge des Militärerziehungshauses in der Alservorstadt, die Hospitalsarmen, dann Abteilungen der Bürgermiliz unter Anführung des Oberstwachtmeisters und Magistratsrates Anton Joseph Leeb, der drei Jahrzehnte später selbst den Bürgermeisterstuhl besteigen sollte. Es folgte eine Eskadron bürgerlicher Kavallerie, ein Bataillon des Bürgerregiments mit seiner Grenadierdivision voraus, eine Division Artillerie und der grün uniformierten Grenadiere. Nach dieser militärischen Einheit kam die Pfarrgeistlichkeit, vor welcher der Trauerchor einherschritt, unmittelbar danach die Bahre mit den sterblichen Überresten des Verblichenen, geschmückt mit den Ehrenzeichen, getragen von acht Unter-Lieutenanten der Bürgermiliz und umgeben von 24 Grenadieren. Dem Sarg folgten die Verwandten des Verstorbenen, sodann Bürgermeister Stephan von Wohlleben mit den Magistratsräten, dahinter die Herren des Äußeren Stadtrates und die Innungsvorsteher in eigens für derartige Zwecke vorgesehenen Trauermänteln. Den Schluß bildeten die grün und grau uniformierten Schützen des Akademischen Korps, der Grenadierdivision des 2. Regiments der Stadtmiliz und eine Eskadron des Kavalleriekorps.

Um drei Uhr nachmittags sammelte sich der Zug vor dem Sterbehaus Am Hof, nahm seine Richtung über die Freyung, durch die Renngasse und Wipplingerstraße, von hier — am Rathaus vorüber — ging es durch die Tuchlauben zum Graben und endlich in die Stephanskirche, wo die eigentlichen Feierlichkeiten begannen. Das Bürgerregiment marschierte gegenüber dem Riesentor an der Brandstätte auf, die Artillerie sowie die grünen und grauen Schützen bezogen ihre Position vor dem Bischofshof, dem heutigen Erzbischöflichen Palais, wogegen sich das Akademische Korps und das zweite Regiment der Stadtmiliz hinter der Domkirche aufstellten. Rechts und links vom Haupttor der Kirche stand in dichtem Spalier die Kavallerie. Gegen fünf Uhr waren die kirchlichen Zeremonien der Einsegnung abgeschlossen, und die Truppen zogen „mit klingendem Spiel" wieder ab. Der Nachruf, den man Bürgermeister Hörl widmete, war voll des Lobes: *Warme Anhänglichkeit an Fürst und Vaterland, unermüdeter Amtseifer, strenge Rechtschaffenheit, ungeheuchelte Religiosität, Freygebigkeit gegen die Armen und eine zwischen dem Buchstaben des Gesetzes und dem Menschengefühle glücklich vermittelnde Klugheit waren die schönen Eigenschaften, die ihm die lohnende Aufmerksamkeit der Monarchen, unter deren Regierung er wirkte, das Zutrauen der hohen und höchsten Collegien, die Liebe der Bürgerschaft und die Achtung der Bewohner Wiens in ausgezeichnetem Grade erworben haben.*

Die von Wiener Bürgern gestiftete Bürgermeisterkette wurde von Bürgermeister Eduard Uhl anläßlich der Eröffnung des Rathauses zum ersten Mal getragen (1883)

Bürgermeister Dr. Karl Lueger auf dem im Festsaal des Rathauses abgehaltenen Ball der Stadt Wien, 1904

Bürgermeister Stephan Edler von Wohlleben

Am 30. Oktober 1804, frühmorgens um 9 Uhr, versammelte sich im Rathaus in der Wipplingerstraße ein Ausschuß der Bürgerschaft um den vom Kaiser aus einer Vorschlagsliste ausgewählten und zum Bürgermeister von Wien ernannten k. k. Rat und Magistratsrat STEPHAN EDLEN VON WOHLLEBEN. Mit dem Neugewählten fuhren die Vertreter der Bürger sodann in mehreren Wagen von der Wipplingerstraße über die Tuchlauben und den Kohlmarkt zum Landesregierungsgebäude in der Herrengasse, um dort der Ablegung des Eides durch den Bürgermeister beizuwohnen. Diese feierliche Handlung begann mit der Verlesung des höchsten Hofdekrets, welches die Bestätigung der Wahl enthielt, dann legte Wohlleben in die Hände des stellvertretenden Regierungspräsidenten Regierungsrat Joseph Edlen von Hackher zu Hart den Amtseid ab. Nachdem man beiderseits kurze Reden gehalten, fuhr der Zug in gleicher Ordnung wieder zum Rathaus zurück, gefolgt von den zwei Karossen, in denen die beiden zu dieser Feier abgeordneten landesfürstlichen Kommissarien Platz genommen hatten. Inzwischen versammelten sich die Mitglieder des Inneren und Äußeren Rates in ihren prunkvollen Roben, um die Regierungsvertreter und den Bürgermeister würdig zu empfangen. Die Kommissarien begaben sich an das obere Ende des Ratstisches, wo sie unmittelbar unter dem Porträt Kaiser Franz' Aufstellung nahmen. Feierliche Stille lag über dem Saal — dann setzte die Zeremonie der Amtseinführung ein, in deren Rahmen es nicht an lobenden Worten über die bisherige magistratische Tätigkeit des neugewählten Bürgermeisters fehlte, dessen Verdienste um das Wohl der Bürger allgemein anerkannt wurden.

Stephan Wohlleben, 1751 als Sohn des sich zur evangelischen Konfession bekennenden Regimentsprofosen Christian Wohlleben in Wien geboren, verlor schon frühzeitig seine Eltern und wurde deshalb in dem damals bereits seit einem Jahrhundert bestehenden Chaosschen Waisenhaus erzogen. Im Baufach ausgebildet, trat Stephan 1771 als Accessist ins städtische Unterkammeramt ein, erwarb sich durch besondere Leistungen die Anerkennung seiner Vorgesetzten, der Unterkämmerer Schrenk und Valery, und erhielt 1784, da Bürgermeister Hörl auf ihn aufmerksam geworden war, selbst die Stelle eines Unterkämmerers. Unter Kaiser Joseph II. erfolgte Wohllebens Vorrückung zum Magistratsrat. In den Jahren des Bürgeraufgebotes betätigte er sich 1797 und 1800 als Stabsoffizier des Bürgerregimentes, organisierte die Waffenübungen der Bürgerschaft, kontrollierte die Befestigungswerke und die Beschaffung sowie Einlagerung des Proviants. Durch die Pflasterung von Straßen in der Stadt und die Verschönerung des Glacis — er ließ diese „G'stetten" durch die Anlage von Wiesen und die Pflanzung von Alleen in beliebte Tummelplätze für die Kinder und gerne besuchte Promenaden der Bürger verwandeln — erwarb er sich in einem solchen Maße auch die Gunst des Kaisers Franz, daß ihn dieser 1801, obgleich er kein juridisches Studium absolviert hatte, zum Oberkämmerer ernannte und ihn darüber hinaus am 20. Juni desselben Jahres mit dem Prädikat *Edler von* in den Adelsstand erhob. Wenn auch von der Öffentlichkeit weniger zur Kenntnis genommen, bemühte sich Wohlleben als Oberkämmerer ganz allgemein um eine Verbesserung des Wirtschaftswesens der Stadt, organisierte im besonderen das Kreditwesen und erließ zu diesem Zwecke eine Reihe wichtiger

Instruktionen. Als Direktor der Beleuchtungsanstalt verbesserte er die Straßenbeleuchtung, ein Bemühen, das allseitige Anerkennung fand und von mancher Provinzstadt, ja selbst vom Ausland als beispielgebend bezeichnet wurde. In seiner Eigenschaft als tätiges Mitglied verschiedener Hofkommissionen konnte sich Wohlleben durch die Einrichtung des unter seiner Aufsicht errichteten Arbeitshauses auf der Laimgrube ebenso Verdienste erwerben wie um die Herstellung der unter seiner Leitung als Oberkämmerer entstandenen Albertinischen Wasserleitung und um den Anschluß der in der Währinger und Alser Straße gelegenen Häuser an die seit langem bestehende Hernalser Wasserleitung.

An alle diese Verdienste erinnerten die Festredner anläßlich Wohllebens Amtseinführung, der damit gleichzeitig auch zum Obersten des Wiener Bürgerregiments ernannt wurde. In einer zum Wohle der Armen im St. Marxer Bürgerspital aufgelegten Druckschrift sind die Ereignisse rund um die Einsetzung des Bürgermeisters in allen Einzelheiten festgehalten. Nach althergebrachter Gewohnheit beglückwünschte auch der Äußere Rat im Namen der gesamten Bürgerschaft den neuen Bürgermeister und gelobte ihm *Gehorsam und Ergebenheit*. Zu diesem Zwecke fuhr am 5. November eine Ratsabordnung in voller Gala zum Rathaus, wo sie vom Bürgermeister, der, umgeben von Ratsmitgliedern und den Vorstehern der magistratischen Ämter, im Ratssaal ihre Ankunft erwartete, empfangen wurde; das eigentliche „Bürgermeisterfest" feierte man im Anschluß daran auf der bürgerlichen Schießstätte.

Stephan von Wohlleben übernahm sein Amt in einer äußerst schwierigen Zeit. 1800 mußte man die Wiener, die sich 1797 bereits einmal in einem Allgemeinen Aufgebot gesammelt hatten, neuerlich zur Verteidigung aufrufen — das Ergebnis blieb allerdings hinter den Erwartungen weit zurück. Ebenso war es 1805, als sich in Wien nach der Niederlage der österreichischen Armee bei Ulm sehr bald die Meinung durchsetzte, man müsse einen „Frieden um jeden Preis" schließen. Zweimal zog Napoleon in Wien ein. Die Hoffnung auf eine günstige Wendung nach dem Sieg von Aspern schwand nach der Schlacht bei Wagram. Dem Abzug der letzten Franzosen am 20. November 1809 ging die, militärisch völlig bedeutungslose, Sprengung der Burgbastei voran, die unter der Bevölkerung starken Unwillen auslöste: sollte sie doch lediglich eine Demütigung seitens der Franzosen zum Ausdruck bringen. Die Wiener machten nach kurzer Überlegung das beste aus der Situation, verzichteten auf eine Wiederherstellung der geborstenen Bastei und nützten die Gelegenheit zu einer „kleinen Stadterweiterung". Auf dem Terrain vor der Burg entstand 1823 der Volksgarten mit dem Cortischen Kaffeehaus, das sich zum Treffpunkt der Gesellschaft entwickelte; unweit davon vollendete Peter Nobile 1824 das Äußere Burgtor, und im Volksgarten selbst schuf er den Theseustempel, der sich im Aussehen an das Theseion in Athen anlehnt und ursprünglich dafür bestimmt war, jene gewaltige Theseusgruppe Canovas aufzunehmen, die heute das Stiegenhaus des Kunsthistorischen Museums ziert.

Die stürmisch begrüßte Rückkehr des Kaisers nach Wien machte sehr bald tiefer Niedergeschlagenheit Platz, als sich herausstellte, daß die Regierung nichts unternahm, um die gewaltigen Besatzungsschäden, die sich auf rund 138 Millionen Gulden beliefen, auch nur einigermaßen abzugelten. Das

Versagen des Staates in der Entschädigungsfrage (nach langwierigen Verhandlungen wurde schließlich eine einzige Million Gulden freigegeben!) steht bereits eng mit dem nicht mehr abzuwendenden Zusammenbruch der Währung in Verbindung.

Die im Jahre 1811 zur Katastrophe gediehene Finanzkrise hatte ihre Ursachen im ausgehenden 18. Jahrhundert und hing mit den militärischen Gegebenheiten zusammen. Kriege werden immer erst nach ihrer Beendigung bezahlt, und in wirtschaftlichen Notzeiten auftretende passive Zahlungsbilanzen lassen sich in den seltensten Fällen sanieren. Unmittelbar vor der Jahrhundertwende kam es infolge der Steigerung des Papiergeldumlaufs — wir können als Gründe kurz Hemmung des Edelmetallumlaufs, Ausgabe minderwertiger Scheidemünzen, Prägung großer Mengen von Kupfergeld, umfangreiche Verschuldungen durch die Kriege und mangelndes Warenangebot nennen — zu echt inflationistischen Tendenzen. Zunächst behalf man sich mit der Ausgabe von Bancozetteln, wobei für die erste Emission noch kein Annahmezwang für Private bestand; der Zwangsumlauf wurde erst 1797 dekretiert. Ungeheure Mengen derartigen Papiergeldes gelangten vor allem 1800 und 1806 zur Ausgabe. Hatte sich der Umlauf 1793 auf 27,5 Millionen belaufen, bezifferte er sich 1811, im Jahr der Krise, auf 1060 Millionen! Eine Einlösung dieser Papiergeldflut war praktisch nicht mehr möglich. Es kam zu einem Disagio der Noten, das 80 Prozent überstieg; letztlich folgte die amtliche Abwertung im Verhältnis 5 : 1. Die unklaren Verhältnisse fanden schließlich ihren Ausweg in einem Staatsbankrott, der mit Patent vom 20. Februar 1811 angekündigt wurde. Die gewundene Erklärung des Kaisers tröstete natürlich das Volk über die erlittenen Verluste nicht hinweg. Die Geldleute hatten vorzeitig von der Währungsreform Wind bekommen und aus diesem Wissen Nutzen gezogen — der breiten Masse hingegen war auch durch die nunmehr eingeführte „Wiener Währung" nicht geholfen, weil der Wert der „Einlösungsscheine" infolge der Kriege von 1812 und 1815 neuerlich verfiel. Eine Lösung bahnte sich 1816 durch die Gründung der Oesterreichischen Nationalbank an; aber erst um 1830 — die „Wiener Währung" war inzwischen durch die „Conventions-Münze" abgelöst worden — gelang es, das alte Papiergeld völlig aus dem Verkehr zu ziehen.

Immer stärker traten zu Beginn des 19. Jahrhunderts wirtschaftliche Faktoren in den Vordergrund. Durch Erleichterungen für die Gesellen bei der Erlangung des Bürger- und Meisterrechtes, wie sie von Joseph II. gewährt worden waren, fühlten sich bestimmte Berufsgruppen, die sich damit stärkerer Konkurrenz ausgesetzt sahen, in ihren Verdienstmöglichkeiten beeinträchtigt. Zwar wurde die Freizügigkeit von Leopold II. etwas eingeschränkt, doch glaubte dieser, prinzipiell keine grundlegenden Veränderungen vornehmen zu dürfen, weil er in der Rückerlangung der Monopolstellung der Zünfte eine Gefahr für die aufstrebende Industrie erblickte. Zu einer bedeutsamen Änderung kam es lediglich, als dem Wiener Magistrat die Entscheidung über Gewerbezulassungen übertragen wurde. Scharfer Kritik ausgesetzt, wagte dieser jedoch nicht, allen Bewerbern Befugnisse zu erteilen. War im vergangenen Jahrhundert dem Wirtschaftsleben ein Auftrieb verschafft worden, neigte man nun wieder dazu, es in seiner Entfaltung einzuengen, wobei das dauernde Schwanken die Situation noch verschlimmerte.

Die kaiserliche Verordnung von 1795, die Hauptstadt nach Möglichkeit von der Schaffung neuer Fabriken zu verschonen und diese auf das freie Land zu verlegen, ist vorwiegend soziologischen Überlegungen zuzuschreiben. Wenn man die Lage vorurteilslos von der rein wirtschaftlichen Seite betrachtet, so lassen sich bei einer auf dem Lande errichteten Industrie wohl ebenso viele Nachteile wie damals zitierte Vorteile nachweisen; hingegen konnte man damit ohne Zweifel — und wir dürfen dieses Argument nicht geringschätzen! — der Gefahr einer Zusammenballung größerer Proletariermassen entgegenwirken. Derartige Maßnahmen konnten natürlich auf die Dauer die Entwicklung der Großindustrie, die durch den Übergang von der Manufaktur zur Fabrik, die zunehmende Verwendung von Maschinen anstelle menschlicher Arbeitskraft und den Einsatz immer größerer Kapitalien charakterisiert ist, nur verzögern, keineswegs hemmen.

1809 verfügte Kaiser Franz, daß die *Industrialfreiheit* nicht angetastet werden dürfe, womit sich nach einem Jahrzehnt des Kampfes die unbeschränkte Wirtschaftsfreiheit durchgesetzt hatte. Der Verzicht auf jede staatliche Zielsetzung in der Wirtschaft blieb nicht ohne Folgen: ein Nachgeben in wirtschaftlicher Beziehung mußte wohl auch den Wunsch nach politischer Selbstbestimmung wecken. Hier liegt die Wurzel einer Entwicklung, die in letzter Konsequenz, da staatliche Zugeständnisse auf sich warten ließen, zur Revolution von 1848 führte.

Mit der Verlegung der Fabriken auf das flache Land glaubte man, auch der erschreckend anwachsenden Wohnungsnot entgegenwirken zu können. So sehr man dem Problem zu Leibe rückte — eine auch in sozialpolitischer Hinsicht akzeptable Lösung bot sich nicht. Im Gegenteil, jede Maßnahme, von der man sich im Sinne der Regierung eine positive Wirkung erwartete, brachte sogleich neue Nachteile mit sich, als man beispielsweise in völliger Verkennung der Situation den Zuzug von Proletariern einzudämmen suchte, durch die Drosselung des Bauwesens aber dem bereits fühlbaren Wohnungswucher Tür und Tor öffnete. Bei der ersten Zinserhöhung (1802) handelte es sich wohl noch um ein vorsichtiges Nachziehen im Gefolge der Geldentwertung, doch bald kam es zu drückenden Mietzinssteigerungen ohne währungspolitischen Hintergrund; 1810 zahlte man für eine kleine Vorstadtwohnung rund 100 Gulden, für größere Stadtwohnungen 400 bis 2000 Gulden jährlich. Der Hausbesitz gestaltete sich zum Spekulationsobjekt, und die größeren Wohnungen dienten (vor allem in der Kongreßzeit) gewinnbringender Untervermietung. Das 1802 erlassene teilweise Bauverbot mußte wegen des Absinkens der Bevölkerungszahl 1807 wieder aufgehoben werden; wenige Jahre später (1811) waren die Vorstädte fast völlig verbaut, als letzte jene auf dem Breitenfeld.

Neben den unmittelbaren finanztechnischen Auswirkungen der Währungskrise von 1811 stellten sich auch im täglichen Leben Folgen für die Bevölkerung ein, die in erster Linie den „kleinen Mann" hart trafen. So stieg zum Beispiel der Preis für ein Pfund Rindfleisch von 32 Kreuzern im Jahre 1802 auf drei Gulden im Jahre 1811, der Preis für einen Metzen Weizen im gleichen Zeitraum von sechs auf vierzig Gulden. Die Verteuerung der Lebensmittel, verbunden mit der enormen Erhöhung der Mietzinse, brachte ein fühlbares Absinken der Kaufkraft mit sich. Das zwei Jahrzehnte andauernde militärische Engagement trug das Seine dazu bei, dem Wirtschaftsleben unmittelbar — durch Kontributionen, Steuern und feindliche Einfälle — und mittelbar — durch verminderte industrielle Produktion, Kaufkraftschwächung und Absatzrückgang — schwersten Schaden zuzufügen. Bedingt durch diese verschiedenen Ursachen — zu denen sich noch das ungenügende Straßennetz, die Behinderung des Lebensmittelhandels durch die an den Linientoren eingehobene Verzehrungssteuer und die durch die unbeschränkte Handelsfreiheit mit verursachten Preissteigerungen gesellten — trat 1816 eine bedrohliche Lebensmittelverknappung ein.

Unruhe und Gärung in den unteren Volksschichten hatten sich bereits 1805 im sogenannten „Bäckerrummel" und 1808 in einem „Aufstand gegen die Fleischhauer" Luft gemacht. Von allen diesen Ereignissen war der „Mittelstand", der sich aus Handwerkern, Gewerbetreibenden, Beamten und Offizieren zusammensetzte, am stärksten betroffen. Viele Selbständige mußten ihren eigenen Betrieb aufgeben und vergrößerten damit die Masse des in jeder Hinsicht rechtlosen Proletariats, das durch den Zuzug vom Lande (zur Auffüllung des durch steten Geburtenrückgang entstehenden Vakuums) verstärkt wurde.

Unter Wohlleben steigerte sich die ohnedies schon als drückend empfundene Bevormundung der Stadt durch die Landesregierung noch weiter. Will man die einzelnen Etappen festhalten, muß um die Jahrhundertwende begonnen werden, als die Bürgermeister zur Erstattung laufender Berichte über die Magistratsverhandlungen verhalten waren. Dann ist auf das Jahr 1808 zu verweisen, in welchem dem Äußeren Rat — der keineswegs mehr die Auslese städtischer Intelligenz darstellte, sondern eine recht harmlose Versammlung von Persönlichkeiten bildete, die sich um die Armenpflege oder sonstige Belange von eher untergeordneter Bedeutung verdient gemacht hatten — das Wahlrecht für die Magistratsräte und Vizebürgermeister entzogen wurde. In den Jahren 1811 und 1812 fanden Untersuchungen der Vermögensgebarung der Stadt mit dem Ziele, diese (1819) einer ständigen Regierungskontrolle zu unterwerfen, statt. Selbst belanglose Vorhaben bedurften der vorherigen Genehmigung durch die niederösterreichische Landesregierung; dazu gehörten schon eine Veränderung des Realbesitzes der Stadt oder irgendeine Bauführung geringen Wertes. Die der Verwaltung angelegten Ketten schnürten jedes selbständige Tun der Stadt ab, wirkten durch die Macht der Gewohnheit in den folgenden Jahrzehnten nach und nahmen noch viel später Bürgermeister Czapka den Mut, gegen die scheinbar unlösbaren Fesseln anzukämpfen. Durch die Einmischung staatlicher Organe wurde der Magistrat in den Augen der schon seit den mißlichen Finanzoperationen der Stadt mißtrauisch gewordenen Bürgerschaft vollends diskriminiert. Wohlleben gelang es nicht, die Stadt aus ihrer Lage zu befreien, umso weniger, als er in der Wiener Bevölkerung auf keine Bundesgenossen zählen durfte. Ganz im Gegenteil: die Wiener, die in tatsächlichen Übelständen — bei Steuern, Lebensmittelpreisen und bei der Straßensäuberung — Gründe sahen, der staatlichen Kritik am Wirken des Magistrats Glauben zu schenken, ziehen ihre Stadtväter ganz offen der Korruption und Parteilichkeit. Worum auch immer es sich handelte — man schob dem Magistrat die Schuld zu, ohne zu erkennen, daß man damit den Interessen der Regierung Vorschub leistete. Und Bürgermeister Wohlleben, der über eine bescheidene Volkstümlichkeit niemals hinauskam, verfügte nicht über die entsprechende Tatkraft, sich gegen die Hof- und Landesstellen durchzusetzen.

Die finanzielle Belastung, der die Stadt während Wohllebens Amtszeit ausgesetzt wurde, stieg beträchtlich an. So war beispielsweise 1817 die Armenpflege zu einer Sache der Gemeinden erklärt worden; diese hatten die erforderlichen Mittel aufzubringen, hingegen behielt sich die Landesregierung die Verwaltung selbst vor; allerdings blieb das Erfordernis mit rund 35.000 Gulden (1819) anfangs relativ gering. Im gleichen Jahr bürdete man der Stadt auch die Last der Polizeiausgaben auf, die bis dahin zur Gänze vom Staat getragen worden waren. Es kam zur Errichtung eines *Localpolizeifonds* auf Kosten des Magistrats. Da es sich hier um außerordentlich hohe Aufwendungen handelte (bis 1845 waren es fast 4,5 Millionen!), man zudem kaum zwischen staatlichen und städtischen Aufgaben zu trennen vermochte und die Zuständigkeit der Wiener Polizeidirektion teilweise auch über die Burgfriedensgrenzen hinausreichte, ohne daß die Grundherrschaften dieser Gemeinden sich auch nur mit einem einzigen Kreuzer beteiligten, sann man — wenn auch vergeblich — auf Abhilfe. Welchen oft unnötigen Schwierigkeiten sich der Magistrat darüber hinaus auf anderen Gebieten ausgesetzt sah, mag das Beispiel der Marktpolizei zeigen. Bis 1805 ausschließlich in der Verfügungsgewalt des Magistrats, hatte die Regierung die Marktaufsicht als Reaktion auf den Bäckerrummel dieses Jahres der Polizeioberdirektion übertragen; 1807 kam sie wieder an die Stadt zurück, jedoch nur auf ihrem eigenen Territorium, nicht auch in den damals noch verschiedentlich bestehenden fremden Grundherrschaften: damit war ein unübersichtlicher Zustand fixiert, der weder eine einheitliche Überprüfung der auf den Markt gelangenden Waren noch deren Qualitäts- und Preiskontrolle ermöglichte und demnach zu schwersten Mißständen führen mußte, unter denen besonders die ärmeren Bevölkerungsschichten zu leiden hatten.

Unabhängig von diesen unerfreulichen politischen und wirtschaftlichen Entwicklungen, die auf Staatsebene im Metternichschen Polizeisystem und in den überspitzten Zensurbestimmungen seines Polizeichefs Sedlnitzky, unter denen selbst die größten Literaten ihrer Zeit, wie etwa Franz Grillparzer, zu leiden hatten, die unangenehmsten Auswirkungen fanden, zeichneten sich doch auf kulturellem Gebiet in der nach dem Wiener Kongreß reifenden Biedermeierzeit hervorragende Aspekte ab; da diese Leistungen — es würde schwer fallen, auch nur eine halbwegs erschöpfende Liste jener Persönlichkeiten zusammenzustellen, die damals den Ruf Wiens als Willkürzentrum in die Welt getragen haben — nicht selten losgelöst von der allgemeinen Situation betrachtet werden, haben sie sehr viel zu einer Fehlbeurteilung dieses Zeitraumes beigetragen, die bis in unsere Tage keiner vollkommenen Korrektur unterzogen werden konnte.

Stephan von Wohlleben ist am 30. Juli 1823 in seiner Dienstwohnung Am Hof im 72. Lebensjahr gestorben und wurde am Allgemeinen Währinger Friedhof bestattet; sein Grabstein — eine Stele mit Flammenurne und Blätterkranz im Relief — hat sich im Grabmalhain des Währinger Parks (der an die Stelle der 1923 aufgelassenen Begräbnisstätte getreten ist) erhalten. Wohlleben war zeit seines Lebens mit Ehrungen bedacht worden: er hatte es nicht nur zum Kaiserlichen Rat, sondern 1810 auch zum Wirklichen Regierungsrat gebracht, war Träger hoher österreichischer und ungarischer Orden und wurde 1803 auch zum Ehrenmitglied der Akademie der bildenden Künste ernannt.

Napoleon in Wien und der Wiener Kongreß

Am 13. November 1805 rückten die Franzosen zum erstenmal in Wien ein: allen voran Joachim Murat mit seinen Reitern. Es war ein übler Amtsbeginn für Bürgermeister Wohlleben, doch lag die Schuld für die Entwicklung keinesfalls auf seiner Seite. Der Bevölkerung hatte sich begreiflicherweise Kriegsmüdigkeit bemächtigt, aber auch auf landesfürstlicher Seite befand man sich offensichtlich in einem Zwiespalt: wollte man das 1797 zustandegekommene „Bürgeraufgebot" weiterhin fördern, so mußte man wohl eine Hebung des bürgerlichen Selbstbewußtseins in Kauf nehmen — eine keineswegs einkalkulierte und schon gar nicht gewünschte Nebenerscheinung. Doch Napoleon enthob alle Beteiligten der Entscheidung; nachdem die im Raum von Ulm stehende österreichische Armee die Waffen gestreckt hatte, stieß er zügig nach Osten vor und stand unvermittelt vor der Hauptstadt Wien.

Die *übelangebrachte Neugierde* der Wiener, die auf die Straßen eilten und so den einrückenden Truppen Spalier bildeten — ein Umstand, der selbst die Franzosen in Erstaunen versetzte —, wich bald kalter Ablehnung, die durch übermäßige Kontributionen, Einquartierungen, Rohstoffmangel, Warenknappheit, unzureichende Lebensmittelversorgung und Preissteigerungen, weniger hingegen durch Übergriffe der Truppen genährt wurde. So diplomatisch die Franzosen die Stadt auch behandelten, atmete die Bevölkerung doch auf, als sie am 12. Jänner 1806 wieder abzogen. Kennt man die Haltung der Bevölkerung in den vorangegangenen Wochen, so überrascht es ein wenig, daß sich Wohlleben als Bürgermeister und als *Oberster der Bürger-Miliz* am 19. Jänner 1806 mit der Anrede *Biedere Mitbürger!* in einem Dankschreiben *An die bewaffnete Bürgerschaft Wiens* wandte und betonte, durch ihren *entschlossenen Muth und das kluge Benehmen, womit sie Ruhe und Ordnung selbst in Anwesenheit der kaiserlich-französischen Armee so standhaft zu behaupten* wußten, hätten sie sich die Bewunderung und Achtung selbst des Auslandes erworben. Der Aufruf — den Wohlleben sicherlich in Anlehnung an Josephs II. Spruch über dem Tor des 1775 geöffneten Augartens mit den Worten *Ihr Schätzer und Freund* unterfertigte — war von Anton Joseph Leeb, Magistratsrat und Oberstwachtmeister, mitunterzeichnet, der damals noch nicht ahnte, daß ihn das Schicksal drei Jahrzehnte später selbst zum Bürgermeister emporheben würde.

Seit 1792 regierte in Österreich, 24jährig auf den Thron gekommen, als Nachfolger Leopolds II. (1790—1792) dessen Sohn Franz II. Obwohl er es verstand, seinen Despotismus durch zur Schau getragene Biederkeit zu verschleiern, hat sich in den ersten Jahren des 19. Jahrhunderts die Kritik der Wiener Bevölkerung an seiner Person immer stärker entzündet. Zwei historische Ereignisse — die Annahme des Titels Kaiser von Österreich am 10. August 1804 und die Niederlegung der deutschen Kaiserkrone am 6. August 1806 — wurden von den Wienern mit denkbar größter Gleichgültigkeit aufgenommen, wenngleich damit ein bedeutsamer Einschnitt in der Stadtgeschichte verbunden war. Wien konnte sich nun nach zweijähriger Doppelstellung seit 1806 nur mehr als „österreichische Kaiserstadt" schlechthin fühlen. Losgelöst von den norddeutschen Gebieten mit deren neuaufstrebendem Zentrum Berlin, wandte sich Wien stärker dem europäischen Südosten zu. Noch stand Wien unter dem Eindruck der Napoleonischen Kriege. Nur vier Jahre nach dem Abzug der Franzosen war Wien neuerlich unmittelbar bedroht. Hatte sich die Begeisterung der Bevölkerung 1805 in Grenzen gehalten, so mußte diesmal der französische Geschäftsträger nach Paris berichten, das Volk befände sich in einer erstaunlich enthusiastischen Stimmung. Die Erwartung eines baldigen Sieges der österreichischen Waffen in Süddeutschland ermutigte die Wiener, eine äußerst patriotische Gesinnung an den Tag zu legen. Als jedoch die ersten Nachrichten von der unglücklichen Wendung der Ereignisse in Bayern eintrafen und sich die französische Armee über Linz in Richtung Wien bewegte, als vor allem klar wurde, daß man die Stadt, obwohl Kaiser Franz auf seinem Entschluß der Verteidigung beharrte, nicht lange würde halten können, vielmehr mit nachhaltigen Zerstörungen und nachfolgenden Plünderungen rechnen zu müssen glaubte — da sank der Widerstandswille sehr rasch auf den Nullpunkt ab. Erzherzog Maximilian hatte zwar die Aufforderung zur Übergabe der Stadt nachdrücklich zurückgewiesen, dann aber nicht einmal verhindern können, daß die Franzosen eine Brücke über den Donaukanal in den Prater schlugen; die sich zur Verfügung stellenden Freiwilligen waren mitsamt den verfügbaren regulären Truppen nicht imstande, den Linienwall auch nur zu besetzen, geschweige denn mit einiger Aussicht auf Erfolg zu verteidigen. Napoleons Truppen drangen mühelos in die Vorstädte ein, er selbst bezog — wie bereits 1805 — das Schloß Schönbrunn, und am 11. Mai, neun Uhr abends, eröffnete die französische Artillerie ohne vorherige Warnung den Beschuß der Innenstadt, deren Bevölkerung, von ihrer eigenen Führung über diese Gefahr völlig im unklaren gelassen, in panischer Angst in die Keller flüchtete, in denen sie nach wenigen Stunden von der Kapitulation der Stadt hörten. Die am 13. Mai einmarschierenden französischen Regimenter fanden die Straßen menschenleer vor.

Bürgermeister Wohlleben mußte am nächsten Tag den bitteren Weg antreten und dem großen Korsen zum Zeichen der Unterwerfung die Schlüssel der Stadt aushändigen, die dieser huldvoll entgegennahm. Die auf den vorübergehenden Rückzug Napoleons nach der Schlacht bei Aspern gesetzten Hoffnungen brachen zwar sehr schnell zusammen, aber zu Sympathiekundgebungen kam es diesmal nicht. Im Gegenteil: Während der über ein halbes Jahr dauernden Besatzungszeit führte die Franzosenfeindlichkeit der Bevölkerung zu wiederholten Zwischenfällen und kriegsgerichtlichen Bluturteilen.

Nachdem die Franzosen — wie bereits erwähnt — am 20. November die Stadt wieder verlassen hatten, bereitete die Bevölkerung dem zurückkehrenden Kaiser einen begeisterten Empfang, der, wie berichtet wird, den Herrscher zu Tränen rührte. Als aber die Huldigung zu keinen greifbaren materiellen Resultaten hinsichtlich diverser Hilfsmaßnahmen für geschädigte Bürger führte, wandte sich die Stimmung sehr schnell gegen den Monarchen. Enttäuschung auf beiden Seiten griff Platz: seitens der Bevölkerung, weil man sich ohne Unterstützung sah, seitens des Kaisers, weil in seinen Augen der Versuch, das Volk zu einer entscheidenden Mitwirkung in der Politik heranzuziehen, fehlgeschlagen war. Schon zu Beginn des Feldzuges stellte sich Franz I. den Wünschen Johann Philipp Graf Stadions skeptisch entgegen, nun veranlaßte er ihn und seine eigenen Brüder Karl und Johann zum Rücktritt und schlug mit der Berufung Metternichs jene Politik ein, die mit ihrer ständigen Überwachung des Volkes und der Behinderung aller Neuerungen die folgenden Jahrzehnte charakterisierte. Die bereits früher am Kaiser bemerkten Eigenheiten — wie etwa allzu starres Festhalten an bestehenden Gesetzen, Mißtrauen auch gegen seine engere Umgebung, Rückhalt an Bürokratie und Polizei — nahmen immer deutlichere Formen an und führten in der Folge zu Stagnation und Rückschritt. Wohlleben und seine beiden Nachfolger Lumpert und Leeb, die sich dem Herrscher gegenüber bedingungslos loyal verhielten, waren keineswegs die geeigneten Männer, kraft ihrer Persönlichkeit der Bürgerschaft zu Rechten zu verhelfen, die ihnen möglicherweise zweifelhaft erschienen. Ebenso verbitterte die vorsichtige Konzeption des neuen Staatskanzlers Klemens Lothar Fürst Metternich weite Kreise.

Als 1813 durch den Sieg bei Leipzig die militärische Entscheidung gegen Napoleon erzwungen war, atmete man in Wien, befreit von einer rund eineinhalb Jahrzehnte währenden außenpolitischen und militärischen Gefahr, fühlbar auf. Das Interesse der Bürgerschaft an all diesen Ereignissen darf allerdings nicht überschätzt werden; man betrachtete sie nur vom rein persönlichen Standpunkt aus, was bei einem unter Druck gehaltenen Volk nicht weiter verwunderlich ist. Dies zeigte sich selbst während des 1814/15 abgehaltenen Kongresses, der Wien nicht nur in den Mittelpunkt der europäischen Diplomatie stellte, sondern der Kaiserstadt die Möglichkeit bot, sogar Paris und London in ihrer Bedeutung zu überrunden. Die Ansammlung von Herrschern, Fürsten und Ministern, die in verschwenderischer Pracht gestalteten Festlichkeiten und das glänzende gesellschaftliche Leben haben in der Betrachtung dieses Zeitraumes ein so starkes Übergewicht erhalten, daß man leicht geneigt ist, ein falsches Urteil zu fällen und den wahren Grund des Zusammentreffens zu vergessen: und dieser lag schlicht und einfach in der „Verteilung der Beute".

Die Schaulust der Bevölkerung fand in vollem Maße Befriedigung. Die Hintergründe der Verhandlungen, Intrigen und diplomatischen Absprachen konnte der Wiener — ein passiver und mangelhaft informierter Zaungast — vielfach nicht verstehen, weshalb er sich darauf beschränkte, die für ihn registrierbaren kostspieligen Vergnügungen und Ausschweifungen zu kritisieren. Für den Bürger fühlbar war nicht das außenpolitische Tauziehen, sondern einzig und allein die Minderung seines Wohlstandes, dessen Ursache er allerdings nur zu oft in der Lockerung der zünftischen Bindungen suchte. Wenn es zu Unruhen kam, so waren sie stets sozialpolitischen, nicht aber außenpolitischen oder staatsfeindlichen Ursprungs.

Dem Bürgermeister kam bei Veranstaltungen der großen Politik kaum eine nennenswerte Funktion zu. Er hatte aber genug damit zu tun, die unangenehmen Begleiterscheinungen — Wohnungswucher, Preisskandale, Lebenshaltungsverteuerung, Zustrom unerwünschter Fremder — zu bekämpfen, und selbst dies gelang mit nur geringem Erfolg. An die Ereignisse der französischen Besetzung erinnern noch heute zwei schwarze Marmortafeln, die Bürgermeister Wohlleben — *Dem Andenken der merkwürdigen Jahre 1805 und 1809 geweiht* — im Großen Ratssaal des Alten Rathauses anbringen ließ (sie wurden später in das neuerbaute Rathaus übertragen und befinden sich seither auf dem Korridor gegenüber dem Eingang zum Gemeinderatssitzungssaal).

Biedermeier und Vormärz

Bei oberflächlicher und — bewußt oder unbewußt — einseitiger Betrachtung eines historischen Zeitraumes können auch Perioden stärkster politischer, wirtschaftlicher und sozialer Spannung in der Rückschau verklärt werden, weil man sich an einzelne signifikant erscheinende, immer wieder hervorgehobene, jedoch sehr häufig willkürlich ausgewählte oder sogar falsch interpretierte Fakten hält. Einen Modellfall für diese Behauptung stellt zweifelsohne das Biedermeier dar, jene älteste *gute alte Zeit*. Wir meinen im speziellen jene Jahrzehnte zwischen dem glanzvollen Wiener Kongreß und der (nur teilweise) spektakulären Wiener Revolution, die in der Geschichtsschreibung — zwar etwas treffender, wenn auch nicht minder urteilslos-verbindlich — als Vormärz bezeichnet werden; jene Zeit also, die zunächst noch unter dem Zeichen des *guten Kaisers Franz*, dann unter dem seines Sohnes und Nachfolgers, *Ferdinands des Gütigen*, steht. Beide Herrscher werden in der neuesten österreichischen Geschichtsschreibung einer wesentlich strengeren Kritik unterzogen, indem sie die Despotie des ersteren und die beschränkte intellektuelle Potenz des zweiten hervorhebt und für die weitere politische und soziale Entwicklung verantwortlich macht.

Vergegenwärtigen wir uns kurz die Situation. Schubertiaden und Lannersche Walzer, Singvereine und Hausmusik, Wäschermädelbälle, Kaffeehaustreiben und idyllische Landpartien, verbunden mit typischer Biedermeierkunst, werden in Darstellungen, die sich allein an oberflächlich erkennbare, liebenswert-wienerische Eigenheiten halten und aus ihnen eine Kultur-, ja in völliger Verkennung der damaligen Zeit, nicht selten sogar eine Sozialgeschichte formen wollen, nur allzugerne in den Mittelpunkt der Betrachtung gestellt und so zum Inbegriff einer Zeit gemacht, der es wahrlich an Problemen nicht mangelte. Zweifellos darf man alle erwähnten Lebensgewohnheiten als Symptome, auf keinen Fall hingegen als dominierende Charakteristika einer Zeit betrachten, in welcher sich die sozialen und wirtschaftlichen Schwierigkeiten, politischen Unterdrückungsmaßnahmen und polizeilichen Überwachungen in einem Maße gesteigert hatten, daß sie einer — sei es auch gewaltsamen — Lösung zustrebten.

Unter diesem Blickwinkel erscheint uns der unbestreitbare kulturelle Glanz der bürgerlichen Biedermeierzeit — unbeschadet der echten künstlerischen Leistungen — doch in einem anderen Licht: als der Ausdruck der erzwungenen völligen Abkehr des einzelnen vom politischen Leben und von den Staatsgeschäften; als eine Möglichkeit, in der Abgeschiedenheit des eigenen Heims eine Weltgeborgenheit zu finden, die der Staat nicht zu bieten vermochte; als der Wunsch, sich in behaglicher Genußfreudigkeit ausschließlich den persönlichen Interessen zuzuwenden. Die Merkmale der Biedermeierzeit — eine Bezeichnung, die ursprünglich einen Möbelstil charakterisierte, sich sodann auf die Genremalerei übertrug, um letztlich die Lebens- und Geisteshaltung einer ganzen Epoche zu umreißen — sind zwar vielfach allgemein europäisch, aber in ihrer reinsten Ausbildung doch in Österreich, und hier im vormärzlichen Wien zu finden. Bildende Kunst, Theater, Dichtung, Malerei, Architektur und — nicht zuletzt — die Musik erreichten in den beiden Jahrzehnten nach dem Wiener Kongreß eine Hochblüte. Es wäre ein müßiges Beginnen, einzelne Namen nennen zu wollen: sehen wir uns doch auf allen Sektoren des künstlerischen Lebens einer großen Zahl von Vertretern ihres Faches gegenüber, die weit über die Grenzen Österreichs hinaus bekanntgeworden sind.

Die durch Zensur und Polizeistaat gekennzeichnete Periode führte aber auch — vielleicht als eine Art Ventil — zu einem für die Biedermeierzeit typischen Vergnügungstaumel. In der Stadt und in den Vorstädten schossen die Etablissements aus dem Boden, 1819 trat Johann Strauß Vater in Lanners Kapelle ein, beim Dommayer in Hietzing, im Apollosaal auf dem Schottenfeld, beim Sperl in der Leopoldstadt und in vielen anderen Lokalitäten ging es hoch her; zu alldem standen die bereits geschilderten sozialen und wirtschaftlichen Mißstände des Industriezeitalters und die seit 1819 noch stärker erkennbare Bevormundung seitens der übergeordneten Dienststellen — nach Aufhebung der Stadthauptmannschaft von Wien war die Stadtverwaltung wieder unmittelbar der Regierung unterstellt — in einem eklatanten Kontrast.

In die Zeit des Biedermeiers fallen auch die Anfänge des innerstädtischen Verkehrswesens. 1817 wird zum erstenmal ein nach Hietzing verkehrender „Gesellschaftswagen" erwähnt, die Bürger dehnten ihre Spaziergänge weiter in die Umgebung der Stadt aus und brauchten sich dabei nicht mehr allein des unbequemen „Zeiselwagens" zu bedienen. Man unternahm ein- oder zweimal im Jahr Landpartien, und die Vermögenderen erwogen bereits, in die Orte Hietzing, Dornbach oder Döbling auf „Sommerfrische" zu gehen. Für die breite Masse der Bevölkerung stand jedoch aufgrund ihrer tristen Einkommenslage bestenfalls eine Fußwanderung in die Gegenden außerhalb der „Linien" oder in den Prater zur Diskussion.

1815 erfolgte die Gründung des Polytechnikums (der heutigen Technischen Hochschule), seit 1823 erschien — um ein anderes Beispiel herauszugreifen — Hormayrs grundlegende „Geschichte der Stadt Wien" in neun Bänden.

Wieweit Metternich für die Entwicklung im Vormärz die Verantwortung trägt, ist eine wissenschaftliche Streitfrage. Sicher ist, daß er in Kaiser Franz einem Herrscher zu dienen hatte, dem starres Festhalten an überlieferten Gewohnheiten oberstes Ziel der Politik dünkte, wodurch das anfänglich von Metternich bewiesene Einsehen für Neuerungen immer stärker unterdrückt wurde. Niemals eingestanden, lag dem Polizeistaat doch ausschließlich die Sicherung, ja Steigerung der staatlichen Gewalt am Herzen, und dies äußerte sich selbstverständlich in der Haltung gegenüber dem Wiener Bürgermeister. Für den langsam aufkeimenden Wunsch des Bürgertums nach städtischer Selbstverwaltung war in diesem Staat kein Platz!

Höhepunkt einer Beamtenlaufbahn: Bürgermeister Anton Lumpert

Schon die Trauergäste, die auf dem Allgemeinen Währinger Friedhof hinter dem Sarge Bürgermeister Wohllebens einherschritten, dürften sich mit der Frage beschäftigt haben, wer nun berufen sei, an die Stelle des Mannes zu treten, der durch fast zwei Jahrzehnte die Geschicke seiner Vaterstadt bestimmt hatte.

Es steht außer Zweifel, daß ANTON LUMPERT vor allem deshalb zum Nachfolger Wohllebens erkoren wurde, weil er bereits seit den Tagen des Wiener Kongresses das Vizebürgermeisteramt ausübte. Dennoch zögerte man lange, und seine endgültige Bestellung zum Bürgermeister erfolgte erst am 9. Dezember 1823; 1834 wurde er sodann zum Rücktritt genötigt. Lumperts Ernennung war von Anfang an dadurch belastet, daß er nur sechs Jahre jünger war als sein verstorbener Amtsvorgänger. Er kam am 13. November 1757 in Köglen, einem kleinen Ort des tirolischen Oberlechtals, zur Welt. Sein Vater war Kaufmann und ernährte die Familie durch Einkünfte aus Handelsgeschäften, die er vor allem mit der Schweiz abwickelte. Anton sollte in den geistlichen Stand treten, zu dem er sich in keiner Weise hingezogen fühlte. Nach Absolvierung des Gymnasiums gelang es ihm, philosophische Schulen in Innsbruck zu besuchen, durch welche damals das Universitätsstudium eingeleitet wurde, und ging 1780, im Todesjahr Maria Theresias, nach Wien. An der hiesigen Universität begann er Jus zu studieren. Unmittelbar nach Beendigung seiner Studien trat er in den kurz zuvor durch Joseph II. neu organisierten Magistrat ein und nahm hier einen langsamen, doch stetigen Aufstieg: 1786 erhielt er eine systemisierte Registrantenstelle, 1789 wurde er zum Rechtsprotokollisten des Kriminalsenats ernannt, 1791 avancierte er zum Sekretär, und 1794 rückte er in dieser Eigenschaft in die nächsthöhere Gehaltsstufe auf. Bald darauf, im Jänner 1795, wurde er Kriminalrat, nachdem er infolge seiner ausgezeichneten Dienstleistung vom niederösterreichischen Appellationsgericht ohne vorangegangene Richterprüfung die Wahlfähigkeit für diesen Posten erlangt hatte. Lumpert war streng rechtlich und gewissenhaft, doch gereichte es ihm offensichtlich zum Nachteil, daß er außer dem Justizsenat keinerlei andere Verwaltungsdienststellen kennengelernt hatte.

Seine am 29. September 1814 erfolgte Ernennung zum Vizebürgermeister änderte praktisch nichts an der Sachlage. Deutlich war seine Laufbahn vorgezeichnet: er wurde Vizebürgermeister, weil man in ihm den guten Beamten schätzte; er wurde Bürgermeister, weil er als Vizebürgermeister dafür prädestiniert schien; und er mußte — so paradox es klingen mag — dieses Amt zurücklegen, weil er eben „nur" ein Beamter war. Lumpert übernahm den Bürgermeisterposten, ohne die Gemeindeverhältnisse im allgemeinen hinreichend gekannt und ohne mit der Bürgerschaft nennenswerten Kontakt zu haben; er war ängstlich wegen seiner Unerfahrenheit in den Geschäften, und er vermied jedes entschiedene Auftreten im Hinblick auf seine Unsicherheit und die zu befürchtende Kritik.

So blieb ihm — teils aus grundsätzlicher Überzeugung, teils als Ergebnis rationaler Überlegung — nur übrig, seinen Posten ausschließlich vom Standpunkt eines landesfürstlichen Beamten aufzufassen. Was man an Wohlleben in Ansätzen erkannte und gerade noch tolerierte, konnte an Lumpert nicht mehr übersehen und schon gar nicht gutgeheißen werden. Die Amtsführung des Magistrats wurde schleppend, er verlor als Behörde unter der Bevölkerung noch mehr als bisher jedes Ansehen, die Klagen der Bewohner, anfangs noch verhalten, wurden immer lauter. Da unter Lumperts Regime Mißbräuche und Unregelmäßigkeiten in der Verwaltung auftraten, griff die Regierung in Form schärfster Bevormundung des Magistrats und der leitenden städtischen Funktionäre ein, was die Wiener Bevölkerung veranlaßte, sich noch mehr gegen den Bürgermeister zu stellen. Im September 1834 veranlaßte deshalb der Kaiser den Bürgermeister, in den Ruhestand zu treten. Sosehr die

Schwäche Lumperts offen zutage trat, billigten ihm die Zeitgenossen auch positive Eigenschaften zu. Größtenteils fügen sich diese aber bei näherer Betrachtung in das entworfene Charakterbild ein. Wenn wir hören, den alten Herrn habe leidenschaftslose Überlegung und Ruhe, Genauigkeit und Klarheit, unbeugsame Gerechtigkeit und gediegene Vollendung im Vortrag beim Kaiser in besonderem Maße ausgezeichnet — so wußte es jedenfalls sein Biograph an ihm zu rühmen —, so stehen diese Eigenschaften zu den bekannten Wesenszügen der Entscheidungsunlust, der übertriebenen Vorsicht, des Anklammerns an bestehende Gesetze und der bedingungslos-loyalen Haltung gegenüber dem Herrscher in keinem Widerspruch. Es mag als ein Zeichen dafür gewertet werden, daß die Bürger Wiens ihm zu Beginn seiner Amtstätigkeit wesentlich positiver gegenüberstanden als in späteren Jahren, wenn sie 1827 eine Gasse auf der Wieden, die heutige Kettenbrückengasse, nach ihm benannten. In dieser Kettenbrückengasse — sie trägt seit 1862 diesen Namen —, im Haus Nummer 6, ist während der Amtszeit Lumperts, am 19. November 1828, im zweiten Stock, Tür 17, Franz Schubert verstorben, der hier als Untermieter bei seinem Bruder Ferdinand gewohnt hatte. Mußte Bürgermeister Lumpert schon ein Jahr zuvor erleben, wie man einen der Großen des Wiener Musiklebens, Ludwig van Beethoven, zu Grabe trug, so gab nun eine unübersehbare Menschenmenge auch dem „Schubert-Franzl" das Geleit zu seiner letzten Ruhestätte, die er neben dem von ihm verehrten Beethoven auf dem Währinger Ortsfriedhof finden sollte.

Lumperts Amtszeit war durch einige tragische lokale Vorkommnisse überschattet: 1830 kam es zu einer der größten Donauüberschwemmungen der letzten Jahrzehnte, im darauffolgenden Jahr brach in der mit den Vorstädten nunmehr 318.000 Einwohner zählenden Stadt eine verheerende Choleraepidemie aus, die erst 1832 erlosch. Der Krankheitsherd lag, wie sich sehr bald herausstellte, in jenen Vorstädten, die sich entlang der Wien erstreckten, und damit rückte man ein seit langem angeprangertes Übel in den Mittelpunkt des Interesses: den unregulierten Wienfluß, in den alle Kanäle der ihn säumenden Vorstädte einmündeten und der in Zeiten niederen Wasserstandes nicht nur eine pestilenzartige Geruchsbelästigung bildete und zu einer wahren Kloake wurde, sondern infolge des Einsickerns der Abwässer in das Grundwasser auch die Brunnen verseuchte, derer sich die Bevölkerung zu ihrer Wasserversorgung bediente. Nun griff man einen fast vierzig Jahre alten Plan auf, entlang des Wienflusses Sammelkanäle zu errichten; zuletzt hatte Wohlleben 1822 den Bau erwogen, doch war seinem Bemühen kein Erfolg beschieden gewesen. Jetzt wurde unter dem Druck der Ereignisse noch während der Epidemie im Jahre 1831 auf der Strecke vom Linienwall bis zum Donaukanal mit dem Bau des rechten Wienflußsammelkanals begonnen, der alle Straßen- und Hauskanäle aufnehmen sollte. Nach seiner Fertigstellung wurde 1834 durch kaiserliche Entschließung der Bau des linken Sammelkanals in Angriff genommen; bei dieser Gelegenheit trug man der Stadt auch die Einwölbung des Ottakringer und des Alser Baches auf.

Kaum drei Jahre nach seinem Rücktritt ist Anton Lumpert, der seit seiner Bestellung zum Bürgermeister auch den Titel eines *Kaiserlichen Rates* führte, am 10. April 1837 im Haus Nummer 464 (heute Wien 1, Seitenstettengasse 5), dem damaligen Großen Seitenstettnerhof, im 80. Lebensjahr an Altersschwäche gestorben. Zwei Jahre nach seinem Amtsantritt, 1825, war der Hof gleichzeitig mit dem benachbarten Pempflingerhof grundlegend umgebaut worden; dabei verschwand das älteste noch bestehende Stadttor Wiens: das Katzensteigtor, eines jener Stadttore, die noch aus dem babenbergischen Wien stammten. Anton Lumpert hatte am 24. Jänner 1837 sein Testament abgefaßt und es eigenhändig unterschrieben und datiert. Selbst ohne Nachkommen, vermachte er seinen Nachlaß seiner Nichte Theresia und seinen beiden Neffen Anton und Ignaz Falger (der Tochter seines verstorbenen Bruders Johann Eusebius und den Söhnen seiner ebenfalls bereits verstorbenen Schwester Marianna). Je 5000 Gulden widmete er den Armen im Bürgerspital und dem Normalschulfonds, seiner langjährigen Wirtschafterin sicherte er durch eine lebenslängliche Rente von 500 Gulden ein sorgenfreies Alter. Seinen Testamentsvollstrecker, den Vizebürgermeister Joseph Haller, bedachte er nicht nur mit seiner kleinen Bibliothek, sondern für seine Mühewaltung auch mit einem Barbetrag von 2000 Gulden. Lumpert wurde am St. Marxer Friedhof zur letzten Ruhe bestattet; ein einfacher Stein in Form einer Giebelstele erinnert an einen Mann, der zeit seines Lebens sein Bestes geben wollte, dem es aber nicht vergönnt war, sein Schicksal zu meistern.

Eine Übergangslösung: Anton Joseph Edler von Leeb

Als der Kaiser Anton Lumpert im September 1834 veranlaßte, sein Amt zurückzulegen, so geschah dies, wie wir gesehen haben, in der Hoffnung, einen jüngeren Mann an seine Stelle zu bringen. Dennoch fiel die Wahl auf einen Beamten, der bereits im 66. Lebensjahr stand. Es war dies ANTON JOSEPH EDLER VON LEEB. So überraschend dies sein mag, ist die Erklärung doch relativ einfach. Der Niedergang des magistratischen Ansehens, der unter Lumpert nicht mehr aufzuhalten gewesen war, hatte selbst in Hof- und Regierungskreisen — so sehr man damit zufrieden war, auf diese Weise Bürgermeister und Magistrat in der Hand zu haben — zu der Überzeugung geführt, daß die Verbesserung des Verwaltungsapparates ein Gebot der Stunde sei. In Magistratskreisen hatten erste Reformversuche zwar bereits nach dem Tode Bürgermeister Wohllebens eingesetzt — jedoch ohne jeden Erfolg. Einmal im Gespräch, sollte die Kritik nicht mehr verstummen. Dies dürfte auch der Grund gewesen sein, daß sich sogar Franz I. trotz seiner prinzipiellen Scheu vor Neuerungen entschloß, die Sache selbst in die Hand zu nehmen. Sein Augenmerk richtete sich auf einen der jüngsten Magistratsräte, Ignaz Czapka, von dem man sich wegen seiner großen Rührigkeit, seiner Energie bei der Behandlung spezieller Aufgaben und seines anerkannten Organisationstalents viel versprach. Der Magistrat schloß sich dieser Absicht des Monarchen — vielleicht aus Überzeugung, viel eher aber aus Liebedienerei gegenüber dem Hof — an und so kam es, daß Czapka Anfang 1835 von der Majorität der drei Senate in den Fünfervorschlag Aufnahme fand. Noch bevor seitens des Kaisers eine — aller Voraussicht nach für ihn positive — Entscheidung fiel, starb dieser am 2. März 1835, und nun fand es Ferdinand zweckmäßiger, nicht Czapka, sondern den schon seit Jahren als Vizebürgermeister amtierenden rangälteren Leeb auf den Bürgermeisterposten zu berufen. Czapka, damals erst 44 Jahre alt, mußte sich vorderhand mit der Stelle eines Vizebürgermeisters begnügen.

Anton Leeb war kein gebürtiger Wiener; er erblickte am 13. Juni 1769 im mährischen Nikolsburg das Licht der Welt, kam jedoch in jungen Jahren nach Wien, wo er 1793 als Magistratssekretär in den Konzeptdienst der Stadt Wien eintrat und bereits sechs Jahre später zum Magistratsrat befördert wurde. Als solcher und als Mitglied der landesfürstlichen Militär- und Zivilkommission sowie in seiner Eigenschaft als Oberstwachtmeister erwarb er sich während der beiden Besatzungszeiten besondere Verdienste; er bemühte sich sehr um den Ausbau des Bürgermilitärs. 1810 wurde er mit dem Prädikat *Edler von* in den Adelsstand erhoben.

Obwohl Leeb nur wenig mehr als zweieinhalb Jahre als Bürgermeister amtierte, gab es in dieser Zeit — mehr zufällig als von ihm initiativ in die Wege geleitet und teilweise sogar ohne jede Einflußnahme seitens der Stadt — eine Reihe lokalhistorisch bedeutsamer Ereignisse. Zu den von der Stadt beeinflußten Vorhaben gehörte in erster Linie die Verbesserung der Wasserversorgung. Die bis dahin bestehenden Wasserleitungen lieferten insgesamt nur rund 1400 Kubikmeter täglich: für die 1834 erreichte Einwohnerzahl von 326.000 Personen eine völlig unzureichende Menge — auf die Gesamtbevölkerung bezogen kaum mehr als vier Liter pro Kopf und Tag. De facto konnten aber weite Teile der Stadt überhaupt nicht versorgt werden; die Bewohner waren entweder auf ihre (sanitär oftmals nicht einwandfreien) Hausbrunnen oder auf den „Wasserer" angewiesen, der, mit seinem Wasserwagen durch die Stadt fahrend, das kostbare Naß gegen bare Münze verkaufte. Es gehört zu den Verdiensten des jungen Kaisers Ferdinand, daß er sich entschloß, das ihm anläßlich seiner Krönung übergebene Geschenk, an dem die Stadt Wien mit 20.000 Gulden beteiligt war, dieser zur Gänze mit der Auflage zur Verfügung zu stellen, es zum Bau einer Wasserleitung zu verwenden. Diese „Kaiser-Ferdinands-Wasserleitung", noch 1835 unter Bürgermeister Leeb begonnen und 1841 unter seinem Nachfolger Czapka im wesentlichen vollendet, verwertete das Grundwasser aus den Sand- und Schotterschichten des Donaukanalufers an der Spittelauer Lände; das filtrierte Wasser wurde mittels Dampfmaschinen in drei Reservoire gepumpt. Binnen kürzester Zeit wurde die Produktion auf rund 10.000 Kubikmeter Wasser pro Tag gesteigert, doch kam es sehr bald zu einer gesundheitlichen Gefährdung, weil die technischen Hilfsmittel bei der Filtrierung mit der Produktionsausweitung nicht Schritt halten konnten. Die Folge waren 20.000 Choleratote und ein hoher prozentueller Anteil der Typhuserkrankungen an den Todesursachen. Immerhin gelang es damals zum erstenmal, die Vorstädte generell in die Wasserversorgung einzubeziehen.

Im Jahre 1835 hielt man in Wien die Erste Gewerbe-Produkten-Ausstellung ab: eine Art Mustermesse im heutigen Sinn. Die Einrichtung bewährte sich und wurde in den folgenden Jahren mehrfach wiederholt. Zwei Jahre später gab es für die Wiener eine Sensation: am 20. November 1837 fuhr der erste Dampfeisenbahnzug von Floridsdorf nach Deutsch-Wagram. Im ersten Augenblick dürfte wohl — ausgenommen vielleicht das Bankhaus Rothschild, welches das Privilegium für den Bahnbau erhalten hatte — kaum jemand die Bedeutung dieses neuen Verkehrsmittels für die weitere wirtschaftliche Entwicklung in seiner ganzen Tragweite erfaßt haben. Die innerstädtischen Verkehrsverbindungen blieben jedoch weiterhin unzulänglich. Erst als 1839 die öffentliche Versteigerung des von Joseph Janschky hinterlassenen Besitzes erfolgte — die nach ihm benannten, besonders komfortablen Janschky-Wagen hatten seit der Kongreßzeit den Ton angegeben —, dämmerte auch hier am Horizont eine neue Zeit herauf, die sich zunächst im Stellwagen- und Pferdeomnibusbetrieb, dann (seit 1865) in der Pferdestraßenbahn ankündigte. Die Stadt Wien distanzierte sich offiziell von derlei Unternehmungen und überließ den weiteren Ausbau des Verkehrsnetzes Privaten.

Ebenfalls privater Initiative überlassen blieb die Gasversorgung. Die Exklusivrechte für die Gasbeleuchtung wurden 1843 der englischen „Imperial-Continental-Gas-Association" übertragen, der Stellwagenbetrieb lag überwiegend in den Händen der „Vienna General Omnibus Comp. Ltd.". Diese beiden Betriebe gaben gegen Ende des 19. Jahrhunderts Anlaß zu schwerwiegenden politischen und sozialen Differenzen zwischen der liberalen Gemeindeverwaltung und der Opposition.

Anton Edler von Leeb ist am 6. Dezember 1837 in seiner Dienstwohnung im Unterkammeramtsgebäude verstorben; das Totenbeschauprotokoll gibt als Todesursache *Lungensucht* an. Leeb wurde im Allgemeinen Währinger Ortsfriedhof bestattet, 1886 exhumiert und in die 1885 geschaffene Gruppe 0 der Ehrengräber im Zentralfriedhof überführt, wo man ihn im Grab 1 beisetzte.

Letzter Amtsträger im Vormärz: Ignaz Czapka

Als nach dem Tode Leebs Ignaz Czapka nunmehr widerspruchslos zu seinem Nachfolger ernannt wurde, strebte die vormärzliche Entwicklung einem Höhepunkt zu.

IGNAZ CZAPKA wurde im mährischen Ort Liebau am 24. Februar 1791 als Sohn eines Schuhmachers geboren. Seine Ausbildung begann er an Schulen in Olmütz, studierte dann an der Wiener Universität Rechtswissenschaften und trat am 15. Jänner 1815 — während des in Wien tagenden Kongresses — als geprüfter Zivil- und Kriminalrichter in die Dienste des Magistrats. Sein Aufstieg über die Posten eines Actuars, Accessisten und Magistratssekretärs zum Magistratsrat, zu dem er 1825 ernannt wurde, entsprach dem üblichen Werdegang eines fleißigen und von seinen Vorgesetzten geschätzten Beamten. 1835 stieg er zum Vizebürgermeister auf.

Am 9. Juli 1838 erfolgte bei gleichzeitiger Verleihung des Titels eines k. k. Regierungsrates Czapkas Bestellung zum Wiener Bürgermeister. Im Gegensatz zu seinen Vorgängern brillierte er durch sein Fachwissen, das er sich als Beamter erworben hatte, und ging in der ihm anvertrauten Stadtverwaltung gänzlich auf. Um diese Zeit entwickelte sich Wien immer mehr zur Industriestadt; die Bevölkerung nahm rapid zu. Die Lebensverhältnisse der Arbeiterschaft waren allerdings die denkbar schlechtesten. Um 1840 erhielt beispielsweise ein Schneidergeselle einen Lohn von acht bis zehn Gulden wöchentlich, davon nur drei bis vier Gulden in bar, den Rest in Form von Naturalleistungen (Verpflegung und Unterkunft, das heißt Bettstelle, beim Unternehmer). Die Arbeitszeit betrug 97 Stunden pro Woche: werktags von 5 bis 20 Uhr, sonntags von 5 bis 12 Uhr. Auch jene, die verheiratet waren und bei ihren Familien wohnten, lebten kaum besser. Es mag interessant sein, das Urteil eines Unternehmers zu zitieren, der 1871 erklärte, die Arbeiter könnten sich nun bereits wesentlich besser ernähren als um 1840, und betonte, daß in Arbeiterkreisen (um 1870) *zweimal die*

Kaiser Franz I. wird vor der Stephanskirche von Bürgermeister Stephan von Wohlleben und kirchlichen Würdenträgern empfangen, 1806

Bürgermeister Stephan von Wohlleben übergibt Napoleon die Schlüssel der Stadt, 1809

Unter Bürgermeister Anton Lumpert kam es 1830 zu einer katastrophalen Überschwemmung durch die Donau

Bürgermeister Anton Joseph von Leeb (1835—1837)

Bürgermeister Ignaz Czapka Ritter von Winstetten (1838—1848)

Bürgermeister Johann Kaspar von Seiller empfängt mit Mitgliedern des Gemeinderates 1854 die künftige Kaiserin Elisabeth auf der nach ihr benannten Brücke über den Wienfluß

Bürgermeister Dr. Andreas Zelinka (1861—1868)

Wien zur Zeit der Weltausstellung 1873

Bürgermeister Dr. Johann Prix (1889—1894)
Bürgermeister Eduard Uhl (1882—1889)

Bürgermeister Dr. Julius von Newald (1878—1882)
Bürgermeister Dr. Raimund Grübl (1894—1895)

Bürgermeister Josef Strobach (1896—1897)
Bürgermeister Dr. Richard Weiskirchner (1912—1919)

Bürgermeister Dr. Karl Lueger (1897—1910)
Bürgermeister Dr. Josef Neumayer (1910—1912)

Bürgermeister Dr. Cajetan Felder während der Grundsteinlegung zum Rathaus, 1873

Karikatur zum Amtsantritt von Bürgermeister Eduard Uhl, 1882

Vereidigung des Bürgermeisters Eduard Uhl im Gemeinderatssitzungssaal des Alten Rathauses, 1882

Bürgermeister Dr. Johann Prix mit den Mitgliedern des Stadtrates

Erste Seite der Eintragung der Ehrenbürgerurkunde für Bürgermeister Dr. Karl Lueger

Woche jedesmal etwa ein halbes Pfund Fleisch für die ganze Familie (!) konsumiert werde — natürlich (!) auch vom schlechtesten Theil des Ochsen, da anderes Fleisch zu teuer komme. Man bedenke, was es heißt, wenn für eine mehrköpfige Familie, deren Mitglieder auch damals noch mehr als 70 Stunden wöchentlich schwere Arbeit zu verrichten hatten, für die ganze Woche ein halbes Kilo minderes Fleisch genügen mußte, und kann daraus ermessen, wie man den Wert des arbeitenden Menschen in jenen Jahren einschätzte und was man ihm an „Lebensansprüchen" zubilligte.

Es war eine Zeit des Umbruchs, in der Ignaz Czapka das Bürgermeisteramt verwaltete. Die Ausweitung der Industrie mit allen ihren gesellschaftspolitischen Nebenerscheinungen, das steigende Verkehrsaufkommen, die sich stärker verzweigende Verwaltung — all dies hätte, vor allem angesichts des allgemeinen Elends, eine gefestigte Position des Magistrats und Unabhängigkeit gegenüber den oft gegensätzlichen Wünschen der Regierung erfordert, an der Spitze eine Persönlichkeit, die mit unnachgiebiger Härte an die Lösung von Problemen herangegangen wäre. Czapka hat sicherlich für die Verwaltung vieles geleistet, weniger allerdings für die Bevölkerung. So gelang es ihm, die Rechtshoheit der Stadt auf alle jene Vorstädte auszudehnen, die nicht der Grundherrschaft des Magistrats unterstanden. Schon unter Maria Theresia, besonders aber unter Joseph II., war mit der Erweiterung der Rechte des Magistrats und der territorialen Zurückdrängung der zahlreichen weltlichen und geistlichen Grundherrschaften begonnen worden. Während die Grundherren alles, was sie finanziell belastete, etwa das Armen-, Gesundheits- und Polizeiwesen, bereitwilligst der Stadt überließen, suchten sie aus der Abtretung der Realgerichtsbarkeit materiellen Nutzen zu ziehen. Für die 1842 erworbenen Herrschaften Jägerzeile und Hundsturm mußte die Stadt beispielsweise 492.000 Gulden bezahlen; beim damaligen Budgetvolumen Wiens war dies eine ungeheure Summe. Vergeblich suchte Czapka die Schwierigkeiten zu umgehen, indem er eine Vereinigung der Vorstädte mit Wien anstrebte. Er stieß dabei auf den entschiedenen Einspruch der niederösterreichischen Regierung. Diese stand auch anderen Vorhaben hindernd im Wege, die auf eine, wenn auch nur beschränkte, Stadterweiterung abzielten. Seit 1840 verfolgte eine Unternehmergesellschaft den Plan, die Mauern beim Kärntnertor bis an den Wienfluß vorzuschieben und auf dem gewonnenen Terrain repräsentative Bauten zu errichten. Mit dem geplanten „Kaiser-Ferdinands-Bau" — er sollte neben Warenhallen ein Opernhaus und einen Konzertsaal aufnehmen — wollten sich selbst die Stadtväter nicht einverstanden erklären, die lieber eine Stadterweiterung gegen Nordosten gesehen hätten. So verliefen die wohlgemeinten Absichten im Sande.

Einheitlicher war das Vorgehen in Fragen der „Stadtregulierung". Man nahm Umbauten an der Stadtmauer vor, beseitigte Straßenengpässe (so beispielsweise am Graben, wo 1840 der Häuserblock vor der Ersten österreichischen Spar-Casse abgerissen wurde, oder am Bauernmarkt) und bemühte sich um Straßenerweiterungen in den Vorstädten. Alles in allem bedeutete dies wegen der erforderlichen Hausankäufe und Grundeinlösungen eine starke finanzielle Belastung, die sich bis 1848 auf mehr als eine Million Gulden belief. Wir dürfen das Wirken Czapkas in diesem Punkte nicht überschätzen, denn er verfolgte dabei kein umfassendes Konzept, bemühte sich vielmehr, nichts in Angriff zu nehmen, was höherenorts hätte Mißbilligung erfahren können.

Finanzielle Gründe waren auch der Anlaß für die Übernahme des gesamten Armenwesens in die Zuständigkeit des Magistrats. Nach längeren Verhandlungen konnte Bürgermeister Czapka 1842 die der Stadt seitens der Regierung zugewiesene passive Rolle beenden und die gesamte Fürsorge in eigener Regie abwickeln. Er versprach sich davon nicht nur eine rationellere Verwendung der städtischen Gelder, sondern eventuell sogar eine Ersparnis.

Die Schwierigkeiten, die sich auf dem Sektor der Marktpolizei ergaben, haben wir bereits erwähnt. Selbst als Czapka 1839 das Marktamt schuf, konnte sich die Regierung nicht entschließen, diesem und damit dem Magistrat auch für die fremden Grundherrschaften entsprechenden Einfluß zuzugestehen; durch wiederholt wechselnde Verfügungen führte sie ein derartiges Durcheinander herbei, daß jede Marktaufsicht und jeder Kampf gegen die Teuerung zur Farce wurden. Es wäre zu einfach, wollte man eben diese Teuerung, die sich auf die wichtigsten Grundnahrungsmittel bezog, nur mit diesen verfehlten Maßnahmen erklären; die Ursachen müssen gleichermaßen bei der in den dreißiger Jahren einsetzenden Wirtschaftskrise und ihren politischen Auswirkungen wie im raschen Anwachsen der unselbständigen Bevölkerung und in Mißernten gesucht werden. Obwohl Czapka auf dem Sektor der Approvisionierung aus seiner Beamtenzeit gut Bescheid wußte, war es äußerst schwierig, wirkungsvolle Gegenmaßnahmen einzuleiten. Da es kaum Möglichkeiten gab, den Wucher einzudämmen, war der Bürgermeister verständlicherweise heftigen Angriffen ausgesetzt und büßte einen guten Teil seiner Beliebtheit ein. Als endlich, um die Fleischpreise in den Griff zu bekommen, 1846 der Bau zweier Schlachthäuser — in Gumpendorf und in St. Marx — in Angriff genommen wurde, war es eigentlich schon zu spät. Wirtschaftlich hatte sich die Lage der ärmeren Bevölkerungsschichten zusehends verschlechtert. 1845 war es zu großen Lebensmittelteuerungen, Arbeiterentlassungen und Arbeiterunruhen gekommen, 1847 zu einem aufsehenerregenden Bäckerkrawall in Gaudenzdorf. Czapka sah sich veranlaßt, Notstandsarbeiten durchführen zu lassen, um der Bevölkerung eine Verdienstmöglichkeit zu verschaffen.

An sonstigen Ereignissen aus der Amtszeit Czapkas haben wir, gewissermaßen im Telegrammstil, zu nennen: eine großzügige Erneuerung und Erweiterung der Straßenpflasterungen in der Stadt, den Ausbau des Alten Rathauses, die Ausdehnung der Beleuchtung auf die Vorstädte, die Errichtung einer Wasserleitung vom Donaukanal zum Platz Am Hof sowie die Einwölbung des Ottakringer und Alser Baches; dazu kommen die Fertigstellung der Wienflußsammelkanäle und der Kaiser-Ferdinands-Wasserleitung. Auch an kulturellen Ereignissen war die Zeit, freilich ohne Beteiligung der Stadtverwaltung, reich. Zwei Beispiele mögen, aus der Fülle herausgegriffen, stellvertretend für alle stehen: die Gründung der Akademie der Wissenschaften und die Eröffnung des berühmten Carl-Theaters in der Leopoldstadt (beides 1847).

Czapka war es auch, der 1839 den Auftrag erteilte, ein Ehrenbürgerbuch anzulegen und in dieses — rückwirkend bis 1801 — alle Wiener Ehrenbürger einzutragen; das kostbar ausgestattete Buch, das Bürgermeister Seiller 1853 mit reichverzierten Metallbeschlägen versehen ließ, enthält bis auf den heutigen Tag die Namen von 108 Männern, und wird im Wiener Landesarchiv verwahrt. Als Anerkennung für seine Leistungen erhielt Czapka 1842 das Ritterkreuz des Leopold-Ordens und mit Diplom vom 27. April 1843 den Ritterstand mit dem Prädikat *von Winstetten* (einer Abwandlung von *Stadt Wien*).

Werfen wir noch einen Blick auf Czapkas weiteren Lebensweg. Am 16. März 1848 verließ er, wie wir noch hören werden, fluchtartig Wien, wurde über eigenes Ansuchen in den Ruhestand versetzt, kehrte am 9. Mai 1849 als Privatmann nach Wien zurück und kandidierte im Herbst 1850 wieder für den Gemeinderat, als für diesen Neuwahlen ausgeschrieben wurden. Tatsächlich wählte man ihn in zwei Bezirken. Im Gemeinderat sah er sich jedoch einer so starken feindseligen Stimmung ausgesetzt — man versuchte, wenn auch erfolglos, die Gültigkeit seiner Wahl anzufechten und ihn bei Behandlung von ihm eingebrachter Vorschläge in der Öffentlichkeit lächerlich zu machen —, daß er sich Ende 1851 entschloß, sein Mandat zurückzulegen. Einige Jahre später übertrug ihm Polizeiminister Johann Freiherr von Kempen am 6. Mai 1856 die Leitung der Wiener Polizeidirektion; am selben Tag wurde ihm der Hofratstitel verliehen. Nach dem Rücktritt Kempens im August 1859 suchte auch Czapka um seine Dienstesenthebung an, der am 4. Dezember 1859 stattgegeben wurde. Kurz danach verlieh ihm Kaiser Franz Joseph den Orden der Eisernen Krone II. Klasse, und am 28. Februar 1860 den Freiherrnstand. Noch war Czapka nicht gesonnen, sich endgültig aus dem öffentlichen Leben zurückzuziehen. Vom Bezirk Innere Stadt 1861 ein letztes Mal in den Gemeinderat gewählt, übernahm er in der ersten Sitzung am 9. April als an Jahren ältestes Mitglied das Präsidium. Bis zur Wahl Zelinkas am 16. Juni stand er als Alterspräsident an der Spitze der Stadtverwaltung, 1863 schied er, im 72. Lebensjahr stehend, aus dem Gemeinderat aus.

Am 8. April 1869, nach dem Tode seiner Frau, verfaßte er sein Testament, am 5. Juni 1881 ist er in seiner Wohnung am Kohlmarkt 11 gestorben. Seinen fünf Kindern hinterließ er neben der Wohnungseinrichtung ein Vermögen von 22.000 Gulden in Wertpapieren. Die Beisetzung erfolgte am Hietzinger Friedhof in der Familiengruft, deren hoher Granitstein in Bronze sein Wappen trägt. Alle Wiener Zeitungen brachten ausführliche Nachrufe. Archivdirektor Karl Weiß gehörte zu den wenigen, die der Persönlichkeit des Verstorbenen in objektiver Weise gerecht wurden.

So sehr Czapka während seiner zehnjährigen Amtszeit als Bürgermeister sich bemühte, mit persönlichem Elan und gediegenem Fachwissen vor allem bauliche, wirtschaftliche und rechtliche Verbesserungen im Dienste der Stadtverwaltung zu erzielen und so sehr er bestrebt war, die Wünsche und Beschwerden der Stadt in loyaler Weise bei der Landesregierung vorzubringen — er stand doch auf verlorenem Posten.

Ignaz Czapka und die Revolution von 1848

Es würde zu weit führen, an dieser Stelle auch nur den Versuch zu unternehmen, im einzelnen die Entwicklung zwischen März und Oktober 1848 darzustellen. Es sollen daher nur einige Gedanken und diejenigen Ereignisse festgehalten werden, die mit dem amtierenden Bürgermeister in unmittelbarem Zusammenhang stehen.

Hatten die Kritiker die Verwaltungstätigkeit Czapkas immer wieder scharf angegriffen, so wurden sie auch in politischer Hinsicht enttäuscht, wenn sie sich von ihm eine Beendigung der Bevormundung der Stadt durch die Regierung erhofft hatten. Mehr denn je war das Bürgermeisteramt eine reine Verwaltungsstelle geworden, die sich höheren Direktiven unterzuordnen hatte. Die Lage wurde dadurch erschwert, daß sich die Bevölkerung, deren soziale Spannungen immer offener zutage traten, unter dem Eindruck der Innen- und Außenpolitik nicht mehr mit den lange geforderten, doch stets verweigerten Reformen zufriedengeben wollte, sondern bereits den Sturz des Regimes erhoffte.

Die Opposition, die sich auch in Wien zeigte, entbehrte bis zuletzt einer einheitlichen Führung und eines geeigneten Konzepts. Anfangs wollte man sich mit einer Verwaltungsreform zufriedengeben; in den Revolutionstagen wurde jedoch plötzlich und ohne planmäßige Vorarbeit die Forderung nach einer „Konstitution" erhoben. Zu diesem Schwanken gesellte sich die in ihren Auswirkungen viel unangenehmere Kluft zwischen den einzelnen sozialen Gruppen; obzwar sie alle oppositionell eingestellt waren, konnte doch von einem gemeinsamen Vorgehen keine Rede sein. Die Sucht, zuerst nur die eigenen Interessen zu vertreten, überwog, abgesehen davon, daß man zum Teil politische Ziele auf das Banner geschrieben hatte, sich aber mit sozialen Zugeständnissen abspeisen ließ. Politische Schulung, insbesondere des Bürgertums, stellte einen noch unbekannten Begriff dar; die Arbeiterschaft fand nicht einmal als Gesellschaftsgruppe Anerkennung, und sie wäre sich, mangels jeder Organisation und Vorbildung, ihrer Stärke wahrscheinlich nicht bewußt gewesen. Dennoch darf der Einsatz gerade der Arbeiterschaft und die Bedeutung der von dieser Bewegung gestützten Presse keineswegs unterschätzt werden.

Das Zentralproblem der Revolution bildete — neben der Wirkung der seitens der Staatsgewalt zum Einsatz gelangenden Waffen — die völlig unzulängliche politische Instruktion der Massen. Woher sollte diese Bildung auch kommen? Politische Schriften konnten bestenfalls jenseits der Grenzen gedruckt werden, und ihre Verbreitung in Österreich war durch die Zensurbestimmungen schwierig, wenn nicht unmöglich. Aufgeklärte oder gar kämpferische Zeitungen hatten nur unbedeutenden Einfluß. Blieben also die Vereine, unter ihnen der „Juridisch-politische Leseverein". Sicher ist, daß der Verein seinen (bürgerlichen) Mitgliedern durch (auch verbotenes) Schrifttum und Diskussionen politische Bildung vermittelte, ebenso steht fest, daß er zur Vorbereitung der Revolution selbst nichts beigetragen hat und nicht bestrebt war, bürgerliche und ständische Opposition einander näherzubringen, wozu er zweifellos Gelegenheit gehabt hätte. Das wechselseitige tiefe Mißtrauen von Adeligen und Bürgerlichen läßt sich nicht mit wenigen Worten begründen; zu tief wurzelten die Abneigungen, begründet oder unbegründet, doch jahrzehntelang gefördert von einer an der Spaltung innerhalb der Staatsbürger interessierten Regierung. Wie sich die Grundbesitzer von der Industrie in die Enge gedrängt fühlen, übten die bürgerlichen Beamten an den Adeligen Kritik, die, nur auf ihre Standesvorrechte pochend, ohne entsprechende Vorbildung die Staatsposten besetzten.

Die Stellung der Städte, auch die Wiens, war vor den Tagen der Revolution von so untergeordneter Bedeutung, daß man überhaupt nur mehr von Befehlsempfängern sprechen konnte. In den Augen der Regierung lag ihre Hauptaufgabe in der Steueraufbringung. Man befaßte sich in den Jahren unmittelbar vor der Revolution häufig mit der Frage der Stellung der Städte, insbesondere Wiens, doch scheint es uns heute, daß die sich langsam anbahnende Änderung in den prinzipiellen Ansichten von den Vertretern Wiens zu wenig energisch aufgegriffen worden ist, wie das Verhalten Bürgermeister Czapkas auf dem Landtag von 1847 bewies. Bei allen Vorzügen, die Czapka gehabt haben mag, bei allen Forderungen, die er während seiner Amtszeit erhob, dürfen wir doch nicht verkennen, daß er in innerster Seele ein kaiserlicher Beamter gewesen ist, der sich von allem, was ihm oppositionell erschien, fernhielt — sei es auch nur, ohne ausdrückliche schriftliche Aufforderung von seiten der Stände die Sache Wiens auf dem Landtag zu vertreten. Die unmittelbare Forderung der Zeit, bereits am Vorabend der Revolution (1847), war die nach einer neuen Gemeindeordnung.

So kam der 13. März 1848. Als die Studentenschaft nach ergebnislosen Vorverhandlungen beschloß, die Hilfe der niederösterreichischen Stände anzurufen, spitzte sich die Lage zu. Noch hätte wohl das Ärgste verhindert werden können, wäre nicht durch ein Zusammentreffen von Schlamperei, Entschlußunfähigkeit und ungeschicktem Säbelgerassel jene Stimmung erzielt worden, die zu der von Metternich anbefohlenen „Räumung der Herrengasse" führte. Das Militär machte von der Schußwaffe Gebrauch: die Revolution beklagte ihre ersten Märtyrer. Die Nachricht *Auf das wehrlose Volk ist geschossen worden!* peitschte die Massen berechtigtermaßen auf, die Arbeiterschaft schloß sich den Revolutionären an. Trotz aller internen Differenzen — im Mißtrauen, das die Bürgerschaft dem „Proletariat" entgegenbrachte, wurzelt jener „Klassenhaß", der die nächsten Jahrzehnte beherrschen sollte — war das Ergebnis zunächst befriedigend: Metternich dankte ab. Das Volk freute sich zu früh. Alfred Fürst Windisch-Graetz, ein starrer Verteidiger des Absolutismus, wurde Stadtkommandant. Zu schwach, um die Ordnung wiederherzustellen, verlangte das Bürgermilitär am 14. März die Aufstellung einer „Nationalgarde", das heißt eine allgemeine Bewaffnung der Bürger. Der mit Nachdruck vertretenen Forderung wurde schließlich stattgegeben, zugleich die Zensur aufgehoben und ein Preßgesetz in Aussicht gestellt.

Von Bürgermeister Czapka hören wir zu Beginn der Revolution nur wenig; am 13. und 14. März griff er kaum in die Ereignisse ein, er hätte dazu wohl auch keine Möglichkeit gehabt. Immerhin verlangte das Volk am Nachmittag des 13. März von ihm, er möge für die Entfernung des Militärs aus der Stadt Sorge tragen. Nach dem Versuch, die Petenten an Erzherzog Albrecht zu verweisen, erklärte er sich schließlich auf weiteres Drängen bereit, demselben die Forderung persönlich zu überbringen; tatsächlich gelang es ihm, die Rücknahme des Militärs und die Einsetzung des Bürgermilitärs zu erwirken, für welches in der darauffolgenden Nacht auf seine Anordnung hin am Judenplatz ein Werbebüro eingerichtet wurde.

Czapka, der es nicht über sich brachte, die Führung gegen den Kaiser, dem er treu ergeben war, in die Hand zu nehmen, sah sich bald einer tiefgreifenden Mißstimmung gegenüber. Er entschloß sich deshalb am 15. März, seinen alten Plan eines *Bürgerausschusses* wieder aufzugreifen, doch verlor er bald jede Einflußnahme. Der Bürgerausschuß — bestehend aus Äußeren Räten sowie Mitgliedern des Juridisch-politischen Lesevereins und des niederösterreichischen Gewerbevereins — konstituierte sich gegen seinen Willen, und so kam es schließlich dazu, daß man ihm noch am selben Tag unter vier Augen zum Rücktritt riet: er werde sich, argumentierte Bürgerausschußmitglied Mayer, bei den Gerüchten und Verleumdungen, die über ihn in der Bevölkerung im Umlauf seien, nicht mehr lange halten können. Erst am folgenden Tag, als sich Czapka völlig isoliert sah, keinem seiner Proteste Gehör geschenkt wurde und der Bürgerausschuß selbst dann, als sich Czapka demonstrativ entfernt hatte, unter dem Vorsitz von Vizebürgermeister Bergmüller seine Beratungen fortsetzte, zog der Bürgermeister die Konsequenz und ersuchte zunächst um einen dreimonatigen Urlaub. Am selben Nachmittag — Czapka befand sich gerade bei seinem Schwiegersohn, dem Magistratssekretär von Pelikan — durchwühlten und plünderten Demonstranten in Unkenntnis des bereits eingereichten Gesuchs seine Wohnung im Unterkammeramt Am Hof. Daraufhin entschloß sich Czapka in den Abendstunden, Wien fluchtartig zu verlassen und noch in der folgenden Nacht ein Gesuch um Pensionierung oder Versetzung einzubringen. In Feldsberg, wohin er geflüchtet war, kreuzte sich sein Weg mit dem des ebenfalls auf der Flucht befindlichen Staatskanzlers Metternich. Czapkas weiterer Lebensweg ist uns bereits bekannt.

Inzwischen hatten in Wien im Mai 1848 bei überraschend geringer Beteiligung die Wahlen in den Provisorischen Gemeindeausschuß stattgefunden. Der Frühsommer brachte zwar eine politische Entspannung, allerdings keine wirtschaftlichen Erleichterungen. Die Folgen waren klar: die bürgerlich-gewerbliche Bevölkerung entfremdete sich der Revolution, die Arbeiterschaft gewann an Boden. Ende August flammte die Revolution nochmals auf. Am 23. August kam es zu einem blutigen Zusammenstoß in der Praterstraße — nun schon zwischen Bürgertum und Arbeitern. Hatte das Bürgertum im März die Hilfe des Proletariats noch begeistert angenommen, fühlte es sich nun in der Erhaltung des inzwischen Gewonnenen durch den „vierten Stand", von dem es grundsätzliche soziale Veränderungen befürchtete, gestört.

Der Ausgang der Revolution ist allgemein bekannt. Am 31. Oktober holte Windisch-Graetz zum entscheidenden Schlag aus und eroberte die Stadt, die nun die harte Hand des Siegers zu fühlen bekam. Standrecht, Prozesse und Todesurteile beendeten den Traum von Freiheit und Verfassung, die Hoffnung auf eine politische Rolle Wiens. Übrig blieben wirtschaftliche Not, Zerstörungen und die Trauer um die im Kampf Gefallenen.

Die Provisorische Gemeindeordnung und die „Skizze" Stadions

Am 7. Oktober 1848 hatte sich aufgrund von Wahlen, die im September abgehalten worden waren, ein im Geiste der Revolution agierender Gemeinderat konstituiert; er löste den in seinem Ansehen erschütterten Gemeindeausschuß ab, dessen Bemühungen um die Ausarbeitung einer neuen Kommunalordnung gescheitert waren. Dieser Gemeinderat wurde — von den militärischen Ereignissen im wahrsten Sinne des Wortes überrollt — am 16. November 1848 aufgelöst und durch einen neugewählten ersetzt, der am 11. Dezember 1848 Johann Kaspar von Seiller zu seinem Präsidenten wählte. Die „oktroyierte" Verfassung vom 4. März 1849 bestätigte der Stadt Wien ihren Rang als

Mittelpunkt des Reiches und als Sitz der Zentralverwaltung, aber nicht sehr viel mehr. Das am 17. März 1849 beschlossene „Provisorische Gemeindegesetz" bildete die vorläufige Grundlage für die weitere Entwicklung.

Bereits drei Tage später, am 20. März 1849, übermittelte der Minister des Inneren, Franz Graf Stadion, ein Vertreter der konstitutionellen Politik, dem Gemeinderat eine von ihm ausgearbeitete „Skizze zu einem Entwurfe der städtischen Verfassung für die k. k. Haupt- und Residenzstadt Wien", deren Grundsätze er bei der Beratung einer künftigen Gemeindeordnung berücksichtigt und deren verschiedenartige Anregungen er in ihr verwertet wissen wollte. Der Beratungsausschuß des Gemeinderates, der die „Grundzüge" der neuen Ordnung festlegen sollte, schob jedoch Stadions „Skizze" ebenso beiseite, wie dies das Plenum tat, das in dreimonatigen Verhandlungen einen eigenen „Entwurf" formte und diesen dem Ministerium vorlegte.

Wenn man es als bedauerlich ansieht, daß mit der Ablehnung der Stadionschen „Skizze" zugleich auch die in dieser vorgeschlagene *Einbeziehung mehrerer bisher nicht zur Stadt Wien gehöriger Vordörfer* (das heißt Vororte) hinfällig wurde — ein Umstand, den beispielsweise der spätere Bürgermeister Cajetan Felder in seinen „Memoiren" rückblickend als äußerst bedauerlich bezeichnete, wobei er es nicht an Selbstkritik fehlen ließ, weil er den positiven Wert des Vorschlags damals nicht erkannt und daher im Sog der allgemeinen Stimmung ebenfalls gegen diesen gestimmt hatte —, so müssen wir uns doch hüten, die Angelegenheit unter verkehrten Vorzeichen zu beurteilen: es ist nämlich nicht so, daß der Eingemeindungsvorschlag auf diese Weise sang- und klanglos mit unterging, sondern es ist doch viel eher wahrscheinlich, daß eben diese Eingemeindung den Ausschlag für die Zurückweisung gegeben hat. Während nämlich die Mehrzahl der Gemeinderäte zwar in einer Eingemeindung der Vorstädte einen Vorteil für Wien erblickte — vor allem hinsichtlich einer angestrebten Erweiterung in Richtung Donau —, wehrten sie sich entschieden gegen eine Einbeziehung der Vororte. Es waren überwiegend wirtschaftliche und sozialpolitische Bedenken, die zum Tragen kamen: man fürchtete wegen der defizitären Abschlüsse der Vororte finanzielle Belastungen, erwartete Schwierigkeiten bei der Armenversorgung und sah eine eminente Gefahr im „Heranziehen eines unheilvollen Proletariates".

Der Versuch Stadions, einen Kompromiß herbeizuführen, mißlang. Man lehnte auch seinen sicherlich akzeptablen Gedanken, die Verwaltung der „Hauptgemeinde Wien" durch dreizehn selbständige „Untergemeinden" zu entlasten — also jene Dezentralisierung vorwegzunehmen, die 1892 durch die Schaffung der Magistratischen Bezirksämter doch zustande kam —, glattweg ab. War die Haltung in dieser Frage zumindest engherzig und kurzsichtig, so kann die Stellungnahme des Gemeinderates hinsichtlich des Wahlrechtes nur noch als reaktionär bezeichnet werden. Merkwürdigerweise war es ein in späteren Jahren im Sinne des liberalen Bürgertums durchaus fortschrittlicher Mann, Dr. Andreas Zelinka, der seine Gemeinderatskollegen veranlaßte, mit ihm für eine Wahlordnung zu stimmen, die mit ihrer auf die Höhe der Steuerleistung abgestimmten Einstufung der Wahlberechtigten in drei Wahlkörper die besitzenden und vermögenden Bürger in undemokratischer Weise begünstigte.

Am 6. März 1850 sanktionierte Kaiser Franz Joseph I. die „Provisorische Gemeindeordnung" für Wien, am 9. März erfolgte die Gegenzeichnung durch den Minister des Inneren. Den Wünschen der Gemeindevertretung, den im Gemeindegesetz abgesteckten Wirkungsbereich auf Angelegenheiten des Schul-, Kirchen- und Gewerbewesens auszudehnen, wurde darin allerdings nicht Rechnung getragen. Wohl aber sah die Gemeindeordnung die Einbeziehung der 34 Vorstädte vor. Zwischen dem Glacis und dem Linienwall sowie zwischen Donaukanal und Donauhauptstrom (das heißt bis zum Bogen der heutigen Alten Donau) entstanden sieben Gemeindebezirke, deren Grenzen aus praktischen Erwägungen entlang der wichtigsten Hauptstraßen gezogen wurden. Einige Vorstädte, darunter Mariahilf, wurden dadurch auseinandergeschnitten. Im heutigen 10. Bezirk ragte der Burgfrieden über die alte „Linie" hinaus. Die Verwaltungsprobleme und die baulichen Schwierigkeiten, die sich aus der Eingemeindung ergaben, konnten erst nach 1857 gelöst werden, als die Schleifung der die innere Stadt umklammernden Befestigungsanlagen angeordnet wurde. Durch die Niederlegung der Stadtmauern und die Ausgestaltung des dadurch frei gewordenen Terrains sowie durch die Verbauung des Glacis' ergab sich eine organische Verbindung zwischen Stadt und Vorstädten.

Im Oktober 1850 gingen die etwa 6000 wahlberechtigten männlichen Bürger — die vermögende Oberschicht einer bereits über 431.000 Köpfe zählenden Bevölkerung — zur Wahlurne. In den drei nach sozialen Schichten gegliederten Wahlkörpern wurden 120 Gemeinderäte gewählt, welche aufgrund des § 40 der Gemeindeordnung drei Jahre hindurch ihr Amt ausüben sollten; in jährlichen Ergänzungswahlen mußten jeweils 40 Gemeinderäte neu bestellt werden. Da der nach der Revolution verhängte Belagerungszustand noch nicht aufgehoben war und so mancher die Wahl deshalb für zwecklos halten mochte, erreichte die Wahlbeteiligung kaum 60 Prozent. Das Ergebnis der Wahl, an der sich somit nicht mehr als 0,8 Prozent der Bevölkerung beteiligten, war ein liberal orientierter Gemeinderat, dessen politische und wirtschaftliche Prinzipien für die Gemeindeverwaltung der nächsten vier Jahrzehnte ausschlaggebend blieben.

Bürgermeister Seiller und die Jahre des Neoabsolutismus

Der neue Gemeinderat wählte am 26. Jänner 1851 seinen bisherigen, sehr konservativen Präsidenten, den im 49. Lebensjahr stehenden aus Marburg gebürtigen Rechtsanwalt Dr. JOHANN KASPAR VON SEILLER, zum Bürgermeister. Er vereinigte 64 von 118 Stimmen auf sich und konnte damit seinen gleichaltrigen liberalen Gegenspieler und Berufskollegen Dr. Andreas Zelinka, der noch an den Idealen von 1848 festhielt, ausschalten.

Seiller, als Sohn eines Rechtsanwaltes am 20. Oktober 1802 geboren, besuchte das Gymnasium seiner Geburtsstadt, verlor bereits 1815 seinen Vater, widmete sich seit 1817 philosophischen und juridischen Studien in Graz und übersiedelte schließlich 1820 nach Wien. Da sein Vater mittellos gestorben war, mußte er sich sein Studium selbst finanzieren, erlangte aber eine sehr vorteilhafte Stellung als Erzieher im Hause Karl Leonhard Graf Harrachs. Nach seiner Promotion zum Doctor juris (1826) legte Seiller die Richteramtsprüfungen ab und wurde 1831 zum Hof- und Gerichtsadvokaten ernannt. Neben seiner Berufstätigkeit fand er noch Zeit, sich als Direktionsmitglied des Wiener allgemeinen Witwen- und Waisen-Pensionsinstitutes zu betätigen und war Mitglied fast aller Humanitätsvereine Wiens. Im Jahre 1849 wurde Johann Kaspar Seiller in den Ritterstand erhoben.

Die siegreiche Reaktion unternahm am 31. Dezember 1851 mit der Erlassung des sogenannten Silvesterpatents, das man als das Ergebnis eines „Staatsstreichs von oben" bezeichnen kann, ihren letzten entscheidenden Vorstoß: der Kaiser hob die österreichische Verfassung auf. Ein absolutes Regiment löste die bis dahin wenigstens zum Schein aufrechterhaltene „konstitutionelle Freiheit" ab. Von dieser Entscheidung wurde auch das Wiener Bürgermeisteramt unmittelbar betroffen. Freie Wahlen in den Gemeinderat konnten nicht mehr stattfinden; am 19. Jänner 1852 kam es sogar zu einem Verbot der öffentlichen Sitzungen des Gemeinderates, sodaß sich die Gemeinderäte nur durch Einsichtnahme in die Verhandlungsschriften des Magistrats über die Vorgänge im Rathaus informieren konnten. Im Jahre 1852, als die Zeit heranrückte, in der ein Drittel des Gemeinderates neu gewählt werden sollte, wandte sich Seiller mit einer entsprechenden Mitteilung an die Staatsverwaltung. Durch diese erhielt er jedoch die Weisung, *daß die Ergänzungswahlen zu unterbleiben hätten und die dermaligen Gemeindevertreter auch im Jahre 1853 ihre gesetzmäßige Wirksamkeit fortsetzen sollten*. Noch glaubte Seiller darin keine endgültige Stellungnahme erblicken zu müssen.

Bald nach dem mißglückten Attentat Libenyis auf Kaiser Franz Joseph I. wurde zwar am 1. September 1853 nach fünfjähriger Dauer der Belagerungszustand aufgehoben, doch blieben verfassungsmäßige Folgerungen aus. Dennoch hielt es Seiller Ende 1853 für seine Pflicht, neuerlich einen Vorstoß bei der niederösterreichischen Statthalterei zu unternehmen, wobei er darauf verwies, daß *viele Mitglieder der Gemeinderepräsentanz ihren Austritt anzumelden im Begriffe seien, indem dieselben durch drei Jahre dem öffentlichen Dienste zahlreiche Opfer gebracht und nach den gemachten Erfahrungen kein Verlangen hätten, ihre Wirksamkeit, für welche ihnen statt Anerkennung nur unverdiente Verunglimpfung zu Theil wurde, noch länger fortzusetzen.* Um jedoch eine Auflösung des Gemeinderates von oben her zu vermeiden, fügte er vorsichtshalber hinzu, *daß dieselben jedoch ein weiteres Ausharren als Pflicht ansehen müßten, wenn die hohe Staatsverwaltung die Fortsetzung ihrer Wirksamkeit wünsche oder als nothwendig ansehen würde.*

Hierauf folgte am 9. Februar 1854 eine kaiserliche Entschließung, mit welcher die Gemeindevertretung unter Bezugnahme auf das Gemeindegesetz von 1849 aufgefordert wurde, ihre gesetzliche Wirksamkeit bis zur Publizierung eines neuen Gemeindegesetzes fortzusetzen; sollten sich Ergänzungen — insbesondere im Falle mangelnder Beschlußfähigkeit — als notwendig erweisen, so würden die fehlenden Gemeinderäte vom Minister des Inneren ernannt werden.

Nach der am 24. April 1854 erfolgten Vermählung des Kaisers mit der jungen bayrischen Prinzessin Elisabeth — die Bürgermeister Seiller bei ihrem feierlichen Einzug an der in der Verlängerung der Kärntner Straße soeben fertiggestellten Quaderbrücke über den Wienfluß (die ihr zu Ehren Elisabethbrücke benannt wurde) begrüßte — wandelte sich die Einstellung der Wiener zu der Person des Kaisers. Im Grunde änderte sich aber recht wenig. Es blieb der stete Kampf zwischen Militärs und

Kirche um die bessere Position im Kreise der kaiserlichen Ratgeber, ein Ringen, bei dem die kirchlichen Würdenträger in der Regel unterlagen. Der junge Kaiser — er zählte kaum 24 Jahre — setzte sich nicht den Ausgleich der Gegensätze zum Ziel, sondern die Wiederherstellung und Sicherung der Größe der Dynastie. Die Biedermeierzeit war endgültig vorbei, die Uniform, die auch der Kaiser stets zu tragen pflegte, verdrängte den Bratenrock. Persönlichkeiten wie der greise Feldmarschall Radetzky, eine bereits legendäre Erscheinung, und der 1853 zum Fürsterzbischof ernannte Bischof Othmar Rauscher, einer der Lehrer des Kaisers, wurden für die Monarchie bestimmend.

Nur dem diplomatischen Geschick Seillers dürfte es zuzuschreiben sein, daß die Ergänzung des sich durch Todesfälle und Austritte allmählich lichtenden Gemeinderates durch ernannte Gemeinderäte hintangehalten werden konnte. Es erschien ihm unter den gegebenen Umständen — solange die für Beschlüsse erforderliche Mehrheit vorhanden war — zweckmäßiger, sich auf die bewährten und geschäftserfahrenen Kräfte zu beschränken und mit den in freier Wahl bestellten Mandataren die Geschäfte weiterzuführen, als durch die Oktroyierung von neuen Mitgliedern den Vertretungskörper in seiner Substanz aushöhlen zu lassen. Obwohl Seiller in seiner Entscheidung durch die kaiserliche Resolution des Jahres 1854 gesetzlich gedeckt war, wurde ihm sein Verhalten in späteren Jahren zum Vorwurf gemacht, wobei sich seine Kritiker vor allem auf die Tatsache stützten, er hätte ohne Legitimierung seitens der Wählerschaft die in der Gemeindeordnung verpflichtend vorgeschriebene dreijährige Funktionsperiode überschritten. Als er sich 1861 in einem „Administrazions-Bericht" vom Gemeinderat verabschiedete, hob er zwar besonders hervor, es sei vor zehn Jahren *gewiß keinem in den Sinn gekommen, daß sich die mit drei Jahren präliminierte Tätigkeit auf länger als ein volles Dezennium ausdehnen* würde, legte aber auch Wert auf die Feststellung, daß er seine Entscheidung, *das übernommene Mandat so lange fortzuführen, bis das Erscheinen eines neuen Gemeindegesetzes (seine) Thätigkeit zum Abschluß bringen würde*, nach wie vor für die einzig richtige und mögliche halte. Die ihm durch den Kaiser zuteil gewordene Anerkennung — er wurde am 6. April 1860 in den Freiherrnstand erhoben — trug sicherlich nicht zur Beruhigung seiner zahlreichen Kritiker bei.

Die Amtszeit Seillers ist reich an lokalen Ereignissen. Neben der erwähnten „Elisabethbrücke" entstanden weitere Brücken über den Donaukanal und über den Wienfluß, das Bürgerversorgungshaus in Michelbeuern wurde eröffnet, die Ecksteinschen Gründe in der Brigittenau wurden von der Gemeinde erworben. Seillers Name ist auch mit dem Alten Rathaus aufs engste verbunden. Am 18. Februar 1851 faßte der Gemeinderat den Beschluß, den Ratssaal des Zivilgerichtes mit den an diesen angrenzenden Räumen des zweiten Stockwerks in jenen Sitzungssaal umzugestalten, der, 1853 feierlich in Benützung genommen, dem Wiener Gemeinderat noch rund drei Jahrzehnte eine Heimstätte bieten sollte. Dieser Sitzungssaal ist ein bedeutendes Beispiel des Historismus auf dem Gebiete der Innenarchitektur; die Wände des rottapezierten Vorsaales schmückte man mit den Bildnissen der ältesten Bürgermeister. Die Neugestaltung des Saales war, wie Cajetan Felder in seinen „Memoiren" vermerkt, *das eigenste Werk Seillers, der auf glänzende Repräsentation großen Wert legte.*

Weniger günstig war die finanzielle Entwicklung der Stadt. Das Revolutionsjahr 1848 hatte in der Finanzgebarung zu größeren Umwälzungen geführt. Besonders in den ersten beiden Jahren nach 1848 mußte man sich an die neue Lage erst anpassen: die Einnahmen waren infolge des Ausfalls an grundherrlichen Einnahmen und der Verminderung an Verzehrungssteuerzuschlägen geringer geworden, die Ausgaben — nicht zuletzt wegen kostspieliger Einrichtungen im Verwaltungsapparat — gestiegen. So liefen bis 1850 allein an Schulden bei der Nationalbank und bei der Sparkasse über zwei Millionen Gulden auf. Um den Anforderungen wenigstens annähernd gerecht werden zu können, mußte die Steuerkraft der Bürger mehr als bisher in Anspruch genommen werden. Der Gemeinderat blieb aber, wie Seiller in der Schlußrede am 16. November 1850 erklärte, stets bemüht, *die bereits Belasteten mit einer grösseren Bürde möglichst zu verschonen* und vor allem jene heranzuziehen, die, *obwohl sie an den Vorteilen der Gemeindeanstalten vollen Anteil nahmen, an ihren Lasten sich wenig oder gar nicht beteiligt haben.* Den Zins- und Steuerkreuzer, welcher in den Vorstädten schon seit ehedem, in der Inneren Stadt aber nicht eingehoben wurde, führte man nun auch hier ein, man regulierte Taxen und Mauten, erhöhte das Verlassenschaftsprozent und besteuerte die Rente der Arbeit und Kapitalsbenützung in Form eines zehnprozentigen Zuschlags zur Einkommensteuer.

Solange die Gemeinde mit einigermaßen geregelten Ausgaben rechnen konnte, führte das Finanzsystem zu keiner katastrophalen Entwicklung. Diese bahnte sich jedoch in dem Augenblick an, als durch die Stadterweiterung größte finanzielle Opfer gefordert wurden. Die schon zwischen 1848 und 1861 selten ausgeglichene Bilanz (die Einnahmen hatten die Ausgaben nur in drei Jahren überstiegen) war den mit der Stadterweiterung verbundenen unmittelbaren und späteren mittelbaren Planungen in keiner Weise gewachsen, weshalb man sich gezwungen sah, in größtmöglichem Umfang mit Fremdkapital zu arbeiten.

Die Stadterweiterung von 1857

Die Verwaltungsprobleme und die baulichen Schwierigkeiten, die sich aus der Eingemeindung von 1850 ergeben hatten, konnten zunächst nicht gelöst werden. Immer dringender wurde daher die Frage einer Vereinigung der Vorstädte mit der Inneren Stadt. Als man sich 1856 entschlossen hatte, die Votivkirche auf dem bis dahin vor jeder Verbauung streng gehüteten Glacis zu errichten, barg diese Entscheidung auch etwas Zukunftsweisendes in sich: hatten die Militärs in diesem besonderen Fall Zugeständnisse gemacht, so sollte es wohl möglich sein, den gesamten Befestigungsgürtel zu beseitigen. Damit allein aber, so meinte man mit Recht, könne die Stadterweiterung zu einem optimalen Abschluß gebracht werden.

Die Entscheidung fiel am 20. Dezember 1857. Was sich an diesem Tag vollzog, lasen die biederen Bürger am ersten Weihnachtsfeiertag, als sie beim Frühstück die „Wiener Zeitung" zur Hand nahmen. Auf der Titelseite war ein Allerhöchstes Handschreiben abgedruckt, das sogleich die

Gemüter erhitzte und dessen Anfang lautete: *Lieber Freiherr von Bach! Es ist mein Wille, daß die Erweiterung der inneren Stadt Wien mit Rücksicht auf eine entsprechende Verbindung derselben mit den Vorstädten ehemöglichst in Angriff genommen und hiebei auch auf die Regulierung und Verschönerung Meiner Residenz- und Reichshauptstadt Bedacht genommen werde. Zu diesem Ende bewillige Ich die Auflassung der Umwallung und der Fortifikationen der inneren Stadt sowie der Gräben um dieselbe.*

Fast alle prominenten Architekten Wiens und die zuständigen staatlichen Ressorts beschäftigten sich im Verein mit ihren ausländischen Kollegen in den nächsten Jahren mit Entwürfen für einen Stadterweiterungsplan. Dabei wurde der Standort der vorgesehenen öffentlichen Gebäude in verschiedenster Weise festgelegt. Dies galt auch für das neu zu erbauende Rathaus, das von Anfang an im Stadterweiterungskonzept enthalten war. Zur Abwicklung der Planung wurde eine Stadterweiterungskommission eingesetzt.

Der am 1. September 1859 vom Kaiser nach Ausschreibung eines „Konkurses" genehmigte Stadterweiterungsplan, der unter Verwendung der besten Ideen der prämiierten Ausschreibungspläne von einem aus Fachleuten gebildeten Komitee erarbeitet worden war, sah die Anlage einer Ringstraße, Lastenstraße und Gürtelstraße vor. Der Paradeplatz auf dem Josefstädter Glacis sollte seiner militärischen Zweckbestimmung noch erhalten bleiben.

Hinsichtlich der Durchführung der Stadterweiterung kam es zwischen Bürgermeister Seiller und der Regierung zu tiefgreifenden Meinungsverschiedenheiten. Dabei ging es hauptsächlich um die Frage, wer Eigentümer der Glacisgründe und daher zu deren Verkauf berechtigt sei. Die Gemeinde machte geltend, daß die Gründe ein Teil des Burgfriedens und daher Gemeindeeigentum seien (wenn auch das Servitut der Nichtverbauung auf ihnen laste), konnte sich aber mit diesem Standpunkt nicht durchsetzen. Noch am 3. April 1860 machte die Stadt Wien den Vorschlag, ihr die selbständige Ausführung der Stadterweiterung zu überlassen. Sie erklärte sich bereit, sämtliche ehemals fortifikatorischen Areale bis zur ersten Häuserreihe der Vorstädte um die Pauschalsumme von zwölf Millionen Gulden zu übernehmen, wobei jene Flächen, die zur Errichtung von öffentlichen Gebäuden einschließlich der neuen Trakte der Hofburg und der projektierten Kasernen notwendig sein würden, dem Hof beziehungsweise Staat kostenlos verbleiben sollten, ebenso der Josefstädter Exerzierplatz. Dieses Angebot wurde von Minister Graf Goluchowski mit kaiserlicher Genehmigung vom 29. April 1860 abgelehnt, und schon am 19. Mai 1860 erfolgte die Veröffentlichung der Bedingungen für den Verkauf der Bauplätze. Der Stadterweiterungsfonds sollte aus den Verkaufserlösen die Herstellung der Kaianlagen, der Brücken über den Donaukanal und die Baukosten der öffentlichen Gebäude bestreiten; die Gemeinde hatte hingegen für die Kanalisierung und Pflasterung, für die Anlage der öffentlichen Gärten und den Bau der Brücken über den Wienfluß nebst dessen allenfalls notwendig werdender Regulierung und schließlich für die Errichtung des neuen Rathauses Sorge zu tragen. Damit war eine endgültige Entscheidung gefallen.

Wenn sie sich in den nächsten Jahrzehnten um das Zustandekommen jener Einrichtungen bemühte, die, wie es damals hieß, *das Emporblühen der Stadt und das Wohl ihrer Bürger förderten*, dann war damit zugleich der Aufgabenbereich abgesteckt, den sich die neue liberale Gemeindevertretung setzte.

DIE LIBERALE UND CHRISTLICHSOZIALE ÄRA IM GEMEINDERAT

Die Gemeinderatswahl des Jahres 1861

Die militärischen und innenpolitischen Ereignisse des Jahres 1859 waren es, die den Boden für eine Beendigung des neoabsolutistischen Zeitraums ebneten und zu einer Neuordnung der kommunalen Verhältnisse führten. Der Ruf des Bürgertums nach politischer Gleichberechtigung gegenüber Adel und Klerus war nicht mehr zu überhören. Mit kaiserlicher Entschließung vom 25. November 1860 wurden nunmehr endlich Neuwahlen für die Gemeindevertretung verfügt. Bereits am darauffolgenden Tag setzte man durch Ministerialverordnung die Gemeindeordnung von 1850 wieder in Kraft. Zu einer tiefergreifenden Reform der Gemeindeverfassung kam es jedoch erst durch das zentralistische „Februarpatent", welches das von den Ungarn und von deutschnational-liberalen Kreisen in Österreich bekämpfte föderalistische „Oktoberdiplom" vom 20. Oktober 1860 ablöste. Der anstelle des formlos entlassenen Staatsministers Agenor Graf Goluchowski berufene Zentralist Anton von Schmerling, den man als Vertreter des reichen Bürgertums betrachten kann, riß das Steuer — auch wenn er, um das Ansehen des Kaisers zu schonen, nur von einer „Vollendung" des Oktoberdiploms sprach — jäh herum und schuf durch das „Februarpatent" die Voraussetzungen für eine kommunale Selbstverwaltung; zu einer Reorganisation der Wahlordnung kam es allerdings nicht. Am selben Tag legte der abtretende Bürgermeister Johann Kaspar von Seiller dem Wiener Gemeinderat seinen „Administrazions-Bericht" über das abgelaufene Jahrzehnt vor.

Nach wie vor fanden die Wahlen in drei Wahlkörpern statt, von denen jeder 40 Mitglieder in den Gemeinderat entsandte, und zwar unabhängig von der Zahl der Wahlberechtigten in den einzelnen Wahlkörpern. Da die Zahl der Wahlberechtigten im vornehmsten ersten Wahlkörper am geringsten war, genügte in diesem eine wesentlich geringere Zahl von Stimmen für die Entsendung eines Kandidaten in den Gemeinderat. Wir haben es also weder mit einem allgemeinen noch mit einem gleichen Wahlrecht zu tun.

Wer wählte damals in den einzelnen Wahlkörpern? Im ersten Wahlkörper waren es höchstbesteuerte Grund- und Hausbesitzer (mehr als 500 Gulden jährliche Steuerleistung) und höchstbesteuerte Erwerbsteuer- oder Einkommensteuerpflichtige (mehr als 100 Gulden jährliche Steuerleistung); im zweiten Wahlkörper wählten alle übrigen Grund- und Hausbesitzer, sofern sie jährlich wenigstens zehn Gulden an Steuern bezahlten, ferner alle Offiziere, Pfarrer und Doktoren aller Fakultäten sowie bestimmte Kategorien von Beamten und Lehrern; im dritten Wahlkörper schließlich alle Erwerbsteuer- und Einkommensteuerpflichtigen, die weniger als hundert Gulden jährlich entrichteten. Selbst diese wenigen Wahlberechtigten — in die Wählerlisten waren 1861 nur 18.322 der rund 550.000 Einwohner aufgenommen, also nur etwa 3,3 Prozent — machten in der Regel nur in geringem Maße von ihrem Wahlrecht Gebrauch. Das Wahlergebnis war eindeutig: die Liberalen verfügten über eine solide Mehrheit.

Am 9. April 1861 trat der erste konstitutionelle Gemeinderat der Stadt Wien zu seiner Eröffnungssitzung zusammen; zu seinem Alterspräsidenten berief er vorläufig den letzten Bürgermeister aus den Tagen des Vormärz, den im 71. Lebensjahr stehenden und vom Wahlbezirk Innere Stadt neuerlich in den Gemeinderat entsendeten Ignaz Czapka Ritter von Winstetten. In einer gesonderten Sitzung, die für den 16. Juni 1861 einberufen wurde, entschloß sich dann die Mehrheit der Gemeinderäte in freier Wahl, den am 23. Februar 1802 im mährischen Wischau geborenen Hof- und Gerichtsadvokaten DR. ANDREAS ZELINKA für die folgenden drei Jahre zum Bürgermeister zu bestellen. Zelinka, der bereits im Alter von acht Jahren seinen Vater verloren hatte, widmete sich ursprünglich historisch-geographischen Studien, wandte sich später den Rechtswissenschaften zu und wurde 1829 zum Doctor juris promoviert. Seit 1831 bekleidete er öffentliche Ämter; in diesem Jahr hatte er während der Cholera-Epidemie das äußerst gefährliche Amt eines Sanitätskommissärs inne, 1832 folgte seine Ernennung zum Advokaten und 1835 zum Wechselnotar. Er verkörperte den vollendeten Typus eines Rechtsanwalts im alten Stil. Zelinka wurde 1848 in den Gemeindeausschuß gewählt, gehörte nach dessen Auflösung dem Gemeinderat an und übte seit dem 26. Jänner 1851 das Amt eines Bürgermeister-Stellvertreters aus; trotz seiner an die Achtundvierziger-Tradition anknüpfenden Geisteshaltung erhielt er bei der Wahl nur 66 von 114 Stimmen, da ihm viele Gemeinderäte als Mitglied des abtretenden Gemeinderats und wegen seines unverbindlichen Wesens mit Mißtrauen begegneten. Wie es in der Monarchie üblich war, legte der Neugewählte am 2. Juli in Anwesenheit des Gemeinderates, der hohen Beamten des Magistrats, der Gemeindevorstände und sonstiger städtischer Honoratioren in die Hände des niederösterreichischen Statthalters den Diensteid ab.

Am 9. Juli erfolgte die Wahl der beiden Bürgermeister-Stellvertreter; es waren dies der Stadtbaumeister Leopold Mayr und der Rechtsanwalt Dr. Cajetan Felder. Im Gegensatz zu Zelinka war Cajetan Felder 1850 aus dem Gemeinderat ausgeschieden und erst elf Jahre später vom Wahlbezirk Josefstadt neuerlich in diese Körperschaft entsendet worden; Leopold Mayr übernahm zum erstenmal eine öffentliche Funktion und wurde — wie Zelinka — vom Wahlbezirk Innere Stadt nominiert; er legte die Stellvertreterstelle samt dem Gemeinderatsmandat 1863 zurück und verstarb 1866.

Mit Bürgermeister Zelinka beginnt die Ära der liberalen Vorherrschaft im Gemeinderat, die, wenn auch seit der Mitte der siebziger Jahre durch Zersplitterung in den eigenen Reihen ebenso beeinträchtigt wie durch eine sich fühlbar verstärkende politische Opposition, bis in die neunziger Jahre des vorigen Jahrhunderts die Geschicke der Stadt Wien bestimmte.

Zum besseren Verständnis der liberalen Bewegung in der Gemeindeverwaltung müssen wir uns die ursächlichen Zusammenhänge vor Augen führen, die Frage nach dem Woher und Wohin des Liberalismus stellen. Über den Liberalismus im staatlichen Wirkungsbereich wurden bereits verschiedene Untersuchungen geführt; im Bereich der Gemeinde ist seine Tätigkeit noch weitgehend unerforscht. In jedem Fall war der Liberalismus eine geistige und wirtschaftliche Richtung, die sich, auf bestimmte Ziele ausgerichtet, allmählich zu einer das politische Leben des 19. Jahrhunderts nachhaltig beeinflussenden Partei formte. Konnte sich der Liberalismus in seiner Frühzeit der Zustimmung aller Fortschrittlichen und Aufgeschlossenen erfreuen, schuf er sich als politische Partei bald eine Reihe schärfster Gegner, die seiner Tätigkeit zuerst im Staate (1878), später in der Wiener Gemeindeverwaltung (1895) ein Ende setzten. Zweifellos leben aber seine Gedanken noch in zahlreichen heute bestehenden Parteien der ganzen Welt fort.

Geistig wollte der Liberalismus jedem Menschen eine möglichst umfassende Bewegungsfreiheit in seinem Denken und Handeln und die Freiheit in der Erreichung seiner individuellen Ziele sichern. Politisch forderte der Liberalismus in Österreich die Durchsetzung eines konstitutionellen Regimes, die Beschränkung der Allmacht des Herrschers durch eine Volksvertretung. Wirtschaftlich betonte er das Selbstinteresse des einzelnen, den Trieb des Menschen, selbst seine Lage zu verbessern; aus der Lösung der wirtschaftlichen Probleme vom einzelnen her erwartete er sich einen Nutzen für die Allgemeinheit. Damit stellte er sich im weiteren Verlauf des 19. Jahrhunderts in direkten Gegensatz zu jenen Gedanken, die von sozialistisch orientierten Männern vertreten wurden: diese entschieden sich für die Lösung der wirtschaftlichen Probleme von der Allgemeinheit her, und damit zum Nutzen des einzelnen. Die Liberalen erhofften sich aus der Entfaltung des Wirtschaftslebens nach eigenen Gesetzen, aus dem freien Wettbewerb, aus der Unantastbarkeit des Privateigentums und einigen anderen Forderungen eine Beruhigung des wirtschaftlichen und politischen Lebens, hatten aber nur den „Erfolg", daß sich die Klassengegensätze erheblich verstärkten.

Wenn wir heute rückschauend die mangelnde soziale Bereitschaft der liberalen Zeit mit Recht kritisieren, so müssen wir doch zugeben, daß die industrielle Revolution mit ihren schlagartig veränderten Voraussetzungen den Menschen kaum Zeit gelassen hat, sich aus der durch Jahrzehnte, ja Jahrhunderte verankerten „bürgerlichen Welt" zu lösen. Bei aller liberalen Aufgeschlossenheit und dem geistigen und kulturellen Wert, der dem Liberalismus innewohnt, wurzelt unsere Kritik doch vor allem in der wirtschaftlichen Phase seiner Entwicklung, gerade jener, in der er am starrsten an alten Gepflogenheiten festhielt, also am wenigsten „liberal" war. In diesen Grundsätzen beeinflußte er aber auch am stärksten die Entwicklung Wiens.

Betrachten wir die bürgerliche Welt in der Mitte des vorigen Jahrhunderts, so müssen wir bedenken, daß der damalige „Proletarier" mit dem heutigen Arbeiter überhaupt nicht zu vergleichen ist, daß damals die Kluft zwischen dem „besitzenden Bürgertum", dem reichen Industriellen und dem nicht einmal immer seßhaften, von jeder Bildung und jedem Wissen unberührten, allerdings auch ausgestoßenen Proletarier weitaus größer war als zwischen den heutigen gesellschaftlichen Schichten eines modernen demokratischen Staatswesens, das nach dem Grundsatz der Gleichberechtigung aufgebaut ist. Nur die tiefe Verachtung, die man dem schwer schuftenden, unterdrückten, rechtlosen, aber auch kraft- und willenlos ohne jede Organisation dahinvegetierenden Proletarier entgegenbrachte, kann eine Erklärung, wenn auch keine Entschuldigung dafür sein, weshalb man Begriffe wie Arbeiterschutz, Arbeitervertretung oder Lohnverhandlung, um willkürlich einige davon herauszustellen, weder kannte noch bereit war, über derlei Fragen auch nur in Diskussionen einzutreten. Hier liegt die Wurzel der sozialen Spannungen, die in den nächstfolgenden Jahrzehnten Wien beeinträchtigen sollten. In diesem Zusammentreffen der industriellen Revolution und des wirtschaftlichen Liberalismus liegen die Anfänge sowohl der christlichsozialen wie der sozialdemokratischen Bewegung, die es sich beide zur Aufgabe gemacht hatten, den Schwächeren — als den die einen den kleinen Gewerbetreibenden, die anderen den proletarischen Fabriksarbeiter ansahen — zu schützen, ihm ein menschenwürdiges Dasein zu ermöglichen. Gehen wir von allen diesen Überlegungen aus, wird es uns leichter sein, die Mängel des liberalen Systems, die sich besonders auf kommunalpolitischer Ebene nachweisen lassen, aufzuzeigen, ohne der Versuchung zu verfallen, ein leichtfertiges Urteil zu sprechen, das in seinem Ausmaß möglicherweise die Zeit überforderte. Daß sich das liberale Bürgertum aber bereits in den Monaten der Revolution des Jahres 1848 zwar gerne der Hilfe des proletarischen Standes versicherte, ihn dann aber — der zu dieser Zeit keine politischen, sondern rein wirtschaftliche Ziele verfolgte, die auf lange Sicht betrachtet dem Bürgertum gefährlich erschienen — im Stiche ließ, mußte folgerichtig zu jener Einstellung führen, die wir als mangelndes soziales Verständnis bezeichnen und rückblickend mit Recht kritisieren.

Jede politische Partei vertritt die Interessen ihrer Anhänger. Es darf uns aber nicht wundern, daß sich die Interessen des Großbürgertums nicht mit jenen der sozial unter ihm stehenden Gruppen der Bevölkerung deckten. Die Liberalen suchten ebenso ihr eigenes Wirtschaftskonzept in die Tat umzusetzen, wie es die ihnen nachfolgenden politischen Parteien getan haben. Da vor etwa einem Jahrhundert die Verwaltung Wiens in den Händen einer kleinen privilegierten Bevölkerungsschicht lag, waren eben auch die Ergebnisse der Kommunalpolitik nur für kleine Teile der Bevölkerung zufriedenstellend.

Bürgermeister Andreas Zelinka. Beginn der Ringstraßenära

Fast sieben Jahre lang stand Dr. Andreas Zelinka an der Spitze der Gemeindeverwaltung: ein bescheidener, besonnener und zurückhaltender Mann, dem man nicht selten den Vorwurf der Unentschlossenheit machte und dem Pläne zur Verschönerung des Stadtgebietes näher lagen als großangelegte städtische Bauvorhaben, denen er teils mit echtem Mißtrauen entgegentrat. Er übernahm eine Stadt, die vor gewaltigen wirtschaftlichen und finanziellen Problemen stand, die eine bauliche Neugestaltung erfahren sollte wie noch nie in ihrer jahrhundertelangen Entwicklung. Nach der zu Weihnachten 1857 vom Kaiser dekretierten Schleifung der Basteien und dem unmittelbar darauf begonnenen Abbruch der Befestigungsanlagen beschäftigten sich in den nächsten Jahren fast alle prominenten Architekten Wiens sowie die zuständigen staatlichen Ressorts mit Entwürfen für einen Stadterweiterungsplan. Dabei wurde der Standort der vorgesehenen öffentlichen Gebäude verschiedentlich festgelegt, darunter natürlich auch jener für ein künftiges Rathaus, das zwar von

Bürgermeister Jakob Reumann (1919—1923)

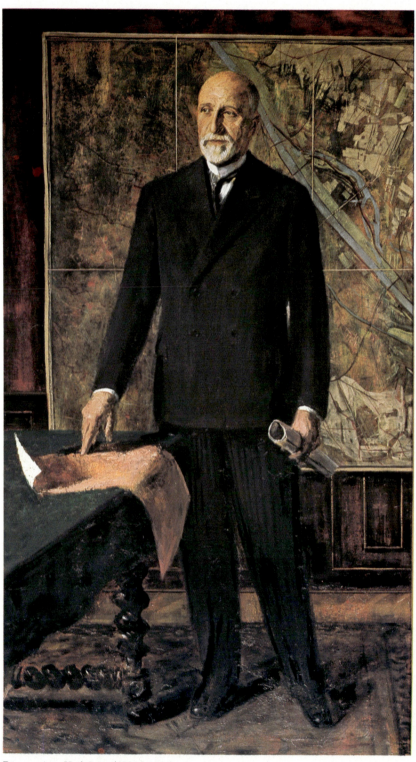

Bürgermeister Karl Seitz (1923—1934)

Anfang an in die Planung einbezogen worden war, seinen Standort allerdings mehrmals wechselte. Zur Abwicklung der Planung setzte man eine Stadterweiterungskommission ein, die außerdem für die finanziellen Transaktionen, insbesondere die Grundverkäufe, zuständig war. Noch während der Abbrucharbeiten und Planungen erfolgte der Verkauf jener Baugründe, die nicht für öffentliche Bauten oder Straßen benötigt wurden, an Meistbietende, wobei man mit dem Terrain zwischen dem ehemaligen Kärntnertor und der Elisabethbrücke den Anfang machte; hier entstand mit der 1861 nach Plänen August Sicard von Sicardsburgs und Eduard van der Nülls begonnenen Hofoper auch das erste repräsentative öffentliche Gebäude der Ringstraßenzone. Die im Jahre 1859 erlassene neue Bauordnung bot dem vermögenden Bürgertum genügend Vorteile, insbesondere durch langfristige (allerdings die städtischen Finanzen beeinträchtigende) Steuerfreiheit, sodaß es durch den Ankauf von Grundparzellen dem Wunsche des Monarchen entgegenkam, dem an der Verschönerung seiner Residenzstadt gelegen war. Damals setzte die „Ringstraßenära" ein, eine Periode, die fast schon mythischen Glanz gewonnen hat, obgleich sie recht reale, durchaus materielle Hintergründe aufweist. Es ist die eigentliche Glanzzeit eines privilegierten liberalen Großbürgertums, das politisch und wirtschaftlich eine dominierende Rolle spielte und in seinen prachtvoll ausgestatteten Zinshäusern und Palais in offener Rivalität zum Hochadel seine Selbstbestätigung suchte und fand.

In den Beginn der Amtszeit Zelinkas fallen — neben dem am 5. Oktober 1861 gefaßten Beschluß, den südwestlichen Teil der Wieden zu einem Bezirk (Margareten) zu erheben — die Beratungen über die durch das neue Gemeindegesetz vom 5. März 1862 notwendig gewordene Reform des Stadtstatuts, welche sehr rasch die bedenklichen Unterschiede in den Auffassungen der Regierung Schmerling und des liberalen Gemeinderates in der Beurteilung der „Stadtfreiheit" aufzeigten und für die auf der Grundlage des Stadionschen Gemeindegesetzes beruhende Selbstverwaltung Wiens nicht ohne Gefahr sein konnten. Da jedoch auf Staatsebene wichtigere Fragen der Erledigung harrten, gelang es dem Wiener Bürgertum, die Angelegenheit lange zu verzögern, bis es tatsächlich zu einer Vertagung der Reformberatungen auf unbestimmte Zeit kam. Wäre das Wiener Stadtstatut von 1850 geändert worden, so hätte dies zweifelsohne zu bedeutenden Einschränkungen der Selbstverwaltungsrechte Wiens führen müssen. Der Wiener Gemeindeverwaltung kamen die sich überstürzenden außenpolitischen Ereignisse zu Hilfe, die im Frühsommer 1866 ihren Kulminationspunkt erreichten und Bürgermeister Zelinka am 10. Juli veranlaßten, den Kaiser offiziell zu ersuchen, Wien zur offenen Stadt zu erklären. Da Feldzeugmeister Benedek offensichtlich den Vormarsch der Preußen an die Donau nicht verhindern konnte und zwischen dem Bisamberg und der Lobau bereits Feldbefestigungen aufgeworfen wurden, hatte man im Gemeinderat den Eindruck gewonnen, Wien solle nördlich der Donau verteidigt werden; dies hatte die Bürgerschaft verständlicherweise beunruhigt. Von Franz Joseph zwar ungnädig empfangen — nach der Entlassung Schmerlings im Herbst 1865 war es unter dessen Nachfolger Richard Graf Belcredi zu einer Sistierung der Verfassung und damit neuerlich zu einer Erschütterung der Grundlagen der städtischen Selbstverwaltung gekommen —, wurde der Delegation neben verschiedenen Auflagen (Stellung von vier Bataillonen Freiwilliger auf Stadtkosten, Einrichtung von Notspitälern) doch die Schonung Wiens zugesichert. Eine legislative Entspannung ergab sich erst nach dem Rücktritt Belcredis 1867, durch den der Weg zur Vollendung einer österreichischen Verfassung frei wurde.

In ihren wirtschaftlichen Auswirkungen stellte die Stadterweiterung so große Ansprüche an die Stadtverwaltung, daß die sich immer stärker steigernden jährlichen Abgänge aus den Veräußerungen des Gemeindevermögens allein nicht mehr gedeckt werden konnten. Im Jahre 1861 hob die Gemeinde überhaupt noch keine eigenen Steuern ein, sondern konnte zur Deckung der Bedürfnisse, rechtlich gestützt auf den § 90 der Gemeindeordnung, Zuschläge zu den direkten und indirekten Staatssteuern bis zur Höhe von 25 Prozent derselben sowie bis zu $4\frac{1}{2}$ Kreuzer vom Zinsgulden und ein Verlassenschaftsprozent ausschreiben. Diese oberen Grenzen wurden jedoch auch gegen Ende der sechziger Jahre, als man bereits mit Fremdkapital arbeitete, nicht erreicht; nach diversen Regulierungen hielt man zu dieser Zeit bei 17 Prozent von der Grund-, Erwerb- und Einkommensteuer, 24 Prozent von der Hauszinssteuer, 4 Prozent vom Mietzins und zwischen 13 und 25 Prozent bei der indirekten Verzehrungssteuer. Den Hauptanteil bildeten die Einnahmen aus dem Zinskreuzer und die Zuschläge zu direkten Steuern. In einer Zeit der privaten Bautätigkeit auf der Grundlage reiner Kapitalrentabilität und der freien Mietzinsbildung im Sinne von Angebot und Nachfrage stiegen die Erträgnisse aus dem Zinskreuzer in den beiden Jahrzehnten ab 1861 auf das Dreifache an und er ist als die entscheidende Post unter den städtischen Einnahmen anzusprechen. Die Abhängigkeit der Gemeinde von den Staatssteuern drängte mit der Zeit zu der Erwägung, ob nicht nach dem Vorbild anderer Großstädte auch in Wien die Einführung einer selbständigen Kommunalbesteuerung anzustreben sei, doch gelangte dieser Plan lange Zeit nicht über Vorberatungen und Erwägungen hinaus. So blieb ein einziger Weg offen: die Aufnahme von Anleihen. Zweimal wandte sich die Stadt an die Landesregierung, und zweimal war der gewählte Zeitpunkt denkbar ungünstig, sodaß es in beiden Fällen zu unerfreulichen und die Planung behindernden Reduktionen des Anleihevolumens kam. Das erstemal (1866 unter Bürgermeister Zelinka, als die Ausgaben die Einnahmen im ordentlichen Budget bereits um 46 Prozent überschritten) wurden von den geforderten 63 Millionen, beeinflußt durch die Auswirkungen der Wirtschaftsflaute nur 25 Millionen Gulden bewilligt, sodaß auf verschiedene Bauvorhaben nur Anzahlungen geleistet werden konnten und die Inangriffnahme anderer merkbaren Verzögerungen unterlag. Das zweitemal — schon unter Bürgermeister Felder — reduzierte der Gemeinderat unter dem Eindruck der während der Vorverhandlungen eingetretenen Börsenkrise die ursprünglich wiederum ins Auge gefaßten 63 Millionen nach Überprüfung des Finanzprogramms selbst auf 40 Millionen Gulden, mußte sich aber per 1. Jänner 1874 entschließen, die gemeindeeigenen Umlagen radikal zu erhöhen. Damit stiegen zwar die an die Gemeinde fließenden Steuern bis 1876 (gegenüber 1873) von 5,67 auf 9,26 Millionen Gulden an, doch konnte die permanente Finanzkrise, in welche die Stadt durch offensichtlich ihre finanzielle Kapazität überschreitende Vorhaben geraten war, nicht behoben werden.

Eines der größten Probleme entstand für Bürgermeister Zelinka dadurch, daß es der Stadtverwaltung trotz intensiver Bemühungen nicht gelang, auf die Stadterweiterungskommission stärkeren Einfluß auszuüben. Neben dem ideellen Interesse, das die Stadt an den Bauplanungen haben mußte, gab es noch rein materielle Werte. Die nunmehr durch die Schleifung der Befestigungsanlagen freigewordenen Gründe waren seinerzeit dem Landesfürsten von der Stadt ausdrücklich für Fortifikationszwecke gewidmet worden, doch war es den Stadtvätern später nie mehr gelungen, ihre Rechte geltend zu machen, obwohl sie dies am Beginn des 19. Jahrhunderts sogar im Prozeßwege versucht hatten. Zelinkas und des Gemeinderates Anstrengungen, durch eine aktive Einschaltung in die Stadterweiterungsplanung auch die finanzielle Situation Wiens zu verbessern, blieben ohne Erfolg. Wenn auch von den rund 2,4 Millionen Quadratmetern, die nach der Niederlegung der Wälle freigeworden waren, etwa 1,5 Millionen für Straßen, Plätze und Gärten sowie weitere 0,4 Millionen für öffentliche Bauten unentgeltlich abgetreten wurden, so war der Erlös für die restlichen 500.000 Quadratmeter doch mit rund 63 Millionen Gulden zu beziffern. Nicht nur, daß der Gemeindeverwaltung diese Einnahme entging und man allein aus der Abwicklung des Geschäftes reichen wirtschaftlichen Nutzen hätte ziehen können, verstanden es Stadterweiterungskommission und Regierung darüber hinaus, die Stadt durch eine Reihe von Maßnahmen — etwa dreißigjährige städtische Abgabenfreiheit für Bauten, mangelnde Beteiligung an der Herstellung der Straßen, gesteigerte Aufschließungs- und Kanalisierungskosten durch nicht planmäßige Verbauung — zu schädigen beziehungsweise finanziell über Gebühr zu belasten.

Die Wirtschaftspolitik der liberalen Ära stand vor der Aufgabe, der räumlichen Ausdehnung Wiens und im weiteren Sinne dem Wandel Wiens zur Großstadt Rechnung zu tragen. Sie ist gekennzeichnet durch die Schaffung der für eine Großstadt erforderlichen Grundvoraussetzungen in technischer, baulicher, gesundheitlicher und organisatorischer Hinsicht. Die Verwaltung stand vor einer Aufgabe, die alle Kräfte erforderte und der sie mit den zur Verfügung stehenden Mitteln nicht gewachsen war. Wären einem solchen Versuch nicht unüberbrückbare politische, gesellschaftliche und wirtschaftliche Schranken gesetzt gewesen, hätte schon damals nur eine grundlegende Reorganisation des Steuerwesens den gewünschten Erfolg bringen können.

An erster Stelle der Planungen stand die Wasserversorgung, die nach der 1850 verfügten Eingemeindung der Vorstädte diskutiert und 1859 — noch unter Bürgermeister Seiller — aktuell geworden war. Zelinka setzte 1862 eine gemeinderätliche Kommission zur Vorberatung des gewaltigen Vorhabens ein, und am 25. Oktober 1863 erwarb man die Altaquelle. Es gehört zu den epochalen Beschlüssen des Gemeinderats, daß er sich am 12. Juli 1864 dem Rat der Fachleute anschloß und entschied, Hochgebirgsquellen aus dem Rax-Schneeberg-Gebiet nach Wien zu leiten. Diese Entscheidung mag dadurch beeinflußt worden sein, daß die Versorgung mittels der Kaiser-Ferdinand-Wasserleitung, welche Wasser aus der Donau entnahm und filtrierte, nicht befriedigte und auch durch die oftmaligen Überschwemmungen der noch unregulierten Donau (deren Regulierung noch nicht beschlossen war) beeinträchtigt wurde. Der fortschrittliche Entschluß führte in unmittelbarer Folge zu zwei erfreulichen Schenkungen: schon am 27. Juli überließ Graf Ernst Hoyos-Sprinzenstein der Gemeinde kostenlos die Quelle in Stixenstein, am 1. Mai 1865 schenkte

Kaiser Franz Joseph I. der Gemeinde anläßlich der feierlichen Eröffnung des ersten Teilstücks der Ringstraße den Kaiserbrunnen. Nach detaillierter Ausarbeitung des Projekts, an der sich neben den Technikern und Geologen auch die Ärzteschaft äußerst aktiv beteiligte, kam es nach längerer Debatte am 19. Juni 1866 zur Baugenehmigung durch den Gemeinderat. Noch im selben Jahr folgte die Bewilligung der erforderlichen Mittel aus der 25-Millionen-Gulden-Anleihe. Der eigentliche Baubeginn fällt allerdings erst in das Jahr 1870 und damit in die Amtszeit Cajetan Felders. Die Wasserleitung erwies sich jedoch trotz ihrer großartigen Planung schon unmittelbar nach Beendigung des Baues als zu schwach, sodaß man sehr bald mit Erweiterungsanlagen beginnen mußte.

Ein ebenfalls vordringlich zu behandelndes Projekt war die Anlage eines Zentralfriedhofes. Den ersten Anstoß gab ein Beschluß, der wenige Tage nach der Konstituierung des neuen Gemeinderates, nämlich am 23. April 1861 — also noch unter dem Vorsitz Czapkas — gefaßt wurde. Der Gemeinderat diskutierte damals über die Forderung der Kirche nach Erhöhung der Stolgebühren und sprach die Ansicht aus, daß eigene Friedhöfe anzustreben seien. Fünf Jahre danach, am 7. Dezember 1866, wurde beschlossen, Grundstücke in Simmering anzukaufen, aber erst nach langjährigen Bemühungen fand man ein größeres geeignetes Areal, das nach eingehenden Untersuchungen — Lage, Bodenbeschaffenheit, Verkehrsmöglichkeiten, sanitäre Rücksichten, örtliche Umgebung — 1869 erworben werden konnte.

Noch ein Projekt wurde unter Bürgermeister Zelinka vorbereitet: die Donauregulierung. Die immer wiederkehrenden Überschwemmungen, die im 19. Jahrhundert oftmals verheerenden Schaden anrichteten, führten zu der Erkenntnis, daß ein weiterer Aufschub nicht mehr zu verantworten sei. Obwohl die ersten diesbezüglichen Projekte in das Jahr 1810 zurückreichen, konnte doch nicht einmal die Katastrophe des Jahres 1830 dazu beitragen, die Regulierung zu beschleunigen, und es bedurfte 1862 einer nochmaligen Überschwemmung der Leopoldstadt und anderer tiefliegender Vorstädte entlang des Donaukanals, die Gemüter aufzurütteln. Die durch den österreichisch-preußischen Krieg (1866) verzögerten Beratungen führten erst 1868 zu entscheidenden Beschlüssen; die Anträge wurden am 27. Juli vom Gemeinderat angenommen, die kaiserliche Genehmigung erfolgte — wenige Wochen vor Zelinkas Tod — am 12. September 1868. Zur Deckung der Kosten — soweit sie von der Gemeinde getragen werden mußten (der kommunale Anteil betrug mit rund 8 Millionen Gulden etwa ein Drittel der präliminierten Gesamterfordernisse) — diente eine eigens für diesen Zweck aufgenommene Anleihe („Donauregulierungsanleihe").

Ungelöst blieben jene Probleme, die unmittelbar in liberale Wirtschaftsprinzipien eingegriffen hätten: die Gasversorgung (einschließlich der Straßenbeleuchtung) und der Ausbau des Lokalverkehrs. Eine Einmischung der Kommune in Form von Verstadtlichungen lehnte man unter allen Umständen ab. Am ehesten hätte man wohl noch in freier Konkurrenz zu den bestehenden Betrieben städtische Unternehmen gleicher Art begründet (etwa ein städtisches Gaswerk neben einem privaten), doch scheiterten diese Pläne an der Finanzierung.

Wollen wir die Persönlichkeit Zelinkas richtig verstehen, so müssen wir die rein chronologische Abfolge der in seine Amtszeit fallenden Beschlüsse mit seinen persönlichen Urteilen konfrontieren. Das bedeutet allerdings, daß wir ihm manches von der Geschichtsschreibung zuerkannte Verdienst bei genauer Prüfung nicht zubilligen dürfen, denn aus Berichten seiner Zeitgenossen wissen wir, daß er sowohl der Hochquellenwasserleitung wie der Donauregulierung skeptisch, wenn nicht ablehnend gegenüberstand und sich nur unter dem Druck der Fachleute und der öffentlichen Meinung zu einer Revision seines Standpunktes entschloß. Ähnlich verhielt es sich beim Rathausbau; wohl war er durch Cajetan Felder in dessen Plan, das Gebäude nach Möglichkeit auf dem noch nicht zur Verbauung freigegebenen Paradeplatz zu situieren, eingeweiht, aber er selbst hätte es nicht gewagt, dem Kaiser diesen Vorschlag zu unterbreiten. So blieb es bei seiner resignierenden Bemerkung: „Das wäre sehr schön, aber, lieber Freund, gehen wird es nicht!"

Zelinka war ein in seinen Entscheidungen betont vorsichtiger Mann, der es zu seiner Maxime erhob, nach Möglichkeit keinem Menschen Unrecht zu tun. In toleranter und seinem Wesen entsprechender versöhnlicher Weise war er immer um einen Ausgleich der Gegensätze bemüht. Dadurch manövrierte er sich nicht selten in schwierige Situationen, die seine Mitbürger bespöttelten und belächelten, ihm aber andererseits auch eine Popularität sicherten, wie sie seine Nachfolger, deren menschliche Schwächen in den Augen der Wiener weniger liebenswert gewesen sein mögen, nicht zu erlangen verstanden. Diese Popularität hat sich bestimmt durch die Verwirklichung seiner Lieblingsidee, die Ausgestaltung des Stadtparks, dem er stets eine besondere Fürsorge angedeihen ließ, noch verstärkt. So ist es kein Zufall, daß man ihm hier, inmitten seiner ureigensten Schöpfung, als er im Alter von nur 66 Jahren nach kurzer Krankheit überraschend am 21. November 1868 aus einem arbeitsreichen Leben schied, ein von Bildhauer Franz Pönninger geschaffenes Denkmal setzte, das am 3. Mai 1877 von seinem Amtsnachfolger und zeitweise befreundeten Weggefährten Cajetan Felder enthüllt wurde. Zelinkas Wunsch entsprechend erfolgte zunächst seine Bestattung auf dem Hundsturmer Friedhof, 1897 überführte man ihn (unter Bürgermeister Lueger) in ein von der Gemeinde Wien gewidmetes Ehrengrab auf dem Zentralfriedhof. Bereits 1869 benannte man nach ihm eine der neugeschaffenen Gassen im Stadterweiterungsrayon.

Bürgermeister Dr. Cajetan Felder und das liberale Bürgertum in Wien

CAJETAN FELDER kam am 19. September 1814, zu einer Zeit, da sich gerade die ersten Teilnehmer am Wiener Kongreß in seiner Geburtsstadt versammelten, in der Vorstadt Wieden (heute Wien 4, Karlsgasse 6) zur Welt. Seine Jugendjahre wurden überschattet durch den Tod seiner Eltern — Cajetan war im Alter von zwölf Jahren Vollwaise geworden — und von dem daraus resultierenden mehrfachen Domizilwechsel; zunächst besuchte Felder das Stiftsgymnasium in Seitenstetten, dann studierte er in Brünn (wohin sein zum Vormund bestellter Onkel versetzt worden war) und übersiedelte schließlich 1832 nach Wien. Bereits während seiner Universitätsjahre entwickelten sich in dem jungen Studiosus Eigenschaften, die seinen weiteren Lebensweg entscheidend beeinflußten: der Drang zum Studium der Klassiker des Altertums, ein lebendiges Gefühl für die Naturwissenschaften (insbesondere für das Teilgebiet der Entomologie) und das Interesse an fremden Sprachen, zu deren Erlernung er ein besonderes Talent besaß. Er verdankte seinem Streben eine für seine Zeit ungewöhnlich umfassende Bildung und seltene Sprachkenntnisse, welche es ihm ermöglichten, ebenso mühelos mit Europäern verschiedenster Zunge wie mit Orientalen zu verkehren. Sein Wunsch, die Welt kennenzulernen, um aus Reisen Nutzen für seine spätere berufliche Laufbahn als Advokat zu ziehen, trieb ihn schon frühzeitig über die Landesgrenzen.

Felders Berufsweg — er hatte sich für das Studium der Rechte entschieden — begann mit langen Jahren der Unselbständigkeit: 1839/40 als Gerichtspraktikant in Brünn, seit dem 1. August 1840 als Konzipient in der Anwaltskanzlei des Dr. Anton Wandratsch in der Wiener Teinfaltstraße, in der er über sieben Jahre arbeitete. 1841 wurde er zum Doctor juris promoviert, im selben Jahr heiratete er seine Jugendgefährtin Josefine Sowa, und im folgenden Jahr gebar ihm diese seinen Sohn Rudolf. Seit 1843 bekleidete Felder auch die Stelle eines Assistenten für die Lehrkanzel der diplomatischen Wissenschaften mit französischem Vortrag an der Theresianischen Ritterakademie. In offenbar richtiger Einschätzung der Entwicklung legte er im Februar 1848, unmittelbar vor dem Ausbruch der Märzrevolution, beim Wiener Appellationsgericht die Advokatenprüfung ab, nachdem er bereits früher durch die Richteramtsprüfung die Befähigung zur Ausübung des Richteramtes erlangt hatte. 1845 war Felder außerdem zum beeideten Gerichtsdolmetsch für die spanische, 1846 für die französische, mit gleicher Verwendung für die englische, holländische, dänische, schwedische und portugiesische Sprache, ernannt worden. Damit waren jedoch die Sprachkenntnisse, die sich Felder im Laufe der Jahre erworben hatte und die es ihm ermöglichten, seine oft beschwerlichen, quer durch Europa, Vorderasien und Nordafrika führenden Reisen gut abzuwickeln, bei weitem nicht erschöpft. Er beherrschte — neben den klassischen Sprachen Griechisch und Latein — Italienisch, selbst Türkisch, Persisch und Arabisch so ausreichend, daß ihm eine mühelose Verständigung möglich war; Tschechisch und Ungarisch hatte er bereits im Kindesalter erlernt.

Felders politische Tätigkeit beginnt im Jahre 1848. Er, der liberal Denkende und zu Beginn mit Johann Nepomuk Berger eng Befreundete, begrüßte die Märzrevolution aus tiefstem Herzen als einen echten Fortschritt. Vom Wahlbezirk Alsergrund — in welchem er damals wohnte — wurde er in den ersten Gemeindeausschuß der Stadt Wien entsandt; im Oktober desselben Jahres erfolgte die Wahl in den Gemeinderat. Seine Tätigkeit in diesem Gremium war ersprießlich, wiewohl er sich in späteren Jahren bittere Vorwürfe machte, daß er — wie auch fast alle seiner Kollegen — den Gedanken Stadions nicht aufgegriffen habe, der schon damals in vorausblickender Weise gefordert hatte, man möge nicht nur die Vorstädte, sondern auch eine Reihe von Vororten eingemeinden. Aus Protest gegen die weitere politische Entwicklung zog er sich 1850, angesichts des heraufdämmernden Neoabsolutismus, von jeder weiteren öffentlichen Tätigkeit zurück und widmete sich, nachdem ihm die Stadt Wien über sein eigenes Ansuchen das Bürgerrecht verliehen hatte, über ein Jahrzehnt ausschließlich seiner Advokatur. Er war in den Märztagen 1848 zum Hof- und Gerichtsadvokaten ernannt worden und hatte am 1. Jänner 1850 seine Kanzlei eröffnet. Durch einen Erbschaftsprozeß, den er für die Familie Montléart führte, und einige weitere spektakuläre Fälle wurde er rasch bekannt und verfügte daher über einen ausgedehnten Klientenkreis.

Da sich seine finanziellen Verhältnisse schnell besserten und er die Kanzlei zeitweise sich selbst überlassen konnte, begann er neben einigen notwendigen Geschäftsreisen (nach Schleswig, Paris und Ostungarn) mit der Vorbereitung und Durchführung von ausgedehnten privaten Reisen, die sich meist über einige Monate erstreckten. Sein Reisestil hatte sich in den fünfziger Jahren allerdings stark geändert — unverändert blieben sein Hang zu wissenschaftlichen Forschungen und ein alle Gefahren mißachtender Abenteuerdrang. Hervorzuheben haben wir eine sechsmonatige Orientreise im Jahre 1852 — sie führte ihn bis Khartoum, Baalbek, Palmyra und Schiras —, die Durchstreifung Osteuropas und der Balkanländer 1853, einen Besuch Londons (im Anschluß an eine Geschäftsreise nach Paris) 1854, die Ferienreise in die Tiefebenen Ungarns und nach Polen 1855, die ausgedehnte Afrikareise (die ihn per Schiff auf die Azoren und nach Madeira und von dort nach Nordwestafrika führte) 1856, eine großangelegte Westeuropareise (Paris, Spanien, Riviera) 1857 und die Reise zum Nordkap, von dort durch die Tundren Lapplands nach Petersburg, Moskau und bis zum Ural im Jahre 1858.

Seit 1861 war Felder wieder Mitglied des nun frei gewählten Gemeinderates. Seine geplante Expedition nach Neuguinea, zu deren Vorbereitung er bereits eine Schiffsreise ins tropische Ceylon unternommen hatte, mußte er für immer aufgeben. Am 9. Juli 1861 wurde er zum zweiten, nach dem Austritt Leopold Mayrs 1863 zum ersten Bürgermeister-Stellvertreter gewählt. Am 21. Oktober 1863 erfolgte seine Bestellung zum Obmann der Wasserversorgungskommission, am 20. Mai 1864 übernahm er den Vorsitz in der kommunalen Donauregulierungskommission, und am 25. Jänner 1865 entsandte man ihn als Delegierten der Kommune in die ministerielle Donauregulierungskommission; in Gemeinderat und Landtag hielt er die entscheidenden Referate in der Frage der Donauregulierung. 1863 erweiterte sich auch seine Privatpraxis um einen bedeutenden Fall: da ihm der Großindustrielle Anton Dreher knapp vor seinem Tod die Vormundschaft über seinen minderjährigen Sohn anvertraut hatte, fiel ihm die Aufgabe zu, den Schwechater Brauereibetrieb bis zur Großjährigkeit des Erben zu leiten — eine Funktion, die infolge der weitgesteckten Vollmacht des Verstorbenen den üblichen Rahmen derartiger Aufgaben bedeutend überschritt. Damals erwarb sich Felder im Kreise seiner Berufskollegen jene außergewöhnliche Stellung, die ihm in den folgenden Jahren zugute kommen sollte. Er übte seinen Anwaltsberuf noch in vollem Umfang aus, als Bürgermeister Zelinka unerwartet starb. Einen Monat später, am 20. Dezember 1868, wurde er — trotz der Gegenkandidatur seines ehrgeizigen Rechtsanwaltskollegen Dr. Julius Newald (der seine Chance erst ein Jahrzehnt später wahrnehmen konnte und dann doch ein Opfer unglücklicher Umstände wurde) — zum Bürgermeister gewählt; nach Ablauf jeweils dreijähriger Funktionsperioden folgten 1871, 1874 und 1877 Wiederwahlen — jedes Mal gegen eine geschlossenere, wenn auch zahlenmäßig nicht wachsende Opposition.

Felder war für seine Umwelt kein bequemer Bürgermeister. Eine starke Persönlichkeit mit ausgeprägtem Willen und konkreten Vorstellungen, aufs beste vertraut mit der Geschäftsordnung und bedingungslos unterstützt von den hohen Beamten des Magistrats — allen voran Magistratsdirektor Wilhelm Grohmann und Archivdirektor Dr. Karl Weiß —, hatte er sich eine administrative und politische Position geschaffen, die lange Zeit als unangreifbar galt. Infolge der straffen Führung der von ihm organisierten liberalen Mittelpartei, die im Gemeinderat eine so massive Mehrheit besaß, daß man sie jahrzehntelang schlechtweg als „Bürgermeisterpartei" bezeichnete, kam es zunächst zur Ausbildung eines Parteiensystems, durch welches die starren Gruppierungen wichen, in denen Klubabsprachen und Abstimmungszwang verbindlich waren; erst als sich Mitte der siebziger Jahre die Opposition nicht mehr allein aus den eigenen Reihen, sondern in immer gezielterer Form aus antiliberal eingestellten Kandidaten des dritten Wahlkörpers zu rekrutieren begann, war ein sehr entscheidender Schritt in Richtung einer differenzierteren politischen Meinungsbildung getan.

Schon zu Zeiten Zelinkas, den Felder als einen *durch und durch ehrenhaften, integeren, gutmütigen, von bestem Wollen und Streben beseelten Charakter* bezeichnet, der sich jedoch nur schwer mit den Ideen der neuen Ära befreunden konnte, begann Felder, von Zelinka eher behindert als gefördert, für eine straffere Organisation der Liberalen im Gemeinderat einzutreten. Es ist Felder zuzuschreiben, daß sich die „Mittelpartei" zusammenschloß und eigene Statuten gab, wenn er selbst bei ihrer Konstituierung auch diplomatisch im Hintergrund stand. Die Mittelpartei gab sich ein eigenes Programm: sie bildete den Sammelpunkt für die Rechtsstehenden, die nun ein Pendant gegenüber der schon in einem Klub organisierten „Äußersten Linken" bildete. Schon bei der Gründung der Partei schlossen sich ihr rund 60 der 120 Gemeinderäte an, und einige Jahre später erhöhte sich diese Zahl zeitweise auf 80. Felder sah in dieser Parteibildung eine Möglichkeit, „kraft einer kompakten Majorität dahin zu wirken, der wahren Aufgaben des Gemeinderates gerecht zu werden..., geeignete Beschlüsse zu fassen und diese mit allen gesetzlich zu Gebote stehenden Mitteln durchzuführen" sowie jede unbeabsichtigte Mehrheitsbildung (etwa durch das rein sachbedingte Abstimmen mit einer fremden Fraktion) hintanzuhalten. Er fand es bedenklich, daß bis dahin jeder einzelne Gemeinderat „in den Sitzungen, selbst über die wichtigsten Gegenstände, abstimmen konnte, wie er es persönlich für gut befand", und wollte es in Hinkunft vermeiden, daß „in einer Zeit, da die bedeutsamsten Fragen einer gründlichen und schnellen Lösung harrten..., wichtige Entscheidungen wechselnden Zufällen anheimgegeben blieben", umso mehr, als „nicht jedes Mitglied in der Lage war, sich selbst genaue und verläßliche Informationen zu verschaffen".

Neben der „Mittelpartei" bestand damals im Gemeinderat die an den Achtundvierziger-Traditionen festhaltende „Äußerste Linke", die in administrativen Fragen die Mittelpartei oft unterstützte. Die übrigen Gruppen des Gemeinderates bröckelten im Laufe der Jahre von der Mittelpartei ab. 1864, bei der ersten Wiederwahl Zelinkas, bildete sich die „Linke"; eine weitere Abspaltung ergab sich 1872, als unter Felders Regime die Opposition stärker zutage trat, durch die Bildung des „Reformklubs". 1875 entstand die „Wirtschaftspartei", 1881 schließlich (als Ergebnis einer Umgestaltung des „Reformklubs") der „Wiener Club". Damit wurde die ehemals dominierende Mittelpartei so stark geschwächt, daß sie sich 1877 mit Sicherheit nur mehr auf 45 Anhänger stützen konnte, denen in der „Äußersten Linken" 17 und in der „Linken" 23 Gemeinderäte gegenüberstanden; die oppositionelle Wirtschaftspartei, der seit 1875 auch der sehr bald seinen kometenhaften Aufstieg beginnende Lueger angehörte, verfügte über fünf Gemeinderäte. Noch war das Parteisystem allerdings nicht vollkommen durchgedrungen und es gab neben „Demokraten" und einem Vertreter der „Äußersten Rechten" auch eine erhebliche Zahl von sogenannten „Wilden". Mit dem Eintritt Luegers in den Gemeinderat nahm die Entwicklung in den siebziger Jahren einen neuen Verlauf. Die Ursache lag, wie die Kritiker nicht ganz zu Unrecht erklärten, zum Teil bei Felder selbst, der — seit 1869 auch stellvertretender Landmarschall von Niederösterreich und lebenslänglich ernanntes Herrenhausmitglied (im selben Jahr hatte er die Ernennung zum Unterrichtsminister ausgeschlagen) —, durch seine manchmal zu autokratische Lenkung der Kommune eine wachsende Opposition geradezu herausforderte. Lueger, der interessanterweise von Felders Parteifreund Khunn zunächst deshalb als Kandidat der Mittelpartei präsentiert wurde, weil man sich von ihm eine schärfere Gangart gegenüber den für die Liberalen lästigen „Demokraten" im Gemeinderat versprach, erwies sich für die Bürgermeisterpartei als kein glücklicher Griff. Er verließ sehr bald die liberale Partei und wurde deren unerbittlichster Gegner: unter dem Schlagwort „Kampf der Korruption" prangerte er jede vorkommende Unregelmäßigkeit in der Verwaltung an, schoß dabei allerdings zuweilen weit über das Ziel hinaus. Persönliche Angriffe gegen Felder selbst wurden nicht geführt, da man ihm keine unlauteren Handlungen vorwerfen konnte. Zu dieser Zeit stand der liberale Felder durchaus als Konservativer im Kampf gegen den aufstrebenden Lueger, der sehr bald auch die Forderung nach Aufhebung der Wahlkörper auf sein Banner schrieb, weil er richtig erkannte, daß mit Erreichung dieses Zieles die Auflösung der liberalen Partei eingeleitet werden konnte (aus denselben Gründen wehrte er sich später selbst gegen parallele Forderungen der ihn politisch bedrängenden sozialdemokratischen Opposition im Gemeinderat).

Cajetan Felder, der sich während der Wiener Weltausstellung (1873) den ehrenden Beinamen eines „polyglotten Bürgermeisters" erwarb, weil er fast alle prominenten Gäste in deren Landessprache begrüßen konnte, erhielt auch für seine wissenschaftliche Tätigkeit Anerkennung: am 27. Mai 1870 wählte ihn die Akademie der Wissenschaften zu ihrem Wirklichen Mitglied, und mehr als ein Dezennium war er ein fleißiger Besucher der Akademiesitzungen. Er verfügte über eine reichhaltige Privatbibliothek, eine Porträtsammlung im Umfang von über 50.000 Blättern (die leider nach seinem Tod auf Auktionen in alle Winde zerflatterte) sowie eine weltbekannte Schmetterlingssammlung, die sich heute in London befindet. Als er 1878 seinen Bürgermeisterposten zur Verfügung stellte, behielt er seine übrigen Ämter und wurde 1880 nach dem Tod Abt Othmar Helferstorffers zum Landmarschall von Niederösterreich gewählt. Infolge fortschreitenden grauen Stars erblindend, mußte er 1884 alle ihm verbliebenen Funktionen zurücklegen. Längst hatte er sich, nach dem Tod seiner Frau vereinsamt, in sein „Tusculum" nach Weidling (das er bereits 1854 für sich und seine Familie erworben hatte) zurückgezogen: hier diktierte er einer Gesellschafterin seine Memoiren, die — etwa 12.000 Seiten umfassend — im Wiener Landesarchiv verwahrt werden. Nach einer geglückten Augenoperation wieder sehend geworden, verlebte er seine letzten Jahre — er starb am 30. November 1894 — in Weidling, wo er auch seine Ruhestätte fand.

Bürgermeister Felder war liberal, doch nicht unterwürfig nach oben, konservativ, doch weder reaktionär noch klerikal (er führte in Wien die Ziviltrauung ein). Zielstrebig, hart durchgreifend, teils autokratisch, verstand er es nicht, Popularität zu erlangen. In seiner politischen Tätigkeit war er unkonziliant und kompromißlos, arbeitete aber meist diplomatisch vor, um mit Sicherheit seine Ziele zu erreichen; in der Verwaltung bewies er organisatorische Fähigkeiten. Vielleicht liegt im Zusammenwirken aller dieser Eigenschaften, in seiner Neigung, überall persönlich einzugreifen, ohne Scheu Entscheidungen zu treffen und ein gewaltiges Arbeitspensum auf sich zu nehmen, das Geheimnis seiner Erfolge. Der Gemeinderat ehrte ihn anläßlich seines Ausscheidens aus dem Bürgermeisteramt am 5. Juli 1878 mit der höchsten städtischen Auszeichnung, dem Ehrenbürgerrecht; Felder war der erste Bürgermeister, der dieser Ehre teilhaftig wurde. Fünf Jahre nach seinem Tod benannte der Gemeinderat im Jahre 1899 nach ihm eine der am Rathaus vorbeiführenden Straßen. Im Rathaus selbst erinnert eine Steintafel unter dem Haupteingangstor daran, daß der Grundstein während Felders Amtszeit gelegt wurde, und am Eingang zum Festsaal nächst der Feststiege I befindet sich — als Pendant zu Dombaumeister Friedrich Schmidt — in einer Wandnische seine von Karl Kundmann 1887 geschaffene überlebensgroße Marmorbüste.

Höhepunkt der liberalen Schaffensperiode

Felders Wirken als Bürgermeister (1868—1878) ist mit einer Reihe bedeutsamer kommunaler Projekte untrennbar verbunden. Die liberale Ära bildet in der Stadtgeschichte eine Art Übergangsperiode von der alten feudalen Gesellschaftsordnung zum ersten Durchbruch breiterer Bevölkerungskreise als tragender Kraft kommunaler Verantwortung. Es war eine Zeit, in der die Grundvoraussetzungen für die wirtschaftliche — nicht jedoch für die politische oder gar soziale — Entwicklung eines Großstadtwesens geschaffen wurden. Felder stand in den Fragen der Wasserversorgung und der Donauregulierung in entschiedenem Gegensatz zu Zelinka, der bekanntlich für beide Projekte nur geringes Verständnis aufbrachte. Das Musterbeispiel Felderscher Kommunalpolitik ist zweifellos die Erbauung des Rathauses auf dem Josefstädter Glacis. Wie kaum in einem anderen Fall hatte Felder hier gegen Widerstände von allen Seiten zu kämpfen, bis ihm der entscheidende Schritt gelang; daß er dabei zwar den Gemeinderat über seine Absichten nicht immer vollständig informierte, diese Taktik aber nicht unwesentlich zum Gelingen seines Planes beitrug, mag am Rande vermerkt sein. Die Opposition trug ihm diese „Überlistung", die ein bezeichnendes Schlaglicht auf die oft mangelhafte Transparenz Felderscher Politik wirft, noch lange nach.

Die Finanzierung der Projekte — zu denen noch der Zentralfriedhof, die Weltausstellungsbauten sowie zahlreiche Schulen und Markthallen kamen — stand, wie wir gesehen haben, von Anfang an unter keinem günstigen Stern. Im Grundkonzept hatte man zweifellos die Realisierungsmöglichkeiten falsch eingeschätzt. Über alle Kritik, die an der liberalen Verwaltung zu üben ist, hinweg, bleibt unbestritten das Faktum bestehen, daß Cajetan Felder — man mag politisch zu ihm stehen, wie man will — im Zeitraum der „Ringstraßenära", in der sich das Bürgertum zu seiner Selbstglorifizierung ein monumentales Denkmal zu setzen gewillt war, mit Abstand die hervorragendste Persönlichkeit gewesen ist. Einem Manne historische Bedeutung zuzuerkennen, heißt nicht, sich mit allen seinen Handlungen vorbehaltlos einverstanden zu erklären, sondern diese in den Rahmen der Zeitereignisse zu stellen und ein möglichst objektives Urteil zu fällen. In diesem Sinne wird man Felder akzeptieren können, ohne daß man sich mit dem Liberalismus und seinen den Ansichten des 20. Jahrhunderts keineswegs entsprechenden Grundsätzen identifiziert.

Es ist der entscheidende und nachhaltigste politische Fehler des Liberalismus gewesen, daß er es nicht verstand, die kleinbürgerlichen und proletarischen Schichten der Bevölkerung zu erfassen oder (falls dies aus prinzipiellen Gründen tatsächlich undurchführbar gewesen sein sollte) wenigstens zu neutralisieren. Die Ursachen der späteren Zersplitterung lagen aber vorwiegend auf wirtschaftlichem und sozialem Gebiet. Die Mittelpartei, die — gemäßigt liberal — vor allem die Interessen des Großkapitals vertrat, stand dabei zweifellos einer Überbrückung der Gegensätze zwischen Groß- und Kleinbürgertum hindernd im Wege. Wie schmal die politisch bestimmende Oberschicht trotz Zunahme der Wahlberechtigten noch immer gewesen ist, mögen die Zahlen aus dem Jahre 1870 beweisen: von 607.514 Einwohnern waren nur 26.069 Männer wahlberechtigt (4,3 Prozent der Bevölkerung gegenüber 3,3 Prozent im Jahre 1861) und von diesen gingen durchschnittlich lediglich 30 bis 50 Prozent zur Wahlurne!

Letztlich ging die liberale Bewegung jedoch nicht nur an ihren politischen Gegnern, sondern auch an einem inneren Widerspruch zugrunde: während man prinzipiell jeder Entwicklung hätte freien Lauf lassen müssen, wollte man konsequent „liberal" sein, war man in der Praxis fern jeder Toleranz und suchte andersdenkende Gruppen in durchaus unliberaler Weise ihrer Gleichberechtigung zu berauben. Der Liberalismus als wirtschaftliche Kraft verlangte für das ganze innere Wirtschaftsleben volle Freiheit der Betätigung der Kräfte des einzelnen, soweit diese mit der bestehenden privatrechtlichen Ordnung zu vereinbaren waren. So ergab sich ein System des unbeschränkten Wettbewerbs, ein wirtschaftlicher Existenzkampf individueller Natur, ohne Rücksicht auf das Wohl der Allgemeinheit.

Unter Bürgermeister Cajetan Felder traten fast alle im Gefolge der Stadterweiterung begonnenen großen Bauvorhaben der Gemeinde Wien in ihr entscheidendes Stadium; die meisten wurden auch während seiner zehnjährigen Amtszeit vollendet. Dazu gehören jene beiden Projekte, deren Realisierung noch unter seinem Amtsvorgänger eingeleitet wurde: der Bau der (ersten) Hochquellenwasserleitung und die Donauregulierung.

Den eigentlichen Baubeginn der Hochquellenwasserleitung setzt man mit dem Jahre 1870 an. Nach nicht ganz vierjähriger effektiver Bauzeit konnte die Eröffnung termingemäß am 24. Oktober 1873 feierlich begangen werden. In Anbetracht des enormen Arbeitsaufwandes war der Bau in erstaunlich

kurzer Zeit vollendet worden. Auf technischem Gebiet hatten sich allerdings zeitweise so große Schwierigkeiten ergeben — die gelieferten Rohre erwiesen sich als zu dünnwandig und mußten gegen stärkere ausgewechselt werden —, daß die Presse lautstark den Rücktritt des Bürgermeisters forderte; dieser konnte jedoch nachweisen, daß gerade er es gewesen war, der diesem Mangel aufgrund von Hinweisen aus dem unteren Beamtenkörper nachgegangen sei und ihn im letzten Augenblick behoben hatte. Bei der Eröffnung führte der Bauunternehmer Anton Gabrielli den staunenden Wienern zum erstenmal den von ihm gestifteten und erbauten Hochstrahlbrunnen auf dem Schwarzenbergplatz als Symbol für die Versorgung Wiens mit Hochquellwasser vor. In den folgenden Jahren (1874—1876) baute man die Wasserleitung weiter aus und reorganisierte den Verwaltungsdienst. Mit Gemeinderatsbeschluß vom 9. Februar 1877 wurden auch die Höllentalquellen in die Leitung einbezogen. Bei dieser Gelegenheit erfolgte die Vergrößerung der Reservoirs in Wien, und man erwog die Erschließung neuer Quellen durch Schöpfung aus Tiefquellen auf dem Steinfeld. Der Plan, die Hochquellenleitung dermaßen zu erweitern, daß auch die Versorgung der Vororte sichergestellt werden könne, fiel jedoch der Kürzung der Anleihe von 1873 zum Opfer.
Nachdem der Gemeinderat am 4. März 1870 der Donauregulierungsanleihe seine Zustimmung gegeben hatte, wurden auch diese Arbeiten rasch vorangetrieben. 1870 auf einer Strecke von über 20 Kilometern begonnen, galt die Regulierung bereits 1875 mit dem selbst von einigen Fachleuten mit Besorgnis betrachteten „Durchstich" als gelungen und war 1879 — für die damaligen technischen Möglichkeiten eine nicht zu unterschätzende Leistung — zur Gänze vollendet. In finanzieller Hinsicht hatte sich allerdings, wie bei fast allen größeren Vorhaben der liberalen Ära, ein sehr bedeutender Fehlbetrag ergeben, indem die ursprünglich errechnete Summe von 24,6 Millionen Gulden um rund 25 Prozent überschritten wurde (hier darf aber die steigende Tendenz der Preise und Löhne nicht außer acht gelassen werden).
Ein ebenfalls vordringlich zu behandelndes Projekt war die Anlage eines Zentralfriedhofes. Der erste Beschluß geht, wie erwähnt, auf das Jahr 1861 zurück; 1869 erfolgte der Ankauf der Simmeringer Grundstücke, und mit Gemeinderatsbeschluß vom 22. Mai 1871 kam es zur Annahme des von den Architekten Mylius und Bluntschli aus Frankfurt am Main im Zuge der Ausschreibung der Planung im November 1870 eingereichten und von der gemeinderätlichen Friedhofskommission vorgeschlagenen Projektes. Das Bestattungsproblem war nach 1861 äußerst akut geworden, da die fünf vorhandenen Kommunalfriedhöfe (St. Marx, Matzleinsdorf, Hundsturm, Schmelz und Währing), die neben den außerhalb der „Linie" gelegenen Ortsfriedhöfen die Beerdigungen aufzunehmen hatten, bereits vollständig belegt worden waren. Ende 1870 standen auf diesen Friedhöfen nur noch 40.532 Grabstellen zur Verfügung, die lediglich den Bedarf für weitere zwei Jahre decken konnten. Tatsächlich mußte Ende 1872 der St. Marxer Friedhof geschlossen werden, und im März 1873 standen auf den restlichen Kommunalfriedhöfen nur noch rund 3000 Grabstellen bereit. Im Jahre 1873 erfolgte die provisorische Eröffnung eines Teiles des neuen Zentralfriedhofes, ein Jahr später (1874) wurde der gesamte Friedhof in Betrieb genommen. Die sehr erheblichen Kosten bedeckte man auf dem Anleiheweg.

Der Bau eines neuen Rathauses war schon 1858 im ersten Programm für die Erlangung eines Stadterweiterungsplanes vorgesehen, anfänglich auf einem Platz neben dem Schottentor in der Nähe der heutigen Börse, später (1863) am Parkring gegenüber dem Kursalon zwischen Johannes- und Weihburggasse. Für dieses Terrain begann am 22. Mai 1868 die Bauplanausschreibung, die mit 1. September 1869 befristet war und aus der nach dem Urteil der Jury das unter dem Motto „Saxa loquuntur" von Dombaumeister Friedrich Schmidt eingereichte Projekt als das für die Ausführung geeignetste ausgewählt wurde. Bald nach dieser Entscheidung begann eine lebhafte Kampagne gegen den schon als endgültig angesehenen Bauplatz vis-à-vis dem Stadtpark — vor allem wegen der zu geringen Ausmaße der Bauparzelle. Während Friedrich Schmidt mit dem gewählten Areal zufrieden war, erwog Cajetan Felder eine andere Möglichkeit, für welche er eine tiefere Begründung hatte. Als Josefstädter besaß er nämlich — wie viele seiner Mitbürger — ein eminentes Interesse an der Beseitigung jener Mißstände, die sich aus dem Bestehen des sogenannten Exerzier- und Paradeplatzes auf dem Josefstädter Glacis ergaben. Aus eigener Anschauung wußte er, was es bedeutete, diese Einöde — „bei trockener Witterung eine Sandwüste, die Hauptquelle der Staubentwicklung in der Stadt, bei nasser ein Sumpf oder ein gefrorener Teich", wie er in seinen „Erinnerungen" schreibt — überqueren zu müssen. In der Dunkelheit war die Beleuchtung so spärlich und die öffentliche Sicherheit so gering, daß man stets aufzuatmen pflegte, wenn man die Passage überstanden hatte. Als die Klagen der Bevölkerung immer nachdrücklicher vorgetragen wurden, entschloß sich der Kaiser — zweifellos im Gegensatz zu seinen militärischen Beratern — am 17. August 1868, also noch zu Lebzeiten Bürgermeister Zelinkas, zur Auflassung des Paradeplatzes. In diesem Augenblick regte Felder höchstenorts an, diesen öden Platz in eine der Stadt zur besonderen Zierde gereichende monumentale Anlage umzugestalten, um dorthin das Rathaus, einen größeren öffentlichen Park, aber auch das Gebäude für den Reichsrat und die Universität zu verlegen. Was sich in den nächsten Monaten hinter den Kulissen abspielte, wäre wohl niemals ans Tageslicht gekommen, hätte es nicht Cajetan Felder in seinen Memoiren festgehalten; in seinen zeitgenössischen offiziellen Berichten hütete er sich, seine etwas unkonventionelle Art, den Gemeinderat und andere Stellen zu überlisten, preiszugeben. Jedenfalls gelang es ihm auf verschiedensten Umwegen, dem Gemeinderat die Zustimmung zu einem Verbauungsplan des Paradeplatzes abzugewinnen, und am 11. April 1870 überreichte er dem Kaiser denselben mit der Bitte um Zustimmung. Die Mehrheit des Gemeinderates hatte aber nur in der Erwartung beigepflichtet, daß der Kaiser diesen Plan mit Sicherheit verwerfen werde, sodaß die am 14. Juni 1870 einlangende kaiserliche Genehmigung sie wie eine kalte Dusche traf. Wie immer die Opposition es drehen und wenden mochte: an der nun einmal getroffenen Entscheidung war nicht mehr zu rütteln. So konnte am 25. Mai 1872 der erste Spatenstich getan und am 14. Juni 1873, wenige Wochen nach der Eröffnung der Wiener Weltausstellung, in feierlicher Form der Grundstein zum Rathaus gelegt werden. Die Kosten waren für damalige Verhältnisse gigantisch: bei einem städtischen Einnahmevolumen von 8,12 Millionen Gulden (1870) gab der Voranschlag für den Bau ein Erfordernis von 8,5 Millionen, die Endabrechnung belief sich sogar auf 14,5 Millionen Gulden.

Abgesehen von diesen Großprojekten beschränkte sich die Bautätigkeit der liberalen Zeit — in einem beachtlichen Umfang — auf die Errichtung von Amtshäusern, Schulen und Kirchen sowie auf die Durchführung von Regulierungen (Demolierung verkehrsbehindernder Häuser, die man zu diesem Zweck ankaufte), so beispielsweise jene des Stock-im-Eisen-Platzes (vollendet 1866) und der Brandstätte (vollendet 1875). Ebenso erforderte die Erneuerung des Straßensystems bedeutende Mittel. Weiters befaßte man sich eingehend mit der Lebensmittelversorgung der Großstadt, errichtete die Zentralmarkthalle (1865), Detailmarkthallen in einigen Bezirken und (vollendet unter Bürgermeister Julius Newald) den Zentralviehmarkt (1881).

Die Blütezeit der liberalen Wirtschaftspolitik ging mit dem Börsenkrach des Jahres 1873 zu Ende. Der Niedergang des liberalen Regimes zeigte sich am deutlichsten auf wirtschaftlichem Gebiet. Immer konkreter zeichnete sich die Tatsache ab, daß das liberale Wirtschaftskonzept, abgestimmt auf den großbürgerlichen Industrialismus und Kapitalismus, bei der Masse der kleinbürgerlichen Handwerker und Gewerbetreibenden (die immerhin rund ein Drittel der Wiener Bevölkerung ausmachten) keinen Widerhall fand. Das Jahr 1873 bildet den Abschluß jener nach 1866 einsetzenden Konjunkturperiode, die man üblicherweise als die eigentliche „Gründerzeit" bezeichnet und der eine Periode schwerer Depression mit verminderten Wachstums- und Investitionsraten folgte.

Die Sozialpolitik der liberalen Ära trat gegenüber den wirtschaftlichen Maßnahmen entschieden in den Hintergrund und hat fast keine Errungenschaften aufzuweisen; von Bedeutung waren — auf Staatsebene — überhaupt nur das Vereins- und Versammlungsgesetz, das Gesetz über die Aufhebung des Koalitionsverbots (1870) und die Ursprünge des Sozialversicherungswesens in den achtziger Jahren. Die soziale Frage, durch die liberalen Wirtschaftsprinzipien zu einem brennenden Problem geworden, wurde im Geiste der Zeit mehr akademisch-dialektisch behandelt; einer Lösung auf kommunaler Ebene stand vor allem die Überzeugung im Wege, daß soziale Leistungen ausschließlich karitativ zu erbringen seien. Unter diesem Aspekt konnte bei gleichzeitiger Betonung der Verpflichtung zur Selbsthilfe von einem „Recht auf Fürsorge" absolut keine Rede sein. Entsprechend diesen Grundsätzen lehnte man jede kommunale Sozialpolitik ab und überließ auch auf diesem Sektor dem privatkapitalistischen „freien Spiel der Kräfte" die alleinige Verantwortung. Für das in der damaligen Verwaltungsgruppe IX zusammengefaßte Armenwesen wurde von städtischer Seite nur ein unwesentlicher Betrag veranschlagt, der in den sechziger und siebziger Jahren des 19. Jahrhunderts zwischen sechs und sieben Prozent des Budgets erreichte, wobei zu bedenken ist, daß ein beachtlicher Teil der jeweiligen Beträge auf die Deckung des Abgangs beim Allgemeinen Versorgungsfonds entfiel. Die relativ höchsten Summen stellte man für den Bau von Waisenhäusern zur Verfügung. Im Jahre 1873 wurden die bisherigen Pfarrarmeninstitute — eine Schöpfung Kaiser Josephs II. aus dem Jahre 1783 — aufgelöst (die Armenväter standen unter der Leitung des Pfarrers) und die Gemeinde erhielt das Recht, die Armenpflege in Eigenregie durchzuführen; dazu entschloß man sich zur Schaffung von Bezirksarmeninstituten, die sich 1874 konstituierten. In der Praxis blieb die Verantwortung aber doch bei privaten Wohltätigkeitsinstituten, ja der Gemeinderat lehnte ein kommunales Eingreifen (zum Beispiel im Falle der geplanten Einrichtung von Wärmestuben) ausdrücklich ab. Dasselbe galt für das gerade in diesen Jahren deutlicher denn je zuvor erkennbare Wohnungsproblem, das man als eine rein privatwirtschaftliche Angelegenheit bezeichnete und sich weder in bauliche, noch in hygienische oder gar mietenrechtliche Fragen einmischte. Obwohl die Verhältnisse einer dringenden Klärung bedurft hätten, konnte sich der Gemeinderat zu keinem entscheidenden Schritt entschließen. Die Bauten wurden aus Rentabilitätsrücksichten qualitativ immer schlechter. Anstatt einzuschreiten, schuf man für die privaten Bauherren weitere Erleichterungen und „ging damit" (wie es im zeitgenössischen städtischen Verwaltungsbericht wörtlich heißt) „bis zu jener äußersten Grenze, welche ohne Gefährdung der körperlichen Sicherheit der Bewohner sowie ohne Ignorierung der durch unsere klimatischen Verhältnisse gebotenen sanitären Rücksichten nicht füglich überschritten werden konnte". Mit anderen Worten: die Bahn war endgültig frei für die Errichtung jener Mietskasernen, welche das Stadtbild gegen Ende des vorigen Jahrhunderts zu verunstalten begannen und die noch heute eines der schwierigsten Probleme der Stadtverwaltung bilden. An diesem Beispiel erkennt man besonders klar die Gefahren einer einseitigen Klassenvertretung in den gesetzgebenden Körperschaften.

Tragik am Bürgermeisterstuhl: Julius Newald

Mit dem Rücktritt von Bürgermeister Dr. Cajetan Felder ging im Wiener Gemeinderat eine Ära zu Ende. Sogleich begannen parteiinterne Beratungen über die Nachfolge auf dem Bürgermeisterposten. Die Mittelpartei, die den gemäßigten rechten Flügel des Gemeinderates bildete, einigte sich rasch, ihren Obmann, den bisherigen ersten Bürgermeister-Stellvertreter DR. JULIUS NEWALD, zu nominieren, und auch der rechtsstehende Reformklub beschloß, die Kandidatur Newalds zu unterstützen, der sich damit bereits als Kandidat der Majorität vorstellte. Schwieriger gestalteten sich die Überlegungen in den beiden oppositionellen linken Fraktionen des Gemeinderates, der „Linken" und „Äußersten Linken", doch strebte man auch in diesen Gremien einen Ausgleich an. So kam es, daß schon nach kurzer Zeit die Wiener Presse der Bevölkerung mitteilen konnte, alle vier Fraktionen hätten sich auf Dr. Newald als Kompromißkandidaten geeinigt, wobei diese Entscheidung trotz aller vorhandenen Bedenken und der von oppositioneller Seite begründeten Skepsis vor allem deshalb zustande gekommen sei, weil man Newald wegen seiner Konzessionsbereitschaft und Erfahrung als den geeignetsten Mann für diesen Posten betrachtete. Man erhoffte sich von Newald, dessen ruhige und taktvolle Art Anerkennung fand, eine Überbrückung der bestehenden gemeinderätlichen Gegensätze, ohne durch zu große Nachgiebigkeit einen „Frieden um jeden Preis" befürchten zu müssen.

Newald war im Jahre 1864 in den Gemeinderat gewählt worden. Will man sich einen Begriff davon machen, auf welche Bevölkerungskreise sich ein Mandatar zu diesem Zeitpunkt stützte, so liest man am besten in der „Presse" nach, in der am 12. März 1864 folgender Bericht erschien: „Im neunten Bezirk Alsergrund waren im ersten Wahlkörper 44 Wähler erschienen; gewählt wurde Herr Dr. Julius Newald, öffentlicher Agent, mit 34 Stimmen." Im Augenblick des Eintritts Newalds in den Gemeinderat hatte sich die seit 1861 bestehende Gliederung der Liberalen in eine „Rechte", eine „Linke" und ein „Zentrum" unter dem Einfluß Cajetan Felders bereits gewandelt: der von ihm gegründete rechtsliberale, gemäßigte Klub, die Mittelpartei, hatte sich eine starke Mehrheit gesichert, der ursprünglich vereinigte linke Flügel in eine „Linke" und eine „Äußerste Linke" aufgespalten. Newald schloß sich der Mittelpartei an; er wurde von Cajetan Felder als „sehr ruhiger, von gemäßigten Ideen erfüllter, bescheidener Mann" charakterisiert, der bald „eines ihrer fleißigsten und bei der Bürgerschaft beliebtesten Mitglieder" zu werden begann, keine Klubsitzung versäumte und mit seinen Kollegen oftmals bei einem Glas Bier bis nach Mitternacht diskutierte. Seine Tätigkeit im Gemeinderat konzentrierte sich anfangs auf die Finanz- und die Rechtssektion, doch wurde er im Laufe der nächsten Jahre in eine ganze Reihe spezieller Gemeinderatskommissionen gewählt und war in diesen mit größtem Eifer tätig. Noch zu Lebzeiten Zelinkas wurde Newald am 9. Juni 1868 anstelle des ausgeschiedenen Gemeinderates Dr. Mayerhofer mit einem Riesenvorsprung an Stimmen vor seinem Konkurrenten Steudel zum zweiten Bürgermeister-Stellvertreter gewählt; Cajetan Felder behielt weiter die Stelle eines ersten Bürgermeister-Stellvertreters. Newald betrachtete die Wahl als eine Bestätigung für die Anerkennung seiner Arbeit und gab das Versprechen ab, sich uneingeschränkt in den Dienst der Stadt Wien zu stellen — Felder sah in seinen „Memoiren" in der Auffassung, die Newald von seinem Amte (und seiner Person) hatte, die Keimzelle für spätere tragische Ereignisse. Felder schreibt über seinen späteren Stellvertreter, daß dieser von Anfang an schon sehr ehrgeizig gewesen wäre und stets trachtete, bei seinem Vorgesetzten Zelinka in gutem Licht zu erscheinen, was sich unter anderem darin ausdrückte, daß Newald fast nicht von der Seite des Bürgermeisters wich und zu dessen ständigem Begleiter wurde.

Ende 1868, als Zelinka plötzlich starb, diskutierte man ernsthaft, welchem der beiden Stellvertreter man nun die „Bürgermeisterkrone" aufs Haupt setzen sollte: Cajetan Felder, der sich der massiven Unterstützung der Mittelpartei erfreute, oder dem zweiten „Vize" Newald, der als Obmann der Mittelpartei tätig war und (bei allen fachlichen Qualitäten Felders und trotz dessen überragender geistiger Potenz) diesem — wie das „Neue Wiener Tagblatt", das sich damit zum Sprecher auch anderer Presseorgane machte, betonte — doch einiges voraus hatte: er war „ruhig, leidenschaftslos und trug weder als Präsident noch im persönlichen Umgang der Opposition gegenüber jenes unfreundliche, barsche Wesen zur Schau, das dem Dr. Felder von seinen Parteigegnern mit vollem Recht übelgenommen" wurde. Obwohl vor allem die linksorientierten Klubs daran dachten, mit dem Zentrum eine Koalition einzugehen, um Newald gegen Felder zu unterstützen, entschied letztlich die Einstellung der Mittelpartei, die sich geschlossen hinter Felder stellte, die Wahl: vielleicht in der richtigen Überlegung, mit einem Rücktritt Felders rechnen zu müssen, falls er bei der Bürgermeisterwahl eine Niederlage erleide — und einen solchen Verlust wollte man nicht riskieren. Am 13. Dezember 1868 fiel parteiintern die Entscheidung für Felder — dem abwesenden Newald ließ man mitteilen, er möge sich dem Parteibeschluß beugen (was er auch tat) —, und eine Woche später war Felder im Gemeinderat mit 84 gegenüber 29 für Newald abgegebenen Stimmen zum Bürger-

Sitzung des Wiener Gemeinderates unter dem Vorsitz des Bürgermeisters Karl Seitz, am Rednerpult Vizebürgermeister Georg Emmerling

Der Reumannhof am Margaretengürtel gehört zu den bedeutendsten Wohnhausbauten der Gemeinde Wien aus der Zeit des ersten Wohnbauprogrammes

meister gewählt. Bei den späteren Bürgermeisterwahlen wurde Newald als Gegenkandidat Felders nicht mehr nominiert — nach Felders Ansicht deshalb, weil Newald mit der Linken kokettiert habe, was ihm schadete —, fungierte aber ein Jahrzehnt hindurch als Felders erster Stellvertreter, wobei er gegenüber verschiedenen Konkurrenten immer einen großen Vorsprung erringen konnte.

Die Beziehungen zu Felder gestalteten sich zwar weder besonders eng noch freundschaftlich, doch verlief die Zusammenarbeit nach außen hin in geregelten Bahnen. Felder faßte sein Urteil in die Worte zusammen: „Loyalerweise muß ich feststellen, daß aus unserer Rivalität niemals, auch nicht während meiner zehnjährigen Amtszeit, Gegnerschaft in offener Form wurde." Dies wäre nicht einmal verwunderlich gewesen, da die Persönlichkeiten Felders und Newalds einander keinesfalls ähnelten. Felders fester Wille, sein oft autokratisches Verhalten, seine manchmal betonte Distanz machten ihn nicht beliebt; wenngleich er immer geachtet wurde, war er doch nie wirklich populär. Newald hingegen war von Natur aus eher still und zurückgezogen, zwar kein Einzelgänger, wollte aber ungern im Rampenlicht stehen — kurz: er war ein Mann, der (nach Aussage Felders) *im Gemeinderat durch ein Wesen auffiel, das sich in großem Schweigen ausdrückte.* Daß Cajetan Felder seinen Kollegen fachlich durchaus schätzte, zeigt schon sein Gedanke, ihn als Obmann „seiner" Mittelpartei vorzuschlagen. Vielleicht ist diese Bestellung jedoch so aufzufassen: der tatkräftige, selbstbewußte, ideenreiche und kampflustige Felder wollte den eher farblosen, ruhigen Newald an dieser Stelle wissen — in der richtigen Überlegung, daß er sich von diesem dank seiner fachlichen Fundierung zwar eine entsprechende Hilfe erhoffen durfte, infolge seiner mangelnden Energie und politischen Kampfbereitschaft aber keine Konkurrenz befürchten zu müssen glaubte.

Bei dieser Konstellation konnte es natürlich nicht ausbleiben, daß 1878, wie eingangs erwähnt, Newald zum Nachfolger des zurückgetretenen Felder gewählt wurde. Newald, am 11. April 1824 in Neutitschein in Mähren als Sohn eines Tuchmachermeisters geboren, besuchte in Troppau das Gymnasium mit vorzüglichem Erfolg und kam 1843 — nachdem er im Alter von zehn Jahren seinen Vater verloren hatte — nach Wien, um hier nach zweijährigen philosophischen Studien in die juridische Fakultät einzutreten, an der er 1849 seine Studien abschloß. Während seiner Praxis bei der Staatsanwaltschaft, bei Advokaten und Notaren erwarb er auch das juridische Doktordiplom, dann suchte er 1855 um die Stelle eines öffentlichen k. k. Zivil- und Militäragenten in Wien an — ein Posten, welcher damals üblicherweise nach dreijähriger Praxis und abgelegter Prüfung in der politischen Verwaltung und im Justizdienst an absolvierte Juristen verliehen wurde. Zwei Jahre später verheiratete sich Newald mit Laura Dirnböck und schloß damit eine Ehe, der wohl überwiegend materielle Motive zugrunde lagen; tatsächlich fiel Newald nach dem Tod seines Schwiegervaters, eines Tuchhändlers und Gemeinderates, der auch Gemeindevorsteher in der Alservorstadt war, ein beträchtliches Vermögen zu.

Die Absprachen zwischen den „Linken" und der „Äußersten Linken", die vor der Wahl Newalds stattfanden, dürften wesentlich dazu beigetragen haben, daß wenig später diese beiden oppositionellen Fraktionen und die sogenannten „Wilden" (das waren von ihren Fraktionen abgesprungene Gemeinderäte) ihre Konstituierung als „Vereinigte Linke" beschlossen, sodaß praktisch nur drei wesentliche Gruppen im Gemeinderat saßen: die Mittelpartei, die sich zur Zeit Newalds noch als tonangebend erwies, der „Wiener Club", der, unter der Führung von Dr. Prix 1881 abgespalten, ebenfalls am rechten Flügel stand, sowie die „Vereinigte Linke", die somit allein die Opposition verkörperte und damals noch von Dr. Karl Lueger geführt wurde. Aus der „Vereinigten Linken" ging später der „Club der Linken" hervor, der jedoch im Laufe der Zeit seine liberale Grundhaltung aufgab und sich zur Keimzelle der Christlichsozialen Partei entwickelte.

Schon wenige Monate nach der Amtsübernahme konfrontierte der Gemeinderat Newald mit der bereits fünf Jahre zuvor beschlossenen Wahlordnung. Der oppositionelle Gemeinderat Steudel forderte, wenn auch vergeblich, man möge die vom niederösterreichischen Landtag im Prinzip genehmigte Auflassung des Wahlkörpersystems aufgreifen und eine neue Gemeindewahlordnung ausarbeiten. Bereits 1878 hatte Lueger für die Aufhebung der Wahlkörper plädiert, nun verlangte er (1880) die Ausdehnung des Wahlrechts auf alle in Wien wohnenden österreichischen Staatsbürger, die eine direkte Steuer entrichteten.

Im Zuge der Wahl der Bürgermeister-Stellvertreter im Jahre 1878 ging mit überwältigender Mehrheit der bisherige zweite „Vize" nunmehr als erster Stellvertreter hervor: Eduard Uhl, von dem Felder zu berichten weiß, Newald hätte ihn durch schlechte Anlageberatung während des Börsenkrachs von 1873 um den letzten Rest seines ererbten Vermögens gebracht. Als man 1877 durch eine „Lex Uhl" dem verarmten Mandatar eine Funktionsgebühr verschaffen wollte, um seine Existenz zu sichern, erklärte Newald — durchaus berechtigt — er für seine Person würde eine solche absolut gesetzwidrige Honorierung nicht akzeptieren. Er befreite damit zwar Cajetan Felder aus der Verlegenheit, seinerseits eine Ablehnung des Antrages zu fordern, errang sich mit diesem Veto aber bestimmt nicht die Sympathie Uhls, von dem eigentlich niemand zu sagen wußte, wovon er lebte.

Als 1881 Newalds dreijährige Amtsperiode zu Ende ging, konnte er zwar auf keine hervorragenden Beschlußfassungen hinweisen, wohl aber mit der Tatsache zufrieden sein, daß es ihm gelungen war, mit allen Parteien gleichermaßen auszukommen — am wenigsten allerdings mit seiner eigenen, der Mittelpartei; denn der Umstand, daß sich Newald gleichzeitig der Opposition als wählbarer Kandidat für den Bürgermeisterposten präsentieren wollte, mußte zwangsläufig zu starken Spannungen in den eigenen Reihen führen. Daraus resultierte eine recht merkwürdige Konstellation: Newald näherte sich immer mehr der „Vereinigten Linken", und diese unterstützte ihn in der Erkenntnis, daß sie bei ihm ein leichteres Spiel habe, als dies etwa bei Cajetan Felder der Fall gewesen wäre. Die Mittelpartei, die seit Newalds Amtsantritt an Stärke verlor und von der kräftig emporstrebenden „Vereinigten Linken" überholt zu werden drohte, zersplitterte sich im Verlaufe der Bürgermeisterwahl durch zermürbende Diskussionen immer weiter.

Die „Vereinigte Linke" wurde allmählich zu der an Mitgliederzahl und Einfluß mächtigsten Fraktion des Gemeinderates. Schließlich kam es zur Wiederwahl Newalds, aber nicht — wie seinerzeit bei Zelinka oder Felder — dank der geschlossenen Unterstützung der Mittelpartei, sondern infolge der diplomatischen und spekulativen Zustimmung der Opposition. Ein halbes Jahr später — Newald war mittlerweile in die Ringtheaterkatastrophe verwickelt worden — verteidigte gerade Dr. Lueger den scharf angegriffenen Bürgermeister und versuchte, diesen auf seinem Posten zu halten. Diese Schützenhilfe, gepaart mit der bei dieser Gelegenheit zutage tretenden Stärke der Opposition, führte selbstverständlich zu der Schlußfolgerung, Newald habe es viel zu lange gebilligt, daß Lueger im Gemeinderat eine ihm nicht zustehende Rolle spiele, und weiters sei der sensationelle Aufstieg der Opposition lediglich der Unentschlossenheit des Bürgermeisters zuzuschreiben.

In der Amtszeit Newalds lag das Schwergewicht der liberalen Verwaltung auf dem Gebiet der Wirtschaftspolitik und keinesfalls auf jenem der Sozialpolitik. Unverkennbar ist das Bestreben, Wien zu einer bedeutenden Großstadt zu machen, weshalb auch Fragen der Wasserversorgung, Kanalisation, des Verkehrswesens und des Zentralfriedhofes im Vordergrund standen. 1881 stellte man ein Projekt zur Diskussion, das von nachhaltiger Bedeutung war: dem Gemeinderat wurde der Vorschlag für eine Wiener Gürtelbahn bzw. eine Wiener Stadtbahn überreicht, die durch Radiallinien auch eine Verbindung zu den Vororten herstellen sollte. Infolge der beiden großen Anleihen von 1866 und 1873 hatte sich für Wien in diesem Zeitpunkt bereits eine Verschuldung ergeben, die sich äußerst unangenehm bemerkbar machte. 1881 mußten bei damaligen Gesamtausgaben von rund 16,3 Millionen Gulden nicht weniger als 4,5 Millionen Gulden für die Tilgung und Verzinsung der Gemeindeschuld aufgewendet werden, das waren 27,6 Prozent.

Am 8. Dezember 1881 wurde Wien durch den verheerenden Brand des Ringtheaters erschüttert, der rund vierhundert Menschenleben forderte. Der Hergang der Katastrophe ist so oft rekonstruiert worden, daß man ihn als bekannt voraussetzen kann. Bei aller Tragik des Einzelschicksals interessiert uns vor allem die Verquickung Bürgermeister Newalds mit dem Geschehnis. Nachdem zwei Wochen hindurch im Gemeinderat immer wieder Interpellationen der Opposition behandelt worden waren, kam es am 22. Dezember 1881 zu jener Anfrage des Gemeinderates Sommaruga bezüglich des „Theaterregulativs" vom 9. April, dessen etwas offensive Beantwortung durch den Bürgermeister einen Kompetenzstreit mit dem niederösterreichischen Statthalter von Possinger nach sich zog, der bemüht war, die ihm von Newald zugeschobene Verantwortung mit dem Hinweis zu entkräften, daß es allein bei der Kommune gelegen wäre, erforderliche Schritte zu unternehmen. Der Konflikt spitzte sich in den folgenden Wochen derart zu, daß es nicht nur zu einer regelrechten Spaltung der Meinungen im Gemeinderat kam, sondern der Statthalter auch von seinem Recht Gebrauch machte, im Gemeinderat in Anwesenheit des Bürgermeisters durch einen Statthaltereirat in einer für den Bürgermeister sehr erniedrigenden Weise in Erlaßform eine Stellungnahme abzugeben, die seinen Standpunkt fixierte. Dies war der Moment, in dem als einzige Fraktion die „Vereinigte Linke" den Bürgermeister verteidigte und erklärte, das *Eingreifen des Statthalters stelle einen Eingriff in die Rechte des Gemeinderates dar*. Der Bürgermeister selbst schwieg: nicht, weil er (wie man in der Öffentlichkeit annahm) sich objektiv schuldig fühlte, sondern aufgrund seines übersteigerten Verantwortungsgefühls mehr Schuld zu tragen glaubte, als es tatsächlich der Fall war. Während die Mehrzahl der Gemeinderäte sich nunmehr von Newald abwandte, ja die Mittelpartei schon mit seinem Rücktritt rechnete, unternahm die „Vereinigte Linke" einen verzweifelten Versuch, den Bürgermeister zu retten. Diese Handlungsweise ist nur unter dem Blickwinkel zu verstehen, daß man, solange man sich nicht stark genug fühlte, selbst den Bürgermeister zu stellen, an Newald festhalten wollte. Umsonst: am 24. Jänner 1882 trat Newald zurück. Als am 24. April 1882 der Ringtheaterprozeß begann, saß auch Newald auf der Anklagebank. Es dürfte ihm selbst in diesem Fall an Energie gefehlt haben, sich entsprechend zur Wehr zu setzen. Im Zuge der Verhandlung erwies sich jedoch, daß Newald durch die Übernahme der Verantwortung lediglich den Magistrat decken wollte, worauf der Staatsanwalt die Anklage zurückzog und die Affäre mit einem Freispruch Newalds endete. Damit war ein aufsehenerregendes Kapitel der Wiener Stadtgeschichte abgeschlossen — für Julius von Newald aber eine Welt zusammengebrochen.

Übersiedlung ins Rathaus am Ring. Bürgermeister Eduard Uhl

Der Nachfolger Newalds hieß EDUARD UHL. Fast einstimmig erfolgte am 9. Februar 1882 seine Wahl zum Bürgermeister, acht Tage nachher die Bestätigung seitens des Kaisers und am 27. Februar seine Vereidigung. Nach Ansicht der humoristischen Zeitschrift „Kikeriki" hätte der neue Stadtvater anders aussehen müssen: „Die wohlhabenden Newalds, diese Allerweltsfreunde und mit-allen-gut-auskommen-möchtenden Vertreter sind keine geeigneten Elemente mehr für die jetzige korrupte Periode. Da gehört ein Entschlossener her, kein Weichherziger, der faule Magistratsräte schont und für deren Unterlassungen seine Haut zu Markte trägt", lautete die Forderung mit einem unmißverständlichen Seitenblick auf Newalds Rücktritt.
Es war allen Beteiligten von Anfang an klar, daß auch Eduard Uhl nicht der ersehnte „starke Mann" sein würde. Einer der Mitbegründer der liberalen Mittelpartei, hatte er wenige Wochen vor der Wahl seinen 68. Geburtstag begangen. Am 12. Dezember 1813 als Sohn eines angesehenen Josefstädter Arztes und Bürgers geboren, widmete er sich nach Absolvierung des Piaristengymnasiums naturwissenschaftlichen Studien an der Wiener Universität, konnte diese, da ihn der Vater für eine Beamtenlaufbahn bestimmte, jedoch nicht vollenden. Seinen Magistratsdienst begann Uhl 1832 im Hauptdepositenamt, in dem er bis 1840 arbeitete. In diesem Jahr starb sein Vater, und nun wandte sich der Siebenundzwanzigjährige wieder naturwissenschaftlichen und historischen Studien zu; das väterliche Erbe erlaubte es ihm, als Privatier zu leben. Während der Revolution des Jahres 1848 bekleidete er den Rang eines Hauptmannes in der 6. Kompanie der Nationalgarde am Alsergrund und erwarb sich durch sein offenes Eintreten für die Rechte bürgerlicher Freiheit die Sympathie und das Vertrauen weiter Kreise. Da er auch in der neoabsolutistischen Ära unerschütterlich am liberalen Gedankengut festhielt, blieb er in den fünfziger Jahren von jeder öffentlichen Tätigkeit ausgeschlossen. Erst 1861 wurde er in den neuen Gemeinderat gewählt, und seither stellte er seine ganze Kraft in den Dienst der städtischen Verwaltung, wobei er sein Hauptaugenmerk auf die Hochquellenwasserleitung und die Donauregulierung richtete. Er war mit Erfolg in den entsprechenden Kommissionen tätig und setzte darüber hinaus sogar Teile seines privaten Vermögens ein, um zur schnelleren Realisierung der Hochquellenwasserleitung beizutragen. Politisch schloß sich

Uhl der liberalen Mittelpartei an, erfreute sich aber dank seines sachlichen, taktvollen Verhaltens auch bei andersdenkenden Mitgliedern des Gemeinderates großer Beliebtheit; durch volkstümliches Auftreten und Hilfsbereitschaft stand er bei der Bevölkerung in hoher Gunst. Seit 1862 Schriftführer des Gemeinderates, wurde Uhl 1875 (noch unter Cajetan Felder) zum zweiten und 1878 (zugleich mit der Wahl Newalds zum Bürgermeister) zum ersten Bürgermeister-Stellvertreter gewählt und wirkte ab diesem Zeitpunkt auch als Landtagsabgeordneter. Er war ein Wiener „von echtem Schrot und Korn", allerdings ein Mann, über dessen Tüchtigkeit seine Umgebung besser Bescheid wußte als er selbst, denn es mangelte ihm an Selbstvertrauen, um seine Fähigkeiten ins rechte Licht zu rücken. Diese Charaktereigenschaft ließ ihn in hohem Alter gegenüber politischen Anfeindungen und Intrigen ausgesprochen hilflos werden, weil er sich selbst dann nicht entsprechend zur Wehr zu setzen vermochte, wenn er im Recht war.

Am 9. Februar 1882 erfolgte also die Wahl Eduard Uhls zum Bürgermeister. Wie so oft verdankte auch er seinen Aufstieg dem Umstand, daß sich die feindlichen Flügel im Gemeinderat auf keinen Kandidaten aus ihren Reihen einigen konnten und daher den der gemäßigten Mitte angehörenden Uhl, der als tüchtig, ehrlich und in der Geschäftsführung erfahren galt, als Kompromißlösung akzeptierten. Uhl erhielt zwar 98 von 111 abgegebenen Stimmen, konnte sich aber während seiner Amtszeit dennoch auf keine solide Mehrheit stützen; der zu seinem ersten Stellvertreter gewählte Dr. Prix hatte nämlich samt seinem Klub keineswegs die Absicht, vorbehaltlos mit dem Bürgermeister zusammenzuarbeiten. Da man die tristen finanziellen Verhältnisse kannte, in die Uhl aus den bereits dargelegten Gründen geraten war, bewilligte man ihm das ansehnliche jährliche Salär von 17.000 Gulden und mietete ihm dazu auf Gemeindekosten eine repräsentative Wohnung im ersten Bezirk.

Als Bürgermeister bemühte sich Uhl um einen Ausgleich mit der Opposition. Gegenüber Lueger, der wenige Wochen nach Uhls Wahl in einem Anfang März stattgefundenen Ehrenbeleidigungsprozeß eine glänzende Rehabilitation und damit einen bedeutsamen persönlichen Sieg über seine liberalen Gegenspieler davongetragen hatte, verhielt sich Uhl nicht so intolerant wie etwa Cajetan Felder, dessen Vorgehen man zeitweise geradezu als fanatisch, wenn nicht gehässig bezeichnen muß. Die Verwaltungsmaßnahmen, die Uhl einleitete, bezogen sich zunächst auf das nach dem Sturz Newalds Nächstliegende: die Reorganisation des Feuerlöschwesens. Tatsächlich kam es bereits am 9. Mai 1884 zu einem neuen Organisationsstatut der Berufsfeuerwehr, deren Zusammenarbeit mit den Freiwilligen Feuerwehren der Vororte durch eine Reihe von Feuerpolizeiordnungen geregelt werden konnte. Es ist allerdings kennzeichnend für die Einstellung der Zeit, daß für eine andere segensreiche Einrichtung, die „Freiwillige Rettungsgesellschaft", keine öffentlichen Mittel flüssiggemacht wurden, sondern daß diese Institution, die doch einen wesentlichen Faktor im städtischen Sanitätswesen zu bilden versprach, in ihrem Betrieb auf privates Mäzenatentum angewiesen blieb.

Die Schwerpunkte der achtziger Jahre lagen auf dem Ausbau der Approvisionierungsanlagen (Märkte) und der Errichtung von Waisenhäusern. 1884 konnte nach sechsjähriger Bauzeit der

Zentralviehmarkt in St. Marx eröffnet werden; 1885 folgte der erste Wiener Pferdemarkt in der Siebenbrunnenfeldgasse, der im Hinblick auf die dauernd steigenden Fleischpreise und das daraus resultierende Ausweichen der ärmeren Bevölkerung auf den Konsum des damals sehr billigen Pferdefleisches auch eine preisdämpfende Funktion erfüllte; 1888 wurde das als „Wurstviehmarkt" bezeichnete Schlachthaus in Meidling fertiggestellt.

Der Bau von Waisenhäusern zählte zu den wenigen von den Liberalen entwickelten sozialen Aktivitäten, fügt sich aber dennoch organisch in ihre weltanschaulichen Grundsätze ein. Das üblicherweise vertretene Prinzip der Selbsthilfe konnte auf unversorgte Kinder nicht angewendet werden; nur deshalb ließ man eine Ausnahme zu und gab öffentliche Mittel für diese Zwecke frei. Bei der Beurteilung muß man jedoch berücksichtigen, daß die rechtlichen Voraussetzungen in der damaligen Zeit bestimmte kommunale Vorhaben zumindest sehr erschweren. Manche heute selbstverständlich erscheinende Verpflichtung fiel nämlich in die Kompetenz des Kronlandes Österreich unter der Enns, dem unter anderem 1885 gesetzlich die Führung von Erziehungsanstalten aufgetragen war; hier wäre die von Josef Schöffel angeregte und 1888 eröffnete Eggenburger Besserungsanstalt zu nennen.

Uhls Bürgermeisterära wurde vom unaufhaltsamen Vordringen der politischen Opposition überschattet. Als es Karl Lueger 1885 nach langen Kämpfen gelang, eine — wenn auch bescheidene — Wahlrechtsreform durchzusetzen und mit der Senkung der für eine aktive Wahlbeteiligung erforderlichen Steuerhöhe von zehn auf fünf Gulden pro Jahr vor allem jenen Handwerkern und Gewerbetreibenden politische Rechte zu verschaffen, die er als seine ureigensten Anhänger betrachten konnte, rückte jene Stunde heran, die auf Staatsebene bereits 1878 geschlagen hatte. Obwohl man Bürgermeister Uhl keine unmittelbare Schuld geben kann, verloren die Liberalen in Wien — nicht zuletzt infolge einer immer deutlicheren Zersplitterung ihrer Partei — mehr und mehr an Bedeutung. Innerhalb des liberalen Lagers nahm man die Gelegenheit wahr, eine Kampagne gegen den Bürgermeister zu entfachen. Der den Fortschrittsklub vertretende Dr. Prix entwickelte sich zum profilierten Gegenspieler des nunmehr rund 75jährigen Stadtoberhauptes.

Da Lueger 1887 mit dem führenden katholischen Sozialpolitiker Karl Freiherr von Vogelsang in näheren Kontakt getreten war, konnte er seiner Anhängerschaft endlich auch eine neue Ideologie präsentieren: die Lehre des christlichen Sozialismus. In der Unvereinbarkeit von Christentum und Kapitalismus gipfelnd, suchte sie eine gerechte Sozialordnung auf christlicher Grundlage zu schaffen. Damit entsprach Vogelsangs Lehre nicht nur weitgehend den von Lueger seit jeher vertretenen Ansichten, sondern bedeutete auch eine klare Kampfansage an den rein kapitalistisch geprägten Wirtschaftsliberalismus wienerischer Prägung. Das Vogelsangsche Programm, dem die Liberalen praktisch keine eigene Ideologie entgegenzusetzen hatten, bildete die Voraussetzung für die 1893 von Lueger gegründete Christlichsoziale Partei. Aus dem seit 1887 bestehenden Christlichsozialen Verein, den Vereinigten Christen und dem Christlichsozialen Arbeiterverein hervorgegangen, hatte die junge Partei durch den 1889 in Wien abgehaltenen Allgemeinen österreichischen Katholikentag und die 1891 von Papst Leo XIII. veröffentlichte Sozialenzyklika „Rerum novarum", in der äußerst fortschrittliche soziale Gedanken ausgesprochen wurden, eine wesentliche Vertiefung ihrer Grundsätze gefunden. Es ist bestimmt kein zufälliges Zusammentreffen, daß sich etwa zur selben Zeit — bereits als künftige zweite Kraft erkennbar — größere Teile der Arbeiterschaft, soweit sie sich nicht dezidiert zu christlichen Idealen bekannten, in eigenen Organisationen zusammenschlossen. Der an der Jahreswende 1888/1889 abgehaltene Hainfelder Parteitag führte unter Dr. Victor Adler zu einer Einigung der verschiedenen Gruppen der Arbeiterbewegung und damit zur Gründung der Sozialdemokratie.

Mit der Tätigkeit der Arbeiterbildungsvereine, gewerkschaftsähnlicher Organisationen und politischer Klubs kam der Arbeiterschaft in den achtziger Jahren nicht nur ihre triste soziale Lage immer stärker zu Bewußtsein, sondern sie erkannte auch die Möglichkeit, durch entsprechende eigene Initiativen Abhilfe zu schaffen. Zwei Gruppen von Arbeitern waren es, deren wirtschaftliche Situation so schlecht war, daß man sie kaum in Worten zu schildern vermag: die der Wienerberger Ziegelarbeiter, der Ärmsten der Armen, deren nicht mehr zu steigernde Not durch Victor Adler aufgedeckt wurde, und die der „Tramway-Sklaven", der praktisch rechtlosen Bediensteten der privaten Tramway-Gesellschaften, die trotz Ausnahmezustand und Unterdrückung in verzweifelten Streiks eine Besserung ihrer Einkommens- und Arbeitsbedingungen herbeizuführen trachteten. Allmählich setzte sich die Erkenntnis durch, daß man nur durch Bildung und Organisation, letztlich aber auf dem Wege über eine Wahlrechtsreform und eine durch sie erreichte Vertretung der Arbeiterschaft in den gesetzgebenden Körperschaften auf legale Weise zur Gleichberechtigung gelangen könne. Die Wahlrechtskämpfe standen daher in den kommenden Jahrzehnten im Vordergrund jeder politischen Betätigung.

Zweimal — 1885 und 1888 — wurde Uhl wiedergewählt. Beim zweiten Mal waren die sich um Dr. Prix scharenden Gegner des Bürgermeisters bereits so stark geworden, daß wohl nur der Mangel einer für Uhl geeigneten anderwärtigen Versorgung den Ausschlag für die Wiederwahl gegeben hat. Wenig später erkannte jedoch Uhl selbst, daß seine Spannkraft nicht mehr ausreiche, die sich verschärfenden politischen Gegensätze im Gemeinderat zu überbrücken und eine hinreichende Aktivität zu garantieren. Dies veranlaßte ihn am 14. November 1889 zur Resignation. Die Stadt ehrte ihn noch im selben Jahr durch die Verleihung des Ehrenbürgerrechtes, und 1890 wurde ihm vom Kaiser der erbliche Ritterstand verliehen. Das Amt eines Landmarschall-Stellvertreters von Niederösterreich, das er seit 1884 innehatte, behielt er zwar, mußte es aber kurz darauf einem Antiliberalen überlassen.

In der Gemeindestube führte Uhls Rücktritt zu keinem Systemwechsel. Noch waren hier die Liberalen stark genug, zu seinem Nachfolger den bisherigen ersten Bürgermeister-Stellvertreter, eben jenen Dr. Johann Prix, zu wählen, der maßgeblich zum Rücktritt Uhls beigetragen hatte. Wie die Öffentlichkeit diesen Positionswechsel beurteilte, charakterisiert eine Notiz in der humoristischen Zeitschrift „Kikeriki", in der Prix die Worte in den Mund gelegt werden: „Lieber Uhl, das muß ja schrecklich sein für so einen alten Mann, wenn er so lang sitzen und eine Kette tragen muß; geh'n S', steh'n S' auf und legen's ab, ich opfere mich für Sie!"

In die Geschichte ging Uhl vor allem dadurch ein, daß unter ihm das Rathaus am Ring fertiggestellt und am 12. September 1883 in Anwesenheit des Kaisers feierlich eröffnet wurde. Bei diesem Anlaß trug er zum ersten Mal die vom Kaiser bewilligte und ihm von den Bürgern der Stadt gewidmete kunstvolle Bürgermeisterkette (die im „Kikeriki" angesprochen wurde). Unter Uhl erfolgte die Übersiedlung der Verwaltungsdienststellen von der Wipplingerstraße und den zahlreichen Außenstellen ins neue Rathaus; er leitete nicht nur die in festlichem Rahmen abgehaltene letzte Sitzung des Gemeinderates in jenem Saal des Alten Rathauses, den einer seiner Amtsvorgänger, Johann Kaspar von Seiller, rund drei Jahrzehnte zuvor in neuem Glanz hatte erstehen lassen, sondern saß auch als erster Bürgermeister auf dem Präsidentensessel des neuen Gemeinderatssitzungssaales, der, mit inzwischen veränderter Inneneinrichtung, noch heute der demokratischen Gemeindevertretung ein würdiges Domizil bietet.

Drei Jahre nach seinem Rücktritt erlitt Uhl, dessen Gesundheitszustand sich rapid verschlechtert hatte, am 1. November 1892 einen Schlaganfall und starb noch am selben Tag. Seine Beisetzung erfolgte in einem Ehrengrab auf dem Zentralfriedhof. Das Begräbnis brachte ganz Wien auf die Beine: viele Wiener wollten vom „Papa Uhl", wie der alte würdige Mann mit seinem schneeweißen Haar und seinen gütigen blauen Augen gerne genannt wurde, Abschied nehmen. Fast könnte man sagen, daß mit dem Achtzigjährigen eine Ära zu Grabe getragen wurde.

Eingemeindung der Vororte: Bürgermeister Dr. Johann Prix

Niemand zweifelte daran, daß der Nachfolger Uhls nur DR. JOHANN PRIX heißen könne. Hatte die „Neue Freie Presse" gefordert: *Die Periode der schwachen, schwankenden, undefinierbaren Bürgermeister muß abgeschlossen werden*, so erwarteten die Liberalen nun von Prix, daß er die Zügel wieder fester in die Hand nehmen, die Einigung der fortschrittlichen Elemente herbeiführen und die Disziplinlosigkeit, die bei den Gemeinderatssitzungen eingerissen war, eindämmen würde. Die Zeitungen bezeichneten ihn als einen tüchtigen und zähen Arbeiter, einen entschlossenen Politiker und einen gründlichen Kenner der Verwaltungsmaschinerie, der aber weder das Gemüt Zelinkas noch die gelehrte und weltmännisch-vornehme Art Felders oder gar die Volkstümlichkeit Uhls besitze.

Prix, am 6. Mai 1836 in Wien geboren, kam aus dem Fortschrittsklub des liberalen Lagers, der damals über 39 Sitze verfügte. Bei der Wahl konnte er alle Stimmen seines Klubs und — da die anderen liberalen Gruppen von einer Gegenkandidatur absahen — auch jene der übrigen liberalen Gemeinderäte auf sich vereinigen. Die Antiliberalen beschlossen, ihr Votum für Dr. Lueger abzugeben. Obwohl von vornherein mit einem Sieg Prix' zu rechnen war, soll Lueger, als am 28. November 1889 das Ergebnis feststand, in höchste Aufregung geraten sein und in den Saal gerufen haben: „Na, jetzt schaut's schön aus, na, jetzt wird's da leer werden!" Der antisemitische Bürgerklub Luegers verfügte zu diesem Zeitpunkt im Gemeinderat zwar nur über 30 von 120 Sitzen, war aber wesentlich straffer organisiert und daher in manchen Belangen trotzdem durchschlagskräftiger als die Mehrheit, der es an Einigkeit fehlte. Die Vereidigung des Bürgermeisters nahm der ebenfalls neu ins Amt eingesetzte Statthalter Graf Kielmansegg vor, der in den nächsten Jahren noch von sich reden machen sollte, als er sich bemühte, Floridsdorf zur Hauptstadt von Niederösterreich zu machen.

Dem neugewählten Bürgermeister, dem in den Gemeinderäten Steudel und Dr. Borschke zwei der liberalen Fraktion angehörende Stellvertreter an die Seite gestellt wurden, war es vergönnt, in einem historischen Augenblick an die Spitze der Stadtverwaltung zu treten und damit seinen Gegenspieler Lueger wenigstens in diesem einen Punkt aus dem Feld zu schlagen: bald nach Beginn seiner Amtszeit erfolgte die zweite große Stadterweiterung. Schon ein Jahr zuvor, noch in der Amtszeit Uhls, hatte Kaiser Franz Joseph I. 1888 anläßlich der Eröffnung des Währinger Türkenschanzparkes angekündigt, daß schon in naher Zukunft keine physischen Grenzen die Vororte von der alten Mutterstadt trennen würden. Am 6. Dezember 1889 beschloß der Wiener Gemeinderat im Einvernehmen mit der Regierung die Aufhebung der alten Verzehrungssteuergrenze am Linienwall sowie die Einbeziehung von 43 Vororten in das neue Verzehrungssteuergebiet. Da nunmehr die schwierigste Hürde genommen war, traten die Verhandlungen in ein entscheidendes Stadium. Ein Jahr später war es tatsächlich soweit: am 19. Dezember 1890 wurde das Eingemeindungsgesetz vom Kaiser gebilligt, Wien erhielt gleichzeitig ein neues Gemeindestatut und damit die zur Schaffung der Weltstadt Groß-Wien erforderliche Grundlage.

Es würde zu weit führen, hier die jahrzehntelangen Vorverhandlungen mit ihren politischen, sozialen, administrativen, wirtschaftlichen, steuerlichen und budgetären Problemen, zu denen in nicht zu unterschätzender Weise noch personelle Schwierigkeiten kamen — mußten doch die Bürgermeister der Vororte und die dort amtierenden Gemeinderäte selbstlos alle persönlichen Ambitionen zurückstellen —, im einzelnen zu erörtern. Regierung, niederösterreichischer Landtag und Stadtverwaltung bezogen im Laufe der Jahre oftmals recht konträre Standpunkte, und die Interessen gingen zeitweise so weit auseinander, daß es keine allgemein akzeptable Lösung zu geben schien.

Einige Beispiele können die Situation charakterisieren: Die seinerzeit verfügte Absiedlung der Industrie in Gebiete außerhalb des Linienwalles hatte zu stärkeren sozialen Umschichtungen geführt. Rund um die industriellen Zentren entstanden — wie bereits erwähnt — im Stile der Gründerzeit riesige Zinskasernen, in deren komfortlosen, kleinen Wohnungen oftmals bis zu zehn Personen ein Domizil fanden; trotzdem war der Zustrom in die Vororte groß, da sowohl die Mietzinse als auch die Lebenshaltungskosten niedriger lagen als in der Stadt. Diese Vorteile mußten einer Eingemeindung zum Opfer fallen und überwiegend die ärmere Bevölkerung schädigen.

Ein zweites Hindernis während der Verhandlungen lag in der budgetären Situation einzelner Vororte begründet. Waren die Gemeinden defizitär, scheute die Stadt Wien berechtigtermaßen vor der Übernahme der Schulden zurück, im Falle ihrer finanziellen Sicherheit glaubte wieder die Bevölkerung, es bestehe kein Grund, sich der Großstadt anzuschließen.

Dazu kam noch folgendes: Die Stadt Wien war sich dessen bewußt, daß sie eine ungeheure Belastung auf sich nahm, denn die Vororte mußten an die städtischen Versorgungs- und Entsorgungseinrichtungen angeschlossen werden (Wasser, Gas, Beleuchtung, Kanalisation); die schon für das bisherige Stadtgebiet nicht mehr ausreichende erste Hochquellenwasserleitung mußte unter diesen Umständen praktisch zusammenbrechen. Außerdem hatte eine Großstadt für den Ausbau der Verkehrsverbindungen und den Bau von Straßen zu sorgen.

Tatsächlich mußte nach vollzogener Eingemeindung eine Reihe von Maßnahmen getroffen werden: die Leistungsfähigkeit der Hochquellenwasserleitung wurde durch Einbeziehung neuer Quellen wesentlich gesteigert (man griff allerdings zusätzlich auch auf filtriertes Donauwasser zurück), die Kanalisation durch die Anlage von Hauptsammelkanälen beiderseits des Donaukanals (in welche die gemauerten Abwässerläufe der eingewölbten Bachläufe der Vororte geleitet wurden) verbessert und die Grünanlagen in den neuen Randbezirken vergrößert. Die privaten Tramway-Gesellschaften dehnten ihre Netze weiter aus.

Das Gemeindestatut trat mit der am 20. Dezember 1890 erfolgten Publizierung in Kraft. Die administrative Geschäftsübergabe erfolgte in den eingemeindeten Orten aufgrund der Statthaltereikundmachung vom 9. Dezember 1891 am 1. Jänner 1892; an diesem Tag nahmen die Magistratischen Bezirksämter ihre Tätigkeit auf. Groß-Wien umfaßte nunmehr 19 Bezirke, seine Fläche hatte sich verdreifacht, und die Zahl der Bewohner war von rund 525.000 auf 1,365.000 angestiegen. Im Jahre 1891 wurden erstmals Gemeinderatswahlen unter Beteiligung der Bevölkerung der Vororte abgehalten. Diese Wahlen boten den Antisemiten, in deren Reihen sich die Christlichsoziale Partei, die Deutschnationale Partei (also die Anhänger Schönerers) und die Deutsche Reformpartei (unter Pattai) gesammelt hatten, Gelegenheit zu einem Sturm auf das morsche Gebäude der liberalen Festung. Im Hinblick auf die starke Anhängerschaft in den Reihen der Gewerbetreibenden richteten sich die Angriffe der Opposition überwiegend gegen die liberale Wirtschaftsführung, wobei man — mit sicherem Instinkt dafür, was die Wähler ansprechen werde — vor allem anprangerte, daß bei städtischen Aufträgen nicht kleine und mittlere Gewerbetreibende, sondern immer einige Großfirmen zum Zuge kämen. Es muß festgehalten werden, daß sich die Antisemiten — wie ihr Name sagt — zwar gegen das in jüdischer Hand befindliche Kapital wandten, daß es sich jedoch ausschließlich um wirtschaftliche, keineswegs um rassische Beweggründe handelte.

Die Liberalen führten gegenüber der Opposition vor allem ins Treffen, daß diese sich bis zuletzt gegen die Vereinigung der Vororte ausgesprochen habe, und gaben eine Angstparole aus, indem sie immer wieder daran erinnerten, die Wähler hätten sich für die lange Frist von sechs Jahren zu entscheiden. Da man annehmen kann, daß ein so weitsichtiger Politiker wie Lueger mit Sicherheit auch die Bedeutung der Stadterweiterung erkannt haben muß, bleibt nur die Schlußfolgerung, er habe sich bereits so nahe dem Ziel der Machtübernahme gewähnt, daß er der absterbenden liberalen Partei nicht den Ruhm dieser großartigen Planung zukommen lassen und unter allen Umständen Zeit gewinnen wollte. Er konnte zwar den Eingemeindungsbeschluß unter den Liberalen nicht verhindern, doch hat ihm die Geschichte in gewisser Hinsicht dafür den Lorbeer gereicht. Als nämlich die durch die Schaffung von Groß-Wien ausgelösten Aktiven wirksam wurden, war Bürgermeister Prix längst vergessen, und das Gefühl dankbarer Anerkennung wandte sich jenem

Lueger zu, der zwar ein entschiedener Gegner dieses Projekts gewesen war, während seiner Amtszeit aber entscheidende Schritte zur Assimilierung der eingemeindeten Gebiete unternahm.

Die Wahlpropaganda brachte der Opposition zumindest im dritten Wahlkörper vollen Erfolg: sie errang 33 von 46 Mandaten. Alles in allem konnte sie zwar knapp über 50 Prozent der Stimmen auf sich vereinigen, infolge des Wahlkörpersystems jedoch nur 42 gegenüber 96 liberalen Gemeinderatssitzen erringen; prozentuell gesehen hatte sie damit weniger Einfluß als im alten Gemeinderat, in welchem sie 40 von 120 Mandaten besaß. Zum erstenmal ergaben sich im Wiener Gemeinderat völlig klare Fronten. Beide Gegner hatten erkannt, daß sie sich innerparteiliche Differenzen nicht mehr leisten konnten. So schuf Dr. Prix einen neuen fortschrittlichen Parteiverband, der auch die bis dahin außerhalb des Klubverbandes gestandenen „Wilden" aufnahm, auf der anderen Seite schlossen sich die antiliberalen Gruppen zu einem Bürgerklub zusammen, der seinem Programm gemäß ausschließlich auf wirtschaftliche Ziele ausgerichtet war und Dr. Lueger einstimmig zu seinem Obmann wählte. Die Bürgermeisterwahl ging für Prix mit 96 gegen 42 Stimmen aus; dieses Ergebnis spricht zwar für einen gut funktionierenden Klubzwang, aber nach der Verteilung der Stimmen hatte sich Prix, wie von antiliberaler Seite sogleich mißgünstig vermerkt wurde, offenkundig auch selbst gewählt, wobei großzügig übersehen wurde, daß für diesen Fall derselbe Vorwurf auch Lueger treffen mußte. Wie dem letztlich auch gewesen sein mag: Dr. Prix war der Bürgermeister von Groß-Wien.

In seiner Antrittsrede sprach er sich für die Dezentralisierung der Verwaltung, für ein klares administratives Programm, jedoch gegen jegliche politische Debatten aus. Die im Zuge dieser Änderung geschaffenen Magistratischen Bezirksämter, welche im Namen des Bürgermeisters alle Magistratsangelegenheiten in ihrem örtlichen Bereich zu erledigen hatten, haben sich bis zum heutigen Tag erhalten. Entscheidende städtebauliche und städteplanerische Maßnahmen fallen in Prix' Amtszeit. Gestützt auf die unter Bürgermeister Uhl 1883 beschlossene neue Bauordnung (die im Sinne der den Gemeinderat beherrschenden großbürgerlichen Schichte in ihren Detailbestimmungen die Interessen der Hausbesitzer begünstigte und dem spekulativen Wohnungsbau auch für die Zukunft Tür und Tor öffnete), fand 1893 zunächst ein Bauzonenplan Verwirklichung. Seine Bestimmungen sind bis heute relevant geblieben und legen eine grobe funktionelle Gliederung der Stadt in Gebiete vorherrschender Wohn- beziehungsweise Industrienutzung fest. Gleichzeitig nahm man eine Zonierung der Stadt nach der Gebäudehöhe vor. Im selben Jahr (1893) wurde die Bauordnung novelliert und auf die inzwischen eingemeindeten Vororte ausgedehnt; die bereits 1883 fixierte Grundhaltung hinsichtlich eines verpflichtenden Bezuges zwischen Straßenbreite und Häuserhöhe wurde nun für das gesamte erweiterte Stadtgebiet bindend. Auf der Grundlage des Bauzonenplanes und der Bauordnung konnte über den Weg eines Preisausschreibens ein Generalregulierungsplan in Angriff genommen werden. Entgegen vielfach aufgestellten Behauptungen wurde er formal niemals in seinem ganzen Umfang zum Beschluß erhoben; es kam lediglich von Fall zu Fall zur Genehmigung von Detailplänen.

Im Gemeinderat hatte sich die Gangart sogleich nach den Wahlen verschärft und bereits am

8. Oktober 1891 einen folgenschweren Zwischenfall herbeigeführt. Als Lueger dem Bürgermeister in einer hitzigen Debatte mangelnde Objektivität vorwarf und dabei unter anderem auch das Wort „infam" gebrauchte, verfügte Prix, gestützt auf den § 60 des Gemeindestatuts, den Ausschluß Luegers von dieser und von drei weiteren Sitzungen; als das Schicksal wenige Minuten später den Antisemiten Gregorig ereilte, verließ die gesamte Fraktion den Sitzungssaal. Die Unzufriedenheit wuchs, und selbst im liberalen Lager mehrten sich die Stimmen, die sich gegen Prix aussprachen. Einen Höhepunkt erreichte die Kampagne, als Prix im Juli 1893, ohne zuvor den Gemeinderat befragt zu haben, finanzielle Transaktionen billigte; Lueger ergriff die Gelegenheit, um gegen den Bürgermeister einen Mißtrauensantrag einzubringen. Zwar votierte man dem Bürgermeister noch einmal das Vertrauen, aber Prix, zutiefst unzufrieden mit der Entwicklung, drohte mit seinem Rücktritt. Die Fraktion beriet, glaubte ihn nicht fallenlassen zu dürfen, doch sah sich Prix desavouiert und zog im Oktober 1893 resignierend die Konsequenz.

Die Liberalen befanden sich in keiner beneidenswerten Lage. Sosehr auch sie einerseits den Stil seiner Amtsführung kritisierten — er habe sich in ein Gefühl der Unfehlbarkeit hineingelebt, das ihn mit aller Welt entzweien mußte, wäre oftmals gegen Freund und Feind zu schneidig gewesen, habe sich infolge seiner ablehnenden Haltung immer neue Gegner geschaffen und durch offenkundige Fehler und schwere Verstöße einer Verurteilung seitens der Opposition ausgeliefert, was auch zu einer latenten Parteikrise geführt hatte —, so war man sich bald darüber im klaren, daß kein gleichwertiger Kandidat für diese Stelle nominiert werden konnte, und sprach sich deshalb für seine Wiederwahl aus. Die Entscheidung fiel am 4. November 1893 durch einen bindenden Klubbeschluß des fortschrittlichen Parteiverbandes, wodurch der Gemeinderatsbeschluß zur reinen Formsache wurde. Die Folge war ein beispielloser Eklat der Antisemiten. Was sollte man unter diesen Gegebenheiten von den nächsten Jahren, in denen Prix einen noch härteren Kurs zu steuern sich anschickte, erwarten?

Das Schicksal kam der Opposition zu Hilfe. Am 25. Februar 1894 erlag Dr. Johann Prix während eines Ausfluges nach Rekawinkel in Purkersdorf unerwartet einer Herzattacke. Er wurde in einem von der Stadt Wien gewidmeten Ehrengrab auf dem Wiener Zentralfriedhof beigesetzt, dessen Grabdenkmal der bekannte Bildhauer Viktor Tilgner schuf: auf hohem Unterbau steht ein von einem zeltartigen Baldachin überwölbter Sarkophag, Putti halten Schilde mit dem Wappen von Wien.

Überblickt man die parteipolitische Laufbahn von Dr. Prix, so sieht man, daß er anfangs Anhänger des von Felder inaugurierten Verwaltungssystems war, sich dann zunächst Newald anschloß, mit dessen Amtsantritt die demokratische Fraktion des Gemeinderates die Führung übernahm, später jedoch dem Wiener Club beitrat. Als Uhl zum zweiten Mal zum Bürgermeister gewählt worden war, stieg der Einfluß des inzwischen zum Bürgermeister-Stellvertreter aufgerückten Dr. Prix; es kam zur Gründung des Fortschrittsklubs, der alle liberalen Kräfte vereinigte. Zu den beiden maßgebenden Parteien — Liberalen und Antisemiten —, die sich während der Amtszeit Prix' im Gemeinderat und in der Presse erbitterte Fehden lieferten, stieß um diese Zeit, wie bereits erwähnt, als dritte Kraft die Sozialdemokratie. Am 1. Mai 1890 trat die junge Partei bei ihrer ersten großen Maifeier auch zum erstenmal organisiert an die Öffentlichkeit. Seit 1893 erfolgten immer nachhaltigere Demonstrationen, die vor allem das allgemeine Wahlrecht zum Ziele hatten.

Bürgermeister auf verlorenem Posten: Dr. Raimund Grübl

Unmittelbar nach den Begräbnisfeierlichkeiten für Dr. Prix erhob sich drängender denn je die Frage: Was sollte nun geschehen? Bei der Situation, in die sich die liberale Partei selbst manövriert hatte, war es kein leichtes Amt, das es zu übernehmen galt: die Parteidifferenzen schienen unüberbrückbar, sachliche Zusammenarbeit war praktisch unmöglich geworden, und die Parteizeitungen gaben in rüdesten Worten wechselweise der Gegenseite die alleinige Schuld an den mißlichen Verhältnissen. Lueger kam es dabei zugute, daß er sich — im Gegensatz zu den Liberalen — auf eine disziplinierte und geschlossen auftretende Partei sowie auf ein zugkräftiges Programm stützen konnte. Das personelle Reservoir, auf das die Liberalen zurückgreifen konnten, war denkbar gering. Obwohl viele seiner Parteifreunde Dr. Grübl vorgezogen hätten, richtete sich doch das Augenmerk der Fraktion zunächst auf den ersten Vizebürgermeister Dr. Albert Richter, vor allem, weil man sich von diesem ein energisches und unnachgiebiges Auftreten gegenüber der Opposition versprach. Es ist durchaus verständlich, daß gerade diese „Vorzüge" für die Antiliberalen das Startzeichen zu einer für damalige Begriffe unerhört scharfen Kampagne gegen Richter als Bürgermeisterkandidaten gaben. Im Sinne der Parteiideologie griff man Richter fast ausschließlich in zwei Punkten an, die seine Privatsphäre betrafen: konfessionslos und mit einer Jüdin verheiratet, sei er ungeeignet, Bürgermeister einer christlichen Stadt zu werden. Aber auch Grübl lehnte man wegen seiner Zugehörigkeit zu einer Freimaurerloge ab; Freimaurerei war zu dieser Zeit gesetzlich verboten. Noch während die liberale Fraktion hinter Richter stand und geltend machte, daß die in den Staatsgrundgesetzen verankerte Gewissensfreiheit ebenso für den ersten Bürger Wiens zu gelten habe, machte er selbst, in der Rückschau betrachtet, einen entscheidenden Fehler: er trat der katholischen Kirche wieder bei und lieferte damit seinen Gegnern neuen Zündstoff. Ausschlaggebend für das Abrücken der Fraktion von seiner Kandidatur dürfte aber gewesen sein, daß sich die Statthalterei inoffiziell recht zurückhaltend geäußert hatte; Ministerpräsident Alfred Fürst Windisch-Graetz vertrat gegenüber dem niederösterreichischen Statthalter, Erich Graf Kielmansegg, offen die Ansicht, man könne einen Konfessionslosen dem Kaiser nicht zur Bestätigung vorschlagen, und gab der Hoffnung Ausdruck, Richter werde der Regierung eine Verlegenheit ersparen. Daraufhin trat Richter von seiner Kandidatur zurück und ließ sich auch durch einen Beharrungsbeschluß seines Klubs von der einmal getroffenen Entscheidung nicht mehr abbringen. Die Öffentlichkeit trug es ihm nach, daß er durch seinen Wiedereintritt in die katholische Kirche zugegeben habe, Konfessionslosigkeit bedeute einen Makel, und daß er *nicht als ein Kämpfer um sein Recht gefallen sei, sondern als einer, der bereit war, sein Recht zu opfern, wenn so der Bürgermeisterstuhl zu erklimmen war.*

Nun gab es praktisch nur noch eine Möglichkeit: die Wahl von DR. RAIMUND GRÜBL, eines erst 47jährigen, am 12. August 1847 in Wien geborenen Hof- und Gerichtsadvokaten, der seit 1880, vom Bezirk Landstraße nominiert, Mitglied des Gemeinderates, seit 1891 Stadtrat und seit 1892 Vizebürgermeister war. Er nahm die auf ihn gefallene Wahl an, bezeichnete aber den Verzicht Richters als *Resultat unerhörter Vorgänge* und die *Folge eines Terrorismus;* das Wort *Mordplatz* für die Präsidententribüne, das in diesem Zusammenhang fiel, skizziert wohl am besten die Stimmung im liberalen Lager. In seiner Antrittsrede erklärte Grübl, er folge dem Rufe *mit dem Pflichtgefühl eines Soldaten, der sich seinen Eid vor Augen hält,* und betonte sodann, er sehe die Aufgaben der kommunalen Verwaltung überwiegend auf humanitärem und wirtschaftlichem Gebiet. Die Reform der Armenpflege, die Lösung der Gasfrage (Ende 1899 lief der mit der englischen Gasgesellschaft geschlossene Versorgungsvertrag aus), die Erweiterung der Hochquellenwasserleitung und den Bau einer eigenen Nutzwasserleitung bezeichnete er als Schwerpunkte seines Programms. Richter, den Kielmansegg in seiner Rede anläßlich der Vereidigung Grübls politisch rehabilitiert hatte, blieb erster „Vize", für den zweiten Stellvertreterposten nominierte man Stadtrat Josef Matzenauer, der sich nicht einmal bei seinen Parteifreunden besonderer Beliebtheit erfreute. Fast hat es den Anschein, als hätten sich die Liberalen mit dieser Entscheidung endgültig ihr Grab geschaufelt.

Als im Frühjahr 1895 Ergänzungswahlen für den zweiten Wahlkörper fällig wurden, standen sie unter den Vorzeichen eines Zusammenbruchs im liberalen Lager. Das Wahlergebnis bestätigte die ärgsten Befürchtungen: von den 46 zu vergebenden Mandaten gingen 24 an die Antiliberalen; damit verschob sich das Mandatsverhältnis im Gemeinderat auf 74 zu 64. Wenn die Presse zu berichten wußte, daß sich Bürgermeister Grübl geäußert habe: *Meine Pflicht ist es auszuhalten — solange es geht!,* dann darf diese Feststellung als symptomatisch für die Parteistimmung angesehen werden. Es waren nicht nur die Christlichsozialen, die gegen die Liberalen Sturm liefen; auch die „Arbeiter-Zeitung" meldete sich in ähnlichem Sinne zu Wort.

Da sich die Lage festzufahren schien, riefen die Liberalen nach der Regierung; sie solle, da man der Christlichsozialen anders nicht Herr werden könne, das Problem durch ein Ausnahmegesetz lösen — ein wahrlich eigenartiges Begehren für eine „liberale" Partei, die einstens die Konstitution erkämpft hatte und in deren Parteiprogramm es geheißen hatte: „Wir achten jede Meinung, wenn sie auch von der unsrigen abweicht, jedes Streben, wenn es offen und ehrlich ein hohes Ziel, das Wohl der Gemeinde und ihrer Bewohner, das Beste des Vaterlandes, das Heil der Menschen verfolgt. Wir wollen dabei Argument gegen Argument mit nüchternem Sinne unparteiisch abwägen." Nun, da es um die nackte politische Existenz ging, schieden offensichtlich alle parlamentarischen und demokratischen Überlegungen aus. Mit dem Ruf nach autoritären Maßnahmen der Regierung enthüllte die liberale Fraktion ihr wahres Gesicht — hatte sie bis dahin „nur" eine Wahlniederlage erlitten, so verurteilte sie sich nun selbst zum Tode! In Ermangelung anderer Möglichkeiten begann sie einen verzweifelten Kampf, um die Christlichsozialen wenigstens vom Präsidium fernzuhalten. Grübl ging so weit, daß er mit seinem Rücktritt drohte, sollte Lueger zum Vizebürgermeister gewählt werden. Man fragte sich aber bereits in aller Öffentlichkeit, ob ein derartiges Vorgehen gegenüber einer zahlenmäßig so starken Minderheit zu verantworten sei. Mitten in diese Überlegungen fiel am 14. Mai 1895 die Entscheidung: Lueger wurde im dritten Wahlgang in einer Stichwahl zum Nachfolger des ausscheidenden Dr. Richter gewählt — allerdings nur deshalb, weil Richter die Wahl abgelehnt und die Liberalen daraufhin weiße Stimmzettel abgegeben hatten. Lueger nahm die Wahl — obwohl er keine Majorität erhielt — an, damit, wie er sich ausdrückte, *die Continuität der Autonomie der Gemeinde gewahrt bleibe*, aber auch aus dem Gefühl, daß die Wiener Bevölkerung von ihm eine Annahme der Wahl erwartete. Dieser Vertretungsanspruch für „die Wiener", der spätestens ab diesem Augenblick deutlich zutage trat, mußte zwangsläufig den Widerspruch der Sozialdemokraten herausfordern, die Lueger — in Ermangelung eines allgemeinen Wahlrechtes — lediglich zubilligten, für die „Fünf-Gulden-Männer" zu sprechen, für jene Wiener also, denen dank seiner Bemühungen aufgrund einer jährlichen Steuerleistung von nur fünf Gulden das Wahlrecht zuerkannt worden war.

Unmittelbar nach Luegers Wahl trat Grübl vom Bürgermeisteramt zurück, weil es ihm, wie es in seinem Rücktrittsschreiben heißt, *unter den gegebenen Umständen* unmöglich schien, die ihm übertragenen Geschäfte *in ersprießlicher Weise fortzuführen*. Grübl, der 1896 nochmals als Gegenkandidat Luegers aufgestellt wurde, ist bereits kurze Zeit später, am 12. Mai 1898, verstorben. Man bestattete ihn in einer Gruft auf dem Hietzinger Friedhof, die sein Porträtrelief trägt, zur letzten Ruhe.

Machtübernahme durch die Christlichsozialen: das „Dermalium" des Josef Strobach

Die Liberalen gebärdeten sich, als stehe der Weltuntergang bevor, beschuldigten die Regierung, durch Untätigkeit und Toleranz diese Entwicklung gefördert zu haben, und strebten Neuwahlen an, um eine Wahl Luegers zum Bürgermeister verhindern zu können. Allerdings befanden sich auch die Christlichsozialen in keiner beneidenswerten Lage, denn Lueger war sich dessen bewußt, daß die Stimmen seiner Fraktion zur Bildung einer Mehrheit nicht ausreichten. Deshalb bot er einen Kompromiß an: von den 22 Stadtratsmandaten sollten je 10 den Liberalen und seiner Partei, die restlichen zwei den „Wilden" überlassen werden; um den Bürgermeisterposten selbst sollte ein offener Kampf ausgetragen werden. Die Liberalen zeigten sich weder verhandlungsbereit, noch entschieden sie sich für einen eigenen Kandidaten.

Unter diesen Aspekten fanden am 29. Juni 1895 Bürgermeisterwahlen statt. Nach zwei erfolglos verlaufenen Wahlgängen versuchten die Liberalen Lueger in eine Falle zu locken. Sie veranlaßten gerade so viele ihrer Anhänger, sich *für* Lueger zu entscheiden, daß er die minimal erforderliche Zahl von 70 Stimmen erreichen konnte. Vielleicht rechneten sie für den Fall einer Annahme der Wahl seitens Luegers mit der Ablehnung der Bestätigung durch den Kaiser, welche sie diplomatisch vorbereiteten; vielleicht beabsichtigten sie aber auch, Lueger im Gemeinderat durch einen Mißtrauensantrag sogleich wieder zu stürzen. Beides lag im Bereich der Möglichkeiten. Lueger erkannte offenbar die ihm drohende Gefahr und lehnte nach kurzer Beratung mit seinen Parteifreunden ab. Als in einem vierten Wahlgang — bei dem Lueger keine einzige liberale Stimme erhielt — wieder keine Entscheidung fiel, löste der Statthalter den Gemeinderat kurzerhand auf und setzte DR. HANS VON FRIEBEIS — dem das mit Wiener Angelegenheiten befaßte Departement der Statthalterei unterstand — als Regierungskommissär ein. Gleichzeitig wurden für den Herbst Neuwahlen ausgeschrieben. Dieser späte Termin entsprach eindeutig einer Schützenhilfe für die Liberalen. Während der Sommermonate befanden sich die begüterten Bürger zur Erholung auf dem Lande, und es stand zu befürchten, daß damit der liberalen Partei zahlreiche Stimmen entgangen wären. Und warum sollte sich die Regierung durch eigenes Zutun mit der Entscheidung belasten, ob sie im Falle eines Wahlsieges der Opposition Lueger dem Kaiser zur Bestätigung vorschlagen sollte?

Da die weiteren Ereignisse in großen Zügen bekannt sind, dürfte es genügen, die wesentlichsten Punkte in Erinnerung zu rufen. Die zwischen dem 17. und 26. September 1895 abgehaltenen Wahlen brachten ein für die Liberalen niederschmetterndes Ergebnis: im dritten Wahlkörper errangen die Christlichsozialen sämtliche 46 Mandate, im zweiten Wahlkörper erzielten sie einen überraschend starken Einbruch — die Liberalen konnten sich nur im ersten, zweiten und neunten Bezirk behaupten —, und selbst im ersten Wahlkörper gelang ihnen ein Achtungserfolg. Die Koalition der Christlichsozialen und Deutschnationalen verfügte nunmehr mit 91 Mandaten über eine klare Mehrheit, die Liberalen mußten sich mit 46 Sitzen zufriedengeben, ein „Wilder" tendierte eher ins antiliberale Lager. Innerhalb der Siegerpartei besaßen die Christlichsozialen 55, die Deutschnationalen — die besonders im zweiten Wahlkörper, allem Anschein nach durch die im „Deutschnationalen Schulverein" zusammengeschlossenen Lehrer, das Übergewicht besaßen — immerhin 36 Mandate. Am 29. Oktober 1895 wurde Lueger zum erstenmal zum Bürgermeister gewählt, und damit begann jenes Tauziehen, das mit gemeinderätlichen Bestellungen und kaiserlichen Ablehnungen die folgenden Monate überschattete. Die Liberalen verstanden es, Lueger, dem seine antisemitischen Parolen zwar Wähler, aber keine Sympathien bei der Regierung gebracht hatten, als einen Störenfried hinzustellen, dem man die Führung der Amtsgeschäfte nicht anvertrauen dürfe. *Seine vehementen Ausfälle gegen das Judentum, die staatlichen Autoritäten, gegen Ungarn und die Regierung*, heißt es auch in einem Polizeibericht vom 7. August 1895, *sind oft maßlos und im Interesse des Staates höchst bedauerlich.* Damit war die Wiener Bürgermeisterwahl aus der kommunalen Sphäre in jene der Innen-, ja sogar der Außenpolitik getragen — nicht ohne Verschulden Luegers, der in seiner Kritik der Liberalen vor keinen Grenzen haltmachte und sich vor allem gegenüber den Ungarn kein Blatt vor den Mund nahm.

Selbst bei Hof war die Beurteilung Luegers nicht einheitlich. Friebeis, Kielsmansegg und der Thronfolger Franz Ferdinand, der immer stärker in klerikale Bahnen einschwenkte, sprachen sich — wenn auch aus verschiedenen Motiven — für eine Bestätigung Luegers aus, wogegen Badeni mit seinem Kabinett einen scharfen Kurs befürwortete; er drang durch und stellte sich damit offen gegen den Willen der Wählerschaft. Als am 13. November die Wahl Luegers vom Gemeinderat wiederholt wurde, hatte Kielmansegg befehlsgemäß vorgesorgt: Friebeis, der der Sitzung beiwohnte, hatte

Gemeinderatssitzung unter dem Vorsitz von Bürgermeister Jakob Reumann

Der designierte Bürgermeister Karl Seitz eröffnet am 3. Oktober 1923 den Waldmüllerpark

Bürgermeister Karl Seitz an seinem Arbeitstisch im Rathaus

15. Juli 1927: Bürgermeister Karl Seitz und Schutzbundkommandant Dr. Julius Deutsch versuchen vor dem Justizpalast die aufgebrachte Arbeitermenge zu beruhigen

Hugo Breitner, Amtsführender Stadtrat für Finanzwesen (1920—1932)

Karl Honay, Amtsführender Stadtrat für Allgemeine Verwaltungsangelegenheiten (1932—1933) und für das Wohlfahrtswesen (1933—1934), nach dem Zweiten Weltkrieg Vizebürgermeister (1947—1959)

Univ.-Prof. Dr. Julius Tandler, Amtsführender Stadtrat für das Wohlfahrtswesen (1920—1933)

Anton Weber, Amtsführender Stadtrat für Sozialpolitik und Wohnungswesen (1922—1927) beziehungsweise Wohnungswesen und Wohnbau (1927—1934)

Die 1925 unter Stadtrat Dr. Julius Tandler eröffnete Kinderübernahmsstelle in der Lustkandlgasse

Wohnhausanlage der Gemeinde Wien aus der Zeit zwischen 1919 und 1934

Stadtsenatssitzung unter dem Vorsitz von Bürgermeister Karl Seitz aus der Amtsperiode 1923—1927

11. Arbeiterolympiade im Wiener Stadion, 1931. Auf der Ehrentribüne Bundespräsident Wilhelm Miklas, Bürgermeister Karl Seitz, Erster Nationalratspräsident Dr. Karl Renner, Altbundespräsident Michael Hainisch

Dr. Robert Danneberg, Präsident des Wiener Landtages (1921—1932) und Amtsführender Stadtrat für Finanzwesen (1932 bis 1934)

Georg Emmerling, Vizebürgermeister (1919—1934) und Amtsführender Stadtrat für die Städtischen Unternehmungen (1920—1934)

Leopold Kunschak, Stadtrat ohne Ressort (1923—1934), nach dem Zweiten Weltkrieg Vizebürgermeister (1945), dann Erster Präsident des Nationalrates (1945—1953)

Paul Speiser, Amtsführender Stadtrat für Personalwesen und Verwaltungsreform (1920—1934), nach dem Zweiten Weltkrieg Vizebürgermeister (1945—1947)

Die Städtische Wohnhausanlage in Wien 12, Aichholzgasse, nach ihrer Eroberung durch die Heimwehr im Februar 1934

Heimwehrführer Ernst Rüdiger von Starhemberg bei einer Ansprache anläßlich der Türkenbefreiungsfeier vor dem Starhemberg-Denkmal auf dem Wiener Rathausplatz (12. September 1933)

Anläßlich des verbotenen Maiaufmarsches der Sozialdemokraten bezog das Bundesheer am 1. Mai 1933 Posten vor dem Wiener Rathaus

12. Februar 1934: Polizei und Heimwehr haben das Rathaus besetzt

Ständehuldigung vor dem Wiener Rathaus am 1. Mai 1934; Bürgermeister Richard Schmitz (mit Bürgermeisterkette), Bundespräsident Wilhelm Miklas, Bundeskanzler Dr. Engelbert Dollfuß

Altbürgermeister Karl Seitz bei Verhör durch die Gestapo
Plakat aus den Apriltagen des Jahres 1945

für diesen Fall ein Schreiben des Statthalters in der Tasche, das er nun hervorzog und den Gemeinderat für aufgelöst erklärte. Hochtrabend schrieb die „Neue Freie Presse": *Badeni hat im Saal gesiegt, Lueger auf der Galerie!*

Für das Frühjahr 1896 wurden Neuwahlen ausgeschrieben. Sie bestätigten die Ergebnisse im dritten und zweiten Wahlkörper; im ersten Wahlkörper verloren die Liberalen weitere vier Mandate — es stand 42 zu 96. Damit verfügten die Christlichsozialen über die Zweidrittelmehrheit. Ein drittes Mal wurde Lueger gewählt — ein drittes Mal seine Bestätigung verweigert. Das Bürgermeisterproblem war zu einer Prestigefrage geworden. Verzweifelt suchte man nach einem Ausweg und fand ihn in einer Audienz Luegers beim Kaiser. Das Kommuniqué, das darüber verlautbart wurde, enthält den bekannten bedeutsamen Passus, daß Lueger *die Bestätigung als Bürgermeister dermalen (!) nicht gewährt werden könne* und der Kaiser bei gleichzeitiger Anerkennung der Ehrenhaftigkeit, Begabung und Vaterlandstreue des Gewählten den Wunsch geäußert habe, dieser möge freiwillig auf die Wahl verzichten. Lueger kam diesem Wunsche zwar nach, doch konnten die antiliberalen Zeitungen mit Recht jubilieren: kam diese diplomatische Regelung doch in der Praxis einer Anerkennung der Partei durch den Kaiser gleich, und damit entschärfte sich das Verhältnis Luegers zur Regierung. Aber auch Lueger hatte sein Gesicht gewahrt. Nicht vor der Regierung war er zurückgewichen, sondern er folgte nur einem Wunsch der Krone.

Es begann jene Übergangsperiode, welche von den Wienern sogleich scherzhaft das „Dermalium" genannt wurde. Der „Vertreter" Luegers hieß JOSEF STROBACH, war 44 Jahre alt (geboren am 24. Dezember 1852 im böhmischen Wernstadt), Obmann des Wählervereins der Vereinigten Christen im fünften Wiener Gemeindebezirk, gehörte seit 1893 dem Gemeinderat an und war seit 1895 Stadtrat. Strobach betätigte sich als Obmann des Hausherrnvereins im fünften Bezirk und als erster Präsident-Stellvertreter des Zentralverbandes der Wiener Hausbesitzervereine. (Es ist nicht uninteressant, daß selbst 1891, als die Liberalen nur mehr über 46 Gemeinderatssitze verfügten, noch immer 82 Gemeinderäte Hausbesitzer waren!) Strobach war sich über die ihm zugedachte Aufgabe durchaus im klaren. In seiner Antrittsrede erklärte er unumwunden, er werde augenblicklich auf seine Stelle verzichten, wenn ihn der Klub abberufe. Es wurde überhaupt kein Zweifel darüber gelassen, daß der maßgebende Mann im Präsidium nicht der Bürgermeister, sondern dessen erster „Vize" Lueger sein würde, aber es erscheint parteiintern doch etwas taktlos, dies bereits in den Reden am Wahltag dermaßen herauszustreichen.

Werdegang und Persönlichkeit Dr. Karl Luegers

Ohne Angabe von Gründen kündigte Bürgermeister Josef Strobach am 31. März 1897 seinen Rücktritt an. Die Parteistrategie sollte sich bewähren, denn der Termin war äußerst günstig. Eine Woche zuvor hatten Reichsratswahlen stattgefunden, bei denen zum ersten Mal Wähler der neu geschaffenen fünften Kurie zur Urne schreiten durften. Damit traten ein neuer Stand und eine neue

Partei als Träger künftiger Opposition ins Rampenlicht der Politik: die Arbeiterschaft und die Sozialdemokratie. Lueger bestand die Kraftprobe und verteidigte sich mit Erfolg gegen zwei Fronten. Die Liberalen waren nun unwiderruflich weit abgeschlagen, die Sozialdemokraten aber noch nicht stark genug. Luegers Partei erzielte mit 117.000 Stimmen gegenüber 98.000 Stimmen der beiden Oppositionsparteien ein Übergewicht, mußte jedoch zur Kenntnis nehmen, daß dieses infolge der Erweiterung des Wahlrechts nicht mehr so stark zum Ausdruck kam wie bei den vergangenen Gemeinderatswahlen. Dem Wahlausgang folgte eine veränderte Einstellung der Regierung zur Person Luegers. Er war plötzlich „interessant" geworden, wurde nicht mehr mit scheelen Augen als gefährlicher „Sozialrevolutionär" angesehen, dessen Bestellung zum Bürgermeister einem Alptraum gleichkam, sondern als eine begehrenswerte künftige Stütze des Staates.

Als Strobach aus seinem Amt schied, trat die Regierung Badeni mit der von ihr am 6. April 1897 erlassenen Sprachenverordnung in ein kritisches Stadium ihres Bestandes. Zwei Tage später, am 8. April, wählte der Gemeinderat Lueger ein fünftes Mal zum Bürgermeister. Seine Anhänger überraschte dies nicht, die Sozialdemokraten wußten, daß ihre Stunde noch nicht gekommen war, weiters wollte die Regierung die leidige Angelegenheit so rasch wie möglich aus der Welt schaffen, und der Kaiser hatte im Vorjahr bereits diplomatische Vorkehrungen für eine Bereinigung getroffen. Am 16. April 1897 langte daher ohne Verzug die kaiserliche Bestätigung im Rathaus ein. Der „Volkstribun", wie er schon damals gerne genannt wurde, stand am Ziel seiner Wünsche, die Christlichsoziale Partei im Zenit ihrer Macht. Aus dem Agitator und Polemiker entwickelte sich unter der Bürde der Verantwortung ein allgemein geachteter Bürgermeister und bahnbrechend wirkender Kommunalpolitiker. Wenn die These, daß eine politische Partei mit einer Einzelpersönlichkeit identifiziert werden kann und mit dieser auf Gedeih und Verderb verbunden ist, überhaupt anwendbar erscheint, so findet sie in der Stellung Luegers zur Christlichsozialen Partei eine unwiderlegbare Bestätigung. Die persönliche Tragik seines arbeitsreichen Lebens liegt neben dem mißlungenen Versuch, sich einen geeigneten Nachfolger heranzubilden, in der Überschätzung der Ausstrahlungskraft der eigenen Person, die seine Parteifreunde stillschweigend voraussetzten. Nur so ist es zu erklären, daß sie, sobald er in das Rathaus eingezogen war, sogleich die Werbetrommel in der Provinz zu rühren begannen — wo sie tatsächlich in den Kreisen der Groß- und Kleinbauern neue Kader für ihre Partei fanden — und den Bürgermeister in mancher entscheidenden Stunde ohne die nötige propagandistische Unterstützung ließen. Diese Vorgangsweise sollte sich kaum eineinhalb Jahrzehnte später bitter rächen. Lueger konnte den von ihm unter großem persönlichem Einsatz eroberten Bürgermeisterstuhl seiner Partei nur so lange sichern, als zunächst durch ihn selbst, dann durch eine Beschränkung des Wahlrechts die entsprechenden Voraussetzungen gegeben waren.

Es gibt wohl kaum einen Bürgermeister, dessen Anhänger und Gegner ein so differenziertes Bild von seiner Persönlichkeit entwerfen, wie dies bei Dr. Karl Lueger der Fall ist. Grenzenlose Anerkennung, vielleicht sogar kritiklose Bewunderung übersteigern sich auf der einen Seite zu grandioser Glorifizierung, skeptische Beurteilung und sachbezogene Kritik auf der anderen Seite zu oft unqualifizierter Ablehnung. War der „schöne Karl", wie der imposante Mann allenthalben genannt wurde, wirklich der „Herrgott von Wien", als den ihn so manche exaltierte Stimme bezeichnete, oder haben wir in ihm nur einen mit steigendem Alter und fortschreitender Krankheit immer mehr zum Starrsinn neigenden politischen Kämpfer zu erblicken? Möglicherweise hat Kurt Skalnik recht, wenn er Lueger einen „Mann zwischen den Zeiten" nennt, der zwischen der bürgerlichen Revolution des 19. Jahrhunderts und den Massenbewegungen des 20. Jahrhunderts mit ihren politischen und sozialen Umwälzungen, zwischen einer Welt von gestern und einer Welt von morgen, auf der Bühne des öffentlichen Lebens wirkte. Die kritische Geschichtsschreibung hat es nicht leicht, jenes Urteil zu fällen, das der Person dieses in mancher Hinsicht außergewöhnlichen Mannes gerecht wird. Man wird aber Ignaz Seipel zustimmen können, der am 19. September 1926, jenem Tag, an dem unter Bürgermeister Karl Seitz das Wiener Lueger-Denkmal enthüllt wurde, in der „Reichspost" schrieb: „Die Geschichte der Christlichsozialen Partei beginnt nicht mit einem Programm, nicht mit einem Manifest, nicht mit dem Beschluß einiger Unzufriedener oder Reformer, sondern mit einem Mann, mit Dr. Karl Lueger."

Einige Fakten gilt es festzuhalten, bevor wir den persönlichen und politischen Lebensweg Luegers abrollen lassen, und wir dürfen dabei der Zustimmung jedes objektiv Urteilenden sicher sein: Lueger war ein faszinierender volkstümlicher Politiker, der sich in weiten Kreisen der Bevölkerung einer erstaunlichen Popularität erfreute und der es mit bemerkenswertem Spürsinn verstand, bei Versammlungen die Zuhörer auf seine Seite zu bringen; von den Jahren der Opposition zu jenen seiner Bürgermeisterzeit machte er jedoch einen Prozeß der Wandlung und Reife durch. Er initiierte in den dreizehn Jahren seiner Amtstätigkeit mit einer Reihe von Beschlüssen — Kommunalisierung von Versorgungsbetrieben, Elektrifizierung der Straßenbahn, Schaffung des Wald- und Wiesengürtels, Eingemeindung von Floridsdorf, Bau des Lainzer Versorgungshauses und der zweiten Hochquellenwasserleitung, um die wesentlichsten herauszugreifen — Leistungen, die auch von der sozialdemokratischen Verwaltung der zwanziger Jahre öffentlich anerkannt worden sind. Es muß fast zwangsläufig im Wesen eines Politikers vom Charakter Luegers liegen, daß er, auf das ihm von einem Großteil der Wähler entgegengebrachte Vertrauen gestützt, bemüht war, sich völlig auf diese einzustellen und „dem Volk auf den Mund zu schauen". Dies hatte allerdings auch die oft störende Nebenerscheinung, daß er, den unsteten Meinungen der Wiener folgend, auch selbst zu einer Änderung seiner Ansichten gezwungen war. Greifen wir zwei eklatante Beispiele — die Einstellung Luegers zum allgemeinen Wahlrecht und jene zum Wirkungsbereich des Wiener Stadtrates — heraus, und wir werden diese Behauptung einwandfrei bestätigt finden. War er also Demagoge und Agitator oder einfach „Realpolitiker", wurde er von der Gunst der Masse emporgetragen oder hielt er eben diese Masse fest in der Hand, wandelte er seine Meinung, weil er sich davon Erfolg versprach oder weil seine Ansichten mit zunehmender Erfahrung reiften? Vielleicht enthebt uns die historische Betrachtung der Entscheidung über diese in den vergangenen Jahrzehnten immer wieder gestellten Fragen, und wir können uns mit der Antwort begnügen, daß Lueger sich der Kraft seiner Persönlichkeit bewußt war, daß er versuchte, im jeweiligen Zeitpunkt das Richtige zu tun und daß er von der Notwendigkeit überzeugt war, mit seinen Anhängern ein der liberalen Verwaltung die Stirne bietendes „neues Wien" zu schaffen.

Dr. Karl Lueger — ein Bürgermeister, der über die Grenzen unseres Staates bekannt geworden ist; ist sein Lebensweg auch dem Wiener geläufig? Am 24. Oktober 1844 als Sohn eines Saaldieners am Polytechnischen Institut (heute Technische Hochschule) in dessen Dienstwohnung (4., Karlsplatz 13) geboren, besuchte er die als „Bürgermeisterschule" bekannt gewordene „Taubenschule" im vierten Bezirk und später, als Externist, das für Schüler seiner sozialen Herkunft ansonsten kaum zugängliche Theresianum. Seine Jugendjahre waren überschattet von den politischen und wirtschaftlichen, vor allem aber geistigen Ereignissen der fünfziger und sechziger Jahre, in denen sich — abgesehen von den Fixpunkten Neoabsolutismus, Konkordat, Gemeindeautonomie, österreichisch-ungarischer Ausgleich — die Gegensätze „liberal" und „konservativ" in eigenartiger Weise zu verschieben begannen. Alle diese Ereignisse beeinflußten die politische Meinungsbildung des jungen Mannes, der mittlerweile sein Studium an der juridischen Fakultät der Wiener Universität begonnen hatte. Es ist jene Zeit, da er — bei der damals üblichen Doktordisputation, aufgrund derer er 1870 zum Doctor iuris promoviert wurde — der liberalen Devise „Die Freiheit — ja, aber nur bis zu uns!" in jugendlichem Elan seine unkonventionelle Forderung entgegenschleuderte: „Alle großjährigen Staatsbürger, welche lesen und schreiben können, sollen aktives und passives Wahlrecht haben!" Und bei der Behandlung der von den Juristen keineswegs geliebten Statistik formulierte der Sechsundzwanzigjährige, der sich entgegen den Gewohnheiten seiner Studienkollegen auch mit den Schattenseiten einer in den Augen vieler Mitbürger heilen Welt beschäftigte, noch eine andere These: „Die Arbeiterverhältnisse erfordern viel genauere und umfassendere statistische Erhebungen, als sie bis jetzt gepflogen wurden." So viel zur Charakteristik der Ansichten des jungen Doktors.

Seine fast umstürzlerischen Thesen geschickt verteidigend, konnte Lueger mit dem Doktordiplom in der Tasche die Alte Universität verlassen. Sein Lebensweg schien in einer Zeit, in der unter den „Bürgern vom Grund" neben vornehmer Abstammung und einem soliden Bankkonto auch der Titel eines „Herrn Doktor" magische Kraft ausstrahlte und das Tor in die „bessere Gesellschaft" öffnete, gesichert und in ruhigen Bahnen verlaufend vor ihm zu liegen. Doch den jungen Juristen lockte offenkundig nicht der traute häusliche Herd, sondern neben seinem persönlichen Werdegang das ungewohnte politische Leben, der unstillbare Ehrgeiz, seine theoretischen Kenntnisse auf dem Verfassungs- und Verwaltungssektor auch in der Praxis zum Wohle seiner Mitbürger anzuwenden. Der dritte Bezirk, in dem seine inzwischen verwitwete Mutter eine kleine Trafik betrieb, war damals ein geeigneter Boden, sich die ersten Sporen zu verdienen. Es würde zu weit führen und darf in unserem Rahmen als minder wichtig vernachlässigt werden, im einzelnen den äußerst wechselvollen politischen Weg zu verfolgen, den Lueger — als Mitglied der „Demokraten", als Kandidat des unter dem betagten Vizebürgermeister Franz Ritter von Khunn stehenden „Landstraßer Bürgerklubs", als liberaler Gemeinderat, als Freund und Weggefährte des Individualisten und Liberalenhassers Dr. Ignaz Mandl, als Kritiker der ihm korrupt erscheinenden liberalen Mittelpartei und als erbitterter Gegner des amtierenden Bürgermeisters Cajetan Felder — eingeschlagen hat. Khunn, der durch Jahre seine Hand über Lueger gehalten hat, dessen entschuldigendes Urteil *Er ist halt noch junger, ungegorener Wein, aber ein guter Jahrgang* jedoch in eklatantem Widerspruch zur kompromißlosen und haßerfüllten Ablehnung Felders stand — *Schon nach den ersten von mir angestellten Charakterproben erkannte ich in Lueger das inkarnierte böse Prinzip* —, mußte sich, als sich Luegers Angriffe immer mehr auf den Bürgermeister konzentrierten, wohl oder übel von seinem Schützling zurückziehen. Doch auf Luegers größten Triumph — man muß es vorwiegend seinem Vorgehen im Gemeinderat zuschreiben, daß sich der übermächtige Felder 1878, durch die Beweisführung Luegers in einer Verfahrensfrage schwer getroffen, zur Demission entschloß — folgte zunächst ein unerwarteter Rückschlag, als ihm sein Eintreten für den in die Rolle des Sündenbocks gedrängten Bürgermeister Julius von Newald und ein Bittgang zu dem vom liberalen Bürgertum entschieden abgelehnten Ministerpräsidenten Taaffe derart verübelt wurde, daß er sich im Gemeinderat plötzlich und für ihn überraschend politisch isoliert sah. Dazu kamen unvorhergesehene, wenn auch später wieder beigelegte Differenzen mit Ignaz Mandl.

Trotz dieser Rückschläge sollte das Jahr 1882 ein Wendepunkt in Luegers Entwicklung sein, denn die von ihm gezogenen Konsequenzen wurden entscheidend für seine weitere politische Karriere. An die Stelle Mandls trat ein neuer Mann: der Beamte der Universitätsbibliothek Dr. Albert Geßmann. Acht Jahre jünger als Lueger, tritt mit Geßmann jene Person an seine Seite, den Kurt Skalnik mit Recht als den „rührigen Generalstabschef kommender Siege" bezeichnet hat. Gleichzeitig erfolgte eine demagogische politische Wendung: durch den aus seinem Gesichtskreis tretenden Juden Mandl in der Glaubwürdigkeit seiner Argumentation nicht behindert, begann Luegers antisemitische Politik, die sich grundsätzlich auf das Wiener Kleinbürgertum bezog und auf dessen Wünsche und Interessen bedingungslos einging. Vorweg sei — um Mißverständnissen, die nicht zuletzt durch eine falsche Bezugnahme in Adolf Hitlers „Mein Kampf" unterstrichen wurden, entgegenzutreten — betont, daß es sich bei Luegers Antisemitismus im Zuge der damaligen Zeit keinesfalls um unqualifizierte rassische Inkriminierungen handelte, sondern um rein wirtschaftliche Angriffe gegen von ihm mit jüdischem Einfluß gleichgesetzte Kapitalgesellschaften und Großbetriebe (vor allem ausländischer Provenienz). Das Kleinbürgertum, das Lueger ansprach und das sich — nicht selten mit einem geringschätzigen Unterton als solches klassifiziert — aus jenen Mittelschichten zusammensetzte, unter denen wir neben Handwerkern und Gewerbetreibenden auch jene Beamten, Lehrer und Offiziere zu verstehen haben, die seinem Milieu entstammten, war zweifellos die unmittelbar kommende politische Kraft, die mit Aussicht auf Erfolg gegen das liberale Regime mobilisiert werden konnte. Am Rande sei in diesem Zusammenhang auf das in den siebziger Jahren aufsehenerregende Wirken eines Mannes hingewiesen, der zu Beginn seiner Tätigkeit — bevor sein Antisemitismus noch pathologische und sein Nationalismus österreichfeindliche Züge annahm — sowohl künftige Sozialdemokraten wie Christlichsoziale in seinen Kreis gezogen hatte: Georg Ritter von Schönerer. Dem politischen Leben fehlten noch die markanten Kristallisationspunkte, jene Zentren, die ein Jahrzehnt danach unter Dr. Victor Adler und Dr. Karl Lueger entstehen sollten.

Und noch etwas darf nicht übersehen werden: in das „Wellental" der politischen Karriere Luegers fällt das Schlagwort von der Notwendigkeit einer „großen, mächtigen, österreichischen, christlichen Volkspartei", das er selbst in einer Rede im Februar 1882 — vielleicht noch eher zufällig — geprägt hat, das er aber seit 1883, nachdem es von anderer Seite konkretisiert worden war, in der Erkenntnis seiner Zugkraft aufgriff und zu einem Kernpunkt seiner politischen Werbung machte. Ebenso ein Gegner langatmiger theoretischer Parteiprogramme — die Christlichsoziale Partei hat zu seiner Zeit praktisch überhaupt kein schriftlich fixiertes Kommunalprogramm besessen — wie umständlicher Argumentationen und Beweisführungen bei öffentlichen Versammlungen, hat sich Lueger die Parole „Wir sind Menschen, Christen, Österreicher!" als einen übermächtigen Dreiklang zu eigen gemacht, mit dem er in den nächsten Jahrzehnten in den Kampf zog. Seinem großen Ziel, der Eroberung des Gemeinderatspräsidiums, das ihm im ersten Sturm (nach dem Sturze Felders und dann nochmals nach dem Rücktritt Newalds) mißglückte, ordnete er seine weitere politische Taktik unter. Dies gilt — um zwei Beispiele zu nennen — für den (positiven) Einsatz in den Diskussionen um die Ausdehnung des Wahlrechts auf die „Fünfguldenmänner" wie für den (negativen) Kampf gegen die Eingemeindung der Vororte, die er ursprünglich durchaus als Forderung auf sein Banner geschrieben hatte, dann aber so lange hinauszuzögern trachtete, bis er selbst als Vollstrecker des Gedankens hätte auftreten können.

In einem Punkt ist sich Karl Lueger allerdings damals bedingungslos treu geblieben: in seinem Vorgehen gegen die manchester-liberalen Kapitalgesellschaften und gegen die ausländischen Wirtschaftsmonopole, deren Tätigkeit für die Wiener katastrophale Folgen zeitigte. In dieselbe Richtung geht auch sein Engagement in der Frage der Verstaatlichung der bis dahin privaten Kaiser-Ferdinand-Nordbahn-Gesellschaft; er dürfte — zu jener Zeit noch im Gleichschritt mit Schönerer agierend — einer der ersten gewesen sein, der sich am 30. Oktober 1883, wenige Wochen nach der Eröffnung des Rathauses, der „Volkshalle" für eine politische Massenkundgebung bediente, zu deren Besuch er die Wähler Wiens aufgerufen hatte. Bei seiner Kandidatur für den Reichsrat (1885) war seine Stellung bereits so konsolidiert, daß er in einer Wählerversammlung das Versprechen abgab, er wolle sich keiner der bestehenden Parteien, weder den Liberalen noch den Demokraten oder den (1882 durch Schönerer ins Leben gerufenen) Deutschnationalen, anschließen; zu einer Zeit, da noch keine sozialdemokratische Einigung herrschte, spricht er sich auch dezidiert gegen alle Ausnahmsgesetze der Behörden aus, durch welche die Ausbreitung sozialistischen Ideengutes unter den Arbeitern verhindert werden sollte, und erklärt unumwunden: „Man löst die soziale Frage niemals durch Polizeimaßnahmen, sondern durch die Anbahnung von Reformen, welche die gerechten Forderungen der Arbeiter erfüllen." Die vielen unerklärbar erscheinende Wandlung in der Einstellung Luegers — 1883 plädierte er als Rechtsanwalt im großen „Anarchistenprozeß" erfolgreich für zwei Arbeiter, 1885 erfreute er sich offener Wahlwerbung seitens mancher Sozialisten und eine Zeitlang schien es, als wolle Lueger mit Adler kooperieren, aber im ersten Jahrzehnt des 20. Jahrhunderts stemmte er sich immer energischer gegen die sozialdemokratische Opposition, die ihn zu einer Verbesserung der Lohn- und Arbeitsverhältnisse der Bediensteten in den städtischen Betrieben veranlassen und für eine Demokratisierung des Wahlrechts gewinnen wollte — dürfte wohl gar nicht so schwierig zu deuten sein. Sie liegt wohl in der Mentalität des Menschen Lueger begründet, der eine solche Kooperation möglicherweise auch später noch akzeptiert hätte, allerdings unter seiner Führung. In der Überzeugung, daß sein Weg der allein richtige sei, wollte er sich jedoch zu keiner Zeit dem Risiko aussetzen, in Wahlen oder Debatten überstimmt zu werden.

Die bangen Stunden am Tage der Reichsratswahl des Jahres 1885 — Lueger wurde mit einer Mehrheit von nur 85 Stimmen gewählt! — bildeten doch zugleich den Auftakt für seinen nicht mehr aufzuhaltenden politischen Aufstieg. Der Gründung des Christlichsozialen Vereines folgte dessen erste öffentliche Versammlung am 27. April 1887, und wenige Monate danach wird Lueger von Vogelsang die Führung des Vereines übertragen. Das erste öffentliche Auftreten Luegers in seiner neuen Funktion fällt auf den 23. September 1887. Im selben Jahr, da sich Mandl von Lueger trennt und in den offenen Armen der Liberalen Aufnahme findet, in dem Jahr, da sich Prinz Alois von Liechtenstein — der merkwürdigerweise abwechselnd als der „rote" oder der „schwarze Prinz" bezeichnet wird — mit Lueger zusammenschloß, kam es dank der Diplomatie Victor Adlers zur Einigung der Sozialdemokraten in Hainfeld (1888/1889). Ein Jahr darauf wird Karl Lueger vom Bezirk Margareten auch in den niederösterreichischen Landtag gewählt.

Auf dem festen Boden einer — wenn auch übernommenen — Weltanschauung stehend, trat Lueger an die Spitze der christlichsozialen Volksbewegung und nahm mit allen ihm zur Verfügung stehenden Mitteln den Kampf gegen die liberale Rathausmehrheit auf. Auch seine politischen Gegner bescheinigten ihm, er habe sich als einer der ersten mit dem die Politik in steigendem Maße beeinflussenden Faktor der Masse auseinandergesetzt. „Daß er zum Bürgermeister den längsten Umweg nahm", schrieb Friedrich Austerlitz in einem am 11. März 1910 in der „Arbeiter-Zeitung" erschienenen Nachruf, „die alten Parteibildungen des Bürgertums zersprengte, eine große Massenbewegung entfesselte, daß von seinem persönlichen Ehrgeiz große politische Wirkungen ausgingen: das unterscheidet ihn von Dutzendstrebern und sichert ihm einen Platz in der Geschichte. Lueger ist eben der erste bürgerliche Politiker, der mit Massen rechnete, Massen bewegte, der die Wurzeln seiner Macht tief ins Erdreich senkte."

Bürgermeister Lueger und die Ergebnisse seiner Amtstätigkeit

Im Besitze der kaiserlichen Bestätigung konnte Karl Lueger 1897 endlich die Realisierung der von ihm seit Jahren erwogenen Pläne in Angriff nehmen. Die Christlichsozialen befanden sich damals allerdings in einer ähnlich mißlichen Lage wie die Liberalen vier Jahrzehnte zuvor. War jenen durch den Abbruch der Basteien und die Eingemeindung der Vorstädte die unvorhergesehene Aufgabe zugefallen, mit einer ihnen oktroyierten Expansion fertig zu werden und die Versorgung der Stadt mit lebenswichtigen Einrichtungen sicherzustellen, so hatte Lueger mit den Folgeerscheinungen der zweiten großen Stadterweiterung zu kämpfen. Unter Bürgermeister Prix war nur dem Namen nach ein „Groß-Wien" entstanden. Nun galt es, die Ausdehnung der Stadt wirtschaftlich, administrativ, bevölkerungspolitisch und städtebaulich zu verarbeiten, die neuen Gebiete verkehrsmäßig zu erschließen und darüber hinaus sogar Vorsorge für erwartete räumliche Erweiterungen zu treffen.

Nicht in allen Belangen deckten sich die Maßnahmen des verwaltenden Lueger mit den Forderungen des oppositionellen Lueger. Während er in politisch-administrativen Fragen seinen früheren Ansichten teilweise untreu wurde, blieb er auf dem Wirtschaftssektor im allgemeinen konsequent. Ohne Hemmungen nahm er den schon seit langem geforderten Kampf gegen das Großkapital auf und suchte die Stadt Wien vor allem auf den Gebieten der Gas- und Stromversorgung sowie der innerstädtischen Personenbeförderung von monopolartig arbeitenden in- und ausländischen Gesellschaften unabhängig zu machen, wobei er stets betonte, daß nur der unheilvolle Einfluß des ausländischen Kapitals die Schuld an einem „Verkümmern der Stadt" treffe. Die mit Pferden betriebene Straßenbahn, die weite Teile der Vororte überhaupt nicht erfaßte, die dürftige öffentliche Beleuchtung mit großteils noch offenen Gaslaternen, die seltene Verwendung des elektrischen Lichtes und die immer fühlbarer werdende Wasserverknappung wiesen ebenso die Richtung wie der Mangel an Grünflächen in der Stadt und in ihrer Umgebung.

Bereits in seiner Antrittsrede bekannte sich Lueger zu einem Wirtschaftsprogramm, das in seinen einzelnen Punkten — Verstadtlichung des Beleuchtungs- und Verkehrswesens, Neuregelung der Armenfürsorge und der Marktversorgung, Einrichtung einer städtischen Arbeitsvermittlung usw. — einen völligen Umsturz in der kommunalen Verwaltung versprach. Die Liberalen — politisch bereits bedeutungslos, aber wirtschaftlich noch einflußreich, da sie große Teile des Kapitalmarktes zu kontrollieren vermochten — wollten ihr Spiel noch nicht verloren geben. Als Lueger 1896 (noch als Vizebürgermeister unter Strobach) die Stadt Wien aus dem Vertrag mit der englischen Gasgesellschaft zu lösen begann — durch den Bau eines eigenen städtischen Gaswerkes sollten die Engländer bei Vertragsende am 31. Oktober 1899 vor einer vollendeten Tatsache stehen —, ließ die Hochfinanz ihre internationalen Beziehungen spielen. Durch einen organisierten Boykott der Banken und die gezielte Herabsetzung des wirtschaftlichen Nutzens eines städtischen Gaswerkes in den Augen der kapitalkräftigen Bevölkerung im Inland sowie durch die systematische Untergrabung der Kreditwürdigkeit der neuen Stadtverwaltung im Ausland hoffte man, den Plan zu Fall zu bringen.

Zu diesem Zeitpunkt mußte unter Berücksichtigung der Aufgaben, die Wien als Hauptstadt eines 53-Millionen-Reiches zu erfüllen hatte, mit einem sprunghaften Anwachsen der Bevölkerung gerechnet werden. War durch die Eingemeindungen des Jahres 1890 die Einwohnerzahl auf rund 1,36 Millionen gestiegen, so zog Lueger bei seinen Projekten ernsthaft eine Einwohnerzahl von etwa vier Millionen in Betracht. Daß durch den Zerfall der österreichisch-ungarischen Monarchie nach dem Ersten Weltkrieg die Voraussetzungen für eine derartige Entwicklung abrupt zunichte gemacht wurden, war einer der Gründe für den Strukturwandel der Wirtschaftspolitik in den zwanziger Jahren, dem die Sozialdemokraten Rechnung zu tragen hatten. Viele Unternehmungen, die vor dem Krieg sinnvoll erschienen waren, konnten nach seinem Ende ihren realen Wert nicht mehr bewahren; dazu gehören vor allem jene Vorhaben, die unter Lueger zwar diskutiert, aber nicht ausgeführt wurden: die Untergrundbahn (die andere europäische Großstädte, wie Paris und London, um die Jahrhundertwende längst besaßen), ein Großhafen (im Zusammenhang mit der abgeschlossenen Donauregulierung) und der Donau-Oder-Kanal, durch den Wien nach Jahrhunderten der Unterbrechung wieder zum Schnittpunkt europäischer Nord-Süd- beziehungsweise West-Ost-Verbindungen werden sollte.

Die christlichsoziale Verwaltung konnte dank erhöhter Einnahmen umfassende Pläne verwirklichen. Besonders nachhaltige Wirkung erzielte Lueger naturgemäß mit der Verstadtlichung der Versorgungsbetriebe. Schon von Zeitgenossen wurde allerdings der Verwaltung der Vorwurf gemacht, sie habe durch die Aufnahme zahlreicher Anleihen die Finanzkraft der Stadt überfordert und durch einen ausgedehnten Zinsen- und Tilgungsdienst stark belastet. Lueger rechtfertigte sich mit der unbedingten Notwendigkeit der durchzuführenden Arbeiten und betonte immer wieder, es handle sich um „produktive Aufwendungen". Es mag nun — bei aller Kritik, die die hohe Verschuldung der Gemeinde, vor allem auch im Ausland, herausfordert — tatsächlich schwierig sein zu entscheiden, ob die Kommunalisierungen nicht ein so schwerwiegendes Argument bilden, daß die Aufnahme von Anleihen das kleinere Übel darstellte.

Selbst bei oberflächlicher Betrachtung unterscheidet sich die christlichsoziale Finanzpolitik sehr wesentlich von den Usancen früherer Jahrzehnte. Dies erweist sich vor allem in der Verteilung der Ausgaben. Neue Verwaltungsgruppen wurden gesondert in den Voranschlag aufgenommen (darunter etwa Gesundheitswesen und Gewerbliche Unternehmungen), und bisher unbeachtet gebliebene oder bewußt vernachlässigte Sektoren (etwa das Armenwesen) besser, wenn auch keineswegs ausreichend, dotiert. Die Gesamtsumme der Ausgaben erreichte eine sehr beachtliche Höhe. Ebenso stiegen die Einnahmen, 1892 rund 30,75 Millionen Gulden (das sind nach der in diesem Jahr eingeführten Kronen-Währung 61,5 Millionen), bis zur Jahrhundertwende rasch an. Als Lueger Bürgermeister wurde, bezifferte man die Einnahmen mit 99 Millionen Kronen, 1900 waren es über 112, 1905 bereits 147 und 1910, im Todesjahr Luegers, nicht weniger als 210 Millionen Kronen.

Trotz dieses günstigen Steueraufkommens konnten die wirtschaftlichen Investitionen über die ordentliche Gebarung nicht finanziert werden. Sehr bald wurde deutlich erkennbar, daß man nicht — wie anfänglich behauptet — unter Zeitdruck stand, sondern daß es sich ganz einfach um ein Finanzierungsprinzip handelte. Es lag nicht im Sinne christlichsozialer Wirtschaftspolitik, die Kosten für langfristig wirksame Investitionen aus laufenden Budgetmitteln zu bestreiten und sie damit — wie ausdrücklich betont wurde — der lebenden Generation allein anzulasten; man vertrat vielmehr den Standpunkt, daß für derartige Investitionen Anleihen, deren Rückzahlung auf eine Reihe von Jahrzehnten verteilt werden könne, am besten geeignet seien. Diese Anleihen konnten größtenteils vom Inland aufgebracht werden, zuweilen mußte man jedoch auf die Hilfe ausländischen Kapitals zurückgreifen, wodurch die Anleihebegebung Gefahren in sich barg, die um die Jahrhundertwende, in einer Zeit wirtschaftlicher und politischer Konsolidierung, offenbar nicht vorauszusehen waren.

Dazu gehörte beispielsweise die 1902 übernommene Verpflichtung zur wahlweisen Rückzahlung des Kapitals in fremden Währungen oder auf Goldbasis, die in den zwanziger Jahren im Zeichen einer uferlosen Inflation verheerende Folgen nach sich zog.

Bald unterschied sich die christlichsoziale Finanzpolitik kaum von der liberalen. Für jedes größere oder kleinere Vorhaben kam es zur Auflage einer neuen Anleihe. Man muß der christlichsozialen Verwaltung allerdings zugute halten, daß sie, im Gegensatz zur liberalen, die für die Ausführung der einzelnen Projekte nötigen Summen voranschlagsmäßig sehr genau erstellte, sodaß mit den durch zweckgebundene Anleihen aufgebrachten Beträgen im allgemeinen das Auslangen gefunden werden konnte. Im einzelnen wurden folgende Gelder aufgenommen: 1898 eine 60-Millionen-Kronen-Anleihe für die Errichtung des städtischen Gaswerkes; 1900 eine 30-Millionen-Kronen-Anleihe für die Verstadtlichung der Elektrizitätswerke; 1902 eine 285-Millionen-Goldkronen-Anleihe für die Verstadtlichung der Straßenbahn und den Ausbau der zweiten Hochquellenwasserleitung sowie — erstmals — für eine Reihe kleinerer Vorhaben, teilweise auch solcher, die eigentlich ins ordentliche Budget hätten eingestellt werden müssen. Nach dieser vor allem von Geldgebern aus Frankreich, Holland, Belgien, Deutschland und der Schweiz gezeichneten Anleihe haben wir noch zu nennen: 1908 eine 360-Millionen-Kronen-Investitions-Anleihe, 1914 eine 375-Millionen-Kronen-Investitions-Anleihe — beide im Inland plaziert — und schließlich zur Deckung eines entstandenen umfangreichen Defizits in der ordentlichen Gebarung 1918 eine 250-Millionen-Kronen-Defizit-Anleihe, die den Sozialdemokraten ein Jahr später Anlaß gab, von der Übernahme eines finanziell vollständig zusammengebrochenen Gemeinwesens zu sprechen, da sich bereits die gigantische Schuldensumme von 1.360 Millionen Kronen ergeben hatte!

Sehen wir von diesen eher unerfreulichen finanziellen Überlegungen ab, so brachte Luegers Wirtschaftspolitik nachhaltig wirkende Ergebnisse für die weitere Entwicklung der Stadt. Zuerst wurde, wie erwähnt, der Bau des städtischen Gaswerkes in Simmering in Angriff genommen, das termingerecht mit dem Auslaufen des mit der „Imperial-Continental-Gas-Association" auf 25 Jahre verlängerten Versorgungsvertrages am 31. Oktober 1899 seinen Betrieb aufnahm. Da der Vertrag für die Versorgung der Vororte erst 1911 auslief, belieferte das Simmeringer Werk nur die Bezirke I bis XI. Im Herbst 1909 begann der Bau des Gaswerkes Leopoldau, das — Ende 1911 in Betrieb genommen — die Bezirke XII bis XXI versorgte.

Einen etwas bequemeren Weg konnte man im Falle der Elektrizitätswerke gehen, da die Einrichtungen der seit dem 19. Jahrhundert bestehenden drei privaten Gesellschaften — Wiener Elektrizitäts-Gesellschaft, Allgemeine österreichische Elektrizitäts-Gesellschaft und Internationale Elektrizitäts-Gesellschaft — von der Gemeinde Wien eingelöst wurden. Aufgrund der seitens der Bevölkerung immer lauter werdenden Klagen über die Betriebsführung dieser privaten Gesellschaften, sah Lueger in einer Kommunalisierung den einzig möglichen Ausweg. Aus steuertechnischen Erwägungen entschloß man sich dann zur Errichtung zweier Werke, eines Lichtwerkes (für die öffentliche Beleuchtung und die Versorgung von Haushalten und Betrieben) sowie eines Bahnwerkes (für die Straßenbahn). Beide Werke wurden 1900 begonnen und bis Mitte 1902 fertiggestellt.

Es war von vornherein klar, daß auch die Verstadtlichung der Straßenbahn in die Wege geleitet werden mußte. Auch hier richtete sich die Unzufriedenheit der Bevölkerung gegen die bestehenden privaten Gesellschaften, die Wiener Tramway-Gesellschaft und die für die Vorortelinien zuständige Neue Wiener Tramway-Gesellschaft. Auf dem Verkehrssektor verquickte sich die Kommunalisierung mit der Elektrifizierung, da der Pferdebahnbetrieb für eine Großstadt vom Range Wiens nicht mehr tragbar erschien. Nach Absolvierung von Probefahrten wurde am 28. Jänner 1897 die erste elektrische Straßenbahnlinie fahrplanmäßig in Betrieb genommen. Noch im selben Jahr wurde eine „Bau- und Betriebsgesellschaft" ins Leben gerufen, die die Elektrifizierung des bestehenden Straßenbahnnetzes zur Aufgabe hatte. Anfang 1902 waren die Arbeiten abgeschlossen, und am 4. April 1902 wurde das Unternehmen unter der Firmenbezeichnung „Gemeinde Wien — städtische Straßenbahnen" ins Handelsregister eingetragen. Gleichzeitig erwarb die Stadt auch das Netz der „Neuen Wiener Tramway-Gesellschaft". Die Umstellung der innerstädtischen Linien auf elektrischen Betrieb konnte noch vor dem Ersten Weltkrieg abgeschlossen werden, erst nach Kriegsende folgten einige Außenlinien; im Zusammenhang mit der Wienflußregulierung zwischen 1893 und 1902 kam es auch zur Übernahme der von den Staatsbahnen nach einem Generalkonzept Otto Wagners errichteten Stadtbahn (elektrifiziert 1925). Zu den kleineren verstadtlichten Unternehmungen gehörten das Brauhaus und die Leichenbestattung. Der schon existente Zentralfriedhof mußte nach Süden und Osten erweitert werden; zur selben Zeit entstand die „Gedächtniskirche", in der Lueger seine Grabstätte finden sollte.

Ein weiterer Aufgabenbereich erwuchs der Verwaltung aus der Vergrößerung der Stadt. Hatte man sich anfangs mit erheblichem Aufwand um die Vororte gekümmert, ging es im ersten Jahrzehnt unseres Jahrhunderts um eine neue Erweiterung der Stadt über die Donau hinaus nach Nordosten. Den letzten Anstoß dürfte der geheime Wunsch des niederösterreichischen Statthalters Kielmansegg gegeben haben, die 1893 aus einer Reihe von Marchfeldgemeinden geschaffene Großgemeinde Floridsdorf zur Hauptstadt von Niederösterreich zu erheben, somit am jenseitigen Donauufer eine Konkurrenzstadt zu Wien aufzubauen. Lueger kam diesem Plan, der ihm aufgrund seiner guten Verbindungen zur Kenntnis gebracht worden sein dürfte, zuvor und gemeindete 1904 Floridsdorf, Jedlesee, Groß-Jedlersdorf, Teile von Strebersdorf und Stammersdorf sowie die Gebiete von Leopoldau, Stadlau und Aspern als XXI. Gemeindebezirk ein. Damit griff die Stadt zum erstenmal über die Donau hinüber, ihre Fläche vergrößerte sich um rund 50 Prozent auf 273 Quadratkilometer, und die Einwohnerzahl erreichte 1910 mit mehr als zwei Millionen einen Höchststand. Ein städtebauliches „Hoffnungsgebiet" war zu Wien gekommen. Um Möglichkeiten zum Aufbau eines großen Industrie- und Handelszentrums zu erhalten, bestand auch die Bereitschaft zur Übernahme beträchtlicher Ausgaben für die Aufschließung des riesigen Bezirkes.

Zu den wesentlichen Ergebnissen der Kommunalpolitik Luegers gehört die Verbesserung der Wasserversorgung durch den Bau einer zweiten Hochquellenwasserleitung aus dem Hochschwabgebiet, die auch einen günstigen Einfluß auf das Gesundheitswesen nahm. Es dürfte der persönlichen Initiative des Bürgermeisters zuzuschreiben sein, daß zwei Jahre nach seinem Amtsantritt (1899)

Verhandlungen mit dem Stift Admont, betreffend das Sieben-Seen-Gebiet, geführt wurden und er ohne vorherige Befragung des Gemeinderates einen Kaufvertrag abschloß. 1900 begonnen, war das gewaltige Werk in einem Jahrzehnt vollendet und sicherte der Stadt Wien trotz ihres durch die Eingemeindung der Vororte immens gestiegenen Wasserbedarfs eine ausreichende Versorgung mit Trinkwasser.

Betrachten wir nun noch die Sozialpolitik (einschließlich der Gesundheitsfürsorge). Lueger distanzierte sich hier erstmals von dem bis dahin gültigen liberalen Standpunkt der Selbstverantwortlichkeit jedes einzelnen, der sich vor allem in der Armenfürsorge unheilvoll auswirkte. Dezidiert betonte er das Interesse der Gesellschaft am Schicksal aller Bürger, wobei ein gewisser Anspruch auf Hilfe Anerkennung fand, wenn auch keineswegs in jener umfassenden Weise, wie er später von den Sozialdemokraten unter Julius Tandler und Karl Seitz vertreten wurde. Die öffentliche Wohlfahrtspflege, die unter Lueger interessante Schöpfungen zeitigte — Lainzer Versorgungshaus (1904), damals das größte und modernste seiner Art; Waisenhaus „Hohe Warte"; Kinderheilstätten Bad Hall, Sulzbach-Ischl und San Pelagio; Einrichtung der städtischen Arbeitsvermittlung (1898) und der Berufsvormundschaft (1910) —, arbeitete weiterhin eng mit privaten Institutionen zusammen; auf dem Unterstützungssektor wagte man über eine lebenserhaltende Hilfeleistung nicht hinauszugehen. Zentralisierungsversuche, die einer planlosen und unkontrollierten Fürsorge einen Riegel vorschieben sollten, blieben — wenn man von einem „Zentralarmenkataster" absieht — ohne entscheidenden Erfolg.

Nachhaltige Bedeutung kam dem 1905 gefaßten Gemeinderatsbeschluß zu, einen „Wald- und Wiesengürtel" zu schaffen, auf dessen Erhaltung man auch in der sozialdemokratischen Ära größten Wert legte. Lueger ging von der Überlegung aus, daß die Stadt im Jahr 1950 rund vier Millionen Einwohner besitzen und man bis dahin den Großteil des noch landwirtschaftlich genutzten Geländes verbaut haben werde; mit der steigenden Bevölkerungsdichte müßte sich aber das Bedürfnis nach Grünflächen erhöhen. Die Idee war nicht völlig neu; schon 1890 hatte man die Notwendigkeit, den Wald rund um das Stadtgebiet zu erhalten, erkannt, und der Bauzonenplan (1893) sah unter anderem den Schutz der ins Stadtgebiet reichenden Grünflächen vor. Der Gesundheitsfürsorge im engeren Sinn war eine andere Gründung gewidmet: das „Jubiläumsspital" am Lainzer Tiergarten, das zwar noch in der Amtszeit Luegers (anläßlich des 60. Regierungsjubiläums Kaiser Franz Josephs, 1908) begonnen, aber erst 1913 eröffnet wurde.

Trotz einer beginnenden Förderung des Armenwesens blieb der nachfolgenden sozialdemokratischen Verwaltung noch vieles zu tun übrig; wir müssen aber anerkennen, daß sich Lueger von der liberalen Denkungsweise distanziert und im Sinne einer christlichen Sozialreform Taten gesetzt hat.

In den letzten Jahren seiner Amtstätigkeit wurde Karl Lueger durch eine fortschreitende tückische Krankheit, in deren Folge er fast erblindete, immer stärker in seiner Aktivität behindert. Am 10. März 1910 ist er im Rathaus verstorben — nicht nur von der Bevölkerung, sondern auch von den politischen Gegnern betrauert: „Man wird sich diese große Stadt", schrieb beispielsweise die „Arbeiter-Zeitung", „ohne ihn nicht leicht vorstellen können."

Das sozialdemokratische Kommunalprogramm und die letzten christlichsozialen Bürgermeister

Die Vertretung im Gemeinderat sahen die Wiener Sozialdemokraten als Verpflichtung an, selbst konstruktiv in der gesetzgebenden Körperschaft mitzuwirken. Lueger dürfte es anfangs nicht unangenehm gewesen sein, daß die Sitzungen dadurch etwas belebt wurden, hatte jedoch oft genug damit zu tun, seine Parteifreunde von unqualifizierten Angriffen gegen die Opposition zurückzuhalten, ja, er hegte, wie er es selbst einmal formulierte, für den Sozialdemokraten Schuhmeier sogar *eine gewisse Sympathie* — was der auf diese Weise Apostrophierte allerdings launig mit der Bemerkung quittierte: „Sie wollen mich nur kompromittieren, Herr Bürgermeister, das war umsonst!" Lueger war jedenfalls zunächst mit der Entwicklung zufrieden, denn er äußerte sich zwei Jahre später (1902): „Es würde gar keinen Parlamentarismus geben, wenn alle gleicher Anschauung wären!"

Das Verhältnis zwischen Lueger und Schuhmeier war trotz aller politischen Gegensätze durch eine deutlich erkennbare Wertschätzung gekennzeichnet. Hatten die beiden Männer doch manches Gemeinsame: beide waren von der Richtigkeit ihrer politischen Auffassungen bedingungslos überzeugt, beide verstanden es, das Volk — wenn auch jeder auf seine Art und Weise — zu überzeugen, beide erfüllte flammender Idealismus und fanatischer Kampfeswille. Es muß offenbleiben, ob Lueger sich zeitweise der Hoffnung hingab, er könne Schuhmeier durch seine Liebenswürdigkeit neutralisieren. Selbst wenn dem so gewesen wäre — Schuhmeier fand sich in politischer Hinsicht zu keiner Konzession bereit, verabsäumte keine Gelegenheit, die Fehler seines Gegners anzuprangern, und versuchte, seiner Partei ein angemessenes Mitspracherecht zu sichern.

Wenige Monate nach den Gemeinderatswahlen fand vom 2. bis 6. September 1900 in Graz der 9. Parteitag der Sozialdemokratischen Partei statt. Schuhmeier, im Bewußtsein, daß sich seine Fraktion im Gemeinderat nur dann Gehör verschaffen könne, wenn sie ein brauchbares Kommunalkonzept besäße, stellte auf dem Parteitag einen von ihm ausgearbeiteten Antrag betreffend die „Grundsätze für das Wirken der Sozialdemokraten in der Gemeinde" zur Diskussion. Er hatte seine prinzipiellen Forderungen in einem 18-Punkte-Programm zusammengefaßt, das für die weitere Parteiarbeit grundlegend und richtungsweisend werden sollte.

Auf dem Programm Schuhmeiers aufbauend, kam es 1914, kurz vor Beginn des Ersten Weltkrieges, zur Drucklegung des sozialdemokratischen Kommunalprogrammes. Die Broschüre trug den Titel: „Was fordern die Sozialdemokraten von der Gemeinde Wien?" Fünf Jahre später sah sich die sozialdemokratische Gemeinderatsmehrheit mit den von ihrer eigenen Partei aufgestellten Forderungen konfrontiert. Einige Punkte hatten sich inzwischen erledigt oder fielen in staatliche Kompetenzen — so die Aufhebung der Bestätigung der Bürgermeisterwahl durch den Kaiser, die Einführung des allgemeinen Wahlrechtes oder Fragen der Arbeiterversicherung, Arbeitsvermittlung und Arbeitslosenversicherung —, die übrigen ging man daran, Zug um Zug zu verwirklichen.

Kehren wir zu jener Situation zurück, die nach dem Tode Karl Luegers eingetreten war. Sein Wunsch, der gewesene Magistratsdirektor Dr. Richard Weiskirchner möge sein Nachfolger werden, ging zunächst nicht in Erfüllung, weil dieser den Posten eines Handelsministers, den er zu diesem Zeitpunkt innehatte, nicht gegen den Bürgermeistersessel eintauschen wollte. So fiel die Wahl auf den langjährigen Vizebürgermeister DR. JOSEF NEUMAYER. Am 17. März 1844 in Wien geboren, hatte sich Neumayer dem Studium der Rechtswissenschaften gewidmet und den Beruf eines Rechtsanwaltes ergriffen. Anfangs der Partei Schönerers angehörend und in deutschnationalem Denken verhaftet, trat er 1895 in den Gemeinderat ein und wurde bereits 1896 zum Vizebürgermeister gewählt. Er wandte sich in der Folge den Christlichsozialen zu und gehörte schließlich zum engeren Kreis Bürgermeister Luegers. Als er 1910 den Bürgermeisterposten übernahm, stand er bereits im 66. Lebensjahr und erfreute sich auch nicht bester Gesundheit. Dies veranlaßte Schuhmeier, von Anfang an gegen Neumayer Sturm zu laufen und dezidiert zu erklären, eine solche Bürgermeisterschaft bedeute eine Gefahr für Wien. Dazu kam, daß Neumayer infolge seiner Schwerhörigkeit kaum imstande war, die Gemeinderatssitzungen ordnungsgemäß zu leiten. Die Sozialdemokraten hatten dem alternden Lueger seit 1906 immer mehr Verständnis entgegengebracht, zumal dieser aufgrund des beginnenden Verfalls seiner physischen Kräfte keine scharfe Gegnerschaft mehr verfolgte; als nunmehr Neumayer die Nachfolge antrat, verschwand diese versöhnliche Haltung schlagartig. „Wenn wir dem nun verstorbenen Bürgermeister Dr. Lueger gegenüber aus rein menschlichen Gründen die allergrößte Rücksicht walten ließen, weil er diese Rücksicht auch wirklich verdient hat", erklärte Schuhmeier am 13. Mai 1910 im Gemeinderat, „so können Sie doch von der Opposition nicht verlangen, daß sie weiterhin stillschweigend die Wirtschaft duldet, die sich vor ihren Augen vollzieht." Und wenige Wochen später wurde Schuhmeier in der von ihm redigierten „Volkstribüne" noch deutlicher: „Neumayer ist ein Bürgermeister, der gänzlich unfähig ist, seines Amtes zu walten."

Wohl war es der Opposition nicht gelungen, die Nachfolge Neumayers zu verhindern, aber Schuhmeier schien fest entschlossen, den mißliebigen Bürgermeister bei passender Gelegenheit zu Fall zu bringen. Besonders während des Wahlkampfes im Jahre 1912 konzentrierte er seine Angriffe auf Neumayer, und so konnte es nicht ausbleiben, daß selbst seine Parteifreunde von ihm abzurücken begannen, als sie die Berechtigung der Vorwürfe erkannten. Am 19. Dezember 1912 entschloß sich der Bürgermeister zum Rücktritt. Allgemein schrieb man Franz Schuhmeier den Erfolg zu. Niemand konnte damals ahnen, daß es sein letzter sein sollte: er fiel am 11. Februar 1913 einem politischen Mordanschlag zum Opfer.

Neuerlich war die Christlichsoziale Partei auf der Suche nach einem geeigneten Bürgermeisterkandidaten. Diesmal war DR. RICHARD WEISKIRCHNER bereit, dem Rufe zu folgen, war er doch mittlerweile aus der Regierung ausgeschieden. Weiskirchner wurde am 24. März 1861 in Wien geboren, studierte Jus und trat sodann in den Dienst des Magistrats; im Alter von erst 42 Jahren erhielt er den Posten des Magistratsdirektors übertragen, auf dem er sechs Jahre lang verblieb. 1909 ließ er sich frühzeitig pensionieren und wechselte sehr zum Unwillen Luegers, der ihn in seinem politischen Testament als den einzigen Mann bezeichnete, „der die Geschäfte der Stadt Wien in der eingeleiteten Weise fortzuführen imstande" sei — in die Staatspolitik über, um die Geschäfte eines

Handelsministers zu übernehmen. Immerhin ließ er sich 1910 in den Gemeinderat wählen, sodaß er 1911, bei seinem Ausscheiden aus der Regierung, die Chance wahren konnte.

Weiskirchner leitete die Geschicke der Stadt in schwerer Zeit: entfielen doch allein vier Jahre seiner Amtstätigkeit auf den Ersten Weltkrieg, und er begab sich mehrmals an die Front, um die Wiener Truppenkörper persönlich zu besuchen. Im Vordergrund seiner Arbeit standen naturgemäß kriegsbedingte Maßnahmen, vor allem Bemühungen um die Versorgung der Bevölkerung mit Lebensmitteln und Brennstoffen. Nach dem Umsturz im November 1918 stand Weiskirchner noch für einige Monate dem Provisorischen Gemeinderat vor, in welchem die Christlichsoziale Partei allerdings nur noch 84 von 165 Gemeinderatssitzen behaupten konnte, bis diese hauchdünne Mehrheit durch die Wahlen am 4. Mai 1919 endgültig zusammenbrach. Mit Dr. Richard Weiskirchner ging eine politische Ära zu Ende.

DIE LEISTUNGEN DER SOZIALDEMOKRATIE UND DER KAMPF GEGEN DEN FASCHISMUS

Das christlichsoziale Erbe. Allgemeines Wahlrecht in Wien

Wohl keine Gemeindeverwaltung einer großen Stadt hat in den Jahren nach dem Ende des Ersten Weltkrieges die Aufmerksamkeit der ganzen Welt in einem solchen Maße auf sich gezogen wie Wien: war es doch die einzige Millionenstadt mit einer rein sozialdemokratischen Verwaltung. Die Sozialdemokratische Partei, seit über drei Jahrzehnten durch den Parteitag von Hainfeld geeint und seit fast zwei Jahrzehnten in den politischen Vertretungskörpern aktiv tätig, ging in Wien daran, ihre theoretischen Grundsätze in der Praxis zu erproben, ihre in den Jahren der Opposition ausgearbeiteten Programme zu verwirklichen und ihre Fähigkeiten unter Beweis zu stellen. Trotz der bei der gegebenen Situation zu erwartenden Schwierigkeiten waren die Sozialdemokraten gewillt, die ihnen gebotene Chance zu ergreifen und aus ihr das Bestmögliche zu machen. Damit ist Wien bei Freund und Feind Gegenstand lebhaften Interesses geworden.
Nicht der Umstand, daß im Verwaltungsbericht, den die Stadtverwaltung selbst später der Öffentlichkeit vorgelegt hat, betont wurde, es sei „nach dem Kriege ein Aufbauwerk vollbracht worden, wie es in einer solchen kurzen Zeit die Stadt bisher nicht gesehen" hätte, sondern die zahlreichen Urteile ausländischer Fachleute liefern uns den Beweis, daß das „Experiment" (wie das sozialdemokratische Gesamtkonzept in den zwanziger Jahren von oppositioneller Seite gerne genannt wurde) im wesentlichen gelungen ist. Sogar die christlichsoziale „Reichspost" gestand dem nominierten sozialdemokratischen Bürgermeister Jakob Reumann zu, daß er sich in keiner angenehmen Situation befände. In diesem Zusammenhang darf man auch das 1926 erschienene Werk „Das Neue Wien" zitieren, in dem es unter anderem heißt, die Partei sei „in die gewiß nicht beneidenswerte Lage" gekommen, „ein vollständig zusammengebrochenes Gemeinwesen verwalten zu müssen, in das Chaos des Zusammenbruches Ordnung und Sicherheit zu bringen". Es war eine äußerst schwierige Zeit, und es bedurfte der Zusammenfassung aller verfügbaren Kräfte, um einen vollständigen Verfall hintanzuhalten und die Stadt vor einem schrecklichen Ende zu bewahren. Die Sozialdemokraten fanden im Mai 1919 leere Kassen vor; die Ausgaben, die infolge der rasanten Geldentwertung rasch anschwollen, konnten durch die Einnahmen, die noch aufgrund eines veralteten Steuersystems eingehoben wurden, nicht gedeckt werden.
Die Verwalter der Stadt Wien standen vor einer schier unlösbaren Aufgabe: Inflation, zerstörte Existenzen, unkontrollierbare Binnenwanderungen, Arbeitslosigkeit und der unterbrochene Kontakt zu den Bundesländern, der politische und psychologische Emotionen effektuierte — das war das Erbe des Krieges. Gesamtösterreichische Probleme — die Einengung des Wirtschaftsraumes, die Blockierung des Exportes, das Stocken der Lebensmittelversorgung, der Kohlenmangel und

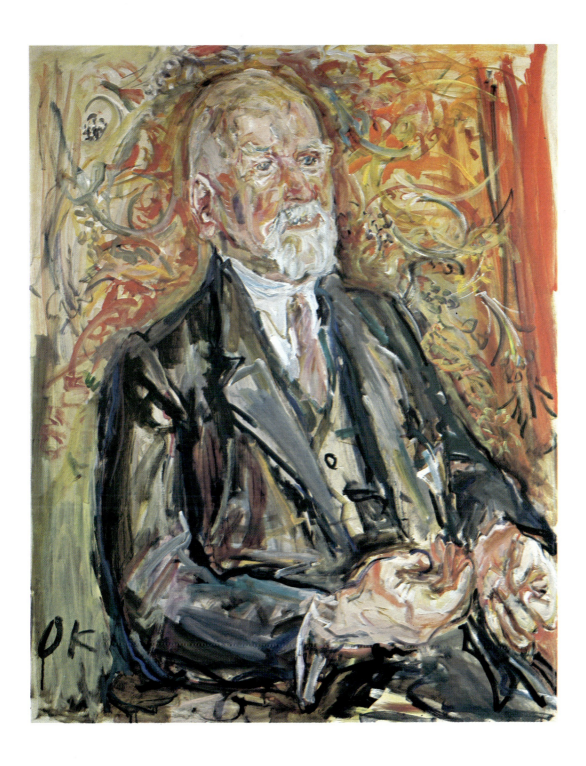

Bürgermeister Dr. h.c. Theodor Körner (1945—1951)

Bürgermeister Dr. h.c. Franz Jonas (1951—1965)

die Zerrüttung des gesamten Geldapparates — fügten darüber hinaus der Volkswirtschaft schweren Schaden zu und zeitigten Auswirkungen auf kommunaler Ebene, die von der Stadt in keiner Weise gesteuert werden konnten. Dazu kam schließlich, daß die breite Masse der Bevölkerung durch die Abwertung von Banknoten, Lebensversicherungen, Stiftungen und Renten so empfindlich getroffen wurde, daß ein erhöhtes Bedürfnis nach öffentlicher Fürsorge entstand; ebenso machten die im Zuge der Neubildung der Nationalstaaten auf dem Boden der auseinandergefallenen Monarchie einsetzenden Bevölkerungsbewegungen, der Rückstrom der Kriegsteilnehmer und Kriegsgefangenen, die anschwellende Zahl der durch den Krieg verzögerten Hausstandsgründungen sowie die ernährungsbedingten Gesundheitsschädigungen auf dem Wohnungs-, Fürsorge- und Gesundheitssektor gewaltige Aufwendungen erforderlich.

Die mehr als zwei Jahrzehnte währende christlichsoziale Verwaltung hatte — insbesondere unter Bürgermeister Dr. Karl Lueger — wesentliche Ergebnisse auf wirtschaftlichem und gesundheitlichem Gebiet aufzuweisen; die Kommunalisierung lebensnotwendiger Versorgungsbetriebe und der Bau der II. Hochquellenwasserleitung wirkten sich auch nach dem Ende des Ersten Weltkrieges äußerst positiv auf die weitere Stadtentwicklung aus. Dennoch stand die sozialdemokratische Verwaltung vor keinem glücklichen Beginn, denn praktisch alle von Lueger gesetzten Maßnahmen wurden durch Anleihen finanziert, die im Laufe der Zeit gigantische Summen erreichten; so mußten beispielsweise 1901 für die Kapitaltilgung und Zinsenzahlung mehr als ein Viertel des städtischen Budgets, nämlich 26,1 Prozent, bereitgestellt werden, nach dem Tode Luegers im Jahre 1911 (bei einem wesentlich erweiterten Budgetrahmen) immerhin noch 14,1 Prozent.

Betrachten wir die allgemeine Situation, so können wir folgendes festhalten:

1. Auf *politischem* Gebiet galt noch das Kurienwahlrecht. Auch nach Einführung eines vierten Wahlkörpers waren 1900 von etwa 1,648.000 Einwohnern nur rund 134.000 Wiener wahlberechtigt, und Frauen waren überhaupt vom aktiven (und selbstverständlich auch vom passiven) Wahlrecht ausgeschlossen.

2. Auf *finanziellem* Gebiet waren die Kassenbestände erschöpft, die Einnahmen durch die Inflation entwertet, die Verpflichtungen hingegen im Steigen begriffen. Die in der Zeit von 1898 bis 1908 unter Bürgermeister Lueger aufgenommenen Anleihen (735 Millionen Kronen) ergaben mit den von seinen Amtsnachfolgern emittierten Schuldverschreibungen ein Gesamtpassivum von 1075 Millionen Kronen im Inland und 285 Millionen Kronen im Ausland; von den Inlandsschulden waren am 30. Juni 1919 noch fast 997 Millionen Kronen unbezahlt, hinsichtlich der auf Goldbasis bewilligten Auslandskredite konnte erst ein Jahrzehnt später nach langwierigen Verhandlungen ein akzeptabler Kompromiß geschlossen werden.

3. Auf *steuerlichem* Gebiet waren die vor dem Weltkrieg gehandhabten Grundsätze nicht mehr aufrechtzuerhalten. Die Einnahmen der Stadt hatten sich unter den Christlichsozialen zu rund 50 Prozent aus der Umlage auf die staatliche Mietzinssteuer, zu rund 30 Prozent aus dem Reingewinn der städtischen Monopolbetriebe und zu rund 10 Prozent aus der Verzehrungssteuer auf Lebensmittel ergeben. Die Mietzinsabgabe löste sich durch die Veränderungen auf dem Mietensektor

von selbst auf, die Verzehrungssteuer schrumpfte infolge ihrer festen Sätze inflationsbedingt zu bedeutungslosen Beträgen zusammen, die Monopolbetriebe schließlich sollten nur kostendeckend arbeiten. Alle genannten Einnahmsquellen wurden zudem von den Sozialdemokraten auch aus prinzipiellen Erwägungen abgelehnt, weil es sich um indirekte Massensteuern handelte, welche überwiegend die minderbemittelten Bevölkerungsschichten belasteten, wogegen die kapitalkräftigeren zum finanziellen Wiederaufbau der Stadt relativ weniger beigetragen hätten.

4. Auf *wirtschaftlichem* Gebiet ergaben sich noch am ehesten Anknüpfungspunkte, weil die Monopolbetriebe und auch andere städtische Einrichtungen eine brauchbare Basis bildeten. Auf keinerlei Vorleistungen konnten sich die Sozialdemokraten naturgemäß beim Wohnungsbau stützen, dessen struktureller Wandel zu den spektakulärsten Veränderungen zählt.

5. Auf *sozialpolitischem* und gesundheitlichem Gebiet hatten sich zwar unter Lueger wirksame Ansätze abgezeichnet, doch konnten diese den Sozialdemokraten, die an diesen Sektor des städtischen Aufgabenbereiches überdurchschnittliche Anforderungen stellten, dennoch nicht genügen; deshalb erhielt Julius Tandler den Auftrag, ein umfassendes neues Konzept zu erstellen.

Aus der Nachkriegssituation ergaben sich schon zu Beginn der zwanziger Jahre einige Schwerpunkte der Kommunalarbeit:

1. Bereitstellung der zum Wiederaufbau notwendigen Geldmittel auf dem Wege einer grundlegenden Steuerreform, die durchaus gesellschaftspolitische Aspekte aufweist.

2. Erzielung einer Regelung für die aus dem Jahre 1902 stammenden Valutenverbindlichkeiten durch einen für die Gemeinde tragbaren Ausgleich, der auch die Kreditfähigkeit der Stadt wiederherstellen sollte.

3. Ausarbeitung eines großzügigen Fürsorgekonzeptes, um dem in weiten Bevölkerungskreisen erkennbaren Bedürfnis nach Fürsorgeleistungen der öffentlichen Hand Rechnung zu tragen.

4. Besondere Betonung der Jugendfürsorge und der prophylaktischen Fürsorge.

5. Erschließung neuer Einnahmequellen zur Errichtung von Wohnungen aus öffentlichen Mitteln zur Milderung der Wohnungsnot.

6. Bau von menschenwürdigen, gesundheitsfreundlichen und billigen Wohnungen bei gleichzeitiger Erstellung langfristiger Wohnbauprogramme.

7. Ausarbeitung einer neuen Bauordnung und der gesetzlichen Grundlagen für die Bodenbeschaffung sowie Einflußnahme auf die Bodenpreise in Wien.

8. Übernahme der Stadtbahn und deren Elektrifizierung zur Verbesserung der innerstädtischen Verkehrsverbindungen.

Mit vielen dieser Forderungen stellte sich die neue Stadtverwaltung in bewußten Gegensatz zu den Gepflogenheiten der vergangenen Jahrzehnte. Hugo Breitner wollte es vermeiden, dieselben Wege zu beschreiten, die seiner Meinung nach beim Bund einen budgetären Zusammenbruch herbeiführen mußten. Es erschien ihm kein Ausweg, analog dem Staat Vermögenswerte zu veräußern, um einen vorübergehenden Ausgleich des Budgets zu erreichen; deshalb lehnte er den von mancher Seite diskutierten Verkauf eines Teiles der Gaswerke an die Länderbank strikte ab und betrachtete auch die Aufnahme von Anleihen nur als vorübergehende Maßnahme, von der er sich nach wenigen Jahren tatsächlich konsequent distanzierte.

Alles in allem hatte der Weltkrieg für die Kommunalpolitik teils positive, teils negative Folgen: positive, weil die Stadt durch die Inflation von der Inlandsschuldenlast befreit wurde, negative, weil einige Probleme, die einem akuten Notstand entsprangen, die Planung zwangsläufig in bestimmte Bahnen lenkten; daß sich diese Aufgaben mit den Zielsetzungen der Sozialdemokraten weitgehend deckten, ist mehr als ein Zufall.

Eine neuerliche räumliche Erweiterung der Stadt stand nicht mehr zur Diskussion. Ebenso waren die meisten der für die Stadt lebenswichtigen technisch-wirtschaftlichen Großprojekte (Donau- und Wienflußregulierung, Wasserversorgung, städtische Betriebe, Zentralfriedhof und Kanalisation) vollendet und für die nächste Zukunft den zu erwartenden Belastungen gewachsen. Finanzielle Verpflichtungen ergaben sich 1922 lediglich durch die Loslösung Wiens von Niederösterreich, weil die Stadt ab diesem Zeitpunkt auch die einem Bundesland zukommenden Aufgaben zu erfüllen hatte. Dennoch bestand die Möglichkeit, unbehindert jenen Arbeitsgebieten Vorrang zu geben, welche die Liberalen und Christlichsozialen aus weltanschaulichen oder kommunalpolitischen Gründen vernachlässigt beziehungsweise prinzipiell dem Spielraum der Privatinitiative überlassen hatten, denen aber im sozialdemokratischen Programm seit jeher zentrale Bedeutung zukam. Die offensichtliche Verschiebung in den Einflußbereichen zwischen privater und kommunaler Betätigung brachte der Gemeinde neben unbestreitbaren Erfolgen auch wiederholt den Vorwurf ein, sie hätte zu weit in die private Sphäre des Menschen eingegriffen und wäre bestrebt gewesen, die Kommunalisierung zu überspitzen. In der historischen Rückschau findet man für diese Kritik keine sachliche Berechtigung, sofern man bereit ist, den Dienst am Menschen als öffentliche Verpflichtung zu akzeptieren.

Es ist nicht zu verkennen, daß gerade wirtschaftspolitische Grundsätze das Bild jeder Epoche formen, wobei es entscheidend ist, wie die finanziellen Mittel aufgebracht werden und wofür sie Verwendung finden. Die für die Wirtschafts- und Sozialpolitik effektiv zur Verfügung stehenden Summen und deren Verteilung auf die einzelnen Ressorts sind allerdings — abgesehen von den vorhandenen Bedürfnissen — mehr von den weltanschaulichen Grundsätzen der jeweils verantwortlichen politischen Partei als von den zur Verfügung stehenden Mitteln selbst abhängig. Jede Zeit stellt sich ihre Aufgaben; wie sie ausgewählt und wie sie gelöst werden, bleibt abhängig von der politischen Zusammensetzung der Vertretungskörper und vom geltenden Wahlrecht.

Über die Entwicklung der Wahlrechtsbewegung haben wir schon mehrfach gesprochen. Nach dem Tode Luegers (1910) und der Wahlniederlage seiner Partei bei den Reichsratswahlen des Jahres 1911, in deren Verlauf sich erstmals eine sozialdemokratische Stimmenmehrheit in Wien abzeichnete, erhielt der Wahlrechtskampf naturgemäß einen neuen starken Auftrieb: wollten die Sozialdemokraten im Hinblick auf die im nächsten Jahr ablaufende Mandatsdauer des Gemeinderates den Erfolg nach Möglichkeit wiederholen und ihn in Mandate für das „Kommunalparlament" umsetzen, so verhärtete sich auf der anderen Seite die Ablehnung der Christlichsozialen, die sich ausrechnen konnten, daß jede Konzession in Fragen der Wahlreform ihren Untergang beschleunigen mußte. Da aufgrund der herrschenden Machtverhältnisse die Kurieneinteilung nur mit ihrer Zustimmung hätte eliminiert werden können, hatten sie es in der Hand, durch strikte Ablehnung aller diesbezüglichen Vorschläge eine Position zu behaupten, die sie nicht nur auf Staatsebene bereits eingebüßt hatten, sondern für die sie auch von der Mehrheit der Wiener Bevölkerung keine Legitimation mehr besaßen. Man darf die Ursache für die Niederlage der Christlichsozialen nicht allein in politischen Tagesfragen suchen; sie sollte vielmehr als Folge der inneren Veränderungen in der Partei angesehen werden, denn diese war, wie es Adam Wandruszka formuliert hat, „zu einer staatserhaltenden, sozialkonservativen Partei geworden, die ihr soziales Schwergewicht in den besitzenden Schichten, im Bauerntum und in den führenden Wirtschaftskreisen gefunden hatte, und diese Verschiebung mußte mit dem Verlust der Stellung in der Großstadt, mit dem Verlust der kleinbürgerlichen und proletarischen Massen an den linken Nachbar erkauft werden". Um den Sozialdemokraten den Wind aus den Segeln zu nehmen und selbst initiativ zu bleiben, brachten fortschrittliche Kreise der Christlichsozialen durch den Abgeordneten Leopold Kunschak noch Ende 1911 eine eigene Wahlreformvorlage im Gemeinderat ein. Rückschauend muß man festhalten, daß kaum der echte Wille vorhanden gewesen sein dürfte, diese zum Beschluß zu erheben; aber selbst wenn dies geschehen wäre — die Wahlkörper hätte man doch nicht beseitigt! Andererseits wurde ein Antrag des sozialdemokratischen Gemeinderates Franz Schuhmeier, ein allgemeines, gleiches Wahlrecht für alle Personen im Alter von mehr als zwanzig Jahren ohne Unterschied des Geschlechtes zu beschließen und die Wahlkörper aufzuheben, so lange verschleppt, bis schließlich der Ausbruch des Ersten Weltkrieges sein Schicksal besiegelte. Nach Kriegsende kam es zu einer Novellierung des Gemeindestatuts und aufgrund eines Beschlusses der provisorischen Landesversammlung des Bundeslandes Niederösterrich vom 12. März 1919 zur Einführung einer neuen Gemeindewahlordnung.

Am 4. Mai 1919 wurde der Gemeinderat zum erstenmal nach den Grundsätzen des allgemeinen, gleichen, direkten und geheimen Wahlrechts ohne Unterschied des Geschlechts gewählt, mit Landesgesetz vom 29. April 1920 erhielt die Gemeindewahlordnung für Wien ihre endgültige juristische Formulierung. Damit war der rund ein halbes Jahrhundert währende erbitterte Kampf um die Gleichberechtigung aller Bevölkerungsschichten zu einem erfolgreichen Abschluß gebracht.

Die ersten Jahre der sozialdemokratischen Verwaltung unter Bürgermeister Jakob Reumann

Als nach dem Zusammenbruch der Monarchie die Sozialdemokraten aufgrund der Wahlen vom 4. Mai 1919 als stärkste Fraktion in den Gemeinderat einzogen und den Bürgermeister zu stellen hatten, fiel am 22. Mai die Wahl auf jenes Mitglied der seinerzeitigen sozialdemokratischen Opposition, das bereits fast zwei Jahrzehnte an führender Stelle tätig gewesen war: Jakob Reumann.

Er wurde mit einem Posten betraut, „um den ihn wohl niemand beneidete", wie selbst die christlichsoziale „Reichspost" in einem Nachruf schrieb, der in der Ausgabe vom 31. Juli 1925 erschien; es bedeutete — so heißt es weiter — „sein Mißgeschick, das ehrenvolle Amt des ersten Bürgers der Hauptstadt unter den schwierigsten Bedingungen zu verwalten". Tatsächlich trat Reumann ein bedrückendes Erbe an: die Kassen waren leer, das Budget wies ein riesiges Defizit auf, die Schulden der Stadt hatten eine gigantische Höhe erreicht, es gab mehr als 100.000 Arbeitslose, und um Wohnungen und Sozialeinrichtungen stand es äußerst schlecht; ganz abgesehen davon, daß die Millionenstadt praktisch über keine Lebensmittelvorräte verfügte und Wien von den Ländern weitgehend boykottiert wurde. Dies ging so weit, daß beispielsweise das Land Niederösterreich — dem Wien damals noch angehörte — Ende Juli 1919 verfügte, Wienern sei der Besuch des genannten Bundeslandes nur gestattet, wenn sie sich im Besitze eines auf höchstens drei Tage lautenden Erlaubnisscheines befänden; und selbst mit diesem durften bestimmte Orte nicht betreten werden!

Wer war eigentlich dieser Jakob Reumann, der 1919, schon im 66. Lebensjahr stehend, zum Bürgermeister gewählt wurde? Er kam als Sohn einer Handarbeiterin aus Mödling am Silvestertag des Jahres 1853 in einem Haus der heutigen Schönbrunner Straße in Margareten zur Welt, wuchs in recht ärmlichen Verhältnissen auf, besuchte dann die nahegelegene „Taubenschule", die noch heute den sie auszeichnenden Beinamen „Bürgermeisterschule" trägt, weil hier nicht nur Reumann, sondern auch die christlichsozialen Bürgermeister Lueger und Weiskirchner die Schulbank gedrückt hatten; Karl Seitz hingegen wirkte an dieser Schule eine Zeitlang als Lehrer. Der Lehrplan der Schule entsprach allerdings kaum denjenigen einer Volksschule unserer Tage, und Reumanns Lehrer Weiskirchner — der Vater seines Amtsvorgängers auf dem Bürgermeisterposten — war, wie sich Reumann mit Erbitterung noch in hohem Lebensalter erinnerte, ein fanatischer Anhänger der damals noch weit verbreiteten Prügelstrafe. Nach tristen Kinderjahren, in denen von Spielplätzen oder Kinderfreibädern noch keine Rede sein konnte, sodaß die kleinen Margaretner an den Ufern des noch unregulierten und erst wenige Jahre zuvor von den übelsten Abwässern befreiten Wienflusses oder in den schmutzigen Höfen des „Ratzenstadls" ihre karg bemessene Freizeit verbrachten, begann der Ernst des Lebens. Schon frühzeitig hieß es, zum Unterhalt der Familie beizutragen. Mit 14 Jahren trat Reumann in eine Meerschaumpfeifenfabrik als Drechslerlehrling ein, verfertigte vier Jahre später sein Gesellenstück und arbeitete in diesen Jahren Tag für Tag von 6 Uhr früh bis 7 Uhr abends; nach Feierabend mußten die Lehrlinge noch die Werkstätten aufräumen. Die Löhne waren niedrig, die Arbeitsbedingungen schlecht und „Arbeiterschutz" war ein unbekannter Begriff. So suchte der Lehrling zwangsläufig Anschluß an die sich entwickelnde Arbeiterbewegung, nahm bereits als Sechzehnjähriger an der ersten großen Demonstration der Wiener Arbeiter vor dem Parlament teil, mit welcher sie sich das Recht auf Zusammenschluß zu Interessenverbänden, das sogenannte Koalitionsrecht, erkämpfen wollten, und war ab diesem Tag mehr als ein halbes Jahrhundert mit dieser Bewegung verbunden.

Jakob Reumann gründete nicht nur die erste Gewerkschaft seines Berufes, den Fachverband der Drechsler, sondern betätigte sich auch als dessen erster Obmann und redigierte das Fachblatt als leitender Redakteur. Auf Fachtagungen trat er in Referaten und Diskussionen hervor, wobei er den für die damalige Zeit noch durchaus avantgardistischen Standpunkt vertrat, daß sich die gewerkschaftliche Tätigkeit nicht auf die gelernten Arbeiter beschränken dürfe, sondern daß man danach trachten müsse, auch die ungelernten Arbeiter, die er in gleicher Weise als „Ausbeutungsobjekt des Kapitals" bezeichnete, für die Organisation zu gewinnen. Es war eine natürliche Entwicklung, daß Reumann dank seiner aufopfernden Tätigkeit zum Obmann des Gehilfenausschusses bestellt wurde. Sosehr ihn seine politische Arbeit einerseits befriedigte, bedeutete sie für sein berufliches Fortkommen einen schweren Ballast. Längst verheiratet, hatte er Mühe, seine Frau und seine drei Kinder durchzubringen, als ihn seine Arbeitgeber auf die „schwarze Liste" setzten. Da er in Österreich keine Arbeit mehr bekam, wanderte er kurz entschlossen nach München aus. Auf diese schwerste Zeit in Reumanns Leben passen so recht die Worte, die Engelbert Pernerstorfer anläßlich Reumanns 60. Geburtstag im Favoritner Arbeiterheim gesprochen hat: „Heute ist es ja keine Kunst, ein Sozialdemokrat zu sein. Aber damals — damals war nichts zu holen als Arbeit, Armut und Verfolgung!"

Inzwischen war jedoch Victor Adler auf den politisch rührigen jungen Mann aufmerksam geworden: er holte ihn nach Wien zurück. Mit staunenswertem Eifer hatte sich Reumann, dessen Schulbildung mehr als dürftig gewesen war, selbst weitergebildet, sodaß er sich bald aktiv an den lebhaften Debatten über die Grundsätze der Arbeiterbewegung beteiligen konnte, insbesondere griff er in den heftigen Streit ein, den sich die Anhänger von Schulze-Delitzsch, der die „Selbsthilfe" propagierte, und Ferdinand Lassalle lieferten. Reumann war Lassalleaner und vertrat demnach den Standpunkt, daß für die Arbeiterbewegung allein die „Staatshilfe" zielführend sein könne. Abgesehen davon, daß alle Diskussionen zu dieser Zeit weitgehend unter Theoretikern abgewickelt wurden, gab es seit 1884 weitere Schwierigkeiten, als der im Jänner dieses Jahres verhängte Ausnahmezustand die Gründung und Tätigkeit politischer Vereine glattweg verbot. Obwohl die Sozialdemokraten in der Stützung auf die bestehenden Genossenschaften, deren Existenz gewerberechtlich gesichert blieb, einen Ausweg fanden, kam Reumann doch des öfteren mit der Polizei und in der Folge mit den Wiener Bezirksgerichten in Konflikt, was zu mehrfachen Inhaftierungen führte. Als schließlich Ende 1889 auf dem von Victor Adler zustande gebrachten Parteitag zu Hainfeld die Gründung der geeinten Sozialdemokratischen Partei erfolgte, war es Jakob Reumann, den man zum ersten Sekretär bestellte und der auch auf dem ersten Parteitag in Wien (1890) den Vorsitz führte; gemeinsam mit Julius Popp leitete er die — damals nur einmal wöchentlich erscheinende — „Arbeiter-Zeitung" und hatte damit Gelegenheit, seine Kenntnisse und Ideen auch publizistisch zu verwerten und einem breiteren Leserkreis zur Kenntnis zu bringen. Im Einklang mit einem später von Franz Schuhmeier vertretenen Kommunalprogramm stellte Reumann die Forderung, daß es die Aufgabe der Gemeindeverwaltung wäre, „billige, gesunde Wohnungen" zu bauen, ein Anliegen, das in den Jahren der liberal orientierten Verwaltung fast als utopisch angesehen werden muß. Und so verhallte die Forderung der Sozialdemokraten nach der Einführung des allgemeinen Wahlrechtes — das einst auch Karl Lueger, als er mit seiner Christlichsozialen Partei noch nicht die Mehrheit im Wiener

Gemeinderat besaß, lautstark verlangt hatte! — ungehört. Dennoch gelang es Reumann und Schuhmeier, aufgrund des Wahlergebnisses vom 31. Mai 1900, als zum erstenmal auch in einer sogenannten „Vierten Kurie" gewählt wurde (in der allerdings jeder der damals existierenden zwanzig Gemeindebezirke nur einen einzigen Kandidaten stellen durfte, dessen Wahl im Zuge des Verhältniswahlrechtes zustande kam), in den Gemeinderat einzuziehen. Im Jahr 1900 erhielten die Sozialdemokraten bereits 56.306 Stimmen (für die Christlichsozialen zählte man 77.608 Stimmen), erlangten jedoch lediglich zwei von einhundertachtundfünfzig Gemeinderatssitzen. Beim Bestehen eines Proportionalwahlrechtes hätten sie wenigstens 68 Mandate bekommen müssen! Als 1905 nach der Eingemeindung von Floridsdorf Ergänzungswahlen stattfanden, erhielten die Sozialdemokraten ein drittes Mandat, und ein Jahr später, nachdem im Jahre 1906 die sechsjährige Funktionsperiode abgelaufen war und neuerlich Wahlen abgehalten wurden, zogen sieben sozialdemokratische Mandatare in den Wiener Gemeinderat ein, zu deren Fraktionsobmann Jakob Reumann ernannt worden war. 1907 fanden die ersten Wahlen nach dem endlich durchgesetzten allgemeinen Wahlrecht für den Reichsrat statt, und nun wurde Reumann vom Bezirk Favoriten, den er vertrat, auch in dieses Gremium entsandt. Wie im Gemeinderat, wandte er auch dort sein Hauptaugenmerk dem Arbeiterschutz zu: der Errichtung von Gewerbegerichten, der Beseitigung von Repressalien gegen streikende Arbeiter und der Forderung nach Verstaatlichung des wirtschaftlich bedeutsamen Kohlenbergbaues. Eine klaglose Lebensmittelversorgung der Großstadt und die Verbesserung der Kranken- und Unfallversicherung für Arbeiter standen für Reumann ebenfalls im Vordergrund des Interesses. Die Beschäftigung mit jener Materie führte sehr bald, da er sich hervorragende Kenntnisse auf diesem Sektor der Sozialpolitik angeeignet hatte, zu seiner Berufung als erster Obmann des Verbandes der Krankenkassen. Als „echter, ganzer Menschenfreund", der, wie es in einem Gratulationsartikel zu seinem 60. Geburtstag treffend heißt, „in seiner Person eine ganze Wohlfahrtsinstitution repräsentierte", bewährte er sich neben seinen vielfältigen Arbeitsbereichen darüber hinaus als Lokalredakteur der „Arbeiter-Zeitung" und als Leiter der Redaktionssprechstunde, in der sich immer mehr Ratsuchende einfanden, die sicher sein konnten, daß ihnen geholfen würde.

Gegen Ende des Ersten Weltkrieges entschloß sich der damalige christlichsoziale Bürgermeister Dr. Richard Weiskirchner, den von Lueger zu einem speziellen Instrument gestalteten Stadtrat zu erweitern. Und 1917 zog Jakob Reumann als einziger Sozialdemokrat in dieses Gremium ein, in dem er mit zwei Deutschfreiheitlichen und siebenundzwanzig Christlichsozialen zusammenzuarbeiten hatte. Nach dem Zusammenbruch der Monarchie und der Umwandlung Österreichs in eine Republik konstituierte sich eine provisorische Gemeindevertretung, die aufgrund einer Parteienvereinbarung aus vierundachtzig Christlichsozialen, neunzehn Deutschfreiheitlichen, zwei Deutschnationalen und nun immerhin schon sechzig Sozialdemokraten bestand; Reumann avancierte in diesem Zusammenhang zu einem der drei Vizebürgermeister. Am 22. November 1918 trat der nach den Ergebnissen des Kurienwahlrechts zusammengesetzte Gemeinderat zu seiner letzten Sitzung zusammen. Damit fand zugleich die christlichsoziale Mehrheit ein Ende; sie konnte mittels demokratischer Wahlen seither niemals wiedererlangt werden. Wenige Monate später, am 4. Mai

1919, fanden bereits Neuwahlen nach dem allgemeinen Wahlrecht statt, und auch die Frauen waren bei dieser Wahl erstmals stimmberechtigt. Das Ergebnis kam nicht überraschend, denn die Christlichsozialen hätten nach den Grundsätzen des allgemeinen Wahlrechts bereits 1911 ihre absolute Mehrheit in Wien eingebüßt. Dennoch ergab sich eine imponierende Mandatsverteilung: die Sozialdemokraten konnten von den 165 Gemeinderatsmandaten nicht weniger als hundert auf sich vereinigen, weitere fünfzig errangen die Christlichsozialen, wogegen sich die übrigen fünfzehn auf vier kleinere Parteien verteilten, unter ihnen nur je zwei Deutschfreiheitliche beziehungsweise Deutschnationale. Es war mehr als eine bloße Verpflichtung, vom Gemeinderat aus jenen Mann zum Bürgermeister zu bestellen, der sich seit fast zwei Jahrzehnten im öffentlichen Leben politisch bewährt hatte und der — neben dem 1913 einem politischen Attentat zum Opfer gefallenen Franz Schuhmeier — als einziger Sozialdemokrat diesem Gremium seit dem Jahre 1900 angehörte: Jakob Reumann. Wenn er in seiner Antrittsrede im Gemeinderat festhielt: „Die ganze Verwaltung ist um des Volkes willen da!", so setzte er damit nur die Ansicht seiner Partei in Worte um und stellte damit auch in diesem Punkt die Weichen für die darauffolgenden Jahrzehnte.

Reumann und die Sozialdemokraten sahen sich keiner leichten Situation gegenüber. Die Durchführung des kommunalen Programms erforderte nicht nur geeignete Männer -- die Reumann auf dem Finanzsektor in Stadtrat Hugo Breitner, auf dem Sektor der Sozialpolitik in dem zum Stadtrat berufenen Universitätsprofessor Dr. Julius Tandler und auf dem Gebiet der Verwaltungsreform unter anderem in Magistratsdirektor Dr. Karl Hartl fand —, sondern in erster Linie die Erarbeitung eines grundlegend neuen Finanzkonzepts, die Neuorganisation der gesamten Gesundheits- und Fürsorgearbeit sowie eine weitgehende Neuverteilung der Verwaltungsagenden und die Schaffung von acht neuen Verwaltungsgruppen, denen jeweils ein Amtsführender Stadtrat vorstand. Gemeinsam mit vier christlichsozialen Stadträten ohne Portefeuille bildeten diese acht Sozialdemokraten unter Vorsitz des Bürgermeisters den Stadtsenat, der auf höchster Ebene die erforderlichen Entscheidungen traf. Jakob Reumann leitete vier Jahre lang die Geschäfte, dann wandte er sich — als für den 21. Oktober 1923 vorzeitig, jedoch in Anlehnung an den für den Nationalrat festgelegten Termin, Wahlen ausgeschrieben wurden — in einem am 5. September auf der ersten Seite der „Arbeiter-Zeitung" abgedruckten „Offenen Brief" an seine Favoritner Wähler und machte darauf aufmerksam, daß er, nunmehr schon im 70. Lebensjahr stehend, sich nicht mehr in der Lage fühle, die Bürde des Bürgermeisteramtes für weitere fünf Jahre zu übernehmen; man trug dem Wunsche Rechnung, und der Gemeinderat ernannte am 13. November 1923 Karl Seitz zum neuen Bürgermeister der Stadt Wien.

Trotz der relativ kurzen Amtszeit und der immensen Schwierigkeiten der Nachkriegszeit konnte Jakob Reumann, dem die Stadt Wien zwei Monate nach seinem Rücktritt am 21. Dezember 1923 die höchste kommunale Auszeichnung, das Ehrenbürgerrecht, verlieh, auf gewichtige Ergebnisse seiner Tätigkeit zurückblicken. Mit der Bestellung des früheren Direktors der Länderbank, Hugo Breitner, zum Stadtrat für Finanzen schuf er die wirtschaftlichen Möglichkeiten für ein gezieltes Sozialprogramm auf breitester Ebene. Die Finanzkraft Wiens war nach dem Weltkrieg infolge der volkswirtschaftlichen Umwälzungen (durch die Einengung des Wirtschaftsgebietes, Arbeitslosigkeit und Inflation) so nahe einem totalen Zusammenbruch, daß man allenthalben von einer „sterbenden Stadt" sprach. Aber bereits am 23. Juni 1919 legte Breitner einen Voranschlag für das Finanzjahr 1919/1920 vor, in dem sich nicht nur erste Reformen abzeichneten, sondern auch jene Grundsätze deutlich hervortraten, die seitdem zu den Prinzipien der sozialdemokratischen Verwaltung gehören: das Gleichgewicht zwischen Einnahmen und Ausgaben herzustellen. Nach einer kurzen Übergangsperiode in den ersten Jahren — sie endete 1923/1924 mit der weitgehenden Stabilisierung des Schillings und war inflationsbedingt — rückte man von der Finanzierung außerordentlicher Vorhaben durch Anleihen ab und betonte damit bewußt den Gegensatz zur früheren liberalen und christlichsozialen Verwaltung und der christlichsozialen Opposition im Gemeinderat. Selbst diejenigen Investitionen, die noch einer kommenden Generation dienen sollten — vor allem jene auf dem Wohnbausektor —, wurden aus laufenden Budgetmitteln finanziert, wodurch sich zwar der Vorteil der Schuldenfreiheit ergab und die Nachteile des Zinsendienstes vermeiden ließen, aber eine starke Belastung des Budgets erfolgte.

Aufgrund der Bestimmungen der Bundesverfassung vom 1. Oktober 1920, die eine teilweise Verwaltungstrennung innerhalb des seinerzeitigen Kronlandes Niederösterreich zur Folge hatten, begannen langdauernde und von beiden Partnern äußerst zäh geführte Verhandlungen, die im wahrsten Sinne des Wortes in letzter Minute, nämlich am 29. Dezember 1921 (zwei Tage vor Ablauf der gesetzten Frist, zu einem positiven Abschluß gebracht werden konnten. Mit 1. Jänner 1922 wurde die ehemalige „Haupt- und Residenzstadt" Wien ein eigenes Bundesland. Daraus ergaben sich wirtschaftliche und rechtliche Konsequenzen: einerseits mußten neue finanzielle Verpflichtungen übernommen werden (beispielsweise in der Krankenhauserhaltung), andererseits erhielt der Wiener Bürgermeister die Position eines Landeshauptmanns und damit ein gleichberechtigtes Mitspracherecht auf der Ebene der österreichischen Bundesländer; seither sind die Wiener Vizebürgermeister auch stellvertretende Landeshauptleute, der Gemeinderat erfüllt die Aufgaben eines Landtages, der Magistratsdirektor ist gleichzeitig Landesamtsdirektor.

In die Ära Reumann fallen noch zwei weitere bedeutende Ereignisse, die im einzelnen erst später behandelt werden sollen: der Gemeinderatsbeschluß vom 1. Februar 1923, durch den für den „sozialen Wohnhausbau" eine zweckgebundene, sozial gestaffelte Wohnbausteuer eingehoben wurde, und das vom Gemeinderat am 21. September 1923 beschlossene erste Wohnbauprogramm der Gemeinde Wien, das den Bau von fünfundzwanzigtausend Wohnungen aus dem durch die Wohnbausteuer gefestigten städtischen Budget ermöglichte. Damit war jene Übergangsperiode zu Ende, in der Wohnungen in bescheidener Zahl aus Anleihemitteln erbaut wurden: 1919: 513, 1920: 622, 1921: 469, 1922: 2128. Der Entschluß der Gemeindeverwaltung, einen kommunalen Wohnungsbau in die Wege zu leiten, stand wie kein anderer der zwanziger Jahre lange Zeit hindurch im Mittelpunkt des politischen Meinungsstreites; hebt man die Frage allerdings aus der Tagespolemik heraus und berücksichtigt man zudem die Situation nach dem Ersten Weltkrieg, so gehört der Wohnhausbau zu den profiliertesten Leistungen der Stadt Wien. Es ist nicht zu leugnen, daß — wie man im Verwaltungsbericht lesen kann — „die ungeheuren Schwierigkeiten, die überwunden werden mußten, in einem Rückblick noch deutlicher erkennbar sind als zur Zeit, da die Arbeit begonnen wurde. Denn wenn früher die Wohnungsfrage als eine Frage der Bauordnung, der Verkehrs- und Bodenpolitik, der Rechtsordnung mit Bezug auf das Mieterrecht oder als eine Frage der Organisation der Wohnungsinteressenten zu bezeichnen war, so haben sich die Verhältnisse während des Krieges gründlich geändert".

Die Persönlichkeit von Bürgermeister Karl Seitz und die Ergebnisse seiner Amtstätigkeit

Mitte des 18. Jahrhunderts zog Michael Seitz, der Sohn eines Weinhauers in Großrußbach (NÖ.), nach Wien, wo er sich in Währing als Fuhrknecht niederließ, bald darauf aber den väterlichen Beruf erfolgreich ausübte. Seinen Sohn Josef sowie seinen Enkel Josef, den Großvater Karl Seitz', finden wir bereits als Hauer und Hausbesitzer in Währing. Karl Seitz wurde am 4. September 1869 in der Nußdorfer Straße 18, nicht weit vom Schuberthaus entfernt, als fünftes von sieben Kindern geboren. Im Jahr 1875 starb sein Vater völlig unerwartet an einem Blutsturz, und seine Mutter mußte ihre Kinder, auf sich allein gestellt, durchbringen. Da die Wirtschaftskrise nach dem Börsenkrach von 1873 noch deutlich fühlbar war, entschloß sie sich zur Aufgabe des bis dahin geführten Holzhandels und versuchte, mit Näharbeiten und einem kleinen Wollhandel sich und die noch am Leben gebliebenen sechs Kinder zu erhalten. Leider reichten die Mittel nicht, und sie mußte im Jahr 1880, einem freundschaftlichen Rat folgend, die beiden Knaben im Wiener 3. städtischen Waisenhaus in der Galileigasse unterbringen. Besonders problematisch war diese Situation für den talentierten Karl, der nunmehr anstelle der Bürgerschule eine Schule in Lichtental ohne Fachunterricht besuchte. Diverse Bemühungen, seine Aufnahme beispielsweise bei den Klosterneuburger Sängerknaben zu erwirken, scheiterten, und so kam es, daß Karl im letzten Schuljahr die Schneiderei als zukünftigen Beruf wählte. In dieser Zeit begann er bereits, soziale Zusammenhänge zu durchschauen, es wurde ihm klar, daß Begabung ohne Besitz nicht genügte, daß etwas an der Gesellschaftsordnung nicht stimmte. Er selbst sagte Jahrzehnte später, daß ihn diese Erkenntnis aus seinen Jugendtagen bereits mit elf Jahren zum Sozialisten werden ließ: „Das Monopol auf Bildung, das ich damals erkannte und das mir verschlossen blieb, war die Quelle des Hasses gegen die herrschende Gesellschaft." Der aufgeschlossene, musisch veranlagte Karl Seitz wurde von seiner Umgebung geprägt: das Leben in der verträumten alten Wiener Vorstadt vermittelte ihm das Gefühl für alles Gute und Schöne, das ihn auch später immer auszeichnete, brachte ihm das Werk Franz Schuberts nahe und ließ ihn zu dessen aufrichtigem Verehrer werden.
1881 wurde im Augarten aus Anlaß der Hochzeit des Kronprinzen Rudolf — nach anderer Überlieferung aufgrund des Besuches einer österreichischen Erzherzogin — ein Fest gegeben. Die von dem jugendlichen Karl Seitz vorgetragenen Begrüßungsworte erweckten die Aufmerksamkeit des liberalen Gemeinderates Wilhelm Baecher, des „Waisenvaters". Nun konnte sein Wunsch, Lehrer

zu werden, in Erfüllung gehen, denn sein Förderer verhalf ihm zu einem Freiplatz im Lehrerseminar St. Pölten und zu einem Stipendium. Obwohl die Lehrmethoden im Seminar nicht immer seine Zustimmung fanden, erlangte er doch zur vollsten Zufriedenheit seiner Lehrer die Reife und wurde dazu ausersehen, bei der aus Vertretern der Schulbehörde und der Kirche bestehenden Festversammlung namens seiner Mitschüler Dankesworte zu sagen. Zur größten Überraschung seiner Zuhörer ergriff er diese Gelegenheit, um sich in aller Öffentlichkeit mit dem Liechtensteinschen Antrag zur Herabsetzung der Schulpflicht auf sechs Jahre auseinanderzusetzen, in dem er eine drohende Gefahr weiterer Proletarisierung erblickte. Er analysierte das Verhältnis zwischen Schule und Kirche und brachte seine uneingeschränkt liberale Gesinnung in dieser Frage zum Ausdruck. Die überwiegend konservativ eingestellten Zuhörer reagierten — unvorbereitet angesprochen — verständlicherweise negativ. Die Schulleitung verschlechterte daraufhin, nachdem sie Seitz' Zeugnis eingezogen hatte, seine Sittennote, in der Absicht, seiner Karriere als Lehrer noch vor deren Beginn ein Ende zu setzen. Doch Gemeinderat Baecher sprang nochmals helfend ein. Unter Einsatz aller seiner persönlichen Beziehungen gelang es ihm, seinem Schützling dennoch eine Stelle als Unterlehrer zu verschaffen.

Um diese Zeit war es um Bildung und Unterricht sehr schlecht bestellt, sodaß sich dem jungen Lehrer ein großes Betätigungsfeld eröffnete. Er befaßte sich nicht nur mit politischen Fragen, sondern legte auch besonderes Augenmerk auf den Problemkreis Lehrerschaft und Schule, der ihm noch als Mandatar am Herzen liegen sollte. 1889 (im Jahr des Hainfelder Parteitages) versuchte er als Mitglied der Sozialdemokratischen Partei an der Spitze des „Klubs der Jungen", einer kleinen progressiven Lehrergruppe, die Gründung einer sozialdemokratischen Lehrerorganisation. Im Rahmen der ursprünglichen Zusammenarbeit zwischen Sozialdemokraten, Liberalen und Deutschnationalen wurde eine Anlehnung an die Arbeiterbewegung spürbar, die durch Karl Seitz größte Unterstützung erfuhr. Er nahm sich des von der Regierung bedrohten Reichsvolksschulgesetzes an und kämpfte um eine entscheidende Verbesserung des Schulwesens, sodaß er 1897 als Vertreter der Lehrerschaft in den Bezirksschulrat entsendet wurde. Sowohl Parteifreunde, wie Dr. Victor Adler, als auch sein politischer Gegner, Bürgermeister Dr. Karl Lueger, begannen sich für ihn zu interessieren. Die Auswirkungen waren verschieden: mutigen Förderungen auf der einen Seite standen auf der anderen langwierige Disziplinaruntersuchungen und strenge Maßregelungen gegenüber.

Am 10. April 1893 wurde auf dem Kongreß der „Partei der Jungen" sein gemeinsam mit Alexander Täubler entworfenes Schulprogramm zum Beschluß erhoben. Die darin enthaltenen politischen und sozialen Forderungen setzten sich wie folgt zusammen: Errichtung von Kindergärten und Horten, Verbot der Kinderarbeit, unentgeltliche Abgabe von Lehr- und Lernmitteln an den Schulen, kostenlose Schulverpflegung für bedürftige Kinder, ausreichende Bezahlung der Lehrer seitens des Staates, Erhöhung des Gehaltes nach dem Dienstalter sowie ein modernes Disziplinarrecht. Mit Nachdruck wurde auch eine Schulgesetzgebung durch das Parlament und die Gründung eines Reichsschulrates als oberste Schulbehörde verlangt.

Die Sozialdemokratische Partei beschloß, bei den Neuwahlen für den Reichsrat neben der fünften auch in der dritten Kurie einen Kandidaten aufzustellen. Diese Kandidatur war für den Städtewahlkreis Floridsdorf (mit elf Städten im Viertel unter dem Manhartsberg, darunter Klosterneuburg, Korneuburg und Stockerau) vorgesehen. Victor Adler gelang es, Karl Seitz, der die Kandidatur wegen einer zu erwartenden Niederlage ausschlug, doch dafür zu gewinnen. Die am 14. Jänner 1901 stattgefundene erste Wahl führte zu keinem Ergebnis, da ein deutschnationaler Kandidat einige Stimmen auf sich vereinigt hatte; eine von den Wahlgegnern mit Absicht auf den nächsten Tag — 15. Jänner 1901 — fixierte Stichwahl brachte dann die Entscheidung: Wahlsieger wurde Seitz, der gegenüber seinem christlichsozialen Gegner Richter einen Vorsprung von 38 Stimmen für sich buchen konnte (ausschlaggebend dafür war das Stimmenübergewicht in Floridsdorf und Stockerau).

Im Jahr 1902 erhielt Seitz — ein Jahr nach seiner Wahl in den Reichsrat — als einziger Sozialdemokrat einen Sitz im niederösterreichischen Landtag, dem damals auch Wien angehörte. Um sich und auf diese Weise die Interessen der Arbeiterschaft in einem gegnerischen Kreis durchsetzen zu können, trachtete er, zu seiner Unterstützung die Geschäftsordnung bis ins kleinste Detail zu beherrschen — was er in der Zeit der Ersten Republik wiederholte. Der Schwerpunkt seiner beherzten Reden lag anfangs auf Erziehung und Schule. Im Rahmen einer solchen Rede zu diesem Thema brachte er zum Ausdruck, daß die Sozialdemokratische Partei die Meinung vertrete, die Volksschule müsse als der Ort angesehen werden, an dem es gelte, eine physisch und psychisch entwickelte Generation heranzubilden. Lediglich die Arbeiterschaft sei von „Wissenschaft und Kunst, von allem was die Nation an Kulturgütern bietet" aufgrund unzulänglicher Bildung ausgeschlossen, deshalb fordere seine Partei „die Aufhebung des Monopols auf Bildung". Karl Seitz war es, der heftige Diskussionen ausfocht und sich vor allem wieder schützend vor die Rechte des Volkes und die Verfassung stellte. Julius Deutsch bezeichnete ihn aus diesem Grund als das „Gewissen der österreichischen Demokratie". Als am 25. Juli 1914 das Parlament durch die Regierung außer Funktion gesetzt wurde, ertönte noch zuletzt Seitz' Appell. Durch und durch Pazifist, nahm er ab diesem Zeitpunkt einen jahrzehntelangen Kampf gegen den Militarismus in allen seinen Formen auf.

Bei der ersten Sitzung des Abgeordnetenhauses im Jahre 1917 verlangte Seitz vor allen Dingen von der Regierung die Wiederherstellung des Friedens. Er legte den Standpunkt seiner Partei klar dar und manifestierte: „Wir haben von Anbeginn dieses Krieges seine tieferen Ursachen festgestellt: alle jene sozialen, wirtschaftlichen, finanziellen, finanzpolitischen und politischen Erscheinungen, die wir in ihrer Gesamtheit den Imperialismus nennen." Man müsse nun einen „Weg finden zu einer Rechts-, Wirtschafts- und Kulturgemeinschaft aller Völker", wäre verpflichtet, mit den Nachbarstaaten „eine natürliche und sachgemäße Wirtschaftsgemeinschaft" zu schließen, und habe an eine dem Willen des Volkes mehr Rechnung tragende Zukunft zu denken; auf keinen Fall dürfe jedoch die Verfassung des Staates angetastet werden. „Wir müssen", führte Seitz aus — er konnte noch nicht wissen, daß er sich als künftiger Bürgermeister der Stadt Wien selbst zu dieser Aufgabe verpflichtete —, „den Menschen aufbauen: durch ausreichende Jugendfürsorge, vom

Mutterschutz und Säuglingsschutz angefangen..., durch Vorschriften über die Arbeitszeit, über die Löhne, über die Hygiene in den Gewerben. Wir werden den Aufbau des Menschen besorgen müssen durch einen großzügigen Ausbau der Sozialversicherung. Wir werden das Alter des Arbeiters und die Invaliden vor den Gefahren der Verarmung und Verkümmerung sichern müssen. Wir werden vor allem anderen denken müssen an die Frauen des Volkes... Dazu wird der Staat allein nicht genügen, dazu werden die Länder, die Gemeinden mitberufen sein, sie werden eine neue Verfassung bekommen müssen..." Abschließend fügte Seitz hinzu: „Wir werden nach diesem Kriege einen neuen Staat aufbauen müssen, einen Staat des gleichen Rechtes, einen Staat der Freiheit der Bürger, einen Staat der Demokratie, der allein uns vor der Wiederkehr so schrecklicher Ereignisse sichern kann, einen Staat der Demokratie, der entschlossen ist, sich mit den Volksmassen aller Staaten friedlich auseinanderzusetzen und die Menschen im friedlichen Wettbewerb der Kräfte zu neuer Kultur emporzubringen und zu einer anderen Gesellschaftsordnung statt derer, die in diesem Kriege ihr Lebensrecht verwirkt hat... Wir werden eine neue Gesellschaft aufbauen, eine Gesellschaft des gleichen politischen und sozialen Rechtes!" Seine Worte waren programmatisch zu werten; Karl Seitz bemühte sich stets, seine Forderungen zu verwirklichen, ohne jedoch die Meinung Andersdenkender zu ignorieren: Demokratie hatte für ihn die gleiche Bedeutung wie Toleranz.

Seine Wahl zum Obmann der Sozialdemokratischen Partei erfolgte im Jahre 1918; nach Pernerstorfers Tod kam er als Vizepräsident ins Abgeordnetenhaus. Es nahte der Oktober 1918 heran. Tage ärgster Not standen bevor: der militärische Zusammenbruch an den Fronten, Hunger und Chaos im Hinterland. Am 1. November 1918 forderte der sozialdemokratische Parteitag die Gestaltung Deutschösterreichs zu einer demokratischen Republik, am 11. November beschloß der Staatsrat über Antrag der Sozialdemokraten, vom Kaiser seine Abdankung zu verlangen und die Republik auszurufen. Die Monarchie hatte aufgehört zu bestehen. In diesen Novembertagen bildeten drei Präsidenten die Spitze des jungen Staates: Johann Hauser, Dr. Franz Dinghofer und Karl Seitz. Die konstituierende Nationalversammlung, in der die Sozialdemokratische Partei die stärkste Fraktion stellte, wählte (auf der Grundlage des Wahlergebnisses vom Februar 1919) am 5. März Karl Seitz zu ihrem ersten Präsidenten, mit welcher Funktion die eines Staatsoberhauptes verknüpft war. Ende 1920 zerfiel im Parlament die bis dahin bestehende Koalition der Christlichsozialen und der Sozialdemokraten; Seitz legte sein Amt nieder und übernahm als erster Vorsitzender des Parteivorstandes die Führung der Partei und damit der Opposition.

Die folgenden Jahre brachten einen bedeutsamen Wandel im Leben von Karl Seitz. Er, der rund zwei Jahrzehnte im staatlichen Bereich einen für den Aufstieg der Arbeiterklasse wesentlichen Kampf geführt hatte, wandte sich mehr kommunalen Aufgaben zu. In Wien war, wie wir gesehen haben, die Sozialdemokratische Partei in den Wahlen vom 4. Mai 1919 mit 100 von 165 Sitzen in den Gemeinderat eingezogen; damit wurde die Gemeinde Wien erstmals sozialdemokratisch verwaltet.

Für die 1923 bevorstehenden Wahlen bat Reumann, von seiner nochmaligen Aufstellung abzusehen, worauf der Parteivorstand am 11. September 1923 beschloß, seinen Obmann, Karl Seitz, aufzufordern, die Kandidatur zu übernehmen. Seitz erklärte sich bereit, obwohl er Bedenken hegte; allein Pflichtbewußtsein und nicht etwa persönlicher Ehrgeiz könnten ihn bewegen, äußerte er sich schließlich, die Bürgermeisterwürde anzunehmen. Am 13. November 1923 wurde er in die Amtsgeschäfte eingeführt. Sein unerschütterlicher Rechtssinn, sein Bekenntnis zu Demokratie, Toleranz und Verfassungstreue sollten maßgebend sein für sein länger als ein Jahrzehnt währendes Wirken in der Stadtverwaltung. Unter ihm begann, nach Jahren der Stabilisierung unter Jakob Reumann, der Aufbau des „Neuen Wien". In einer großangelegten Rede erläuterte Bürgermeister Seitz das Kommunalprogramm der Sozialdemokratischen Partei, das verständlicherweise von der christlichsozialen Opposition (Kunschak) mit Zurückhaltung aufgenommen wurde.

Die Leistungen der Gemeindeverwaltung in der Ära des Bürgermeisters Karl Seitz sollen in den folgenden Abschnitten ausführlich dargestellt werden. Die düsteren Prognosen, die man von seiten der politischen Gegner in den ersten Jahren nach dem Ende des Weltkriegs gestellt hatte, erfüllten sich nicht. Die wirtschaftlichen Probleme, die daraus resultierten, daß die Millionenstadt nunmehr, ihres Hinterlandes beraubt, einem kleinen Staate vorstand — man sprach in dieser Zeit gerne von einem „Wasserkopf", den Wien darstelle und der die übrigen Bundesländer belaste —, waren zweifellos nicht leicht zu lösen. Zu den finanziellen Nachwirkungen des Krieges und der Vorkriegspolitik kamen die sich aus dem verlorenen Krieg ableitenden speziellen Aufgaben im Bereich des Wohnungsbaues, des Fürsorge- und des Gesundheitswesens. Es ist mehr als ein Zufall, daß sich die Vorhaben mit jenen Zielen deckten, die sich die Sozialdemokraten schon in früheren Jahren selbst gesteckt hatten. Da man von vornherein wußte, daß die Sicherung der finanziellen Basis ausschlaggebend für das Gelingen sein würde, wandte man diesem Problem besondere Sorgfalt zu. In der Person des städtischen Finanzreferenten Hugo Breitner stand dem Bürgermeister ein Fachmann von Format zur Verfügung, der es verstand, mit neuen Ideen den nach dem Weltkrieg bankrotten kommunalen Haushalt wieder flottzumachen. Wenn auch die Taktik seines umfassenden, früher unbeachtete Gebiete erfassenden, jedoch sozial gestaffelten Steuersystems im Kreise der Opposition starken Widerspruch entfesselte, so bildete das „Experiment" doch die Grundlage für die ausgedehnte Sozialpolitik der Gemeinde Wien in der Ersten Republik, die für ihre Beurteilung entscheidend werden sollte. Das Fürsorgewesen, der „soziale Wohnungsbau" und das Gesundheitswesen sind jene Errungenschaften, die im In- und Ausland die größte Beachtung fanden. Unter Seitz wurden nicht nur über 60.000 Wohnungen errichtet, sondern es konnten im Zusammenwirken mit dem hochangesehenen Universitätsprofessor Dr. Julius Tandler auf fürsorgerischem Gebiet entscheidende Fakten gesetzt werden; wir erwähnen nur die Leistungen auf den Sektoren der Kinder- und Jugendfürsorge (Kindergärten, Horte), Schul- und Erholungsfürsorge, Erwachsenen- und Familienfürsorge sowie der geschlossenen Fürsorge (Kinderübernahmsstelle, Versorgungshäuser); im Bereich der Volksgesundheit widmete sich Stadtrat Tandler der Säuglingsfürsorge (Mutterberatungsstellen, Bekämpfung der Säuglingssterblichkeit, Ausgabe von Säuglingswäschepaketen der Gemeinde Wien), der Gesundheitsfürsorge für Jugendliche (schulärztlicher Dienst,

Schulzahnkliniken, Augenklinik) und der Tuberkulosebekämpfung in besonderem Maße; dazu kommen noch die Errichtung von zahlreichen Volks-, Sommer- und Kinderfreibädern, der Ausbau des Lainzer Krankenhauses und die Übernahme von Kinderspitälern. Neben Breitner und Tandler gehörten dem ausgezeichneten Verwaltungsteam unter anderem noch Otto Glöckel, der Schulreformer, und Georg Emmerling an. Zu den bedeutsamen Leistungen der Stadtverwaltung zählen beispielsweise auch die Übernahme und Elektrifizierung der Stadtbahn, die Ausgestaltung des Wald- und Wiesengürtels und der Bau des Wiener Stadions.

So kam das „Schicksalsjahr 1933": am 7. März proklamierte Bundeskanzler Engelbert Dollfuß die autoritäre Führung der Staatsgeschäfte. Warnend erhob Seitz im Wiener Landtag seine Stimme und forderte: „Weg von jedem Verfassungsbruch, weg mit jedem Bruch des Rechtes, Wiederherstellung der Freiheit und der Gerechtsame dieser Stadt! Das Volk von Wien steht zur Verfassung der Republik unbeugsam und hart — gegen jedermann, der sie antasten will!" Die Fronten verschärften sich zusehends; alle Vorschläge einsichtsvoller Männer verschiedener Parteirichtungen wurden mißachtet. Starhemberg, der neben Fey seine eigenen Ziele verfolgte, rief zum Generalangriff auf: „ . . . es ist unerträglich, daß im Wiener Rathaus noch immer der Herr Seitz mit seinen Genossen sitzt. Erst dann wird die Geburtsstunde des neuen Österreich schlagen, wenn im Wiener Rathaus der Regierungskommissär einzieht!" Und diese Äußerung zählte noch zu jenen, die man — so unglaublich es klingt — als gemäßigt bezeichnen muß. Die Meinungen über den Begriff eines „neuen Österreich" waren sehr verschieden geworden. Man schrieb den 27. September 1933. Wenige Wochen später, am 10. November, wurde das Standrecht verhängt. Und dann führte die Entwicklung zu jenem unheilvollen 12. Februar 1934, an dem nicht nur die bewaffneten Auseinandersetzungen ihren Anfang nahmen, sondern Seitz von Kriminalbeamten mit Gewalt aus seinem Arbeitszimmer gebracht wurde. Umsonst hatte der große Demokrat Leopold Kunschak noch am 9. Februar im Gemeinderat warnend seine Stimme erhoben und zur Besinnung gemahnt; der Fanatismus Vizekanzler Feys fegte seine Bedenken hinweg. Bis zum 5. Dezember hielt man Seitz, den frei gewählten Wiener Bürgermeister, im Polizeigefangenenhaus fest. Es folgte die Auflösung der Sozialdemokratischen Partei, des Gemeinderates und des Wiener Landtages; der Bürgermeister und sämtliche Angehörige des Stadtsenats wurden ihrer Funktionen enthoben, die Leitung der Bundeshauptstadt übertrug man einem Regierungskommissär.

Seitz, gesundheitlich schwer erschüttert, blieb auch nach seiner Haftentlassung unter Kontrolle, durfte weder Radio noch Telefon besitzen. Nach 1938 besserte sich die Situation nicht: er zählte zu den Gegnern des Regimes, 1944 folgte schließlich die Verhaftung, als er nach dem 20. Juli im Zusammenhang mit einem Besuch Dr. Goerdelers in Verbindung mit der Widerstandsbewegung gebracht wurde. Man beförderte den 75jährigen Seitz nach Berlin und von dort in das Konzentrationslager Ravensbrück. Aufgrund der rapiden Verschlechterung seines Gesundheitszustandes kam es 1945 — unter dem Eindruck des bereits verlorenen Krieges — zu seiner Verbannung in das thüringische Örtchen Plaue, wo er unter Bewachung lebte. Nach Kriegsende aufgefunden, geleitete man ihn nach Wien, wo ihm die Bevölkerung einen enthusiastischen Empfang bereitete. Den Vorsitz im Parteivorstand, den ihm Adolf Schärf übergeben hatte, legte er am 18. Dezember 1945 zurück. Seine Funktion als Abgeordneter zum Nationalrat übte er weiter aus; hier hielt er am 20. März 1946 eine weit über die Grenzen Österreichs beachtete Rede, in der er, getreu seinen Grundsätzen, die er ein Leben lang hochgehalten hatte, seine Worte an die Alliierten richtete, „uns unsere Freiheit, Gesetze zu beschließen, zu belassen". „Demokratische Länder Europas!" lautete sein Appell, „schützt eure wichtigste und größte Idee, die Demokratie! Schützt die Demokratie, indem ihr sie in unserem kleinen Land, auf dem Boden Österreichs, und den unglücklichsten Menschen gegenüber, den armen Österreichern, sichert! Das wird der beste Schutz eurer Ideale sein, die beste Bekräftigung der Magna charta libertatum!"

Noch hatte man die glanzvollen Feiern zum 80. Geburtstag in frischer Erinnerung, als Karl Seitz am 3. Februar 1950 plötzlich verstarb. Die Trauer war allgemein und ehrlich — Anerkennung wurde nicht nur aus den eigenen Reihen, sondern auch von den Gegnern gezollt. Die Stadt Wien hat Seitz mit den höchsten Ehren bedacht, die sie zu vergeben hat: sie ernannte ihn bereits 1929 zu ihrem Ehrenbürger, und sie ließ ihn in einem Ehrengrab bestatten. Seine Büste fand in einer nach ihm benannten Wohnhausanlage ihren Platz, vor dem Rathaus, der Stätte seines Wirkens, steht sein Denkmal.

Das Finanzsystem des Stadtrates Hugo Breitner

Als Hugo Breitner das Finanzressort der Gemeinde Wien übernahm, entwickelte er den Gedanken einer grundlegenden Steuerreform, die sowohl in der Auswahl und Belastung des betroffenen Personenkreises als auch in der Form der Steuereinhebung von allen bis dahin üblich gewesenen Gepflogenheiten abwich. Die um sich greifende Inflation, die mit kommunalen Mitteln nicht bekämpft werden konnte, machte es notwendig, von der bisherigen Art der festen Steuersätze konsequent abzugehen und durch Prozentsätze und kurze Zahlungstermine eine gleitende Einnahmenskala zu schaffen. Diese bereits im Frühjahr 1919 durchgeführte Änderung eröffnete der Gemeindeverwaltung überhaupt erst die Möglichkeit, ihren Verpflichtungen pünktlich nachzukommen; sie konnte aber dank dieser Reform auch von Anfang an mit Überschuß arbeiten und jenes großzügige Aufbauprogramm in Angriff nehmen, das ihr vorschwebte.

Hugo Breitners Name war in den zwanziger Jahren — über Wien und Österreich hinausreichend — in aller Munde, gleichgültig, ob sich in seine Bewertung Anerkennung oder Kritik mischte. In einer Reihe mehr oder minder prominenter Gewerkschafter, Genossenschafter und Politiker scheint er unter jenen sechzig Sozialdemokraten auf, die am 22. November von der Wiener Parteikonferenz der Sozialdemokratie für die provisorische Gemeindevertretung nominiert wurden; die Grundlage für diesen Beschluß bildete der Artikel 10 des Gesetzes über die Staats- und Regierungsform Deutschösterreichs, demzufolge bis zur Abhaltung von Neuwahlen die bestehenden Gemeindevertretungen durch eine angemessene Zahl von Vertretern der Arbeiterschaft ergänzt werden mußten. Sehr

Wiener Internationale Gartenschau 1964

Das Rathaus im Fahnenschmuck

bald trat Breitner stärker ins Rampenlicht: er sollte, wie sein Biograph Hugo Kaudelka es treffend formulierte, „für die Wiener Bevölkerung in der neuen Ära der Gemeindeverwaltung bald Begriff und Symbol werden". Am 3. Dezember 1918 hielt der Wiener Gemeinderat — weiterhin unter dem Vorsitz des seit 1912 amtierenden Bürgermeisters Dr. Richard Weiskirchner — seine erste Sitzung ab. Breitner, im Alter von erst 45 Jahren — er wurde am 9. November 1873, dem Jahr der Weltausstellung und des Börsenkrachs, geboren — als Direktor der Länderbank frühzeitig pensioniert und geradezu über Nacht Politiker geworden, ging sogleich daran, seine Fachkenntnisse in den Dienst der kommunalen Verwaltung zu stellen. Die finanzielle Situation Wiens war ihm nicht unbekannt; schon seit Mitte 1918 hatte er sich mit der Entwicklung der Finanzen eingehend befaßt und in Gedanken auch bereits ein Kommunalprogramm entworfen, das er nun trotz der tristen Verhältnisse zu realisieren trachtete. Seine Schlußfolgerungen legte er in einer Reihe von Leitartikeln in der „Arbeiter-Zeitung" dar, die zwischen Ende Februar und Anfang Mai, also vor der Wahl, erschienen sind. Das „Vorbild" des Bundes lehnte er kategorisch ab, ja er erblickte darin eine Warnung und versuchte, einen besseren Weg einzuschlagen. Am 10. April 1919 gab er in einem grundlegenden Aufsatz, für den er den Titel „Wiens traurige Finanzlage" wählte, eine Art „Grundsatzerklärung" ab, gewissermaßen das (vorweggenommene) Programm eines künftigen Finanzreferenten der Stadt Wien: daß ihm im Falle eines günstigen Wahlausganges dieser Posten angeboten würde, war so gut wie sicher.

Tatsächlich nominierte der Klub der sozialdemokratischen Gemeinderäte nach der Wahl vom 4. Mai 1919 Hugo Breitner als Stadtrat für Finanzen und Chef der Verwaltungsgruppe II. Hätte Breitner sich nicht schon seit fast einem Jahr mit allen Gegebenheiten vertraut gemacht, wäre es ihm bestimmt nicht möglich gewesen, bereits einen Monat nach der Konstituierung des Gemeinderates, nämlich am 23. Juni 1919, den Stadtvätern einen Budgetvoranschlag für das Rechnungsjahr 1919/20 vorzulegen, in dem sich erste Ansätze einer veränderten Finanzpolitik abzeichneten. Er scheute nicht davor zurück, bei dieser Gelegenheit dem Gemeinderat und dem Volk von Wien in ungeschminkten Worten „das ehrliche Budget des Kriegsabschlusses" vorzulegen (wie es die „Arbeiter-Zeitung" in einem am nächsten Tag veröffentlichten Artikel über „Die finanzielle Lage Wiens" bezeichnete) und in rücksichtsloser Offenheit die Zerrüttung der Gemeindefinanzen anzuprangern. Von da an gehörte Breitner bis 1932 ununterbrochen „einer Équipe von Männern an, die, geschart zunächst um den alten Gewerkschafter Jakob Reumann, dann um den weltläufigen Parlamentarier Karl Seitz als Bürgermeister, darangingen, aus dem Wien des Kaisers, seines Hofes, seines Adels und Bürgertums das Wien der arbeitenden Menschen zu schaffen" (Kaudelka).

Die Jahre bis 1922 waren nicht zuletzt deshalb ein schwieriger Übergangszeitraum, weil Wien keine eigene Steuerhoheit besaß und daher infolge des gebräuchlichen Zuschlagssystems vom Staat und vom Land Niederösterreich abhängig war. Erst die Erhebung Wiens zum eigenen Bundesland (1922) brachte die von Breitner ersehnte Änderung, an deren Realisierung er maßgeblich beteiligt gewesen war. Nun konnte er ein gemeindeeigenes Steuersystem schaffen. Zugleich führte man auf Staatsebene die sogenannten „Ertragsanteile" an den gemeinschaftlich einzuhebenden Abgaben ein;

aufgrund eines Abgabenteilungsschlüssels erhielten die Bundesländer 50 Prozent des Ertrags der Bundesabgaben, hatten von diesen aber die Hälfte den Gemeinden zu überweisen. Diese Abgabenteilungen bildeten eine Keimzelle ständigen Streites, und in den nächsten Jahren kam es von Novelle zu Novelle zu gesteigerten Beeinträchtigungen des Landes Wien. Die Bundesregierung schuf sich durch die Neufestsetzung des Verteilungsschlüssels eine perfekte Möglichkeit, ihre politische Gegnerschaft gegenüber dem „Roten Wien" in finanziellen Druck umzusetzen.

Der Grundgedanke des Breitnerschen Steuersystems lag in einer nach dem Lebensaufwand gestaffelten Heranziehung der einzelnen Bevölkerungsschichten zur Steuerleistung. Der Lebensstandard der Durchschnittsbürger sollte weitgehend geschont, wenn nicht gehoben werden, die direkte Luxussteuer trat an die Stelle der indirekten Massensteuer. Für den Lohnempfänger führte dies zu keiner Einschränkung seiner Lebenshaltung; hingegen wurde der Kapitalkräftigere gezwungen, für den das unbedingt Notwendige übersteigenden Aufwand erhöhte Abgaben zu entrichten, wobei der Begriff „Luxus" teilweise im Sinne einer nachkriegsbedingten Verarmung relativ gesehen werden muß. Die wesentlichsten gesetzlichen Maßnahmen wurden schon im Jahre 1920 getroffen. Nur in wenigen Fällen konnte der Finanzreferent auf bereits bestehende Gesetze zurückgreifen, so bei der Wertzuwachs- und Lustbarkeitsabgabe.

Das bedeutendste Datum ist zweifelsohne der 4. August 1920, an dem die Gesetze über Einführung der Fürsorge-, Hauspersonal-, Nahrungs- und Genußmittel- sowie Konzessionsabgabe beschlossen wurden. Nach und nach folgten die übrigen neuen Steuergesetze, die erst allmählich den Erfordernissen und Möglichkeiten anzupassen waren, sodaß sich in den folgenden Jahren oft weitgehende Änderungen als notwendig erwiesen. In erster Linie galt es, Härten auszugleichen und allzu große Belastungen zu mildern. Diese Entwicklung war im großen und ganzen 1927 abgeschlossen. Zur gleichen Zeit, da man eine Reihe von Gesetzen in Neufassungen kleidete, machte sich auch die immer schwieriger gewordene Situation der Wirtschaft bemerkbar, die dazu zwang, einige Steuern zu ermäßigen, um der Wirtschaft Impulse zu geben. „Es zeigte sich", erklärte Breitner im Februar 1929 der Prager „Wirtschaft" in einem Interview, „daß neue Wege nicht von einer bestehenden Verwaltung, sondern nur von einer neuen, unbelasteten beschritten werden könne. Wieder kam das Begleitmerkmal von Umwälzungen zum Ausdruck, daß an ihrer Wiege neue Parteien stehen. Die Christlichsoziale Partei konnte sich zur Einführung harter, drückender Steuern nicht entschließen... Wir fragten uns, ob es besser sei, daß in der Inflationszeit die Vermögen verludert oder vom Ausland geplündert würden, oder daß sie der öffentlichen Wirtschaft, wenigstens teilweise, zugute kommen. Die Steuern waren hart, aber es wurde in keinem Falle bewußtermaßen ein Zuviel verlangt. Die von der Gemeinde unmittelbar eingehobenen Abgaben betragen ungefähr 100 Schilling pro Kopf." Im Durchschnitt des übrigen Österreich betrugen die Abgaben zwar nur etwa die Hälfte dieser Summe, doch kamen die Abgaben in den Industriestädten vielfach dem Wiener Vorbild nahe.

Wie sehr man die Breitnersche Finanzpolitik auch angriff, eines steht in der historischen Bewertung fest: sein Ziel konnte der Finanzreferent erreichen. Schon am 15. April 1926 schrieb Karl Honay in der „Wiener Wirtschaft", „Freund und Feind müßten bekennen, daß diese Stadt wie ein Phönix aus der Asche neu erstanden ist, daß sie schöner geworden ist als vor dem Krieg, und daß sie sich mit schier übermenschlicher Anstrengung, aus eigener Kraft, aus dem Elend des verlorenen Krieges, den Schrecken der Nachkriegszeit und den furchtbaren Inflationszeiten emporgearbeitet hat zu der ihr zukommenden internationalen Bedeutung". Auch Benedikt Kautsky darf zitiert werden, wenn es darum geht, die wirtschaftliche Situation der zwanziger Jahre zu beurteilen. Dieser wies vor allem auf die Haltung des Bundes hin und betonte, „daß dieses Werk geschaffen wurde in einer Zeit, da der Staat verfiel und das Bürgertum seine ganze Macht anwendete, um die freie Wirtschaft wieder einzuführen und um die Bestrebungen der sozialistischen Gemeinde zu vereiteln", weshalb „die Achtung vor diesem Werk um so größer" sein müsse. Mit Erfolg, betonte er, sei „hier ein Wirtschaftskörper erwachsen, der inmitten einer kapitalistischen Umgebung mit sozialistischen Methoden arbeitete und den Beweis geliefert hat, daß die sozialistische Wirtschaftsweise der kapitalistischen überlegen sei". Nimmt man den Rechenstift, so kann man nachweisen, daß das Gesamtsteueraufkommen in Wien 1924 — in Friedenskronen berechnet — niedriger war als 1913; dies wurde auch immer wieder offiziell hervorgehoben. Man darf allerdings nicht übersehen, daß die Argumentation Breitners, „daraus gehe mit aller Deutlichkeit hervor, daß in die Kassen der Stadt jetzt weniger einfließt, als von der christlichsozialen Verwaltung im Frieden aus der Wiener Bevölkerung herausgeholt worden ist", insoweit nicht stichhältig ist, als — wie er selbst bestätigte — „sich in der Art der Verteilung der Steuern auf die einzelnen Schichten der Bevölkerung eine grundlegende und gewaltige Veränderung vollzogen" hatte. Die verhältnismäßig dünne Oberschichte mußte den Großteil der Steuern aufbringen, die breite Masse hingegen war merklich entlastet. Der steigenden Begeisterung und Befriedigung auf der einen Seite standen herbe Kritik und entrüstete Ablehnung auf der anderen Seite gegenüber. Will man die Leistungen objektiv beurteilen, darf man weder die positiven Ergebnisse der Kommunalpolitik beiseite schieben noch die zahlreichen anerkennenden Stimmen des Auslandes verschweigen. So erklärte ein hoher Beamter des englischen Wohlfahrtsministeriums, „die Grundsätze, nach denen Wien verwaltet wird, und die Ideale, die an seinen verantwortlichen Stellen wirksam sind, haben in einer Weise recht behalten, wie man es kaum für möglich gehalten hätte", die „Detroiter Abendpost" spricht 1927 davon, Breitner habe ganz sicher „das richtige System gefunden", und die reichsdeutsche Länderkonferenz scheute sich 1928 in Berlin keineswegs, für die von ihr für nötig erachtete Reform der Verwaltung in den deutschen Stadtgemeinden ausdrücklich auf das „Muster Wiens" zu verweisen. Und noch eines verdient festgehalten zu werden: der Vorwurf einer zu rigorosen Handhabung der Steuereinhebung, der Breitner von der konservativen Presse des öfteren gemacht wurde, entbehrte stets konstruktiver Gegenvorschläge. Die Hinweise auf die Bundesfinanzen muß man rückblickend als gewagt bezeichnen, bedenkt man die Schwierigkeiten, unter denen die Seipel-Sanierung zustande gekommen war. Überdies wurde gerade zu dieser Zeit von den Christlichsozialen die Warenumsatzsteuer eingeführt, die eine fühlbare Belastung aller Bevölkerungsschichten darstellte. Das Steueraufkommen ist in Wien zwischen 1923 und 1927 um 94 Prozent gestiegen; sicherlich eine bemerkenswerte Zuwachsrate — solange man nicht zum Vergleich die Zahlen des Bundesbudgets heranzieht und feststellt, daß die Erhöhung in diesem sogar 97 Prozent betrug.

Was hat man sich in der Praxis unter dem sich im Verlaufe weniger Jahre konsolidierenden Breitnerschen Steuersystem vorzustellen? Wir unterscheiden zwischen Steuern auf Luxus und besonderen Aufwand, Betriebs- und Verkehrssteuern sowie Boden- und Mietsteuern. Zur Gruppe der Luxussteuern gehören die Lustbarkeitsabgabe, die Nahrungs- und Genußmittelabgabe, die Abgabe vom Verbrauch von Bier, die Kraftwagenabgabe, die Hauspersonalabgabe, die Pferde-, Hunde- und Luxuswarenabgabe; unter die Betriebs- und Verkehrssteuern fallen die Fürsorgeabgabe, die Konzessions-, Fremdenzimmer-, Ankündigungs- und Anzeigenabgabe, die Abgabe von freiwilligen Feilbietungen sowie die Wasserkraftabgabe und der Feuerwehrbeitrag; zu den Boden- und Mietsteuern haben wir die Grundsteuer, die Bodenwertabgabe von verbauten Liegenschaften und jene von unverbautem Grund, die Wertzuwachsabgabe und die Wohnbausteuer zu rechnen.

Einige dieser Steuern waren geeignet, das soziale Gefüge unmittelbar zu beeinflussen. Dazu gehören beispielsweise die Hauspersonal- und Luxuswarenabgabe sowie die Bodenwertabgabe. Die Wohnbausteuer kann man aus den Überlegungen ausklammern, weil sie zweckgebunden eingehoben wurde und außerdem — neben einer äußerst starken Sozialstaffelung — in Ausmaßen blieb, die im allgemeinen die Vorkriegssteuerbelastungen auf dem Mietensektor nicht erreichten.

Wenn die Opposition die Steuerpolitik vehement angriff und der Verwaltung sogar den Vorwurf machte, sie gefährde das Gedeihen der Volkswirtschaft, so war zwangsläufig auch der Ton, in dem die Antworten gehalten waren, scharf und zurückweisend. Man stellte keineswegs in Abrede, daß auf Bundesebene eine Sanierung zustandegekommen sei, wehrte sich aber ganz entschieden dagegen, die Konsolidierung der Währung mit einer Sanierung der Wirtschaft gleichzusetzen, und lehnte es vor allem entrüstet ab, daß Wien von den Ergebnissen der Bundeswirtschaftspolitik profitiere. Bürgermeister Seitz reagierte im Gemeinderat oftmals in heftiger Weise und bezog dabei den Standpunkt, Wien habe sich den verderblichen Folgen der wirtschaftlichen Entwicklung im Staate nur durch seine eigene Finanzpolitik entziehen können. „Es ist nicht abzusehen", argumentierte er, „wohin wir gekommen wären, wenn dieser Sanierungstendenz der christlichsozial-deutschnationalen kapitalistischen Koalition nicht eine andere Tendenz entgegengewirkt hätte, nämlich die Tendenz der Stadt Wien und ihrer Verwaltung, die inmitten dieser niedergehenden Wirtschaft immer wieder das hemmende Moment war. Es ist nicht abzusehen, wohin wir gekommen wären, wenn dieses Elend nicht durch die ungeheure Investitionstätigkeit der Gemeinde gelindert worden wäre. Allerdings, dazu bedurfte es einer anderen Steuerpolitik; wir mußten uns entschließen, wenigstens auf dem Gebiete der Stadt Wien jene Kreise, die da gewohnt waren, von der Arbeit anderer Menschen zu leben, einzuladen, auch ihr Scherflein für die Gesamtheit beizutragen. Wir mußten eine kluge, die wirklichen Überschüsse der Wirtschaft erfassende Steuerpolitik machen, den Überkonsum besteuern und mit den Erträgnissen dieser Steuern die Wirtschaft wieder beleben!"

Als die Sozialdemokraten in der Gemeinderatswahl vom 24. April 1927, in der sie einer bürgerlichen „Einheitsliste" (der Vereinigung der Christlichsozialen und Großdeutschen) gegenüberstanden, neuerlich 78 von 120 Sitzen errangen, war zwar die weitere Entwicklung fixiert, aber spätestens ab diesem Zeitpunkt wurde auch der Versuch unternommen, den Tätigkeitsdrang der Gemeindeverwaltung durch nicht beeinflußbare Faktoren zu bremsen. Hiezu eigneten sich am besten Änderungen des Abgabenteilungsgesetzes sowie die Anzweiflung der Gesetzmäßigkeit einzelner Steuern, für deren Bestätigung höchstgerichtliche Entscheidungen gefordert wurden. Bereits die 1927 in Kraft tretende 6. Novelle brachte für Wien beachtliche Nachteile: eine Änderung des Aufteilungsschlüssels für die Einkommen- und Warenumsatzsteuer, darüber hinaus den Abzug eines Pauschalbetrages vom Anteil an den gemeinschaftlichen Bundesabgaben. Die Folgen waren umso nachhaltiger, als damit auch die langfristige Planung beeinträchtigt wurde, denn das Gesetz hätte in seiner ursprünglichen Fassung bis 1930 Gültigkeit behalten sollen. Dennoch verlangte die Opposition im selben Atemzug die Herabsetzung der städtischen Steuern in einem so indiskutablen Ausmaß, daß damit, wie Breitner es selbst formulierte, „die schwerste Beeinträchtigung der Wohnbau- und Fürsorgetätigkeit" verbunden gewesen wäre. Da sich in den nächsten Jahren in den Argumentationen beider politischen Lager die Verquickung von Steuersenkungen und Wohnbautätigkeit deutlich abzeichnete, darf man wohl den Schluß ziehen, daß sich die Opposition auf dem Umweg über die Minderung der zur Verfügung stehenden Mittel eine Drosselung des Bauvolumens errechnete; sie richtete dabei ihren Blick vor allem auf eine mögliche steuerliche Entlastung ihres eigenen Wählerpotentials, ohne zu bedenken, daß zurückgehende Aufträge der öffentlichen Hand zu einer nachhaltigen Schwächung des Baugewerbes und zu einer Verschlechterung der allgemeinen wirtschaftlichen Situation führen mußten.

In der Zeit bis 1932 stehen wir Jahr für Jahr vor demselben Problem: in den Budgetdebatten ein sich dauernd zuspitzender Kampf um die Aufrechterhaltung der Steuern, in den Verhandlungen mit dem Bund eine zwar zäh, aber ohne besonderen Erfolg geführte Auseinandersetzung um die Erhaltung der Anteile aus den Bundessteuern. „Wir stehen vor der Gefahr", erklärte Hugo Breitner in der Budgetdebatte des Jahres 1929, „daß durch einen Griff von außen die ganze Gemeindewirtschaft Erschütterungen außerordentlicher Art ausgesetzt ist. Es ist eine ganze Reihe von Gesetzentwürfen bereits eingebracht worden, und es sind andere angekündigt worden, die in ihrer Gesamtauswirkung für die Gemeinde 40 Millionen Schilling beinhalten."

Der Pessimismus war berechtigt. Seit dem Jahre 1929 geriet die städtische Finanzverwaltung unter dem Druck des Bundes tatsächlich in große Schwierigkeiten. Nicht nur, daß die Steuereingänge infolge der sich verschlechternden allgemeinen wirtschaftlichen Lage an sich zurückgingen, kam es 1931 durch die 7. Abgabenteilungsnovelle praktisch zum Todesstoß. Hatte man einen erwarteten Einnahmenentfall von fast 35 Millionen Schilling bereits als untragbar und katastrophal betrachtet, so wurden die düsteren Prognosen noch übertroffen: der Ausfall war mit rund 50 Millionen Schilling noch wesentlich höher. Die Weltwirtschaftskrise, unter der Österreich besonders stark zu leiden hatte, war Ende der zwanziger Jahre ihrem Höhepunkt zugesteuert; Arbeitslosigkeit, Betriebsstillegungen und Krisenerscheinungen auf dem Bankensektor (Zusammenbruch der Bodenkreditanstalt) waren die äußeren Ergebnisse der Entwicklung. Der Wiener Landtag mußte sich unter dem Druck der Situation zu einigen Steuererleichterungen entschließen und die für Investitionen zur Verfügung stehenden Mittel erhöhen, um einen Beitrag zur Belebung des Wiener Arbeitsmarktes zu leisten. Als im Juni 1931 auch die Creditanstalt (mit der man die zusammengebrochene Bodenkreditanstalt fusioniert hatte) ihre Liquidität einbüßte und diese Krise die österreichische Wirtschaft vollends in den Abgrund zu reißen drohte, war ein Tiefpunkt erreicht, der nur noch durch das erwähnte neue Abgabenteilungsgesetz verschärft werden konnte. Hatte man bis dahin noch auf Kassenbestände zurückgreifen können, war dies 1932 nicht mehr möglich: es gab keine Reserven mehr. Die Ausgaben mußten schlagartig um 18,75 Prozent, also fast um ein Fünftel, gesenkt werden. Wo immer die Möglichkeit bestand, wurden Budgetkürzungen vorgenommen; sie wirkten sich besonders beim Wohnungsbau aus, für den nur noch 34 Millionen Schilling — gegenüber rund 90 Millionen im Jahre 1930 und immerhin noch über 61 Millionen Schilling im Jahre 1931 — zur Verfügung standen. Trotz aller Sparmaßnahmen und finanzieller Kunstkniffe gelang es dem Finanzreferenten nicht, die in den Voranschlägen bis dahin gewohnten spezifischen Ausgaben aufrechtzuerhalten.

Im Laufe des Jahres 1933 erließ die Bundesregierung eine Reihe von Verordnungen, die zu einer weiteren ungünstigen Beeinflussung der Finanzen der Gemeinde Wien führen mußten. Da die Stadt diese neuerliche Benachteiligung nicht hinnehmen wollte, wandte sie sich an den Verfassungsgerichtshof. Durch die Kürzung der Ertragsanteile war es jedenfalls dem Bund gelungen, die ihm selbst drohenden Verluste größtenteils auf die Stadt Wien abzuwälzen. Um den anderen Bundesländern entgegenzukommen, hatte man die Gemeinde Wien auch gezwungen, einen „Härteausgleich" zu leisten, das heißt, daß Wien beispielsweise Zuschläge zur Bierabgabe einheben mußte, deren Erträgnisse auf die übrigen Bundesländer aufgeteilt wurden; am Rande sei bemerkt, daß die Gemeinde Wien ohne Rücksicht auf die tatsächlichen Eingänge einen vom Bund festgelegten Betrag zu bezahlen hatte, sodaß dauernd aus allgemeinen Steuermitteln Zuschüsse geleistet werden mußten. Im Jahre 1933 kündigte der Bund an, er werde ab 1. Juni die Bundesabgaben in Wien selbst einheben; das bedeutete einen neuerlichen Einnahmerückgang durch den Wegfall ihrer Einhebegebühren. Es ist geradezu unfaßbar, daß die Bundesregierung auf dem Verordnungswege den Steueranteil Wiens rückwirkend ab 1932 kürzte und gleichzeitig den Lastenbeitrag Wiens an den Bund — ebenfalls rückwirkend — erhöhte. Als Deckung hiefür wurde einfach die Auszahlung der Ertragsanteile eingestellt. Noch immer nicht genug, begann der Bund auch das Wiener Steuersystem selbst zu untergraben: er hob die Nahrungs- und Genußmittelabgabe auf, ermäßigte andere Steuern und schrieb Wien vor, zur Erhaltung der Bundesstraßen auf Wiener Boden 80 Prozent beizusteuern.

So stand es Ende 1933. Für das nächste Jahr errechnete sich die Gemeinde Wien (Breitner hatte seine Stadtratsfunktion 1932 zurückgelegt) einen Gebarungsabgang von über 108 Millionen Schilling. Mit der Erstellung des Voranschlages für 1934 war das Wirken der Sozialdemokraten in Wien zu Ende. In einem Augenblick, da die Stadt dem konzentrischen Druck des Bundes und den gegen sie eingeleiteten Finanzoperationen — die wir nur zum Teil unter dem Gesichtspunkt der Wirtschaftskrise, überwiegend hingegen als Ausdruck politischer Machtkämpfe verstehen müssen — zu erliegen drohte, wurde durch die politischen Ereignisse des Februar 1934 die weitere Amtstätigkeit der Gemeinderatsmehrheit unmöglich gemacht. Ohne den Entscheid der Wiener Bevölkerung in Wahlen anzurufen, wurde die Mehrheit der Sozialdemokraten in Wien durch rein gesetzgeberische Maßnahmen für elf Jahre gebrochen. Die oft aufgeworfene Frage, ob die städtische Finanz- und Wirtschaftpolitik hätte bestehen können, darf man wohl bei aller gebotenen Vorsicht dahingehend beantworten, daß die Schwierigkeiten, in welche die Verwaltung nach 1929 geraten war, zu vermeiden gewesen wären, hätten nicht bewußt gesetzte äußere Einflüsse das ansonsten völlig intakte finanzielle und wirtschaftliche Gefüge gestört. Daß 1934 die sozialdemokratische Verwaltung ein gewaltsames Ende gefunden hat, ist bestimmt kein hinreichender Beweis dafür, die Sozialdemokratie sei auch am Ende ihrer Möglichkeiten gewesen.

Der soziale Wohnhausbau der Stadt Wien

Einer der ältesten und wesentlichsten Programmpunkte der Sozialdemokraten bestand in der Forderung nach Verbesserung der Wohnungsverhältnisse. Der Wohnhausbau war weder in der liberalen noch in der christlichsozialen Ära einer kommunalen Lösung zugeführt worden, sondern blieb eine Domäne privaten Unternehmertums. Wohl hatte es schon damals vereinzelt Stimmen gegeben, die das Fehlen „kleiner, aber gesunder Wohnungen, welche vermöge ihres billigen Preises (d. h. Mietzinses) Handwerkern und Arbeitern zugänglich wären", beanstandeten, doch fielen diese Worte — wir finden sie in einer Untersuchung der niederösterreichischen Handelskammer aus dem Jahre 1869 — auf keinen fruchtbaren Boden. Nach dem Ersten Weltkrieg jedoch begann die Gemeinde Wien mit einer großzügigen Sozialpolitik, an deren Spitze nach den Worten des zuständigen Ressortstadtrates Anton Weber „die Sicherung des Obdaches und die Schaffung moderner, gesundheitlich einwandfreier Wohnstätten" stand.

Das kommunale Wohnbauprogramm entwickelte sich trotz seines unverkennbaren Fürsorgecharakters zu einem äußerst „heißen Eisen" und wurde von Anbeginn mit in die parteipolitischen Auseinandersetzungen gezogen, wobei es an Polemiken nicht fehlte. Bei keinem anderen Vorhaben der Gemeinde Wien prallten die Meinungsgegensätze so hart aufeinander wie beim Wohnungsbau. Ging es doch hier um eine politische und wirtschaftliche Kernfrage, in der man von beiden Seiten zu keinen Kompromissen bereit war. Neben der unmittelbaren Bautätigkeit berührte der Wohnungsbau eine Reihe ausgesprochen privatwirtschaftlicher Interessensphären, wie die Bauordnung, die Bodenbeschaffung, die Grundstückpreise, die Bodenwertabgabe und die Wohnbausteuer. Trotz vieler Widerstände gelang es der Hauptstadt des verarmten Österreich, innerhalb eines einzigen Jahrzehnts mehr als 63.000 Wohnungen und Geschäftslokale zu errichten, bei denen die monatlich zu leistende Miete so bemessen wurde, daß sie nur rund sechs bis acht Prozent eines durchschnittlichen Arbeitereinkommens erforderte. Die konsequente Einhaltung dieses Grundsatzes darf als

Beweis dafür angesehen werden, daß das Bauprogramm vor allem dahin zielte, Wohnungen für die wirtschaftlich schwächeren Bevölkerungskreise zu schaffen. Im Zuge des übrigen Sozialprogramms brachte man in den Neubauten zahlreiche Kindergärten, Kinderhorte, Bäder, Mutterberatungsstellen und Fürsorgereferate unter. Die entscheidenden Unterschiede gegenüber Vorkriegsbauten liegen allerdings in der prozentuell wesentlich geringeren Ausnützung der Grundflächen, in einer günstigeren Raumaufteilung bei der Erstellung der Wohnungsgrundrisse und in der Anlage großer Gärten in den Wohnhöfen.

Kapitalistische Organisationsformen und liberales Wirtschaftsdenken erreichten in der zweiten Hälfte des 19. Jahrhunderts ihren Höhepunkt und sind daher auch für die Wohnbauleistung dieser Epoche verantwortlich. In den rund acht Jahrzehnten der sogenannten Gründerzeit (1840 bis 1918) wurden Hand in Hand mit dem Aufblühen der Industrie und beeinflußt durch deren enormen Arbeitskräftebedarf etwa 450.000 Wohnungen erbaut; sie bildeten nach dem Ersten Weltkrieg einen wesentlichen Teil des verfügbaren Wohnungsvolumens. Aber es handelte sich überwiegend um Klein- und Kleinstwohnungen in einer sich vor dem Linienwall erstreckenden Zone, die qualitativ in keiner Weise entsprechen konnten. Die alte Bauordnung hatte die Verbauung von Grundstücken bis zu maximal 85 Prozent ihrer Fläche gestattet, um dem Hausbesitzer eine möglichst rationelle Nutzung des investierten Kapitals zu gewährleisten. Im Jahre 1883, zu einem Zeitpunkt beschlossen, da sich der Wiener Gemeinderat zu einem erheblichen Teil aus Haus-, Realitäten- und Fabriksinhabern zusammensetzte (auch Bürgermeister Eduard Uhl gehörte dieser sozialen Schicht an), war die Bauordnung zwangsläufig auf die Interessen der Mehrheit der Mitglieder der gesetzgebenden Körperschaft abgestimmt. Dies zeitigte unerfreuliche Folgen: Küchen, ja, selbst bewohnbare Räume durften in sogenannte Lichthöfe münden (für die eine Fläche von zwölf Quadratmeter als ausreichend betrachtet wurde), unbewohnte Nebenräume sogar in Schächte von nur sechs Quadratmeter Grundfläche, sodaß Licht, frische Luft und Sonne nie in diese Wohnungen gelangen konnten. Die Grundrißlösungen der meisten Miethäuser boten ein erschreckend trostloses, wenn auch leider typisches Bild; Gas und elektrisches Licht waren in den Wiener Kleinwohnungen kaum zu finden; die Wasserleitungen befanden sich ebenso außerhalb des Wohnungsverbandes wie die sanitären Anlagen, von Badezimmern konnte natürlich keine Rede sein. Zu all diesen Mißständen kam noch der Überbelag: so waren beispielsweise im Jahre 1910 im Wiener Gesamtdurchschnitt von den einräumigen Wohnungen 36 Prozent von mehr als drei Personen, von den zweiräumigen Wohnungen 29 Prozent von mehr als fünf Personen bewohnt. Es gab Bezirke (wie etwa Ottakring), in denen bis zu 44 Prozent der einräumigen Wohnungen mehr als drei Personen und bis zu 36 Prozent der zweiräumigen Wohnungen mehr als fünf Personen aufnehmen mußten! Dabei ist zu bedenken, daß allein diese beiden Wohnungstypen die Hälfte aller Wiener Wohnungen ausmachten. Statistische Untersuchungen beweisen eine unmittelbare Abhängigkeit von Wohndichte und Sterblichkeit, bei der Wohnungsfrage ging es daher nicht nur um ein materielles oder soziales Problem, sondern allem voran um ein gesundheitliches und im engeren Sinn hygienisches. Nicht umsonst stand Wien damals im Rufe, neben Berlin jene Stadt zu sein, in der die Tuberkulose besonders arg wütete, und es gehört nicht zu den Ruhmesblättern unserer Stadt, wenn man diese Krankheit im Ausland schlechthin als „morbus Viennensis", als „Wiener Krankheit", bezeichnete.

Die Sozialdemokraten mußten wahrlich ein schwieriges Erbe antreten. 1914 hatte Wien über insgesamt 554.545 Wohnungen verfügt, von denen jedoch 73,2 Prozent aus ein oder zwei Wohnräumen bestanden, weitere 9,3 Prozent wiesen bis zu drei Wohnräume auf. Die Kleinwohnungen waren infolge der oft zusätzlichen Aufnahme von Untermietern und Bettgehern meist überfüllt, Hauptmieten schwer zu erlangen (Leerstehungen nur 0,9 Prozent) und die Mietzinse hoch. Kein Wunder, daß es zu einer steten Überfüllung der Obdachlosenheime kam (täglicher Durchschnittsbelag etwa 1913: rund 1800 Personen, das bedeutete im Jahr mehr als 657.000 Personen).

Nach eingehender Diskussion des gesamten Problemkreises im Stadtsenat kam Wohnbaustadtrat Anton Weber zu folgendem Schluß: „Die Gemeindeverwaltung fühlt sich veranlaßt, nicht nur neues Obdach zu schaffen, sondern durch eine vorbildliche Wohnbautätigkeit auch die Wohnkultur Wiens zu heben." Die private Bautätigkeit war inzwischen vollends zum Erliegen gekommen. Da die Mieten durch den Mieterschutz niedrig gehalten wurden, konnten Neubauwohnungen (auch wenn auf sie der Mieterschutz keine Anwendung fand) mit den aus öffentlichen Mitteln finanzierten Wohnungen nicht in Konkurrenz treten, umsoweniger, als eine einfache Rechnung beweist, daß bei einem Baupreis von etwa 12.000 Schilling für eine Zimmer-Küche-Kabinett-Wohnung und bei einer jährlichen Verzinsung von damals ungefähr zwölf Prozent des Kapitals der monatliche Mietzins (rund 125 Schilling) der Hälfte eines durchschnittlichen Arbeiterverdienstes entsprochen hätte, mit anderen Worten: diese Wohnungen wären nicht vermietbar gewesen.

Die Ursachen der plötzlichen Wohnungsnot lagen auf verschiedenen Gebieten. Wir dürfen uns dabei nicht von der Tatsache irritieren lassen, daß die Volkszählung von 1923 gegenüber jener von 1910 eine Abnahme der Bevölkerung um 167.759 Personen ergeben hatte, sondern müssen vielmehr unser Augenmerk dem Umstand zuwenden, daß die Zahl der Haushaltungen, die allein bestimmend für den Wohnungsbedarf ist, um mehr als 40.000 gestiegen ist. Die Wanderbewegung nach Kriegsende, die mit der Zertrümmerung der österreichisch-ungarischen Monarchie in kausalem Zusammenhang stand, brachte für Wien besonders ungünstige Auswirkungen. Während einerseits viele Familien, die die neugebildeten Nationalstaaten verlassen hatten, in Wien ein Unterkommen suchten, waren unter den dorthin Abgewanderten zunächst meist nur Einzelpersonen, die ihre Familien so lange in Wien zurückließen, bis sie in ihren Heimatländern eine gesicherte Existenz aufzubauen imstande waren. Weiters erhöhte sich der Wohnungsbedarf durch die stark angestiegene Zahl der Eheschließungen (beispielsweise 1913 nur 17.191, hingegen nachkriegsbedingt 1920 nicht weniger als 31.164). Und schließlich hatte sich durch den 1917 gesetzlich ausgesprochenen Mietenpreisstopp für viele die Möglichkeit ergeben, hinsichtlich der Qualität und Größe ihrer Wohnungen anspruchsvoller zu werden. Erschwerend kam letztlich die Überalterung der Wiener Häuser hinzu, wodurch die Zahl der unbenützbar werdenden Wohnungen von Jahr zu Jahr zunahm.

Bediente man sich, wie bereits erwähnt, in den ersten Nachkriegsjahren kleinerer im Inland placierter

Wohnbauanleihen, um zunächst in bescheidenem Umfang eine Bautätigkeit aufnehmen zu können, so setzte am 1. Februar 1923 mit der Beschlußfassung über die Einhebung einer zweckgebundenen Wohnbausteuer eine grundlegende Wende ein. Wenige Monate nach der Sicherung der Finanzierungsbasis beschloß der Gemeinderat am 21. September 1923 ein erstes Wohnbauprogramm, demzufolge in den nächsten fünf Jahren (1924 bis 1928) insgesamt 25.000 neue Wohnungen gebaut werden sollten. Da die Wohnbausteuer allein diese Kosten nicht zu decken vermochte, wurden aus allgemeinen Steuermitteln bedeutende jährliche Zuschüsse geleistet. So vereinnahmte man aus der Wohnbausteuer zum Beispiel 1925 und 1926 je rund 38 Millionen, schoß aber zirka 61 beziehungsweise 81 Millionen Schilling aus allgemeinen Steuermitteln zu. Am Ende dieser ersten Bauperiode konnte im Rechenschaftsbericht festgehalten werden, daß „nie zuvor eine öffentliche Körperschaft eine Bautätigkeit solchen Umfanges entfaltet" habe.

Neben der Sicherstellung der Finanzierung bildete die Beschaffung der erforderlichen Grundstücke eine zweite unumgängliche Voraussetzung für den Wohnungsbau. Die rechtzeitige Bereitstellung des benötigten Geländes setzte eine zielbewußte und weitblickende Bodenpolitik voraus, deren Wesen nicht allein die Befriedigung der stets wachsenden momentanen Bedürfnisse, sondern auch die Vorsorge für die Zukunft sein mußte. Die bis 1919 im Besitze der Gemeinde befindlichen Gründe im Gebiet des Wald- und Wiesengürtels und in der Lobau kamen für Bauvorhaben nicht in Betracht. Es wurde daher angestrebt, innerhalb des verbauten Stadtgebietes baureife Liegenschaften zu erwerben. Die Gemeinde verfolgte dabei von Anfang an das Ziel, ihren Besitz nach erfolgter Arrondierung und Baureifmachung sozialen Zwecken zuzuführen. In dieser Situation mußte die Stadtverwaltung gesteigerten Wert darauf legen, auf die Bodenpreise Einfluß zu gewinnen. Dies konnte nur dann gelingen, wenn die Gemeinde selbst im Besitze großer Grundflächen war. Deshalb ging Bürgermeister Seitz dazu über, weitläufige Areale anzukaufen. Nach längeren Verhandlungen wurden zunächst zwei ausgedehnte Liegenschaften erworben: der sogenannte Drasche-Gürtel im Süden der Stadt von Meidling bis Kaiser-Ebersdorf im Ausmaß von 800.000 m^2 und die Frankl-Gründe in einem Ausmaß von 1,8 Millionen m^2. In beiden Fällen konnten die Besitzer die seinerzeit mit spekulativen Absichten gekauften Grundstücke anderweitig nicht mehr nutzbringend verwerten. Ein Jahrzehnt nach Kriegsende (1928) war die Gemeinde Wien im Besitz von 7920 Hektar Boden, womit sie rund ein Viertel der Gemeindefläche besaß und praktisch eine dominierende Rolle als Grundbesitzerin spielte. Lediglich die geistlichen Stiftungen kamen dieser Stellung nahe, ohne sie zu erreichen. Wenn es einige Jahre später die Kritiker auch anders sehen wollten, muß man doch festhalten, daß das Angebot an zusammenhängenden Grundflächen relativ gering war, das heißt: die Gemeinde mußte dort kaufen, wo es möglich war, und eine Auswahl nach anderen Gesichtspunkten erscheint irrelevant.

Selbstverständlich bestanden für ein so großes Programm nur dann reale Verwirklichungschancen, wenn man sich von vornherein Beschränkungen in Art, Größe und Ausstattung der Wohnungen auferlegte. Vor die Entscheidung gestellt, entweder einer kleinen Anzahl von Familien besonders geräumige Wohnungen mit (für die damalige Zeit) größerem Komfort (etwa Zentralheizung, eingerichtetes Bad) zu bieten oder schnell Zehntausenden von Wohnungssuchenden eine zwar kleine und bescheidene, in ihren baulichen und hygienischen Voraussetzungen jedoch entsprechende Wohnung zu verschaffen, entschied man sich für letztere Möglichkeit. Aus demselben Motiv wurde auch — bei aller Anerkennung der Vorteile des Einfamilienhauses mit Garten — der Bau von weitläufigen Siedlungen nur am Rande in Betracht gezogen; immerhin sind etwa elf Prozent der gebauten Wohnungen in Siedlungshäusern entstanden.

Wie rasch man den Gemeinderatsbeschluß vom 21. September 1923 erfüllte, zeigt die Tatsache, daß man bereits am 29. Oktober 1926 im Gemeinderat neuerlich die Errichtung von Wohnungen beschließen konnte. Im Rahmen eines außerordentlichen Arbeitsprogramms zur Milderung der Arbeitslosigkeit und zur Belebung der Konjunktur in Wien, für das der Finanzstadtrat fast 90 Millionen Schilling zur Verfügung stellte, war auch der zusätzliche Bau von 5000 Wohnungen vorgesehen (Kostenaufwand hiefür rund 65 Millionen Schilling). Dieses „Zwischenbauprogramm" kam deshalb zustande, weil bereits am 29. Juni 1926 von Bürgermeister Karl Seitz in einer später nach ihm benannten Wohnhausanlage in Floridsdorf der Grundstein zur 25.000. Gemeindewohnung gelegt worden und demnach zu erwarten war, daß die aufgrund des ersten Wohnbauprogramms zu erbauenden Wohnungen zumindest ein Jahr früher fertiggestellt sein würden, als man projektiert hatte. Mit über 9000 fertiggestellten Wohnungen war das Jahr 1926 das produktivste der zwanziger und dreißiger Jahre.

Bis einschließlich 1927 wurden von der Gemeindeverwaltung (inbegriffen die 1244 bis zum Jahre 1922 mittels Anleihen finanzierten Wohnungen) 27.902 Wohnungen an ihre Mieter übergeben; die Nettoeinnahmen aus der Wohnbausteuer beliefen sich von 1924 bis inklusive 1927 auf rund 117 Millionen Schilling, die Gesamtausgaben auf dem Wohnbausektor erreichten hingegen im selben Zeitraum die Rekordsumme von 372 Millionen Schilling. Die Tatsache, daß man trotz des ursprünglich nicht eingeplant gewesenen außerordentlichen Wohnbauprogramms Ende 1926 dem Ziel schon sehr nahe war und daher für 1927 mit geringeren Budgetmitteln das Auslangen fand (es wurden noch 6.753 Wohnungen gebaut), gab Anlaß zu recht merkwürdigen Debatten im Gemeinderat. „Die Energie beim Wohnungsbau", glaubte die Opposition damals einer aufhorchenden Umwelt verkünden zu müssen, sei „jämmerlich zusammengebrochen"; man „halte es für keine Übertreibung, wenn man behauptet, daß man ohne weiteres — sowohl technisch als auch finanziell — von einem Zusammenbruch des städtischen Wohnhausbaues sprechen" könne. Die Opposition war sich allerdings durchaus nicht einig: Während sich Leopold Kunschak dafür aussprach, das Programm — „wenn man schon unbedingt bauen wolle" — zu beschleunigen, gab sich sein Fraktionskollege Zimmerl besorgt, daß bei einer Fortsetzung der Wohnbautätigkeit die Gemeindewohnungen würden leerstehen müssen. Um diese Zeit — es kam am 15. Juli 1927 im Anschluß an das Urteil im Schattendorfer Prozeß zu den bürgerkriegsähnlichen Ereignissen vor dem Justizpalast — trat in den Debatten neben politischen, volkswirtschaftlichen und sozialen Argumenten immer stärker ein neuer Vorwurf zutage: die Gemeinde verfolge mit ihrem Bauprogramm in Wirklichkeit nur das Ziel, dem Schutzbund Verteidigungsstellungen zu schaffen. Wiewohl die Geschichtsschreibung —

auch des nicht emotionell beeinflußten Auslandes — dieser Argumentation nicht zu folgen bereit war, verfehlte die Taktik im Augenblick nicht ihre Wirkung und verschlechterte das politische Klima zusehends. Vielleicht knüpften die Kritiker, die den Gemeindebauten „strategische Positionen" zuweisen wollten, Erinnerungen an eine noch nicht allzuweit zurückliegende Zeit, als man etwa nach der Stadterweiterung tatsächlich Kasernenbauten — wie die Roßauer Kaserne, die inzwischen abgerissene Franz-Josephs-Kaserne am Stubenring oder das Arsenal — errichtete, um gegebenenfalls (dies wurde offen bekannt) revolutionäre „Umtriebe" im Keim ersticken zu können.

Nach hitzigen Debatten faßte der Gemeinderat am 27. Mai 1927 mit den Stimmen der sozialdemokratischen Mehrheit den Beschluß, weiterhin jährlich 5.000 Wohnungen zu bauen; mit Hilfe dieses zweiten großen Wohnbauprogramms sollten binnen sechs Jahren nochmals 30.000 Wohnungen errichtet werden. Damit wurde seit 1923 die Ermächtigung zum Bau von insgesamt 60.000 Wohnungen erteilt. Tatsächlich gelang bis 1934 die Fertigstellung von 348 Wohnhausanlagen (mit 3.505 Stiegenhäusern) und 42 Siedlungsgruppen (5.205 Häuser), insgesamt somit 61.175 Wohnungen und 2.155 Geschäftslokalen.

Bis 1926 hatte man zwei Wohnungstypen bevorzugt: eine kleinere, fast 75 Prozent aller Wohnungen umfassend, mit wenigstens 38 m^2 Bodenfläche (bestehend aus Vorraum, WC, Wohnküche und Zimmer), und eine größere, die für etwa 25 Prozent der Wohnungen Anwendung fand und mit 48 m^2 zusätzlich noch ein Kabinett besaß. Aus der jeweiligen Grundrißlösung für das Gebäude ergaben sich fallweise größere Wohnungen mit zwei Zimmern. Es muß hier betont werden, daß es sich um nachkriegsbedingte Notprogramme handelte, die in den darauffolgenden Jahren günstigeren Planungen Platz machten. Nicht umsonst wurde deshalb nach dem Ersten Weltkrieg immer wieder von einer „sozialen Wohnungsfürsorge" gesprochen, was bedeutet, daß man dem fürsorgerischen Element besonderes Gewicht beimaß. 1927 kam es dann insoferne zu einer Verbesserung, als man ab diesem Jahr vier verschiedene Wohnungstypen baute, deren größte (57 m^2) zwei Zimmer, Kabinett und Küche umfaßte und die man als „Mittelstandswohnungen" bezeichnete.

Die große Wohnungsnot konnte vor allem durch den Bau der für die zwanziger Jahre typisch gewordenen „Superblocks" eingedämmt werden, die überall dort in Angriff genommen wurden, wo nur geringe Aufschließungsarbeiten notwendig waren. In den ersten Jahren konnte man mit Leichtigkeit auf zusammenhängende Areale in der Leopoldstadt, in Margareten, in Favoriten, Meidling, Ottakring und Döbling zurückgreifen; so entstanden die großen Anlagen an der Donau, am Margaretengürtel, bei der Spinnerin am Kreuz, am Fuchsenfeld, in Sandleiten und in Heiligenstadt, die noch heute zu den markantesten Beispielen der Wohnbautätigkeit dieser Epoche zählen und im In- und Ausland größtes Interesse erweckten. Erst in späteren Jahren kam es zur Heranziehung vieler Einzelgrundstücke, die im ganzen Stadtgebiet verteilt waren.

Betrachten wir kurz die wesentlichsten Vorhaben. Das Projekt Sandleiten, das größte des Jahres 1924, wurde nach modernsten sozialen Gesichtspunkten geplant. Man ging — für die damalige Zeit noch ein Experiment — von dem Gedanken aus, daß jede Wohnung wenigstens einen Raum besitzen müsse, zu dem Sonnenlicht direkten Zutritt hätte. Deshalb wurden auch die Baublocks unter Hintansetzung anderer Überlegungen nach dem Sonneneinfallswinkel aufgestellt. Das allein ist der Grund, warum durch den Komplex, trotz seiner großen Ausdehnung, keine Straßenzüge im herkömmlichen Cottage-System führen. Das zweite große Projekt — 1924 in Angriff genommen — war der Meidlinger Fuchsenfeldhof mit seinen elfhundert Wohnungen. Durch die Verbauung von nur fünfzig Prozent der Grundfläche entstanden fünf große Gartenhöfe. Prominente Anlagen entstanden nach Erwerbung der Drasche-Gründe seit 1924 entlang des Gürtels. Der Reumannhof, der Matteottihof, der Metzleinstaler-Hof, der Julius Popp-Hof sind ebenso markante Beispiele der kommunalen Bautätigkeit wie etwa — um einige Beispiele willkürlich herauszugreifen — der Lassallehof in der Leopoldstadt, der Winarskyhof in der Brigittenau, der Schlingerhof in Floridsdorf oder der Pernerstorferhof in Favoriten.

Im Jahre 1926 entstand eine neue große Anlage in der Floridsdorfer Jedleseer Straße mit rund 1800 Wohnungen. Hier wurde gleichzeitig eine Gartenstadt geschaffen, da man nur vierzig Prozent der vorhandenen Grundfläche verbaute; dieser Eindruck verstärkte sich durch den Umstand, daß 54 Prozent der Wohnungen in Richtung Gartenhöfe gehen. Dieser Komplex — heute als „Karl Seitz-Hof" bekannt —, stellt eine der besten architektonischen Lösungen des sozialen Wohnhausbaues in der Ersten Republik dar. Noch im selben Jahr wurde ein weiterer gartenstadtähnlicher Bau begonnen: der Karl Marx-Hof in Heiligenstadt, das Paradebeispiel für die damalige Superblockbauweise und zugleich Hauptangriffspunkt der Opposition gegen den sozialen Wohnbau, weil man in dieser über einen Kilometer langen Anlage mit ihren 1600 Wohnungen nicht nur ein Bollwerk des Schutzbundes vermutete, sondern auch knapp nach ihrer Fertigstellung in sensationell aufgemachten Zeitungsartikeln unter Hinweis auf eine angeblich schlechte Ausführung des Fundamentes den unmittelbar bevorstehenden Einsturz des Gebäudes prophezeite. Die kleine Stadt — man rechnete mit einer Bewohnerzahl um 5000 — weist Kinderhorte, zentrale Bäder und Wäschereien, Fürsorgeberatungsstellen und andere öffentliche Einrichtungen (Postamt, Bibliothek, Apotheke) auf.

In der zweiten Bauperiode haben wir neben der Fertigstellung einiger bereits genannter Objekte auf die Großanlage des George Washington-Hofes bei der Spinnerin am Kreuz mit seinen fünf Gartenhöfen, auf den Goethehof in der Schüttaustraße und die (in der Zweiten Republik erweiterte) Anlage auf dem Brigittenauer Engelsplatz aufmerksam zu machen, wobei auch hier nur eine sehr bescheidene Auswahl getroffen werden kann. Im Jahre 1929 wurden alle von der Gemeindeverwaltung bei ihren Wohnbauten angewendeten Verbesserungen und Fortschritte durch eine neuformulierte Bauordnung gesetzlich für sämtliche Bauausführungen auf Wiener Boden verbindlich. Nun griff — im selben Jahr — der Bund erstmals in die Wohnungspolitik ein. Nach den Bestimmungen des Wohnbauförderungsgesetzes — das mit einer Lockerung des Mieterschutzes gekoppelt werden sollte — konnte in Orten, in denen Wohnungsnot herrschte, der Bau von Wohnhäusern durch Bundeszuschüsse gefördert werden; dieser Zuschuß beschränkte sich allerdings auf Bauvorhaben, die zwischen dem 1. Juli 1929 und 31. Dezember 1932 begonnen wurden.

Nunmehr kam es aufgrund der Verschlechterung des Abgabenteilungsgesetzes zu gewaltigen Einnahmeverlusten der Gemeinde Wien, welche die Verwaltung zwangen, die Ausgaben für den Wohnungsbau auf ungefähr den halben Umfang herabzusetzen. Während die Opposition die volkswirtschaftliche Notwendigkeit des Wohnungsbaues verneinte und sich auch gegen die Auswirkungen des Mieterschutzes wandte, verteidigten die Sozialdemokraten ihre Handlungsweise mit immer größerer Entschlossenheit. „Das sozialdemokratische Wohnbauprogramm", stellte Hugo Breitner 1927 im Gemeinderat dezidiert fest, „ist die Wohnungskultur für die breiten Massen des Volkes, und deshalb werden wir diese Politik fortsetzen ... Es ist also von irgendeinem Aufgeben unserer Auffassung, daß der Wohnungsbau tatsächlich zu dem Pflichtenkreis der Gemeinde gehört, unserer Auffassung, daß er unbedingt zur Verteidigung des Mieterschutzes notwendig ist und daß dieser Mieterschutz wieder eine unbedingt volkswirtschaftliche Notwendigkeit ist, nicht im allergeringsten die Rede."

Die Entscheidung fiel letztlich nicht innerhalb des Gemeinderates, sondern durch die Einwirkung übergeordneter Kräfte. Durch die Kürzung der Ertragsanteile seitens des Bundes kam der kommunale Wohnungsbau praktisch zum Erliegen. Nach 1934 hatte die Opposition Gelegenheit, ihre eigenen Ansichten zu verwirklichen; das Ergebnis waren die in den Jahren des Ständestaates verschiedentlich errichteten „Familienasyle", die sich auch bei objektivem Vergleich qualitativ mit den Gemeindehäusern nicht zu messen vermochten.

Ausbau des Fürsorgewesens als soziale Verpflichtung

War der Wohnhausbau vor allem mit den Namen Karl Seitz, Hugo Breitner und Anton Weber verbunden, so wurden Fürsorgetätigkeit und Gesundheitsschutz von einem Mann bestimmt, dessen Wirken und Persönlichkeit weit über die Grenzen der Stadt Anerkennung gefunden haben: Universitätsprofessor Dr. Julius Tandler. Der Aufbau einer öffentlichen Fürsorge und eine tiefgreifende Reform des Fürsorgewesens überhaupt erforderten eine Änderung der geistigen, materiellen und organisatorischen Grundlagen. Die Reformen beschränkten sich daher keineswegs auf die bloße Erweiterung und Vervollkommnung bereits bestehender Einrichtungen; es wurden neue Wege beschritten, bisher minder beachteten Teilen der Fürsorge wurde erhöhtes Augenmerk gewidmet.

Julius Tandler, am 16. Februar 1869 in Iglau als ältester Sohn einer kinderreichen Familie geboren, kam bereits 1871 mit seinen Eltern nach Wien. Hier studierte er nach Absolvierung der Gymnasialstudien, ungeachtet deutschnational-antisemitischer Anfeindungen, Medizin, wurde 1895 zum Doktor promoviert und im selben Jahr Assistent beim Anatomen Emil Zuckerkandl, der 1888 von Graz nach Wien berufen worden war; ein Jahr später avancierte Tandler zum ersten Assistenten der I. anatomischen Lehrkanzel, habilitierte sich 1899, wurde 1903 Extraordinarius und erhielt 1910 den Lehrstuhl für Anatomie an der Wiener Universität. Von 1914 bis 1917 war er dann Dekan der medizinischen Fakultät. 1919 begann mit seiner Wahl in den Wiener Gemeinderat seine politische Laufbahn. Zunächst bekleidete Tandler von Mai 1919 bis Oktober 1920 die Stelle eines Unterstaatssekretärs für Volksgesundheit, dann nahm er am 22. November 1920 das ihm angebotene Amt eines Amtsführenden Stadtrates für Wohlfahrtswesen (Verwaltungsgruppe III) an und übernahm damit die Verantwortung für das gesamte Gesundheits- und Fürsorgewesen. Dreizehn Jahre lang drückte er seinem Ressort den Stempel seiner Persönlichkeit auf, eilte er von Erfolg zu Erfolg, errang er den Dank der Wiener und die Anerkennung der Fachleute im In- und Ausland. Tandler schuf mit der Methodik eines genial begabten Organisators den Grundstein zu einer neuen Sozialbiologie des Menschen. Mit seiner These: „Jedes Mitglied der menschlichen Gesellschaft hat ein Anrecht auf Hilfe, die menschliche Gesellschaft hat sie pflichtgemäß zu leisten", stellte er sich in einen ungeheuerlichen Gegensatz zu den landläufigen konservativen Ansichten. Mit allen Mitteln suchte die Opposition ihn in seinem Wirken zu behindern, seine Tätigkeit nach Möglichkeit auf den Grundsatz zurückzuführen, der bis dahin gegolten hatte, nämlich: „Die Gemeindearmenpflege ist gesetzlich auf die Gewährung des zum Lebensunterhalt unbedingt Notwendigen beschränkt. Was darüber hinausgeht, bleibt der privaten Wohltätigkeit überlassen." Tandler kämpfte unermüdlich gegen das völlig unzulängliche System der Armenpflege von anno dazumal, und die Erfolge, die er erzielen konnte, sprechen für ihn. Das Übermaß an Arbeit, das Julius Tandler leistete, begann sich in seinem Gesundheitszustand auszuwirken. 1933 erbat er sich von der Stadtverwaltung Urlaub und suchte in anderen Ländern, in denen er in wissenschaftlichen Angelegenheiten konsultiert wurde, Erholung zu finden; er fuhr nach China und erhielt dort (1934) die Nachricht von den in Wien ausgebrochenen blutigen Kämpfen. Sofort eilte er nach Wien zurück, wurde zeitweise inhaftiert und seines Lehrstuhles verlustig erklärt. Tief verletzt kehrte er Österreich den Rücken und begab sich wieder nach China, wo ihn eine Einladung der Sowjetunion erreichte, als zeitweiliger Berater Richtlinien zur Reformierung des medizinischen Studiums aufzustellen und Ambulatorien und Spitäler zu reorganisieren. Das Angebot war verlockend, Tandler nahm an, doch wenig später — in der Nacht vom 25. auf den 26. August 1936 — verstarb er in Moskau.

Neben allen hervorstechenden Einzelleistungen dieses Zeitraumes sollte man das große Konzept nicht übersehen. Im Wesen der sozialen Fürsorge als Vorbeugung und Abhilfe gegen individuell bedingte wirtschaftliche Not des einzelnen liegt als wichtigste Forderung die Individualisierung der Hilfeleistung begründet, ihre Ausrichtung auf den Menschen an sich. Zu diesem allgemein als gültig anerkannten Grundsatz traten unter der Leitung Julius Tandlers als Neuerungen die Frage nach dem gesellschaftlichen Urgrund der Fürsorgebedürftigkeit und die erzieherische Seite der Fürsorge. Zusammen mit den notwendigen organisatorischen Umwälzungen wurde so jenes „Wiener System" geschaffen, das in aller Welt Beachtung fand und das in dieser Art in Wien erstmals in die Praxis umgesetzt wurde. Prinzipiell vertrat Tandler folgende Grundsätze:

Die Gesellschaft ist verpflichtet, allen Hilfsbedürftigen Hilfe zu gewähren.

Individualfürsorge kann rationell nur in Verbindung mit Familienfürsorge geleistet werden.

Aufbauende Wohlfahrtspflege ist vorbeugende Fürsorge.

Die Organisation der Wohlfahrtspflege muß in sich geschlossen sein.

Die öffentliche Fürsorge der sozialdemokratischen Ära der Ersten Republik stellte ein wohlgeordnetes System sozialer Hilfe dar, weit davon entfernt, nur Almosen zu geben, um augenblicklichen Notständen abzuhelfen. Im Gegensatz zu früher prägte man das Wort vom „Recht des Hilfsbedürftigen, an die Gesellschaft zu appellieren", und man war gewillt, Schluß zu machen mit dem „Bitten-Müssen und Aus-Gnaden-Geben". So entwickelte sich die bürgerlich-liberale Armenpflege von einst zum Wesen einer Volksfürsorge, charakterisiert durch den berühmt gewordenen Leitsatz Julius Tandlers: „Wir arbeiten an unserer Selbsterübrigung."

Über Tandlers Vorschlag beschloß der Gemeinderat am 30. Juni 1921 Richtlinien für die Organisation und Wirkungsweise der zur Verwaltungsgruppe III gehörenden Fürsorgezweige, die einen bedeutsamen Fortschritt auf dem Wege zur Reform der städtischen Fürsorge darstellen. Schon rein äußerlich wurde den neuen Zielsetzungen Rechnung getragen: es gab kein „Armeninstitut" und keinen „Armenrat" mehr, sondern nur noch „Fürsorgeinstitute" und „Fürsorgeräte". Das Hauptziel sollte es sein, bei Herbeiführung einer möglichst intensiven Zusammenarbeit aller Einrichtungen der öffentlichen Fürsorge im Falle des Einschreitens durch gleichzeitige Erfassung sämtlicher in einer Familie aufgetretenen Notstände auch jegliche Arten der Hilfsmöglichkeiten auszuschöpfen. Als Grundlage für die Tätigkeit der neben dem zentralen Wohlfahrtsamt in den Stadtbezirken geschaffenen Bezirkswohlfahrtsausschüsse fixierte Julius Tandler folgendes:

„Die Familie muß, wo es irgend möglich ist, in ihrem Bestande erhalten und geschützt werden. Die vorbeugende Hilfeleistung ist die wertvollste Fürsorgearbeit. Wo die Not oder die Gefahr der Not aus mehrfachen Ursachen stammt, gilt es, statt zweckloser, schädlicher und zersplitterter Hilfsarbeit, zusammenfassende, gleichzeitige Fürsorge zu leisten. Jede dauernde Unterstützung aus Mitteln der Gemeinde ist zur Sicherung ihres Erfolges durch eine planmäßige fürsorgerische Beratung der Unterstützten zu ergänzen. Diese pflegerische Beratung hat bei arbeitsfähigen Erwachsenen ganz besonders deren Wiederbefähigung zur wirtschaftlichen Selbsterhaltung zum Ziele, bei anderen bezweckt sie eine wohlgeordnete Pflege und Erziehung zur Sicherung ihrer künftigen Wohlfahrt."

Die besondere Sorge galt der armen und vielfach gefährdeten Großstadtjugend, weil man hier eine soziale Gefahrenquelle erkannte, deren Beseitigung ohne Rücksicht auf Mühe und Kosten in Angriff genommen werden mußte. Es ist fast selbstverständlich, daß sich daraus ein „Primat der Jugendfürsorge" (wie es Tandler vertrat) entwickelte, denn „in einer großzügig aufgebauten, vorausschauenden Betreuung, Erziehung und Lenkung der Jugend sind" — wie es Tandler formulierte — „mehr denn je Zukunft und Fortschritt des Gemeinwesens und seiner Gesellschaft beschlossen".

Unter Jugendfürsorge hat man „alle Maßnahmen und Einrichtungen" zu verstehen, „die mittelbar und unmittelbar der Jugend zugute kommen". So betrachtet, darf der Begriff nicht zu eng gezogen werden; denn auch das gesamte Erziehungswesen, die Wohnungspolitik und die wirtschaftliche Hilfe für Erwachsene tragen das Ihre zur Jugendfürsorge bei. Die Jugendfürsorge im engeren Sinn stützte sich in den zwanziger Jahren auf einen gut ausgebauten Apparat; einen Teil desselben stellte das städtische Jugendamt dar, das sich (1917 errichtet) aus kleinen Anfängen entwickelte und später als machtvolle Institution versuchte, „das Kind als einzelnes Wesen zu schützen und es zum taug-

Die zerstörte Schwedenbrücke über den Donaukanal

410

General Lebedenko und Bürgermeister Theodor Körner bei der Übergabe von Glocken an Kardinal Innitzer (Jänner 1946)

Bürgermeister Theodor Körner an seinem Arbeitstisch im Rathaus

Bürgermeister Körner heißt Heimkehrer in Wien willkommen

Bürgermeister Franz Jonas bei der Gleichenfeier der Wiener Stadthalle (20. April 1956)

Bürgermeister Franz Jonas mit den siegreichen Olympiateilnehmern der Winterspiele 1956, Anderl Molterer, Toni Sailer, Walter Schuster

Errichtung des Verkehrsbauwerkes beim Schottentor (1960—1961)

415

Sitzung des Wiener Gemeinderates. Am Rednerpult Bürgermeister Bruno Marek

Bürgermeister Bruno Marek beglückwünscht seinen Amtsnachfolger Felix Slavik

Die Kennedy-Brücke in Hietzing (erbaut 1961—1964)

Die Per Albin Hansson-Siedlung Ost in Favoriten — eine der großen städtischen Wohnhausanlagen nach dem Zweiten Weltkrieg

Beim Bau der Wiener U-Bahn

Modell vom Neubau des Wiener Allgemeinen Krankenhauses

Bürgermeister Leopold Gratz bei seiner Antrittsrede vor dem Gemeinderat

Festbeleuchtung des Wiener Rathauses

lichen Träger der nächsten Generation zu machen". Zu den Aufgaben des Jugendamtes gehörten die Generalvormundschaft über alle unehelich geborenen Kinder, die Ziehkinderaufsicht, die Mitüberwachung der Kinderarbeit, die Schulfürsorge, die Erziehungsberatung, die Administration der städtischen Kindergärten und Horte, der öffentlichen Schulausspeisung und der Erholungsfürsorge des Wiener Jugendhilfswerkes, die Unterbringung gefährdeter Kinder in Einrichtungen der Erziehungsergänzung (Horte) oder der Ersatzerziehung (Anstaltsfürsorge) sowie die Organisation des Spiel- und Sportbetriebes der schulpflichtigen Jugend. Im Frühjahr 1921 nahmen in den einzelnen Bezirken die Bezirksjugendämter ihre Arbeit auf.

Besondere Beachtung wurde den Kindergärten und Horten gewidmet. Man errichtete eine größere Zahl von „Volkskindergärten" (die ohne Unterbrechung von 7 bis 18 Uhr in Betrieb waren und in denen seit 1922 auch eine Mittagsausspeisung erfolgte), eröffnete vor allem Kindergärten in den Arbeiterbezirken (wo sie am nötigsten waren) und überwachte die Kinder darüber hinaus gesundheitlich. Aus den elf Kindergärten der Jahrhundertwende wurden bis Ende 1931 nicht weniger als 111 für insgesamt 9356 Kinder; nach 1934 trat in ihrer Zahl leider eine Verminderung ein.

Werfen wir bei dieser Gelegenheit einen Blick auf das Schulwesen selbst. Neben Wohnungsbau und Fürsorge war die Schulreform die bedeutendste Tat in den zwanziger Jahren. Otto Glöckel und die Gruppe seiner Schulreformer machten Wien damals zu einer Hochburg des kulturellen Fortschritts. Die Grundsätze des Reformprogramms waren sehr einfach: Alle Kinder, ohne Unterschied des Geschlechts und der sozialen Lage, sollten an den Bildungsmöglichkeiten der Gesellschaft teilhaben; das bedeutete „Arbeitsschule" und „Einheitsschule". Zur Geltendmachung des Prinzips der Arbeitsschule kam es 1920 zum Entwurf eines Lehrplanes für Volksschulen, in dem die Erkenntnisse der Psychologie und der modernen Pädagogik Berücksichtigung fanden. Die Schulklassen, Schüler und Lehrer, bildeten eine Arbeitsgemeinschaft; Wissen wurde nicht „dargeboten", sondern gemeinsam selbst gefunden. Auch den Gedanken der Einheitsschule suchte Otto Glöckel zu verwirklichen. Die Schulorganisation sollte so gestaltet werden, daß sie den Aufstieg jedes Begabten gestattete, gleichgültig, aus welcher sozialen Schichte er kam. Neben dem Pflichtschulwesen war das Bemühen der Stadtverwaltung auf die Erwachsenenbildung gerichtet.

Kehren wir zur Fürsorge zurück und betrachten wir die Ergebnisse der Erwachsenenfürsorge. Die Gemeinde hatte nach der gegebenen Gesetzeslage erst dort einzugreifen, wo die Leistungen von Bund und Krankenkassen endeten; die gesetzliche Fürsorge für Erwachsene erstreckte sich dann auf alle bedürftigen Personen ab dem vollendeten 14. Lebensjahr. Vor allem aber lag die Schwierigkeit in der Zahl der Bedürftigen, die infolge der sich verändernden Altersstruktur im Zunehmen begriffen war. Einen wesentlichen Bestandteil der Armenfürsorge bildete die Armenkrankenpflege; einmalige Fürsorgeleistungen (Bargeld- und Sachaushilfen) verschlangen erhebliche Mittel, besonders gegen Ende der zwanziger Jahre, als sich die internationale Wirtschaftskrise in Österreich in einer steigenden Zahl der Arbeitslosen bemerkbar machte.

Aus dem umfangreichen Gebiet der sogenannten „geschlossenen Fürsorge" sollen nur einige der wesentlichen Fakten herausgegriffen werden. Am 9. März 1923 beschloß der Gemeinderat den

Neubau der Kinderübernahmsstelle nach modernen Gesichtspunkten; sie nahm am 18. Juni 1925 ihren Betrieb auf. Die Kinderübernahmsstelle hatte die Aufgabe, alle in die Fürsorge der Gemeinde gegebenen Säuglinge, Kinder und Jugendlichen aufzunehmen, zu beobachten und die weiteren Fürsorgemaßnahmen einzuleiten. Organisatorisch bildete sie den Mittelpunkt der gesamten für das Kind notwendigen Fürsorge, unter der Voraussetzung, daß mit dieser Fürsorge zugleich eine Veränderung des Milieus angestrebt wurde.

Der Ausbau des Zentralkinderheimes in Währing und die Schaffung von Kinderherbergen stellten eine unmittelbare Ergänzung der jugendfürsorgerischen Maßnahmen dar. Das 1927 eingerichtete Kinderheim der Stadt Wien „Wilhelminenberg" war das modernste seiner Art; die Gemeinde hatte für diesen Zweck das Schloß Wilhelminenberg in Ottakring mit allen Nebengebäuden und Parkanlagen erworben. Dem Heim fiel die Aufgabe zu, die ursprünglich durch die Kinderübernahmsstelle betreuten Kinder weiter zu befürsorgen, bis eine Entscheidung über ihr weiteres Schicksal getroffen werden konnte. Ergänzend sei noch auf die Waisenhäuser, die Erziehungsheime und -anstalten sowie die Lehrlingsheime hingewiesen.

Die Pläne, die Julius Tandler in die Wirklichkeit umsetzte, ließen sich nicht ohne gewaltige finanzielle Mittel realisieren. Tandler hatte das Glück, in Bürgermeister Karl Seitz und im Finanzreferenten Hugo Breitner Männer zu finden, die seinen Reformbestrebungen und Vorschlägen zur Verbesserung der sozialen Leistungen nicht nur verständnisvoll gegenüberstanden, sondern auch bereit waren, ihm die nötigen Mittel dafür zu gewähren. Für die Sozialpolitik wurden in den zwanziger Jahren neben dem Wohnungsbau die höchsten Beträge zur Verfügung gestellt; seit 1929 waren die Ausgaben für das Fürsorge- und Gesundheitswesen höher als in den übrigen Verwaltungsgruppen. Sie schwankten mit langsam steigender Tendenz von 1923 bis 1930 zwischen etwa 18 und 23 Prozent der Gesamtausgaben und erreichten nach 1931 infolge der Wirtschaftskrise sogar 25,4 Prozent.

Die Reform des Gesundheitswesens unter Julius Tandler

Ein wesentlicher Bestandteil der sozialdemokratischen Sozialpolitik war die Reorganisation des Gesundheitswesens. Die Aufgaben der Gesundheitsverwaltung liegen in der Abwehr von Gesundheitsgefährdungen sowie in positiver Gesundheitsfürsorge; die Verwaltung wird seither durch zum Gesetz erhobene sanitätsrechtliche Normen geregelt. Nach dem Ende des Ersten Weltkrieges ergab sich — ähnlich dem Fürsorgebereich — auch auf dem Gesundheitssektor ein echter Nachholbedarf. Nicht nur, daß sich die Gesundheitsverhältnisse während der Kriegsjahre rapid verschlechtert hatten, konnte man auch nur in Teilbereichen an die Ergebnisse der Vorkriegstätigkeit anschließen. Während der Amtszeit Luegers verlagerte sich das Hauptgewicht auf den Ausbau der geschlossenen Gesundheitsfürsorge, auf welchem Gebiet bleibende Leistungen erbracht wurden; daneben standen Zentralisation und Organisation des Seuchenbekämpfungsdienstes und des Infektionswesens im Mittelpunkt der Bemühungen des Oberstadtphysikats.

Unterernährung, Kindersterblichkeit, Tuberkulose und Geschlechtskrankheiten waren die Probleme, mit denen sich die Gesundheitspflege in erster Linie zu befassen hatte. Schon frühzeitig, 1918, trat Julius Tandler noch vor Beginn seiner politischen Laufbahn mit verschiedenen Vorschlägen an die Öffentlichkeit. Er sah verwaltungstechnisch die Verwirklichung einer rationellen Gesundheitsfürsorge und Volkswohlfahrtspflege in der Schaffung eines geeigneten Ministeriums für Volksgesundheit und Volkswohlfahrt und konnte diese Idee bald populär machen. Im Mai 1919 erfolgte seine Berufung auf den Posten eines Unterstaatssekretärs in diesem Ministerium, und er vermochte binnen Jahresfrist sichtbare Erfolge zu verbuchen, so etwa den Abschluß der Arbeiten am Krankenanstaltengesetz, und generelle Richtlinien für eine Organisation der Individual- und Sozialmedizin zu erstellen.

Als Tandler — wie schon erwähnt — am 22. November 1920 das ihm von Bürgermeister Jakob Reumann angebotene Amt eines Amtsführenden Stadtrates für das Wohlfahrtswesen übernahm, stand er vor der ungeheuren, jedoch faszinierenden Aufgabe, das gesamte System der bisherigen Gesundheitspflege neu zu überdenken und neu zu organisieren, kurz gesagt, eine Gesundheitspolitik im Sinne des sozialdemokratischen Kommunalprogramms zu entwerfen. Bald nach seiner Amtsübernahme waren auch Regelungen hinsichtlich der zu übernehmenden Anstalten des Landes Niederösterreich zu treffen, welche aufgrund des „Trennungsgesetzes" vom 29. Dezember 1921 in die Verwaltung des neugeschaffenen Bundeslandes Wien übergehen sollten. Die Unabhängigkeit in Administration und Exekutive, die sich durch den Status eines eigenen Bundeslandes ergab, schuf zwar dem Stadtsenat, im besonderen Julius Tandler, bessere Arbeitsmöglichkeiten, zwang jedoch gleichzeitig zur Übernahme schwerer finanzieller Lasten. Im Sinne seiner wissenschaftlichen Überzeugung begann Tandler mit einem Team von Ärzten und Juristen jenes Programm zu verwirklichen, das seinen Namen bald zum Symbol fortschrittlicher Kräfte in allen Kontinenten werden ließ.

Eine der vordringlichsten Aufgaben des Gesundheitsressorts war — um mit der Säuglingsfürsorge zu beginnen — die Bekämpfung der Säuglingssterblichkeit, die vor dem Ersten Weltkrieg in Wien bei hundert Lebendgeborenen rund zwanzig Todesfälle im Laufe des ersten Lebensjahres aufwies. 1922 konnte bereits ein Rückgang der Säuglingssterblichkeit verzeichnet werden, die dank weiterer zielführender Maßnahmen bis 1924 mit zehn Prozent beziffert wurde und ab 1925 mit geringen Schwankungen bei acht Prozent oder knapp darunter lag. Die Gründe für diesen Erfolg sind natürlich auf verschiedenen Gebieten zu suchen: der Bau hygienischer Wohnungen und die Mutterhilfe in den Mutterberatungsstellen sind dabei ebenso zu nennen wie eine aufklärende Stillpropaganda, die Säuglingswäscheaktion, der Bau des Zentralkinderheimes und — nicht zuletzt — die konsequente Tuberkulosefürsorge.

Besonders von der 1927 begonnenen Ausgabe kostenloser Säuglingswäschepakete an alle Wiener Mütter erwartete man sich deren kräftige Mithilfe im Kampf gegen die Säuglingssterblichkeit. Da die werdenden Mütter dazu verhalten werden konnten, sich einer dem Schutz des zu erwartenden Kindes dienenden ärztlichen Kontrolluntersuchung zu unterziehen, waren Sozialhilfe und Gesundheitsprophylaxe bestens aufeinander abgestimmt. In den Mutterberatungsstellen, die dem Jugendarzt unterstanden und die in den Bezirksjugendämtern eingerichtet wurden, erhielten die Mütter nach der Geburt auch Ratschläge in Fragen der Ernährung ihrer Kinder. Mit fortschreitendem Wohnbauprogramm wurden seit 1923 die Mutterberatungsstellen überwiegend in Neubauten untergebracht und 1926 über Ersuchen der Krankenkassen auch deren Mitgliedern generell zugänglich gemacht. Rund 16.000 Kinder konnten 1928 monatlich in den bis zu diesem Zeitpunkt 35 Mutterberatungsstellen betreut werden. Sosehr die Einrichtung, die beträchtliche finanzielle Mittel erforderte, auch politisch umstritten war, erfreute sie sich doch so großen Zuspruchs seitens der Mütter, daß ihre bevölkerungspolitische und medizinisch-fürsorgerische Bedeutung auch von der Opposition nicht widerlegt werden konnte. Die „Sachbeihilfen" — Milch, Nährpräparate, später Säuglingswäsche — trugen dazu bei, möglichst viele Frauen zu erfassen und zum freiwilligen Besuch der Beratungsstellen zu veranlassen.

Die Gesundheitsfürsorge für Jugendliche konzentrierte sich auf die verschiedenen Sparten der Schulfürsorge: vor allem auf den schulärztlichen Dienst, auf Schulzahnkliniken und Spezialkliniken. Daneben befaßten sich natürlich auch die Tuberkulosefürsorge und die geschlossene Fürsorge (in Form der Kinderspitäler) nötigenfalls mit dem Schulkind. Die körperliche Erziehung wurde durch Bäder, Schwimmunterricht, Spiel- und Sportplätze, die Erholung durch Tagesheimstätten, Ferienheime und Wanderherbergen gefördert.

Der schulärztliche Dienst hatte sich vor dem Ersten Weltkrieg auf die staatlichen Lehrerbildungsanstalten beschränkt. In den anderen Schulen sollten die Amtsärzte auf Schulhygiene achten. Da sie dieser Aufgabe nur neben ihren sonstigen Verpflichtungen nachkamen, ließ diese Lösung zu wünschen übrig. Deshalb bestellten die Sozialdemokraten zu Beginn der zwanziger Jahre (1922) für sämtliche Wiener Volks- und Bürgerschulen eigene Schulärzte. In den folgenden Jahren wurde die Arbeit dieser Ärzte durch den Ausbau ihres Wirkungskreises so organisiert, daß die Versäumnisse aus früherer Zeit wettgemacht werden konnten. Den Schulärzten, die dem Gesundheitsamt unterstellt waren, oblagen vor allem zwei Aufgaben: Feststellung des Gesundheitszustandes der Kinder (gegebenenfalls Veranlassung einer Therapie) und Erarbeitung einer verläßlichen Statistik als Grundlage für zu ergreifende sozialhygienische und sozialpolitische Maßnahmen.

Im Rahmen der Schulfürsorge begann Julius Tandler auch mit dem Aufbau eines Netzes von Schulzahnkliniken. Die Privatinitiative, an die man zunächst anknüpfen zu können glaubte, erwies sich sehr bald als unzureichende Basis; die Gemeinde mußte sich deshalb schon Anfang 1922 entschließen, die beiden noch dahinvegetierenden privaten Kliniken zu übernehmen und eigene Aktivitäten zu setzen. Die Aufgabe, die man den neugeschaffenen Institutionen zuwies, war systematischer Natur und lag neben der Prophylaxe, die Kinder zu ausreichender Zahnpflege zu erziehen, in der generellen Betreuung der Volksschulen und Jugendfürsorgeanstalten. Einige Jahre später, Ende 1928, verfügte die Stadt Wien bereits über zwölf Schulzahnkliniken, an welche die Schulen von vierzehn Wiener Bezirken angeschlossen waren. Die seit 1923 eingesetzten finanziellen Mittel erwiesen sich als gute Investition: bis 1928 stieg die Zahl der Behandelten von rund 6.600 auf nicht weniger als 123.500

an, und diese Leistung konnte bis 1931 durch die Einbeziehung weiterer Schulen nochmals auf über 160.200 gesteigert werden. Ende der zwanziger Jahre ging man dazu über, neue Schulzahnkliniken auch in Gemeindebauten einzuplanen.

Ende 1928 entschloß sich das städtische Gesundheitsamt, im Hinblick auf die steigende Zahl von Sehstörungen unter den Schulkindern, die Errichtung einer augenärztlichen Zentrale zu beantragen, die ausschließlich der fachärztlichen Untersuchung der Schulkinder und sehbehinderten Kindergartenkinder diente und darüber hinaus eng mit der Berufsberatung zusammenarbeitete. Weiters widmete man der Krüppelfürsorge, die im weiteren Sinne eine Betreuung aller körperlich behinderten Kinder zur Folge hatte, besonderes Augenmerk.

Der Erwachsenenfürsorge und der prophylaktischen Gesundheitsfürsorge wurde im Gesundheitsprogramm Julius Tandlers zentrale Bedeutung zuerkannt. Armenkrankenpflege, Trinkerfürsorge und verschiedene Beratungsstellen gehörten ebenso in diesen Bereich wie die Pflege von Sport und Körperkultur, die Trinkwasserkontrolle, die Beseitigung sanitärer Übelstände, die Verhütung und Bekämpfung übertragbarer Krankheiten, amtliche Desinfektionen und Impfungen – durchwegs Maßnahmen prophylaktischen Charakters. Die überwiegend von Arbeitslosen, Altersrentnern und Mittellosen in Anspruch genommene Armenkrankenbehandlung lag in der Hand von Stadtärzten (Armenärzten), die infolge der sich stark bemerkbar machenden Überalterung der Bevölkerung hauptsächlich mit Herz-, Gefäß- und rheumatischen Krankheiten konfrontiert wurden.

Die im Juni 1925 im Anschluß an die Gründung der städtischen Trinkerheilstätte errichtete Trinkerfürsorgestelle hatte regen Zuspruch aufzuweisen. Die Schaffung der Fürsorgestelle geschah in der Erwägung, daß für Trinker nicht immer eine geschlossene Heilstättenbehandlung notwendig ist, vielmehr in gewissen Fällen auch mit entsprechender ärztlicher Beratung das Auslangen gefunden werden kann. Dem leitenden Arzt der Trinkerfürsorgestelle fiel es zu, durch ärztliche Untersuchung der Trunksüchtigen, Einleitung einer geeigneten Behandlung und Beratung der Angehörigen jene Vorkehrungen zu treffen, die zum Schutze des Kranken selbst oder seiner Familie notwendig schienen. Der Wirkungskreis der Trinkerfürsorgestelle wurde in den folgenden Jahren immer mehr erweitert und erfuhr seit 1931 auch durch die neu konstituierte Landeshauptstelle Wien zur Bekämpfung des Alkoholismus Unterstützung.

Besondere Bedeutung erlangte nach dem Weltkrieg die Bekämpfung der Geschlechtskrankheiten. Die wichtigsten Neuerungen waren die Anzeigepflicht für Ärzte, die Errichtung von Abendambulatorien für Mittellose und eine spezifische Beratungsstelle. Zu Beginn des Jahres 1923 standen, der erheblichen Frequenz Rechnung tragend, elf Ambulatorien unter städtischer Verwaltung. Als nach einiger Zeit der Höhepunkt der Erkrankungen überschritten war, konnte man ihre Zahl 1926 auf vier reduzieren.

Ebenfalls beratende Funktion übte die bereits im Juni 1922 beim Gesundheitsamt eingerichtete Eheberatungsstelle aus. Methodik und Umfang der Beratung mußten, da es sich um die erste kommunale Stelle dieser Art in ganz Europa handelte, erst erarbeitet werden, wobei es galt, beträchtliche Schwierigkeiten zu überwinden. Die Beratungsstelle entwickelte sich im Laufe der

Jahre immer mehr zu einer Ehe- und Sexualberatungsstelle im weitesten Sinn und diente auch der Auskunftserteilung an Behörden (etwa in Fragen von Ehedispensangelegenheiten). Da die Beratungsstelle immer wieder von Nerven- und Gemütskranken aufgesucht wurde, erkannte man den Bedarf einer eigenen städtischen Einrichtung dieser Art für Nerven- und Gemütskranke, die allen psychopathischen und geisteskranken oder nach einer solchen Krankheit geheilt entlassenen Personen sowie deren Angehörigen zugänglich sein sollte, und eröffnete diese im März 1926. In Ergänzung dieser Einrichtung kam es im Jänner 1929 zur Schaffung von zwei Wassermann-Stationen, die sich mit der unentgeltlichen Blutuntersuchung zum Zwecke des Nachweises einer luetischen Krankheit befaßten.

So wichtig alle diese Institutionen auch gewesen sein mögen, spielten sie im städtischen Gesundheitsprogramm doch eine relativ untergeordnete Rolle. Den entscheidenden Kampf führte Julius Tandler nämlich gegen die in Wien zur Volkskrankheit gewordene Tuberkulose, gegen die er alle ärztlichen und fürsorgerischen Mittel zum Einsatz brachte. Trotz der Gefahren, die der Bevölkerung von dieser Krankheit drohten, wurde ihre Bekämpfung vor dem Ersten Weltkrieg ausschließlich privaten Initiativen überlassen. Eine organisatorisch durchgreifende Tuberkulosefürsorge war in Wien zu diesem Zeitpunkt unbekannt; 1913 starben in Wien von je 10.000 Einwohnern über 30 an Tuberkulose, womit Wien im Hinblick auf diese Todesursache neben Paris an der Spitze aller Großstädte stand. Es ist als skandalös zu bezeichnen, daß Wien vor dem Weltkrieg keine einzige Anstalt für tuberkulöse Erwachsene besaß, wodurch deutlich zum Ausdruck kommt, daß man offenbar noch nicht erkannt hatte oder nicht zur Kenntnis nehmen wollte, wie wichtig und dringlich gerade die Bekämpfung der Tuberkulose im Sinne einer gesunden Bevölkerungspolitik ist. Bis 1918 stiegen daher die auf Tuberkulose zurückzuführenden Todesfälle bei 10.000 Einwohnern auf 61, verdoppelten sich also innerhalb von fünf Jahren und hatten damit wieder jenen Stand erreicht, den die Sterblichkeitsquote Jahrzehnte zuvor aufwies. Mit anderen Worten: im Jahre 1919 stellten die Beschauärzte bei rund 26 von 100 Toten als Todesursache Tuberkulose fest, das heißt jeder vierte Einwohner Wiens fiel dieser Krankheit zum Opfer. Dabei betraf die Steigerung der Mortalität alle Altersgruppen zwischen 16 und 60 Jahren.

Julius Tandler nahm zum Tuberkuloseproblem persönlich Stellung, gab in erster Linie den „elenden Wohnungsverhältnissen, hygienischen und sozialen Mißständen, vor allem aber der Unterernährung" die Schuld an der Ausbreitung der Krankheit und kündigte eine „zielbewußte, wohlgeführte Bekämpfung dieser schrecklichen Volksseuche" an. Bis 1931 wurden zwölf städtische Fürsorgestellen geschaffen, die gemeinsam mit sieben privaten und sechs von Krankenkassen betriebenen arbeiteten. Der Erfolg dieser Tätigkeit blieb nicht aus: die Tuberkulosesterblichkeit sank bereits 1921 zum erstenmal unter den Vorkriegsstand, 1925 sogar unter 20 von je 10.000 Einwohnern. Für die dauernde Unterbringung von Tuberkulösen besaß die Gemeinde Wien geeignete Anstalten, die durchwegs erst nach dem Weltkrieg für diese Zwecke errichtet wurden. Von besonderer Bedeutung war die Umwandlung des Sanatoriums „Baumgartnerhöhe" in eine Lungenheilstätte (1923), im selben Jahr kam es auch zur Eröffnung einer ersten Heilstätte für Leichtlungenkranke. Am 22. März 1929 beschloß der Gemeinderat darüber hinaus die Errichtung eines eigenen Tuberkulosepavillons im Krankenhaus Lainz, der Ende 1930 seiner Bestimmung übergeben werden konnte. Ebenfalls 1930 wurde die Sonderabteilung für Stoffwechselerkrankungen, Ernährungsstörungen und diätetische Heilmethoden eröffnet, die gleichzeitig eine Stätte der Forschung und Schulung bildete. Besondere Beachtung fand die Einrichtung einer eigenen Abteilung für Rheumakranke, die erste ihrer Art in einem österreichischen Krankenhaus. Auf Vorbilder in verschiedenen europäischen Hauptstädten stützte sich die Sonderabteilung für Strahlentherapie, die man am 7. November 1931 in Betrieb nahm und für die — in diesen Jahren ein aufsehenerregender Entschluß! — fünf Gramm Radium gekauft wurden.

Die Erfolge — selbst gegenüber den günstigsten Friedensjahren gingen die Todesfälle an Tuberkulose bei Männern um fast 34 Prozent, bei Frauen sogar um 41 Prozent zurück — waren auch von Skeptikern nicht zu leugnen, erforderten aber (nicht nur auf diesem Teilgebiet) beträchtliche finanzielle Mittel. Die für das Gesundheitswesen allein vorgesehenen Beträge erreichten im Jahre 1930 mit (brutto) 41,4 Millionen Schilling (das waren 34,8 Prozent der Gesamtausgaben der Verwaltungsgruppe III) ihren relativen und absoluten Höhepunkt. Die Maßnahmen, die nach der Verminderung der dem städtischen Haushalt aus den Bundesabgaben zufließenden Ertragsanteile gesetzt werden mußten, führten dann allerdings zu Einschränkungen: von 1931 bis 1932 kam es zu einer Reduktion um nicht weniger als rund neun Millionen Schilling oder 23,1 Prozent; die Leistungen auf dem Fürsorgesektor wurden, da hier der Bedarf noch dringender gegeben war, soweit es ging aufrechterhalten.

Auch die geschlossene Fürsorge konnte auf besondere Fortschritte verweisen. Durch die Übernahme einer Reihe von Kinderspitälern in die Verwaltung der Gemeinde Wien konnte deren Bestand gesichert werden; dies betraf 1923 das Karolinen-Kinderspital, 1924 das Leopoldstädter Kinderspital und 1925 das Mautner-Markhofsche Kinderspital. Nach der Übernahme und dem Umbau des seinerzeitigen Brigittaspitals verfügte die Stadt Wien seit dem 18. November 1926 über ein eigenes Entbindungsheim, das infolge seiner modernen Konzeption über die Grenzen Österreichs hinaus in Fachkreisen Beachtung fand.

Ausgebaut wurden auch jene Einrichtungen, die zwar außerhalb des Gesundheitsdienstes geführt, aber mit diesem doch in engstem sachlichem Konnex standen. Dies betrifft in erster Linie die Bäder, denen Tandler im Zuge seiner Überlegungen eine bedeutende Rolle zuwies. Die Zahl der Volksbäder — das erste entstand seinerzeit in der Mondscheingasse, und um die Jahrhundertwende gab es deren elf — erhöhte sich nach und nach auf 19, sodaß in jedem Bezirk (ausgenommen die Innere Stadt und Döbling) ein Brausebad bestand. Die Frequenz bestätigte die Richtigkeit der Planung: von 1923 bis 1931 stieg die Zahl der Besucher dieser „Tröpferlbäder", wie sie der Volksmund gerne nannte, von rund 2,7 auf fast 6,1 Millionen. Die schon übernommenen Volksbäder mußten, um den Ansprüchen genügen zu können, unter Aufwendung beträchtlicher Mittel modernisiert werden; so wurde beispielsweise das Ottakringer Volksbad 1924 in neuer Gestalt als „Thaliabad" seiner Bestimmung übergeben. Das Paradebeispiel der „Bäderpolitik" war aber zweifelsohne — und dies mit vollem Recht — das neu erbaute Amalienbad (benannt nach der 1924 verstorbenen Gemeinderätin Amalie Pölzer), das mit berechtigtem Stolz als „das schönste Bad Europas" bezeichnet wurde. Mit Vorbedacht hatte man das Bad inmitten eines ausgesprochenen Arbeiterbezirkes gebaut. Als die Opposition der Gemeindeverwaltung angesichts der hohen Kosten vorwarf, es handle sich hier um einen „Luxus", den sich die Hauptstadt eines armen Landes nicht leisten dürfe, erklärte man mit Nachdruck, „daß die Errichtung eines großen, mit allen Vollkommenheiten der modernen Technik ausgestatteten Bades gerade für die Stadt Wien kein Luxus ist, sondern ein Bedürfnis, und zwar ein Bedürfnis nicht bloß sozialer, sondern wirtschaftlicher Natur". Volkshygiene und Körperkultur dürften in ihren Auswirkungen auf die Wirtschaftskraft des Volkes nicht unterschätzt werden. Das Bad wies tatsächlich eine Ausstattung nach dem höchsten Stand der damaligen Technik auf und besaß auch die erste Schwimmhalle mit eingebauten Tribünen für Zuschauer, was Sportveranstaltungen in großem Rahmen ermöglichte; im ersten Jahr seines Bestehens zählte man bereits 1,1 Millionen Badegäste.

Besondere Förderung erfuhr der Bau von Kinderfreibädern, die sich steigender Beliebtheit erfreuten; zwischen 1923 und 1931 entstanden in verschiedenen Wiener Bezirken 21 derartige Bäder. 1918 wurde das Strandbad Alte Donau neu geschaffen, 1920 das Strandbad Mühlschüttel als Familienbad eröffnet. Dann ging es in rascher Folge weiter: 1923 Krapfenwaldlbad, 1926 Ottakringer Bad, 1927 Sommerbad Hohe Warte, 1928 Sommerbad auf dem Kongreßplatz (das auch sportlichen Veranstaltungen diente). Zugleich baute man die Strandbäder Gänsehäufel und Stadlau wesentlich aus. In den großen Schwimmhallen, vor allem im Amalien- und Jörgerbad, ging man daran, für die Schuljugend einen unentgeltlichen Schwimmunterricht ins Leben zu rufen; seit 1928 ist Schwimmen obligatorischer Unterrichtsgegenstand.

1927 wurde die Sportstelle der Stadt Wien geschaffen; ein Jahr später, anläßlich der Zehnjahresfeier der Republik, beschloß der Gemeinderat (am 12. Oktober 1928) den Bau eines Stadions. Die Anlage konnte am 11. Juli 1931 eröffnet werden; wenig später fanden hier die Veranstaltungen der II. Arbeiter-Olympiade statt, die Bürgermeister Karl Seitz feierlich eröffnete.

Dieses großangelegte Fürsorge- und Gesundheitsprogramm, das Julius Tandler in engster Zusammenarbeit mit den Bürgermeistern Jakob Reumann und Karl Seitz nach seinen Vorstellungen verwirklichte, war in seiner Art bahnbrechend und in Europa beispielgebend. Das Aufbauwerk wurde auf den meisten sozialpolitischen Sektoren durch finanzielle Maßnahmen der Regierung immer empfindlicher gestört und nach Aufhebung der demokratischen Verwaltung sogar weitgehend eliminiert. Die positiven Nachwirkungen blieben jedoch bestehen. Wie wenig die von Julius Tandler erzielten Erfolge angezweifelt werden konnten, geht wohl am besten aus einer Stellungnahme hervor, die 1936, zwei Jahre nach der Errichtung des Ständestaates, trotz aller gebotenen Zurückhaltung im Urteil, dem Werk des Wohlfahrtsstadtrates und der Wiener Gemeindeverwaltung der zwanziger Jahre bescheinigen mußte, ihr Wirken habe zwar unzweifelhaft die Merkmale des Zeitgeistes getragen, aber man könne den Ergebnissen der Tätigkeit selbst in einer grundsätzlich andersdenkenden politischen Welt die Anerkennung nicht versagen.

Der Untergang der demokratischen Verfassung im Jahre 1934

Die Ereignisse, die in den bewaffneten Auseinandersetzungen des Februar 1934 ihren tragischen Höhepunkt erreichten, entwickelten sich aus einer Fülle seitens der Regierung gesetzter, sachlich eng begrenzter Einzelmaßnahmen, deren Folgerichtigkeit selbst in der Rückschau kaum transparent gemacht werden kann und die daher von den Zeitgenossen in ihrer Tragweite und geradezu beklemmend wirkenden Zwangsläufigkeit so lange unterschätzt wurden, bis es zu wirksamen Gegenmaßnahmen zu spät geworden war. Es erscheint deshalb notwendig, wenigstens in groben Zügen und unter Beschränkung auf einige wesentlich erscheinende Fakten einen Blick auf die mehrere Jahre zurückreichende Vorgeschichte zu werfen. Es wäre eine offenkundige Fehlbeurteilung, wollte man die Ursachen des Jahres 1934 allein in jenen Problemen sehen, welche, wie etwa die von den Sozialdemokraten stets angeprangerte Verminderung der Einkünfte durch die sich dauernd verschlechternde Abgabenteilung, die materielle Basis der Stadt unterhöhlten. Vor allem dürfen in diesem Zusammenhang nicht die primären Maßnahmen der Regierung mit den sekundären Begleitmaßnahmen verwechselt werden; letztere haben allerdings zweifellos infolge der besonders deutlich erkennbaren Auswirkungen zur Verschärfung der Krise in erheblichem Maße beigetragen. Die Wurzeln liegen auch nicht so sehr im Aufbau von paramilitärischen Verbänden, wenn sich diese im Laufe der Jahre auch allzu selbständig entwickelt haben mögen; nicht allein im unverhohlen zum Ausdruck gebrachten Vernichtungswillen jener radikalen Rechten, welche sich die Regierung zum Erfüllungsgehilfen erkoren, aber längst aus ihrer Kontrolle verloren hatte; sie liegen vielmehr in einigen verhängnisvollen Entscheidungen der Regierung, welche die Front eher gegen die Sozialdemokraten als gegen die besonders seit der Machtübernahme Hitlers in Deutschland von dort ermutigten Nationalsozialisten zog, die Verhandlungsbereitschaft der Sozialdemokraten bewußt übersah und die Gelegenheit, die Tätigkeit des frei gewählten Parlaments auszuschalten, bedenkenlos wahrnahm. Nur auf diese Weise glaubten sich die Christlichsozialen nach der doppelten Bedrängung durch Sozialdemokraten und Nationalsozialisten an der Macht halten zu können. Es gehört zu den am nachhaltigsten wirkenden Irrtümern der Regierung Dollfuß, daß sie davon überzeugt war, mit dieser Bewahrung der eigenen Machtposition unter Umgehung freier Wahlen eine abendländische „Sendung" zu erfüllen — sei es auch unter verdeckten faschistischen Vorzeichen.

Es dürfte außer Diskussion stehen, daß die Nationalsozialisten zu Beginn der dreißiger Jahre von den Sozialdemokraten ernster genommen wurden als von der Regierungspartei, obwohl sich im September 1932 gezeigt hatte, daß die Anhängerschaft der Nationalsozialisten zu diesem Zeitpunkt — Goebbels sprach damals auf einer Versammlung im Rahmen eines von den österreichischen Nationalsozialisten veranstalteten „Gautages" — in Wien noch recht gering war. Noch im selben Jahr kam es aber zu den ersten blutigen Zusammenstößen, als Nationalsozialisten am 16. Oktober das Simmeringer Arbeiterheim zu stürmen versuchten und dabei mit dem Schutzbund zusammenstießen. Seit der Wahl vom 24. April 1932 waren die Nationalsozialisten im Wiener Gemeinderat vertreten, in dessen Debatten sie mit Hilfe der von ihnen gerne angewandten destruktiven, zugleich überheblichen Vorgangsweise ein gerüttelt Maß an Unsicherheit brachten. Während die Sozialdemokraten ihre Mehrheit in den beiden Vertretungskörpern behaupteten — sie hatten seit 1927 mit 78 von 120 Mandaten 65 Prozent derselben besessen und ihren Anteil 1932 mit 66 von 100 sogar etwas verbessert —, schrumpften die Christlichsozialen von 42 Mandaten, die 1927 ihre „Einheitsliste" errungen hatte, auf 17 zusammen (was, prozentuell gesehen, einer Halbierung entsprach) und mußten 15 Mandate an die nach rechts geöffnete Flanke abgeben.

Dieses Wahlergebnis (und die ebenso ungünstigen Wahlen in anderen Bundesländern) mußten den Christlichsozialen drastisch die Gefahr vor Augen führen, die ihnen bei kommenden Parlamentswahlen drohte. Wie auch immer sie die Lage beurteilen mochten, eines muß ihnen klar gewesen sein: ohne Koalition konnten sie die Macht nicht in der Hand behalten. Nun hätte sich Dollfuß, der im Mai 1932 nach dem Rücktritt Bureschs eine auf die Christlichsozialen, den Landbund und acht (nicht bedingungslos verläßliche) Heimwehrler gestützte Regierung mit hauchdünner Mehrheit schuf, theoretisch ebensogut mit den Sozialdemokraten wie mit den Nationalsozialisten arrangieren können. Daß er sich zu einem Kampf gegen die Sozialdemokraten entschloß, mag auf seine Neigung zu einer Diktatur von rechts zurückzuführen sein, für die er in Deutschland und Italien Vorbilder fand. Jedenfalls führten die Ereignisse — nicht zuletzt das erwähnte beim Simmeringer Arbeiterheim — dazu, daß sich der Kanzler enger an die Heimwehr anschloß und den Wiener Heimwehrführer Fey zum Staatssekretär für das Sicherheitswesen ernannte: jenen Fey, dem er sich zu Dank verpflichten fühlen mochte, weil er im Gegensatz zu Starhemberg als Heimwehrführer mit seiner „gemäßigten" Gruppe die Christlichsozialen bei den Parlamentswahlen unterstützt hatte.

Lag in dieser Verbindung einerseits eine latente Drohung mit Gewalt, so zeigte sich wenig später, daß Dollfuß beabsichtigte, die österreichische Demokratie auch in legal erscheinender Weise zu unterminieren: mit Hilfe von Notverordnungen, die sich auf das 1917 beschlossene, formell niemals außer Kraft gesetzte Kriegswirtschaftliche Ermächtigungsgesetz stützten, das ein findiger Jurist dem Kanzler als Rettungsanker präsentierte. Diese Notverordnungen wurden auch auf die finanziellen Regelungen zwischen Bund und Gemeinde Wien angewandt, die seit der 7. Abgabenteilungsnovelle eine verschärfte Gangart erfahren hatten. Robert Danneberg, 1932 Breitners Nachfolger im Finanzressort, faßte deshalb die Ansicht der Mehrheitspartei in die anklagenden Worte zusammen: „Soll die Gemeinde keine Wohnungen mehr bauen, soll sie ihre Fürsorge einstellen, soll sie die Schulen verschlechtern, soll sie den Beamten weniger Geld zahlen? Was wollen Sie? Sie wollen wahrscheinlich alles miteinander! Denn es ist ja nichts anderes als ein Rachefeldzug, der hier gegen Wien unternommen werden soll!"

Die Opposition im Gemeinderat, gewillt, die Politik der Regierung gegen Wien bedingungslos zu unterstützen, hatte die Entwicklung durchaus in Ordnung befunden. Leopold Kunschak formulierte dies so: „Wir sind nicht in der Lage, in dieser Frage einen absolut ablehnenden Standpunkt einzunehmen. Wir müssen uns damit abfinden, daß die Gemeinde Wien in ihren Ertragsanteilen gekürzt wird. In dieser Frage stehen die Länder und Gemeinden geschlossen gegen Wien." Und er appellierte an die Solidaritätspflicht der Gemeinde Wien gegenüber den übrigen Bundesländern.

Damit hatte eine seit Jahren aufgestaute Unzufriedenheit in den Lagern beider Großparteien einen Höhepunkt erreicht. Man erinnert sich in diesem Zusammenhang einer bereits früher erhobenen Forderung Hugo Breitners: „Schluß mit der Abgabenteilung! Diese Abgabenteilung vergiftet das politische Leben und die Atmosphäre in diesem Land bis zur Unerträglichkeit!" Als es der Regierung 1933 gelang, der Gebarung der Gemeinde mit Hilfe der von ihr erlassenen Verordnungen jenen entscheidenden Stoß zu versetzen, der sich in radikalen Einsparungen beim Wohnungsbau und in einer Senkung der Beamtengehälter auswirkte, waren die von den Sozialdemokraten vertretenen wirtschaftlichen und sozialpolitischen Grundprinzipien in vieler Hinsicht durchlöchert.

Auch weiterhin wurde die Entwicklung in Wien von der Bundespolitik nachhaltig beeinflußt. Nachdem sich infolge einer unglücklichen Verkettung von Umständen im Zuge einer Parlamentsabstimmung über einen großdeutschen Geschäftsordnungsantrag das Parlament am 7. März 1933 durch den Rücktritt aller drei Präsidenten selbst ausgeschaltet hatte, ergriff Dollfuß — wiederum gestützt auf das Kriegswirtschaftliche Ermächtigungsgesetz, durch das er seinem Vorgehen den Schein der Legalität zu geben suchte — nach nur kurzem Zögern die ihm günstig erscheinende Gelegenheit, die Regierungsgeschäfte an sich zu reißen. Bereits am 7. März 1933 proklamierte er die autoritäre Führung der Staatsgeschäfte.

Damit begann auch der Endkampf um die Erhaltung der Demokratie in Wien, eingeleitet durch eine Verordnung des Staatssekretärs Fey, die ein allgemeines Versammlungsverbot aussprach und die Presseorgane der Opposition unter Vorzensur stellte. In seiner Eigenschaft als Landeshauptmann lehnte Bürgermeister Seitz, der wie alle verantwortlichen Männer Wiens klar die sich abzeichnende Gefahr erkannte, den Erlaß Feys entschieden ab: er sandte ihn sogar unter besonderem Hinweis auf dessen Verfassungswidrigkeit an den Absender zurück. Postwendend kam die Weisung von Dollfuß persönlich wieder zu Seitz, nicht ohne daß der Regierungschef dem Landeshauptmann unumwunden erklärte, die von ihm „geübte Kritik der Verfassungs- und Gesetzmäßigkeit stehe ihm nicht zu". Die Sozialdemokraten Wiens waren nicht gesonnen, dies widerspruchslos hinzunehmen. Seitz berief eine Sondersitzung des Landtages ein, prangerte das Vorgehen der Regierung, die mit formal-juristischen Mitteln eine Staatskrise heraufbeschwöre, in scharfen Worten an und erhob warnend seine Stimme: „Wehe dieser Stadt, wenn sie dadurch in Gefahren kommt, die unübersehbar sind. Deshalb sagen wir: Weg von jedem Verfassungsbruch, weg mit jedem Bruch des Rechtes, Wiederherstellung der Freiheit und der Gerechtsame dieser Stadt! Das Volk von Wien steht zur Verfassung der Republik unbeugsam und hart — gegen jedermann, der sie antasten will!" Trotz der sich verhärtenden Fronten war Seitz, ebenso wie Renner, Körner, Bauer und Danneberg, entschieden gegen einen Kampf mit Waffen, gegen den offenen Bürgerkrieg.

Beginnend mit dem 15. März 1933 nahm der Kampf der Regierung gegen die Finanzen der Stadt Wien systematischen Charakter an. Anknüpfend an eine Feststellung von Bürgermeister Seitz, der einige Zeit zuvor darauf hingewiesen hatte, der Haushalt der Stadt sei in guter Ordnung und deshalb habe Wien nichts zu befürchten, entwickelte sich im Regierungskonzept der Gedanke, die Stadt auf dem Weg über den Entzug ihrer finanziellen Grundlagen in so große finanzielle

Schwierigkeiten zu manövrieren, daß diese auch die politischen Mehrheitsverhältnisse ins Wanken bringen mußten. Am 20. Mai 1933 erfolgte die Gründung der „Vaterländischen Front", sechs Tage später wurde die Kommunistische Partei aufgelöst, am 19. Juni die Nationalsozialistische, was auch zu einer Aberkennung der Gemeinderatsmandate dieser Partei führte; seit dem 30. Juni 1933 bestanden deshalb der Wiener Landtag und Gemeinderat nur aus 85 Mandataren der Sozialdemokraten und der Christlichsozialen.

Im Herbst spitzte sich die Situation weiter zu. Der gesamtdeutsche Katholikentag, der mit der 250-Jahr-Feier der Befreiung Wiens von den Türken verbunden war, brachte eine Reihe bedeutungsvoller Veranstaltungen, bei denen Heimwehrführer Starhemberg scharfe Worte gegen die sozialdemokratische Verwaltung fand. Bei einer Feier vor dem Denkmal seines Vorfahren stellte er am 12. September 1933, drohend auf das Rathaus weisend, die Forderung auf: „Herr Kanzler, schaffen Sie die heraus, die drin sitzen! Herr Kanzler, warten wir nicht zu lange!" So endete die historische Feier mit einer politischen Herausforderung, mit dem Aufruf zur Gewaltanwendung. Daß es sich um keine einmalige Entgleisung handelte, wurde zwei Wochen später klar ersichtlich, als Starhemberg erklärte, es sei „unerträglich, daß im Wiener Rathaus noch immer der Herr Seitz mit seinen Genossen sitze". Es war offenkundig, daß die Heimwehr die Regierung zur Suspendierung der Wiener Gemeindeverwaltung und zur Einführung einer faschistischen Verfassung drängte. Wenn Starhemberg meinte, „die Geburtsstunde des neuen Österreich werde erst schlagen, wenn im Wiener Rathaus der Regierungskommissär einziehe", so sollte sein Wunsch ein halbes Jahr später in Erfüllung gehen. Obwohl die Sozialdemokraten immer noch einen Ausgleich herbeizuführen suchten und auch der sozialdemokratische Parteitag am 16. Oktober 1933 in einer Resolution erklärt hatte, man sei zu einer „friedlichen und verfassungsmäßigen Lösung" bereit, wagte sich Starhemberg immer weiter vor, indem er etwa zur selben Stunde forderte, es müsse „zur Auflösung der Sozialdemokratischen Partei kommen, zur Auflösung der sozialdemokratischen Gewerkschaften, zur Auflösung des Wiener Gemeinderates und zur Einsetzung eines Bundeskommissärs in Wien". Damit rührte er allerdings unmittelbar an die von Otto Bauer proklamierten „Vier Punkte", bei deren Erreichung selbst die zurückhaltende Parteiführung den offenen Widerstand der Sozialdemokraten ins Auge gefaßt hatte.

Bis zuletzt boten die Sozialdemokraten ihre Mitwirkung bei der Ausarbeitung eines neuen Bundesverfassungsentwurfes an, doch die Bundesregierung überging das Anerbieten. Am 9. Februar 1934 glaubte der christlichsoziale Oppositionsführer im Gemeinderat, Leopold Kunschak, ein aufrechter Demokrat, der sich allzu lange zum Sprecher der Regierung gemacht hatte, dem aber doch das Schicksal Wiens am Herzen lag, durch ein mutiges Eintreten für eine Politik der Verständigung das Steuer herumreißen und eine Katastrophe verhindern zu können — leider zu spät; dennoch haben seine Worte historischen Charakter. Zutiefst erschüttert erklärte er in dieser letzten Sitzung des freigewählten Gemeinderates, daß es „ein Gebot der Stunde wäre, alle, alle zur Besinnung zu rufen". Ohne sich Illusionen darüber hinzugeben, „daß es jemals zu einer Harmonie der Anschauungen in politischer, kultureller oder wirtschaftlicher Beziehung kommen werde", erklärte er abschließend: „Gebe Gott, daß sich die Zerrissenheit des Geistes und der Seele von unserem Volke und seinen Führern bald hebe, ehe Volk und Land an Gräbern steht und weint!" Doch die Demokratie, von vielen Seiten angegriffen, war nicht mehr zu retten.

Die Bundesregierung enthob am 10. Februar 1934 den Bürgermeister von Wien, Karl Seitz, und alle übrigen Personen, die mit Angelegenheiten des öffentlichen Sicherheitsdienstes betraut waren, ihrer Funktionen und übertrug diese Aufgaben dem Polizeipräsidenten von Wien als Bundessicherheitskommissär. Am 12. Februar fielen in Linz bereits die ersten Schüsse. Es soll in diesem Rahmen keine Schilderung der Februarereignisse folgen, doch sind jene Auswirkungen zu erwähnen, die sich unmittelbar auf die Wiener Stadtverwaltung und die in ihr tätigen Männer bezogen. Ging es der Regierung doch vor allem um den „Fall der roten Festung", die Bezwingung Wiens, das „als letztes Bollwerk der Demokratie dem werdenden faschistischen Staat entgegenstand" (Patzer).

Noch bevor es zu bewaffneten Zusammenstößen in Wien kam, hatte die Regierung die Besetzung des Rathauses angeordnet. In den Mittagsstunden des 12. Februar 1934 drangen Kriminalbeamte zum erstenmal in das Arbeitszimmer des Bürgermeisters ein, zogen sich jedoch, als Seitz entschieden ablehnte, seinen Amtssitz zu verlassen, und auf den Verfassungsbruch, aber auch darauf hinwies, daß man in ihm nicht nur den frei gewählten Bürgermeister, sondern ebenso den Landeshauptmann zu sehen habe, unsicher geworden zurück. Wenig später wurde das Rathaus von Abteilungen des 4. Feldjägerbataillons besetzt; das an der Aktion beteiligte Heimatschutzbataillon verabsäumte es nicht, auf dem Rathausturm sogleich die weiß-grüne Heimwehrfahne zu hissen.

Noch befand sich Karl Seitz in seinem Arbeitszimmer. Gegen 17 Uhr drangen neuerlich Kriminalbeamte bei ihm ein. Wieder weigerte sich der Bürgermeister, bei dem sich auch mehrere Stadträte eingefunden hatten, den Beamten zu folgen, wiewohl unter den gegebenen Umständen — das Haus war ohne besonderen Widerstand besetzt worden — sein Beharren nur noch symbolischer Natur sein konnte. „Niemand hat das Recht", erklärte Karl Seitz in einem mit dem Wiener Polizeipräsidenten von seinem Arbeitszimmer aus geführten Telephongespräch, „mich von hier zu entfernen! Ich beuge mich keinem Verfassungsbruch, ich werde nur der Gewalt weichen!" Als die Kriminalpolizisten erkennen mußten, daß ihnen Seitz nicht freiwillig folgen würde, ergriffen sie den Bürgermeister und trugen ihn aus seinem Arbeitszimmer. Gegen drei Uhr morgens am 13. Februar überstellte man ihn ins Polizeigefangenenhaus. Am Vormittag desselben Tages übernahm der schon tags zuvor bestellte Regierungskommissär, Minister a. D. Richard Schmitz, die Führung der Geschäfte. Zwei Tage darauf brach in Wien der letzte bewaffnete Widerstand zusammen, nachdem sich die Regierung entschlossen hatte, zur Niederwerfung des sozialistischen „Aufstandes" Artillerie einzusetzen, und viele Gemeindewohnhäuser unter direkten Beschuß nahm.

Der österreichische Bürgerkrieg im Februar 1934 war, auch wenn wir ihn von jedem Mythos befreien und uns auf den wahren Kern beschränken, der erste bewaffnete Widerstand von Demokraten gegen den Faschismus in Europa; obgleich vergeblich, gab er doch den linken demokratischen Kräften in ganz Europa neuen Mut. Ohne den Entscheid der Wiener Bevölkerung in freien Wahlen anzurufen, wurde nach den Kämpfen die Mehrheit der Sozialdemokraten in Wien durch autoritäre gesetzgeberische Maßnahmen der Regierung gebrochen, Wien zur bundesunmittelbaren Stadt erklärt. Wegen ihrer Teilnahme an den Februarkämpfen richtete man neun Sozialisten hin, andere wurden in Standgerichtsprozessen zu langjährigen Kerkerstrafen verurteilt. Die demokratische Verfassung hatte aufgehört zu bestehen.

Bundeskommissär Richard Schmitz als Beauftragter des Ständestaates

Ab dem Jahre 1934 wird die Reihe jener Bürgermeister, die aufgrund eines in freien und (seit dem Ende des Ersten Weltkrieges) demokratischen Wahlen abgegebenen Votums der Wiener Bevölkerung vom Gemeinderat auf diesen Posten berufen wurden, für elf Jahre unterbrochen. Der austrofaschistische Ständestaat und die Okkupation durch das nationalsozialistische Deutschland machten freie Wahlen in Österreich und Wien unmöglich.

Die Leitung der Verwaltung der Bundeshauptstadt wurde am 12. Februar 1934 einem von Bundeskanzler Dollfuß bestellten Bundeskommissär übertragen: dem noch amtierenden Bundesminister ohne Portefeuille RICHARD SCHMITZ. Geboren am 14. Dezember 1885 im nordmährischen Müglitz, begann Schmitz an den Universitäten von Wien und Innsbruck juridische und nationalökonomische Studien, wandte sich jedoch letztlich journalistischen und politischen Tätigkeiten zu. 1918 trat Schmitz in den Wiener Gemeinderat ein, dem er bis 1923 angehörte, von 1920 bis 1934 war er auch Abgeordneter zum Nationalrat. Seit 1922 übte er mit kurzen Unterbrechungen Funktionen als Bundesminister aus, wobei er hauptsächlich das Ressort für soziale Verwaltung, zeitweise auch das Unterrichtsressort betreute und vorübergehend Vizekanzler war. Schmitz verfaßte diverse Schriften über Handels- und Gemeindepolitik und veröffentlichte 1932 „Das christlichsoziale Programm". In seiner Eigenschaft als Bundeskommissär konnte er sich auf jene Prinzipien stützen, die er ein Jahr zuvor selbst in einer Broschüre unter dem Titel „Die berufsständische Ordnung in Österreich" veröffentlicht hatte.

Am 7. April 1934 wurde Richard Schmitz zum Bürgermeister ernannt, drei von der „Vaterländischen Front" vorgeschlagene Bürgermeister-Stellvertreter standen ihm zur Seite: der Heimatschützler Major a. D. Fritz Lahr, Mitbegründer der Wiener Heimwehr, Dr. Josef Kresse und der sich später unter Bundeskanzler Schuschnigg stark exponierende Wissenschaftler Dr. Ernst Karl Winter. Drei Wochen später, am 30. April 1934, wurde das bis dahin noch bestehende Rumpfparlament offiziell aufgelöst, am folgenden Tag, dem 1. Mai, die von allen demokratischen Relikten gesäuberte berufsständisch-autoritäre Verfassung proklamiert: „Im Namen Gottes", wie ihr Text begann. Wien wurde somit bundesunmittelbare Stadt. In einer Großkundgebung im Wiener Stadion feierte man die Einführung der neuen ständestaatlichen Verfassung, die aufmarschierenden Vaterländischen jubelten der vollzählig erschienenen uniformierten und zivilen Staatsführung zu. Vor dem Wiener Rathaus nahmen Bundespräsident Miklas, Bundeskanzler Dollfuß und Bürgermeister Schmitz — dieser mit der Bürgermeisterkette geschmückt, alle mit Zylinder angetan — am Nachmittag des

1. Mai an einer „Ständehuldigung" teil. Es war derselbe Tag, an dem Dollfuß seine Regierung umgebildet hatte: Fey, der sich in den Februartagen möglicherweise sogar den Kanzlersessel erträumt haben mochte, wurde auf einen Ministerposten abgeschoben, Starhemberg übernahm das Amt des Vizekanzlers. Damit nahmen jene Jahre ihren Anfang, die als „Systemzeit" des austrofaschistischen Regimes Dollfuß-Schuschnigg in die Geschichte eingegangen sind.

In Wien trat an die Stelle des aufgelösten frei gewählten Gemeinderates eine durch Ernennungen seitens der Regierung besetzte neue gesetzgebende Versammlung: die „Wiener Bürgerschaft", deren Zusammensetzung den ständestaatlichen Prinzipien entsprach. Von dieser Körperschaft wurde am 6. Juni 1934 der noch von den Sozialdemokraten ausgearbeitete Voranschlag für 1934 in allerdings wesentlich geänderter Form genehmigt, wobei ein Abgang von 45 Millionen Schilling widerspruchslos akzeptiert wurde; zu seiner Bedeckung sollte ein kurzfristiger Überbrückungskredit aufgenommen werden. Mit diesem Beschluß wurden zugleich jene fünfzehn von der Regierung Dollfuß zwischen dem 15. März 1933 und dem 26. Jänner 1934 in Finanzangelegenheiten erlassenen Notverordnungen „zur Kenntnis genommen", durch welche dem Finanzressort der Stadt Wien eine Summe von mehr als 100 Millionen Schilling entzogen worden waren.

Für die Arbeitsbeschaffung — die von Schmitz ursprünglich angekündigte Bundeshilfe in Höhe von 30 Millionen Schilling kam nur zu einem Drittel zur Auszahlung! — wurde ein außerordentliches Investitionsprogramm entworfen, dessen Bedeckung durch einen langfristigen Kredit in Höhe von 50 Millionen Schilling erfolgen sollte. Zu diesem Zweck erklärte sich die neue Stadtverwaltung bereit, die sozialdemokratischen Wohnhausbauten hypothekarisch zu belasten; die erforderlichen Mittel für Tilgung und Verzinsung mußten durch eine Reform der Mietzinse in den Gemeindebauten aufgebracht werden. Im Zuge des Arbeitsbeschaffungsprogramms widmete man sich vorwiegend dem Verkehrswesen, im besonderen der (bereits von Lueger projektierten) Anlage einer Höhenstraße von Neustift am Walde bis zum Leopoldsberg, weiters dem Ausbau der Straßeneinfahrt im Zuge des Wientales und der Verbesserung wichtiger Straßenzüge im Stadtgebiet, schließlich dem Neubau der Reichsbrücke sowie der Rotundenbrücke und der Reparatur einer Reihe anderer Brücken über Wienfluß und Donaukanal. Es ist nicht zu bestreiten, daß von der sozialdemokratischen Verwaltung auf den Sektoren des Straßenbaues keine sonderlichen Investitionen getätigt worden waren und daher ein gewisser Nachholbedarf bestand; dennoch muß es als fragwürdig angesehen werden, ob die Bevölkerung in einem Zeitpunkt, da private Kraftfahrzeuge zu außergewöhnlichen Luxusartikeln gehörten und die breite Masse infolge der durch die Weltwirtschaftskrise verursachten Arbeitslosigkeit sich auf die Erlangung der nötigsten und lebenswichtigsten Dinge konzentrierte, für derartige Vorhaben das entsprechende Verständnis aufbringen konnte. Einer besonderen Förderung erfreuten sich auch gesellschaftliche Ereignisse, die der Ankurbelung des Fremdenverkehrs dienen sollten: der Opernball und der Ball der Stadt Wien wurden wieder ins Leben gerufen.

Die von der christlichsozialen Opposition seit Jahren energisch geforderte grundlegende Steuerreform blieb aus. Man erklärte nun mit Nachdruck, daß durchgreifende Änderungen nicht möglich seien, solange man nicht wisse, wie groß die Beteiligung an den mit dem Bund gemeinschaftlichen

Abgaben wäre; es hinge, argumentierte man, vom Ergebnis des neuen Finanzausgleichs ab, wie weit eine Änderung in der Struktur der von der Stadt erhobenen eigenen Abgaben in Frage käme. Das im Voranschlag aufscheinende Defizit von 50 Millionen Schilling schien Schmitz eine untragbare Belastung; deshalb suchte er dem Finanzminister klarzumachen, daß „eine bürgerliche Verwaltung nicht in dem Maße belastet sein dürfe, wie es ihre Vorgängerin war" — ein offenes Eingeständnis dafür, daß zur Zeit der sozialdemokratischen Verwaltung in Fragen des Finanzausgleichs offenbar politische Motivationen maßgebend gewesen waren. Trotzdem bürdete man beispielsweise der Gemeinde am 10. Oktober 1935 überraschend eine neue Last auf: einen Beitrag von jährlich acht Millionen Schilling zum Polizeiaufwand des Bundes. Am 10. September 1936 folgte ein Wehrbeitrag, der durch eine kurz darauf neueingeführte Fahrradsteuer ausgeglichen werden sollte. Neben einigen unmaßgeblichen Steuersenkungen kam es lediglich zu einer Reform der politisch stark angefeindet gewesenen Wohnbausteuer sowie zur Auflassung der Nahrungs- und Genußmittelabgabe (einer Art Luxussteuer), der Hauspersonal- und der Pferdeabgabe. Die Zielrichtung der Steuerpolitik trat damit klar zutage: Es ging den neuen Machthabern im Sinne alter Forderungen um eine Entlastung des Mittelstandes. Die Ausfälle mußten natürlich — da auch Schmitz auf keinen Groschen verzichten konnte — durch neue Abgaben ersetzt werden. Hinsichtlich der Wohnbausteuer erfolgte im Grunde lediglich eine Namensänderung, denn an ihre Stelle trat die neu geschaffene Mietaufwandsteuer (deren Progression für Inhaber von Fabriken und Geschäftslokalen gemildert, und die selbstverständlich auch nicht mehr zweckgebunden eingehoben wurde, sondern in das allgemeine Budget floß). Außerdem kam es (neben anderen Maßnahmen) zu einer Kürzung des den Bewohnern bis dahin frei zur Verfügung gestellten Wasserquantums und zur Einführung einer Coloniagebühr (bis dahin war die Kehrichtabfuhr auf Gemeindekosten durchgeführt worden). Die Freigrenze beim Bezug von Trinkwasser setzte man auf die „für einen sparsamen Verbrauch sicherlich ausreichende Menge von fünfzehn Litern" (!) herab.

Die bedeutendsten Veränderungen ergaben sich in den mit 1934 beginnenden Jahren der ständestaatlichen Ära auf den Sektoren Sozialpolitik und Wohnungsbau. In den Rechenschaftsberichten der Systemzeit vermied man es allerdings, die Leistungen der Sozialdemokraten grundsätzlich zu verdammen. Insbesondere bei der Sozialpolitik gestand man — wenn auch mit nicht zu verkennendem Unterton — zu, die Ära des Sozialismus habe zweifellos „in großzügiger und zielklarer Verfolgung ihrer Grundsätze imposante Denkmäler *ihrer* Auffassung vom Gemeinschaftsleben hinterlassen". Man wolle diese „unter Bewahrung all des Guten, das die Stadtverwaltung aus den früheren Epochen übernommen hat" — hier ein deutlicher Hinweis auf die christlichsoziale Ära Luegers! —, den Erfordernissen der Gegenwart anpassen und versuchen, das Sozialprogramm im Sinne der päpstlichen Enzyklika „Quadragesimo anno" weiterzuführen, wobei weniger materielle Ziele als eine Förderung der Familienpolitik im Vordergrund standen. Immerhin ist bemerkenswert, daß Schmitz nicht nur die sozialen Maßnahmen der sozialdemokratischen Verwaltung im Prinzip anerkannte, sondern sich auch bemühte, die für das Wohlfahrtswesen erforderlichen Beträge aufzubringen; tatsächlich konnten die Ausgaben auf diesem Sektor — nicht zuletzt aus wirtschaftlichen

Notwendigkeiten und politischen Überlegungen — in etwa der bisherigen Höhe aufrechterhalten werden.

Daß in erster Linie materielle Schwierigkeiten die Arbeit behindern würden, bezweifelte man nicht, denn „die neue Zeit, die mit Februar 1934 begann, ist arm und steht einer Wirtschaftskrise von größten Ausmaßen gegenüber. Die sozialen Massennotstände, zumal die Arbeitslosigkeit, ließen auf der einen Seite mit zunehmender Fürsorgebedürftigkeit die Anforderungen an die öffentliche Fürsorge in einem bisher kaum erlebten Umfange steigen, während fast in gleichem Maße die verfügbaren Mittel einschrumpften". Früher, führte man aus, sei dies anders gewesen, weil die Sozialdemokraten, „aus drückenden Steuern schöpfend", auf „scheinbar in unerschöpflicher Fülle verfügbare finanzielle Mittel" zurückgreifen konnten. Bewußt ließ man außer Betracht, daß es sich gegenüber der Zeit vor dem Ersten Weltkrieg keineswegs um eine absolute Erhöhung der Steuerleistung gehandelt hatte. Der Unterschied lag, wie bereits dargelegt wurde, in der geänderten Verteilung der Lasten auf die steueraufbringenden Schichten der Bevölkerung, in der Verwendung der Mittel und in den zur Anwendung gelangenden Prinzipien. Die Einstellung der neuen Ära war klar: sie wollte sich künftig in der Sozialpolitik weniger den materiellen, sondern mehr den fundamentalen soziologischen, sittlichen, ethischen und weltanschaulichen Problemen zuwenden und religiös-sittliche wie vaterländische Erwägungen in den Vordergrund stellen. Dies galt im besonderen auch für die durchgeführte Reform des Schulwesens.

Eine der wenigen grundlegenden Änderungen lag in der (wenn auch keineswegs überraschenden) Neuorientierung beim Wohnungsbau, dessen kommunaler Sektor gänzlich zum Erliegen kam. Man stellte sich die Aufgabe, durch die private Bautätigkeit die allmähliche Beseitigung besonders verkehrsbehindernder Baulichkeiten mit dem nötig gewordenen Ersatz überalteter Wohnhäuser zu verbinden, zu welchem Zweck ein spezieller Assanierungsfonds geschaffen wurde. Dieser widmete sich als erstes der Niederlegung und Neuverbauung des Freihauses auf der Wieden. Darüber hinaus war man bestrebt, private Bauherren zu ermuntern, Baulücken im Stadtgebiet zu füllen, wobei man sich allerdings keinen Illusionen darüber hingab, daß die Mietzinsgestaltung zu einem echten Problem werden müsse. Durch die Verbauung frei gebliebener Flächen im Stadtgebiet suchte man die Aufwendungen für Aufschließungen und Straßenbauten niedrig zu halten, die der sozialdemokratischen Verwaltung im Zuge der Verwirklichung ihrer Großprojekte im freien Gelände nicht erspart geblieben waren. Die Mittel aus dem Assanierungsfonds gestatteten die Abtragung von 398 Altwohnungen und den Bau von 1329 Neuwohnungen. Schmitz tastete trotz diesbezüglicher Anregungen aus dem Kreis seiner Parteifreunde das System des Mieterschutzes nicht an, da er in diesem Fall mit starken Schwierigkeiten seitens der Bevölkerung rechnete. Gleichzeitig mit dem Assanierungsfonds rief man zur Förderung umfangreicherer Bauausführungen einen „Hausreparaturfonds" ins Leben. Auch die Hilfe für Obdachlose gestaltete sich neu: anstelle der Gemeindewohnungen schuf man „Familienasyle" für insgesamt 1000 kinderreiche Familien, die ihre Wohnungen verloren hatten, aber familienpolitisch gesehen noch gerettet werden konnten. Durch diese Asyle — bei denen die Sparsamkeit derartige Auswüchse zeitigte, daß man durch die

Errichtung von Pawlatschengängen die Kosten für die Stiegenhäuser sparte und in den meisten Fällen sogar auf die Strom- oder Gaszuleitung verzichtete — wollte man den Familienverband erhalten und die sozialen Probleme einer Lösung zuführen. Als erstes Asyl wurde 1935 „St. Brigitta" gebaut (1936 folgten vier weitere). Noch auf einem anderen, in den vergangenen Jahren vernachlässigten Gebiet setzte man nach 1934 Initiativen: im Bau von Gotteshäusern. Es entstand eine Reihe bedeutsamer großer Kirchenneubauten, von denen die als Seipel-Dollfuß-Gedächtniskirche bekannt gewordene Anlage im 15. Bezirk und die „Friedenskirche" in Favoriten zu nennen sind.

Bürgermeister Schmitz bemühte sich zwar, die abseits stehenden Bevölkerungsschichten, vor allem die Arbeiter, mit dem autoritären Regime auszusöhnen, doch war es ihm unmöglich, die zu Recht mißtrauischen Anhänger der Sozialdemokratie in ein vertrauensvolles Verhältnis zur Regierung zu bringen. Daran konnte auch das von Vizebürgermeister Ernst Karl Winter gestartete Experiment nichts ändern, das unter dem Schlagwort „Rechts stehen, links denken!" berechtigtermaßen Aufsehen erregte. Winter wandte sich in diesem Zusammenhang auch dagegen, daß aus politischen Gründen in den Gemeindebauten Delogierungen durchgeführt oder im öffentlichen Dienst Entlassungen ausgesprochen wurden. Als sich Winter immer stärker von den Ansichten Schuschniggs und Schmitz' entfernte, einen eigenen Weg einzuschlagen gewillt war — wobei er sich legitimistischen Gedankengutes bediente und unter anderem die Ansicht vertrat, die Arbeiterschaft könne eher für eine konstitutionelle Monarchie als für den autoritären Staat gewonnen werden —, beendete Bürgermeister Schmitz die „Affäre Winter" trotz des Zögerns Schuschniggs im eigenen Wirkungsbereich mit dessen plötzlicher Abberufung.

Richard Schmitz, eine der profiliertesten Persönlichkeiten der christlichsozialen Bewegung der Ersten Republik, konsequenter Parteigänger Ignaz Seipels und enger Mitarbeiter Kurt Schuschniggs, verwaltete sein Bürgermeisteramt bis zum Einmarsch der deutschen Truppen im März 1938. Nach siebenjährigem Aufenthalt im Konzentrationslager Dachau, wohin man ihn nach kurzer Haft im Wiener Polizeigefangenenhaus gebracht hatte, wurde er am 4. Mai 1945 von der US-Infanterie befreit und zur Wiederherstellung seiner angegriffenen Gesundheit — er hatte sich im KZ ein schweres Herzleiden zugezogen — mit zahlreichen anderen befreiten Häftlingen nach Capri gebracht. Schmitz faßte den Entschluß, sich aus dem öffentlichen Leben zurückzuziehen; in den Jahren nach dem Zweiten Weltkrieg verlegerisch tätig, starb er am 27. April 1954 in Wien.

Der nationalsozialistische „Reichsgau Wien"

Bürgermeister Richard Schmitz hatte sich in den letzten Stunden vor dem Einmarsch der deutschen Truppen in Österreich in der Umgebung Bundeskanzler Schuschniggs auf dem Ballhausplatz befunden, dann jedoch ins Rathaus begeben, um im Kreise seiner Familie zu sein. Die nächsten Tage waren reich an dramatischen Ereignissen. In den späten Abendstunden des 11. März 1938 forderte eine Abordnung österreichischer Nationalsozialisten die Übergabe des Rathauses und die Entwaffnung der Rathauswache. Schmitz lehnte ab. Gegen Mitternacht ernannte Bundespräsident Miklas, nachdem ihm Schuschnigg und Guido Schmidt dazu geraten hatten, den Nationalsozialisten Dr. Arthur Seyß-Inquart zum Bundeskanzler. Daraufhin wurde am 12. März 1938 über Befehl der neuen Bundesregierung die Rathauswache durch eine Übermacht der Bundespolizei entwaffnet und das Rathaus von Abteilungen der SA besetzt; Richard Schmitz und seine Familie kamen in „Schutzhaft". Am 13. März begann die militärische Okkupation Österreichs durch Verbände der 8. deutschen Armee, am 15. März zog Adolf Hitler in Wien ein und verkündete auf dem Heldenplatz vom Alkoven der Neuen Burg aus „die Heimführung der Ostmark in das Reich".

Tags zuvor, am 14. März, hatte Seyß-Inquart den aus Pinsdorf in Oberösterreich stammenden DR. ING. HERMANN NEUBACHER zum Bürgermeister der Stadt Wien ernannt. Neubacher, der im 45. Lebensjahr stand, war der Öffentlichkeit als Führer der Anschlußbewegung und Gründer des Deutsch-österreichischen Volksbundes bekannt. Durch den „Anschluß" ergaben sich für Wien schwerwiegende staatsrechtliche und verfassungsmäßige Änderungen. Die Stadt verlor ihre politische Stellung als Hauptstadt eines selbständigen Staates, sie wurde als „Reichsgau" aus dem Verband der Bundesländer gelöst und unterstand unmittelbar der Zentralregierung in Berlin; alle staatlichen Behörden, die in Wien ihren Sitz gehabt hatten, wurden aufgelöst. Im Zuge einer generellen territorialen Neugliederung der „Ostmark" kam es zur Vergrößerung Wiens auf Kosten des „Gaues Niederdonau" — wie die Bezeichnung für das Bundesland Niederösterreich lautete — um 97 Ortsgemeinden. Dieses neugeschaffene „Groß-Wien" hatte eine Fläche von 1215 Quadratkilometern, umfaßte 26 Bezirke und besaß 1,93 Millionen Einwohner.

Weder der Gedanke einer Stadterweiterung noch die Benennung „Groß-Wien" waren geistiges Eigentum der Nationalsozialisten: mit Plänen zu umfassenden Eingemeindungen hatte sich das Stadtbauamt seit 1937 beschäftigt — selbst der Ausdruck „Randgebiete" stand damals bereits zur Diskussion —, den Namen „Groß-Wien" finden wir sogar schon in den achtziger Jahren des 19. Jahrhunderts anläßlich der Eingliederung der Vororte in den Gemeindeverband. Das Stadtbauamt erarbeitete eine kleine und eine große Variante. Bei letzterer betrachtete man ein im Süden beziehungsweise Westen von den Städten Wiener Neustadt, St. Pölten und Tulln begrenztes Areal als „Wiener Ausstrahlungsgebiet", wobei man betonte, dieses entspräche der Wirtschaftssphäre der Bundeshauptstadt und sei außerdem zum Wohngebiet der Wiener prädestiniert. Ein erheblicher Teil der städtischen Bevölkerung sollte hier seinen ständigen Wohnsitz nehmen, ohne daß damit — wie man ausdrücklich erklärte — die Notwendigkeit verbunden sein müßte, das gesamte Gebiet politisch und verwaltungsmäßig der Stadt einzuverleiben. Obwohl sich auch Fachleute der Technischen Hochschule rege an den Erörterungen beteiligten, konnte keine einhellige Auffassung erzielt werden. Interessant erscheint jedoch der Vorschlag, die in den „Randgebieten" bestehenden „Wochenendkolonien" zu sogenannten „Nebenerwerbssiedlungen" umzugestalten. Man beabsichtigte, den Siedlern ein entsprechend großes Landstück zur Verfügung zu stellen, um ihnen die Möglichkeit zu geben, einen Großteil ihres Bedarfes an landwirtschaftlichen Produkten selbst zu decken. Davon versprach man sich eine Hebung des Lebensstandards, eine Belebung der Siedlungstätigkeit, eine

Auflockerung des verbauten Raumes und eine Verbesserung der Struktur der Landesplanung. In dem Zeitpunkt, da Österreich zu bestehen aufhörte, waren die Gespräche noch im Gange.

Die Nationalsozialisten griffen die Ideen auf und suchten sie in ihrem Sinne zu modifizieren. Am 11. Mai 1938 erklärte Magistratsdirektor Dr. Rudolf Hornek dezidiert, der seinerzeit von der Stadtbaudirektion ausgearbeitete Plan sei selbst in seiner „großen Variante" überholt. Man denke vor allem an eine weiträumigere Ausdehnung gegen Osten (bis an die Staatsgrenze) und gegen Norden (bis an den Wagram nördlich der Donau), wogegen man sich im Westen mit dem Wienerwaldkamm und im Süden mit dem Gebiet um Baden „begnügen" wolle. Zwei Tage später revidierte man diese „Bescheidenheit" und schlug vor, insgesamt 450 Gemeinden einzugliedern und die Grenzen im Süden bei Neunkirchen, im Westen bei St. Pölten zu ziehen, ja, selbst der Semmering stand zur Diskussion. Kurz darauf ging man einen Schritt weiter und entschloß sich, auch die Quellgebiete der Hochquellenwasserleitungen (Schneeberg und Hochschwab) sowie das Steinfeld (wegen seiner Industrie und des Tiefquellenwassers) einzubeziehen. Natürlich wurden auch Bedenken laut: man werde nicht die finanzielle Kraft besitzen, die Straßen und Verkehrsverbindungen herzustellen und das riesige Gebiet mit Gas, Wasser, Strom und Kanälen zu versorgen. Sicher ist jedenfalls, daß man sich in Berlin Anfang Juni 1938 — ohne genaue Grenzen zu fixieren — darauf geeinigt hatte, die Fläche Wiens von 270 auf etwa 700 Quadratkilometer zu vergrößern. Die Namen jener 97 Gemeinden, die dann im Oktober tatsächlich eingegliedert wurden, standen spätestens am 21. Juli 1938 fest. In Wien wurde es anschließend in der politisch gleichgeschalteten Presse für zwei Monate still um die Eingemeindung. Gesetzlich fiel die Entscheidung am 1. Oktober 1938, als mit Reichsgesetz Gebietsveränderungen im Lande Österreich fixiert wurden und diese am 15. Oktober in Kraft traten. Wenn die Erweiterung auch hinter den zeitweise hochfliegenden Plänen etwas zurückblieb, triumphierte Bürgermeister Dr. Neubacher doch, der Raum sei „so abgesteckt, daß die durch diese Entwicklung neu entstandenen Probleme einer großstädtischen Verwaltung wirklich gelöst werden können". Die weitere Entwicklung enthob die nationalsozialistische Verwaltung der Notwendigkeit, ihre Versprechungen erfüllen zu müssen.

Für die Einbeziehung der einzelnen Gebietsteile gab es verschiedenartige Begründungen. So waren in den Gemeinden um den Bisamberg Kasernenanlagen für die künftige verstärkte Garnison und ausgedehnte Truppenübungsplätze vorgesehen, in Seyring und in Münchendorf sollten Flugplätze entstehen, in Groß-Enzersdorf und bei Schwechat-Fischamend plante man (in Verbindung mit dem Donau-Oder-Kanal) Donauhäfen und ein Kraftwerk, im Süden und Norden suchte man das Erholungs- und Siedlungsgebiet zu erweitern. Die Randgemeinden faßte man in den Bezirken 14 beziehungsweise 21 bis 26 zusammen, jeder Bezirk erhielt eine Bezirkshauptmannschaft (wie die Magistratischen Bezirksämter genannt wurden). Mit 1218 Quadratkilometer Fläche war Wien die sechstgrößte Stadt der Welt und nach Rom die zweitgrößte Europas. Allein die drei ausgedehntesten Bezirke — Schwechat, Groß-Enzersdorf und Mödling — erreichten rund die doppelte Fläche des bisherigen Stadtgebietes; die volkreichsten Bezirke lagen jedoch weiterhin innerhalb der Grenzen von „Alt-Wien". Im Gegensatz zur Stadterweiterung von 1890, der jahrzehntelange Planungen und

Beratungen vorausgegangen waren und bei der man sich nicht gescheut hatte, sechzehn Katastralgemeinden zu teilen, um trotz Erschwernissen für die Verwaltung die lokalen Bedürfnisse weitgehend zu berücksichtigen, wurde nun eine übereilte Entscheidung vom grünen Tisch her getroffen, ohne daß man auf ortsgebundene Wünsche einging. In verfassungspolitischer, verkehrstechnischer, versorgungsmäßiger, vor allem aber in städtebaulicher und finanzieller Hinsicht ergaben sich daraus schwerwiegende Probleme; demgegenüber wurde der Verlust der Gemeindeautonomie in der damaligen Verfassungssituation nicht als störend empfunden, weil die weltanschauliche Gleichrichtung, der autoritäre Charakter des Staates, das Einparteiensystem und — nicht zuletzt — eine perfekt arbeitende Geheime Staatspolizei Kritiken jeder Art unterbanden.

Als Adolf Hitler am 9. April 1938 dem Wiener Rathaus einen Besuch abstattete, fielen die später so oft zitierten Worte: „Diese Stadt ist in meinen Augen eine Perle. Ich werde sie in jene Fassung bringen, die dieser Perle würdig ist." Will man sich eine Vorstellung davon machen, wie diese „Fassung" hätte aussehen sollen, muß man die von verschiedenen Seiten erstellten Pläne studieren, von denen wir einen, der ernstlich zur Diskussion stand, als Beispiel herausgreifen wollen. Er beinhaltet eine „Generalsanierung" des Raumes der Leopoldstadt.

Die Ringstraße sollte über den Donaukanal hinweg in zwei von Parteibauten gesäumten Feststraßen zur Donau hin eine Fortsetzung erfahren; die nördliche dieser beiden Avenuen war als Verlängerung des Schottenrings gedacht, die südliche wäre unter Verwendung der Praterstraße und Reichsbrückenstraße entstanden. Man empfand es keineswegs als schockierend, daß diesem Projekt zentrale Teile der Leopoldstadt geopfert werden sollten; sie war ja (unter anderem) „nur" von über 50.000 jüdischen Mitbürgern besiedelt, deren Ausweisung (und physische Vernichtung) längst beschlossen war, und für die übrigen Bewohner war die Schaffung neuer Heimstätten im Norden geplant. Bedenkenlos nannte man das Spital der Barmherzigen Brüder und die Karmeliterkirche „die einzigen Bauten von einiger Bedeutung", machte sich jedoch über deren Erhaltung ebensowenig Gedanken wie über den Umstand, daß große Teile des Augartenpalais in das „zu säubernde" Areal fielen.

Zwischen den beiden geplanten Achsen sollte praktisch jede Mauer niedergerissen werden und ein riesiges „Parteiforum" entstehen, für dessen beide Enden man sich besondere Akzente einfallen ließ. An der Donau sollte ein offizieller Ankunftsplatz für Gäste geschaffen werden (deshalb war auch vorgesehen, in diesem Raum einen Zentralbahnhof zu errichten und die bestehenden Wiener Bahnhöfe aufzulassen). Am stadtseitigen Ende des Forums, nämlich in der Gegend der ehrwürdigen Ruprechtskirche und des gotischen Juwels der Kirche Maria am Gestade, wäre nach dem Willen der nationalsozialistischen Machthaber auf der Höhe der Steilstufe zwischen Marien- und Fischerstiege nach Niederreißung des ganzen Stadtviertels ein „Nationaldenkmal" gebaut worden, das, alle historischen Gebäude bei weitem überragend, bereits von der Donau aus als „Mittelpunkt der Parteibauten" hätte gesehen werden können. Das von den italienischen Faschisten errichtete, heute mehr als umstrittene Viktor-Emanuel-Denkmal am Kapitol in Rom bezeichnete man als nachahmenswertes Vorbild. Jenseits der Donau schließlich erwog man einen Großbau, der, „ähnlich wie der Stefansturm für die Altstadt", als Wahrzeichen des „neuen" Wien dienen sollte. Damit beabsichtigte man, alle Brücken zur Vergangenheit abzubrechen, denn: „Das Erbe, das das alte Österreich hinterlassen", hieß es mit aller Deutlichkeit, „gestattet nicht, einfach an Altes knüpfend fortzusetzen!"

Eine die Welt erschütternde Katastrophe ersparte Wien die Realisierung dieser Projekte. Kaum eineinhalb Jahre nach dem Einmarsch der deutschen Truppen brach am 1. September 1939 der Zweite Weltkrieg aus, der zwar über die Stadt unsagbares Leid brachte, aber doch die Hoffnung auf ein neues Beginnen in sich schloß.

Der Zweite Weltkrieg und seine Folgen für Wien

Mit erschreckender Zwangsläufigkeit nahm das Unheil seinen Lauf. Wien wurde, ohne daß die Bevölkerung es hätte ändern können, jäh ins Verderben gerissen. Eine Bestandsaufnahme erhellt die Situation mit nicht zu überbietender Deutlichkeit: als politisches und administratives Zentrum ausgelöscht, zur Provinzstadt degradiert und vieler seiner historischen Funktionen entkleidet, war Wien den Nationalsozialisten wehrlos ausgeliefert. Die Gegner des Regimes, welcher politischen Richtung auch immer sie angehörten, waren zu Zehntausenden verhaftet, hunderttausende Juden, soweit sie nicht rechtzeitig emigriert waren, befanden sich in Vernichtungslagern, die Verwaltung lag in den Händen von Nichtösterreichern. Wien wurde darüber hinaus auch in den kriegswirtschaftlichen Organismus des Deutschen Reiches eingegliedert. Die Wiener Industrie, lange Zeit in „luftgeschützter Lage", erhielt in steigendem Maße Aufträge zur Erzeugung von Kriegsmaterial; rund 150.000 Arbeitskräfte, hauptsächlich Frauen, zwangsverpflichtete Ausländer und Kriegsgefangene, standen in den Industriebetrieben nördlich der Donau und am Südrand der Stadt zwischen Simmering und Liesing im „totalen Kriegseinsatz".

Bürgermeister Dr. Ing. Hermann Neubacher, der von Bundeskanzler Dr. Seyß-Inquart am 13. März 1938 über Vorschlag des Landesleiters der NSDAP, Major Klausner, in sein Amt eingesetzt worden war und dem — analog zur Ära des Ständestaates — drei Vizebürgermeister zur Seite standen, wurde am 14. Dezember 1940 verabschiedet und trat in den diplomatischen Dienst. Zu seinem Nachfolger ernannte Reichsstatthalter Baldur von Schirach den Regierungspräsidenten PHILIPP WILHELM JUNG, der bereits seit April als Vertreter des Reichsleiters der Gemeindeverwaltung des Reichsgaues Wien vorgestanden war. Drei Jahre später trat an seine Stelle der bisherige Vizebürgermeister ING. HANNS BLASCHKE, dessen Ernennung am 30. Dezember 1943 erfolgte.

Glaubten die Wiener wenige Jahre, die Stadt würde vom Luftkrieg verschont bleiben, fand diese Illusion im Sommer 1943 ein plötzliches Ende, als nach Bombardierungen von Wiener Neustadt die ersten amerikanischen Geschwader über Wien erschienen. Das Resultat war verheerend: bei insgesamt 52 Luftangriffen auf militärische Ziele, industrielle Anlagen und weiträumige zivile Wohnviertel (seit 1944 auch im Bereich der Inneren Stadt) und während der zehn Tage dauernden

Straßenkämpfe im April 1945 wurden 21.317 Häuser — das sind 21 Prozent des damaligen Bestandes — ganz oder teilweise zerstört, 86.875 Wohnungen unbenützbar (davon 36.851 total vernichtet, die restlichen 50.024 schwer beschädigt). Aber auch die öffentlichen Einrichtungen waren in einem fast unübersehbaren Ausmaß in Mitleidenschaft gezogen: mit Kriegsende registrierte man 120 zerstörte Brücken, zählte im Kanalnetz sowie bei Wasser- und Gasleitungen rund 3700 Schadensstellen, in den Straßen an die 3000 Bombentrichter; von den etwa 3300 Straßenbahnwagen waren 587 gänzlich vernichtet, weitere 1539 schwer beschädigt, aus dem städtischen Fuhrpark gegen 1600 Fahrzeuge zertrümmert oder verschleppt. 2,8 Millionen Quadratmeter Dachflächen und rund acht Millionen Quadratmeter Fensterglas waren zerstört.

Neben diesen materiellen Schäden gab es unersetzliche Verluste an Menschenleben. Zu hunderttausenden Österreichern, die in der Deutschen Wehrmacht gefallen oder in Vernichtungslagern zugrunde gegangen waren, kamen die Toten in der Stadt, hauptsächlich Zivilisten: 8769 Menschen fielen den Luftangriffen zum Opfer, 2266 Wiener büßten ihr Leben während der Bodenkämpfe im April 1945 ein. Die Toten konnten oft nur provisorisch in Parkanlagen oder an Straßenrändern bestattet werden. Das Erbe des Krieges bestand aus Chaos und Verwüstung.

Die Tätigkeit der Widerstandsbewegung in Wien

Die Anfänge des österreichischen Widerstandes gegen den Nationalsozialismus gehen auf das Jahr 1934 zurück. Obwohl dieser Tatbestand oft unbeachtet bleibt, sollte man sich doch dessen bewußt sein, daß es Österreicher waren, die am 25. Juli 1934 — als österreichische Nationalsozialisten einen bewaffneten Putschversuch unternahmen, dem neben Bundeskanzler Dr. Engelbert Dollfuß über 600 Österreicher erlagen — als erste in Europa mit der Waffe in der Hand gegen den Nationalsozialismus kämpften. Es wird mit aller Deutlichkeit betont, daß diese Feststellung keineswegs bedeuten kann, der „Austrofaschismus" sei eine diskutable Regierungsform gewesen; dies umso weniger, als das autoritäre Regime seine Angriffe gleichermaßen gegen die Sozialdemokratie richtete, die freie politische Meinungsbildung unterband und letztlich Österreich in den „Anschluß" manövrierte. Es mag sein, daß zu jenem Zeitpunkt das Bewußtsein des Österreichers über die engeren Grenzen des Parteiwesens hinweg noch stark genug war, die drohende Gefahr richtig einzuschätzen; ebenso sicher ist aber auch, daß die Regierung des Ständestaates in völlig falscher Einschätzung ihrer Stärke und in tragischer Verkennung der internationalen Lage glaubte, ohne die Hilfe der sozialdemokratischen Arbeiterschaft auskommen zu können — selbst dann, als ihr diese in letzter Stunde für den Kampf gegen den Nationalsozialismus eine Kooperation anbot.

Unmittelbar nach der Besetzung Wiens durch die deutschen Truppen im März 1938 setzte eine Verhaftungswelle größten Ausmaßes ein, von welcher Sozialdemokraten, Heimwehrangehörige, Politiker des Ständestaates, Juden, Priester und Monarchisten gleicherweise betroffen waren; rund 76.000 Menschen wurden eingekerkert, zahlreiche machten ihrem Leben durch Selbstmord ein

Ende. Trotz der gewaltsamen Beseitigung des gesamten politischen Führungsstabes und der wehrfähigen Aktivisten begann jedoch bereits 1938 die Bildung von Widerstandszellen, deren Wirksamkeit allerdings lange Zeit hindurch beschränkt blieb, da selbst eine moralische Unterstützung seitens des Auslandes nicht erfolgte. Erst nach der deutschen Niederlage in Stalingrad (1943) nahm der Widerstandskampf konkretere Formen an. In den ersten Monaten des Jahres 1944 kam es zu einer derartigen Intensivierung von Sabotageakten, daß diese auch der breiteren Öffentlichkeit nicht mehr verborgen bleiben konnten. Mit dem Ausbau der zivilen Gruppen ging die Infiltration der Wehrmachtsverbände Hand in Hand: im Winter 1943/44 hatte sich in Wien eine Organisation gebildet, die unter anderem die Artillerie-Ersatz-Abteilung 109, das Infanterie-Ersatz-Bataillon 134, das Landesschützenbataillon 896 und das Standortbataillon II umfaßte. Im Verlauf des Jahres 1944 kam es darüber hinaus zum Aufbau entsprechender Organisationen im Bauernverband und in der Studentenschaft.

Nach dem ungeschickten Attentat auf Hitler am 20. Juli 1944 und den sich fortsetzenden Pannen kam es wieder zu Verhaftungen, die in die Reihen der Widerstandsorganisationen große Lücken rissen. Unter denen, die damals von der Gestapo geholt wurden, befand sich neben einer Unzahl anderer auch der Wiener Bürgermeister Karl Seitz. Allmählich formierten sich in Wien immer gefestigtere Zentren der Widerstandskräfte, deren Sammlung zwischen Herbst 1944 und Jänner 1945 stattfand. Eine dieser Organisationen konzentrierte sich um Major Karl Biedermann. Zu dieser Zeit begannen in größerem Maßstab Straßenaktionen, bei welchen es sich als notwendig erwies, ein Zeichen zu schaffen, das kurz und einprägsam den Widerstandswillen dokumentierte. Die von Hans Becker geleitete Gruppe verwendete die Kombination „O 5", die sich als verschlüsselte Bezeichnung für „Oesterreich" anbot (e ist der fünfte Buchstabe im Alphabet); bis heute ist am Wiener Stephansdom neben dem Riesentor ein in die Mauer geritztes Zeichen der Widerstandsbewegung erhalten. Im Jänner und Februar 1945 holte dann die Gestapo zu einem letzten, aber vernichtenden Schlag aus, der die Freiheitsbewegung so schwer traf, daß sie bis zum Kriegsende nicht mehr auf den Jännerstand gebracht werden konnte.

In den ersten Wochen des Jahres 1945 begann sich neben einigen lokal arbeitenden Gruppen im Rahmen der „O 5" eine gesamtösterreichische Widerstandsorganisation zu entwickeln, deren Schwerpunkte in Wien und Innsbruck lagen. Ein von Major Carl Szokoll entworfener Aufstandsplan sollte in den Apriltagen, als sich die sowjetischen Armeen Wien näherten, eine weitere sinnlose Zerstörung der Stadt verhindern helfen. Der Plan wurde dem deutschen Oberkommando verraten, das sofort zu einem Gegenschlag ausholte: die österreichischen Offiziere Major Biedermann, Hauptmann Huth und Oberleutnant Raschke wurden verhaftet und standrechtlich hingerichtet. Wohl brachte man damit das Gesamtkonzept zum Scheitern, aber eine Fülle von Teilaktionen trug doch wesentlich zu einer Verkürzung des Kampfes um Wien bei. Nach Ende der Kampfhandlungen existierte in Wien eine Zeitlang ein Verband, der den Namen „O 5" trug und dem es unter anderem gelang, den Beamtenapparat wiederaufzubauen und einiges zur Neubesetzung des Rathauses beizutragen.

Der Blutzoll, den Österreich im Widerstand gegen Hitler zu entrichten hatte, war gewaltig: 2700 Widerstandskämpfer wurden zum Tode verurteilt und justifiziert, rund 16.500 in Konzentrationslagern und fast 9700 in Gestapo-Gefängnissen ermordet; weitere 6420 sind in Zuchthäusern und Gefängnissen umgekommen, die sich in den von Deutschland besetzten Gebieten befanden. Dazu muß man noch jene 51.500 Wiener rechnen, die in Gaskammern oder auf andere Weise aus rassischen Gründen ihr Leben lassen mußten.

Wien bildete eines der Zentren des Widerstandes. Die Bewegung wurde von allen demokratischen Parteien getragen, und der gemeinsame Kampf war zugleich Anlaß zur Besinnung und Grundlage für die gemeinsame Aufbauarbeit nach dem Ende des Zweiten Weltkrieges.

WIEDERGEBURT EINER WELTSTADT

Einrichtung der demokratischen Verwaltung

Am 7. April 1945, als die ersten sowjetischen Truppen in die westlichen Vororte Wiens eindrangen, hißten österreichische Widerstandskämpfer auf dem Rathausturm die rot-weiß-rote Fahne. Nur langsam zogen sich die SS-Truppen — ihr Chef Sepp Dietrich hatte die Stadt längst verlassen und war damit einem lange vorbereiteten Attentat entgangen — über den Donaukanal zurück, den sie einige Tage lang verteidigten, wobei am 10. April auch die Mehrzahl der den Kanal überquerenden Brücken gesprengt wurde. Am folgenden Tag durcheilte eine neue Hiobsbotschaft die Stadt und schreckte die Bevölkerung auf: das Dach der Stephanskirche begann, von Granaten getroffen, zu brennen, und niemand war imstande, den Brand, der den ganzen Platz ergriff, einzudämmen.
Nach einwöchigen Kämpfen — die deutschen Truppen waren bereits an den Donauhauptstrom zurückgewichen, an dem sie eine neue Verteidigungslinie aufbauten — konnte am 14. April 1945 die Befreiung Wiens durch die sowjetischen Truppen als abgeschlossen betrachtet werden. Noch am selben Tag fanden sich einige Männer im ehemaligen Empfangssaal des Bürgermeisters, im „Roten Salon", zusammen: Adolf Schärf, Theodor Körner, Karl Honay, Paul Speiser, Georg Emmerling und Anton Weber. Von Karl Seitz, dem letzten frei gewählten Bürgermeister, fehlte jede Nachricht. Man einigte sich rasch auf den Standpunkt, die Zeit des Faschismus beider Färbungen als verfassungswidrig zu betrachten und zur Wiederherstellung der verfassungsmäßigen Ordnung nach Möglichkeit auf die Verhältnisse des Jahres 1933 zurückzugehen. Die sozialdemokratische Partei legte ihren Ansprüchen zwar nicht das für sie sehr günstige Wahlresultat von 1932 zugrunde, da man die Ansicht vertrat, man könne die vielleicht unter der Wählerschaft eingetretenen Veränderungen und Abwanderungen nicht ausreichend beurteilen, faßte aber den Entschluß, unter allen Umständen als stärkste Partei aufzutreten und die Forderung auf den Bürgermeisterposten zu erheben. Nach Verhandlungen mit den Kommunisten und den Vertretern der ehemaligen Christlichsozialen einigte man sich vorderhand auf ein Verhältnis von 50 Sozialdemokraten zu 40 Kommunisten und 10 Christlichsozialen.
Täglich trafen nun die sozialdemokratischen Teilnehmer im „Roten Salon" zu Sitzungen zusammen, schon deshalb, um zu dokumentieren, daß die alte Sozialdemokratie präsent sei. Diese Verhandlungen waren die ersten von sozialistischen Vertrauensmännern für ganz Wien. Nach Absprachen mit der Widerstandsbewegung wurde der Beschluß gefaßt, General a. D. Theodor Körner als gemeinsamen Kandidaten aller drei Parteien für das Amt des Provisorischen Bürgermeisters vorzuschlagen; die beiden Vizebürgermeisterposten sollten an den Kommunisten Prikryl und einen Mann der „bürgerlichen Widerstandsbewegung" vergeben werden. Man erwog die Zusammensetzung des Stadtsenats aus acht amtsführenden und vier kontrollierenden Stadträten. Den von den

Kommunisten vorgeschlagenen Aufteilungsschlüssel von 40 zu 40 zu 20 lehnten die Sozialdemokraten strikte ab; man kam schließlich überein, daß den Sozialdemokraten 50 Prozent der Stadtsenatssitze zufallen sollten, wogegen die Aufteilung der restlichen 50 Prozent einer internen Vereinbarung zwischen der kommunistischen und der bürgerlichen Widerstandsbewegung überlassen wurde.

Theodor Körner nahm, wie Adolf Schärf in seinen Erinnerungen berichtet, sogleich die Tätigkeit als Bürgermeister auf und stellte sich in dieser Funktion dem sowjetrussischen Stadtkommandanten vor; dieser war zwar erstaunt darüber, entschied jedoch, Körner solle vorläufig sein Amt ausüben — er dürfe allerdings keine Weisungen an die „Bezirksbürgermeister" erlassen. Die offizielle Bestätigung Körners durch Generalmajor Blagodatow erfolgte am 18. April 1945, bis zum 21. April hatte der Bürgermeister die Stadträte angelobt. Nachdem die am 27. April unter Dr. Karl Renner konstituierte Provisorische Staatsregierung bereits am 1. Mai 1945 mittels Verfassungsgesetzes die vorläufige Einrichtung der Republik Österreich beschlossen hatte, erließ sie am 10. Juli das Wiener Verfassungs-Überleitungsgesetz, mit welchem die Verfassung der Stadt Wien in der Fassung von 1931 wieder Wirksamkeit erhielt.

Trotz der äußerst schwierigen Lebensmittelversorgung ging man sogleich in fieberhafter Eile daran, die schwersten Kriegsschäden zu beseitigen, die Straßen zu räumen, die wichtigsten Verkehrsverbindungen zu eröffnen und die Versorgungsbetriebe in Funktion zu setzen; am 17. April war bereits das Elektrizitätswerk in Simmering betriebsfähig, am 29. April fuhren die ersten fünf Linien der Straßenbahn, am 27. Mai verkehrte der erste Stadtbahnzug von Hietzing zum Hauptzollamt (heute Bahnhof Landstraße), am 23. August wurde die wiederhergestellte Nordwestbahnbrücke eröffnet und am 28. November waren alle Bezirke Wiens mit Gas versorgt. Vielleicht klingt manches in dieser Aufzählung einfach, geradezu selbstverständlich, und doch bedurfte es steter Improvisation und unermüdlicher Opferbereitschaft der Wiener Bevölkerung, der Schwierigkeiten Herr zu werden, den Mangel an Personal und Material zu überwinden. Dazu kamen noch die katastrophalen Ernährungsverhältnisse; der hereinbrechende Winter, dem die Bevölkerung fast schutzlos gegenüberstand, trug das Seine dazu bei, die Situation weiter zu verschärfen. Die angekündigten Hilfstransporte trafen nur langsam, meist mit großer Verspätung ein; es gab keine Kohle, um zu heizen, kein Glas, um die Fenster zu reparieren, keine Spitäler, um die Kranken zu pflegen. Noch im März 1946 erhielt der „Normalverbraucher" nur Nahrungsmittel im Wert von 1200 Kalorien pro Tag, und im Mai wurde diese Ration auf 950 Kalorien gesenkt, da vor der Ernte ein Versorgungsengpaß entstanden war. 950 Kalorien, das heißt: 200 Gramm, das sind vier Schnitten, Brot pro Tag, dazu 35 Gramm Mehl, 10 Gramm Zucker, 10 Gramm Fett, 15 Gramm Trockenkartoffel und 35 Gramm gesalzenen Fisch (anstelle von Fleisch). Kein Wunder, daß die Säuglingssterblichkeit exorbitant anstieg, daß auch die Erwachsenen dahingerafft wurden.

Dennoch versuchte man das Unmögliche. Am 31. August veröffentlichte der Magistrat einen Aufruf zur „Schuttaktion", und schon am 3. September begann der Abtransport der auf den Straßen sich türmenden Schuttberge; bis zum Jahresende hatte man 670.000 Kubikmeter weggeschafft. Auch auf anderen Gebieten ging es langsam aufwärts: am 13. Mai nahmen die Schulen ihren Betrieb auf, seit dem 2. Mai funktionierte innerhalb der Stadt die Postzustellung, und am 5. August erschienen — nachdem seit dem 23. April das „Neue Österreich" als „Organ der demokratischen Einigung" unter Beteiligung aller politischen Parteien gedruckt worden war — auch Zeitungen der politischen Parteien: für die Sozialisten wieder die „Arbeiter-Zeitung", für die Volkspartei das „Kleine Volksblatt", für die Kommunisten die „Volksstimme". Das Kulturleben begann sich zu regen: die Philharmoniker konzertierten wieder, das Burgtheater eröffnete seine Spielzeit im Ronachergebäude, die Staatsoper spielte in der Volksoper, und am 19. August gab es im Wiener Stadion anläßlich der Enthüllung des Denkmals der Roten Armee auf dem Schwarzenbergplatz das erste Fußballmatch, einen Städtekampf Budapest gegen Wien.

Nach und nach „normalisierte" sich das Leben. Ein entscheidender Schritt wurde am 1. September 1945 getan, als — genau sechs Jahre nach Ausbruch des Krieges — die Truppen der westlichen Alliierten in Wien einzogen und die ihnen zugewiesenen Besatzungszonen übernahmen. Wenige Wochen danach, am 24. September, fanden sich Vertreter der Bundesländer zu einer ersten Konferenz in Wien zusammen und beschlossen die Abhaltung von freien Wahlen. Sie wurden am 25. November 1945 sowohl für den Nationalrat wie für den Wiener Gemeinderat durchgeführt. Rund 926.000 Wiener, darunter fast 605.000 Frauen, schritten zur Wahlurne — nahezu 97 Prozent aller Wahlberechtigten machten von ihrem Wahlrecht Gebrauch. 57 Prozent der Stimmen entfielen auf die Sozialistische Partei, 35 Prozent auf die Österreichische Volkspartei und nur acht Prozent auf die Kommunistische Partei, die sich in der Hoffnung auf einen großen Erfolg in der Provisorischen Gemeindevertretung 40 Prozent der Mandate gesichert hatte. Als sich der neugewählte Gemeinderat im Rathaus am 13. Dezember 1945 konstituierte, nahmen 58 Sozialisten, 36 Angehörige der Volkspartei und sechs Kommunisten an der feierlichen Sitzung teil. Der Stadtsenat, der am 4. August in die Hand Staatskanzler Renners das Gelöbnis ablegte, setzte sich aus sieben Sozialisten, vier Vertretern der Volkspartei und einem Kommunisten zusammen, dem sein Mandat lediglich aufgrund einer Vereinbarung zwischen SPÖ und ÖVP zuerkannt worden war.

Initiator des Wiederaufbaues: Theodor Körner

Als Theodor Körner über Drängen seiner Parteifreunde im April 1945 das Bürgermeisteramt übernahm, stand er bereits im 73. Lebensjahr. Am 24. April 1873 war er in einem kleinen Vorort der ungarischen Festung Komorn, Uj Szönyi, zur Welt gekommen, als sein Vater dort als Artilleriehauptmann diente. Seine Familie stammte allerdings aus dem nordböhmischen Raum. Als Körners Vater aus gesundheitlichen Gründen frühzeitig pensioniert wurde und 1884 mit Mühe als kleiner Kanzleibeamter im Finanzministerium unterkam, übersiedelte die Familie in die „Haupt- und Residenzstadt" der alten Monarchie. 1890 bestand der 17jährige Körner die Aufnahmsprüfung in die Technische Militärakademie in Wien, wurde 1894 als Jahrgangserster ausgemustert und durfte sich daher seine Truppeneinheit selbst auswählen. Von Jugend auf an technischen Fragen interessiert und in Mathematik stets unter den Besten seiner Klasse, entschied er sich für die Pioniertruppe und kam nach Klosterneuburg. Am 9. April 1900 wurde sein Vater, der kleine Diurnist und invalide Offizier, mit dem Prädikat „Edler von Siegringen" in den Adelsstand erhoben. Wenige Monate zuvor war sein Sohn im November 1899 dem Generalstab zugeteilt worden; nach der Beurteilung seitens seiner Vorgesetzten gehörte er zur Elite des Offizierskorps. 1910 zum Major befördert, war Körner 1912 Vortragender für das Fach „Operativer Generalstabsdienst". Beim Ausbruch des Ersten Weltkrieges, den er überwiegend an der italienischen Front miterlebte, bekleidete er den Rang eines Oberstleutnants.

Am Isonzo konnte Körner seine überragende technische und militärische Begabung unter Beweis stellen; der Oberbefehlshaber an dieser Front, Generaloberst Boroević, schrieb 1917 in einer Beurteilung, daß er Oberst Körner für einen der begabtesten und leistungsfähigsten Generalstabsoffiziere halte. Unmittelbar danach wurde Körner zum Generalstabschef der beiden vereinigten Isonzoarmeen bestellt. Bis November 1918 harrte er auf seinem Posten aus, schlug sich dann auf abenteuerlichen Wegen über Laibach nach Wien durch und erlebte hier, am Südbahnhof, die Demobilisierung. Unmittelbar nach dem Zusammenbruch hat Körner, der vor der Wahl stand, entweder ein — seinen Jugendwünschen entsprechendes — technisches Studium zu beginnen oder in das kaum gebildete republikanische Heer, die Volkswehr, einzutreten, an der Jahreswende 1918/19 mit dem damaligen Unterstaatssekretär für Heereswesen, Doktor Julius Deutsch, Besprechungen geführt, die für seinen weiteren Lebensweg entscheidend werden sollten. Er trat in die Volkswehr ein und diente in ihr sechs Jahre. Als nach dem Friedensvertrag von Saint-Germain die Volkswehr in ein Berufsbundesheer übergeleitet wurde und die Heeresfrage immer stärker politischen Charakter gewann, stand Körner plötzlich im Mittelpunkt jener politischen Auseinandersetzungen, die letztlich 1920 den Anlaß zum Bruch der sozialdemokratisch-bürgerlichen Koalition auf Staatsebene gaben.

Die „Umpolitisierung des Bundesheeres" durch den Vertreter der Christlichsozialen Partei, den Bundesminister für Heereswesen, Carl Vaugoin, führte zunächst dazu, daß Körner auf den Posten eines Heeresinspektors abgeschoben wurde; dann erfolgte am 1. Februar 1924 bei gleichzeitig ausgesprochener Beförderung zum General seine Versetzung in den Ruhestand. Heeresminister Vaugoin konnte den „roten General" nicht mehr brauchen. Zu Beginn des Jahres 1924 war Körner nämlich in die Sozialdemokratische Partei eingetreten. Daß Theodor Körner zur Arbeiterbewegung gestoßen war, ist eines der Phänomene seiner Entwicklung; hatte er doch die typische Laufbahn eines österreichischen Offiziers hinter sich und war in einem Milieu aufgewachsen, das der Arbeiterklasse fremd, wenn nicht feindselig gegenüberstand. Und doch trauerten bei seinem Tod die arbeitenden Menschen Österreichs um einen ihrer Treuesten, und auch seine politischen Gegner zollten ihm stets gebührende Achtung. Die sozialdemokratische Arbeiterbewegung Wiens nahm den pensionierten General mit offenen Armen auf: er zog in den Bundesrat ein und stellte seine militärwissenschaftlichen Erfahrungen in den Dienst des Republikanischen Schutzbundes.

Als stellvertretender Parlamentskommissar war er mit Heeresproblemen befaßt, wobei es im Kampf mit der christlichsozialen Gewerkschaft im Bundesheer, dem „Wehrbund", ein erbittertes Ringen um jede einzelne Position gab. Der — sogar vereinsmäßig gemeldete — Schutzbund hatte sich aus schon früher bestandenen Selbstschutzformationen (Ordner-, Fabriks- und Arbeiterwehren) gebildet und war im sozialdemokratischen „Linzer Programm" von 1926 insofern verankert, als in diesem die Sozialdemokratische Partei die Wehrhaftigkeit der Arbeiterklasse für den Fall eines Putschversuches der politischen Gegner proklamierte. Körner stellte sich voll und ganz der Ausbildungsarbeit im Republikanischen Schutzbund zur Verfügung, wandte sich jedoch 1929 von diesem ab, weil sich unüberbrückbare Gegensätze zu dessen Stabschef, Major Eifler, und dessen Obmann, Dr. Julius Deutsch, ergeben hatten und weil er den Paramilitarismus des Schutzbundes als unrevolutionär ablehnte. Wenn auch die Zeitgenossen dieses paramilitärische Aufgebot deshalb aufrechterhalten zu müssen glaubten, da sie in ihm das einzig mögliche Mittel erblickten, den monarchistischen „Frontkämpfern" und den faschistischen „Heimwehren" entgegenzuwirken, hat die Geschichte doch Theodor Körner recht gegeben, und die Arbeiterbewegung hat nach 1945 von ihm gelernt.

Im April 1933, nach der „Selbstausschaltung" des Parlaments, als sich bereits das Vorgehen der Regierung Dollfuß abzuzeichnen begann, erklärte Körner auf einer Parteikonferenz, es müsse vor allem der Versuch unternommen werden, „die Masse zu mobilisieren, bis die öffentliche Meinung so stark werde, daß die anderen es gar nicht wagen, die Waffen zu ergreifen". Diese Vorgangsweise sollte sich allerdings in der Praxis als undurchführbar erweisen. Die Notverordnungen der Regierung und die Bestellung Feys zum Staatssekretär für Sicherheit ließen keinen Zweifel über die Absichten des austrofaschistischen Regimes. Die Ereignisse trieben unaufhaltsam ihrem Höhepunkt zu. Der 12. Februar 1934 sah Körner in der Funktion des Vorsitzenden des Bundesrates. Er gehörte zu jenen, die das Unheil noch im letzten Augenblick durch einen Appell an Bundespräsident Miklas abzuwenden trachteten. Aktiv war Körner an den Geschehnissen nicht mehr beteiligt; dennoch hatte er — ohne Prozeß — eine elfmonatige Haftstrafe zu verbüßen, die seiner politischen Laufbahn ein vorläufiges Ende setzte. Zeitweise trug sich Körner mit dem Gedanken, Österreich zu verlassen, ja, wie wir aus seiner Korrespondenz mit Dr. Julius Tandler wissen — den er bereits an der Isonzofront kennen und schätzen gelernt hatte, als dieser dort medizinische Phänomene der Truppe studierte, und mit dem ihn seither eine enge Freundschaft verband —, sogar diesem nach China zu folgen. Es kam nicht dazu, sondern Körner widmete sich in den folgenden Jahren intensiven Studien im Wiener Kriegsarchiv und vervollkommnete vor allem seine Sprachkenntnisse im Russischen. Als er 1943 mit Vertretern der Widerstandsbewegung Kontakt pflegte, wurde ihm die weitere Forschertätigkeit untersagt, und am 20. Juli 1944 nahm ihn die Gestapo — gemeinsam mit Oskar Helmer — vorübergehend fest. Wieder freigelassen, blieb er in den letzten Kriegsmonaten als Luftschutzwart in seinem Wohnhaus in der Inneren Stadt tätig und erlitt bei einem Bombenangriff eine Beinverletzung.

Dann kam der April 1945. Noch war der Gefechtslärm in Wien nicht verstummt, als Körner am 13. April eine Nachricht seines Parteifreundes Dr. Adolf Schärf erreichte, er möge sich zu einer ersten Beratung der sozialistischen Politiker einfinden, die sich im Roten Salon des Wiener Rathauses treffen wollten. Im Einvernehmen mit den übrigen Parteien und der Widerstandsbewegung, die ihren Sitz vom Palais Auersperg ins Rathaus verlegt hatte, wurde Körner der russischen Besatzungsmacht als Provisorischer Bürgermeister der Stadt Wien vorgeschlagen; diese Nominierung fand auch die Zustimmung Dr. Karl Renners, der sich bemühte, die Zweite Republik aufzubauen. Trotz seines Alters gebot es Körner sein Pflichtgefühl, die schwere Bürde des ihm übertragenen Amtes auf sich zu nehmen, und nach den ersten demokratischen Wahlen war es geradezu eine Selbstverständlichkeit, daß er am 14. Februar 1946 vom Gemeinderat zum Bürgermeister gewählt wurde, womit das Provisorium seit dem April 1945 legalisiert wurde.

Sechs Jahre leitete Theodor Körner als Bürgermeister die Geschicke der Stadt. „Die Leistungen der Stadtverwaltung in den ersten Monaten und Jahren waren imponierend", wie Ludwig Jedlicka in einer Darstellung des Lebenslaufes Körners kürzlich geschrieben hat. „Der Bürgermeister selbst hat bei den Verhandlungen mit den Alliierten-Dienststellen, besonders bei der russischen Besatzungsmacht, alles darangesetzt, um die ärgste Not zu lindern, bis 1947 die ersten internationalen Hilfsorganisationen anliefen. Unzählige Zwischenfälle mit den Besatzungsmächten brachten undankbarste Aufgaben für Körner, der sich als zäher Unterhändler und unbeugsamer Vertreter der ihm anvertrauten Bundeshauptstadt bald in allen Lagern der politischen Parteien uneingeschränkte Hochachtung erwarb."

Körner hatte eine beispielgebende Auffassung von Pflichtbewußtsein und verstand es wie kein anderer, den oft schwerfällig arbeitenden Verwaltungsapparat in seinem Sinne zu lenken, wenn es zuweilen auch Diskussionen mit seinen engsten Mitarbeitern gab, die dem geradezu jugendlichen Elan des 75jährigen Mannes kaum zu folgen vermochten. Der Wiederaufbau, die Rückführung der Kriegsgefangenen, die Versorgung der Stadt mit lebensnotwendigsten Gütern — vor allem Brennstoffen, Lebensmitteln und Baumaterialien — sind neben seinem Einsatz bei der Niederschlagung des politischen Streiks, der, vor allem im sowjetisch besetzten Sektor, zu turbulenten Straßenszenen führte (bei denen er im wahrsten Sinne des Wortes an der vordersten Front stand), sind Körners bleibende Verdienste als Bürgermeister. Daß er es sich nicht nehmen ließ, bei jedem Wetter, manchmal mehrmals in der Woche, die heimkehrenden Kriegsgefangenen, deren zügige Rückführung seiner Initiative zu danken war, persönlich zu begrüßen, hat in den Jahren nach dem Zweiten Weltkrieg auf die Wiener Bevölkerung einen ebenso unauslöschlichen Eindruck gemacht wie sein loyales und unkonventionelles Verhalten gegenüber jedermann; es war den Wienern ein durchaus vertrauter Anblick, wenn er selbst auf Wiener Märkten die täglichen Einkäufe für seinen Haushalt besorgte — Körner war zeit seines Lebens Junggeselle geblieben — und dabei so manches Gespräch mit „Standlerinnen" und Hausfrauen führte.

Dank seiner Kenntnisse der russischen Sprache war es ihm möglich, ohne Mittelspersonen mit den Vertretern der Besatzungmacht zu verhandeln und auf diese Weise Erfolge zu erzielen, die ansonsten wohl nicht hätten erreicht werden können. Wenn wir Körners knappe Aufzeichnungen und seine Briefe lesen, sehen wir mit Staunen, mit welcher Klarheit er Probleme erkannt und analysiert hat, wie er andauernd versuchte, Hindernisse zu überwinden, und wie es ihm immer wieder gelungen ist, das scheinbar Unmögliche möglich zu machen. Dabei schreckte er vor nichts zurück: auch nicht vor konstruktiver Kritik an seinen engsten Freunden, denen er „unter vier Augen" nicht nur gute Ratschläge gegeben hat.

Dem Praktiker Körner waren diplomatische Umwege fremd, er suchte sein Ziel auf geradem Wege zu erreichen und hatte kein Verständnis für Hemmnisse, die seiner Meinung nach nur durch Saumseligkeit, Gleichgültigkeit oder Entschlußunfähigkeit verursacht wurden. Den Menschen dieser Stadt zu helfen, schien ihm das wichtigste; und er half, wo immer er konnte, griff persönlich ein, überwand nicht selten die Bürokratie und sorgte dafür, daß Recht auch Recht blieb.

Der Weg des vielbeschäftigten Mannes war damit noch nicht erfüllt. Als am 31. Dezember 1950 der erste Bundespräsident der Zweiten Republik, Dr. Karl Renner, mit dem Körner eng befreundet war, starb, stellte die Sozialistische Partei den Bürgermeister von Wien als ihren Präsidentschaftskandidaten vor. In einer Stichwahl im zweiten Wahlgang am 27. Mai 1951 vom Volk gewählt, trat Theodor Körner das höchste Amt an, das die Republik Österreich zu vergeben hat. Eine seiner ersten Reden enthielt jene Forderung, die vier Jahre später den Abschluß des Staatsvertrages ermöglichen sollte: die Forderung nach immerwährender österreichischer Neutralität. In einer Zeit noch ungeklärter außenpolitischer Verhältnisse übte Körner sein Amt sechs Jahre lang aus. Er ließ keine Gelegenheit vorübergehen, auf die Notwendigkeit eines Staatsvertrages hinzuweisen, der Österreich die Freiheit garantierte, und er war es, der 1955, als die Verhandlungen zu einem erfolgreichen Ende gebracht worden waren, in einer Rede an das österreichische Volk die Parole für die Zukunft ausgab: „Eintracht und Vertrauen", erklärte er, „heißt der Feldruf, der an diesem für unser Land so bedeutungsvollen Tag auszugeben ist. In diesem Zeichen wollen wir friedlich kämpfen für ein glückliches Österreich." Als Mahner zu Einigkeit und Zusammenarbeit suchte er während seiner Amtszeit auch in krisenhaften Situationen alle Möglichkeiten auszuschöpfen, die ihm die Verfassung bot.

Am 4. Jänner 1957 ist Theodor Körner gestorben. Die Stadt Wien hatte ihn längst zu ihrem Ehrenbürger ernannt; nun wurde er auch in einem Ehrengrab bestattet. Zum Historischen Museum der Stadt Wien war anläßlich seines 80. Geburtstages der Grundstein gelegt worden, aus demselben Anlaß hatte man die Theodor-Körner-Stiftung zur Förderung von Kunst und Wissenschaft errichtet. Die große Wohnhausanlage auf dem Margaretner Heu- und Strohmarkt nächst dem Matzleinsdorfer Platz, in deren Mittelpunkt sich der erste Wohnturm Wiens, der „Südturm", erhebt, trägt den Namen „Theodor Körner-Hof" und erinnert so an den ersten sozialdemokratischen Bürgermeister der Zweiten Republik. Vor dem Rathaus, nahe der Ringstraße, steht — gegenüber jenem von Karl Seitz — seit 1963 sein von Hilde Uray geschaffenes Denkmal. Diese rein äußerlichen Erinnerungsmale gewinnen Leben, wenn wir lesen, was uns jene Männer zu sagen haben, die jahrelang mit Theodor Körner zusammengearbeitet haben und es — wie Bruno Kreisky — als ein Erlebnis bezeichnen, „einer in ihrer Schlichtheit großartigen Persönlichkeit begegnet zu sein".

Bürgermeister Franz Jonas

Am 22. Juni 1951 übertrug der Wiener Gemeinderat nach der Wahl Theodor Körners zum Bundespräsidenten dem damaligen Stadtrat für Bauangelegenheiten, FRANZ JONAS, das Amt des Bürgermeisters von Wien. Jonas setzte allen Einfluß und all seine Kraft ein, die Reste der Kriegszerstörungen zu beseitigen, den Umfang des sozialen Wohnbauprogramms zu erweitern und diesem ein kulturelles und familienpolitisches, später ein den Verkehrsproblemen gewidmetes Programm zur Seite zu stellen.

Franz Jonas erblickte in einem ebenerdigen Vorstadthaus im damals niederösterreichischen Floridsdorf am 4. Oktober 1899 das Licht der Welt. Seine Eltern stammten aus der Iglauer Gegend und kamen in jungen Jahren nach Wien; der Vater, ein Bauernsohn, verdiente sich hier als Hilfsarbeiter sein Brot und konnte mit seinem Einkommen nur mühsam seine Frau und seine acht Kinder ernähren. Als Franz 1905 in die Volksschule eintrat, wurde Floridsdorf nach Wien eingemeindet. Jonas absolvierte acht Klassen der Volks- und Bürgerschule, erwählte dann den Beruf eines Schriftsetzers und besuchte deshalb die dreiklassige Fortbildungsschule für Buchdrucker. 1915 trat er in den „Verband jugendlicher Arbeiter" ein, später war er Mitarbeiter in der Floridsdorfer Arbeiterbibliothek und Mitglied des Bezirksbildungsausschusses im 21. Bezirk. Noch vor Beendigung seiner Lehrzeit mußte Franz Jonas im Jahre 1917 zum Kriegsdienst einrücken; nach dem Ende des Ersten Weltkrieges diente er noch über ein halbes Jahr beim Volkswehr-Bataillon XXI, in dessen Reihen er im Frühjahr 1919 unter anderem auch an den Abwehrkämpfen in Kärnten teilnahm. Erst im Mai 1919 konnte er sich wieder seinem zivilen Beruf zuwenden.

Bis 1932 war Jonas als Schriftsetzer, zuletzt als Korrektor, tätig, wirkte aber zugleich als Vertrauensmann der Buchdruckergewerkschaft, als Funktionär der sozialdemokratischen Jugendbewegung und in der Sozialdemokratischen Partei. In seiner Freizeit wandte er sich den Naturfreunden und dem Arbeiter-Turnverein zu, 1924 schloß er sich dem Österreichischen Arbeiter-Esperanto-Bund an, wurde dessen Sekretär und fünf Jahre später, 1929, Redakteur des Bundesorganes „La Socialisto". So waren Lehrzeit, Militär und Beruf die eine, Jugendorganisation, Bildungsbewegung und Sozialdemokratische Partei die andere Komponente zur Formung seiner Persönlichkeit. Die Weiterbildung — 1930 besuchte er die Arbeiterhochschule — stellte Franz Jonas immer in den Vordergrund seines Strebens und hat es bis zum heutigen Tag so gehalten.

In den kritischen Tagen des Jahres 1932 kandidierte Jonas im Alter von kaum 33 Jahren zum ersten Mal für den Nationalrat. Die Lage in Staat und Gemeinde hatte sich gegen Ende der zwanziger Jahre, wie wir bereits gesehen haben, zusehends verschlechtert, das „Rote Wien" bildete mehr denn je das Angriffsziel der Regierung. Wenig später, zu Beginn des Jahres 1933, wurde Jonas Sekretär der Sozialdemokratischen Partei des 21. Wiener Gemeindebezirks, dem er immer stärker verbunden war, und Bezirksobmann der „Jungfront". Als Sekretär der Floridsdorfer Bezirksleitung traf ihn mit vielen seiner Gesinnungsfreunde das Schicksal des Februar 1934, und er mußte seine Heimat verlassen. Als Emigrant begab er sich in die Tschechoslowakei, kehrte jedoch bereits im Juli 1934 wieder nach Wien zurück. Wegen Teilnahme an der illegalen Brünner Reichskonferenz der Revolutionären Sozialisten (RS) wurde Jonas im Jänner 1935 verhaftet und im berüchtigten „RS-Prozeß" gemeinsam mit Bruno Kreisky und anderen Sozialdemokraten angeklagt; mangels ausreichenden Beweismaterials mußte er zwar freigesprochen werden, hatte aber doch bis Ende März 1936 vierzehn Monate in Haft zu verbringen. Nach der Entlassung fand Jonas keine Arbeitsmöglichkeit und teilte zwei Jahre lang das Los Hunderttausender Österreicher, die unter den Auswirkungen der Wirtschaftskrise litten.

Mit dem Ende des Zweiten Weltkrieges begann für Franz Jonas ein entscheidender Lebensabschnitt. Schon im April 1945 erfolgte seine Berufung in die Provisorische Gemeindeverwaltung des 21. Bezirks. Da Floridsdorf infolge der Zerstörung der Donaubrücken vom übrigen Wien nahezu vollkommen abgeschnitten war, mußte sich die provisorische Verwaltung, auf sich allein gestellt und praktisch isoliert, bemühen, das Chaos aus eigener Kraft zu überwinden. Im Februar 1946 wurde Jonas von Bürgermeister Theodor Körner zum Bezirksvorsteher von Floridsdorf bestellt; bis dahin war er Zweiter Obmann der Bezirksorganisation und Mitglied des Wiener Vorstandes der Sozialistischen Partei gewesen.

Als Bezirksvorsteher hatte Jonas seine erste große Bewährungsprobe zu bestehen. Hier, in der von sowjetischen Truppen besetzten Zone Wiens, in einem vom Bombenkrieg besonders heimgesuchten Stadtteil, prädestinierte er sich durch seine umsichtig und energisch betriebene Kommunalpolitik für künftige größere Aufgaben, schuf er in diesem notleidenden und abgeschlossenen Sektor der Bundeshauptstadt unter Verhältnissen, die zweifellos schwieriger waren als in anderen Teilen Wiens, eine gut funktionierende Verwaltung. Es konnte daher nur eine Frage der Zeit sein, bis man Franz Jonas mit verantwortungsvollen Aufgaben im Rahmen der Zentralverwaltung betraute. Im Juni 1948 wurde er zum Amtsführenden Stadtrat für Ernährungsangelegenheiten gewählt. Hier ging es darum, den durch den Krieg und die katastrophalen ersten Nachkriegsjahre bedingten großen Versorgungsapparat nach und nach abzubauen und normale Verhältnisse zu schaffen. Seine geradezu sprichwörtlich gewordene Gewissenhaftigkeit und sein unermüdlicher Fleiß kamen ihm bei der Bewältigung der Aufgaben sehr zustatten. Im Dezember 1949 wurde Jonas, nachdem er in den Gemeinderat gewählt worden war, Amtsführender Stadtrat für Bauangelegenheiten. Er übernahm damit jene Geschäftsgruppe, die seit dem frühen Tod von Franz Novy im November 1949 verwaist gewesen war. Die Ausübung dieser Funktion fällt in jene Zeit, in der es in Wien schon mehr Baumaterial gab, sodaß die Stadtverwaltung ein umfassenderes Wohnbauprogramm in Angriff nehmen konnte, das strukturell und umfangmäßig an die Traditionen der Ersten Republik anknüpfte, wogegen die Opposition — gestützt auf die Möglichkeiten des 1948 vom Nationalrat beschlossenen Wohnhauswiederaufbaugesetzes — seit 1950 den Gedanken des Wohnungseigentums propagierte. Die neue Bauära erreichte sehr bald eine hohe Blüte. Ernährung und Wohnung — die beiden Hauptsorgen der Menschen — waren es also, welche die Tätigkeit von Franz Jonas kennzeichneten, bevor ihm der Gemeinderat am 22. Juni 1951 die Würde eines Bürgermeisters und Landeshauptmannes von Wien übertrug. Vierzehn Jahre lang lenkte Jonas die Geschicke der Bundeshauptstadt, bis er — nach dem Tod von Dr. Adolf Schärf — 1965 zum Bundespräsidenten gewählt wurde. Es ist nicht die erhebliche Zahl von Jahren — Jonas steht damit in der langen Reihe der Bürgermeister nach Hörl und Wohlleben an dritter Stelle, wenn man die unmittelbar zusammenhängenden Amtszeiten betrachtet —, sondern es sind die Ergebnisse, die in der Chronik der Stadt für immer verankert sein werden.

Die kommunalpolitische Entwicklung soll gesondert betrachtet werden. Werfen wir hier noch einen Blick auf den weiteren Lebensweg des Bürgermeisters. Von Juni 1952 bis März 1953 war er zugleich Bundesrat, dann folgte seine Wahl in den Nationalrat. Seit seiner Wahl zum Bürgermeister war er auch Obmann des Österreichischen Städtebundes und kraft dieser Funktion in verschiedenen internationalen Organisationen vertreten: so wurde er Vorsitzender des Internationalen Gemeindeverbandes (IULA) sowie Mitglied des Präsidialausschusses des Rates der Gemeinden Europas. Diese internationalen Bindungen ließen in Bürgermeister Jonas als erstem den Europagedanken reifen. Wir haben es dabei umso mehr mit einer Pioniertat zu tun, als sich anfangs nur wenige bereit fanden, Jonas bei der Durchführung seiner Pläne tatkräftig zur Seite zu stehen. Gestützt auf die politisch ruhige Entwicklung und eine inzwischen konsolidierte Wirtschaft konnte sich der Bürgermeister an die Aufgabe wagen, aus der toten, von Teilen der Welt abgeschriebenen Stadt an der Grenze zwischen West und Ost ein geachtetes Mitglied der europäischen Städtefamilie zu machen. Wiens internationale Bedeutung stieg merkbar an. Den Bemühungen des Bürgermeisters gelang es auch, verschiedene internationale Organisationen nach Wien zu bringen; vor allem der Sitz der Atomenergiebehörde ist unter seiner maßgeblichen Mitwirkung nach Wien verlegt worden. Als Vorsitzender des Ausschusses für Europafragen des Internationalen Gemeindeverbandes konnte Jonas 1959 für die Stadt Wien den Europa-Preis des Europarates entgegennehmen. Die Tätigkeit von Franz Jonas fand 1961 durch die vom Wiener Gemeinderat beschlossene Ernennung zum Ehrenbürger der Stadt Wien entsprechende Würdigung, bei der ebenfalls die europäische Rolle Wiens in den Vordergrund trat. In der Festansprache hieß es abschließend: „Wien ist von einer schwer zerstörten, von Unfreiheit bedrohten, aufgegebenen Gemeinschaft aufgestiegen zur glänzenden, von demokratischem Geist getragenen, freien Weltstadt, die in vielen Dingen wieder Vorbild geworden ist. Franz Jonas gebührt das historische Verdienst, während der entscheidenden Jahre dieser wunderbaren Wandlung die Geschicke unserer Stadt geleitet zu haben. Er ist der freigewählte Bürgermeister einer freien Stadt, er ist Sprecher und Sinnbild dieser neuen Stadt auf altem Boden, er ist die Stimme Wiens für Europa."

Konsolidierung und Planung in den fünfziger und sechziger Jahren

Hatte in der Ersten Republik im „Sozialen Wohnungsbau" mit der Schaffung von mehr als 64.000 Gemeindewohnungen die erste Phase des Umbaues von Wien stattgefunden, so begann in den fünfziger Jahren mit dem „Sozialen Städtebau" die zweite Phase dieses Umbaues. Nach dem Zweiten

Weltkrieg ging es keineswegs mehr allein um die Errichtung von besseren Wohnungen, sondern die Bautätigkeit der Gemeindeverwaltung erstreckte sich darüber hinaus auf „soziales Bauen" im weitesten Sinne, das heißt, daß man daranging, das Bauwesen einer großen Vision der neuen Stadt, dem Plan eines neuen, besseren Wien unterzuordnen, eines Wien, das sich, gestützt auf ein städtebauliches Grundkonzept, vom überalteten Wien des 19. Jahrhunderts grundlegend unterscheiden sollte.

Zum „Sozialen Städtebau", wie er in diesem Sinn verstanden werden darf, gehören nicht nur Wohnungen, Kindergärten oder Schulen, nicht nur Bäder, Mutterberatungsstellen oder Erholungsplätze, sondern darüber hinaus auch Verkehrsbauten und alle sonstigen baulichen Maßnahmen, die einem zielbewußten Gesamtplan unterworfen werden können, wobei dieses Konzept einen deutlich sozialen Aspekt aufzuweisen hat. Immerhin konnte aber auch im ersten Jahrzehnt nach dem Krieg, also zwischen 1946 und 1956, der Bau von insgesamt 50.000 neuen Wohnungen begonnen werden, und im Juli 1956 wurde die 100.000. Gemeindewohnung seit 1923 ihren Mietern übergeben. Ab 1950 hat sich eine durchschnittliche Zahl von rund 5000 Neubauwohnungen jährlich eingependelt, wobei man sich sehr bald neuer Fabrikationsmethoden bediente; mehr und mehr erfolgte der Übergang von den Superblocks der Zwischenkriegszeit — als deren Repräsentant der „Karl Marx-Hof" anzusehen ist — zu einer den modernen Anforderungen entsprechenderen aufgelockerten Bauweise. Die technische Umstrukturierung begleiteten neue Finanzierungspläne, die dem Wohnbau ungeahnte Akzente verliehen.

Ähnlich wie in den zwanziger Jahren war auch nach dem Zweiten Weltkrieg die kommunale Tätigkeit auf dem Fürsorge- und Gesundheitssektor besonderen Belastungen ausgesetzt. Die Sterblichkeitsquote der Wiener Bevölkerung lag weit über den Zahlen des Jahres 1918; im Jahre 1945 starben von 1000 Lebendgeborenen nicht weniger als 192 innerhalb des ersten Lebensjahres. Die in der Ersten Republik gewonnenen Erfahrungen waren beim neuen Beginnen eine nicht zu unterschätzende Hilfe; die Grundsätze und Methoden der Sozialarbeit, wie sie Julius Tandler geprägt hatte, wurden auch diesmal richtungweisend. Fürs erste ging es darum, der Bevölkerung das Lebensnotwendigste zu sichern. Da fast alle der Hilfe bedurften, mußten die am meisten Bedrohten — Kinder, Kranke und Greise — bevorzugt berücksichtigt werden. In Kindergärten, Horten, Schulen und Wärmestuben richtete man für sie Ausspeisungsstellen ein, die allerdings nur mit Hilfe des Auslandes mit Lebensmitteln und Heizmaterial versorgt werden konnten. In den ersten Jahren bedeutete Fürsorge in erster Linie materielle Hilfe. Im Zuge des fortschreitenden Wiederaufbaues ergaben sich dann für die Fürsorge zwei große Arbeitsgebiete: Vorsorge und Fürsorge für die Jugend — Vorsorge und Fürsorge für die hilflosen und alten Mitbürger.

Der erste Kampf galt der hohen Säuglingssterblichkeit. War sie um 1930 auf knapp acht Prozent herabgedrückt worden, gab man sich jetzt mit diesem Ergebnis nicht mehr zufrieden. 1952 sank sie erstmals unter fünf Prozent, in den sechziger Jahren erreichte sie die minimale Höhe von etwas über zwei Prozent. Seit 1949 wurde den Müttern wieder eine Säuglingswäscheausstattung überreicht, deren Zusammensetzung von Jahr zu Jahr verbessert werden konnte. Auch die Tuberkulosesterblichkeit ist seit 1946 enorm gesunken. Entfielen in diesem Jahr auf je 10.000 Personen 196 an Tuberkulose Verstorbene, so waren es Mitte der sechziger Jahre nur noch etwa zwei — ein fühlbarer Fortschritt selbst gegenüber den zwanziger Jahren. Ebenso konnte die Mortalität bei Infektionskrankheiten herabgedrückt, ja teilweise völlig ausgeschaltet werden.

Da seit Kriegsende immer mehr Frauen ins Erwerbsleben traten, konnten sie sich weniger der Betreuung ihrer Kinder widmen; die Stadtverwaltung übernahm im Rahmen der Jugendfürsorge die Verpflichtung, den berufstätigen Müttern und deren Kindern durch die Schaffung von Säuglings- und Kleinkinderkrippen zu helfen — eine Neuerung gegenüber der Ersten Republik, in der es nur Kindergärten für Drei- bis Sechsjährige gegeben hatte. Noch im Jahre 1945 konnten 100 Kindergärten wiederhergestellt werden. Derzeit verfügt die Stadt über weit mehr als 200 Kindertagesheime (gegenüber einem Höchststand von 111 Kindergärten im Jahre 1931). In Verbindung mit der Schule entstand ein neuer Typ des Kindertagesheimes, die „Tagesheimschule", die von Fachleuten als ein entscheidender Fortschritt in der Sozialpädagogik bezeichnet wird. Die wesentlichste Neuerung in der Jugendfürsorge war das 1955 verabschiedete Jugendwohlfahrtsgesetz, das dem Jugendamt im Falle einer dem Kinde drohenden Gefahr sofortiges Einschreiten ermöglicht. Eine Ergänzung bildet das 1964 beschlossene Jugendschutzgesetz, das prophylaktisch vor Großstadtgefährdungen schützen soll.

Auch auf allen übrigen Sektoren der Kommunalpolitik bemühte man sich, die Auswirkungen des Zweiten Weltkrieges zu überwinden, Schäden zu beseitigen, den Wiederaufbau zu intensivieren und die Basis für eine künftige kreative Phase zu schaffen. Die Ergebnisse der Verwaltungstätigkeit sind in den Rechenschaftsberichten veröffentlicht, die politischen Debatten können in den Sitzungsprotokollen des Gemeinderats und des Landtags nachgelesen werden. Im Rahmen unserer Darstellung würde es allerdings zu weit führen, ein vollständiges Bild des ersten Nachkriegsjahrzehnts zu entwerfen; künftigen Historikern wird die Aufgabe zufallen, diese in jeder Hinsicht schwierigen Jahre zu würdigen.

Damit stehen wir in der Mitte der fünfziger Jahre. Wien ist um diese Zeit räumlich kleiner geworden. Am 1. September 1954 wurden 80 der im Jahre 1938 eingemeindeten 97 Ortsgemeinden an Niederösterreich rückgegliedert; der Alliierte Kontrollrat hatte nach jahrelangen Debatten und Verzögerungen das bereits 1946 vom Nationalrat beschlossene Gesetz genehmigt, sodaß seiner Durchführung nun nichts mehr im Wege stand. Die Zahl der Wiener Bezirke reduzierte sich damals auf 23, von denen zwei jenseits der Donau liegen. Wien umfaßt seither ein Gebiet von 414,5 Quadratkilometern und besitzt eine Bevölkerung von rund 1,64 Millionen.

Die jüngste Vergangenheit

In den fünfziger Jahren begann der Wiederaufstieg der Bundeshauptstadt. Nach der Unterzeichnung des österreichischen Staatsvertrages am 15. Mai 1955 im Schloß Belvedere verließen am 14. Oktober die letzten alliierten Truppen die Stadt. Die Zeit der „Vier im Jeep" war zu Ende, Österreich wieder ein souveränes Land. Die im Staatsvertrag verankerte immerwährende Neutralität Österreichs bot der Hauptstadt interessante Entwicklungsmöglichkeiten.

Das „Tauwetter" in der Weltpolitik nützend, begann die Stadtverwaltung mit erkennbarem Erfolg, der Stadt Wien den ihr zukommenden Platz im Kreise der europäischen Hauptstädte zu sichern. Der Europa-Gedanke fand, wie erwähnt, in Wien unter Bürgermeister Franz Jonas eine Heimstätte; dank konsequenter Bemühungen der politischen Mandatare wurde Wien zu einer begehrten Kongreßstadt. Diese Entwicklung fand einen ersten sichtbaren Höhepunkt in der Verlegung der Dienststellen der Internationalen Atomenergiebehörde (IAEO) nach Wien (1956). Rund ein Jahrzehnt später gelang es, auch die UNIDO nach Wien zu bringen (1967). Die vor der Realisierung stehende UNO-City am Rande des Donauparks stellt einen Endpunkt aller dieser Bestrebungen dar.

Nach dem Inkrafttreten des Staatsvertrags begann eine neue Ära. Neben die seit der Ersten Republik unverändert bedeutsamen und noch immer relevanten kommunalpolitischen Komponenten der Verwaltung — den Wohnungsbau und das Fürsorgewesen — trat nunmehr als dritte, den Gegebenheiten der beginnenden zweiten Hälfte des zwanzigsten Jahrhunderts Rechnung tragend, die Stadtplanung, der auch die Aufgabe zufiel, für die sich verschärfenden Verkehrsprobleme entsprechende Konzepte zu entwerfen.

Alle diese Entwicklungen entziehen sich vorläufig noch der Beurteilung durch den Historiker, dem nur die Aufgabe zufallen kann, für eine künftige kritisch wertende Geschichtsschreibung das erforderliche Quellenmaterial sicherzustellen, zu sammeln und zu prüfen. Es sei daher für die Jahre bis zur Gegenwart — gewissermaßen zur Abrundung der bisherigen Darstellung — lediglich auf einige Ereignisse hingewiesen, die geeignet erscheinen, den Rahmen der äußerst vielschichtigen Aufgabenbereiche der Kommunalpolitik abzustecken und die Arbeit der Stadtverwaltung zu dokumentieren, ohne daß dabei auf politische Motivationen, Debatten oder Kritiken Rücksicht genommen werden soll.

Werfen wir zunächst einen kurzen Blick auf den Wohnbausektor. Hier sind die Stadien der Entwicklung seit Kriegsende durch markante Bauwerke gekennzeichnet, von denen als Beispiele genannt seien: die Per Albin Hansson-Siedlung in Favoriten (1947—1951), der gartenstadtähnliche Komplex des Hugo Breitner-Hofes in Penzing (1949—1957), die „Punkthäuser" zwischen Schüttaustraße und Kaisermühlendamm in der Donaustadt mit ihren 15 Stockwerken (1954—1960) sowie die richtungsweisenden Bauten auf dem Favoritner Eisenstadtplatz, die in ihrer architektonischen Gestaltung international Beachtung gefunden haben (1959—1964). Schon am 22. Juli 1954 war auf dem Areal des ehemaligen Margaretner Heu- und Strohmarktes innerhalb einer weitläufigen Anlage, die nach dem damaligen Bundespräsidenten Theodor Körner benannt werden sollte, der

Bau eines ersten Wohnhochhauses, des „Südturmes", beschlossen worden. In der Folge begann man dann derartige Hochhäuser auch in andere Projekte einzuplanen; ebenso entstanden an verschiedenen Stellen der Stadt Bürohochhäuser, allen voran der von der Wiener Städtischen Wechselseitigen Versicherungsanstalt im Einvernehmen mit der Stadtplanung in städtebaulich markanter Position am Ende der Ringstraße errichtete „Ringturm". Ein neuer Abschnitt in der Geschichte des städtischen Wohnungsbaues wurde am 26. September 1964 mit der Vollendung des ersten Abschnittes der aus Fertigteilen erbauten Wohnhausanlage in Kagran eingeleitet. Neben den kommunalen Wohnungsbau traten seit den fünfziger Jahren gleichberechtigt der genossenschaftliche Wohnhausbau und — begleitet von heftigen politischen Diskussionen — der Bau von Eigentumswohnungen. Durch eine Reihe von Förderungsmaßnahmen (auch auf dem Kreditsektor) suchte die Stadtverwaltung in den sechziger Jahren den sozialen Wohnhausbau zu entlasten und unter anderem durch die Neue Wiener Wohnbauaktion weitere Initiativen zu setzen.

Gesundheits- und Wohlfahrtspolitik standen besonders seit dem Beginn der sechziger Jahre im Brennpunkt des Interesses und erfreuten sich gesteigerter Beachtung. Mit dem Bau des Allgemeinen Krankenhauses, der rüstig voranschreitet, der Fertigstellung des Floridsdorfer Krankenhauses und dem Ausbau des Lainzer Krankenhauses wurden ebenso wie beim Erweiterungsbau der Rudolf-Stiftung und des Wilhelminenspitals neue medizinische Maßstäbe zugrunde gelegt. Das seit einigen Jahren konsequent verfolgte Bäder- und Sportstättenkonzept, an dem auch die Kulturverwaltung regen Anteil nimmt, soll es jedem Wiener ermöglichen, ohne lange Anfahrtsstrecken ein Hallenbad oder eine zu jeder Jahreszeit benützbare Sportanlage zu erreichen; das Floridsdorfer Hallenbad und jenes bei der Stadthalle mögen ebenso als Beispiele für die Realisierung des Konzepts dienen wie das mustergültige Laaerbergbad, das zu den modernsten Sommerbädern Wiens gehört.

Dank der sozialen Errungenschaften und der Erkenntnisse der modernen Medizin ist die Lebenserwartung der Wiener Bevölkerung in den letzten Jahrzehnten bedeutend gestiegen. War 1910 ein Durchschnittsalter von knapp 43 Jahren bei Frauen und von 41 Jahren bei Männern die Regel, so liegt dieses heute bei 72 Jahren für Frauen und bei 68 Jahren für Männer. Hieraus ergibt sich allerdings ein soziales Problem: viele alte Menschen leben allein und drohen zu vereinsamen. Darum bemühte sich das Wohlfahrtsamt um neue Einrichtungen: um Tagesheimstätten für alte Leute, die allmählich in Pensionistenklubs umgewandelt wurden (derzeit existieren über 140), aber auch um den Bau von eigenen Pensionistenheimen. 1961 wurde der Grundstein zum ersten Heim, dem vorbildlichen „Sonnenhof", gelegt. Inzwischen hat sich die Zahl der Heime auf rund ein Dutzend erhöht.

Die Verkehrsförderung — beginnend mit einer ersten Baustufe der Unterführung der Gürtelstraße am Matzleinsdorfer Platz im Jahre 1951 — konnte bei gleichzeitigem Schutz hervorragender Kulturgüter vorangetrieben werden. Am 4. November 1955, einen Tag vor der feierlichen Wiedereröffnung der in neuem Glanz erstandenen Staatsoper, wurde mit der Eröffnung der Opernpassage unter der stark frequentierten Kreuzung der Ringstraße mit der Kärntner Straße eine moderne Form gefunden, innerstädtische Verkehrsprobleme zu bewältigen. Bis 1961 wurden im Verlauf der Ringstraße vier weitere derartige Unterführungen vollendet, als letzte jene beim „Schottentor", bei der auch Straßenbahnlinien in die Tiefe verlegt werden mußten.

Zur gleichen Zeit begann die systematische Entschärfung neuralgischer Verkehrsknoten. Den Anfang machte der stark frequentierte Praterstern, der nach grundlegendem Umbau am 20. Dezember 1955 eröffnet werden konnte. Es folgten die Ringturmkreuzung am 20. August 1958 und der Südtiroler Platz am 7. Mai 1959; diesem Verkehrsbauwerk kam im Zusammenhang mit der Führung der Schnellbahn — auf dem Teilstück von Floridsdorf zur Landstraße konnte mit Hilfe einer städtischen Vorfinanzierung 1961 der Betrieb aufgenommen werden — und dem Beginn einer großräumigen U-Bahn-Planung besondere Bedeutung zu. Einige Jahre darauf war auch der Ausbau der fast 100 Jahre alten Gürtelstraße vollendet. Mit der Inbetriebnahme der sogenannten Unterpflasterstraßenbahn auf der Lastenstraße zwischen Landesgericht und Secession am 8. Oktober 1966 und einer analogen Lösung im Bereich des Wiedner und Margaretner Gürtels bekamen die Wiener nicht nur einen Vorgeschmack davon, wie sich die Stadt entwickeln sollte, sondern gewissermaßen als „Nebenprodukte" leistungsfähige Schnellstraßen in diesen Teilen der Stadt.

Kurz nachdem 1961 mit der Heiligenstädter Brücke die letzte kriegszerstörte Brücke wieder dem Verkehr übergeben worden war, begann der Bau neuer Brücken, unter denen die Gürtelbrücke mit ihrer Verlängerung durch eine Schnellstraßenverbindung in der Adalbert Stifter-Straße zur Floridsdorfer Brücke sowie die beiden großen Brücken über den Donauhauptstrom — die Nordbrücke (1964), welche die Donaukanalbegleitstraßen mit dem Autobahnzubringer Prager Straße verbindet, und die Praterbrücke (1971), die in den Autobahnring um Wien eingebunden werden soll — deshalb hervorzuheben sind, weil sie sich in ein Gesamtkonzept projektierter Stadtautobahnen einfügen. Auch der Umbau der Kennedy-Brücke in Hietzing, die Neugestaltung der Grünbergstraße, der Ausbau der Altmannsdorfer Straße und der Hadikgasse sowie die autobahnähnliche Verbreiterung der Triester Straße müssen in diesem Zusammenhang gesehen werden.

Die Elektrizitätsversorgung wurde durch die Umspannwerke am Bisamberg (1953) und am Auhof (1955) verbessert, für die Verbesserung der Gasversorgung erlangte der Gasbehälter am Wienerberg (1960) Bedeutung. 1965 konnte die Umstellung von Gleich- auf Wechselstrom im gesamten Stadtgebiet abgeschlossen werden; die Umstellung von Stadt- auf Erdgas ist in vollem Gange und wird bei gleichen Fortschritten wie bisher 1978 — also zu einem wesentlich früheren als dem ursprünglich vorgesehenen Termin — realisiert sein. Die Modernisierung der Straßenbahn, des ewigen Sorgenkindes der Stadtverwaltung, gestaltet sich weitaus schwieriger; immerhin konnten 1967 die ersten „Eisernen Schaffner" eingesetzt werden, und man ging auch daran, Straßenbahnlinien auf Autobusbetrieb umzustellen. Die Verbesserung der Wasserversorgung stieß zwar auf ungeahnte Schwierigkeiten, da das Wasser aus dem benachbarten Bundesland Niederösterreich hereingeleitet werden muß, doch konnte 1953 der Trinkwasserspeicher Neusiedl am Steinfeld eine gewisse Entlastung herbeiführen. Entscheidende Fortschritte erzielte man allerdings erst durch das Grundwasserwerk Lobau (1966) und die Erfassung der „Sieben Quellen" (1968).

Auch auf kulturellem Gebiet ragen einige Ereignisse hervor. Dazu gehört vor allem die Eröffnung des grundlegend renovierten Theaters an der Wien (1962), das durch die Übernahme seitens der Stadtverwaltung vor dem sicheren Untergang bewahrt wurde und sich seither als profilierte Musicalbühne international durchgesetzt hat. Im selben Jahr eröffnete man das „Haus der Jugend" in der Zeltgasse, mit dem neue Wege beschritten wurden. Gleichzeitig kam es zu einem Ausbau des Volkshochschulnetzes, beginnend mit dem „Volksheim" in Döbling (1961) und der mustergültigen Volkshochschule Favoriten (1962). Für besondere Leistungen auf den Gebieten der Wissenschaft und Kunst werden seit 1948 „Preise der Stadt Wien" verliehen, seit 1951 sind die „Wiener Festwochen" zu einem von Jahr zu Jahr beliebteren und von Fremden wie Wienern begeistert aufgenommenen kulturellen Ereignis geworden, und seit 1958 ziehen die auf höchstem Niveau stehenden „Europa-Gespräche" prominente Diskussionsteilnehmer aus West und Ost zu fruchtbarem Gedankenaustausch in die Bundeshauptstadt.

Die bauliche Ausgestaltung Wiens setzte nicht nur architektonische Akzente durch bedeutsame Einzelbauwerke — wie etwa die von Roland Rainer entworfene und 1958 fertiggestellte Stadthalle oder das dem Andenken Theodor Körners gewidmete Historische Museum der Stadt Wien auf dem Karlsplatz, das 1959 seiner Bestimmung übergeben wurde —, sondern man begann auch mit weiträumigen Assanierungen, von denen jene in Ottakring, Erdberg und Lichtental eine hervorragende Stellung einnehmen. Außerdem unterstützte die Stadtverwaltung die Erhaltung historischer Stadtviertel (hier gehört die mit großem Einfühlungsvermögen vergenommene Restaurierung des Blutgassenviertels durch die Zentralsparkasse der Gemeinde Wien) und bemüht sich um die gesetzliche Verankerung von denkmalpflegerischen Schutzzonen; die Fassadenrenovierungsaktion und das Altstadterhaltungsgesetz sind markante Stationen auf dem Weg, unter Bedachtnahme auf den erhaltungswürdigen historischen Baubestand zu einer Verschönerung und Strukturverbesserung der Stadt beizutragen. Nicht vergessen werden sollen jene „Assanierungen", deren Ergebnis ausgedehnte Erholungsgebiete geworden sind, wie etwa der Donaupark, der anläßlich der „Wiener Internationalen Gartenschau 1964" in einem Gebiet entstanden ist, das zu den berüchtigsten „G'stetten" jenseits der Donau gehört hatte.

Im Zuge eines kurzen Überblicks lassen sich kaum alle wesentlichen Fakten zusammenfassen. Immerhin sollen abschließend — ohne jeglichen Anspruch auf Vollständigkeit — noch einige Objekte herausgegriffen werden: die Erweiterung des Stadions und der Bau eines Radstadions, die Errichtung von Schulen — unter anderem einer dritten Zentralberufsschule und einer Sonderschule für körperbehinderte Kinder —, der Komplex der Müllverbrennungsanlage am Flötzersteig (der eine zweite jenseits der Donau folgen soll) und das Fernheizwerkes in der Spittelau (das der Bevölkerung die Beeinträchtigung durch Zehntausende von Hausrauchfängen erspart), der Baubeginn an der Hauptkläranlage für Wien im Bereich von Kaiser-Ebersdorf — wobei alle diese Bauwerke auch im Sinne einer Verbesserung der Umweltschutzbedingungen gesehen werden müssen —, die Neubauten von Großmärkten und Schlachthäusern, die Aufforstung des Laaerberges (einschließlich der Anlage eines ausgedehnten Erholungsparkes für die „WIG 1974" und der Errichtung eines Kurzentrums für die in Oberlaa entdeckte Heilquelle) und die Planung eines Erholungsgebietes am Bisamberg, die Eröffnung des Blindengartens im Wertheimsteinpark, die Förderung des Industriezentrums in Liesing, die Planung von Satellitenstädten im Nordosten und Süden von Wien (unter denen das Projekt Erlaa internationale Maßstäbe setzen könnte) oder der Beginn des U-Bahn-Baues am Karlsplatz, dessen mehrstöckige unterirdische Anlagen gigantische Ausmaße erreichen.

Die Bürgermeister Bruno Marek und Felix Slavik

Als am 28. Februar 1965 Bundespräsident Dr. Adolf Schärf während seiner zweiten Funktionsperiode verstarb, nominierte die Sozialistische Partei den amtierenden Wiener Bürgermeister Franz Jonas, der am 23. Mai 1965 gegen Alphons Gorbach mit knapper Mehrheit zum neuen Bundespräsidenten der Republik Österreich gewählt wurde. Zu seinem Nachfolger als Bürgermeister wählte man wenige Wochen später den damaligen Präsidenten des Wiener Landtages, BRUNO MAREK.

Als Sohn des Schneidermeisters Raimund Marek am 23. Jänner 1900 in Mariahilf geboren, schlug Marek nach Absolvierung der Bürger- und Handelsschule die kaufmännische Laufbahn ein und begann seine berufliche Tätigkeit 1916 als Kontorist in einer Wiener Großhandlung. Im letzten Kriegsjahr zum Frontdienst einberufen, kehrte er im November 1918 nach Wien zurück und stieß unmittelbar danach zur Sozialdemokratie: als Sektionsleiter und Bezirksfunktionär war Marek in seinem Heimatbezirk Mariahilf aktiv tätig. Im Jahr 1924 trat er — nachdem er seit 1919 beim Gehilfenausschuß der Kaufmännischen Angestellten und anschließend als Beamter im Verband der Sozialdemokratischen Kaufleute und Gewerbetreibenden Österreichs gearbeitet hatte — in die Dienste der Wiener Messe-A.G. In schwerer Zeit, als sich die politische Entwicklung immer rasanter ihrem unheilvollen Höhepunkt näherte, übernahm Marek 1932 die Stelle eines Bezirksobmann-Stellvertreters von Mariahilf, behielt aber weiterhin die Funktion eines Sektionsleiters und war darüber hinaus als Arbeiterratordner und Mitbegründer der Ortsgruppe Mariahilf des Republikanischen Schutzbundes tätig. Als Vorsitzender des Verbandes der Arbeiter-Jagd- und Schützenvereine widmete er sich seinem Hobby, das ihn zeit seines Lebens fasziniert hat, und war ein Jahrzehnt hindurch (1924—1934) auch verantwortlicher Redakteur der „Zeitschrift für Jagd-, Fischerei- und Aquarienkunde".

Das Jahr 1934 brachte ein vorläufiges Ende von Mareks beruflicher und politischer Karriere. Am 12. Februar wurde er mit Mitgliedern des Bezirksvorstandes Mariahilf in einer Privatwohnung verhaftet und zu 14 Tagen Arrest verurteilt, zugleich erfolgte seine fristlose Entlassung aus den Diensten der Wiener Messe-A.G. Seiner politischen Überzeugung treu bleibend, wandte sich Marek nach der Besetzung Österreichs durch die Nationalsozialisten der Widerstandsbewegung zu — er gehörte in der Zweiten Republik zu den Initiatoren für das „Dokumentationsarchiv des österreichischen Widerstandes" — und half vielen politisch oder rassisch Verfolgten.

Nach Kriegsende stellte er seine Kräfte sogleich wieder der Wiener Messe-A.G. zur Verfügung;

es gelang ihm, schon 1946 eine Exportmusterschau im Wiener Messepalast zu veranstalten und damit ein deutliches Zeugnis von der Leistungsfähigkeit der Wiener Wirtschaft, vom unbändigen Aufbauwillen der Wiener Bevölkerung, aber auch von der Kraft der von ihm vertretenen politischen Partei abzulegen. Seit November 1945 Mitglied des Gemeinderats und Landtags, wurde Marek 1949 zum Ersten Präsidenten des Landtags gewählt und war in dieser Funktion, die er neben seiner verantwortungsvollen Aufgabe als Präsident der Wiener Messe-A.G. ausübte, ohne Unterbrechung sechzehn Jahre lang tätig. Von seinem Heimatbezirk Mariahilf war er bereits im April 1945 zum Bezirksleiter (dann zum Bezirksobmann) bestellt und im Dezember 1945 in den Wiener Vorstand entsandt worden. Mareks vielfältige Tätigkeit — 1947 wurde er in den Aufsichtsrat der Wiener Wechselseitigen Versicherungsanstalt delegiert, seit demselben Jahr gehörte er als Vertreter der Stadt Wien dem Aufsichtsrat der Tauernkraftwerke A.G. an (seit 1949 ist er deren Vorsitzender), seit der 1950 erfolgten Gründung des Kuratoriums der Wiener Festwochen vertrat er die Stadt Wien im Vorstand dieser Körperschaft — fand mehrfach öffentliche Anerkennung; so erhielt er 1957 aus der Hand des Bundespräsidenten das Große Goldene Ehrenzeichen mit dem Stern für Verdienste um die Republik Österreich, Niederösterreich ehrte ihn durch die Verleihung des Goldenen Komturkreuzes des Niederösterreichischen Ehrenzeichens, und ausländische Staaten, darunter die Bundesrepublik Deutschland, Frankreich und Griechenland, ließen ihm hohe Auszeichnungen überreichen.

Am 10. Juni 1965 wählte der Gemeinderat Bruno Marek zum Bürgermeister, und nach den Gemeinderatswahlen 1969 erfolgte am 6. Juni dieses Jahres seine Wiederwahl. Am Ende des Jahres 1970, in dem er das 70. Lebensjahr vollendet hatte, legte Marek am 17. Dezember sein Amt zurück; aus dem Bundesrat, in den er nach seiner ersten Bürgermeisterwahl eingetreten war, schied er schon mit Jahresende 1967 aus. Bereits vor der Niederlegung seiner Funktion als Bürgermeister hatte der Wiener Gemeinderat Bruno Marek zweimal geehrt: war er am 29. Jänner 1965 zum „Bürger der Stadt Wien" ernannt worden, so verlieh man ihm am 22. Jänner 1970 anläßlich seines 70. Geburtstages auch die höchste Auszeichnung, welche die Stadt Wien zu vergeben hat, das Ehrenbürgerrecht.

In Mareks Amtszeit, die durch den ihm eigenen eher repräsentativen Arbeitsstil gekennzeichnet ist, bei dem den verantwortlichen Dienststellen weitgehende Entscheidungsfreiheit eingeräumt wurde, fällt eine Reihe bedeutsamer Beschlüsse und Initiativen, welche wir zwar zum Teil bereits erwähnt haben, von denen aber doch einige kurz in Erinnerung gerufen werden sollen. So wurde 1966 das 200. Kindertagesheim der Stadt Wien eröffnet, die umgebaute Lastenstraße fertiggestellt, der Schnellbahnbetrieb bis Liesing aufgenommen und mit der Umstellung von Straßenbahnlinien auf Autobusbetrieb begonnen. 1967 wurde das letzte Teilstück der Wiener Einfahrt der Westautobahn dem Verkehr übergeben; die Verkehrsbetriebe leiteten Rationalisierungen ein, das Gaswerk begann mit der Entgiftung des Stadtgases.

Das entscheidende Jahr war jedoch 1968: Der Gemeinderat beschloß den Bau der Hauptkläranlage im Bereich von Kaiser-Ebersdorf und faßte den Grundsatzbeschluß betreffend das U-Bahn-Grundnetz; am 16. September erhielten die Verkehrsbetriebe vom Bund die Konzessionsurkunden für die U-Bahn-Linien 1, 2 und 4, im folgenden Jahr begannen auf dem Karlsplatz die Bauarbeiten. Noch in das Jahr 1968 fallen die Feiern zum 50. Jahrestag der Ausrufung der Republik Österreich und damit der 50. Wiederkehr des Tages, an dem Wien Bundeshauptstadt geworden war; dieses Ereignis wurde im Rathaus durch eine großangelegte „Jubiläumsausstellung 1918—1968" festlich begangen. Der Gemeinderat beschloß in diesem Zusammenhang am 12. November 1968 drei „Jubiläumsgeschenke" an die Wiener Bevölkerung: die „Stadt des Kindes" (zu der 1971 unter Bürgermeister Felix Slavik der Grundstein gelegt werden konnte), ein Geriatriezentrum und ein Institut für Stadtforschung, mit dessen Hilfe Forschungen und Planungen kommunaler Zielsetzung auf wissenschaftlich einwandfreier Grundlage in Angriff genommen werden sollen.

Nach dem Rücktritt Bruno Mareks fiel am 21. Dezember 1970 die Wahl der Gemeinderäte der Sozialistischen Partei, der Österreichischen Volkspartei und (erstmals) der Freiheitlichen Partei Österreichs auf den langjährigen Finanzstadtrat und Vizebürgermeister FELIX SLAVIK, der bereits seit über einem Jahrzehnt die kommunalpolitische und kommunalwirtschaftliche Entwicklung maßgeblich beeinflußt hatte; er wurde von der Tagespresse als „Manager auf dem Bürgermeistersessel" positiv begrüßt. In seiner Antrittsrede umriß Slavik die Aufgaben der Gemeindeverwaltung und betonte, er wolle kein Repräsentations-, sondern ein Aktionsbürgermeister sein, womit sich von Anfang an ein neuer Stil ankündigte.

Am 3. Mai 1912 in Wien geboren, erlernte Slavik den Beruf eines Feinmechanikers und Maschinenbauers; seit 1925 gehörte er der Sozialistischen Jugend und der Gewerkschaftsjugend an, nach dem Februar 1934 betätigte er sich illegal für die Revolutionären Sozialisten und die Freie Gewerkschaft, wurde verhaftet, befand sich bis 1935 in Haft (Wöllersdorf) und war anschließend eine Zeitlang arbeitslos. Nach der Besetzung Österreichs durch die Nationalsozialisten sogleich überwacht, wurde Slavik im November 1939 verhaftet und auf Befehl der Gestapo bis Dezember 1943 als politischer Häftling eingekerkert.

Nach der Wiederaufrichtung des demokratischen österreichischen Staates übernahm Slavik im April 1945 den Posten eines Amtsführenden Stadtrates für Wohnungswesen und führte in dieser Eigenschaft schwierige Verhandlungen mit der Besatzungsmacht. 1946 wurde er Mitglied des Bundesrates und Erster Sekretär des Österreichischen Städtebundes; er führte den Neuaufbau des Städtebundes durch, nahm in seiner Funktion an allen Verhandlungen über Finanzprobleme zwischen Bund, Ländern und Gemeinden teil und war am Zustandekommen des ersten Finanzausgleichs sowie an allen damit in Zusammenhang stehenden Verhandlungen maßgeblich beteiligt. Im Bundesrat beschäftigte er sich hauptsächlich mit kommunalen Problemen und war daher Mitglied des bedeutsamen „26er-Ausschusses". Am 11. August 1948 bestellte ihn der Wiener Ausschuß der Sozialistischen Partei zum Nachfolger des Nationalratsabgeordneten Heinrich Hackenberg als Sekretär der Landesorganisation Wien.

Am 8. November 1949 erfolgte die Wahl Slaviks in den Nationalrat. Hier befaßte er sich hauptsächlich mit Problemen des Finanzausgleichs, der Bodenbeschaffung, der Assanierung sowie des

Mieten- und Kündigungsrechtes, in erhöhtem Maße allerdings auch mit unmittelbar relevanten kommunalen Aufgabenbereichen; diese stark kommunale Bindung zeigt sich nicht zuletzt darin, daß er seit 1949 ständiges Mitglied des politischen Verhandlungsausschusses im Wiener Rathaus gewesen ist.

Es war nur folgerichtig, daß man Felix Slavik 1957 in das Rathaus zurückholte und ihm am 27. September 1957 den nach dem Rücktritt Johann Reschs freigewordenen Posten eines Amtsführenden Stadtrats für Finanzwesen übertrug; am folgenden Tag legte er sein Nationalratsmandat zurück. Der im 46. Lebensjahr stehende Politiker, der zur jüngeren Generation der Wiener Mandatare zählte, wurde von der Presse einhellig als umsichtiger und energischer Organisator und als einer der führenden Finanzfachleute der Sozialistischen Partei bezeichnet, der durch seine langjährige einschlägige Tätigkeit auf Bundesebene die besten Voraussetzungen für diesen Posten mitbringe.

Slavik trat alsbald mit einem Kommunalprogramm an die Öffentlichkeit, in dem er die Aufgaben der Stadtverwaltung unter Berücksichtigung der finanziellen Gegebenheiten umriß. Die Lösung des Verkehrsproblems und den Bau des Allgemeinen Krankenhauses bezeichnete er als die vordringlichsten Aufgaben. Budgetär, kündigte er an, wolle er neue Wege beschreiten. Neben einer weiteren Verbesserung des Finanzausgleichs, bei dem die in der Vergangenheit übliche Benachteiligung Wiens bekämpft werden sollte, stellte er in Aussicht, Investitionen in Hinkunft auch auf dem Anleiheweg zu finanzieren, sofern sie produktiven Charakter hätten. Im Zusammenhang mit Wohnbauproblemen erklärte er, das Verhältnis zwischen dem kommunalen und dem genossenschaftlichen Wohnbau müsse im Einklang mit den Einkommensverhältnissen der breiten Masse der Bevölkerung stehen; der genossenschaftliche Wohnbau müsse soweit wie möglich gefördert werden, doch solle der kommunale Wohnbau nicht aufgegeben werden. Slavik betonte auch, der Bund habe seines Erachtens die Verpflichtung, sich an der Lösung der innerstädtischen Verkehrsprobleme zu beteiligen; hinsichtlich des U-Bahn-Baues äußerte er sich vorsichtig und verwies nicht nur auf die Schwierigkeiten, Kredite in entsprechender Höhe aufzubringen, sondern warnte auch davor, unkontrollierbare Belastungen auf sich zu nehmen.

Slavik brachte, wie sich bald erweisen sollte, einen neuen Stil in die Kommunalpolitik. Als Finanzstadtrat und (seit 1959) als Vizebürgermeister, dazu seit 1960 als Stellvertretender und seit 1962 als Geschäftsführender Obmann des Österreichischen Städtebundes sowie (von 1965 bis 1970) als Obmann der Landesorganisation Wien der SPÖ praktisch an allen wirtschaftlichen und politischen Entscheidungen der sechziger Jahre in maßgeblicher Funktion beteiligt, ist seine Tätigkeit von den Ergebnissen der Kommunalverwaltung der sechziger Jahre nicht zu trennen. Er ist der Schöpfer der neuen Wiener Wohnbauaktion, mit deren Hilfe es gelungen ist, außerhalb des normalen Wohnbauprogrammes Zehntausende Wohnungen zu erbauen, beschritt für Investitionen — wie angekündigt — erstmals den Anleiheweg, veranlaßte die Erstellung eines umfassenden Investitionsprogrammes und initiierte die Vorfinanzierung von Bundesinvestitionen (wodurch beispielsweise der Ausbau der Schnellbahn im Wiener Stadtgebiet entscheidend beschleunigt werden konnte). Seit der Mitte der sechziger Jahre richtete sich sein Hauptaugenmerk auf den U-Bahn-Bau und den totalen Hochwasserschutz der Donau. Auf Slaviks Antrag beschloß der Gemeinderat unter anderem 1959 eine Kreditaktion für gewerbliche Betriebe, 1961 eine solche für Wiener Beherbungsbetriebe und 1970 eine Kreditaktion für den Fremdenverkehr. Von Anfang an gelang es dem Finanzreferenten, nicht nur ein ausgeglichenes Budget zustande zu bringen, sondern durch positive Rechnungsabschlüsse jene erhebliche Barrücklage zu schaffen, die als legendäre „Rathausmilliarde" in die Stadtgeschichte eingegangen ist und zu einem beliebten Diskussionsgegenstand der Politiker und der Presse wurde.

Die Wahl Slaviks zum Bürgermeister entsprach einer logischen Entwicklung; hatte er sich doch durch sein Management selbst eine Position geschaffen, die innerhalb der Kommunalpolitik nicht übersehen werden konnte und auch internationale Anerkennung fand. Auf dem Kongreß der IULA (International Union of Local Authorities) in Toronto 1969 war Felix Slavik zum Vizepräsidenten dieses Internationalen Gemeindeverbandes gewählt worden, und bei ihrem Weltkongreß in Wien 1971 bestellte ihn diese Organisation zu ihrem Präsidenten. Als Bürgermeister führte Slavik im wesentlichen das weiter, was er als Finanzstadtrat begonnen hatte. Der U-Bahn-Bau gedieh 1971 zur Fertigstellung des ersten Bauabschnittes vom Karlsplatz zur Paulanergasse, der Streckenbau durch die Innere Stadt und in Richtung Praterstraße wurde ebenso in Angriff genommen wie der in offener Bauweise realisierte Abschnitt durch die Favoritenstraße in Richtung Reumannplatz; 1972 konnte mit einem der neuen U-Bahn-Waggons eine erste Probefahrt unternommen werden. Im Zentrum der Innenstadt wurde im Zusammenhang mit dem U-Bahn-Bau vor Weihnachten 1971 eine erste Fußgängerzone eingerichtet. 1971 wurde auch ein Erweiterungsbau des Wilhelminenspitals eröffnet, 1972 der größte Kindergarten, den Wien in der Zweiten Republik geschaffen hat. Besonderes Augenmerk wurde der Ausgestaltung des Approvisionierungswesens zugewendet: der Gemüsegroßmarkt in Inzersdorf und die neuen Schlachthöfe geben von diesen Bemühungen Zeugnis. Es kann selbstverständlich nicht Aufgabe einer historischen Darstellung sein, die Ereignisse der unmittelbaren Gegenwart eingehender zu behandeln; die erwähnten Fakten mögen daher nur als Hinweise für die Entwicklung der jüngsten Vergangenheit gewertet werden.

Als sich das anfangs günstige Klima des Bürgermeisters zu den Massenmedien verschlechterte und Felix Slavik im Juni 1973 zu der Erkenntnis kam, daß er auch nicht mehr jener geschlossenen Unterstützung seiner Parteifreunde sicher sein konnte, die er für eine Ausübung seines Bürgermeisteramtes als unabdingliche Voraussetzung erachtete — seine politische Bestellung war 1970 mit einer Zweidrittelmehrheit erfolgt —, entschloß er sich, getreu seiner zeitlebens praktizierten demokratischen Grundeinstellung, sein Amt zur Verfügung zu stellen, wobei er den Standpunkt vertrat, als Wiener Bürgermeister könne er nur dann fruchtbringend für die Bevölkerung wirken, wenn er sich eines ungeschmälerten Vertrauens erfreue. Beteilige man sich in einer Partei aktiv an der Meinungsbildung, erklärte Slavik in seiner Abschiedsrede, müsse man zur Kenntnis nehmen, daß unter Umständen nicht alle mit den eigenen Anschauungen konform gehen.

Bürgermeister Leopold Gratz

Am 5. Juli 1973 wählte der Wiener Gemeinderat nach dem Rücktritt von Bürgermeister Felix Slavik den bisherigen Klubobmann der Parlamentsfraktion der sozialistischen Abgeordneten, Leopold Gratz, zum Bürgermeister der Bundeshauptstadt.

Am 4. November 1929 als Sohn eines Bankangestellten in Wien geboren, studierte Gratz Rechtswissenschaften an der Universität Wien und begann seine berufliche Laufbahn 1952 im Bundesministerium für soziale Verwaltung. Ein Jahr später entschloß er sich, in Hinkunft ausschließlich politisch tätig zu sein. Bis 1962 Sekretär des Klubs der sozialistischen Abgeordneten und Bundesräte, anschließend bis 1972 Zentralsekretär der Sozialistischen Partei, gehörte Leopold Gratz von 1963 bis 1966 als Vertreter Wiens dem Bundesrat an und ist seither Abgeordneter zum Nationalrat. Im Kabinett Kreisky war Gratz 1970/71 Bundesminister für Unterricht; in seine Ära fallen entscheidende Maßnahmen der Schulreform und die Reorganisation der Bundestheater. Am 4. Juni 1973 wurde Leopold Gratz von der Sozialistischen Partei für den Posten des Wiener Bürgermeisters und des Landeshauptmannes nominiert.

In seiner Antrittsrede vor dem Wiener Gemeinderat erklärte Leopold Gratz, er betrachte die auf ihn gefallene Wahl als die größte persönliche Verpflichtung und Herausforderung; er folge der Berufung im Bewußtsein der Probleme, die es zu lösen gebe, aber auch im Bewußtsein der Ziele, die im Interesse der Bewohner Wiens zu verwirklichen seien. Da er den Gedanken der parlamentarischen Demokratie und des Ausbaues ihrer Einrichtungen seit über einem Jahrzehnt konsequent vertreten habe, lege er auf eine enge Zusammenarbeit mit den gewählten Vertretern der Wiener Bevölkerung größten Wert, wobei er sich zu einem Wort Hans Kelsens, des Schöpfers der österreichischen Verfassung, bekenne, der sagte, daß der Parlamentarismus die einzige reale Form sei, in der die Idee der Demokratie innerhalb der sozialen Wirklichkeit von heute erfüllt werden könne.

Grundsätzlichen Gedanken der Entwicklung der Stadt Wien folgend, betonte Leopold Gratz seine unumstößliche Überzeugung, daß der Kommunalpolitik dieselbe Bedeutung zukomme wie der Bundespolitik; sie sei nichts Zweitrangiges oder gar Minderwertiges, sondern lediglich eine andere Sphäre der Politik — und wenn Politik bedeute, aufgrund klarer Zielvorstellungen Entscheidungen zu treffen, Probleme zu lösen, Prioritäten zu setzen und die Vorhaben Zug um Zug zu verwirklichen, dann sei die Kommunalpolitik jener Teil der Politik, der wohl am unmittelbarsten in das Leben des einzelnen, in sein persönliches Glück und sein Wohlbefinden eingreife.

Wie noch nie zuvor in der Geschichte der Menschheit, führte der neugewählte Bürgermeister weiter aus, sind wir — besonders in den Großstädten — mit einer an sich paradoxen Situation konfrontiert, denn noch nie war bei aller persönlichen Freiheit die Abhängigkeit des einzelnen von der Gemeinschaft so groß wie jetzt; der Lebensstandard des einzelnen ist heute nicht mehr allein von der Höhe seines individuellen Einkommens, sondern in erheblichem Maße vom Vorhandensein und Funktionieren der städtischen Gemeinschaftseinrichtungen abhängig. Diesem Umstand muß in der Gesellschaftsordnung und bei kommunalen Entscheidungen Rechnung getragen werden.

Zweifelsohne, erklärte Gratz weiter, sei der mündige Wiener in der Lage, über das Schicksal seiner Stadt vernünftige Entscheidungen zu treffen; es sei auch erfreulich, daß die Bewohner dieser Stadt sich weigern, Autorität hinzunehmen, ohne nach deren Rechtfertigung zu fragen. Mitentscheidung setze allerdings verstärkte Information voraus — vor allem über Zielvorstellungen und Zusammenhänge. Bringe man nämlich der Öffentlichkeit immer nur punktuelle Einzelentscheidungen zur Kenntnis, dann könne sie sich über die Gesamtplanungen kein klares Bild machen. Es müsse allerdings ein wesentliches Anliegen sein, mit den Menschen nicht in der Fachsprache der Ingenieure, Soziologen oder Politologen zu sprechen, sondern so, daß sich jeder einzelne eine klare Meinung bilden könne.

Wenn heute sehr viel über Planung, im besonderen von reiner Sachpolitik bei der Planung, gesprochen werde, so müsse man bedenken, daß objektive, gewissermaßen computerisierte Planung ohne zugrundeliegende Wertvorstellungen über Sinn, Ziel und Inhalt der Politik nicht möglich sei. Planung, auch die Planung der Entwicklung einer Stadt, müsse von inneren Wertvorstellungen ausgehen.

Als Schwerpunkte für die Arbeit der Stadtverwaltung in den kommenden Jahren bezeichnete Leopold Gratz folgende Sachkomplexe: Erweiterung der Mitwirkung für den einzelnen Gemeindebürger (wobei man Mitbestimmung und Interessenvertretung, zwei inhaltlich völlig verschiedene Begriffe, allerdings nicht verwechseln dürfe); das Problem der Bodenordnung, daß heißt im besonderen die soziale Nutzung von städtischem Grund und Boden, die Zurückdrängung privater Interessen, soweit sie den Interessen der Gemeinschaft widersprechen, sowie die Einschränkung der Stadtexpansion in den Wald- und Wiesengürtel zugunsten einer Stadterneuerung; die Fortsetzung des sozialen Wohnungsbaues; die Betonung des Umweltschutzes auf breitester Ebene; eine den individuellen Bedürfnissen der Bewohner angepaßte Planung der Stadtentwicklung, wobei auf die Bedürfnisse der älteren Mitbürger ebenso Rücksicht zu nehmen ist wie auf die Wünsche der Jugend; die Erfüllung kultureller Bedürfnisse; die Verbesserung der gesundheitlichen Betreuung; und schließlich die Lösung der Verkehrsprobleme im Sinne einer menschengerechten Stadt.

Probleme und Zielvorstellungen sind damit, wie Bürgermeister Leopold Gratz hervorhob, keineswegs erschöpft. Die Politik hat die Probleme zu lösen, sie hat aber auch im Rahmen der Möglichkeit Prioritäten zu setzen. Das Ziel, das anzustreben ist, soll weder eine Fremdenverkehrsstadt noch eine Stadt sein, die ausschließlich der Vergangenheit lebt, sondern eine lebendige Stadt, in der dafür gesorgt wird, daß sie eine Heimat darstellt, in der es sich zu leben lohnt. Denn Wien, schloß Leopold Gratz seine Ausführungen, ist nicht die Stadt des Bürgermeisters, des Stadtsenates oder des Gemeinderates — Wien ist die Stadt aller Wiener.

ANHANG

ZEITTAFEL

Die Zeittafel ist im Sinne einer Synopsis zu verstehen. Den Namen der Bürgermeister (linke Spalte) sind in der rechten Spalte Name und Regierungszeit bzw. Amtsdauer des Landesherrn oder der obersten Instanz des Landes (kursiv) sowie besonders markante Ereignisse der jeweiligen Epoche zugeordnet.

1282	Konrad Poll	*1282–83*	*Albrecht I. u. Rudolf*
1285	Heinrich Hansgraf	*1283–1308*	*Albrecht I.*
1287	Konrad v. Eslarn		
1288…1305	Konrad Poll	1288	„Treubriefe"
		1296	Stadtrecht („Albertinum I")
1305–07	Heinrich Chrannest	1304–40	Bau des Albertinischen Chors von St. Stephan
1307	Dietrich v. Kahlenberg		
1308	Heinrich v. d. Neisse	*1308–30*	*Friedrich der Schöne*
1309	Niklas v. Eslarn		
		1308	Verschwörung gegen Friedrich
1310	Heinrich v. d. Neisse		
1310–13	Niklas v. Eslarn		
1313–15	Niklas Poll		
1316	Hermann v. St. Pölten	1316	Friedrich schenkt der Stadt das Rathaus in der Salvatorgasse
1316–17	Niklas v. Eslarn		
1318	Hermann v. St. Pölten		
1319–23	Otto Wülfleinstorfer		
1324–27	Niklas Poll	1326	Stadtbrand
1327–28	Stephan Chriegler	1327	Stadtbrand
1329–30	Heinrich Lang		
1332–33	Dietrich Urbetsch	*1330–58*	*Albrecht III.*
1333–34	Hermann Snaezl		
1335–37	Dietrich Urbetsch	1335	Habsburger erwerben Kärnten
1337–38	Konrad v. Eslarn		
1338–39	Berthold Poll		
1340–43	Konrad Wiltwerker	1340	Stadtrecht („Albertinum II")
1344	Hagen v. Spielberg		
1345–47	Reinprecht Zaunrüd		
1348–49	Friedrich v. Tierna	1349	Pestepidemie
1350–51	Dietrich Flusthart		
1352	Friedrich v. Tierna		
1353	Heinrich Würfel		
1354	Dietrich Flusthart		
1355	Leopold Polz		

1356—57	Heinrich Straicher		
1357—58	Haunold Schuchler d. Ä.	1358—65	*Rudolf IV. der Stifter*
1358—59	Leopold Polz	1359	Grundsteinlegung zum Südturm von St. Stephan
1359—60	Heinrich Straicher		
1360—61	Haunold Schuchler d. Ä.	1360	Grundentlastung
1362—64	Hans v. Tierna	1363	Habsburger erwerben Tirol
1364	Friedrich Rüschl		
1365—66	Lukas Popfinger	1365	Gründung der Universität
1366—67	Thomas Swaeml		
1368—70	Niklas Würfel	1365—79	*Albrecht III. u. Leopold III.*
1370—71	Thomas Swaeml		
1372—74	Ulrich Rößl		
1374—76	Jans am Kienmarkt		
1376—79	Paul Holzkäufl	1379	Länderteilung zu Neuberg/Mürztal
1379—81	Jans am Kienmarkt		
1381—86	Paul Holzkäufl	1379—95	*Albrecht III.*
1386—95	Michael Geukramer	1395—1404	*Albrecht IV.*
1396	Paul Holzkäufl		
1396—97	Paul Würfel	1396	Ratswahlordnung; der Bürgermeister ist jedes Jahr neu zu wählen
1398	Jakob Dorn		
1398—99	Hans Rockh		
1399—1400	Paul Holzkäufl		
1401	Berthold Lang		
1401—02	Paul Würfel		
1402—03	Haunold Schuchler d. J.		
1403—04	Konrad Vorlauf	1404—06	*Wilhelm (als Vormund Albrechts V.)*
1404—05	Paul Würfel		
1405—06	Rudolf Angerfelder	1406—11	*Leopold III. (als Vormund Albrechts V.)*
1406—08	Konrad Vorlauf		
1408—09	Hans Feldsberger	1408	Hinrichtung Vorlaufs
1410	Paul Geyr		
1410—11	Albrecht Zetter	1411—39	*Albrecht V. (als Kaiser II.)*
1411—19	Rudolf Angerfelder		
1420—21	Hans Musterer	1412	Stadtrecht
1422	Ulrich Gundloch	1421	„Geserah" (Judenverfolgung)
1423—25	Konrad Holzler d. Ä.		
1425—26	Hans Scharffenberger		
1427	Paul Würfel d. J.		
1428—29	Niklas Undermhimmel		
1430—33	Konrad Holzler d. Ä.	1430	Anlage eines Handwerksordnungsbuches
1434—39	Hans Steger	1438	Älteste Beschreibung Wiens (durch Aeneas Silvius)
1440—41	Konrad Holzler d. J.	1439	Bau der ältesten Brücke über die Donau
1442	Andre Hiltprant	um 1440	Älteste Ansicht Wiens (Albrechtsmeister)

1443	Hans Steger	1440—57	Friedrich V. (als Kaiser III.) als Vormund Ladislaus'
1444—46	Hans Haringseer		
1447—49	Hans Steger		
1450—51	Konrad Holzler d. J.	1451	Capistran predigt gegen die Türkengefahr
1452	Oswald Reicholf		
1453	Niklas Teschler		
1454	Oswald Reicholf	1454	Älteste Wiener Feuerordnung
1455	Konrad Holzler d. J.		
1456—57	Niklas Teschler		
1457	Thomas Schwarz		
1457—60	Jakob Starch	1458—93	Friedrich III.
		1460	„Pancarta" (Bestätigung aller Stadtrechte)
1461—62	Christian Prenner	1461	Wappenbrief
1462	Sebastian Ziegelhauser	1462	Belagerung Friedrichs III. in der Wiener Burg
		1462—63	Albrecht VI.
1462—63	Wolfgang Holzer	1463	Hinrichtung Holzers
1463—64	Friedrich Ebmer		
1464—66	Ulrich Metzleinstorffer		
1467	Martin Enthaimer		
1467—73	Andreas Schönbrucker	um 1470	Ansichten des Schottenmeisters
1473—79	Hans Heml		
1479—84	Laurenz Haiden		
1485—86	Stephan Een	1485—90	Matthias Corvinus
1487—89	Leonhard Radauner		
1489—90	Laurenz Taschendorfer	1485	Ungarn besetzen Wien; Beschreibung Wiens von Antonio Bonfini
1490	Stephan Een	1490	Maximilian in Wien
1490—93	Paul Keck	um 1490	Ansicht Wiens (Babenbergerstammbaum)
1494—96	Friedrich Geldreich		
1497—99	Paul Keck	1493—1519	Maximilian I.
1500—01	Wolfgang Rieder		
1502	Leonhard Lackner		
1503	Wolfgang Zauner		
1504—07	Paul Keck	1506	Handelsordnung zugunsten ausländischer Kaufleute
1507	Sigmund Pernfuß		
1508	Paul Keck		
1509—10	Wolfgang Rieder		
1511—12	Hans Süß		
1512	Leonhard Pudmannsdorfer	1512	Stapelrecht letztmals gewährt
1513	Hans Kuchler		
1514—15	Friedrich Piesch	1515	Grundstein zur Donaumonarchie gelegt

1515	Dr. Johann Kaufmann		
1516	Hans Süß		
1516—17	Hans Rinner	1517	Stadtrecht
1518	Leonhard Pudmannsdorfer		
1519—20	Wolfgang Kirchhofer	*1519—21*	*Karl V.*
1520	Hans Süß		
1521	Dr. Martin Siebenbürger	*1521—64*	*Ferdinand (seit 1556 I.)*
1522—24	Gabriel Guetrater	1522	Wiener Neustädter Blutgericht (Hinrichtung Siebenbürgers); Aufhebung des Kollegiums der Genannten
1524—26	Hans Süß	1524	Hinrichtung Caspar Taubers
		1525	Stadtbrand
1526	Roman Staudinger	1526	Stadtordnung
		1526—65	Bau der Hernalser Wasserleitung
1527	Sebastian Sulzbeck	1527	Handwerksordnung
1528—30	Wolfgang Treu	1529	Erste Türkenbelagerung; Rundplan von Niclas Meldemann
1531	Sebastian Eysler	1531	Beginn des Baues einer neuen Stadtbefestigung
1532—33	Wolfgang Treu		
1534—35	Dr. Johann Pilhamer		
1536—37	Wolfgang Treu		
1538—39	Hermes Schallautzer		
1540—41	Paul Pernfuß		
1542—46	Stephan Tenck	1546	Stadtgeschichte von Wolfgang Lazius („Vienna Austriae")
1547—48	Sebastian Schrantz	1547	Pläne von Bonifaz Wolmuet und Augustin Hirschvogel; Lobspruch von Wolfgang Schmeltzl
1549—50	Sebastian Hutstocker		
1551—52	Christoph Hayden	1552	Petrus Canisius in Wien; entscheidendes Stadium der Gegenreformation
1553—55	Sebastian Hutstocker		
1556—57	Hans Übermann		
1558—59	Georg Prantstetter		
1560—61	Thomas Siebenbürger	1561	Bürgermeister darf nur zwei Jahre im Amt bleiben
1562—63	Hermann Bayr		
1564—65	Matthias Brunnhofer	*1564—76*	*Maximilian II.*
1566—67	Hans Übermann	1566	Anlage des Hofquartierbuches (erstmalige Erfassung aller Häuser); Schrannen- und Grundbuchsordnung
1568—69	Georg Prantstetter	1568	Erleichterungen für die Protestanten
1570—71	Hanns v. Thau		
1572—73	Georg Prantstetter		
1574—75	Hanns v. Thau		

1576–77	Christoph Hutstocker	*1576–1612*	*Rudolf II.*
		1577	Verbot protestantischer Gottesdienste
1578–79	Hanns v. Thau	1579	Sturmpetition der Protestanten
1580–81	Bartholomäus Prantner		
1582–83	Hanns v. Thau		
1584–85	Bartholomäus Prantner	1585	Bürgerrecht an katholischen Glauben gebunden
1586–87	Oswald Hüttendorfer		
1588–89	Hanns v. Thau		
1590–91	Georg Fürst		
1592–95	Bartholomäus Prantner		
1596–97	Paul Steyrer		
1598–99	Oswald Hüttendorfer	1598	Melchior Khlesl Bischof von Wien; Höhepunkt der Gegenreformation
1600–01	Andreas Rieder		
1602–03	Georg Fürst	1603	Grundsteinlegung zur Franziskanerkirche leitet „Klosteroffensive" ein
1604–07	Augustin Haffner		
1608–09	Lukas Lausser	1609	„Religionskapitulation" zugunsten der Protestanten; Vogelschauplan von Jacob Hoefnagel
1610–13	Daniel Moser	*1612–19*	*Matthias*
1614–15	Veit Resch	1614	Kloster der Barmherzigen Brüder gegründet
		1619–37	*Ferdinand II.*
1616–22	Daniel Moser	1622	Dominikaner und Kapuziner bauen ihre Kirchen
1623–25	Paul Wiedemann	1623	Universität den Jesuiten übergeben
		1623–27	Bau der Alten Universität
1626–37	Daniel Moser	1627	Letzter Stadtbrand
		1630	Augustiner nach Wien berufen
		1633	Schwarzspanier nach Wien berufen; protestantische Prediger ausgewiesen
		1637–57	*Ferdinand III.*
1638–39	Christoph Faßoldt	1638	Serviten nach Wien berufen
1640–45	Konrad Pramber	1645	Schweden unter Torstenson nördlich von Wien
1646–48	Caspar Bernhardt		
1648–54	Johann Georg Dietmayr	1650	Einrichtung der Rumorwache
1654–55	Dr. Thomas Wolfgang Puechenegger	1652	Reformationspatent
1656–59	Johann Georg Dietmayr v. Dietmannsdorf	*1658–1705*	*Leopold I.*

1660–63	Johann Christoph Holzner	1662	Kirche Am Hof vollendet
1664–67	Johann Georg Dietmayr v. Dietmannsdorf	1665	Bürgermeisterwahlen müssen geheim durchgeführt werden
1667–69	Johann Christoph Holzner		
1670–73	Daniel Lazarus Springer	1670	Vertreibung der Juden aus der Leopoldstadt
1674–77	Dr. Peter Sebastian Fügenschuh		
1678–79	Daniel Lazarus Springer	1679	Pestepidemie
1679–83	Johann Andreas v. Liebenberg	1683	Zweite Türkenbelagerung
1683–87	Simon Stephan Schuster	1686	Johann Bernhard Fischer v. Erlach in Wien; Vogelschauplan von Alten-Allen und Ansichten von Daniel Suttinger
1688–91	Daniel Fockhy	1688	Neue Feuerordnung
1692–95	Johann Franz Peickhardt	1695–98	Fischer baut dem Prinzen Eugen das „Winterpalais"
1696–99	Jakob Daniel Tepser	1698	Burgfriedensprivileg
1700–03	Johann Franz Peickhardt	1699–1702	Grundlegender Umbau des Alten Rathauses
1704–07	Jakob Daniel Tepser	1704	Bau des „Linienwalles"
1708–12	Johann Franz Wenighoffer	*1705–11*	*Joseph I.*
		1711–40	*Karl VI.*
1713–16	Johann Lorenz Trunck v. Guttenberg	1713	Künstlerische Ausgestaltung der Innenräume des Alten Rathauses; Pestepidemie
		1713–19	Ansichtenfolge Johann Adam Delsenbachs
1717–20	Dr. Josef Hartmann	1716–37	Bau der Karlskirche
1721–24	Franz Josef Hauer	1724	Fertigstellung des Oberen Belvederes
1725–26	Dr. Josef Hartmann	1724–37	Pfeffel-Kleiner-Corvinus veröffentlichen ihr Kupferstichwerk
1727–28	Franz Josef Hauer		
1729–30	Johann Franz Purck		
1731–32	Dr. Franz Daniel Edl. v. Bartuska	1731	Bürgermeister und Stadtrichter sollen alle zwei Jahre ihre Ämter tauschen
		1731–32	Umgestaltung des Bürgerlichen Zeughauses Am Hof durch Anton Ospel
1733–36	Andreas Ludwig Leitgeb	1737	Definitive Einsetzung der Stadt Wiener Wirtschaftskommission
1737–40	Johann Adam v. Zahlheim		
		1740–80	*Maria Theresia*

1741–44	Dr. Peter Joseph Kofler	1744–48	Nicolaus Pacassi gestaltet Schloß Schönbrunn
1745–51	Andreas Ludwig Leitgeb	1749	Neuordnung der staatlichen Verwaltung
1751–64	Dr. Peter Joseph Edl. v. Kofler	1753	Anlage eines neuen städtischen Grundbuchs
		1754	Erste Volkszählung in Wien (175.000 Einwohner)
1764–67	Dr. Josef Anton Bellesini	1759–60	Ölveduten von Bernardo Bellotto
1767–73	Leopold Franz Gruber	1769	Joseph Daniel Huber beginnt seinen Vogelschauplan
		1770	Erste offizielle Häusernumerierung
		1771	Josef Nagel entwirft Grundriß der Stadt
1773–1804	Josef Georg Hörl	1776	Beleuchtung des Glacis
		1778	Straßenpflasterung in der Stadt
		1779	Schütz-Ziegler-Jansha beginnen Herausgabe ihrer Vedutenserie
		1780–90	*Joseph II.*
		1781	Toleranzedikt
		1782	Klosteraufhebungen
		1783	Neuordnung des „Magistrats"
		1784	Eröffnung des Allgemeinen Krankenhauses
		1788	Bürgermeisterwahl alle vier Jahre
		1790–92	*Leopold II.*
		1791	Mozart gestorben
		1792–1835	*Franz II. (seit 1804 als österr. Kaiser I.)*
		1793	Bürgermeister sollen lebenslänglich amtieren
		1795	Errichtung neuer Fabriken verboten
		1797	Allgemeines Bürgeraufgebot
		1800	Wien hat 231.000 Einwohner
1804–23	Stephan Edl. v. Wohlleben	1804	Albertinische Wasserleitung vollendet
		1805	Napoleon in Wien
		1809	Napoleon wieder in Wien
		1811	Finanzkatastrophe
		1816	Bedrohliche Lebensmittelverknappung
		1817	Armenpflege zur Gemeindeangelegenheit erklärt
1823–34	Anton Lumpert	1823	Volksgarten eröffnet
		1827	Beethoven gestorben
		1828	Schubert gestorben
		1830	Donauüberschwemmung
		1831	Choleraepidemie

1834–37	Anton Joseph Edl. v. Leeb	1834	Wien hat 326.000 Einwohner

1835–48 Ferdinand I.

		1835	Kaiser-Ferdinand-Wasserleitung
		1837	Erster Dampfeisenbahnzug Floridsdorf–Deutsch-Wagram
1838–48	Ignaz Czapka (1842 Frh. v. Winstetten)	1846	Bau von Schlachthäusern
		1848	Revolution

1848–1916 Franz Joseph I.

		1849	Oktroyierte Verfassung; Provisorisches Gemeindegesetz
		1850	Provisorische Gemeindeordnung; Eingemeindung der Vorstädte bis zum Linienwall; Wien hat 431.000 Einwohner
1851–61	Dr. Johann Kaspar Frh. v. Seiller	1851	Silvesterpatent
		1852	Verbot der öffentlichen Sitzungen des Gemeinderates
		1853	Gemeinderatssaal im Alten Rathaus neu gestaltet
		1857	Schleifung der Basteien dekretiert
		1859	Städtische Bauordnung
		1860	Oktoberdiplom
1861–68	Dr. Andreas Zelinka	1861	Erste freie Gemeinderatswahl nach den Jahren des Neoabsolutismus; Beginn der liberalen Ära
		1862	Margareten eigener Bezirk; Donauüberschwemmung
		1864	Erste Hochquellenwasserleitung beschlossen
		1865	Teilweise Eröffnung der Ringstraße
		1866	25-Millionen-Gulden-Anleihe
1868–78	Dr. Cajetan (Frh. v.) Felder	1868	Donauregulierung beschlossen; Pferdestraßenbahn nimmt Betrieb auf
		1869	Friedrich Schmidts Rathausprojekt von der Jury preisgekrönt; Grundstücke für Zentralfriedhof erworben
		1870–73	Bau der Ersten Hochquellenwasserleitung
		1870–75	Donauregulierung
		1872	Erster Spatenstich beim Rathaus
		1873	Weltausstellung; Börsenkrach; Choleraepidemie; 40-Millionen-Gulden-Anleihe; Grundsteinlegung des Rathauses
		1874	Favoriten eigener Bezirk; Eröffnung des Zentralfriedhofs
		1875	Dr. Karl Lueger in den Gemeinderat gewählt
1878–82	Dr. Julius v. Newald	1881	Ringtheaterbrand
1882–89	Eduard Uhl	1883	Fertigstellung des Rathauses

		1884	Zentralviehmarkt St. Marx eröffnet; Organisationsstatut der Berufsfeuerwehr
1889—94	Dr. Johann Prix	1885	Erste Gemeinderatssitzung im (neuen) Rathaus
		1890	Eingemeindung der Vororte; Gemeindestatut
		1892	Schaffung der Magistratischen Bezirksämter
1894—95	Dr. Raimund Grübl	1893	Bauzonenplan beschlossen
1895—96	Dr. Hans v. Friebeis (Regierungskommissär)	1895	Liberale verlieren Mehrheit im Gemeinderat
1896—97	Josef Strobach		
		1896	Zweidrittelmehrheit der Christlichsozialen im Gemeinderat
1897—1910	Dr. Karl Lueger	1897	Erste elektrifizierte Straßenbahnlinie
		1898	Einrichtung einer städtischen Arbeitsvermittlung
		1899	Städtisches Gaswerk in Betrieb genommen
		1900	Brigittenau eigener Bezirk; Schaffung einer vierten Wählerkurie, Sozialdemokraten im Gemeinderat
		1902	Fertigstellung der städtischen E-Werke; Straßenbahn verstadtlicht
		1904	Lainzer Versorgungshaus eröffnet; Floridsdorf und andere Gemeinden als 21. Bezirk eingemeindet
		1905	Schaffung des Wald- und Wiesengürtels
		1908	360-Millionen-Kronen-Investitionsanleihe; Baubeginn am Lainzer Krankenhaus
1910—12	Dr. Josef Neumayer	1910	Zweite Hochquellenwasserleitung vollendet
		1911	Gaswerk Leopoldau in Betrieb genommen; Christlichsoziale verlieren bei Reichsratswahlen Mehrheit in Wien
1912—19	Dr. Richard Weiskirchner	1914	375-Millionen-Kronen-Investitionsanleihe
		1916—18	*Karl I.*
		1918	Ausrufung der Republik, Wien Bundeshauptstadt

Bundespräsidenten:

1918—20 Karl Seitz

1919—23	Jakob Reumann	1919	Erstmals Wahlen aufgrund eines allgemeinen Wahlrechts; sozialdemokratische Mehrheit im Gemeinderat

1920—28 Michael Hainisch

		1920	Gemeindestatut und Gemeindewahlordnung erneuert; Beginn der Breitnerschen Steuerreform; neue Verfassung Wiens
		1921	Luxussteuergesetz beschlossen; Organisierung des schulärztlichen Dienstes
		1922	Wien eigenes Bundesland
1923—34	Karl Seitz	1923	Einführung der Wohnbausteuer; erstes Wohnbauprogramm; Lungenheilstätte Baumgartnerhöhe
		1925	Stadtbahn elektrifiziert; Eröffnung des Metzleinstalerhofes; Kinderübernahmsstelle in Betrieb genommen
		1926	Grundsteinlegung zur 25.000. Gemeindewohnung; Amalienbad und „Brigittaspital" eröffnet
		1927	Zweites Wohnbauprogramm; Brand des Justizpalastes
		1928—38	*Wilhelm Miklas*
		1928	Kehrichtabfuhr auf „Colonia" System umgestellt
		1930	Eröffnung des Karl Marx-Hofes
		1931	Eröffnung des Stadions
		1933	Einschneidende Verschlechterung des Finanzausgleichs; „Selbstausschaltung" des Parlaments
1934—38	Richard Schmitz	1934	Februarkämpfe; Verbot der Sozialdemokratischen Partei; Wien bundesunmittelbare Stadt
		1935	Eröffnung der Höhenstraße
		1937	Errichtung von Familienasylen; Eröffnung der Reichsbrücke
1938—40	Dr. Ing. Hermann Neubacher	1938	Deutscher Einmarsch; Gebietsvergrößerung Wiens
		1939	Umwandlung des Landes in einen „Reichsgau Groß-Wien"
		Reichsstatthalter:	
1940—43	Philipp Wilhelm Jung	*1940—45*	*Baldur v. Schirach*
1943—45	Hanns Blaschke	1944	Gründung des „Provisorischen Österr. Nationalkomitees" der Widerstandsbewegung
		1945	Befreiung Wiens
		Bundespräsidenten:	
1945—51	Dr. h. c. Theodor Körner	*1945—50*	*Dr. Karl Renner*
		1947	Grundsteinlegung zur Per-Albin-Hansson-Siedlung; erster Heimkehrertransport aus der Sowjetunion; Tagesration auf 1700 Kalorien pro Tag erhöht

	1948 Beginn der Umstellung von Gleich- auf Wechselstrom
	1949 Gründung der „Wiener Stadtwerke"; Grundsteinlegung zum Hugo Breitner-Hof
	1950 Grundsteinlegung zur 10.000. Wohnung nach Kriegsende
1951—65 Dr. h. c. Franz Jonas	*1951—57 Dr. h. c. Theodor Körner*
	1951 Erste Wiener Festwochen
	1952 Gasbehälter Leopoldau in Betrieb genommen
	1953 Umspannwerk Bisamberg in Betrieb genommen; Grundsteinlegung zum Trinkwasserspeicher Neusiedl am Steinfeld
	1954 Straßenbahn setzt Großraumzüge ein; Rückgliederung von 80 nö. Gemeinden
	1955 Staatsvertrag; Abzug der Besatzungstruppen; Opernpassage, Ringturm, Praterstern und Schwedenbrücke fertiggestellt
	1956 Grundsteinlegung zur 50.000. Wohnung nach Kriegsende; Sitz der Internationalen Atomenergiebehörde in Wien
	1957—65 Dr. Adolf Schärf
	1957 100.000. Säuglingswäschepaket seit Kriegsende überreicht
	1958 Eröffnung der Stadthalle
	1959 Stadion erweitert, Trinkwasserspeicher Neusiedl fertiggestellt; Historisches Museum, Verkehrsbauwerk Südtiroler Platz und Laaer-Berg-Bad eröffnet
	1960 Gasbehälter auf dem Wiener Berg in Betrieb genommen
	1961 Betriebsaufnahme der Schnellbahn Floridsdorf—Landstraße; Verkehrsbauwerk Schottenring fertiggestellt; erstes Pensionistenheim; letzte der kriegszerstörten Brücken eröffnet
	1962 Volkshochschule Favoriten, Haus der Jugend und Theater an der Wien eröffnet; Grundsteinlegung zum Donauturm
	1963 Grundsteinlegung zur dritten Zentralberufsschule; Baubeginn der Unterpflasterstraßenbahn auf der Lastenstraße
	1964 WIG 1964; Eröffnung der Kennedy-Brücke, der Gürtel- und der Nordbrücke; erste aus Fertigteilen gebaute Wohnhausanlage in Kagran fertiggestellt

1965–70	Bruno Marek	seit 1965	Dr. h. c. Franz Jonas
		1965	Umstellung Wiens auf Wechselstrom abgeschlossen; Stollenanschlag für das Wasserleitungsprojekt „Sieben Quellen"
		1966	Aufnahme des Schnellbahnbetriebes nach Liesing; Umbau der Lastenstraße abgeschlossen
		1967	Entgiftung des Stadtgases; UNIDO erhält Amtssitz im Felder-Haus; Quelle in Oberlaa als Heilquelle anerkannt
		1968	Grundsatzbeschluß betreffend das U-Bahn-Projekt; Beschluß zum Bau einer Hauptkläranlage; Inkrafttreten neuer Wohnungsgesetze
		1969	Baubeginn der U-Bahn; Neuwahlen zum Gemeinderat; Zahl der Amtsführenden Stadträte auf 14 erhöht
1970–73	Dr. h. c. Felix Slavik	1971	Grundsteinlegung zur „Stadt des Kindes"
		1972	Eröffnung des größten Kindergartens von Wien; Spatenstich für das Entlastungsgerinne im Überschwemmungsgebiet; Eröffnung des Fleischgroßmarktes St. Marx und des Großmarktes Wien-Inzersdorf
seit 1973	Leopold Gratz	1973	Neuwahlen zum Gemeinderat; Ende der „Rathauskoalition" und neue Ressortverteilung (acht Amtsführende Stadträte und drei oppositionelle Stadträte ohne Ressort)

LITERATURVERZEICHNIS

Bibliographie
Gustav Gugitz, Bibliographie zur Geschichte und Stadtkunde von Wien, 5 Bände, Wien 1947 ff.

Allgemeine Werke
Verwaltungsberichte der Stadt Wien (ab 1861);
Kommunal-Kalender und Städtisches Jahrbuch (ab 1863);
Karl Weiß, Geschichte der Stadt Wien, 2 Bände, Wien ²1882 f.;
Geschichte der Stadt Wien, hg. v. Alterthumsverein zu Wien, 6 in 8 Bänden, Wien 1897 ff.;
Karl Eduard Schimmer, Alt und Neu Wien. Geschichte der österreichischen Kaiserstadt, 2 Bände, Wien-Leipzig 1904;
Hans Tietze, Wien. Kultur, Kunst, Geschichte, Wien-Leipzig 1931;
Friedrich Walter, Wien, 3 Bände, Wien 1940 ff.;
Wien um die Mitte des XX. Jahrhunderts, hg. v. Ferdinand Lettmayr, Wien 1958;
Felix Czeike, Wirtschafts- und Sozialpolitik der Gemeinde Wien 1919–1934, 2 Bände, in: Wiener Schriften, Heft 6 und 11, Wien 1958 f.;
Felix Czeike, Liberale, christlichsoziale und sozialdemokratische Kommunalpolitik (1861–1934), dargestellt am Beispiel der Gemeinde Wien, Wien 1962;
Unvergängliches Wien. Ein Gang durch die Geschichte von der Urzeit bis zur Gegenwart, hg. v. Karl Ziak, Wien 1964;
Archivalien aus acht Jahrhunderten. Ausstellung des Archivs der Stadt Wien (Katalog), Wien 1964;
Wiedergeburt einer Weltstadt. Wien 1945–1965, Wien-München 1965;
Felix Czeike, Von Bürgermeister zu Bürgermeister, in: „Stadt Wien", IULA-Sondernummer, Juni 1969, 11 ff.

Biographische Werke
Constant von Wurzbach, Biographisches Lexikon des Kaisertums Österreich, 60 Bände, Wien 1856–1891;
Österreichisches Biographisches Lexikon 1815–1950, hg. v. d. Österreichischen Akademie der Wissenschaften, bearb. Eva Obermayer-Marnach, Graz-Köln bzw. Wien 1957 ff. (bisher 5 Bände);
Neue Österreichische Biographie ab 1815, Wien bzw. Wien-München 1923 ff. (bisher 18 Bände);
Oswald Knauer, Der Wiener Gemeinderat 1861–1962, in: Handbuch der Stadt Wien, 77 (1962), 211 ff.;
Leopold Sailer, Die Wiener Ratsbürger des 14. Jahrhunderts, in: Studien aus dem Archiv der Stadt Wien, 3/4, Wien 1931.

Literatur zu einzelnen Bürgermeistern
KONRAD POLL:
Rudolf Till, Das Bürgermeisteramt in seinen bekanntesten Vertretern, Wien o. J. (1947), 5 ff.;
Hanns Jäger-Sunstenau, Konrad Poll, in: Österreichischer Wappenalmanach 1969, Wien 1968, 8 f.
HEINRICH HANSGRAF:
Richard Perger, Wiens Bürgermeister und Stadtrichter im Jahre 1285, in: Wiener Geschichtsblätter, 21 (1966), 23 f.
HEINRICH CHRANNEST:
Heinz Zatschek, Studien zur Wiener Handels- und Gewerbegeschichte, in: Jahrbuch des Vereines für Geschichte der Stadt Wien, 21/22 (1965/66), 229 ff.

OTTO WÜLFLEINSTORFER:
Hanns Jäger-Sunstenau, Otto Wilfleinstorfer, in: Österreichischer Wappenalmanach 1969, Wien 1968, 10f.

KONRAD VORLAUF:
Rudolf Till, Bürgermeisteramt, 9ff.

RUDOLF ANGERFELDER:
Ernst Hartmann v. Franzenshuld, Geschlechterbuch der Wiener Erbbürger, Ratsverwandten und Wappengenossen, Wien 1882, 29ff.

KONRAD HOLZLER D. Ä.:
Richard Perger, Wiener Bürger des 15. Jahrhunderts als Förderer der Leonhardskirche in Tamsweg, in: Jahrbuch des Vereines für Geschichte der Stadt Wien, 26 (1970), 76ff.

KONRAD HOLZLER D. J.:
Karl Schalk, Aus der Zeit des österreichischen Faustrechts 1440—1463, in: Abhandlungen zur Geschichte und Quellenkunde der Stadt Wien, 3 (1919), 457ff.

ANDRE HILTPRANT:
Felix Czeike, Ratsbürger und Honoratioren im 15. Jahrhundert, in: Jahrbuch des Vereines für Geschichte der Stadt Wien, 12 (1955/56), 120ff.

HANNS HARINGSEER:
Felix Czeike, Hanns Haringseer, in: Wiener Geschichtsblätter, 11 (1956), 80ff.

OSWALD REICHOLF D. J.:
Karl Schalk, Faustrecht, 462ff.;
Doris Leithner, Die Familie Reicholf (1342—1542), ein Wiener Erbbürgergeschlecht, phil. Diss., Wien 1969.

NIKLAS TESCHLER:
Karl Schalk, Faustrecht, 397ff.;
Hanns Jäger-Sunstenau, Niklas Teschler, in: Österreichischer Wappenalmanach 1969, Wien 1968, 12f.
Richard Perger, Niklas Teschler und seine Sippe. Ein Beitrag zur Sozialgeschichte Wiens im 15. Jahrhundert, in: Jahrbuch des Vereines für Geschichte der Stadt Wien, 23/25 (1967/69), 108ff.

JAKOB STARCH:
Karl Schalk, Faustrecht, 427ff.

CHRISTIAN PRENNER:
Karl Schalk, Faustrecht, 409ff.

SEBASTIAN ZIEGELHAUSER:
Karl Schalk, Faustrecht, 411ff.

WOLFGANG HOLZER:
Karl Schalk, Faustrecht, 442ff.;
Rudolf Till, Bürgermeisteramt, 12ff.

FRIEDRICH EBMER:
Karl Schalk, Faustrecht, 471f.

LAURENZ HAIDEN:
Richard Perger, Die Haiden von Guntramsdorf, in: Jahrbuch der Heraldisch-Genealogischen Gesellschaft „Adler", 3. Folge, 7 (1967/70), Wien 1970, bes. 106ff.

WOLFGANG KIRCHHOFER:
Rudolf Neck, Die Erinnerungen des Wiener Bürgermeisters Wolfgang Kirchhofer, Hausarbeit am Institut für österreichische Geschichtsforschung, Wien 1948.

DR. MARTIN SIEBENBÜRGER:
Rudolf Till, Bürgermeisteramt, 15ff.;

Hans Lahoda, Der Ständekampf in den österreichischen Erblanden nach dem Tod Maximilians I. bis zu seiner Beendigung im Blutgericht von Wiener Neustadt, phil. Diss., Wien 1949;
Hanns Jäger-Sunstenau, Dr. Martin Siebenbürger, in: Österreichischer Wappenkalender 1958, Wien 1957, 26f.

WOLFGANG TREU:
Hanns Jäger-Sunstenau, Wolfgang Treu, in: Österreichischer Wappenalmanach 1969, Wien 1968, 14f.

HERMES SCHALLAUTZER:
Felix Czeike, Hermes Schallautzer, in: Jahrbuch des Vereines für Geschichte der Stadt Wien, 15/16 (1959/60), 70ff.

SEBASTIAN HUTSTOCKER:
Hanns Jäger-Sunstenau, Sebastian Hutstocker, in: Österreichischer Wappenalmanach 1969, Wien 1968, 16f.

HANNS VON THAU:
Johanne Pradel, Die Wiener Ratsbürger im ersten Drittel des 17. Jahrhunderts, phil. Diss., Wien 1972, 240f.;
Albert R. v. Camesina, Alte Abbildungen der Wiener Bürgerwehr, in: Berichte und Mitteilungen des Alterthumsvereines zu Wien, 12 (1872), 182f.

GEORG FÜRST:
Hanns Jäger-Sunstenau, Georg Fürst, in: Österreichischer Wappenalmanach 1969, Wien 1968, 18f.;
Johanne Pradel, Die Wiener Bürgermeister der ersten Hälfte des 17. Jahrhunderts, in: Wiener Geschichtsblätter, 26 (1971), 139f.;
Johanne Pradel, Ratsbürger, 257.

ANDRE RIEDER:
Johanne Pradel, Bürgermeister, 138f.;
Johanne Pradel, Ratsbürger, 340f.

AUGUSTIN HAFFNER:
Johanne Pradel, Bürgermeister, 140ff.;
Johanne Pradel, Ratsbürger, 268ff.

LUCAS LAUSSER:
Johanne Pradel, Bürgermeister, 143f.;
Johanne Pradel, Ratsbürger, 310f.

DANIEL MOSER:
Johanne Pradel, Bürgermeister, 178ff.;
Johanne Pradel, Ratsbürger, 323ff.

CHRISTOPH HUTSTOCKER:
Johanne Pradel, Ratsbürger, 301ff.

OSWALD HÜTTENDORFER:
Johanne Pradel, Ratsbürger, 304ff.

PAUL STEYRER:
Johanne Pradel, Ratsbürger, 354f.

VEIT RESCH:
Johanne Pradel, Bürgermeister, 181ff.;
Johanne Pradel, Ratsbürger, 338f.

PAUL WIEDEMANN:
Ernst v. Hartmann-Franzenshuld, Paul Wiedemann. Ein Wiener Bürgermeister, in: Berichte und Mitteilungen des Alterthumsvereines zu Wien, 17 (1878), 267ff.;
Johanne Pradel, Bürgermeister, 183ff.;
Johanne Pradel, Ratsbürger, 358ff.

CHRISTOPH FASSOLDT:
Johanne Pradel, Bürgermeister, 200 ff.;
Johanne Pradel, Ratsbürger, 250 f.;
Hanns Jäger-Sunstenau, Christoph Fasoldt, in: Österreichischer Wappenalmanach 1969, Wien 1968, 20 f.

KONRAD PRAMBER:
Johanne Pradel, Bürgermeister, 202 f.;
Johanne Pradel, Ratsbürger, 205 f.

CASPAR BERNHARDT:
Wilhelm Englmann, Testamente von Wiener Bürgermeistern aus dem XVII. Jahrhundert, in: Wiener Communal-Kalender und Städtisches Jahrbuch 1893, Wien 1893, 407 ff.;
Johanne Pradel, Bürgermeister, 203 ff.

JOHANN GEORG DIETMAYR V. DIETMANNSDORF:
Johanne Pradel, Bürgermeister, 205 f.

DANIEL LAZARUS SPRINGER:
Wilhelm Englmann, 407 f., 414 ff.

JOHANN ANDREAS V. LIEBENBERG:
Viktor Renner, Johann Andreas von Liebenberg. Biographische Skizze, Wien 1883;
Karl Uhlirz, Zur Biographie des Bürgermeisters Liebenberg, in: Mittheilungen des Instituts für österreichische Geschichtsforschung, 8 (1887), 623 ff.;
Karl Glossy, Zur Biographie des Wiener Bürgermeisters Johann Andreas von Liebenberg, in: Wiener Communal-Kalender und Städtisches Jahrbuch 1888, Wien 1888, 22 f.;
Rudolf Till, Bürgermeisteramt, 18 ff.

DANIEL FOCKHY:
Wilhelm Englmann, 408, 416 ff.;
Otto Trautmann, Der Bürgermeister und Oberstadtkämmerer Daniel Fockhy, phil. Diss., Wien 1948.

JAKOB DANIEL TEPSER:
Irene Rapp, Bürgermeister Jakob Daniel Tepser, in: Wiener Geschichtsblätter, 27 (1972), 353 ff.

ANDREAS LUDWIG LEITGEB:
Hanns Jäger-Sunstenau, Andreas Ludwig Leitgeb, in: Österreichischer Wappenkalender 1957, Wien-München 1956, 18 f.

DR. PETER JOSEPH EDLER V. KOFLER:
Hanns Jäger-Sunstenau, Dr. Peter Joseph Edler von Kofler, in: Österreichischer Wappenalmanach 1969, Wien 1968, 22 f.

LEOPOLD FRANZ GRUBER:
Philipp Georg Gudenus, Der Wiener Bürgermeister Leopold Franz Gruber, gest. 1784, in seinen genealogischen Daten, in: Wiener Geschichtsblätter, 23 (1968), 329.

JOSEF GEORG HÖRL:
Rede, welche vor einer hochlöblichen k.k. nö. Regierung den 16. Hornung 1773 ... gehalten worden, Wien o. J. (1773);
Constant von Wurzbach, Biographisches Lexikon des österreichischen Kaisertums, 9, Wien 1863, 124 f.;
Österreichische National-Encyklopädie, hg. v. Gräffer-Czikann, II, 596.

STEPHAN EDLER V. WOHLLEBEN:
Franz de Paula Gaheis, Bürgerfeyer am 30. X. 1804 bey der Einsetzung des Wohlgeb. F. Edl. v. Wohlleben in die Würde eines Bürgermeisters der k.k. Haupt- und Residenzstadt Wien, Wien 1804;
Wurzbach, 57, Wien 1889, 245 ff.;
Österreichische National-Encyklopädie, VI, 172;
Anna Schmutzer, Stephan Edler von Wohlleben, der Bürgermeister des von den Franzosen besetzten Wien, phil. Diss., Wien 1955;

Hanns Jäger-Sunstenau, Stephan Edler von Wohlleben, in: Österreichischer Wappenalmanach 1969, Wien 1968, 24f.

ANTON LUMPERT:
Wurzbach, 16, Wien 1867, 160f.

ANTON JOSEPH EDLER V. LEEB:
Hanns Jäger-Sunstenau, Anton Leeb, in: Österreichisches Biographisches Lexikon 1815–1950, bearb. v. Eva Obermayer-Marnach, V, Wien 1972, 89.

IGNAZ CZAPKA FRH. V. WINSTETTEN:
Wurzbach, 3, Wien 1858, 83;
Arnold Winkler, Landesregierung und Bürgermeister, in: Monatsblatt des Vereines für Geschichte der Stadt Wien, 1 (1919), 59ff.;
Rudolf Till, Ignaz Czapka Freiherr von Winstetten, letzter Bürgermeister des vormärzlichen Wien, in: Jahrbuch des Vereines für Geschichte der Stadt Wien, 14 (1958), 57ff.;
Rudolf Till, Bürgermeisteramt, 20ff.;
Hanns Jäger-Sunstenau, Ignaz Freiherr Czapka von Winstetten, in: Österreichischer Wappenalmanach 1969, Wien 1968, 26f.

DR. JOHANN KASPAR FRH. V. SEILLER:
Denkblatt an die feierliche Einsetzung des ersten freigewählten Vorstandes der Gemeinde Wien, Wien o. J. (1851);
Die feierliche Beeidigung des neugewählten Bürgermeisters der k.k. Reichshaupt- und Residenzstadt Wien Herrn Dr. J. Kaspar R. v. Seiller den 10. Februar 1851, Wien o. J. (1851);
Wurzbach, 34, Wien 1877, 24ff.;
Rudolf Till, Bürgermeisteramt, 26ff.;
Alfred Urbanschütz, Dr. Johann Kaspar Freiherr von Seiller. Bürgermeister von Wien, phil. Diss., Wien 1953.

DR. ANDREAS ZELINKA:
Wurzbach, 59, Wien 1890, 304ff.;
Franz Ullmayer, Der Bürgermeister von Wien. Bei Gelegenheit der wiederholten Wahl des Bürgermeisters Andreas Zelinka, Wien o. J.;
Bürgermeister Dr. Andreas Zelinka, in: Communal-Kalender und Städtisches Jahrbuch 1870, Wien 1870, 150ff.;
Melitta Nemetz, Die Bürgermeister Wiens und die städtischen Einrichtungen in der 2. Hälfte des 19. Jahrhunderts, phil. Diss., Wien 1948, 34ff.;
Ingeborg Werner, Dr. Andreas Zelinka, Bürgermeister der Stadt Wien, phil. Diss., Wien 1949;
Peter Vrbovszky, Die Wahlen der Wiener Bürgermeister, phil. Diss., Wien 1968, 17ff.

DR. CAJETAN FRH. V. FELDER:
Karl Glossy, Aus den Memoiren des Bürgermeisters Kajetan Felder, in: Österreichische Bücherei, hg. v. Friedrich Walter, 3, Wien-Leipzig o. J. (1925);
Karl Glossy, Kajetan Felder, in: Neue Österreichische Biographie, IV, Wien 1927, 206ff.;
Irene Neuwirth, Dr. Cajetan Felder, phil. Diss., Wien 1942;
Melitta Nemetz, Bürgermeister, 42ff.;
Österreichisches Biographisches Lexikon, I, Graz-Köln 1957, 294f.;
Cajetan Felder, Erinnerungen eines Wiener Bürgermeisters, hg. v. Felix Czeike, Wien 1964;
Felix Czeike, Der Lebenslauf des Wiener Bürgermeisters Dr. Cajetan Felder, in: Wiener Geschichtsblätter, 19 (1964), 321ff.;
Felix Czeike, Bürgermeister Dr. Cajetan Felder und seine Zeit, in: Österreich in Geschichte und Literatur, 8 (1964), 370ff.;
Peter Vrbovszky, Wahlen, 77ff.;

Felix Czeike, Cajetan Felder, in: Tausend Jahre Österreich, II, Wien-München 1973, 240 ff.

JULIUS R. V. NEWALD:
Melitta Nemetz, Bürgermeister, 53 ff.;
Maria Mayer, Die Bürgermeisterwahlen 1878–1900 im Spiegel der öffentlichen Meinung, phil. Diss., Wien 1970, 36 ff.
Helmut Kretschmer, Dr. Julius Newald, Bürgermeister von Wien 1878–1882, phil. Diss., Wien 1971.

EDUARD UHL:
Melitta Nemetz, Bürgermeister, 57 ff.;
Elisabeth Uhl, Eduard Uhl. Bürgermeister der Stadt Wien 1882–1889, phil. Diss., Wien 1950;
Hanns Jäger-Sunstenau, Eduard Uhl, in: Österreichischer Wappenalmanach 1969, Wien 1968, 28 f.;
Maria Mayer, Bürgermeisterwahlen, 90 ff.

DR. JOHANN PRIX:
Melitta Nemetz, Bürgermeister, 64 ff.;
Maria Mayer, Bürgermeisterwahlen, 133 ff.

DR. RAIMUND GRÜBL:
Maria Mayer, Bürgermeisterwahlen, 186 ff.;
Österreichisches Biographisches Lexikon, II, Graz-Köln 1959, 86;
Melitta Nemetz, Bürgermeister, 69 ff.;
Felix Czeike, Bürgermeister auf verlorenem Posten, in: wien aktuell, Nr. 19/1973, 32 f.

DR. KARL LUEGER:
Richard Kralik, Karl Lueger und der christliche Sozialismus, Wien 1933;
Gertrude Stöger, Die politischen Anfänge Luegers, phil. Diss., Wien 1941;
Rudolf Kuppe, Dr. Karl Lueger, Wien 1947;
Kurt Skalnik, Karl Lueger, Wien 1954;
Kurt Skalnik, Karl Lueger, in: Neue Österreichische Biographie ab 1815, XII, Zürich-Leipzig-Wien o. J. (1957), 107 ff.;
Heinrich Schnee, Karl Lueger, Leben und Wirken eines großen Sozial- und Kommunalpolitikers. Umrisse einer politischen Biographie, Berlin 1960;
Maria Mayer, Bürgermeisterwahlen, 230 ff.;
M. Kunze, Dr. Karl Lueger als Gemeinderat 1875–96, phil. Diss., Wien 1969;
Walter Goldinger, Karl Lueger, in: Österreichisches Biographisches Lexikon, V, Wien 1972, 352 f.

DR. JOSEF NEUMAYER:
Wiener Kommunal-Kalender und Städtisches Jahrbuch für 1911, 528 ff.

DR. RICHARD WEISKIRCHNER:
Karl Harrer, Dr. Richard Weiskirchner, phil. Diss., Wien 1950;
Oswald Knauer, Dr. Richard Weiskirchner, in: Wiener Geschichtsblätter, 17 (1962), 65 ff.

JAKOB REUMANN:
Friedrich Keller, Jakob Reumann, in: Werk und Widerhall, hg. v. Norbert Leser, Wien o. J. (1964), 325 ff.;
B. S. (Bruno Sokoll), Jakob Reumann, in: Dictionnaire biographique du mouvement ouvrier international, I. Autriche, Paris 1971, 256 f.

KARL SEITZ:
Franz Blaha, Karl Seitz, Mann des Volkes, Mann des Herzens, Wien 1945;
Anton Tesarek, Unser Seitz. Zu seinem 80. Geburtstag, Wien 1949;
Julius Deutsch, Karl Seitz, in: Neue Österreichische Biographie ab 1815, XII, Zürich-Leipzig-Wien o. J. (1957), 128 ff.;
Felix Czeike, Karl Seitz (1869–1950), in: Österreich in Geschichte und Literatur, 6 (1962), 151 ff.;
Rudolf Neck, Karl Seitz als Staatsoberhaupt, in: Die österreichischen Bundespräsidenten, Wien 1963, 15 ff.;

Anton Tesarek, Karl Seitz, in: Werk und Widerhall, 381 ff.;
B. S. (Bruno Sokoll), Karl Seitz, in: Dictionnaire biographique du mouvement ouvrier international, I. Autriche, Paris 1971, 286 f.

RICHARD SCHMITZ:
Rudolf Till, Unser Bürgermeister Richard Schmitz, Wien 1935;
Fritz Braun, Der politische Lebensweg des Bürgermeisters Richard Schmitz, phil. Diss., Wien 1968.

DR. H. C. THEODOR KÖRNER:
Thea Leitner, Körner aus der Nähe. Ein Lebensbild, Wien 1952;
Adam Wandruszka, Theodor Körner — Ein Leben im Dienste der Pflicht, in: Die Presse, 5. Jänner 1957;
Ludwig Jedlicka, Dr. h. c. Theodor Körner, in: Die österreichischen Bundespräsidenten, 91 ff.;
Bruno Kreisky, Theodor Körner, in: Werk und Widerhall, 227 ff.;
Hanns Jäger-Sunstenau, Theodor Körner, in: Österreichischer Wappenalmanach 1969, Wien 1968, 30 f.;
Anonym, Theodor Koerner, Edler von Sigringen, in: Dictionnaire biographique du mouvement ouvrier international, I. Autriche, Paris 1971, 169 f.,
Ludwig Jedlicka, Theodor Körner (1873—1957), in: Neue Österreichische Biographie ab 1815, XVIII, Wien-München 1972, 9 ff.;
Eric C. Kollman, Theodor Körner. Militär und Politik, Wien 1973.

DR. H. C. FRANZ JONAS:
Felix Czeike, Franz Jonas, Wien 1964 (Manuskript im Wiener Landesarchiv);
Franz Kreuzer, Der Weg des Bundespräsidenten, Wien 1965;
Franz Kreuzer, Ein Leben für Österreich. Franz Jonas, Wien 1969;
Richard Kurfürst, Franz Jonas unser Bundespräsident, Wien 1969;
Who's who in Austria, 7th Edition, Wien 1969/70, 351 f.;
Anonym, Franz Jonas, in: Dictionnaire biographique du mouvement ouvrier international, I. Autriche, Paris 1971, 154.

BRUNO MAREK:
Who's who in Austria, 6th Edition, Wien 1967, 441;
Anonym, Bruno Marek, in: Dictionnaire biographique du mouvement ouvrier international, I. Autriche, Paris 1971, 198 f.

DR. H. C. FELIX SLAVIK:
Who's who in Austria, 7th Edition, Wien 1969/70, 699;
Anonym, Felix Slavik, in: Dictionnaire biographique du mouvement ouvrier international, I. Autriche, Paris 1971, 291.

ABBILDUNGSVERZEICHNIS

33 Meister des Schottenaltars, „Flucht der heiligen Familie nach Ägypten" mit Ansicht der Stadt Wien von Süden, um 1470, Ausschnitt. Wiener Schottenstift.

34 Meister des Babenberger Stammbaums, Friedrich II. der Streitbare mit Ansicht der Stadt Wien von Norden, um 1490, Ausschnitt. Stiftsmuseum Klosterneuburg.

51 Wappenbrief Kaiser Friedrichs III. für die Stadt Wien, Pergamenturkunde vom 26. September 1461 mit farbigem Wappenbild und Siegel, Ausschnitt. Wiener Landesarchiv (Priv. 46).

52 Großes Stadtbuch oder „Eisenbuch", Pergamentkodex in Ledereinband des 16. Jahrhunderts, um 1350. Wiener Landesarchiv.

69 Ratsurkunde vom 22. August 1282. Österreichisches Staatsarchiv, Wien.

70 Niederlagsprivileg Albrechts von Habsburg für die Stadt Wien. Pergamenturkunde vom 24. Juli 1281 mit 16 anhangenden Siegeln (ein weiteres fehlt). Wiener Landesarchiv (Priv. 1).

71 Stadtrecht Albrechts I. für die Stadt Wien („Albertinum I"), Pergamenturkunde vom 12. Februar 1296 mit anhangendem Siegel, Ausschnitt. Wiener Landesarchiv (Priv. 2).

72 Testament des Bürgermeisters Dietrich Flusthart, Papierurkunde vom 6. Februar 1359 mit fünf anhangenden Siegeln, Ausschnitt. Wiener Landesarchiv (Hauptarchivsurkunde 519).

73 Bestimmungen über die Zusammensetzung des Wiener Stadtrates („Ratswahlprivileg"), erlassen durch die Herzöge Wilhelm, Leopold IV. und Albrecht IV., Pergamenturkunde vom 24. Februar 1396 mit zwei anhangenden Siegeln (ein drittes fehlt). Wiener Landesarchiv (Priv. 27).

74 Meister des Schottenaltars, „Heimsuchung Mariae" mit Blick in einen Wiener Straßenzug, um 1470. Wiener Schottenstift.

75 Sogenannter „Albertinischer Plan", 15. Jahrhundert. Historisches Museum der Stadt Wien.

76/77 Jacob Hoefnagel, Vogelschau der Stadt Wien im Jahre 1609 von Norden, Kupferstich von J. N. Visscher in Amsterdam, 1640. Historisches Museum der Stadt Wien.

78 Bürgermeister, Stadtrichter und Stadtrat geloben, die Universität Wien zu schützen und zu fördern, Pergamenturkunde mit großem Stadtsiegel vom 12. April 1365. Wiener Landesarchiv (Hauptarchivsurkunde 643).

79 Bürgermeister Konrad Holzler auf einem von ihm gestifteten Glasfenster der Wallfahrtskirche St. Leonhard in Tamsweg, 1434. Foto: Bundesdenkmalamt, Wien.

80 Originalschatulle der „Pancarta". Mit gepreßtem Leder überzogene Holzkassette, 1460 (datiert). Wiener Landesarchiv (zu Priv. 45).

81 Stadtrecht Kaiser Friedrichs III. für die Stadt Wien („Pancarta"), Pergamenturkunde (Libell, 18 Blätter) vom 5. Juli 1460 mit anhangender Goldbulle. Wiener Landesarchiv (Priv. 45).

82 Die Hofburg im Jahre 1462. Stich. Historisches Museum der Stadt Wien.

83 Fischereiordnung Kaiser Maximilians I., Pergamenturkunde vom 24. Februar 1506 mit kolorierten Abbildungen von acht Fischen (Siegel fehlt). Wiener Landesarchiv (Hauptarchivsurkunde 5825).

84 Stephansplatz mit Stephansdom, Maria-Magdalena-Kapelle und Heilthumstuhl, Nachzeichnung aus der Vogelschau von Jacob Hoefnagel (siehe S. 76/77), 1609. Österreichische Nationalbibliothek, Bildarchiv.

101 Christian Hilfgott Brand, Blick gegen die Stadt von der Roßau, um 1735, Ölgemälde. Niedersächsische Landesgalerie, Hannover. Foto: Österreichische Nationalbibliothek, Bildarchiv.

102 Deckenfresko im „Wappensaal" des Alten Rathauses (Saal vor den Räumlichkeiten der Bezirks-

vorstehung für den I. Bezirk), 1714. Ausschnitt mit den Wappen von Bürgermeister Johann Lorenz Trunck von Guttenberg, 1713—1716 (rechts oben), Bürgermeister Johann Franz Wenighoffer, 1708—1712 (rechts unten), Stadtanwalt Carl Joseph Loiselli (links oben) und Stadtratssenior Adam Schreyer (links unten). Foto: Leo Ralbovszky.

119 Bernardo Bellotto, genannt Canaletto, Die Freyung gegen die Schottenkirche, um 1760, Ölgemälde. Kunsthistorisches Museum, Wien.

120 Eintragung des Bürgermeisters Simon Stephan Schuster (1683—1687), kolorierte Wappenzeichnung auf Pergament im Wappenbuch (angelegt 1626, fortgeführt bis 1736). Wiener Landesarchiv (Hs. 78).

137 Belagerung der Stadt Wien durch die Türken 1529. Südansicht von Wien mit dem türkischen Heer, anonyme Radierung. Historisches Museum der Stadt Wien.

138 Niclas Meldemann, Rundplan der Stadt Wien, 1530, Radierung, Ausschnitt. Historisches Museum der Stadt Wien.

139 Ritterliche Spiele auf dem Burgplatz, Radierung von Hans Sebald Lautensack in Francolins Turnierbuch, 1560. Foto: Österreichische Nationalbibliothek, Bildarchiv.

140 Augustin Hirschvogel, Südprofil der Stadt Wien, 1547, Ausschnitt. Graphische Sammlung Albertina, Wien.

141 Bürgermeister Hans Übermann (1556—1557, 1566—1567), zeitgenössischer Kupferstich des Monogrammisten TB. Historisches Museum der Stadt Wien.

142 Bürgermeister Hermes Schallautzer (1538—1539), Kupferstich von Hans Sebald Lautensack. Historisches Museum der Stadt Wien.

143 Bürgermeister Hanns von Thau, Empfang der Bürgerwehr 1571. Aus: Heinrich Wirrich, Ordentliche Beschreibung des Beylags oder Hochzeit, so da gehalten ist worden durch... Herrn Carolen Ertzhertzog zu Oesterreich mit... Maria... Hertzogin zu Bayrn, Wien 1571.

144/145 Grundriß der Stadt Wien, entworfen von Leander Anguissola und Jacob Marinoni, 1706. Kupferstich und Radierung kombiniert. Titel am oberen Rand: „Accuratissima Viennae Austriae Ichnographica Delineatio".

146 Matthäus Merian d. Ä., Der Vorort Hernals, aus: Topographia Provinciarum Austriacarum, 1649.

147 Medaille auf Bürgermeister Georg Prantstetter (1558—1559, 1568—1569, 1572—1573); Medaille auf Bürgermeister Georg Fürst (1590—1591, 1602—1603), 1581. Historisches Museum der Stadt Wien.

148 Eintragung des Bürgermeisters Daniel Moser (1610—1613, 1616—1622, 1626—1637). Kolorierte Wappenzeichnung auf Pergament im Wappenbuch. Wiener Landesarchiv (Hs. 78).

149 Matthäus Merian, Das Windhaagsche Haus, aus: Topographia Windhagiana, 1656.

150 Vogelschau Jacob Hoefnagels (vgl. S. 76/77), Ausschnitt.

151 „Rondellenhaus" am Graben. Wohn- und Sterbehaus des Bürgermeisters Johann Franz Peickhardt. Anonymer Kupferstich aus dem Erbhuldigungswerk für Maria Theresia von Georg Christoph Kriegl, 1740, Ausschnitt. Historisches Museum der Stadt Wien.

152 Judenplatz 3. Ausschnitt aus einem Kupferstich von I. A. Corvinus nach Salomon Kleiner. Tafel 14 aus „Wahrhaffte Abbildung", II. Teil, 1725. Historisches Museum der Stadt Wien.

169 Bürgermeister Peter Joseph von Kofler (1741—1744 und 1751—1764), Pastell aus der Meytens-Schule. Historisches Museum der Stadt Wien.

170 Kloster und Kirche der Barmherzigen Brüder mit Taborstraße in der Leopoldstadt. Kolorierter Stich von Johann Ziegler, Blatt 31 der Ansichtensammlung bei Artaria, 1. Zustand, 1783. Historisches Museum der Stadt Wien.

187 Bürgermeister Josef Georg Hörl (1773—1804), Ölgemälde von Josef Kreutzinger. Historisches Museum der Stadt Wien.

188 Jakob Alt, Fernsicht auf Wien von der Triester Straße, 1817, Aquarell, Ausschnitt. Graphische Sammlung Albertina, Wien.
205 Bürgermeister Johann Andreas von Liebenberg (1679–1683). Stich von Mathias von Sommeren, 1680. Historisches Museum der Stadt Wien.
206 Türkenbelagerung 1683. Radierung von R. de Hooghe, Amsterdam. Historisches Museum der Stadt Wien.
207 Türkenbelagerung 1683. Radierung von R. de Hooghe, Amsterdam. Historisches Museum der Stadt Wien.
208 Plan der Stadt Wien und ihrer Umgebung, 1692. Kolorierter Kupferstich von Sanson. Wiener Landesarchiv (Plan 1158).
209 Blätter der Bürgermeister Caspar Bernhardt (1646–1648), Dr. Thomas Wolfgang Puechenegger (1654–1655), Johann Andreas von Liebenberg (1679–1683) und Daniel Fockhy (1688–1691) im Wappenbuch. Wiener Landesarchiv (Hs. 78).
210 Verzeichnis des Personalstandes von Stadtrat und Stadtgericht, 1706. Wiener Landesarchiv.
211 Erbhuldigungswerk für Joseph I., 1705. Österreichische Nationalbibliothek.
212/213 Joseph Daniel Huber, Vogelschau („Scenographie") der Inneren Stadt Wien, 1785, Ausschnitt. Historisches Museum der Stadt Wien.
214 Plan der Stadt Wien mit ihren Vorstädten, kolorierte Handzeichnung, 1736. Wiener Landesarchiv (Plan 222).
215 Erbhuldigungswerk für Maria Theresia, 1740. Österreichische Nationalbibliothek.
216 Von Bürgermeister Peter Joseph von Kofler für Mathaeus Lambertus Fourneau ausgestellter Reisepaß, gedrucktes Formular mit aufgedrücktem Siegel unter Papier, 1. Februar 1754. Wiener Landesarchiv (Hauptarchivsakt B 915).
217 Joseph Daniel Huber, Vogelschau („Scenographie") der Inneren Stadt Wien, 1785, Ausschnitt. Historisches Museum der Stadt Wien.
218 Neuordnung der Einteilung und der Geschäftsführung des Wiener Magistrats durch Kaiser Joseph II. Libell mit Aufdrucksiegel des Niederösterreichischen Appellationsgerichts unter Papier, 16. August 1783. Wiener Landesarchiv (Hauptarchivsakt 1/1783).
219 Standesliste des Bürgeraufgebotes unter Bürgermeister Josef Georg Hörl, 1797. Wiener Landesarchiv.
220 Platz Am Hof 9. Kupferstich von G. D. Heumann nach Salomon Kleiner, Ausschnitt. Historisches Museum der Stadt Wien.
237 Bürgermeister Dr. Johann Kaspar Freiherr von Seiller (1851–1861), Ölgemälde von Friedrich Amerling, 1853. Roter Salon, Rathaus. Foto: Leo Ralbovszky.
238 Bürgermeister Dr. Cajetan Felder (1868–1878), Ölgemälde von Hans Canon, 1874. Roter Salon, Rathaus. Foto: Leo Ralbovszky.
255 Bürgermeisterkette, gestiftet von Bürgern der Stadt Wien anläßlich der Vollendung des Neuen Rathauses, 1883. Magistrat der Stadt Wien (MA 5). Foto: Fred Prager.
256 Bürgermeister Dr. Karl Lueger auf dem im Festsaal des Rathauses veranstalteten Ball der Stadt Wien, Ölgemälde von Wilhelm Gause, 1904. Historisches Museum der Stadt Wien.
273 Empfang Kaiser Franz I. vor der Stephanskirche, 1806. Stich von Stubenrauch. Historisches Museum der Stadt Wien.
274 Bürgermeister Stephan von Wohlleben übergibt Napoleon die Schlüssel der Stadt, 1809. Historisches Museum der Stadt Wien.
275 Überschwemmung des Donaukanals, 1830, Lithographie. Historisches Museum der Stadt Wien.
276 Bürgermeister Anton Joseph von Leeb (1835–1837), Ölgemälde von J. P. Lampi d. J. und E. Spiro. Historisches Museum der Stadt Wien.

277 Bürgermeister Ignaz Czapka Ritter von Winstetten (1838—1848), Lithographie von Franz von Eybl, 1843. Historisches Museum der Stadt Wien.

278 Bürgermeister Dr. Johann Kaspar von Seiller empfängt Prinzessin Elisabeth von Wittelsbach, die spätere Kaiserin Elisabeth von Österreich, auf der nach ihr benannten Brücke über den Wienfluß, 1854. Historisches Museum der Stadt Wien.

279 Bürgermeister Dr. Andreas Zelinka (1861—1868), Lithographie von Josef Kriehuber, 1852. Historisches Museum der Stadt Wien.

280/281 Gustav Veith, Panorama der erweiterten Stadt zur Zeit der Weltausstellung, um 1873, Sepia mit Feder. Historisches Museum der Stadt Wien.

282 Links oben: Bürgermeister Dr. Johann Prix (1889—1894). Österreichische Nationalbibliothek, Bildarchiv.
Rechts oben: Bürgermeister Dr. Julius von Newald (1878—1882), Lithographie von A. Schubert. Österreichische Nationalbibliothek, Bildarchiv.
Links unten: Bürgermeister Eduard Uhl (1882—1889). Österreichische Nationalbibliothek, Bildarchiv.
Rechts unten: Bürgermeister Dr. Raimund Grübl (1894—1895). Österreichische Nationalbibliothek, Bildarchiv.

283 Links oben: Bürgermeister Josef Strobach (1896—1897). Österreichische Nationalbibliothek, Bildarchiv.
Rechts oben: Bürgermeister Dr. Karl Lueger (1897—1910), Foto 1907. Österreichische Nationalbibliothek, Bildarchiv.
Links unten: Bürgermeister Dr. Richard Weiskirchner (1912—1919), Foto 1905. Österreichische Nationalbibliothek, Bildarchiv.
Rechts unten: Bürgermeister Dr. Josef Neumayer (1910—1912), Foto 1905. Österreichische Nationalbibliothek, Bildarchiv.

284 Bürgermeister Dr. Cajetan Felder während der Feierlichkeiten zur Grundsteinlegung des neuen Rathauses am 14. Juni 1873, Federzeichnung aus: Neuigkeitsweltblatt, 1873.

285 Karikatur anläßlich der Schlußsteinlegung am 12. September 1883, aus: Floh, 1883.

286 Vereidigung des Bürgermeisters Eduard Uhl im Gemeinderatssitzungssaal des Alten Rathauses am 27. Februar 1882. Österreichische Nationalbibliothek, Bildarchiv.

287 Bürgermeister Dr. Johann Prix mit den Mitgliedern des Stadtrates, 1891. Historisches Museum der Stadt Wien.

288 Eintragung Dr. Karl Luegers im Ehrenbürgerbuch der Stadt Wien (erste Seite). Wiener Landesarchiv (Hs. 90).

305 Bürgermeister Jakob Reumann (1919—1923), Ölgemälde von Ludwig Wieden, 1923. Stadtsenatssaal, Rathaus. Foto: Leo Ralbovszky.

306 Bürgermeister Karl Seitz (1923—1924), Ölporträt von Sergius Pauser. Stadtsenatssaal, Rathaus. Foto: Leo Ralbovszky.

323 Sitzung des Wiener Gemeinderates unter dem Vorsitz des Bürgermeisters Karl Seitz, am Rednerpult Vizebürgermeister Georg Emmerling.

324 Der Reumannhof in Wien 5, Margaretengürtel 100—110, erbaut von Architekt Hugo Gessner, 1924. Foto: Peter Hassmann.

341 Gemeinderatssaal im Rathaus, Sitzung unter dem Vorsitz von Bürgermeister Jakob Reumann (1919—1923). Österreichische Nationalbibliothek, Bildarchiv.

342 Eröffnung des nach Auflassung des Katholischen Matzleinsdorfer Friedhofs angelegten Waldmüllerparks durch den designierten Bürgermeister Karl Seitz am 3. Oktober 1923. Foto: Historisches Museum der Stadt Wien.

343 Bürgermeister Karl Seitz (1923–1934) in seinem Arbeitszimmer im Rathaus. Österreichische Nationalbibliothek, Bildarchiv.

344 Unruhen vor dem Wiener Justizpalast am 15. Juli 1927. Bürgermeister Karl Seitz und Schutzbundkommandant Dr. Julius Deutsch versuchen, die gegen das Urteil im Schattendorfer Prozeß demonstrierende Menge zur Besonnenheit zu mahnen. Foto: Historisches Museum der Stadt Wien.

345 Stadträte Wiens während der sozialdemokratischen Ära der Ersten Republik:
Links oben: Hugo Breitner, Amtsführender Stadtrat für Finanzwesen (1920–1932). Foto: Bilderdienst der Stadt Wien (PID).
Rechts oben: Karl Honay, Amtsführender Stadtrat für Allgemeine Verwaltungsangelegenheiten (1932–1933) und für das Wohlfahrtswesen (1933–1934). Foto: Österreichische Nationalbibliothek, Bildarchiv.
Links unten: Univ.-Prof. Dr. Julius Tandler, Amtsführender Stadtrat für das Wohlfahrtswesen (1920–1933). Foto: Bilderdienst der Stadt Wien (PID).
Rechts unten: Anton Weber, Amtsführender Stadtrat für Sozialpolitik und für Wohnungswesen und Wohnungsbau (1927–1934). Foto: Historisches Museum der Stadt Wien.

346 Die Kinderübernahmsstelle in Wien 9, Lustkandlgasse-Ayrenhoffgasse-Sobieskigasse, die am 18. Juni 1925 über Initiative Dr. Julius Tandlers eröffnet wurde. Foto: Bilderdienst der Stadt Wien (PID).

347 Wohnhausanlage der Stadt Wien aus der Zeit der Ersten Republik. Wien 17, Effingergasse. Foto: Magistrat Wien, MA 42.

348/349 Sitzung des Wiener Stadtsenats im Rathaus unter dem Vorsitz von Bürgermeister Karl Seitz aus dessen erster Amtsperiode 1923–1927. Die Sitzungen fanden damals im südlichen Ecksalon im ersten Stock des Rathauses statt. Von links nach rechts: die christlichsozialen Stadträte ohne Ressort Leopold Kunschak, Dr. Alma Motzko, Karl Rummelhardt und Franz Hoß (Vizebürgermeister), Bürgermeister Karl Seitz und die sozialdemokratischen Amtsführenden Stadträte Hugo Breitner (hinter ihm stehend Magistratsdirektor Dr. Hartl), Paul Speiser, Franz Siegel, Anton Weber, Quirin Kokrda und Univ.-Prof. Dr. Julius Tandler. Foto: Österreichische Nationalbibliothek, Bildarchiv.

350 Stadträte Wiens aus der sozialdemokratischen Ära der Ersten Republik. Alle Fotos: Österreichische Nationalbibliothek, Bildarchiv.
Links oben: Dr. Robert Danneberg, Amtsführender Stadtrat für Finanzwesen (1932–1934) und Präsident des Wiener Landtages (1921–1932).
Rechts oben: Georg Emmerling, Vizebürgermeister (1919–1934) und Amtsführender Stadtrat für die Städtischen Unternehmungen (1920–1934).
Links unten: Leopold Kunschak, Stadtrat ohne Ressort (1923–1934), Angehöriger der christlichsozialen Fraktion im Stadtsenat.
Rechts unten: Paul Speiser, Amtsführender Stadtrat für Personalwesen und Verwaltungsreform (1920–1934).

351 II. Arbeiter-Olympiade im soeben fertiggestellten Wiener Stadion am 11. Juli 1931. Auf der Ehrentribüne unter anderem Bundespräsident Wilhelm Miklas, Bürgermeister Karl Seitz, Erster Präsident des Nationalrates Dr. Karl Renner und Altbundespräsident Michael Hainisch. Foto: Österreichische Nationalbibliothek, Bildarchiv.

352 Ansprache des Heimwehrführers Ernst Rüdiger von Starhemberg anläßlich der Türkenbefreiungsfeier am 12. September 1933 vor dem Starhemberg-Denkmal auf dem Wiener Rathausplatz. Foto: Sammlung der Universitätsbibliothek Wien.
Aufmarsch von motorisierten Einheiten des österreichischen Bundesheeres vor dem Rathaus am 1. Mai 1933. Foto: Institut für Zeitgeschichte der Universität Wien.

353 Städtische Wohnhausanlage in Wien 12, Aichholzgasse (sogenannter „Indianerhof"), den die Heimwehr nach Beendigung der Kämpfe im Februar 1934 mit der Aufschrift „Fey-Hof" versah. Foto: Historisches Museum der Stadt Wien.

354 Besetzung des Rathauses durch Polizei und Heimwehr am 12. Februar 1934. Foto: Bildarchiv des Sozialistischen Verlages, Wien.

355 Ständehuldigung vor dem Wiener Rathaus am 1. Mai 1934. Von links nach rechts: Bürgermeister Richard Schmitz (mit Bürgermeisterkette), Bundespräsident Wilhelm Miklas, Bundeskanzler Dr. Engelbert Dollfuß. Foto: Österreichische Nationalbibliothek, Bildarchiv.

356 Altbürgermeister Karl Seitz bei einem Verhör durch die Gestapo während des Zweiten Weltkrieges. Foto: Dokumentationsarchiv des österreichischen Widerstandes, Wien.
Plakat aus den Apriltagen des Jahres 1945. Foto: Dokumentationsarchiv des österreichischen Widerstandes, Wien.

373 Bürgermeister Theodor Körner (1945—1951). Ölgemälde von Oskar Kokoschka, 1948. Neue Galerie der Stadt Linz, Wolfgang-Gurlitt-Museum.

374 Bürgermeister Franz Jonas (1951—1965). Ölgemälde von Robert Streit, 1956. Rathaus, südlicher Ecksalon. Foto: Leo Ralbovszky.

391 Wiener Internationale Gartenschau WIG 1964. Foto: Haimo Lauth.

392 Das Rathaus im Festwochenschmuck. Foto: Haimo Lauth.

409 Die durch die zurückweichenden deutschen Truppen im April 1945 gesprengte Schwedenbrücke über den Donaukanal. Foto: Institut für Zeitgeschichte der Universität Wien.

410 Der sowjetrussische General Lebedenko und Bürgermeister Theodor Körner bei der Übergabe von Glocken an Kardinal Theodor Innitzer im Jänner 1946. Foto: Institut für Zeitgeschichte der Universität Wien.

411 Bürgermeister Theodor Körner (1945—1951) in seinem Arbeitszimmer im Rathaus. Foto: Institut für Zeitgeschichte der Universität Wien.

412 Bürgermeister Theodor Körner begrüßt auf dem Wiener Südbahnhof aus der Sowjetunion eintreffende Heimkehrer. Foto: Bilderdienst der Stadt Wien (PID).

413 Bürgermeister Franz Jonas (1951—1965) bei der Gleichenfeier der von Roland Rainer erbauten Wiener Stadthalle (die Grundsteinlegung erfolgte am 18. Oktober 1953, die Eröffnung der gesamten Anlage am 23. Juni 1958). Foto: Institut für Zeitgeschichte der Universität Wien.

414 Bürgermeister Franz Jonas mit den siegreichen Teilnehmern an der Winterolympiade 1956 in Cortina d'Ampezzo. Von links nach rechts: Anderl Molterer, Toni Sailer, Walter Schuster. Foto: Institut für Zeitgeschichte der Universität Wien.

415 Das Verkehrsbauwerk beim Schottentor während der Bauarbeiten im Jahre 1960. Foto: Bilderdienst der Stadt Wien (PID).

416/417 Gemeinderatssitzungssaal im Rathaus, Sitzung des Wiener Gemeinderates, am Rednerpult Bürgermeister Bruno Marek (1965—1970). Foto: Bilderdienst der Stadt Wien (PID).

418 Die Kennedy-Brücke in Hietzing (erbaut 1961—1964). Foto: Bilderdienst der Stadt Wien (PID).

419 Bürgermeister Bruno Marek und sein Amtsnachfolger Felix Slavik (1970—1973). Foto: Bilderdienst der Stadt Wien (PID).

420 Per Albin Hansson-Siedlung Ost in Favoriten. Foto: Grünzweig.

421 Bau der Wiener U-Bahn. Foto: Bilderdienst der Stadt Wien (PID).

422 Neubau des Wiener Allgemeinen Krankenhauses, Modell. Foto: Bilderdienst der Stadt Wien (PID).

423 Bürgermeister Leopold Gratz bei der Antrittsrede vor dem Wiener Gemeinderat am 5. Juli 1973. Foto: Bilderdienst der Stadt Wien (PID).

424 Das Wiener Rathaus bei Festbeleuchtung. Foto: Magistrat Wien, MA 42.

PERSONENREGISTER

Hauptbelegstellen sind durch ein nachgesetztes ★ hervorgehoben.
Bildseiten sind nicht berücksichtigt.

Abraham a Sancta Clara, Prediger 186
Adler, Dr. Victor, Politiker 55, 331, 361, 362, 380, 385, 386
Aeneas Silvius Piccolomini, Humanist 14, 89, 107, 116, 117
Albrecht I., Kaiser 21, 24, 25, 64ff., 66, 68, 85, 89, 105, 130
Albrecht II., Herzog 25, 85, 89, 90, 91, 110, 130
Albrecht III., Herzog 93, 94, 97
Albrecht IV., Herzog 25, 95, 97, 98
Albrecht V., Herzog (Kaiser Albrecht II.) 25, 62, 98, 100, 103, 104, 105, 106, 107, 108, 109, 110, 111
Albrecht VI., Erzherzog 22, 110, 111, 112, 113, 114
Albrecht, Erzherzog 293
Allio, Donato Felice d', Architekt 233
Alt, Jakob v., Maler 247
—, Rudolf v., Maler 247
Alten-Allen, Folbert van, Kupferstecher 194, 246
Altomonte, Bartolomeo, Maler 233
—, Martino, Maler 233
Altschaffer, Georg, Unterkämmerer 202
—, Therese Margarethe Eva, geb. Schmidt 200
Angerfelder, Rudolf, Bürgermeister 96, 98, 100, 103f.★
Anguissola, Leander, Kupferstecher 194
Anna (Enkelin Maximilians I.) 123
Auf der Säul, Familie 64
Austerlitz, Friedrich, Politiker 363

Bach, Alexander Frh. v., Minister 40, 300

Badeni, Kasimir Gf., Ministerpräsident 357, 358
Baecher, Wilhelm, Gemeinderat 384, 385
Banér, Johann, Heerführer 180
Bartuska, Catharina, geb. Dörfler 228
—, Elisabeth Franziska, geb. Heyberger 228
—, Franz Daniel Edl. v., Bürgermeister 228, 229, 233, 234
—, Franz Maximilian 228
Batthyány-Schönborn, Familie 202
Bauer, Dr. Otto, Poliker 435, 436
Bayr, Hermann, Bürgermeister 159
Beethoven, Ludwig van, Komponist 16, 252, 269
Behaim, Michael 114
Belcredi, Richard Gf., Politiker 307f.
Bellesini, Josef Anton, Bürgermeister 243
Bellotto, Bernardo, Maler 242, 246
Benedek, Ludwig v., Feldzeugmeister 307
Berger, Johann Nepomuk, Gemeinderat 312
Bergmüller, Ferdinand R. v., Vizebürgermeister 294
Bernadotte, Jean Baptiste Gf., General 252
Bernhardt, Caspar, Bürgermeister 181
Berthold der Schützenmeister 85
Biedermann, Karl, Major 448
Billroth, Theodor, Chirurg 16
Blagodatow, General 451
Blanche, G. Rudolfs III. 86
Blaschke, Ing. Hanns, Bürgermeister 446
Bolza, Johann Peter v., Hofrat 234
—, Maria Theresia, geb. Leitgeb 234
Bonfini, Antonio, Historiograph 116, 121
Borschke, Franz, Gemeinderat 333

Brachmann, Severin, Medailleur 166
Brahms, Johannes, Komponist 16
Breitenfelder, Konrad der 85
Breitner, Hugo, Stadtrat 376, 382, 383, 388, 389, 390ff.★, 406, 426, 434, 435
Breuer, Hans Frh. v. 171
Bruckner, Anton, Komponist 16
Brunnhofer, Matthias, Bürgermeister 159
Buol, Karl Gf., Ministerpräsident 40
Buresch, Karl, Bundeskanzler 434
Burnacini, Ludovico Ottavio, Baumeister 16, 196

Camino, Rizzardo da 87
Canisius, Petrus, Prediger 158
Canova, Antonio, Bildhauer 258
Capistran, Johann, Prediger 111
Carlone, Familie 16
Carvajal, Johann, Nuntius 110
Celtes, Konrad, Humanist 123
Chrannest, Christian 68
—, Heinrich, Bürgermeister 68
Chriegler, Familie 87
—, Stephan, Bürgermeister 87
Cilli, Ulrich Gf. 111, 113
Claudia Felizitas, G. Kaiser Leopolds I. 196
Colonna v. Völs, Leonard, Stadtkommandant 153
Corvinus, Johann August, Kupferstecher 231
—, Matthias, König von Ungarn 26, 110, 116, 117, 118★, 121f.★, 124
Cuspinian, Dr. Johannes, Humanist 30, 123, 129
Czapka, Ignaz Frh. v. Winstetten, Bürgermeister 37, 261, 270, 271, 272, 289, 290, 291, 292, 293, 294, 302, 310

Daum, P. Bonaventura 166
Delsenbach, Johann Adam, Kupferstecher 229, 231, 242, 246

Danneberg, Robert, Stadtrat 435
Deutsch, Julius, Staatssekretär 386, 453, 454
Dietmayr, Anna Rosina, geb. Geisler 182
—, Johann Georg, Bürgermeister 182*, 183, 184, 185
Dietrich, Sepp, SS-General 450
Dietrichstein, Sigmund Gf. 193
Dinghofer, Dr. Franz, Politiker 387
Dollfuß, Dr. Engelbert, Bundeskanzler 389, 433, 434, 435, 438, 439, 447, 454
Donner, Georg Raphael, Bildhauer 233, 235
Dorn, Jakob, Bürgermeister 96
Drach, Johann Martin, Stadtrat 197
Dreher, Anton d. Ä., Brauereibesitzer 313

Ebendorfer, Thomas, Historiograph 99, 109, 114
Ebmer, Friedrich, Bürgermeister 112, 114*
Een, Stephan, Bürgermeister 114, 118, 121*, 122
Eifler, Alexander, Major 454
Elisabeth, G. Kaiser Albrechts II. 98, 103, 105, 110
—, G. Kaiser Franz Josephs I. 297
Emmerling, Georg, Vizebürgermeister 389, 450
Enikel, Jans, Historiograph 19, 89
Ernst, Leopold, Dombaumeister 43
—, Paul, Äußerer Rat 166, 182
—, Herzog 97, 98, 99, 100, 103
—, Sohn Kaiser Maximilians II. 162
—, Erzherzog 163
Eslarn, Familie 64, 88
—, Konrad d. Ä., Bürgermeister 66 f.
—, — d. J., Bürgermeister 88 f.
—, Niklas, Bürgermeister 85 f.
—, Otto 66
Esterházy (Familie) 202
Eugen, Prinz v. Savoyen, Feldherr 201, 202, 204, 224, 235
Eyseler, Thomas 155

Eysler, Sebastian, Bürgermeister 133
Eyzing, Michael 127, 128
—, Ulrich 111

Falger, Anton 270
—, Ignaz 270
Faßoldt, Barbara, geb. Pauer 179
—, Christoph, Bürgermeister 176, 178 f.*, 180, 195
Felder, Dr. Cajetan, Bürgermeister 38, 41, 43, 44, 295, 298, 302, 308, 311 ff.*, 316 ff.*, 321, 322, 325, 326, 329, 332, 336, 361, 362
—, Rudolf 312
Feldsberger, Hans, Bürgermeister 99 f.
Ferdinand, Erzherzog (als Kaiser I.) 14, 26, 30, 31, 32, 50, 123, 128, 129, 130 ff., 133, 134, 135, 136, 153, 154, 156, 158, 159, 250
Ferdinand II., Kaiser 30, 171, 172, 173, 174, 175, 177, 195,
Ferdinand III., Kaiser 30, 172, 179, 180, 182, 183
Ferdinand, Sohn Ferdinands I. 159
—, Sohn Maximilians II. 162
Ferdinand IV., König 183
Ferdinand I., österr. Kaiser 266, 271
Ferstel, Heinrich, Architekt 16
Fey, Emil, Politiker, Heimwehrführer 389, 434, 435, 439, 454
Fischer, Johann Martin, Bildhauer 246
Fischer v. Erlach, Johann Bernhard, Architekt 16, 193, 195, 202, 224, 230, 231, 232
—, Joseph Emanuel, Architekt 16, 195, 224, 230, 232
Flusthart, Dietrich, Bürgermeister 87, 90*, 99
—, Elsbet, geb. Urbetsch 90
—, Niklas 99
Fockhy, Benedikt 196
—, Daniel, Bürgermeister 192, 193, 195 ff.*, 201, 203
—, Daniel Leopold, Apotheker 198
—, Emerich 195
—, Felicitas 198
—, Franz, Äußerer Rat 198
—, Georg 196

—, Jacob Ignaz, Arzt 198
—, Johann 198
—, Johann Maximilian 198
—, Katharina 195
—, Magdalena, geb. Laminith 198
—, Maria Veronica 198
—, Marie 198
—, Michael, Innerer Rat 196
Fontenoi, Sebastian, Goldarbeiter 203
Forchandt, Anna Barbara, geb. Wenighoffer 223
—, Franz Maximilian 223
Franz I., Kaiser 236
Franz II., Kaiser (als österr. Kaiser Franz I.) 15, 36, 251, 252, 253, 257, 260, 263, 264, 266, 267, 270
Franz Ferdinand, Thronfolger 340
Franz Joseph I., österr. Kaiser 29, 40, 41, 43, 291, 296, 297, 307, 310, 333, 368
Friebeis, Dr. Hans v., Regierungskommissär 340
Friedrich II., Kaiser 60
Friedrich III., Kaiser 22, 23, 25, 26, 105, 108, 110, 111, 112, 113, 114, 115, 117, 118, 122, 123, 125, 126, 162
Friedrich der Schöne, König 27, 68, 85, 86, 87, 91, 105
Friedrich II. der Streitbare, Herzog 60
Friedrich IV. von Tirol, Herzog 97, 103
Fügenschuh, Dr. Peter Sebastian, Bürgermeister 185*, 186
—, Rosina 186
Fugger, Familie 161
Fürst, Georg, Bürgermeister 162, 165*, 166
—, Johann Georg 165
—, Katharina 165

Gabrielis, Gabriele de, Baumeister 195
Gabrielli, Anton, Bauunternehmer 318
Gall, Franz Andreas, Stadtschreiber 200
Galli-Bibiena, Ferdinando, Bühnenarchitekt 233
Gallmeyer, Josefine, Schauspielerin, Soubrette 16

Geistinger, Marie, Schauspielerin, Sängerin 16
Geldreich, Friedrich, Bürgermeister 123*, 124
Gerl, Christian Matthias, Baumeister 233
—, Matthias Franz, Baumeister 233
Geßmann, Dr. Albert, Gemeinderat 361
Geukramer, Familie 88
—, Michael, Bürgermeister 94 f.
Geyer, Dr. Rudolf, Archivdirektor 90
Geyer v. Osterburg, Familie 162
Geyr, Paul, Bürgermeister 100
Ghelen, Elisabeth, geb. de la Fontaine 226
—, Johann, Hofbuchdrucker 226
Girardi, Alexander, Volksschauspieler 16
Giuliani, Giovanni, Bildhauer 233
Glöckel, Otto, Stadtschulratspräsident 389, 425
Gluck, Christoph Willibald, Komponist 242
Goerdeler, Karl 389
Goluchowski, Agenor Gf., Minister 300, 301
Gorbach, Dr. Alphons, Bundeskanzler 466
Gottfried, Bischof von Passau 94
Gran, Daniel, Maler 233
Gratz, Leopold, Bürgermeister 471 f.
Grecht, Michael, Stadtgerichtsbeisitzer 165
Gregorig, Paul, Stadtrat 336
Greiff, Familie 94
Grillparzer, Franz, Dichter 262
Grohmann, Wilhelm, Magistratsdirektor 314
Gruber, Adam Franz 243
—, Eva Justina, geb. Managetta v. Lerchenau 243
—, Leopold Franz, Bürgermeister 243, 244, 245
—, Maria Anna 243
Grübl, Dr. Raimund, Bürgermeister 39, 337, 338 ff.*
Guetrater, Gabriel, Bürgermeister 128

Gundloch, Ulrich, Bürgermeister 105

Haarmarkter, Konrad, Hubmeister 85
Hackenberg, Heinrich 468
Hackenberger, Vinzenz, Apotheker 133
Hackher zu Hart, Joseph Edl. 257
Haffner, Augustin, Bürgermeister 31, 166*, 167, 176, 177, 182
—, Eva 166, 167, 182
—, Magdalena 166
—, Dr. Martin, Universitätsrektor 166, 167
Haiden, Laurenz, Bürgermeister 23, 118*, 121
Haimonen, Familie 64
Haimo v. Neuhaus 27, 86
Haller, Joseph, Vizebürgermeister 270
Hansen, Theophil v., Architekt 16, 42
Hansgraf, Heinrich, Bürgermeister 66
Hardegg, Ferdinand Gf., Festungskommandant 164
Haringseer, Hans, Bürgermeister 109
Hartl, Dr. Karl, Magistratsdirektor 382
Hartmann, Dr. Josef, Bürgermeister 225, 232, 234
—, Stephan, Bruckmeister 164
Harrach, Karl Leonhard Gf. 296
Harty, Josef 244
Hasenauer, Carl, Frh. v., Architekt 16
Hauer, Franz Josef, Bürgermeister 225, 226
—, Johann Josef 226
—, Maria Christina, geb. van Ghelen 226
—, Martin 226
Hauser, Johann 387
Hayden, Christoph, Bürgermeister 158
Hebra, Ferdinand v., Dermatologe 16
Hebenstreit, Christoph 157
Henckel, Johann Conrad, Innerer Rat 223

—, Lazarus, Handelsherr 165, 168
Heinrich I., Markgraf 19
Heinrich II. Jasomirgott, Herzog 61
Heinrich II., Kaiser 20
Heinrich, Sohn Kaiser Friedrichs II. 60
Heinrich von der Neisse, Bürgermeister 68
Helferstorfer, Othmar, Landmarschall 315
Helmer, Oskar, Bundesminister 454
Heml, Hans, Bürgermeister 115*, 118
Herbst, Georg, Ratsherr 171
Heyberger, Johann Franz 228
Hieronymus von Prag 103
Hildebrandt, Lukas v., Architekt 16, 195, 224, 232, 233
Hiltprant, Andre, Bürgermeister 109*, 153, 155
Hinderbach, Johann v., Historiograph 109
Hirschvogel, Augustin, Kupferstecher 156
Hitler, Adolf, Reichskanzler 361, 433, 443, 445, 448
Hocke, Nikolaus, Stadtschreiber 197
Hoefnagel, Jacob, Kupferstecher 171
Hoffmann, Johann, Stadtschreiber 133
Hohenberg, Ferdinand v., Architekt 247
Holzer, Wolfgang, Bürgermeister 23, 110, 113 f.*
Holzkäufl, Paul, Bürgermeister 22, 88, 94 ff.*, 96, 97
Holzler, Konrad d. Ä., Bürgermeister 105*, 107*, 109
—, Konrad d. J., Bürgermeister 22, 108*, 109
Holzner, Johann Christoph, Bürgermeister 184*. 185
Honay, Karl, Vizebürgermeister 394, 450
Hörl, Josef Georg, Bürgermeister 35, 36, 37, 243, 245*, 247, 249, 251 ff.*, 257, 459
Hormayr, Josef v., Historiograph 267

Hornek, Dr. Rudolf, Magistratsdirektor 444
Hoyos-Sprinzenstein, Ernst Gf. 309
Huber, Joseph Daniel v., Kupferstecher 244, 245, 246, 252
Hubmaier, Balthasar 134
Hunyadi, Ladislaus d. Ä. 111
—, Ladislaus d. J. 111
Huß, Johannes 103
Huth, Alfred, Hauptmann 448
Hutstocker, Christoph, Bürgermeister 162, 163
—, Hans, Ratsherr 157
—, Sebastian, Bürgermeister 156, 157 f.★
—, Veronika, geb. Piesch 157
—, Wolfgang 157
Hüttendorfer, Oswald, Bürgermeister 162, 163, 165
Hyrtl, Josef, Anatom 16

Illmer, Arzt 200
Innozenz III., Papst 59
Isabella v. Aragon, G. Friedrichs des Schönen 85, 86

Jadot de Ville-Issey, Jean Nicolas, Architekt 242
Jans am Kienmarkt, Bürgermeister 94
Janscha, Laurenz 242, 246, 247
Janschky, Joseph 271
Jedlicka, Dr. Ludwig, Univ.-Prof. 455
Johann, Erzherzog 264
Johann, König von Böhmen 87
Johann v. Liechtenstein 93
Johann Parricida 68
Johannes v. Nepomuk 235
Johannes v. Stadlau 68
Jonas, Dr. h. c. Franz, Bürgermeister, Bundespräsident 457 ff.★, 462, 466
Jordan, Richard, Gemeinderat 42
Jordanes, Historiograph 19
Jörger, Hans 168
Joseph I., Kaiser 198, 199, 221, 230
Joseph II., Kaiser 24, 29, 35, 36, 236, 240, 242, 243, 245, 246, 248, 249, 250, 251, 257, 259, 263, 268, 289

Jung, Philipp Wilhelm, Bürgermeister 446

Kahlenberg, Dietrich von, Bürgermeister 68
Kara Mustapha, Großwesir 190, 192
Karl, Sohn Ferdinands I. 159
Karl Borromäus, hl. 224
Karl, Erzherzog v. Innerösterreich 161
Karl, Erzherzog, Heerführer 264
Karl v. Lothringen 191, 192
Karl IV., Kaiser 92, 93, 105
Karl V., Kaiser 24, 30, 134, 136, 159
Karl VI., Kaiser 32, 201, 223, 228, 230, 231, 233, 234, 236
Kaudelka, Dr. Hugo 393
Kaufmann, Dr. Johann, Bürgermeister 125
Kautsky, Dr. Benedikt, Schriftsteller 395
Keck, Paul, Bürgermeister 123★, 124, 125
Keller, Dr. Hans, kaiserlicher Rat 121
Kelsen, Dr. Hans, Verfassungsrechtler 471
Kempen, Johann Frh. v., Polizeiminister 291
Khevenhüller, Gf. 195
Khevenhüller-Metsch, Johann Josef Fürst 226
Khlesl, Melchior, Kardinal 163, 172
Khunn, Franz R. v., Bürgermeister-Stellvertreter 315, 360 f.
Kielmannsegg, Erich Gf., Statthalter 333, 337, 338, 367
Kirchheim, Dr. Johannes, Arzt 113, 114
Kirchhofer, Augustin 153
—, Wolfgang, Bürgermeister 126★, 127, 129, 133, 153
Klausner, Arthur, Major 446
Kleiner, Salomon, Kupferstecher 229, 231, 242, 246
Knab, Michael, Baumeister 100
Kofler, Flora Dominika, geb. Poli 240
—, Jakob 240

—, Dr. Peter Joseph, Bürgermeister 35, 234, 236, 240 ff.★
Konrad von Tulln 65
Konrad II., Kaiser 20
Kopp, Dr. Josef, Gemeinderat 39
Körner, Dr. h. c. Theodor, Bürgermeister, Bundespräsident 17, 435, 450, 451, 452 ff.★, 457, 458, 462, 465
Kramer, P. Antonio 26
Kreisky, Dr. Bruno, Bundeskanzler 456, 458
Kresse, Dr. Josef, Vizebürgermeister 438
Kuchler, Hans, Bürgermeister 125
Kuenringer, Familie 65
Kundmann, Karl, Bildhauer 316
Kunschak, Leopold, Stadtrat, Nationalratspräsident 47, 378, 388, 389, 403, 434, 436
Künzel, Johann 222

Lackner, Franz 153
—, Leonhard, Bürgermeister 123
Ladislaus, König 22, 25, 109, 110, 111
Lahr, Fritz, Vizebürgermeister 438
Lang, Berthold, Bürgermeister 96
—, Heinrich, Bürgermeister 87
Lassalle, Ferdinand 380
Laun v. Grünau, Hans 99, 103
Lausser, Apollonia, geb. Pirkheimer 168
—, Lucas, Bürgermeister 166 ff.★, 171
Lautensack, Hans Sebald, Kupferstecher 158
Lazius, Wolfgang, Historiograph 21, 64, 134, 153, 154, 156
Leeb, Anton Joseph, Bürgermeister 37, 254, 263, 265, 270 ff.★
—, Floridus, Propst 253
Leitgeb, Andreas Ludwig, Bürgermeister 232, 234 ff.★, 240, 241, 242, 243
—, Maria Katharina, geb. Seraio 234
Leo X., Papst 24
Leo XIII., Papst 330
Leopold I., Markgraf 19
Leopold III., Markgraf 20, 93, 94, 97, 115

Leopold IV., Herzog 23, 25, 59, 95, 98, 99, 100, 103
Leopold V., Herzog 21, 61
Leopold VI., Herzog 21, 59, 62
Leopold I., Kaiser 30, 32, 183, 184, 185, 192, 196, 197, 204, 230, 231, 233
Leopold II., Kaiser 251, 259
Leubel, Seifrid, Münzmeister 64, 67
Liebenberg, Johann Andreas v., Bürgermeister 186, 189 ff.*, 203
Libényi, Janos 297
Liechtenstein, Alois Prinz 363
—, Hans Adam Fürst 195
Lobkowitz, Wenzel Eusebius Fürst 193
Loiselli, Carl Joseph, Stadtanwalt 225
Ludwig von Bayern 68, 112
Ludwig II., König von Ungarn 123, 132
Lueger, Dr. Karl, Bürgermeister 39, 44, 45, 46, 47, 55, 56, 253, 272, 311, 315, 326, 327, 329, 330, 332, 335, 336, 338, 339, 340, 357 ff.*, 363 ff.*, 370, 375, 377, 379, 380, 385, 426, 439, 440
Lumpert, Anton, Bürgermeister 265, 267, 268 ff.*
—, Johann Eusebius 270
Luther, Martin 133, 157

Mahler, Gustav, Komponist 16
Makart, Hans, Maler 16
Mandl, Dr. Ignaz, Gemeinderat 360, 361, 363
Marek, Bruno, Bürgermeister, Landtagspräsident 466 ff.*
—, Raimund 466
Margareta Theresia, G. Kaiser Leopolds I. 184, 185
Maria, Tochter König Wladislaws 123
Maria Anna, G. Kaiser Ferdinands III. 174
Maria Anna v. Bayern 161
Maria Theresia, G. Kaiser Franz' I. 15, 201, 226, 230, 231, 233, 236, 239, 240, 241, 242, 245, 246, 250, 251, 268, 289

Marienbaum, Johann Georg, Äußerer Rat 203
Marinoni, Jacob, Kupferstecher 194
Martin V., Papst 104
Martinelli, Domenico, Baumeister 16, 195, 233
Matthias, Kaiser 26, 30, 164, 166, 167, 168, 172, 173
Mattielli, Lorenzo, Bildhauer 233, 235
Matzenauer, Josef, Stadtrat 338
Maulbertsch, Franz Anton 233
Maximilian, Erzherzog 264
Maximilian I., Kaiser 23, 24, 26, 27, 29, 30, 122, 123, 124, 125, 126, 127, 130
Maximilian II., Kaiser 30, 132, 158, 159, 160, 162
May, Dr. Alfred, Museumsdirektor 230
Mayer, Bürgerausschußmitglied 294
Mayerhofer, Dr. Franz, Bürgermeister-Stellvertreter 322
Mayr, Leopold, Bürgermeister-Stellvertreter 302, 313
Meldemann, Niclas, Kupferstecher 136
Metternich, Klemens Lothar Fürst, Staatskanzler 264, 265, 267, 293, 294
Metzleinstorffer, Ulrich, Bürgermeister 115
Miklas, Wilhelm, Bundespräsident 438, 443
Mohammed II., Sultan 111, 118
Montague, Lady Mary Wortley 232
Montecuccoli 190
Montléart, Familie 313
Moser, Daniel, Bürgermeister 31, 168, 171 ff.*, 176, 178, 179, 186
—, Katharina, geb. Wankher 171, 173
Motz, Universitätsrektor 134
Mozart, Wolfgang Amadeus, Komponist 16, 252
Murat, Joachim 263
Musterer, Hans, Bürgermeister 104 f.
Mylius und Bluntschli, Architekten 318

Nádasdy, Franz Gf. 184
Nagel, Josef, Kupferstecher 244, 245, 246
Napoleon I., Kaiser 253, 258, 263, 264, 265
Neubacher, Dr. Ing. Hermann, Bürgermeister 443*, 444, 446
Neubeck, Caspar, Bischof 164
Neumayer, Dr. Josef, Bürgermeister 47, 370*
Neupauer, Anna Clara, geb. Wenighoffer 223
—, Johann Christian, Oberkämmerer 223
Newald, Dr. Julius, Bürgermeister 313, 320, 321 ff.*, 329, 362
—, Laura, geb. Dirnböck 325
Nikolaus V., Papst 125
Novy, Franz, Stadtrat 458
Nüll, Eduard van der, Architekt 16, 307

Oedtl, Christian Alexander, Baumeister 195
Ollinger, Hanns Jacob, Äußerer Rat 201
Ospel, Anton, Architekt 233, 234
Otto, Herzog 85
Otto von Bayern 68
Otto v. Neuhaus 27, 86
Otto I., Kaiser 19
Ottokar II., König von Böhmen 13, 21, 27, 60, 65, 122
Ottokar IV. 60

Pacassi, Nikolaus, Architekt 231, 232, 233
Pacher v. Pachburg, Silvester 182
Paltram, Familie 64, 65
Paltram vor dem Freithof 21, 65, 66
Pattai, Robert, Reichsratsabgeordneter 334
Patzer, Dr. Franz 437
Paul II., Papst 115
Payer, Hans Georg, Maler 200
Peickhardt, Johann Franz, Bürgermeister 193, 197, 200 ff.*, 204, 222
—, Joseph Anton, Innerer Rat 201
—, Judith 200, 201
—, Nikolaus Franz Ignaz, Domprediger 201

Perfilla, Dr. Matthias, Stadtrichter 203
Pelikan, Magistratssekretär 294
Perman, Familie 107
—, Ulrich 107
Pernerstorfer, Dr. Engelbert, Politiker 380, 387
Pernfuß, Katharina 153
—, Paul, Bürgermeister 134, 153, 155f.★
—, Sigmund, Bürgermeister 125
Pfeffel, Johann Andreas, Kupferstecher 229, 231, 246
Piesch, Friedrich, Bürgermeister 125★, 129, 157
Pilhamer, Dr. Johann, Bürgermeister 133★, 136
Pirkheimer, Christoph d. Ä., Ratsherr 168
—, Christoph d. J., Universitätsrektor 168
Pius VI., Papst 251
Podiebrad, Georg, König von Böhmen 111, 117
Poll, Familie 64ff., 88
—, Berthold, Bürgermeister 86, 88★
—, Konrad, Bürgermeister 21, 64ff.★
—, Margret, geb. Leubel 64
—, Niklas, Bürgermeister 68, 86, 87
—, Paul 64
Polstermair, Barbara, geb. Wiedemann 177
—, Niklas, Ratsherr 177
Polz, Leopold, Bürgermeister 68, 91
Pölzer, Amalie, Gemeinderat 432
Pomal, Anna Eva Katharina, geb. Wenighoffer 223
—, Gottfried v. 223
Pönninger, Franz, Bildhauer 311
Popfinger, Familie 88
—, Lukas, Bürgermeister 93f.
Popp, Julius, Gemeinderat 380
Possinger-Choborsky, Ludwig Frh. v., Statthalter von Niederösterreich 327
Pott von Skall 103
Pötel, Familie 107
—, Simon, Großkaufmann 22, 110

Prachatitz, Hans v., Baumeister 107
Pramber, Anna 179
—, Caspar 181
—, Franz 181
—, Konrad, Bürgermeister 179, 180
Prantner, Bartholomäus, Bürgermeister 162★, 163, 165, 168
Prantstetter, Georg, Bürgermeister 157, 158, 160f.★, 162
Prenner, Christian, Bürgermeister 23, 110, 112f.★
Prix, Dr. Johann, Bürgermeister 39, 326, 330, 331, 332ff.★, 335, 336, 337, 363
Prikryl, Rudolf 450
Puchaim, Hans v. 128
Puchfeler, Hermann der 99
Pudmannsdorfer, Leonhard, Bürgermeister 125
Purckh, Anna Maria, geb. Wenighoffer 223
—, Johann Franz, Bürgermeister 223, 227, 234
—, Maria Anna, geb. Wenighoffer 227
Puechenegger, Anna Sophie 182
—, Dr. Thomas Wolfgang, Bürgermeister 182f.★, 225
—, Wolfgang Bernhardt 183

Radauner, Lienhart, Bürgermeister 122
Radetzky, Johann Joseph Wenzel Gf. 298
Rainer, Roland, Architekt 465
Ramperstorffer, Konrad, Baumeister 99, 100
Raschke, Rudolf, Oberleutnant 448
Rauscher, Othmar, Kardinal 298
Reginmar, Bischof von Passau 59
Reicholf, Katharina, geb. Würfel 90
—, Oswald, Bürgermeister 17, 22, 90, 109f.★, 111, 114
Renner, Dr. Karl, Bundespräsident 435, 451, 452, 455, 456
Resch, Johann, Stadtrat 469
—, Sophie 176
—, Veit, Bürgermeister 173, 176

Reumann, Jakob, Bürgermeister 46, 50, 372, 378ff.★, 381, 387, 388, 393, 432
Revellis, Johann v., Bischof 134
Richard I., König von England 61
Richter, Dr. Albert, Vizebürgermeister 337, 338, 339, 386
—, Josef, Schriftsteller 252
Rieder, Andre, Bürgermeister 164, 165
—, Barbara 164
—, Ursula 164
—, Wolfgang, Bürgermeister 123★, 125
Rinner, Hans, Bürgermeister 125★, 127, 129
Rode, Andreas v., Notar 63
Rofrano, Familie 195
Rock, Hans, Bürgermeister 96★, 99
Rokitansky, Karl v., Arzt 16
Rössl, Ulrich, Bürgermeister 94
Rottmayr, Johann Michael, Maler 29, 224, 233
Rudolf I., König 21, 63, 65, 66, 86
Rudolf II., Kaiser 30, 66, 162, 164, 167, 173, 223, 239
Rudolf III., Herzog 86
Rudolf IV., Herzog 25, 62, 86, 91ff.★, 94, 95
Rudolf, Kronprinz 384
Rüschl, Friedrich, Bürgermeister 93

Sadtner, Dietrich, Baumeister 87
Salm, Niklas Gf. 135, 136
—, Niklas d. J. 156
Sankt Pölten, Hermann v., Bürgermeister 86
Schadner, Leopold, Ratsherr 137
Schalk, Dr. Karl, Historiker 109
Schallautzer, Barbara 155
—, Bartholomäus 153
—, Hermes, Bürgermeister 134, 136, 153★, 157, 158
—, Kunigunde 153
Schärf, Dr. Adolf, Bundespräsident 390, 450, 451, 454, 459, 466
Scharffenberger, Hans, Bürgermeister 105★, 107
Schinderl, Veit 175
Schirach, Baldur v., Reichsstatthalter 446

Schlinger, Anton, Gemeinderat 47
Schmeltzl, Wolffgang, Schulmeister 156, 158
Schmerling, Anton v., Politiker 301
Schmidt, Barbara 201
Schmidt, Friedrich v., Architekt 16, 42, 43, 316, 319
Schmidt, Guido 443
Schmidt, Matthias, Äußerer Rat 200
Schmidt, Martin Johann, Maler 233
Schmitz, Richard, Regierungskommissär, Bürgermeister 50, 53, 437, 438 ff.*, 442, 443
Schönbrucker, Andreas, Bürgermeister 115
Schönerer, Georg R. v. 334, 361, 370
Schrantz, Sebastian, Bürgermeister 134, 156*
Schrenk, Ferdinand, Unterkämmerer 257
Schretl, Hofkammerdiener 165
Schreyer, Ratssenior 225
Schubert, Ferdinand 269
—, Franz, Komponist 269
Schuchler, Familie 88
—, Haunold d. J., Bürgermeister 91 ff.*, 96
Schuhmeier, Franz, Politiker 46, 369, 370, 378, 381, 382
Schulze-Delitzsch, Hermann, Volkswirtschafter 380
Schuschnigg, Dr. Kurt, Bundeskanzler 439, 442, 443
Schuster, Heinrich, Historiker 21
Schuster, Regina 193
—, Simon Stephan, Bürgermeister 192 f.*, 196, 197, 200, 203
Schütz, Carl, Kupferstecher 242, 246, 247, 252
Sedlnitzky, Josef Gf. 262
Seiller, Dr. Johann Kaspar v., Bürgermeister 291, 294, 296 ff.*, 301, 309
Seipel, Dr. Ignaz, Bundeskanzler 359, 395, 442
Seitz, Josef d. Ä. 384
—, Josef d. J. 384
—, Karl, Bürgermeister 50, 359, 368, 379, 384 ff.*, 393, 396, 402,
403, 406, 426, 432, 435, 437, 448, 450, 456
—, Michael 384
Selim II., Sultan 161
Semper, Gottfried, Architekt 16
Seraio, Samuel v. 234
Seyß-Inquart, Dr. Arthur, Bundeskanzler 443, 446
Sicardsburg, August Sicard v., Architekt 16, 42, 307
Siebenbürger, Helena 153
—, Dr. Martin, Bürgermeister 24, 27, 126 ff.*, 153, 157
—, Sigmund 127
—, Thomas, Bürgermeister 153, 159*
Sigismund, König von Ungarn und Böhmen 98, 100, 103, 105, 109
Sinzendorf, Franz Wenzel Gf. 249
Skalnik, Dr. Kurt 361
Skoda, Josef, Arzt 16
Slatkonia, Georg, Bischof 115
Slavik, Dr. h. c. Felix, Bürgermeister 466, 468 ff.*, 471
Snaetzel, Hermann, Bürgermeister 87
Sobieski, Johann, König von Polen 190
Soliman II, Sultan 133, 161
Sommaruga, Franz v., Gemeinderat 327
Sorbait, Paul de, Arzt 186, 189, 192
Spaur, Leopold v., Bischof 115
Speiser, Paul, Vizebürgermeister 450
Spenyng, Lorenz, Baumeister 27
Spielberg, Hagen v., Bürgermeister 90
Springer, Daniel Lazarus, Bürgermeister 178, 185, 186, 189, 192
—, Rosina, geb. Moser 185
Stadion, Franz Gf. 295
—, Johann Philipp Gf. 264, 312
Stainer, Niklas 93
Starch, Jakob, Bürgermeister 108, 111 f.*, 114
Starhemberg, Ernst Rüdiger Gf., Stadtkommandant 190, 191, 197
—, — Fürst, Heimwehrführer 389, 436
Staudinger, Roman, Bürgermeister 130
Steger, Hans, Bürgermeister 22, 107, 108*, 109
Steinl, Matthias, Bildhauer 233
Steudel, Johann, Bürgermeister-Stellvertreter 326, 333
Steuss, Jonas 105
Steyrer, Paul, Bürgermeister 162, 165
Stichel, Hans 97
Straicher, Heinrich, Bürgermeister 90 f.
Straub, Franz 153
—, Raimund 153
Strauß, Johann, Vater, Komponist 267
Strobach, Josef, Bürgermeister 339 ff.*, 357 f.*, 364
Strozzi, Familie 195
Strudel, Paul, Bildhauer 233
—, Peter, Bildhauer 233
Sulzbeck, Sebastian, Bürgermeister 132
Sueß, Dr. Eduard, Geologe 39
Süß, Hans, Bürgermeister 125, 129
Suttinger, Daniel, Festungsbaumeister 193
Swaeml, Thomas, Bürgermeister 94
Swieten, Gottfried van, Arzt 16
Syrfeier, Christian 93
Szokoll, Carl, Major 448

Taaffe, Eduard Gf., Minister 43
Tandler, Dr. Julius, Arzt, Stadtrat 368, 382, 388, 389, 406 ff.*, 426 ff.*, 454, 460
Taschendorfer, Laurenz, Bürgermeister 118, 122*
Tauber, Caspar 129, 134
Täubler, Alexander 385
Tencala, Giovanni Pietro, Baumeister 16, 193, 202, 233
Tenck, Stephan, Bürgermeister 136, 156*, 157
—, Thomas, Oberkämmerer 121
Tepser, Jakob Daniel, Bürgermeister 193, 197, 200, 201, 202, 203 f.*, 221, 222, 231
—, Juliane 203
—, Martin 203
—, Regina 203

Teschler, Niklas, Bürgermeister 109, 110*, 113
Thau, Bernhard 134
—, Gerhart v. 161
—, Hanns v., Bürgermeister 157, 161, 163
Thonrädl, Andreas Frh. v. 173
Thurn, Matthias 173
Tierna, Familie 64
—, Friedrich v., Bürgermeister 90
—, Hans v., Bürgermeister 93
Torstenson, Leonhard, Feldherr 180
Trautson, Leopold Donat Gf. 195
Trehet, Jean, Gartenarchitekt 231
Troger, Paul, Maler 233
Treu, Barbara, geb. Hoffmann 133, 136
—, Juliane, geb. Hackenberger 133
—, Niklas 133 ff.*, 157
Trunck v. Guttenberg, Adam Franz de Paula 223
—, Ignaz Dominik 223
—, Johann Anton Laurenz 223
—, Johann Lorenz, Bürgermeister 223 f.*, 225
—, Joseph Nicolaus 223
—, Lorenz 223
—, Maria Magdalena 224
—, Stephan Ernst 223

Übermann, Hans, Bürgermeister 158, 159, 160*
Uhl, Eduard, Bürgermeister 43, 326, 328 ff.*, 333, 335, 400
Undermhimmel, Niklas, Bürgermeister 105 f.*, 107
Uray, Hilde, Bildhauerin 456
Urbetsch, Dietrich, Bürgermeister 87*, 90

Valery, Theodor, Baumeister 202, 257
Varinger, Veit, Ratsherr 177
Vaugoin, Carl, Bundesminister 453
Vogelsang, Karl Frh. v., Sozialreformer 330, 363

Vorlauf, Konrad, Bürgermeister 17, 23, 96 ff.*

Wagner, Otto, Architekt 367
Wagner-Jauregg, Dr. Julius, Psychiater 16
Wandratsch, Dr. Anton, Advokat 312
Wandruszka, Dr. Adam, Univ.-Prof. 378
Weber, Anton, Stadtrat 399, 406, 450
Wehingen, Reinhart v. 93
Weiskirchner, Dr. Richard, Bürgermeister 370*, 379, 381, 393
Weiß, Dr. Karl, Archivdirektor 314
Wenighoffer, Johann Franz, Bürgermeister 193, 221 ff., 225
—, Marie Elisabeth, geb. Künzel 222
—, Mathias 222
Wenzel, König von Böhmen 105, 106
Werdenfels, Gf. Haug v. 118
Wertheimer, Wolf 229
Widmer, Dr. Johann 173
—, Johanna, geb. Moser 173
Wiedemann, Barbara, geb. Haffner 167, 176, 177, 186
—, Margaretha 177
—, Paul, Bürgermeister 167, 173, 174, 176 ff.*, 181, 186, 195
—, Rosina, geb. Moser 173, 177
Wilhelm, Herzog 25, 95, 97, 98
Wilhelmina Amalia, G. Josephs I. 198, 221
Wiltwerker, Anna 90
—, Konrad, Bürgermeister 88 f.*, 90
Windisch-Graetz, Alfred Fürst 293, 294, 337
Winter, Dr. Ernst Karl, Vizebürgermeister 53, 438, 442
Wirrich, Heinrich 161
Wirsing, Stephan 107
Wladislaw, König von Polen 24, 117, 122, 123

Wohlleben, Christian 257
—, Stephan Edl. v., Bürgermeister 37, 253, 254, 257, 258, 261 ff.* 267 ff.*, 459
Wolmuet, Bonifaz 156
Wulferstorf, Hans, Stadthauptmann 121
Wülfleinstorfer, Otto, Bürgermeister 86 f.
Würfel, Familie 88, 89
—, Anna, geb. Wiltwerker 90
—, Heinrich, Bürgermeister 90
—, Katharina 90
—, Niklas, Bürgermeister 90, 94*
—, Paul d. Ä., Bürgermeister 22, 96*, 97
—, — d. J., Bürgermeister 90, 105*, 107

Zach, Andreas, Baumeister 244
Zagelauer, Raimund Sebastian 235
Zahlheim, Eva Katharina, geb. Reis 235
—, Franz de Paula 236
—, Franz Joseph 236
—, Johann Adam, Bürgermeister 234, 235, 236
Zapolya, Johann 133
—, Stephan 122
Zauner, Wolfgang, Bürgermeister 123*
Zaunrüd, Reinprecht, Bürgermeister 90*
Zeffer, Peter, Handelsmann 28
Zelinka, Dr. Andreas, Bürgermeister 38, 295, 296, 302, 304 ff.*, 313, 314, 319, 322, 326
Zetter, Albrecht, Bürgermeister 100*, 103
Ziegelhauser, Eva 114
—, Sebastian, Bürgermeister 23, 110, 114*
Ziegler, Johann, Kupferstecher 242, 246, 247, 252
Zimmerl, Franz, Gemeinderat 403
Zriny, Nikolaus Gf. 161
Zuckerkandl, Emil, Anatom 406

13,-